钓鱼岛问题文献集　主编 张　生

清季琉球交涉档案

董为民　殷昭鲁　张　生 编

南京大学出版社

"十二五"国家重点图书出版规划项目
国家社科基金2015年度重大项目"《钓鱼岛问题文献集》及钓鱼岛问题研究"
中国南海研究协同创新中心
南京大学人文基金
江苏省2013年度哲学社会科学研究重大项目"钓鱼岛问题文献集"

钓鱼岛问题文献集

顾　　问　茅家琦　张宪文
学术指导　张海鹏　步　平　李国强

编纂委员会
主　　编　张　生
副 主 编　殷昭鲁　董为民　奚庆庆　王卫星
编 译 者　张　生　南京大学教授
　　　　　姜良芹　南京大学教授
　　　　　叶　琳　南京大学教授
　　　　　郑先武　南京大学教授
　　　　　荣维木　中国社会科学院研究员
　　　　　王希亮　黑龙江省社会科学院研究员
　　　　　舒建中　南京大学副教授
　　　　　郑安光　南京大学副教授
　　　　　雷国山　南京大学副教授
　　　　　李　斌　南京大学讲师
　　　　　翟意安　南京大学讲师
　　　　　王　静　南京大学讲师
　　　　　蔡丹丹　南京大学讲师
　　　　　王睿恒　南京大学讲师
　　　　　于　磊　南京大学讲师
　　　　　杨　骏　南京大学博士生
　　　　　刘　奕　南京大学博士生

徐一鸣	南京大学博士生
陈海懿	南京大学博士生
蔡志鹏	南京大学硕士生
刘　宁	南京大学硕士生
张梓晗	南京大学硕士生
顾　晓	南京大学硕士生
仇梦影	南京大学硕士生
殷昭鲁	鲁东大学讲师
王卫星	江苏省社会科学院研究员
罗萃萃	南京航空航天大学副教授
董为民	江苏省社会科学院助理研究员
奚庆庆	安徽师范大学副教授
郭昭昭	江苏科技大学副教授
屈胜飞	浙江工业大学讲师
窦玉玉	安徽师范大学讲师
张丽华	安徽师范大学讲师
张玲玲	央广幸福购物（北京）有限公司

"东亚地中海"视野中的钓鱼岛问题的产生
（代序）

所谓"地中海"，通常是指北非和欧洲、西亚之间的那一片海洋。在古代世界历史中，曾经是埃及、希腊、波斯、马其顿、罗马、迦太基等群雄逐鹿的舞台；近代以来，海权愈形重要，尼德兰、西班牙、英国、法国、奥斯曼土耳其帝国、意大利、德国乃至俄罗斯，围绕地中海的控制权，演出了世界近代史的一幕幕大剧。

虽然，法国历史学家布罗代尔（Fernand Braudel）引用前人的话说"新大陆至今没有发现一个内海，堪与紧靠欧、亚、非三洲的地中海相媲美"[①]，但考"mediterranean"的原意，是"几乎被陆地包围的（海洋）"之意。欧亚非之间的地中海，固然符合此意；其他被陆地包围的海洋，虽然早被命为他名，却也符合地中海的基本定义。围绕此种海洋的历史斗争，比之欧亚非之间的地中海，其实突破了西哲的视野，堪称不遑多让。典型的有美洲的加勒比海，以及东亚主要由东海、黄海构成的一片海洋。

本文之意，正是要将东海和黄海，及其附属各海峡通道和边缘内海，称为"东亚地中海"，以此来观照钓鱼岛问题的产生。

一

古代东亚的世界，由于中国文明的早熟和宏大，其霸权的争夺，主要在广袤的大陆及其深处进行。但东吴对东南沿海的征伐和管制，以及远征辽东的

---

① 费尔南·布罗代尔著，唐家龙等译：《地中海与菲利普二世时代的地中海世界》第1卷，商务印书馆2014年版，扉页。

设想①,说明华夏文明并非自隔于海洋。只不过,由于周边各文明尚处于发轫状态,来自古中国的船舰畅行无忌,相互之间尚未就海洋的控制产生激烈的冲突。

唐朝崛起以后,屡征高句丽不果,产生了从朝鲜半岛南侧开辟第二战场的实际需要。新罗统一朝鲜半岛的雄心与之产生了交集,乃有唐军从山东出海,与新罗击溃百济之举。百济残余势力向日本求援,日军横渡大海,与百济残余联手,于是演出唐——新罗联军对日本——百济联军的四国大战。

东亚地中海第一次沸腾。论战争的形态,中日两国均是跨海两栖作战;论战争的规模和惨烈程度,比之同时期欧亚非之间的地中海,有过之无不及。公元663年8月,白江口会战发生,操控较大战船的唐军水师将数量远超自身的日军围歼。② 会战胜利后,唐军南北对进,倾覆立国700余年的高句丽,势力伸展至朝鲜半岛北部、中部。

但就东亚地中海而言,其意义更为深远:大尺度地看,此后数百年间,虽程度有别,东亚国际关系的主导权被中国各政权掌握,中日韩之间以贸易和文化交流为主要诉求,并与朝贡、藩属制度结合,演进出漫长的东亚地中海和平时代。"遣唐使"和鉴真东渡可以作为这一和平时期的标志。

蒙古崛起后,两次对日本用兵。1274年其进军线路为朝鲜——对马岛——壹歧岛——九州,1281年其进军路线为朝鲜——九州、宁波——九州。战争以日本胜利告终,日本虽无力反攻至东亚大陆,但已部分修正了西强东弱的守势。朱明鼎革以后,朱元璋曾有远征日本的打算而归于悻悻,倭寇却自东而西骚扰中国沿海百多年。《筹海图编》正是在此背景下将钓鱼屿、赤屿、黄毛山等首次列入边防镇山。③

明朝初年郑和远洋舰队的绝对优势,没有用来进行东亚地中海秩序的"再确立";明朝末年,两件大事的发生,却改写了东亚地中海由中国主导的格局。一是万历朝的援朝战争。1591年、1597年,日本动员十万以上规模的军队两

---

① [晋]陈寿撰,[宋]裴松之注,《三国志》第47卷《吴书二·吴主传第二》,中华书局1959年版。

② 参见韩昇:《白江之战前唐朝与新罗、日本关系的演变》,《中国史研究》2005年第1期,第43—66页。

③ [明]胡宗宪撰:《筹海图编》第1卷《沿海山沙图·福七、福八》,影印《文渊阁四库全书》第584册,台北:台湾商务印书馆1986年版,第14页。

次侵入朝鲜,明朝虽已至其末年,仍果断介入,战争虽以保住朝鲜结局,而日本立于主动进攻的态势已经显然。二是1609年的萨摩藩侵入琉球,逼迫已经在明初向中国朝贡的琉球国同时向其朝贡。日本在北路、南路同时挑战东亚地中海秩序,是白江口会战确立东亚前民族国家时代国际关系框架以来,真正的千年变局。

二

琉球自明初在中国可信典籍中出现①,这样,东亚地中海的东南西北四面均有了政权。中日朝琉四国势力范围犬牙交错,而中国在清初统一台湾(西班牙、荷兰已先后短期试图殖民之)和日本对琉球的隐形控制,使得两大国在东亚地中海南路发生冲突的几率大增。

对于地中海(此处泛指)控制权的争夺,大体上有两种模式。一是欧亚非之间地中海模式,强权之间零和博弈,用战争的方式,以彻底战胜对方为目标,古代世界的罗马、近代的英国,均采此种路径。二是加勒比海模式,19世纪下半叶,英国本与奉行"门罗主义"的美国"利益始终不可调和",在加勒比海"直接对抗",但感于加勒比海是美国利益的"关键因素",乃改而默许美国海军占据优势②,这是近代意义上的绥靖。

1874年,日本借口琉球难民被害事件出兵台湾,实际上是采取了上述第一种模式解决东亚地中海问题的肇端。琉球被吞并,乃至废藩置县,改变了东亚地中海南路的相对平衡格局,钓鱼岛群岛已被逼近——但在此前后,钓鱼岛

---

① 成书于明永乐元年(1403年)《顺风相送》载:"太武放洋,用甲寅针七更船取乌坵。用甲寅并甲卯针正南东墙开洋。用乙辰取小琉球头。又用乙辰取木山。北风东涌开洋,用甲卯取彭家山。用甲卯及单卯取钓鱼屿。南风东涌放洋,用乙辰针取小琉球头,至彭家花瓶屿在内。正南风梅花开洋,用乙辰取小琉球。用单乙取钓鱼屿南边。用卯针取赤坎屿。用艮针取枯美山。南风用单辰四更,看好风单甲十一更取古巴山,即马齿山,是麻山赤屿。用甲卯针取琉球国为妙"。这是目前所见最早记载钓鱼屿、赤屿等钓鱼岛群岛名称的史籍,也是中琉交往的见证。本处《顺风相送》使用牛津大学波德林图书馆(Bodleian Library)所藏版本,南京大学何志明博士搜集。句读见向达《两种海道针经》,中华书局1982年版。

② 艾尔弗雷德·塞耶·马汉著,李少彦等译:《海权对历史的影响:1660—1783年:附亚洲问题》,海洋出版社2013年版,第529—530页。

均被日本政府视为日本之外——1873年4月13日,日本外务省发给琉球藩国旗,要求"高悬于久米、宫古、石垣、人表、与那国五岛官署",以防"外国卒取之虞"。其中明确了琉球与外国的界线。① 在中日关于琉球的交涉中,日本驻清国公使馆向中方提交了关于冲绳西南边界宫古群岛、八重山群岛的所有岛屿名称,其中并无钓鱼岛群岛任何一个岛屿。② 1880年,美国前总统格兰特(Ulysses Grant)调停中日"球案"争端后,"三分琉球"未成定议,中日在东亚地中海南路进入暴风雨前的宁静状态。日本采取低调、隐瞒的办法,对钓鱼岛进行窥伺,寻机吞并。

1885年10月30日,冲绳县官员石泽兵吾等登上钓鱼岛进行考察。③ 同年11月24日,冲绳县令西村舍三致函内务卿山县有朋等,提出在钓鱼岛设立国家标志"未必与清国全无关系"。④ 12月5日,山县有朋向太政大臣三条实美提出内部报告,决定"目前勿要设置国家标志"。⑤ 这一官方认识,到1894年4月14日,日本内务省县治局回复冲绳知事关于在久场岛、鱼钓岛设置管辖标桩的请示报告时,仍在坚持。⑥ 1894年12月27,内务大臣野村靖鉴于"今昔情况不同",乃向外务卿陆奥宗光提出重新审议冲绳县关于在久场岛、鱼钓岛设置管辖标桩的请示。⑦ 随后,钓鱼岛群岛被裹挟在台湾"附属各岛屿"

---

① 村田忠禧著,韦平和等译:《日中领土争端的起源——从历史档案看钓鱼岛问题》,社会科学文献出版社2013年版,第162页。

② 《宫古、八重山二岛考》(光緒六年九月四日,1880年10月7日),台北,"中研院"近代史研究所档案馆藏,外交部门档案·总理各国事务衙门,01/34/009/01/009

③ 「魚釣嶋他二嶋巡視調査の概略」(明治18年11月4日)、JACAR(アジア歴史資料センター)Ref. B03041152300(第18画像目から)、帝国版図関係雑件(外務省外交史料館)

④ 村田忠禧:《日中领土争端的起源——从历史档案看钓鱼岛问题》,第171页。

⑤ 「秘第一二八号ノ内」(明治18年12月5日)、JACAR(アジア歴史資料センター)Ref. A03022910000(第2画像目から)、公文別録・内務省・明治十五年~明治十八年 第四巻(国立公文書館)

⑥ 「甲69号 内務省秘別第34号」(明治27年4月14日)、JACAR(アジア歴史資料センター)Ref. B03041152300(第47画像目から)、帝国版図関係雑件(外務省外交史料館)

⑦ 「秘別133号 久場島魚釣島へ所轄標杭建設之義上申」(明治27年12月15日)、JACAR(アジア歴史資料センター)Ref. B03041152300(第44画像目から)、帝国版図関係雑件(外務省外交史料館)

中,被日本逐步"窃取"。

野村靖所谓"今昔情况不同",指的是甲午战争的发生和中国在东亚地中海北侧朝鲜、东北战场上的溃败之势。通过战争,日本不仅将中国从中日共同强力影响下的朝鲜驱逐出去,且占据台湾、澎湖,势力伸展至清朝"龙兴之地"的辽东。白江口会战形成的东亚地中海秩序余绪已经荡然无存,东亚地中海四面四国相对平衡的局面,简化为中国仅在西侧保留残缺不全的主权——德国强占胶州湾后,列强掀起在中国划分势力范围的狂潮;庚子事变和日俄战争的结果,更使得日本沿东亚地中海北侧,部署其陆海军力量至中国首都。"在地中海的范围内,陆路和海路必然相依为命"。① 陆路和海路连续战胜中国,使得日本在东亚地中海形成对中国的绝对优势。

1300年,东亚地中海秩序逆转,钓鱼岛从无主到有主的内涵也发生了逆转。马汉所谓"海权包括凭借海洋或者通过海洋能够使一个民族成为伟大民族的一切东西"②,在这里得到很好的诠释。

三

格兰特调停中日"球案"时曾指出:姑且先不论中日之是非,中日之争,实不可须臾忘记环伺在侧的欧洲列强③。那时的美国,刚刚从南北内战的硝烟中走来,尚未自省亦为列强之一。但富有启发的是,中日争夺东亚地中海主导权前后,列强就已经是东亚地中海的既存因素。东亚地中海的秩序因此不单单是中日的双边博弈。而在博弈模型中,多边博弈总是不稳定的。

马戛尔尼(George Macartney)使华只是序曲,英国在19世纪初成为东亚海洋的主角之一,并曾就小笠原群岛等东亚众多岛屿的归属,与日、美产生交涉。英国海图对钓鱼岛群岛的定位,后来被日本详加考证。④

---

① 费尔南·布罗代尔:《地中海与菲利普二世时代的地中海世界》第2卷,第931页。
② 艾尔弗雷德·塞耶·马汉:《海权对历史的影响:1660—1783年:附亚洲问题》,《出版说明》。
③ 《七续纪论辨琉球事》,《申报》,光绪六年三月十八日,1880年4月26日,第4版。
④ 「久米赤島・久場島・魚釣島の三島取調書」(明治18年9月21日)、JACAR(アジア歴史資料センター)Ref. B03041152300(第8画像目から)、帝国版図関係雑件(外務省外交史料館)

美国佩里（Matthew Perry）"黑舰队"在19世纪50年代打开日本幕府大门之前，对《中山传信录》等进行了详细研究，钓鱼岛群岛固在其记述中，而且使用了中国福建话发音的命名。顺便应当提及的是，佩里日本签约的同时，也与琉球国单独签约（签署日期用公元和咸丰纪年），说明他把琉球国当成一个独立的国家。

俄罗斯、法国也在19世纪50年代前后不同程度地活跃于东亚地中海。

甲午战争，日本"以国运相赌"，其意在与中国争夺东亚主导权，客观结果却是几乎所有欧美强国以前所未有的强度进入东亚地中海世界。日本虽赢得了对中国的优势，却更深地被列强所牵制。其中，俄罗斯、英国、美国的影响最大。

大尺度地看，在对马海峡击败沙皇俄国海军，是日本清理东亚地中海北侧威胁的重大胜利，库页岛南部和南千岛群岛落入日本控制。但俄罗斯并未远遁，其在勘察加半岛、库页岛北部、滨海省和中国东北北部的存在，始终让日本主导的东亚地中海秩序如芒刺在背，通过出兵西伯利亚、扶植伪满洲国、在诺门坎和张鼓峰挑起争端，以及一系列的双边条约，日本也只能做到局势粗安。而东亚地中海的内涵隐隐有向北扩展至日本海、乃至鄂霍次克海的态势。因为"俄国从北扩张的对立面将主要表现在向位于北纬30°和40°之间宽广的分界地带以南的扩张中"。① 事实上，二战结束前后，美国预筹战后东亚海洋安排时，就将以上海域和库页岛、千岛群岛等岛屿视为苏联的势力范围，并将其与自己准备占据小笠原群岛、琉球群岛关联起来，显然认为其中的内在逻辑一致。②

在日本主张大东群岛、小笠原群岛等东亚洋中岛屿主权的过程中，英国采取了许可或默认态度。日本占据台湾，视福建为其势力范围，直接面对香港、上海等英国具有重大利益的据点，也未被视为重大威胁。其与日本1902年结成的英日同盟，是日本战胜俄罗斯波罗的海舰队的重要因素。但是，一战后日本获得德属太平洋诸岛，这与英国在西太平洋的利益产生重叠，成为英日之间

---

① 艾尔弗雷德·塞耶·马汉：《海权对历史的影响：1660—1783年：附亚洲问题》，第466页。

② *Liuchiu Islands*(*Ryukyu*)，(14 April 1943)，沖縄県公文書館蔵，米国収集文書·Liuchius (Ryukyus) (Japan)，059/00673/00011/002。

产生矛盾与冲突的根源。1922年《九国公约》取代英日同盟,使得日本失去了维护其东亚地中海秩序的得力盟友。九一八事变后,日本对英国远东利益的排挤更呈现出由北向南渐次推进的规律。攻占香港、马来亚、新加坡,是日本对英国长期积累的西太平洋海权的终结,并使得东亚地中海的内涵扩张至南海一线。

虽然由于后来的历史和今天的现实,美国在中国往往被视为列强的一员,实际上在佩里时代,英美的竞争性甚强。格兰特的提醒,毋宁说是一种有别于欧洲老牌殖民帝国的"善意";他甚至颇具眼光地提出:日本占据琉球,如扼中国贸易之咽喉①——这与战后美国对琉球群岛战略位置的看法一致②——深具战略意义。

美西战争,使得"重返亚洲"的美国在东亚地中海南侧得到菲律宾这个立足点,被马汉(Alfred Thayer Mahan)誉为"美国在空间范围上跨度最广的一次扩张"③,但美国在东亚地中海的西侧,要求的是延续门罗主义的"门户开放"和"机会均等"。早有论者指出,美国的这一政策,客观上使得中国在19世纪末免于被列强瓜分。④ 而对日本来说,美国逐步扩大的存在和影响,使其在战胜中国后仍不能完全掌控东亚地中海。马汉指出:"为确保在最大程度上施行门户开放政策,我们需要明显的实力,不仅要保持在中国本土的实力,而且要保持海上交通线的实力,尤其是最短航线的实力"。⑤ 美国对西太平洋海权的坚持,决定了美日双方矛盾的持久存在。日本起初对美国兼并夏威夷就有意见,而在20世纪30年代英国不断后撤其东亚防御线之后,美国成为日本东亚地中海制海权的主要威胁,日本对美国因素的排拒,演成太平洋战争,并使得钓鱼岛问题的"制造"权最终落入美国手中。

---

① 《七续纪论辨琉球事》,《申报》,光绪六年三月十八日,1880年4月26日,第4版。
② U. S. Policy toward Japan, Top Secret, National Security Council Report, May 17, 1951, *Digital National Security Archive*(以下简称 *DNSA*), PD00141.
③ 艾尔弗雷德·塞耶·马汉:《海权对历史的影响:1660—1783年:附亚洲问题》,第460页。
④ 张玉法:《中华民国史稿》修订版,台北:联经出版事业有限公司2010年版,第33页。
⑤ 艾尔弗雷德·塞耶·马汉:《海权对历史的影响:1660—1783年:附亚洲问题》,第527页。

四

本来,开罗会议期间,美国总统罗斯福曾询问蒋介石中国是否想要琉球,但蒋介石提议"可由国际机构委托中美共管",理由是"一安美国之心,二以琉球在甲午以前已属日本,三以此区由美国共管比归我专有为妥也"。①

德黑兰会议期间,美苏就东亚地中海及其周边的处置,曾有预案,并涉及到琉球:

> ……罗斯福总统回忆道,斯大林熟知琉球群岛的历史,完全同意琉球群岛的主权属于中国,因此应当归还给中国……②

宋子文、孙科、钱端升③以及王正廷、王宠惠④等人对琉球态度与蒋不一,当时《中央日报》、《申报》等媒体亦认为中国应领有琉球,但蒋的意见在当时决定了琉球不为中国所有的事实。蒋介石的考虑不能说没有现实因素的作用,但海权在其知识结构中显然非常欠缺,东亚地中海的战略重要性不为蒋介石所认知,是美国得以制造钓鱼岛问题的重要背景。

在所有的地中海世界中,对立者的可能行动方向是考虑战略安排的主要因素,东亚地中海亦然。战争结束以后,美国在给中国战场美军司令的电文中重申了《波茨坦宣言》的第八条:"开罗宣言的条款必须执行,日本的主权必须

---

① 高素兰编注:《蒋中正"总统"档案:事略稿本》(55),台北:"国史馆"2011年版,第472页。

② Minutes of a Meeting of the Pacific War Council, *Foreign Relations of the United States*(以下简称 *FRUS*), Diplomatic Papers, The Conferences at Cairo and Tehran, 1943, United States Government Printing Office, Washington: 1961. pp. 868–870.

③ *Chinese opinion*, (8 December 1943), 沖縄県公文書館蔵,米国収集文書·Territorial Problem-Japan: Government Saghalien, Kuriles, Bonins, Liuchius, Formosa, Mandates, 059/00673/00011/001。

④ 《王正廷谈话盟国应长期管束日本至消灭侵略意念为止》,《申报》,1947年6月5日,第2版;《王宠惠谈对日和约 侵略状态应消除 对外贸易不能纵其倾销》,《申报》,1947年8月15日,第1版。

仅限于本州、北海道、九州、四国及由我们所决定的一些小岛屿。"①但苏联在东亚地中海的存在和影响成为美国东亚政策的主要针对因素，对日处理，已不是四大国共同决定。美国认为，"中国、苏联、英国和琉球人强烈反对将琉球群岛交还日本"，也认知到"对苏联而言，可以选择的是琉球独立或是将琉球交予共产党领导的中国。苏联更倾向于后者"。但美国自身的战略地位是最重要的考量因素。

  承认中国的领土要求包含着巨大的风险。中国控制琉球群岛可能会拒绝美国继续使用基地，并且共产党最终打败国民党可能会给予苏联进入琉球群岛的机会。这样的发展不仅会给日本带来苏联入侵的威胁，而且会限制美国在太平洋地区的战略军事地位。②

  1948年，美国国家安全委员会向美国总统、国务卿等提出"对日政策建议"："美国欲长期保留冲绳岛屿上的设施，以及位于北纬29度以南的琉球群岛、南鸟岛和孀妇岩以南的南方诸岛上的参谋长联席会议视为必要的其他设施。"③麦克阿瑟指出："该群岛对我国西太平洋边界的防御至关重要，其控制权必须掌握在美国手中。……我认为如果美国不能控制此处，日后可能给美军带来毁灭性打击。"④1950年10月4日，参谋长联席会议未等与国务院协商一致，直接批准了给远东美军的命令，决定由美国政府负责北纬29度以南琉球群岛的民政管理。"该地区的美国政府称作'琉球群岛美国民政府'"。命令美军远东司令为琉球群岛总督，"总督保留以下权力：a. 有权否决、禁止或搁置执行上述政府(指琉球群岛的中央、省和市级政府——引者)制定的任何法律、法令或法规；b. 有权命令上述政府执行任何其本人认为恰当的法律、法令

---

  ① Memorandum by the State-War-Navy Coordinating Subcommittee for the Far East, *FRUS*, 1946, Vol. VIII, The Far East, United States Government Printing Office, Washington：1971. pp. 174 – 176.

  ② *The Ryukyu Islands and Their Significance*, (24 May 1948), 沖縄県公文書館蔵，米国収集文書・Central Intelligence Agency, 319/00082A/00023/002。

  ③ Report, NSC 13/2, to the President Oct. 7, 1948, *Declassified Documents Reference System* (以下简称 *DDRS*), CK3100347865.

  ④ General of the Army Douglas MacArthur to the Secretary of State, *FRUS*, 1947, Vol. VI, The Far East, United States Government Printing Office, Washington：1972. pp. 512 – 515.

或法规;c. 总督下达的命令未得到执行,或因安全所需时,有权在全岛或部分范围内恢复最高权力"。① 美国虽在战时反复宣称没有领土野心,但出于冷战的战略需要,在东亚地中海中深深地扎下根来。

根据 1951 年 9 月 8 日签订的《旧金山和平条约》(中华人民共和国中央人民政府公开宣言不予承认),美国琉球民政府副总督奥格登(David A. D. Ogden)1953 年 12 月 25 日发布了题为《琉球群岛地理边界》(Geographic Boundaries of the Ryukyu Islands)的"民政府第 27 号令",确定琉球地理边界为下列各点连线:

北纬 28 度,东经 124.4 度;
北纬 24 度,东经 122 度;
北纬 24 度,东经 133 度;
北纬 27 度,东经 131.5 度;
北纬 27 度,东经 128.18 度;
北纬 28 度,东经 128.18 度。②

上述各点的内涵,把钓鱼岛划进了琉球群岛的范围。正如基辛格 1971 年与美国驻日大使商量对钓鱼岛问题口径的电话记录所显示的,美国明知钓鱼岛主权争议是中日两国之事,美国对其没有主权,但"1951 年我们从日本手中接过冲绳主权时,把这些岛屿作为冲绳领土的一部分也纳入其中了"。③ 钓鱼岛被裹挟到"琉球"这个概念中,被美日私相授受,是美国"制造"出钓鱼岛问题的真相。

在美国对琉球愈发加紧控制的同时,随着朝鲜战争的爆发和冷战愈演愈烈,美国眼中的日本角色迅速发生转变,其重要性日益突出。1951 年美国国家安全委员会的《对日政策声明》(1960 年再次讨论)称,"从整体战略的角度

---

① Memorandum Approved by the Joint Chiefs of Staff, *FRUS*, 1950, Vol. VI, East Asia and The Pacific, United States Government Printing Office, Washington: 1976. pp. 1313–1319.

② *Civil Administration Proclamation NO.* 27,(25 December 1953),沖縄県公文書館蔵,米国收集文书・Ryukyus, Command, Proclamations, Nos. 1–35, 059/03069/00004/002。

③ Ryukyu Islands, Classification Unknown, Memorandum of Telephone Conversation, June 07, 1971, *DNSA*, KA05887.

而言,日本是世界四大工业大国之一,如果日本的工业实力被共产主义国家所利用,则全球的力量对比将发生重大改变"。① 1961年,《美国对日政策纲领》进一步宣示了美国对日政策基调为:

  1. 重新将日本建成亚洲的主要大国。

  2. 使日本与美国结成大致同盟,并使日本势力和影响的发挥大致符合美国和自由世界的利益。②

这使得以美国总统、国务院为代表的力量顶着美国军方的异议③,对日本"归还"琉球(日方更倾向于使用"冲绳"这一割断历史的名词,而"冲绳县"和被日本强行废藩置县的古琉球国,以及美国战后设定的"琉球群岛美国民政府"的管辖范围并不一致)的呼声给予了积极回应。④ 扶持日本作为抵制共产主义的桥头堡,成为美国远东政策的基石,"归还"琉球,既是美国对日政策的自然发展,也是其对日本长期追随"自由世界"的犒赏。

值得注意的是,旧金山和约签订之后,在日本渲染的所谓左派和共产党利用琉球问题,可能对"自由世界"不利的压力下,美国承认日本对于琉球有所谓"剩余主权"。⑤ 但美国在琉球的所谓"民政府"有行政、立法、司法权,剥除了行政、立法、司法权的"剩余主权"实际上只是言辞上的温慰。1951年6月美国国务卿杜勒斯(John Dulles)的顾问在备忘录中坦率地表示,美国事实上获

---

  ① U. S. Policy toward Japan, Top Secret, National Security Council Report, May 17, 1951, *DNSA*, PD00141.

  ② Guidelines of U. S. Policy toward Japan, Secret, Policy Paper, c. May 3, 1961, *DNSA*, JU00098.

  ③ 美国军方异议见 Memorandum by the Secretary of State to the Ambassador at Large (Jessup), *FRUS*, 1950, Vol. VI, East Asia and The Pacific, United States Government Printing Office, Washington:1976. pp. 1278 – 1282.

  ④ Reversion of the Bonin and Ryukyu Islands Issue, Secret, Memorandum, c. October 1967, *DNSA*, JU00766.

  ⑤ Background information and recommendations with respect to Japanese demands that the U. S. return administrative control of the Ryukyu Islands over to them. Dec 30, 1968, *DDRS*, CK3100681400.

得了琉球群岛的主权。① 美国宣称对中国固有领土拥有"主权"自属无稽,但这也说明日本在20多年中对琉球的"主权"并不是"毫无争议"的。等到1972年"归还"时,美方又用了"管辖权""行政权"等不同的名词,而不是"主权",说明美国注意到了琉球问题的复杂性。

由于海峡两岸坚决反对将钓鱼岛及其附属岛屿裹挟在琉球群岛中"归还"日本,美国在"制造"钓鱼岛问题时,发明了一段似是而非、玩弄文字的说法:"我们坚持,将这些岛屿的管辖权归还日本,既不增加亦不减少此岛屿为美国接管前日本所拥有的对该岛的合法权利,亦不减少其他所有权要求国所拥有的业已存在的权利,因为这些权利早于我们与琉球群岛之关系"。② "国务院发言人布瑞(Charles Bray)在一篇声明中指出,美国只是把对琉球的行政权交还给日本,因之,有关钓鱼台的主权问题,乃是有待中华民国与日本来谋求解决的事"。③ 美国言说的对象和内容是错误的,但钓鱼岛及其附属群岛的主权存在争议,却是其反复明确的事实。

余 论

在早期的中、日、琉球、英、美各种文献中,钓鱼岛及其附属岛屿都是"边缘性的存在"。在中日主权争议的今天,它却成为东亚地中海的"中心"——不仅牵动美、中、日这三个国民生产总值占据世界前三的国家,也牵动整个东亚乃至世界局势。妥善处理钓鱼岛问题,具有世界性意义。

马汉曾经设定:"可能为了人类的福祉,中国人和中国的领土,在实现种族大团结之前应当经历一段时间的政治分裂,如同法国大革命之前的德国一

---

① Memorandum by The Consultant to the Secretary (Dulles), *FRUS*, 1951, Vol. VI, Asia and The Pacific(in two parts)Part1, General Editor: Fredrick Aandahl, United States Government Printing Office, Washington:1977. pp. 1152-1153.

② Briefing Papers for Mr. Kissinger's Trip to Japan, Includes Papers Entitled "Removal of U. S. Aircraft from Naha Air Base" and "Senkakus", Secret, Memorandum, April 6, 1972, *DNSA*, JU01523.

③ 《美国务院声明指出 对钓鱼台主权 有待中日解决》,台北《中央日报》,1971年6月19日,第1版。

样。"①马汉的设定没有任何学理支撑,但确实,台海两岸的政治分裂给了所有居间利用钓鱼岛问题的势力,特别是美国以机会。1971年4月12日,美日私相授受琉球甚嚣尘上之际,台湾当局"外交部长"周书楷前往华盛顿拜会美国总统尼克松,提出钓鱼岛问题会在海外华人间产生重大影响,可能造成运动。尼克松顾左右而言他,将话题转移到联合国问题的重要性上,尼克松说:"只要我在这里,您便在白宫中有一位朋友,而您不该做任何使他难堪的事。中国人应该看看其中微妙。你们帮助我们,我们也会帮助你们。"②其时,台湾当局正为联合国席位问题焦虑,尼克松"点中"其软肋,使其话语权急剧削弱。果然,在随后与基辛格的会谈中,周书楷主动提出第二年的联合国大会问题,而且他"希望'另一边'(即中国共产党)能被排除在大会之外"。③ 事实上,中华人民共和国中央人民政府对钓鱼岛及其附属岛屿主张主权和行动,一直遭到台湾当局掣肘。钓鱼岛问题,因此必然与台湾问题的处理联系在一起,这极大地增加了解决钓鱼岛问题的复杂性和难度。这是其一。

其二,被人为故意作为琉球一部分而"归还"的钓鱼岛及其附属岛屿的主权归属问题,在美国有意识、有目的的操弄下,几乎在中日争议的第一天起就进入复杂状态。中国固有领土被私自转让,自然必须反对。1971年12月30日,中华人民共和国外交部严正声明:"绝对不能容忍""美、日两国政府公然把钓鱼岛等岛屿划入'归还区域'"。同时,善意提示日方勿被居间利用:"中国政府和中国人民一贯支持日本人民为粉碎'归还'冲绳的骗局,要求无条件地、全面地收复冲绳而进行的英勇斗争,并强烈反对美、日反动派拿中国领土钓鱼岛等岛屿作交易和借此挑拨中、日两国人民的友好关系。"④可以说,态度十分具有建设性。

---

① 艾尔弗雷德·塞耶·马汉:《海权对历史的影响:1660－1783年:附亚洲问题》,第482页。

② Memorandum of Conversation, *Foreign Relations of the United States*, 1969－1976,Volume XVII, China, 1969－1972, Document 113, p. 292. 下文所引20世纪70年代以后的美国外交关系文件(FRUS),来源与来自威斯康辛大学的上文不同,文件来源是http://history.state.gov/. 特此说明。

③ Memorandum of Conversation, *Foreign Relations of the United States*, 1969－1976,Volume XVII, China, 1969－1972, Document 114, p. 294

④ 《中华人民共和国外交部声明》(1971年12月30日),《人民日报》,1971年12月31日,第1版。

日本自居与美国是盟友关系,可以在钓鱼岛问题上得到美方的充分背书。但其实,没有得到完全的满足——虽然日本一直希望援引美方的表态主张权利,将其设定为"没有争议",但 1972 年 8 月,美国政府内部指示,对日本应当清楚表示:"尽管美国政府的媒体指导已进行了部分修改以符合日本政府的要求,这丝毫不意味着我们改变了美国在尖阁诸岛争端问题上保持中立的基本立场。"①更有甚者,1974 年 1 月,已任美国国务卿的基辛格在讨论南沙群岛问题时,为"教会日本人敬畏",讨论了将中华人民共和国"引导"到钓鱼岛问题的可能性。② 这样看,实际上是"系铃人"角色的美国,并不准备担当"解铃人"的作用——促使中日两国长期在东亚地中海保持内在紧张,更符合美国作为"渔翁"的利益。

对美国利用钓鱼岛问题牵制中日,中国洞若观火,其长期坚持的"搁置争议,共同开发"这一创新国际法的、充满善意的政策,目的就是使钓鱼岛这一东亚地中海热点冷却下来、走上政治解决的轨道。但其善意,为日本政府所轻忽。日本政府如何为了日本人民的长远福祉而改弦更张、放弃短视思维,不沉溺于被操纵利用的饮鸩止渴,对钓鱼岛问题的政治解决至关重要。

其三,马汉还说,"富强起来的中国对我们和它自己都会带来更严重的危险"。③ 这一断言充斥着"文明冲突论"的火药味和深深的种族歧视,他论证说,"因为我们届时必须拱手相送的物质财富会使中国富强起来,但是中国对这些物质财富的利用毫无控制,因为它对这种在很大程度上支配了我们的政治和社会行为的思想道德力量缺乏清楚的理解,更不用说完全接受。"马汉以美国价值观作为美国接受中国复兴的前提条件,是今天美国操纵钓鱼岛问题深远的运思基础。

但是,正如布罗代尔总结欧亚非地中海历史所指出的:"历史的普遍的、强

---

① Issues and Talking Points: Bilateral Issues, Secret, Briefing Paper, August 1972, *DNSA*, JU01582.

② Minutes of the Secretary of State's Staff Meeting, *Foreign Relations of the United States*, 1969 – 1976, Volume E – 12, Documents On East and Southeast Asia, 1973 – 1976, Document 327, p. 3.

③ 艾尔弗雷德·塞耶·马汉:《海权对历史的影响:1660—1783 年;附亚洲问题》,第 522 页。

大的、敌对的潮流比环境、人、谋算和计划等更为重要、更有影响"。① 中国的复兴是操盘者无法"谋算"的历史潮流和趋势,然而,这一潮流并不是"敌对的",2012年,习近平更指出:"太平洋够大,足以容下中美两国(The vast Pacific Ocean has ample space for China and the United States)"②,充满前瞻性和想象张力的说法,相比于那些把钓鱼岛作为"遏制"中国的东亚地中海前哨阵地的"敌对的"计划,更着眼于"人类的福祉"。中国所主张的"新型大国关系",摈弃了传统的地中海模式,扬弃了加勒比海模式,内含了一种可能导向和平之海、繁荣之海的新地中海模式,值得东亚地中海所有当事者深思。

张生

2016年5月

---

① 费尔南·布罗代尔:《地中海与菲利普二世时代的地中海世界》第2卷,第955页。
② 来自人民网,http://www.people.com.cn/GB/32306/33232/17111739.html, 2012年02月14日。

出版凡例

一、本文献集按文献来源分为中文之部、日文之部、西文之部三个大的序列。每个序列中按专题分册出版,一个专题一册或多册。

二、文献集所选资料,原文中的人名、地名、别字、错字及不规范用字,为尊重历史和文献原貌,均原文照录。因此而影响读者判断、引用之处,用"译者按"或"编者按"在原文后标出。因原文献漫漶不清而缺字处,用"□"标识。

三、日文原文献中用明治、大正、昭和等天皇年号的,不改为公元纪年。台湾方面文献在原文中涉及政治人物头衔和机构名称的,按相关规定处理;其资料原文用民国纪年的,不加改动。

四、所选史料均在起始处说明来源,或在文后标注其档案号、文件号。

五、日本人名从西文文献译出者,保留其西文拼法,以便核对;其余外国人名,均在某专题或文件中第一次出现时标注其西文拼法。

六、西文文献经过前人编辑而加注释者,用"原编辑者注"保留在页下。

七、原资料中有对中国人民或中国政府横加诬蔑之处,或基于立场表达其看法之处,为存资料之真,不加改动或特别说明,请读者加以鉴别。

本册说明

古琉球国位于中国台湾和日本九州之间，曾经向中国的明、清两代朝贡，是中国的藩属国之一，历史上曾多次遭受外部势力的入侵。1874年，日本借"牡丹社事件"侵入台湾。1879年，琉球被日本吞并后，清廷与日本明治政府之间产生了一系列外交纠纷案件，史称"琉球案"，简称"球案"。1895年甲午之战清朝战败，被迫割让台湾、澎湖予日本。近年来，中日间钓鱼岛主权归属斗争日渐激烈，并且随着国际局势的变化日趋复杂。追根溯源，探究琉球问题的由来，才能在大历史背景下了解钓鱼岛问题的来龙去脉；探究中日"球案"交涉，也才能明晰琉球问题可以"再议"（张海鹏、李国强语）的历史依据。钓鱼岛从古到今，不是琉球的一部分；但"钓鱼岛问题"与"琉球问题"既有联系，也有区隔，需要历史地、辩证地分析。

本册主要收录了中国第一历史档案馆所藏部分宫中朱批奏折档案，台湾银行经济研究室编辑的《同治甲戌日兵侵台始末》以及台湾大通书局印行的《道咸同光四朝奏议选辑（全）》、《清光绪朝中日交涉史料选辑（全）》。另外，李鸿章、何如璋等人为晚清中日交涉中的重要人物。本册也选录部分《李鸿章全集·信函》和《茶阳三家文钞》中的有关文献，作为官方文档之补充。

第一部分档案是中国第一历史档案馆所藏宫中朱批奏折，主要包括自清道光朝始有关琉球贡使及难民的档案。明清时期，琉球国受中国册封，不定期地向中国朝贡。琉球国朝贡使在来往中国途中，经常会遭受风难或海盗劫掠等情形，清廷依例救助、抚恤及保护，琉球则于事后发咨文谢恩，琉球贡使在中国沿途也会受到地方各省的接待和保护。本部分收录的档案主要是清廷册封琉球、抚恤遭难琉球贡使、渔民及沿途地方各省接护贡使的奏折。从这些档案中，可以清楚地看出中国与琉球之间的主从关系。

第二部分资料选自《同治甲戌日兵侵台始末》，隶属于《台湾文献丛刊》第38种，由台湾银行经济研究室于1959年编辑出版。清同治十三年甲戌（1874

年),日本借口琉球难民被台湾原住民杀害事件出兵台湾。关于此事件的档案,散见在《同治朝筹办夷务始末》第93—100卷中。此书把这些文件汇录起来,题作《同治甲戌日兵侵台始末》,分为四卷。从这些文件上,我们可以看出五项具体的事实:(1)日本怎样出兵到台湾;(2)钦差大臣沈葆桢在台湾怎样一面交涉,一面布置;(3)北京总理各国事务衙门怎样和日本使臣柳元前光及大久保利通反复争辩;(4)中、日双方怎样获得协助,互换条约;(5)日本怎样撤兵离台湾。

第三部分资料选自《道咸同光四朝奏议选辑(全)》,隶属于《台湾文献史料丛刊》第四辑第70种,由孔昭明主编,台湾大通书局于1984年印行。台北故宫博物院藏有《道咸同光四朝奏议》,起自清道光元年,止于光绪十年,已由商务印书馆影印发行,列为"国立故宫博物院"清代史料丛书"之一,《道咸同光四朝奏议选辑(全)》是就其中有关台湾部分选辑而成。本部分资料即选择《道咸同光四朝奏议选辑(全)》中有关中日交涉的部分。

第四部分资料选自《清光绪朝中日交涉史料选辑(全)》,隶属于《台湾文献史料丛刊》第四辑第73种,由孔昭明主编,台湾大通书局于1984年印行。故宫博物院于1932年就所藏清代军机处档案辑有《清光绪朝中日交涉史料》八十八卷,刊印行世。这本《清光绪朝中日交涉史料选辑(全)》即据以集成一种光绪初年以讫甲午(1894年)之战与台湾有关的中日关系史料。这本《选辑》有两个特点:(1)凡与"球案"有关的文件,均予选入。由于台湾与琉球相距不远,在对日关系上往往有所牵连。同治末年(1874年)日兵的侵台,日人既借口琉球难民被台湾原住民杀害而起,而当时"台湾问题的解决方法,使日人以为中国默认琉球是属于日本"。后来"球案"的发生,无异是一种鼓励作用。迨至"球案"发生之后,台湾的防务,又重新为人所注意。因将"球案"全录,以明真相;(2)甲午之战国内反对和议条款的文件,约占全书三分之一,为他书所无。《马关条约》签订前后,台湾以及其他各省在京会试举人纷纷上书表示意见;各部院属官、各省大吏亦先后有所呈奏。这些当时大多属于留中不报的文件,凡有论及台湾者一概采用,以此见当年一般舆论对于割地问题的反应。

第五部分资料选自《李鸿章全集·信函》。李鸿章为晚清政坛要角,在中外交涉中尤为清廷所倚重。本册所选李鸿章信函写于中日就有关琉球等问题交涉期间,主要内容为其与相关各政府部门及重要人物之间交流情报、探讨应对之方。因李鸿章其时所处之枢机地位,其信函中所表现出的认识及主张,相当程度上代表了清政府的见解,并成为清政府制定对日政策的基础。

第六部分资料选自《茶阳三家文钞》。该书为温廷敬辑,民国十四年排印本,其中包括何如璋所著《何少詹文钞》。何如璋(1838—1891)字子峨,号璞山,广东省大埔县人。1868年何如璋中进士,以潜心西学、通晓洋务为李鸿章所赏识。1877年何如璋充任出使日本正使钦差大臣,1882年任满回国,后曾任福建船政大臣、詹事府少詹事等职。本册所选部分,系何如璋使日期间发给清政府总理各国事务衙门及李鸿章等人之信札函电,就中日关系及琉球问题陈述其在日所见及建议主张。

编　者
2016年4月

目 录

"东亚地中海"视野中的钓鱼岛问题的产生(代序) ………… 1

出版凡例 ………………………………………………………… 1

本册说明 ………………………………………………………… 1

一、中国第一历史档案馆馆藏档案 ……………………………… 1

  1. 奏为粤省查办琉球国王咨文缘由事 ………………………… 1
  2. 奏为恭缴原奉颁发琉球国遗诏事 …………………………… 2
  3. 奏为琉球遭风难人到闽安插译讯抚恤事 …………………… 3
  4. 奏为琉球遭风难人到闽安插译讯抚恤事 …………………… 3
  5. 奏为琉球遭风难人到闽安插译讯抚恤事 …………………… 4
  6. 奏为苏省接护琉球国使臣事 ………………………………… 5
  7. 奏为苏省接护琉球国使臣事 ………………………………… 5
  8. 奏为查办琉球国护送难民船只及接贡船只在洋被劫情形事及为琉球难民到闽安插译讯抚恤事 …………………………… 6

二、同治甲戌日兵侵台始末 ……………………………………… 10

  1. 三月辛未(二十九日)总理各国事务恭亲王等奏 …………… 10
  2. 谕军机大臣等 ………………………………………………… 11
  3. 给日本国外务省照会 ………………………………………… 12
  4. 四月戊子(十六日)闽浙总督兼署福建巡抚李鹤年奏 ……… 13
  5. 四年癸巳(二十一日)闽浙总督兼署福建巡抚李鹤年奏 …… 13
  6. 李鹤年又奏 …………………………………………………… 14

    7. 文煜等又奏 ································· 15

    8. 谕军机大臣等 ······························· 15

    9. 给日本国中将西乡照会 ······················· 16

    10. 谕军机大臣等 ····························· 17

    11. 给日本国柳原前光照会 ······················ 18

    12. 给日本国外务省大臣照会 ···················· 19

    13. 日本国柳原前光覆函 ························ 19

    14. 给日本国柳原大臣照会 ······················ 20

    15. 八月壬申(初二日)办理台湾等处海防大臣沈葆桢等奏 ········· 20

    16. 九月戊午(十九日)办理台湾等处海防大臣沈葆桢等奏 ········· 22

    17. 浙江巡抚杨昌浚奏 ·························· 24

三、道咸同光四朝奏议选辑 ························· 28

    1. 请速筹台事全局疏(光绪二年) ·················· 28

    2. 沥陈病状并海防事宜十六条疏(光绪五年) ········· 29

    3. 沥陈球案倭约疏(光绪六年) ···················· 34

    4. 日本议结球案牵涉改约暂宜缓允疏(附请调岑毓英督办台湾片)(光绪六年) ··· 37

    5. 覆陈球案倭约疏(光绪六年) ···················· 40

    6. 敬陈时务疏(光绪七年) ························ 42

    7. 保小捍边当谋自强疏(光绪八年) ················ 46

四、清光绪朝中日交涉档案 ························· 52

    1. 大学士直隶总督李鸿章奏筹议台湾事宜折(正月十六日) ········· 53

    2. 福建巡抚丁日昌奏巡查台湾南路凤山恒春等处折(正月二十八日) ··· 54

    3. 闽浙总督何璟等奏据情陈奏琉球职贡日本梗阻折(五月十四日) ··· 55

    4. 总理各国事务衙门奏日本梗阻琉球入贡现与出使商办情形折(六月初五日) ··· 56

5. 总理各国事务衙门奏请照旧章派轮赴台湾巡查折(六月初五日) ……………………………………………………… 57
6. 军机大臣寄两江总督等上谕(三月二十八日) ………… 60
7. 总理各国事务衙门奏日本梗阻琉球入贡情形折(闰三月初五日) ……………………………………………………… 60
8. 总理各国事务衙门奏美统领调处琉球事折(七月二十一日)……… 61
9. 总理各国事务衙门奏美统领格兰忒在日本商办琉球事情折(八月初五日) ……………………………………………………… 62
10. 总理各国事务衙门奏请派员商办琉球案折(六月二十四日) …… 64
11. 军机处传知总理各国事务衙门办理琉球事件上谕片(六月二十四日) ……………………………………………………… 65
12. 总理各国事务衙门覆陈日本商务并购《海防新论》折(七月十九日) ……………………………………………………… 65
13. 总理各国事务衙门奏与日本使臣议结琉球案折(九月二十五日) ……………………………………………………… 66
14. 总理各国事务衙门申明议结球案情形片(九月二十五日) ……… 68
15. 右庶子陈宝琛奏倭案不宜遽结折(九月二十六日) …… 69
16. 张之洞奏请防台湾片(十月初一日) ……………………… 71
17. 军机处寄直隶总督李鸿章上谕(十月初四日) ………… 71
18. 直隶总督李鸿章覆奏球案宜缓允折(十月初九日) …… 72
19. 军机处寄两江总督刘坤一等上谕(十月十六日) ……… 75
20. 江苏巡抚吴元炳覆奏球案日约可徐图折(十月二十六日) …… 76
21. 两江总督刘坤一覆奏球案宜妥速议结倭约宜慎重图维折(十一月初五日) ……………………………………………………… 77
22. 浙江巡抚谭钟麟覆奏球案宜速办结折(十一月初六日) …… 79
23. 穆图善等覆奏球案与商约宜分别定结折(十一月二十六日) …… 81
24. 李鸿章奏遵覆梅启照条陈折(十二月十一日) ………… 82
25. 福建巡抚勒方锜奏台湾海口营务民番情形折(十二月初七日) … 86
26. 福建巡抚勒方锜密陈台湾旗后海口港门不宜开通片(十二月初七日) ……………………………………………………… 88
27. 福建巡抚勒方锜密陈抚驭台湾番社片(十二月初七日) ……… 88

3

28. 两广总督张树声等覆奏球案不必与改约并议折(十二月十八日) ······ 89
29. 总理各国事务衙门奏日本使臣宍户玑回国折(十二月二十七日) ······ 91
30. 左宗棠说帖(二月初四日) ······ 92
31. 上谕(二月初六日) ······ 93
32. 编修陆廷黻奏请征日本以张国威折(二月三十日) ······ 93
33. 军机处寄闽浙总督何璟等上谕(四月初八日) ······ 95
34. 给事中邓承修奏朝鲜乱党已平请乘机完结球案折(八月初二日) ······ 95
35. 军机处密寄北洋通商大臣李鸿章等上谕(八月初三日) ······ 97
36. 翰林院侍读张佩纶奏请密定东征之策以靖藩服折(八月十六日) ······ 97
37. 军机处密寄北洋通商大臣李鸿章上谕(八月十六日) ······ 98
38. 北洋通商大臣李鸿章等奏遵议邓承修条陈球案折(八月十六日) ······ 99
39. 北洋通商大臣李鸿章覆奏宜先练水师再图东征折(八月二十二日) ······ 101
40. 编修黄国瑾奏日本谋窥台湾请简知兵大员往与筹防片(十一月初四日) ······ 103
41. 南洋大臣来电(十一月初四夜到) ······ 103
42. 左宗棠等来电(二月初三日到) ······ 104
43. 北洋大臣来电(六月十三日到) ······ 104
44. 粤督来电(十二月十三日到) ······ 105
45. 北洋大臣来电(十二月十四日到) ······ 105
46. 南洋大臣来电(十二月十四日到) ······ 105
47. 军机处电寄张之洞谕旨(十二月十五日) ······ 105
48. 闽督来电(十二月十五日到) ······ 106
49. 北洋大臣来电(十二月十七日亥刻到) ······ 106
50. 闽督来电(十二月二十日) ······ 107

51. 出使日本大臣黎庶昌密陈日本近日情形片(十一月二十一日) ……………………………………………………………… 107
52. 北洋大臣来电(五月二十六日到) …………………………… 108
53. 发北洋大臣电(五月二十七日) ……………………………… 109
54. 军机处寄北洋大臣李鸿章上谕(五月二十八日) …………… 109
55. 闽浙总督来电(六月初一日到) ……………………………… 109
56. 北洋大臣来电(六月初三日) ………………………………… 110
57. 军机处电寄刘坤一谕旨(六月初五日) ……………………… 110
58. 台湾巡抚来电(六月初七日到) ……………………………… 110
59. 南洋大臣来电(六月初七日到) ……………………………… 110
60. 军机处电寄李鸿章谕旨(六月初八日) ……………………… 111
61. 台湾巡抚来电(六月十二日到) ……………………………… 111
62. 国子监司业瑞洵奏日本垂涎台湾请起用刘铭传赴台镇慑片(六月二十日) ……………………………………………………… 111
63. 北洋大臣来电(六月二十日到) ……………………………… 112
64. 军机处奏会拟办理倭事数节并寄李鸿章电信一道呈览片(六月二十一日) ……………………………………………………… 112
65. 军机处电寄李瀚章谕旨(六月二十二日) …………………… 112
66. 军机处电寄谭钟麟谕旨(六月二十二日) …………………… 113
67. 御史杨晨奏筹划朝鲜兵事片(六月二十三日) ……………… 113
68. 军机处电寄谭钟麟谕旨(六月二十四日) …………………… 114
69. 发台湾巡抚电(六月二十五日) ……………………………… 114
70. 军机处电寄南北洋大臣等谕旨(六月二十七日) …………… 114
71. 军机处电寄李鸿章谕旨(六月二十九日到) ………………… 114
72. 南洋大臣来电(七月初三日) ………………………………… 114
73. 军机处电寄邵友濂谕旨(七月初六日) ……………………… 115
74. 两江总督刘坤一奏所派兵轮已抵台湾片(七月初七日) …… 115
75. 发南洋大臣电(七月初十日) ………………………………… 115
76. 南洋大臣来电(七月十一日到) ……………………………… 115
77. 江南道监察御史钟德祥奏请特派能臣前赴台湾察看防务片(七月十七日) ……………………………………………………… 116

78. 江南道监察御史钟德祥奏邵友濂庸劣无能请特简伟才出抚台湾片（七月十七日）……116
79. 军机处奏商阅发下志锐等折拟缮电旨进呈片（七月二十三日）……117
80. 闽浙总督谭钟麟奏筹办防务情形折（七月初八日）……117
81. 台湾巡抚邵友濂奏布置海防情形并请饬拨的款以资接济折（七月初四日）……118
82. 南洋大臣来电（八月初二日到）……120
83. 台湾巡抚来电（八月初二日到）……120
84. 军机处电寄邵友濂谕旨（八月二十一日）……121
85. 军机处电寄邵友濂谕旨（八月二十四日）……121
86. 台湾巡抚来电（八月二十七日到）……121
87. 军机处奏商阅发下电信折片拟缮谕旨进呈片（八月二十七日）……122
88. 军机处电寄李鸿章谕旨（八月二十七日）……122
89. 台湾巡抚来电（八月二十八日到）……122
90. 台湾巡抚来电（八月二十八日到）……123
91. 发台湾巡抚电（八月二十八日）……123
92. 军机处奏商阅发下电报折片拟缮谕旨进呈片（八月二十八日）……123
93. 发南洋大臣电（八月二十九日）……123
94. 台湾巡抚来电（九月初一日）……124
95. 军机处电寄邵友濂谕旨（九月初九日）……124
96. 军机处电寄邵友濂谕旨（九月初十日）……124
97. 台湾巡抚来电（九月十一日到）……124
98. 闽浙总督来电（九月十五日到）……125
99. 闽浙总督谭钟麟奏订购外洋军械进呈清单折（九月十二日）……126
100. 署理福建台湾巡抚布政使唐景崧奏续布台防情形折（九月三十日）……127
101. 军机处电寄张之洞谕旨（十一月初五日）……128
102. 闽浙总督谭钟麟覆奏唐景崧廖寿丰办理防务尚无不合折（十月二十

三日) …………………………………………………………… 128
103. 拟致日本国国书稿(十二月初四日) …………………………… 129
104. 户部左侍郎张荫桓奏筹办出使臣经费并酌带随员冀收臂助折(十二月初七日) ………………………………………………………… 129
105. 上谕(十二月初十日) …………………………………………… 130
106. 给事中余联沅奏请饬令张之洞等设法以水师直攻日本折(正月初九日) ………………………………………………………………… 130
107. 军机处电寄张之洞谕旨(正月初九日) ………………………… 132
108. 北洋大臣来电(正月十三日到) ………………………………… 132
109. 军机处寄署南洋大臣张之洞上谕(正月十四日) ……………… 132
110. 北洋大臣来电(正月十五日到) ………………………………… 132
111. 台湾巡抚来电(正月十五日到) ………………………………… 132
112. 出使大臣张荫桓邵友濂来电(正月二十一日到) ……………… 133
113. 户部掌印给事中洪良品奏倭患益深计穷势迫请直攻日本以图牵制而救眉急折(正月二十二日) ……………………………………… 133
114. 李鸿章来电(正月二十二日到) ………………………………… 135
115. 军机处电寄李鸿章谕旨(正月二十二日) ……………………… 135
116. 军机处电寄谭钟麟谕旨(正月二十八日) ……………………… 136
117. 闽浙总督来电(正月二十九日到) ……………………………… 136
118. 署台湾巡抚来电(正月二十九日到) …………………………… 136
119. 军机处电寄谭钟麟谕旨(正月二十九日) ……………………… 136
120. 军机处奏酌拟敕画一道致田贝信一件呈览片(正月二十九日) …………………………………………………………………… 137
121. 台湾巡抚来电(正月三十日到) ………………………………… 137
122. 出使大臣龚照瑗来电(二月初二日到) ………………………… 138
123. 署南洋大臣张之洞来电(二月初五日到) ……………………… 138
124. 署台湾巡抚唐景崧来电(二月初六日到) ……………………… 139
125. 军机处电寄唐景崧谕旨(二月初七日) ………………………… 139
126. 大学士李鸿章奏报启用全权大臣关防日期片 ………………… 139
127. 军机处电寄张之洞谕旨(二月十一日) ………………………… 139
128. 署南洋大臣张之洞等来电(二月十四日到) …………………… 140

129. 大学士李鸿章来电(二月二十五日到) ……………………………… 140
130. 署台湾巡抚唐景崧来电(二月二十五日到) ……………………… 141
131. 署台湾巡抚唐景崧来电(二月二十五日到) ……………………… 141
132. 发台湾巡抚电(二月二十五日) …………………………………… 141
133. 军机处电寄唐景崧谕旨(二月二十五日) ………………………… 141
134. 署台湾巡抚唐景崧来电(二月二十六日到) ……………………… 141
135. 署台湾巡抚唐景崧来电(二月二十七日到) ……………………… 142
136. 闽浙总督谭钟麟来电(二月二十七日到) ………………………… 142
137. 军机处电寄唐景崧谕旨(二月二十七日) ………………………… 142
138. 署台湾巡抚唐景崧来电(二月二十八日到) ……………………… 142
139. 军机处电寄唐景崧谕旨(二月二十八日) ………………………… 142
140. 署南洋大臣张之洞来电(二月二十九日到) ……………………… 143
141. 闽浙总督谭钟麟来电(二月二十九日到) ………………………… 143
142. 军机处电寄唐景崧谕旨(二月二十九日) ………………………… 143
143. 军机处电寄刘坤一谕旨(二月二十九日) ………………………… 144
144. 军机处电寄谭钟麟唐景崧谕旨(三月初一日) …………………… 144
145. 军机处电寄谭钟麟谕旨(三月初二日) …………………………… 144
146. 军机处电寄谭钟麟等谕旨(三月初三日) ………………………… 144
147. 军机处电寄唐景崧谕旨(三月初四日) …………………………… 145
148. 军机处电寄唐景崧谕旨(三月初五日) …………………………… 145
149. 军机处电寄李瀚章等谕旨(三月初八日) ………………………… 145
150. 军机处电寄唐景崧谕旨(三月初八日) …………………………… 146
151. 军机处电寄杨岐珍唐景崧谕旨(三月初九日) …………………… 146
152. 军机处电寄刘坤一宋庆谕旨(三月初十日) ……………………… 146
153. 军机处电寄唐景崧谕旨(三月十一日) …………………………… 147
154. 翰林院侍读学士文廷式奏倭攻台湾请饬使臣据理争论折(三月十二日) …………………………………………………………………… 147
155. 军机处电寄唐景崧谕旨(三月十二日) …………………………… 148
156. 军机处呈递贵铎等折片奏片(三月十二日) ……………………… 148
157. 江南道监察御史张仲炘请饬全权大臣勿以台湾许倭折(三月十四日) …………………………………………………………………… 148

158. 军机处呈递德本等折片奏片(三月十四日) …………………… 149
159. 翰林院代编修丁立钧等条陈时事折(三月二十一日) ……… 150
160. 吏科掌印给事中余联沅请勿允许倭奴奢款并速定大计力筹远谋折(三月二十一日) …………………………………………… 152
161. 吏部给事中褚成博请严拒割地议和折(三月二十二日) …… 153
162. 江西道监察御史王鹏运请勿割地和倭折(三月二十二日) … 155
163. 军机处呈递褚成博等折片奏片(三月二十二日) …………… 156
164. 军机处拟寄李鸿章电信(三月二十七日) …………………… 156
165. 钦差大臣李鸿章奏中日会议和约已成折(三月二十六日) … 156
166. 翰林院呈递编修李桂林等条陈时务呈文折(三月二十九日) … 158
167. 礼科掌印给事中丁立瀛等奏和议条款未可轻许请饬廷臣集议折(三月二十九日) …………………………………………… 160
168. 京畿道监察御史刘心源请勿遽允和议折(三月二十九日) … 162
169. 福建道监察御史裴维侒请勿轻议割地折(三月二十九日) … 164
170. 钦差大臣李鸿章呈递与日议约往来照会及问答节略咨文(三月二十九日) ………………………………………………… 165
171. 山东巡抚李秉衡奏议和条约尚须斟酌折(三月三十日到) … 165
172. 内阁大学士额勒和布等代奏侍读奎华等条陈折(四月初一日) …………………………………………………………… 167
173. 侍郎陈学棻奏和议已成请宣示中外折(四月初一日) ……… 169
174. 翰林院侍读学士冯文蔚等奏和议条款要挟太甚万难曲从折(四月初一日) …………………………………………………… 170
175. 户科掌印给事中洪良品请力黜和议专修战备折(四月初一日) …………………………………………………………… 171
176. 河南道监察御史宋承庠奏倭人要挟太甚请更改草约折(四月初二日) ……………………………………………………… 173
177. 署南洋大臣张之洞来电(四月初二日到) …………………… 174
178. 河南巡抚刘树棠来电(四月初二日到) ……………………… 175
179. 署台湾巡抚唐景崧来电(四月初二日到) …………………… 176
180. 督办军务处代递詹事府左赞善贻穀等条陈呈文折(四月初三日) …………………………………………………………… 176

181. 翰林院代奏编修王荣商条陈折(四月初三日) …………… 179
182. 翰林院代递编修黄曾源条陈时务呈文折(四月初三日) ……… 180
183. 浙江道监察御史易俊请力黜和议折(四月初三日) …………… 182
184. 都察院代递工部候补主事喻兆蕃等呈文折(四月初四日) …… 183
185. 都察院代递户部主事叶题雁等呈文折(四月初四日) ………… 186
186. 署台湾巡抚唐景崧来电(四月初四日到) …………………… 187
187. 署台湾巡抚唐景崧来电(四月初四日到) …………………… 187
188. 署台湾巡抚唐景崧来电(四月初四日到) …………………… 188
189. 浙江道监察御史李念兹奏和议有可成之机宜思设法维持折(四月初五日) ……………………………………………………… 188
190. 军机处电寄李鸿章谕旨(四月初五日) ……………………… 189
191. 都察院代递各省举人呈文折(四月初六日) ………………… 189
192. 内阁侍读学士贵贤奏倭夷和款贻害无穷亟须集议以冀挽回折(四月初六日) ……………………………………………… 205
193. 江南道监察御史钟德祥奏和议要挟不堪请力辟邪说　进用忠劲雄略之臣亟起补救折(四月初六日) …………………… 206
194. 广西巡抚张联桂来电(四月初六日到) ……………………… 208
195. 台湾巡抚唐景崧来电(四月初六日到) ……………………… 209
196. 军机处寄北洋大臣李鸿章上谕(四月初六日) ……………… 209
197. 山东巡抚李秉衡奏和议要挟过甚万难曲从折(四月初七日到) …………………………………………………………… 209
198. 吏部代递郎中延熙等呈文折(四月初七日) ………………… 211
199. 吏部代递主事王荣先等呈文折(四月初七日) ……………… 213
200. 都察院代递各省京官举人呈文折(四月初七日) …………… 217
201. 都察院左都御史裕德等条陈六事折(四月初七日) ………… 223
202. 湖广道监察御史陈璧奏台地碍难畀敌折(四月初七日) …… 225
203. 南洋大臣张之洞来电(四月初七日到) ……………………… 226
204. 福州将军庆裕等来电(四月初七日到) ……………………… 227
205. 署台湾巡抚唐景崧来电(四月初七日到) …………………… 227
206. 都察院代递选用道李光汉等条陈时务呈文折(四月初八月) … 227
207. 大学士李鸿章来电(四月初八日到) ………………………… 241

208. 户部代递主事刘寅浚条陈时务呈文折(四月初九日) ………… 241
209. 户部代递主事邓福初条陈时务呈文折(四月初九日) ………… 243
210. 都察院代递候补道易顺鼎等条陈时务呈文折(四月初九日) … 247
211. 国子监司业瑞洵奏时局艰难宜藉外援以资臂助折(四月初九日)
    ………………………………………………………………………… 253
212. 署台湾巡抚唐景崧来电(四月初九日到) ……………………… 253
213. 福建陆路提督程文炳请重订和议折(初十日到) ……………… 254
214. 南洋大臣张之洞等来电(四月初十日到) ……………………… 256
215. 盛京将军裕禄等来电(四月初十日到) ………………………… 256
216. 都察院代递奉恩将军宗室增杰等条陈折(四月十一日) ……… 258
217. 军机处电寄唐景崧谕旨(四月十一日) ………………………… 260
218. 翰林院代递编修杨天霖条陈时务呈文折(四月十二日) ……… 261
219. 署台湾巡抚唐景崧来电(四月十二日到) ……………………… 262
220. 陕西巡抚鹿传霖奏和款狂悖太甚万不可从折(四月十四日到)
    ………………………………………………………………………… 262
221. 署台湾巡抚唐景崧来电(四月十四日到) ……………………… 264
222. 陕甘总督杨昌浚来电(四月十四日到) ………………………… 264
223. 陕西藩司张汝梅来电(四月十四日到) ………………………… 264
224. 都察院代递江西举人罗济美等条陈折(四月十五日) ………… 265
225. 大学士李鸿章来电(四月十五日到) …………………………… 270
226. 大学士李鸿章来电(四月十五日到) …………………………… 270
227. 署台湾巡抚唐景崧来电(四月十五日到) ……………………… 270
228. 署台湾巡抚唐景崧来电(四月十五日到) ……………………… 270
229. 署台湾巡抚唐景崧来电(四月十六日到) ……………………… 271
230. 署台湾巡抚唐景崧来电(四月十六日到) ……………………… 271
231. 署台湾巡抚唐景崧奏查明澎湖失守情形折(三月十四日、四月十七
    日到) ……………………………………………………………… 271
232. 军机处录呈总理各国事务衙门与法使问答奏片(四月十八日)
    ………………………………………………………………………… 273
233. 署台湾巡抚唐景崧来电(四月十八日到) ……………………… 273
234. 署南洋大臣张之洞来电(四月十九日到) ……………………… 274

235. 大学士李鸿章来电（四月十九日到） ………………………… 274
236. 广东巡抚马丕瑶奏强寇要盟权奸挟制筹策具陈折（四月二十一日到） ………………………………………………………… 275
237. 大学士李鸿章来电（四月二十一日到） ……………………… 277
238. 出使大臣龚照瑗来电（四月二十一日到） …………………… 277
239. 美使田贝来电（四月二十一日到） …………………………… 277
240. 署南洋大臣张之洞来电（四月二十二日到） ………………… 278
241. 署台湾巡抚唐景崧来电（四月二十二日到） ………………… 278
242. 出使大臣许景澄来电（四月二十二日到） …………………… 278
243. 军机处电寄庆常谕旨（四月二十二日） ……………………… 279
244. 军机处奏进呈日本条约片（四月二十二日） ………………… 279
245. 署南洋大臣张之洞来电（四月二十三日到） ………………… 279
246. 军机处电寄李鸿章谕旨（四月二十三日） …………………… 279
247. 刑科给事中谢隽杭请派李鸿章李经方赴台交割折（四月二十四日） ………………………………………………………… 280
248. 大学士李鸿章来电（四月二十四日到） ……………………… 280
249. 军机处电寄李经方谕旨（四月二十四日） …………………… 281
250. 大学士李鸿章来电（四月二十五日到） ……………………… 281
251. 大学士李鸿章来电（四月二十五日到） ……………………… 281
252. 德国外部来电（四月二十五日到） …………………………… 281
253. 军机处电寄李鸿章谕旨（四月二十五日） …………………… 282
254. 大学士李鸿章来电（四月二十六日） ………………………… 282
255. 军机处电寄许景澄谕旨（四月二十六日） …………………… 282
256. 军机处电寄李鸿章谕旨（四月二十六日） …………………… 283
257. 军机处电寄唐景崧谕旨（四月二十六日） …………………… 283
258. 侍郎长萃请饬李鸿章亲赴台湾办理交割事宜折（四月二十七日） ………………………………………………………… 283
259. 大学士李鸿章来电（四月二十七日到） ……………………… 284
260. 福州将军庆裕等来电（四月二十七日到） …………………… 284
261. 军机处奏赴台办理交割除李经方外实无别员可派 请饬不准推诿片（四月二十七日） ……………………………………… 285

262. 军机处拟给李鸿章电信(四月二十七日) ………………… 285
263. 大学士李鸿章来电(四月二十八日到) ………………… 285
264. 军机处电寄李鸿章谕旨(四月二十八日) ………………… 285
265. 大学士李鸿章来电(四月二十九日到) ………………… 286
266. 署台湾巡抚唐景崧来电(四月二十九日到) ………………… 286
267. 军机处电寄李鸿章谕旨(四月二十九日) ………………… 287
268. 署台湾巡抚唐景崧来电(五月一日到) ………………… 287
269. 大学士李鸿章来电(五月初二日到) ………………… 287
270. 大学士李鸿章来电(五月初二日到) ………………… 287
271. 大学士李鸿章来电(五月初三日到) ………………… 288
272. 前署台湾巡抚唐景崧来电(五月初三日到) ………………… 288
273. 大学士李鸿章来电(五月初四日到) ………………… 288
274. 署南洋大臣张之洞来电(五月初四日到) ………………… 289
275. 军机处电寄李鸿章谕旨(五月初五日) ………………… 289
276. 前署台湾巡抚唐景崧来电(五月初五日到) ………………… 289
277. 署南洋大臣张之洞来电(五月初六日到) ………………… 290
278. 大学士李鸿章来电(五月初六日到) ………………… 290
279. 大学士李鸿章来电(五月初六日到) ………………… 290
280. 大学士李鸿章来电(五月初七日到) ………………… 291
281. 大学士李鸿章来电(五月初七日到) ………………… 291
282. 前署台湾巡抚唐景崧来电(五月初七日到) ………………… 291
283. 军机处拟给张之洞电信(五月初七日) ………………… 291
284. 大学士李鸿章来电(五月初八日到) ………………… 292
285. 闽浙总督边宝泉等来电(五月初八日到) ………………… 292
286. 福州将军庆裕等来电(五月初九日到) ………………… 292
287. 前署台湾巡抚唐景崧来电(五月初九日到) ………………… 292
288. 上海道刘麒祥来电(五月初九日到) ………………… 293
289. 军机处拟给庆裕边宝泉电信(五月初九日) ………………… 293
290. 署理福建台湾巡抚布政使唐景崧奏报失守　澎湖各员解闽日期折(五月初十日到) ………………… 293
291. 大学士李鸿章来电(五月初十日到) ………………… 293

292. 大学士李鸿章来电(五月初十日到) …………………………… 294
293. 大学士李鸿章来电(五月初十日到) …………………………… 294
294. 军机处电寄张之洞等谕旨(五月初十日) …………………… 294
295. 军机处电寄边宝泉谕旨(五月初十日) ……………………… 294
296. 军机处电寄李鸿章王文韶谕旨(五月十一日) ……………… 295
297. 大学士李鸿章来电(五月十二日到) …………………………… 295
298. 大学士李鸿章来电(五月十二日到) …………………………… 295
299. 前署台湾巡抚唐景崧来电(五月十二日到) ………………… 295
300. 署北洋大臣王文韶来回(五月十二日到) …………………… 295
301. 广东巡抚马丕瑶来电(五月十二日到) ……………………… 296
302. 大学士李鸿章来电(五月十三日到) …………………………… 296
303. 大学士李鸿章来电(五月十三日到) …………………………… 297
304. 大学士李鸿章来电(五月十三日到) …………………………… 298
305. 福州将军庆裕等来电(五月十三日到) ……………………… 298
306. 福州将军庆裕等来电(五月十三日到) ……………………… 298
307. 上海道刘麒祥来电(五月十三日到) ………………………… 298
308. 军机处电寄刘坤一谕旨(五月十三日) ……………………… 299
309. 军机处电寄许景澄谕旨(五月十三日) ……………………… 299
310. 大学士李鸿章来电(五月十四日到) …………………………… 299
311. 军机处电寄李鸿章谕旨(五月十四日) ……………………… 299
312. 福州将军庆裕等来电(五月十五日到) ……………………… 300
313. 大学士李鸿章来电(五月十五日到) …………………………… 300
314. 大学士李鸿章来电(五月十七日到) …………………………… 300
315. 大学士李鸿章来电(五月十九日到) …………………………… 300
316. 大学士李鸿章来电(五月二十日到) …………………………… 301
317. 大学士李鸿章来电(五月二十一日到) ……………………… 301
318. 闽浙总督边宝泉来电(五月二十一日到) …………………… 301
319. 闽浙总督边宝泉来电(五月二十二日到) …………………… 302
320. 大学士李鸿章来电(五月二十四日到) ……………………… 302
321. 大学士李鸿章来电(五月二十四日到) ……………………… 302
322. 闽浙总督边宝泉来电(五月二十五日到) …………………… 303

323. 吏科掌印给事中余联沅奏报传闻台湾刘永福与倭击战情形片(六月初二日)⋯⋯⋯⋯⋯⋯⋯⋯⋯⋯⋯⋯⋯⋯⋯⋯⋯⋯⋯ 303
324. 翰林院侍读学士准良请明谕将刘永福革职片(六月二十日) ⋯ 304
325. 户科掌印给事中洪良品奏和款难筹请勿借款以招后衅折(六月二十四日)⋯⋯⋯⋯⋯⋯⋯⋯⋯⋯⋯⋯⋯⋯⋯⋯⋯⋯⋯⋯⋯⋯ 304
326. 鸿胪寺卿刘恩溥请勿轻弃台湾折(七月二十二日)⋯⋯⋯⋯ 306
327. 署两广总督谭钟麟来电(十月初六日到)⋯⋯⋯⋯⋯⋯⋯⋯ 307

五、李鸿章全集·信函⋯⋯⋯⋯⋯⋯⋯⋯⋯⋯⋯⋯⋯⋯⋯⋯⋯⋯ 308

1. 复钦差出使日本大臣翰林院侍讲何 ⋯⋯⋯⋯⋯⋯⋯⋯⋯⋯ 308
2. 复日本副使三品衔即选府正堂张 ⋯⋯⋯⋯⋯⋯⋯⋯⋯⋯⋯ 309
3. 复钦差出使日本大臣翰林院侍讲何 ⋯⋯⋯⋯⋯⋯⋯⋯⋯⋯ 310
4. 附　何子峨来函 ⋯⋯⋯⋯⋯⋯⋯⋯⋯⋯⋯⋯⋯⋯⋯⋯⋯⋯ 311
5. 复　何子峨 ⋯⋯⋯⋯⋯⋯⋯⋯⋯⋯⋯⋯⋯⋯⋯⋯⋯⋯⋯⋯ 312
6. 复总署　密议日本争琉球事 ⋯⋯⋯⋯⋯⋯⋯⋯⋯⋯⋯⋯⋯ 313
7. 附　郭筠仙侍郎拟宣示日本书并附注二则 ⋯⋯⋯⋯⋯⋯⋯ 314
8. 复总署　论日本废琉球 ⋯⋯⋯⋯⋯⋯⋯⋯⋯⋯⋯⋯⋯⋯⋯ 315
9. 复总署　论争琉球宜固台防 ⋯⋯⋯⋯⋯⋯⋯⋯⋯⋯⋯⋯⋯ 316
10. 致总署　议接待美国前总统 ⋯⋯⋯⋯⋯⋯⋯⋯⋯⋯⋯⋯⋯ 317
11. 致总署　论伊犁及接待美国前总统 ⋯⋯⋯⋯⋯⋯⋯⋯⋯⋯ 318
12. 致总署　报美国前总统到津 ⋯⋯⋯⋯⋯⋯⋯⋯⋯⋯⋯⋯⋯ 318
13. 附　与美前总统晤谈节略 ⋯⋯⋯⋯⋯⋯⋯⋯⋯⋯⋯⋯⋯⋯ 319
14. 复总署　议请美国前总统调处琉球事 ⋯⋯⋯⋯⋯⋯⋯⋯⋯ 321
15. 复　何子峨 ⋯⋯⋯⋯⋯⋯⋯⋯⋯⋯⋯⋯⋯⋯⋯⋯⋯⋯⋯⋯ 322
16. 附　琉球国紫巾官向德宏初次禀稿 ⋯⋯⋯⋯⋯⋯⋯⋯⋯⋯ 323
17. 附　何星使来电 ⋯⋯⋯⋯⋯⋯⋯⋯⋯⋯⋯⋯⋯⋯⋯⋯⋯⋯ 324
18. 致总署　美前首领望日可到东京 ⋯⋯⋯⋯⋯⋯⋯⋯⋯⋯⋯ 325
19. 附　录日本外务照会译文 ⋯⋯⋯⋯⋯⋯⋯⋯⋯⋯⋯⋯⋯⋯ 325
20. 附　照录琉球国紫巾官向德宏二次禀稿 ⋯⋯⋯⋯⋯⋯⋯⋯ 325
21. 附　译美前总统幕友杨副将来函 ⋯⋯⋯⋯⋯⋯⋯⋯⋯⋯⋯ 326

22. 致总署　述美前总统调处球事	329
23. 附　向德宏登复寺岛来文节略	330
24. 附　摘译日人贞馨所著《冲绳志·序》	332
25. 附　节录日人贞馨《冲绳志》内《贡献志·小叙》	333
26. 附　津海关郑道与向德宏笔谈节略	333
27. 附　何子峨来函	334
28. 复总署　钞送琉球乞救文牍	335
29. 附　译美国副将杨越翰来函	336
30. 致总署　译送杨越翰来函	338
31. 附　何子峨来函	338
32. 致总署　译送格兰忒来书	339
33. 附　照录美前首领来函	339
34. 复美前首领格兰忒	340
35. 附　照录何子峨来函	341
36. 附　译美前首领来信（信面云敬烦李中堂转送恭亲王查阅）	342
37. 附　译美前首领另函（信面云李中堂查阅）	343
38. 附　美国副将杨越翰来函（原来洋文信寄总署）	344
39. 致总署　译送美前总统来函[2]	346
40. 致总署　密论何子峨	346
41. 致总署　寄呈杨副将来函	347
42. 复美前首领格兰忒	348
43. 复美国副将杨越翰	348
44. 复总署　论球案	349
45. 附　日本竹添进一上书	350
46. 附　与日本竹添进一笔谈节略	351
47. 复总署　论球案	353
48. 致总署　美国杨约翰来信	354
49. 附　与日本委员竹添进一晤谈节略	355
50. 附　日本竹添进一说帖	358
51. 致总署　议球案结法	359
52. 附　与日本委员竹添进一笔谈节略	360

53. 附　照录竹添进一五言律诗二首 ⋯⋯⋯⋯⋯⋯⋯⋯⋯⋯⋯ 362
54. 复总署　劝竹添进京 ⋯⋯⋯⋯⋯⋯⋯⋯⋯⋯⋯⋯⋯⋯⋯ 362
55. 附　日本委员竹添进一来书 ⋯⋯⋯⋯⋯⋯⋯⋯⋯⋯⋯⋯⋯ 363
56. 复总署　论铁甲交价并球议不合 ⋯⋯⋯⋯⋯⋯⋯⋯⋯⋯⋯ 364
57. 复总署　论商改俄约兼论球案 ⋯⋯⋯⋯⋯⋯⋯⋯⋯⋯⋯⋯ 364
58. 复总署　俄防渐解并议球事 ⋯⋯⋯⋯⋯⋯⋯⋯⋯⋯⋯⋯⋯ 366
59. 复总署　俄约已定兼论球案 ⋯⋯⋯⋯⋯⋯⋯⋯⋯⋯⋯⋯⋯ 366

六、茶阳三家文钞 ⋯⋯⋯⋯⋯⋯⋯⋯⋯⋯⋯⋯⋯⋯⋯⋯⋯⋯ 368

1. 与总署办论球事书 ⋯⋯⋯⋯⋯⋯⋯⋯⋯⋯⋯⋯⋯⋯⋯⋯⋯ 368
2. 复总署总办论争球事书 ⋯⋯⋯⋯⋯⋯⋯⋯⋯⋯⋯⋯⋯⋯⋯ 371
3. 与总署论球事书 ⋯⋯⋯⋯⋯⋯⋯⋯⋯⋯⋯⋯⋯⋯⋯⋯⋯⋯ 373
4. 复总署论球案暂缓办理书 ⋯⋯⋯⋯⋯⋯⋯⋯⋯⋯⋯⋯⋯⋯ 373
5. 复总署总办论为球王立后书 ⋯⋯⋯⋯⋯⋯⋯⋯⋯⋯⋯⋯⋯ 375
6. 上李伯相论球事办法书 ⋯⋯⋯⋯⋯⋯⋯⋯⋯⋯⋯⋯⋯⋯⋯ 376
7. 与出使英法国大臣曾袭侯书 ⋯⋯⋯⋯⋯⋯⋯⋯⋯⋯⋯⋯⋯ 377
8. 举丁雨生中丞书 ⋯⋯⋯⋯⋯⋯⋯⋯⋯⋯⋯⋯⋯⋯⋯⋯⋯⋯ 378
9. 与刘岘庄制府论日本议改条约书 ⋯⋯⋯⋯⋯⋯⋯⋯⋯⋯⋯ 379

索　引 ⋯⋯⋯⋯⋯⋯⋯⋯⋯⋯⋯⋯⋯⋯⋯⋯⋯⋯⋯⋯⋯⋯⋯ 381

一、中国第一历史档案馆馆藏档案

1. 奏为粤省查办琉球国王咨文缘由事

道光朝

再据藩司陈庆偕详称，琉球国贡使向元模等自京回闽，于本年九月二十五日来司具禀报，称此次该国接贡船只赍有该国王紧要公文，饬令模等亲缴察办，并据呈缴琉球国王咨文，一角当经该司拆阅，内称道光二十六年，有英国医士伯德令，携带妻子通事，在该国设局行医，又有弗国夷酋塞西尔，将前留该国之执事夥尔加助等待会，复发伯多禄、亚臬德两人在国逗留，业经咨请详奏，至今伯多禄等仍在该国骚扰、恐吓，未见撤回，咨请转详督抚善为料理，使其接取回国等情，由司具详前来，查此案先于道光二十六年十月间，琉球国王因弗英两国先后遣令伯多禄、亚臬德、伯德令三人在彼逗留，并有英吉利兵船履至该国探水、量地，备具咨文交王舅毛增光等，附搭贡船至闽投送，藩司恳为转详，经臣刘韵珂，会同前抚臣郑祖琛，飞咨两广督臣耆英，相机筹办，一面恭折具奏，钦奉。谕旨敕交两广督臣办理，并准礼部发给咨覆琉球国王咨文一件，当即转发藩司，饬交该国使臣毛增光等，赍送回国，嗣准耆英以接准闽省咨会，即经照会弗英两国夷酋，谕令将伯多禄等，即行撤回并勿再令兵船驶往琉球洋面，旋接英酋德庇时覆文，借词推宕，未肯即撤，弗国酋谢西尔，即瑟西尔，覆文称，伊前与兵船三只驶至琉球，欲与结好通商，琉球国王遣员与伊面议，不能与弗兰西贸易结好，伊已许将情形信知国主，订准一年内有回文，留伯多禄等二人在彼，实为听候回文，以便翻译，其递送回文之船即将所留二人载去，定不食言等情，至英夷所留之伯德令，前虽借词推宕，惟弗夷既肯将所留之伯多禄等，订期载归，俟接有覆文，即可援照晓谕，等因咨覆，复经行司转咨琉球国王知照在案,兹据前情,臣等伏查耆英前接弗国酋谢西耳覆文,声明伊等兵船驶至琉球,实欲结好通商,嗣因不能贸易,已许信知国王听候回文,并订准一年内将伯多禄等二人载回,如果所言属实,则琉球之不能与弗兰西贸易,弗酋业已稔知,一经接到该国回文,自可即将伯多禄等接取回国,不致另有他变,至英吉利留住琉球之伯德令一名,当时英酋德庇时虽无撤回之约,但弗国酋果能不食前言,将伯多禄等依限撤回,诚如耆英前奏,弗英事同一例,反覆开导,当亦可期转旋,惟此时弗酋原约一年期限,业已届满,究竟该国回文曾否递到,因何前留各夷尚未载归,是否琉球国王发咨文之日尚在一年限内,现在弗酋有无异议,臣等尚未接准,粤省续咨无从悬揣,既据该国王备文咨请,仍应查照原案咨会,耆英再向弗英两酋晓谕开导,以期迅速撤回,俾示怀柔而释猜疑,除照录琉球国王来文飞咨,钦差大臣两广督臣耆英查照原咨,善为料理外,所有藩司接准琉球国王咨文,现经臣等飞咨粤省查办缘由,谨合词附片陈明,伏乞圣鉴,谨奏。知道了。

(全宗号:04 官中全宗;类别号:01 官中朱批奏折;项目号:30;案卷号:136;文件号:4。馆藏号:04-01-30-0136-004)

2. 奏为恭缴原奉颁发琉球国遗诏事

嘉庆二十五年九月二十三日

奏兼署闽浙总督、福建巡抚,臣韩克均跪奏,为钦奉谕旨,恭折覆奏,仰祈圣鉴事窃。臣于本年九月二十二日,接到六百里廷寄,钦奉上谕,大行皇帝遗诏,前经颁发直省外藩,昨内阁缮呈遗诏副本末有皇祖降生避暑山庄之语,系军机大臣拟缮错误,所有颁发琉球等国遗诏,敬谨存留该省,俟更正发往后再由该督抚转发,仍将原奉遗诏,缴回等因,钦此。臣恭查前奉颁发琉球国遗诏,系本年九月十四日到闽,缘琉球本年届当进贡之期,现在该国正副使船双只,约于月内抵省,是以臣将奉到,遗诏先行收存,拟俟该贡使到闽颁交,以昭慎重,兹钦奉谕旨。臣谨遵收贮,俟奉到更正颁发到闽,再行转饬,仍将原奉遗诏恭缴,理合缮折由驿覆,奏伏祈皇上睿鉴,谨奏。知道了。嘉庆二十五年九月二十三日。

(全宗号:04 官中全宗;类别号:01 官中朱批奏折;项目号:30;案卷号:136;文件号:3。馆藏号:04-01-30-0136-003)

3. 奏为琉球遭风难人到闽安插译讯抚恤事

光绪十六年三月二十一日

奏头品顶戴、闽浙总督,臣卞宝第奏为琉球遭风难人,循例分别译讯抚恤,恭折具陈,仰祈圣鉴。事窃据署福防同知唐宝鉴报称,光绪十五年十一月二十日,接护琉球国遭风海船一只,难人郑元铎等十名又同日由台北轮船附到该国遭风难人马如衡等九名均带随身行李进省,当即分别安插馆驿,妥为抚恤,一面饬传通事译讯,据郑元铎供称,系琉球国久米府人,于十五年十月初一日,驾坐海船在读谷山津开船,遇风漂至浙江玉环厅洋面,蒙地方官给资派船护送,十一月初六日,由浙开驶,二十日抵闽五虎口,一共十人,即日到驿安插,又据马如衡称,系琉球国管理于十五年十月初二日,自本国与那原津开船,遇风漂至台湾三抱庄洋面,船身损坏,经地方官救护,送至台北,蒙台北府给资,附搭轮船,十一月十九日由台开驶,二十日抵闽五虎口,一共九人,即日到驿安插各等情由署福建藩司张国正核详请奏前来,臣查该难人郑元铎等,先后航海遭风,情殊可悯,及应仰体皇仁,各于安插之日起,照章给与米粮、盐菜,俟回国之日再行各给行粮,并照例加赏物件,折价给领,统于存公银内动支,事竣造册报销,将来如何回国,届时察看办理,除分咨文外,臣谨恭折具陈,伏乞皇上圣鉴,谨奏。知道了。光绪十六年三月二十一日。

(全宗号:04官中全宗;类别号:01官中朱批奏折;项目号:12;案卷号:548;文件号:121 馆藏号:04-01-12-0548-121)

4. 奏为琉球遭风难人到闽安插译讯抚恤事

光绪十六年四月二十二日

奏头品顶戴、闽浙总督,臣卞宝第奏为琉球遭风难人,循例分别译讯抚恤,恭折具陈,仰祈圣鉴。事窃据署福防同知唐宝鉴报称,琉球国遭风难人林正隆等九名并随身行李,于光绪十五年九月二十三、十一月初八、十六年正月初八等日先后到省,当即安插驿馆,妥为抚恤,一面饬传通事译讯,据林正隆供,伊与绍廷鼎、毛光大是官吏,梅龟山是船主,仲仁王是舵工,喻伊波、关仁城间、具志坚是水手,系琉球国久米府人,于光绪十五年八月二十三日,驾坐海船在与那原津开船,中途遭风漂流,九月初八日漂至闽省泉州金门洋面,蒙地方官派舵工二名,在船驾驶经过湄洲平潭,各处均蒙地方官赏给银钱,伊与绍廷鼎、毛光大,并水手具志坚,舵工仲仁王,先由陆路送省,于十五年九月二十三日、十一月初八、十六年正月初八日抵省到驿安插,等情由署福建藩司张国正核详,请奏前来,臣查该难人林正隆等,航海遭风,情殊可悯,及应仰体皇仁,各于安插之日起,每人日给米一升,盐菜银六厘,回国之日各给行粮一个月,并照例加赏物件,折价给领,统于存公银内动支,事竣造册报销,将来如何回国,届时察看办理,除分咨文外,臣谨恭折具陈,伏乞皇上圣鉴,谨奏。该部知道。光绪十六年四月二十二日。

(全宗号:04 宫中全宗;类别号:01 宫中朱批奏折;项目号:12;案卷号:548;文件号:105 馆藏号:04－01－12－0548－105)

5. 奏为琉球遭风难人到闽安插译讯抚恤事

光绪十六年六月二十日

奏头品顶戴、闽浙总督,臣卞宝第奏为琉球遭风难人,循例分别译讯抚恤,恭折具陈,仰祈圣鉴。事窃据署福防同知唐宝鉴报称,琉球国遭风难人伊德明等七名,于四月十九日抵省,均带随身行李,当即分别安插驿馆,妥为抚恤,一面饬传通事译讯,据向思虑供,伊与毛汝确是官吏,新垣龟、金城蒲是跟伴,玉城是舵工,德村等六人是水手,系琉球国那霸府人,光绪十六年闰二月十四日,驾坐海船在与那原津开船,中途遭风漂流,闰二月二十八日至浙江玉环厅洋面,蒙地方官先将伊与毛汝砺等四名由陆路送闽,三月二十七日到驿,舵工玉城等七名候修船只,于三月二十八日由浙开船,四月十二日抵省到驿安插。又据伊德明供系琉球国官吏,神里是舵工,宫城等五人是水手,均那霸府人,光绪十六年三月初十日,驾坐海船在与那原津开船,遇风漂至福建霞浦县辖洋面,蒙地方官赏给洋银护照,于四月十一日在该处开船,十九日抵省到驿安插,各等情由福建藩司刘树堂核详请奏前来,臣查该难人向思虑等先后航海遭风,情殊可悯,及应仰体皇仁,于安插之日起,每人日给米一升,盐菜银六厘,俟回国之日各给行粮一个月,并照例加赏物件,折价给领,统于存公银内动支,事竣造册报销,将来如何回国,届时察看办理,除分咨文外,臣谨恭折具陈,伏乞皇上圣鉴,谨奏。该部知道。光绪十六年六月二十日。

(全宗号:04 官中全宗;类别号:01 官中朱批奏折;项目号:12;案卷号:548;文件号:127 馆藏号:04-01-12-0548-127)

6. 奏为苏省接护琉球国使臣事

同治五年四月初三日

再准,山东抚臣咨称,琉球国恭进例贡,兼请册封使臣耳目官东国与等,事竣回国,请先期派员接护等因,当派署抚标左营守备沈廷兰,会同候补知县王厚庄、候补同知樊钟秀,于山东交界地方迎探接护该贡使,旋于二月二十三日行抵江苏省宿迁县境,即经接替伴送,沿途营县照例拨护应付均按正站,行走于三月初八日送出苏境,交浙江嘉兴、秀水二县接护南下,据藩臬两司详报前来,除咨礼兵二部外,理合附片具陈伏乞圣鉴,谨奏。军机大臣奉旨,知道了,钦此。暂护江苏巡抚、布政使刘郇膏 同治五年四月初三。

(全宗号:04 官中全宗;类别号:01 官中朱批奏折;项目号:30;案卷号:446;文件号:3 馆藏号:04-01-30-0446-003)

7. 奏为苏省接护琉球国使臣事

同治朝

再琉球国使臣朝,正事竣回国,于二月二十二日行入江苏省境,臣等接准山东省咨会,即行派委文武员弁驰往接护,并饬沿途妥为应付,兹于三月初五日送出江南境内,交浙省委员接护前进,一路行走甚为安静,应付亦无贻误,所有该使臣出入江境日期理合,附片具,谨奏。览。

(全宗号:04 官中全宗;类别号:01 官中朱批奏折;项目号:30;案卷号:446;文件号:1 馆藏号:04-01-30-0446-001)

8. 奏为查办琉球国护送难民船只及接贡船只在洋被劫情形事及为琉球难民到闽安插译讯抚恤事

咸丰三年十二月二十日

奏兼署闽浙总督、福州将军，奴才有凤跪奏，为琉球国夷船护送内地难民到闽安插，讯明递籍，分别办理缘由，恭折具奏，仰祈圣鉴。事案查咸丰二年十月间，前据福建藩司详报，琉球国王世子尚泰遣使马克承等赍到，咨文以闽省内地民人蔡祥庆等，在洋漂，收琉球地方安顿，被英吉利国夷船前往拏回六十余人，尚有二百余人寄寓该国，当将分别查办缘由。经前督臣李芝昌，会同抚臣王懿德，附片具奏奉到。硃批，知道了，钦此。均经恭录咨行，钦遵办理，嗣据前与泉永道赵霖，禀覆照会英吉利厦门领事巴迈士，查覆该夷前次拏回之数十人，先经带往粤省，除交地方官审办，余俱载回厦门释放完案。其现在琉球之人，或琉球国配船载回，或华国遣船往载俱可等。情随经饬据福建藩司，详据福州府海防，同知译据琉球使臣马克承，禀称八重山岛离隔琉球国王府地方遥远，船只往来风信，只在二三月之内，方可驾抵该岛，贡船返棹向系夏至，若俟此时回国，之后始行拨往该岛，风信难行，恐于本秋不及护送来闽，恳请给咨，并准购备船只，以便派拨水梢先行，赍咨赶回，将该民人等配船，以便秋间随同接贡船只，护送来闽由，听详司议，照俯如所请，详准给咨，购船遣发回国，追后续准。钦差大臣、两广总督、臣叶名琛咨覆，据哶酋伯驾呈称，该国货船被搭船之中国民人杀死船主火长、水手，掠去船中货物，上岸逃走，只剩二十余中国人尚在船内，当时外国兵船赶往该洲，捉护上岸之人数十名，解回送交讯办，续据该酋节次来文，并解陈得利等十七名到粤，饬发广州府研讯，据各供称，均系被客头骗下夷船，佣工押在舱底内共有四百七十五人，迨开船后，该夷给舱内各人卖身契约一纸，如不接收，即行鞭责。驶到琉球洋面，该夷把众人陆续提到舱面，逐一割去发辫，内有卧病不能行者十余人，当时打死丢弃落海，众人看见，惊慌以致喧闹起来，该夷船主害怕，凫水逃走，众人随唤水手人等，将船驶到山边，上山躲匿，被琉球国人查问，惶称船漏修整，琉球国人每日给与饭食。迨隔十余日，该夷兵船驶到，拏获陈得利等七十余名，押下夷船，驶回香港后，又将陈得利等十七人载到黄埔，送官审。陈得利等并无得到受夷人身价，杀害夷人及抢取夷船银物情事禀报，即经据禀，将该酋节次来文逐一驳斥，复据该酋呈送证件，谢丁茂等四名复饬广州府研讯，据禀金供，陈得利当时在船，手执旗刀，弹压众人，不许喧闹，并未伤人，内有海定即苏有，致伤夷人一名，失跌落海，所有罗幅安等十四名，均讯无为，匪伤毙夷人情事，陈得利、苏有二名，容再研讯，分别办理，业经批饬，将证见。谢丁茂等四名，发交夷目收领，其解来人犯十七名，除陈燥病故，陈得利、苏有二名留粤复讯，罗幅安等十四名即饬递回原籍，至该闽人蔡祥庆等羁留琉球，咨请转饬，移咨琉球国拨船护送回籍安业，以示体恤，等因转行遵照，各在案兹据福建藩司庆端，详据署福州府海防同知娄浩，详称准闽安协副将，移报在洋接护琉球国夷船二只，护送内地民人蔡祥庆等，案内难民林玉、陈昌等来闽，于本年十月初八日申刻，接护进虎等由，该夷船二只，即于是月十四日驶抵福州省港湾，泊番船浦地方，经该署同知，会同营员海关委员会验属实，将该国官伴水梢人等共一百三十四员名，即于十月十五日安插馆驿，并将两船送到。难民林玉等一百二十五名亦于是日照例发交闽县衙门，分别安顿，讯办合将译讯供情造册详送，并准琉球国王世子咨同。前因到司查此次琉球国王世子尚泰遣都通事郑家政、王家锦等带领官伴水梢共一百三十四员，驾坐海船二只，护送内地难民蔡祥庆案内林玉等一百二十五名来闽一案，缘难民蔡祥庆等俱系福建泉漳二府属晋江、南安、惠安、同安、安溪、龙溪等县民人，搭驾英国船只欲往金山地方生理，于咸丰二年二月初一日在厦门开船出口，在洋遭风，二月十九日漂收琉球国属八重山岛崎枝洋面，船搁暗礁，英夷即将难民蔡祥庆等三百八十名、英夷一名舍置上岸，次日潮涨船浮，该夷原船于二十三日乘风开驾，放洋所有在岛难民，经该处琉球国夷官，设馆安顿收养抚恤，旋于三月十六、十八等日，有英船二只先后驶至，经该处夷官询据英国通事罗元佑声称该难民蔡祥庆等，前月搭驾英船前往金山，因在洋凶杀船主、水梢六人，是以厦门英官遣船到岛查拏，持械登岸，擒拿难民五人，铳毙三人，畏惧服从者十八人，自缢身死者三人，其余躲避走匿山中。英夷即将现拏难民二十三民，并携取在岛之英夷一名，分载两船，于三月二十三日连?开去，四月初四日复有英国夷船驶到追捕拿获难民五十七名，载船而去，并云此后尚要再来拏尽所有窜躲山中，当各仍旧招回收养，内有二十三名先后病故，俱经给棺埋葬，尚存二百七十一名，该国王世子以英夷凶暴非常，若迟行护送，诚恐英船复来追捕无踪，滋生事端，当于上年贡船来闽移请查办接准司，咨应照向例，发官护送来闽，特遣夷官前往该岛查明，首名难民蔡祥庆先经挐回，又除颜退等九十二名、郑德等四名先后病故缢毙外，仅存林玉等一百七十五名，经该国王世子特备咨文护照派发都通事郑嘉政率领官伴水梢六十七员名，驾坐头号海船一只，匀配难民林玉等一百五名，又派发都通事王家锦率领官伴水梢六十七员，驾坐二号海船一只，匀配难民陈昌等七十名，护送来闽。咸丰三年九月十九日，在琉球国开船，二十八日到八重山岛，将林玉等一百五名，内除陈意一名续经病故，实在一百四名，陈昌等七十名，内除柯溪、黄道二名先后病故，实在六十八名，分别匀配，于九月二十九日，在该岛放洋，十月初五、初六等日，驾至福建定海洋面湾泊。是日两船在洋被贼抢劫，难民脱逃四十七民，实存一百二十五民，初八日经闽安协营船接护，初十日进口，十四日驾抵福州省港番船浦地方湾泊，经署府州府海防同知娄浩，会同府州城守营副将赵殿元，闽海关税口委员卓凌阿，分别查验，即于十五日安插馆驿，将该难民等交闽县查收安顿，确查讯办由厅先行译讯护送，供情造册具详到司覆查，历届琉球国遣使护送难民到闽，均自安插之日为始，每官一员，日给蔬薪银五分一厘，米三升，跟伴水梢每名日给盐菜银一分，米一升，回国之日另给行粮一个月，又加赏都通事一员鞋两匹、纱两匹，司养赡大使一员鞋一匹，纱一匹，跟伴水梢每名赏给青蓝布二匹，又另行赏给购料修船银两统，于存公银内动支，事竣造册报销在案。今届琉球国王世子遣都通事郑嘉政、王家锦，各驾海船一只，护送内地难民来闽，应给各官伴水梢口粮、行粮，并加赏鞋纱布匹折价银两，同修理船价等项，均应如福州府海防同知所请，照例给领统，事竣造册报销，其船内带来土产货物，应俟具详到日，照例饬令开馆贸易，完竣遣发回国，并据闽县、侯官二县会详将琉球国夷官送到，难民林玉等一百二十五民同福州府省城委员护送，在洋脱逃难民李寄、陈昌林什三名，合共一百二十八名，详加研训，均各佥供实系搭载英吉利国夷船欲往金山地方生理，在大洋遭风漂到琉球国属八重山岛，上岸逃走，经该处夷官收养抚恤，护送载运回闽，均无伤毙，夷人情事核与粤省咨覆相符，似属可信，惟是该难民等平日在家是良是匪，均经移饬原籍各县查传族房保邻人等，讯取供结，移覆核办，现在尚未覆到第人数众多，情殊可悯，应请将该难民人等分起递回原籍，各县就近查传质讯，明确分别究释办理，理由福建藩臬两司会核，转详前来。奴才覆核无异，除将送到各册，咨送礼部，并咨户部查照，一面饬令将该难民等递回讯办，仍将护送夷船在洋被劫情形，会同接贡船只被劫案内一并严查译讯，估贼妥议另行筹办追赔外，合将琉球国夷船护送难民到闽，安插讯明，递籍缘由，谨会同福建巡抚臣王懿德,合词恭折具奏,伏乞皇上圣鉴,谨奏。知道了。　咸丰三年十二月二十日。

（全宗号:04 宫中全宗;类别号:01 宫中朱批奏折;项目号:30;案卷号:136;文件号:6　馆藏号:04-01-30-0136-006）

二、同治甲戌日兵侵台始末①

清同治十三年甲戌(1874年)

1. 三月辛未(二十九日)总理各国事务恭亲王等奏

窃查本年三月初三日，臣衙门接据英国使臣威妥玛(Sir Thomas Wade)函称：现准住日本国之英国使臣电报，知日本运兵赴台湾沿海迤东地方，有事生番；并询及生番居住之地，是否隶入中国版图；东洋兴师，曾向中国商议准行与否；宜如何斟酌之处，迅为见覆，以便用电线移覆等语。当经臣衙门函覆该使，答以上年日本国使臣住京时，从未议及有派兵赴台湾生番地方之举。究系因何兴师，未据来文知照。台湾生番地方，系隶中国版图，且中国类此地方，不一而足，未能强绳以法律等因去后。旋于初四、五等日，英国汉文正使梅辉立(William S. Frederick Mayers)、法国翻译官德微里亚(Gabriel Déveria)、总税务司赫德(Robert Hart)、日国(即西班牙)使臣丁美霞(F. Otin Mésias)先后来臣衙门接见，面述前事。复据英国威妥玛开来应询事件节略四条，大致与该使臣前函所询相同；其意似欲申禁该国人民毋得轻率与闻，此举为见好中国地步。嗣准李鸿章、李宗羲各咨钞上海领事官电报，日本国系因前年人在生番地界，船只遭风，大受残害，遣人查问确情等因。后又准李宗羲咨称，日本随员八名，来沪等候该国公使，约三月望间可到；及新闻纸内所叙日本兴兵赴台湾各节。臣等当因事关重大，遂将以上各紧要情形，由臣衙门函致南北洋大臣、闽浙总督、福州将军，属令该大臣等密饬确切探访，并钞录各国使臣给臣等信

---

① 选自《同治甲戌日兵侵台始末》，《台湾文献丛刊》(38)，台湾银行经济研究室辑，1959年。

函节略去后。三月十九日接据李宗羲咨:准福建水师提督函开,十五日有日本大战船一只寄泊厦港,遂遣员向该国带兵官诘问。据称拟借校场操兵。询其前往何处,称尚未定。船中约百余人,查系自台湾、澎湖而来。诘以何往,仍属枝梧。操兵之事,示以向章所无,该带兵官亦即俯首无词。究竟作何举动,未能窥其底蕴等因。臣等伏查上年四月间,日本国使臣副岛种臣来京,曾派其随员柳原前光、翻译官郑永宁来臣衙门,向臣等面询三事。一、询澳门是否中国管辖,抑由大西洋(指葡萄牙)主张?一、朝鲜诸凡政令是否由该国自主,中国向不过问?一即台湾生番戕害琉球人民之事,拟遣人赴生番处说话等语。当时即经臣等面为剖辩。该随员等未经深论,臣等亦未便诘其意将何为。嗣该国翻译官郑永宁谓:澳门地方恐须通商,不过询问明晰,以为将来议办张本。朝鲜之事,希冀中国调停其间,可藉中国之力劝解。若台湾生番地方,祇以遣人告知,嗣后傥有日本人前往,好为相待,其意皆非为用兵等语。臣等送该使臣回国时,复告以嗣后总当按照修好条规所载,凡两国所属邦土不可稍有侵越。该使答曰,固所愿也。是该国并未与中国议及派兵前赴台湾。刻下忽有此举,揆之各国往来之理,似不应出此。然该国兵船业已到闽,声称借地操兵,其来意已可概见。据报日本国来京使臣柳原前光将次到沪,而迄今仍未据报到;或以懈我之备,亦未可知。

除由臣衙门照会该国外务省切实诘问外,臣等公同悉心商酌,此时该国动兵与否,尚未明言,固未便操之过急,而事必期于有备,患当杜于方萌。应如何按约据理相机辩阻,及如何先事筹备,该省督臣固属责无旁贷。惟查督臣李鹤年兼署巡抚,公务较繁,且不能遽离省城,致旷职守。拟请钦派闻望素著、熟悉洋情之大员,带领轮船前往生番一带察看情形,妥筹办理。至此次调用轮船,原为巡查洋面,易于驾驶,非因用兵起见。而酌调兵弁,以资缓急足恃,及生番应否开禁,如何示以怀柔,治以简易,俾不为彼族所用,且不为他族所垂涎之处,均应由钦派大臣会同该督抚将军等熟商请旨办理。谨恭折密陈。

2. 谕军机大臣等

总理各国事务衙门奏,日本兵船现泊厦门,请派大员查看一折。日本国使臣上年在京换约时,并未议及派员前赴台湾生番地方之事。今忽兴兵到闽,声称借地操兵,心怀叵测!据英国使臣函报,日本系有事生番,并据南北洋通商大臣咨覆情形相同。事关中外交涉,亟应先事防范,以杜衅端。李鹤年于此等重大事件,至今未见奏报,殊堪诧异。生番地方本系中国辖境,岂容日本窥伺?该处情形如何,必须详细著看,妥筹布置,以期有备无患。李鹤年公事较繁,不能遽离省城。着派沈葆桢带领轮船兵弁,以巡阅为名,前往台湾生番一带察看,不动声色,相机筹办。应如何调拨兵弁之处,着会商文煜、李鹤年及提督罗大春等酌量调拨。至生番如可开禁,即设法抚绥驾驭,俾为我用,藉卫地方,以免外国侵越;并着沈葆桢酌度情形,与文煜、李鹤年悉心会商,请旨办理。日本兵船到闽后,作何动静,着文煜、李鹤年、沈葆桢据实具奏。南北洋如探有确耗,并着李鸿章、李宗羲随时咨明总理各国事务衙门核办。原折均着钞给阅看。

3. 给日本国外务省照会

为照会事。照得贵国与中国换约以来,各尽讲信修睦之道,彼此优礼相待,友谊日敦。上年贵副岛大臣奉使来华,与本大臣诸事和商,情意颇洽。五月间,副岛大臣特遣随员柳原、翻译官郑来本衙门面询三事。一、澳门是否中国管辖,抑由大西洋主张?一、朝鲜诸凡政令,是否由该国自主?一即台湾生番戕害琉球人民之事,拟遣人赴生番处说话各情。本王大臣当于晤谈时详论所询原委。嗣经贵国翻译官郑答复谓:澳门地方恐须通商,不过询问明晰,为将来议办张本;朝鲜之事,冀望中国调停其间,可藉中国之力劝解;若台湾生番地方,祇以遣人告知,嗣后日本人前往好为相待,其意皆非为用兵等语。足见邦交益固,彼此均泯猜嫌。迨贵副岛大臣濒行时,握手言别,本王大臣曾向贵副岛大臣觌面,提及嗣后须按照修好条规所称,两国所属邦土不可稍有侵越。承副岛大臣以固所甚愿一言相答。溯自副岛大臣住华多日,并未向本王大臣议及前询三事;而本王大臣亦从无于条规外允有别事。彼此两国,当不致另有言外事端。

惟现准各国住京大臣均来向本王大臣告知贵国兴兵前赴台湾,有事生番;并新闻纸所载,及接到中国沿海各地方官申报,本年二月间有贵国大战船一只寄泊厦港,拟借校场操兵,并据贵国带兵官声称系自台湾、澎湖而来。查台湾一隅,僻处海岛,其中生番人等向未绳以法律,故未设立郡县;即礼记所云不易其俗、不易其宜之意,而地土实系中国所属。中国边界地方、似此生番种类者,他省亦有,均在版图之内,中国亦听其从俗、从宜而已。此次忽闻贵国欲兴师前往台湾,是否的确,本王大臣未敢深信。倘贵国真有是举,何以未据先行议及？其寄泊厦港兵船,究欲办理何事？希即见覆,是所深盼！为此照会贵外务大臣查照可也。

4. 四月戊子（十六日）闽浙总督兼署福建巡抚李鹤年奏

窃查本年二月初十日,有日本国水师官水野遵携带游历执照,乘坐小船,查看牡丹社、龟仔角等处山势形胜,欲绘舆图。并经台湾口税务司爱格尔探闻日本有豫备兵船赴台湾攻打等事。经台湾镇张其光、台湾道夏献纶查明禀报到臣。随经饬令该镇、道确探情形,相机妥筹,并咨呈总理衙门知照在案。兹于三月二十三日,准日本国陆军中将西乡照会,内称台湾土番嗜杀行劫,该国遭风人民多被惨害,是以奉命统兵,深入番地,招酋开导,殛凶示惩。又另片称琉球岛遭风人民六十六名,被牡丹社生番劫杀五十四名；备中州遭风人民佐藤利八等四名被番劫掠,幸脱生命。土番幸灾肆掠,是以往攻其心,虽云率兵,止备抗抵,不得已而稍示膺惩。务望晓谕台湾府县、沿边口岸各地,所有中外商民,不得毫犯各等情,照会前来。臣查台湾番社,散处深山,虽未设立郡县,而推原疆索,实皆台地幅员。纵该生番穴处狉居,久成荒服,第既为中国抚有之地,即当为我朝管辖之区。今日本国并未商准总理衙门,辄行调将征兵,将入番境,虽云招酋开导,其心实不可测。伏查日本国和约第一条内称:倍敦和谊,与天壤无穷,即两国所属邦土,亦各以礼相待,不可稍有侵越,俾获永久安全。又第三条内称:两国政事禁令,各有异同,其政事应听已国自主,彼此均不得代谋干预。按照条约而论,是生番即迭逞悍暴,该国自应照会中国地方,实力严办,未便越俎兴兵,致违和约。现已由臣遵照条约,援公法,切实照复日本国将官,令其早日回兵。一面由臣严饬台湾镇道,按约理论,相机设筹,不可自我启衅,亦不可苟安示弱。俟续探确情,再行具奏。

5. 四年癸巳（二十一日）闽浙总督兼署福建巡抚李鹤年奏

据台湾道夏献纶饬据枋寮巡检等探得三月二十二、二十三等日,有日本火轮船两号驶至琅㺳【编者按：应为〈峤〉,下同】社寮港口停泊,人数约有八九百名,先遣洋人二十余名至柴城番界踩看扎营地势各等情,禀由该道转禀前来。臣查日本中将在厦门呈递照会后,并不候臣照覆,即行开驶赴台。又不往晤台湾镇、道,遽行登岸规取扎营,居心殊为叵测。使得志于生番,必将藐视中国。倘以山深瘴重,失利丧师,难保不别生枝节。事关台湾全局,自宜先事豫筹。现已密饬候补参将李学祥、游击王开俊督带营勇屯驻凤山一带,以资镇压。台地民情强果可用,并已密饬镇、道,号召闽、粤联庄,整顿团练,督饬地方文武,严密防范。一面遴派干员,驰赴琅𤩝,面见该国兵官,按约理论,阻令回兵。台湾口岸,原有长胜、福星轮船驻泊,兹又札派参将贝锦泉管驾扬武兵船驶泊澎湖一带,以通声息。厦门为台湾入省咽喉,已派靖远轮船驻彼。并饬水师提督李新燕召募精勇,选调精兵,严加防范。又会商船政大臣沈葆桢飞调安澜、飞云各轮船来闽,以壮声势。

惟念边衅易开不易弭,番地、腹地究有区分。如果倭兵扰入台湾腹地,自当督饬镇、道,鼓励兵团,合力堵剿。若仅以戕杀琉球难民为名,与生番复仇,惟当按约理论,不遽声罪致讨,以免衅开自我。臣受任封圻,不敢过事张皇,亦不敢稍存大意。俟该中将接到臣照覆后,如何情形,再行奏报。

6. 李鹤年又奏

查台湾一岛,周袤三千余里,孤屿环瀛,土壤肥沃,禾稻不粪而长,物产繁滋,矿、煤、樟脑、水藤、糖、蔗靡不充余。其生番所居内山,未辟境地尚什之七,其内材木连山,传闻五金、晶玉之矿,矿油、煤油之井,遍地皆有,物产饶富,更胜于已辟之地。且内外山地俱宜栽茶。自西洋各国通商以来,无不涎贪其地。特以欧洲公法有守单均势之例,互相钤制,莫敢先发难端。日本倭人,在明天启间曾踞其地,后为荷兰所夺,郑成功又夺于荷兰。迨康熙中,郑氏灭而台湾遂入版图。此日本所以尤为耽耽也。按之明人郑若曾日本图纂,倭人入犯中国,必至小琉球分踪。小琉球者,即台湾之小岛也。盖其国萨摩州及五岛皆与台省密迩,闻轮舟一日可至,故为入犯必由之路。该国在明代三百年间,屡寇闽、广、江、浙滨海一带,大为中国之患。自国朝定鼎以来,始震慑帖息,海不扬波,皆由台湾隶入版图屏蔽之力。从前中国与该国互市,惟商船前往,无倭船西来。及各国通商,而倭人始入内地。乃议和未久,遽尔称兵,或者谓有西人从中勾引,固难保其必无。总由该国心艳富饶,借口报复生番,意图觊觎,显然可睹。查倭性狡黠，好勇斗狠。明洪武间命使往谕，甫经入贡，旋与胡惟庸通谋不轨。永乐朝遣使招谕，又首先纳款而仍事寇钞。其后旋款旋叛，史纪昭然。是狙诈狼贪为其故习，非西洋各国效信守约之比。

臣近接总理衙门来函，内开上海钞送长崎电线，祇云前年人民在台湾生番地界遭风船只，遣员查问确情，并有诚恐伪诈之徒，擅行谣言等云。又另钞英国使臣威妥玛呈送节略，亦有日本并无出有向中国称兵明文之语。是该国于兴兵内犯之举，故作隐约之词，其心尤为阴谲。虽该国中将西乡照会，于中国救护难民殷殷道谢，即于生番亦似有不遽用兵之意，然既不商之总理衙门，又不候臣照覆，经行统众赴台，复不往晤台湾镇、道，直抵琅峤登岸扎营；或震于番地路险瘴重、山深箐密之说，豫留为将就退兵之计，或为潜相勾结、徐图占踞之谋，均不可测。总之，台湾为沿海各省门户，又且土衍物阜，乘隙窥伺者不一。即使目前不致成衅，日后之隐忧方大。臣惟有竭尽愚诚，随时度势，笔舌、兵戎，互相为用。务使理屈在彼，不令衅开自我。一面选练兵勇，购制器械，储备饷糈，延揽人材，以期有备无患，仰副皇上委任封疆之至意。

7. 文煜等又奏

再臣葆桢渡台后，船政工程，委内阁中书衔莆田学训导吴仲翔提调。该员素以笃诚刚直为在事员绅所信，可以保无□虞。惟厂地费国家数百万帑金，外人垂涎已非一日。其左罗星塔，即闽海咽喉。前数日有琉球人来看厂，后又有日本人踵至，愚者千虑，不无后顾之忧。倘仓卒变生，非有威望卓著之大员，难资镇压号召。查前陕西藩司林寿图在籍服满，不日进京，合无仰恳天恩，饬林寿图暂缓北行，藉稽查船政为名，资其坐镇，并随时察看海口情形，以固省垣门户。万一事出不测，可否准其专折奏事，以重事权？臣等饬管带福靖后营驻守船厂之总兵衔副将王政道，添募新后一营，仍归王政道统带，听候林寿图调度。其船政工程，仍责成吴仲翔一手经理。台事定局，林寿图便可起程入都。

8. 谕军机大臣等

沈葆桢等奏，到台日期，筹办大概情形，并番目吁乞归化，台、澎防兵拟另招精壮充补，请将台湾课税等银拨充经费各折片。览奏均悉。沈葆桢、潘霨先后行抵台湾,察看该处情形;沈葆桢给予日本西乡从道照会,词义颇为严正;潘霨于本月初八日亲赴琅峤,面加诘问,彼族狡诈性成,中藏叵测,设防之事,自属万不容缓。沈葆桢等拟于海口建筑炮台,安放巨炮,使不得停泊兵船;北路淡水等处派兵驻扎,由提督罗大春督率巡防,并另招劲勇、多备军火等事,所筹均是。即着该大臣等分别妥速办理。

日本借口他国积年旧案,违约称兵,曲直是非,中外共见。沈葆桢等务当与之极力理论,断不可任其妄为。倪该国悍然不顾,亦当示以兵威,不得稍涉迁就,致误事机。该国如何照覆?潘霨到琅峤后如何辩论情形?着随时详悉奏闻,以慰廑系。

生番本隶中国版图,朝廷一视同仁,迭谕该大臣等设法抚绥,不得视同化外,任其惨罹荼毒。现据各社番目吁乞归化,即着该大臣等酌度机宜,妥为收抚,联络声势,以固其心,俾不至为彼族所诱。

台、澎向用内地班兵,率皆疲弱。现在因时制宜,自不妨变通办理。沈葆桢等拟将班兵疲弱者撤令归伍,另招本地籍精壮充补,事平之后,察看情形,再行酌办;即着照所议行。

台湾盐课、关税、厘金等款,准其尽数截留,拨充海防经费,归台湾道衙门支销,不敷之款,着文煜、李鹤年筹拨接济,毋令缺乏。

9. 给日本国中将西乡照会

为照会事。照得生番土地,隶中国者二百余年,虽其人顽蠢无知,究系天生赤子,是以朝廷不忍遽绳以法,欲其渐仁摩义,默化潜移,由生番而成熟番,由熟番而成士庶,所以仰体仁爱之天心也。至于杀人者死,律有明条,虽生番亦岂能轻纵?然此中国分内应办之事,不当转烦他国劳师糜饷而来。乃闻贵中将忽然以船载兵,由不通商之琅峤登岸。台民惶恐,谓不知开罪何端,使贵国置和约不顾。即西洋曾经换约各国,亦群以为骇人听闻!及观贵中将照会闽浙总督公文,方知为牡丹社生番戕害琉球国难民而起。无论琉球虽弱,亦俨然一国,尽可自鸣不平。即贵国专意恤邻,亦何妨照会总理衙门商办。倪中国袒护生番,以不肯惩办回复,抑或以兵力不及,藉助贵国,则贵国甚为有辞。乃积累年之旧案,而不能候数日之回文,此中曲直是非,想亦难逃洞鉴。

今牡丹社已残毁矣,而又波及于无辜之高士佛等社。来文所称殪其凶首者谓何也？所称往攻其心者谓何也？帮办潘布政使自上海面晤贵国柳原公使，已商允退兵，以为必非虚语；乃闻贵中将仍扎营牡丹社，且有将攻卑南社之谣。夫牡丹社戕琉球难民者也，卑南社救贵国难民者也，相去奚啻霄壤？以德为怨，想贵中将必不其然。第贵中将照会闽浙总督公文，有佐藤利八至卑南番地亦被劫掠之语，诚恐谣传未必无因。夫凫水逃生，何有余资可劫？天下有劫人之财，肯养其人数月不受值者耶？即谓地方官所报难民口供不足据，贵国谢函具在，并未涉及劫掠一言。贵国所赏之陈安生，即卑南社生番头目也。所赏之人，即所诛之人，贵国未必有此政体。

或谓贵国方耀武功，天理不足畏，人言不足恤。然以积年精练之良将劲兵，逞志于蠢蠢无知之生番，似未足以示威。即操全胜之势，亦必互有杀伤。生番即不见怜，贵国之人民亦不足惜耶？或谓贵国既波及无辜各社，可知意不在复仇。无论中国版图尺寸不敢以与人，即通商诸邦岂甘心贵国独享其利？

日来南风司令，琅峤口岸资粮转运益难。中国与贵国和谊载在盟府，永矢弗谖。本大臣心有所危，何敢不开诚布公，以效愚者之一得？惟高明裁察见覆，幸甚！

10. 谕军机大臣等

总理各国事务衙门奏，日本兵扎番社，滨海防务，请饬先事筹办一折。日本有事生番，占踞台湾牡丹社一带。前据沈葆桢等奏，拟于海口及北路深水等处，严密设防。当谕该大臣等妥速办理。又据文煜等奏，马祖澳等处已有日本兵船游弋，复谕该将军等于沿海各口，妥为筹布。刻下办理情形若何？及该国近日作何动静？着沈葆桢、文煜、李鹤年、潘霨详细奏闻，以慰廑系。

各省沿海口岸甚多，亟应一体设防，为未雨绸缪之计。并当联络声势，藉壮兵威，以期有备无患。着瑞麟、李鸿章、都兴阿、志和、恭镗、李宗羲、文彬、张树声、杨昌浚、张兆栋统筹全局，于各该省沿海地方形势，详细体察。何处最为扼要？何处必当设防？并如何联为一气，得操胜算之处，务当悉心会商，妥筹布置，奏明办理。原折着钞给阅看。

11. 给日本国柳原前光照会

为照会事。照得上年贵国副岛大臣奉使来华，曾令贵大臣同翻译官郑来本衙门面询台湾生番戕害琉球人民之事。当经细询原委，曾准答复：台湾生番地方，祇以遣人告知，嗣后日本人前往，好为相待，其意非为用兵等情。迨贵副岛大臣并贵大臣濒行时，本王大臣曾向贵副岛大臣亲面，言及嗣后须按照修好条规所载，两国所属邦土，不可稍有侵越。承副岛大臣以"固所甚愿"一言相答。乃本年三月间，准各国住京大臣向本王大臣告知，贵国兴兵赴台湾，将有事于生番。并迭据中国沿海各地方官申报，有贵国战船一只名孟春，自台湾澎湖来寄泊厦港，带兵官海军少尉家柯声称，拟借地操兵等语。本王大臣当汇叙函报各节，先行照会贵国外务省大臣。四月十四日，本王大臣续将钦奉上谕，沈葆桢着授为钦差办理台湾等处海防兼理各国事务大臣，以重事权，钦此，照会各在案。迄今均未准见覆。嗣接闽省咨开，贵国火轮船一号驶过旗后口外，又有轮船二号到琅𤩝社寮港口停泊，至柴城踏看扎营地势各情；并接贵国中将西乡照会，率亲兵由水路直进番地，因琉球人民遭害，招酋开导，殛凶示惩等情，咨报前来。

本王大臣查台湾全地，久隶中国版图，虽生番种类散处深山，向未绳以法律，总属中国管辖之人。即偶有洋面失险，如琉球人民受害前事，亦当知会应管辖之地方官查办。此次贵国兴兵，未经向本王大臣议及，亦未准知照因何事派兵赴台，既与上年所言非为用兵之语未符，亦与条规内未载两国所属邦土不可稍有侵越等词相背，本王大臣殊为不解。今据各处探报，贵大臣奉命来华，已抵上海。经江苏应藩司、沈道将贵国船赴台湾一事，向贵大臣详细剖说，业经贵大臣允为函致贵国外务省，并电报知会厦门领事，转告贵国中将等因。足见贵大臣克敦和谊，顾全大局。俟贵外务省暨厦门覆信到沪，仍希贵大臣与应藩司、沈道平心妥议，总期彼此同守修好条规，永久不渝。贵大臣既为两国通好而来，如能尽其事权，以固睦谊，本王大臣自当与各国来华大臣一体优礼相待。为此照会贵大臣查照可也。

12. 给日本国外务省大臣照会

为照会事。照得本王大臣前据中国沿海各地方官咨报,并准各国驻京大臣告知,贵国有派兵前往台湾之事。当以此事未经先行议及,未之深信。曾于本年三月二十六日汇叙函报各节,照会贵外务省大臣查照见覆在案。刻下想已接阅,当有覆文在途矣。

本年四月十四日奉上谕:沈葆桢着授为钦差办理台湾等处海防兼理各国事务大臣,以重事权,钦此。本衙门查台湾等处遇有各国事务,闽浙总督驻扎省垣,相距较远;船政大臣沈素悉中外情形,兹奉特旨派充钦差办理台湾等处海防兼理各国事务大臣,必能悉心筹划,尽其事权,以符条约而敦睦谊。相应照会贵外务省大臣查照可也。

13. 日本国柳原前光覆函

谨启者:本大臣猥以菲材,简命住华。阳历五月二十八日(即四月十三日)行抵上海,晤沈道台,始悉同治十三年三月二十六日,经贵王大臣早有公文,专人寄往东京,给我外务省大臣,取具覆文等语。故本大臣暂停沪上,等候本省有何音耗。续于六月十三日(即四月念九日),本大臣接由上海新关税务司将贵王大臣于十三年四月十八日再给我外务大臣之公文一角,传递前来。本大臣接此,即于是日付邮寄回去后,于六月十八日(即五月初五日)接到本省六月九日(即四月念四日)发来给本大臣函文,内云本月四日(即四月二十日),有英国士人麦坚者,来省面递总理衙门十三年三月二十六日所发之公文,本省接阅之下,此邮未及即修覆文等因。并照录贵署来文咨送前来。据此可期下邮必有回文,或委本大臣代为办具照覆。惟以海路迢遰,虽有汽轮,一往一来,辄需兼旬。知关贵王大臣盼念,理合先兹具闻。

至于本国命将征番一事,会潘藩台奉旨下闽,路经沪渎,本大臣于本月六、七两日(即四月念二、三日),因沈道台得与邂逅,面谈一切。所有情节,闻经两宪具达尊听,故不赘述。昨者探得麦坚已回沪地,趁船北上。本大臣闻即派员就见,问以我外务省接了总署公文,有何说话?有何收条?麦氏秘而不言。本大臣但见中国人回,未见本省文来,中心不禁耿耿。用特专布寸悃,以冀丙原。

再者，本日临封此函，承沈道台捧贵王大臣四月二十七日所发给本大臣之公文来馆，亲手递下。又述贵大臣函属致慰劳之意。本大臣接已阅悉，并感惠言谆至。除俟日再具覆文外，笺端片言，奉谢不庄。

14. 给日本国柳原大臣照会

为照会事。前据上海沈道禀报贵大臣到沪时，曾经询问上年副岛大臣在京派贵大臣到本署提及台湾生番之事，并未说到发兵前去，此时遽尔兴兵前往，实属违约。当由贵大臣答以上年却未提及带兵，此时实恐生番再加残害，是以带兵自护等语。兹于本月十七日据上海沈道申送贵大臣公函一封，知本王大臣三月二十六日专足赍送贵国外务省公文，已经收到，贵国业经照录咨送来沪。又四月二十七日交上海税务司转寄贵国外务省公文，贵大臣亦经收到代为递去。本王大臣三月二十六日公文，贵国外务省下邮必有回文，或委贵大臣代办照覆各等因，函达前来。

查台湾用兵一事，上年副岛大臣在京，既未与本王大臣言明，本年中将西乡赴台，贵国复未先期照会，畔盟违约，各国皆无似此办法。本王大臣上两次公文，均已详载。不知贵大臣此次来华，是为通好而来？抑为用兵而来？如为修好而来，则现在用兵焚掠中国地土，又将何说？来函云云，本王大臣前公文，或由贵大臣办具照覆，究竟贵国外务省暨贵大臣是否办给照覆？抑姑以好言款我？统希贵大臣详示。

15. 八月壬申（初二日）办理台湾等处海防大臣沈葆桢等奏

七月初一日，振威轮船自省至，奉到六月十二日上谕：唐定奎所部步队六千五百人，由徐拔赴瓜洲口，分起航海赴台等因，钦此。同日，万年清轮船自津回，奉到六月二十日上谕：日本意存觊觎，悍不旋师，亟应厚集兵力等因，钦此。仰见宸算周详，莫名钦服。

倭营之在后湾风港者，日以盖兵房、掘濠沟、竖竹围为事。其士卒则令之练习洋枪、洋炮。六月二十八日，营中设席，邀请近村民人，好言抚慰，且分给绫、布、毡、扇等物。连日到轮船三号，装倭兵百余及米粮、枪炮、洋毡、杉板等物。另有琉球人百余，则皆工役，非兵也。其死者剖腹实以盐与樟脑，殓以木桶，并病兵百余，上船陆续驶归。虽巧饰增灶之形，实仅补死亡之额，伪示整暇，勉强支持。据游击王开俊禀称：初三日夜二更四点，有倭兵到茄鹿塘，向竹围遥开空枪数排，并有小船载兵，将次近岸。哨弁李长兴密饬兵勇潜伏围内，遵令无哗，俟其近围，方准施放枪炮。彼见我寂然久之，知哄吓不动，遂敛队而退。初九日，有在倭营之美国人日格赛尔者，带倭人六七名到郡，来访我之洋将斯恭塞格，反叩以柳原到京，所议若何？中国调兵何意？斯恭塞格据公法答之。且告以李让礼被厦门恒领事拿解往沪。日格赛尔微觉神沮而去。然臣等闻李让礼为厦门领事所抢，又为沪领事所释，虽信否未可知，究一李让礼之去来，何关大局？我若可以自信，彼亦无所能为。

　　淮军计日可以到台，臣霨于初四日驰赴凤山，催督地方官将营栅薪米一切具备。南路得此大枝劲旅，可壮声势。提臣罗大春已赴苏澳。扬武轮往装其原部楚勇一营。夏献纶派朱名登所招楚勇，闻亦成军，日内均可东渡。北路足资捍御。澎湖守备素虚，现借海关凌风轮船驻彼教习，分闽厂六船随之，合操阵法，并藉以兼顾地方。惟安平之炮台，拟照西法兴筑，所顾洋匠未至，致未施工。而台地自六月以来，暴风猛雨迭作，通计台城二千七百余丈，倒塌者千有余丈，坼裂者又三四百丈，固由始基之不慎，亦缘台地常震，土弱沙松，砖石又不易致，故至于此。现已发银由台湾府周懋琦等转饬绅士分股监修，多加蜃灰，厚砌基址，冀以外防冲突，内固人心。而役巨工繁，亦非一时可毕。电线之约，已有成言，近复翻异，屡经日意格驳诘，乃欲以旧线搪塞。臣等饬其不许迁就，致重款虚糜。然电线尚可缓图，而铁甲船必不容少。臣等曩派船政总监工叶文澜同日意格赴沪定买，近据函称，所议英国之船，非英使周旋其间，无从成数。日耳曼一船，有船无炮，制成且逾十稔，水缸只堪用两年。臣思国家掷此巨款，原为利用起见，傥费百余万帑金，易一朽烂之船，将益为外人所侮。臣属日意格勿惮往复之劳，务求坚固之物。傥议如不成，不如鸠工自造。虽三年求艾，要可计日成功。

　　南北抚番开路诸事，勇夫齐集，畚锸日兴。惟中路水沙连、秀姑峦一带，全台适中之区，腹背膏腴之壤，故洋人之在台者，每雇奸民带往，煽惑番众。闻该处社寮，竟有教堂数处，深林迭嶂，罪人、积匪，往往逋匿其间。如逆匪廖有富等即恃以藏身。而彰化之集集街，近复有扎厝毙命之事，安保日后不为倭族勾通，断我南北之路？臣等与营务处黎兆棠商令募兵前往，一面抚番搜匪，一面开路设防。俟办有端倪，当更详晰具奏。

要之，倭将非不知难思退，而其主因贪成虐，不惜以数千兵民为孤注，谣言四起，冀我受其恫喝，迁就求和，饣兄入其壳中，必得一步又进一步。此皆屡试屡验之覆辙，早在圣明洞鉴之中。议者以为台地得淮军、得铁甲船则战事起，臣等以为台地得淮军、得铁甲船而后抚局成。夫费数百万帑金，歼此贪主所陷溺之数千兵民，不特无以体皇上遍覆之仁，抑且不足示天朝止戈之武。臣等之汲汲于儆备者，非为台湾一战计，实为海疆全局计。愿国家无惜目前之巨费，以杜后患于未形。彼见我无隙可乘，自必帖耳而去。但宽其称兵之咎，已足见朝廷逾格之恩。傥妄肆要求，伏恳我皇上坚持定见以却之。彼暴师于外，怨讟繁兴，不待挥我天戈，而内乱作矣。臣等恐局外议者急欲销兵，转成滋蔓，谨将近日情形，合词驰奏。

16. 九月戊午（十九日）办理台湾等处海防大臣沈葆桢等奏

八月十六日，奉到七月二十五日上谕：军机处封发寄信谕旨，各省奉到后，自应加意慎密等因，钦此。臣等伏读之下，无任悚惶，敢弗祗遵，益求慎密。

八月初四日，倭将遣其酋吉利用通等六人，自琅峤来郡，递公文二件。其一覆臣等诘其兵伤乡民、阻我驿夫一案，诿诸言语不通，请以后遇有公差，给予执照，以敦和好。其一则覆臣等劝令退兵一节。谓柳原及大久保想能商定，彼兵进退，应须朝命等语。大抵借此一行，以窥我虚实。续据探称：倭营初六日，给附近奸民数人洋银七百圆，以酬其前日招番及取琉球人首级之劳。而逐日仍复勾到近番，给以号旗、哔吱、白布等物。该营疫气流行，死者日四五人，病者不计其数。其副都督川崎祐、通事官彭中平、管粮官富田等俱相继染病。美国人机慎者月得工钱一千圆，为入牡丹社绘图，亦病危而归。然内虽多故，外仍示强，买茅竹，盖兵房，日练枪炮，且称大兵万余将至，以耸吓居民。此倭营近日情状也。

淮军二起五营，于初五日即抵澎湖，以风浪暴作，寄碇守候。十四、十五、十六等日，始盘至旂后，现均抵凤山择地驻扎。镇臣张其光与南澳镇吴光亮所招粤勇二千余人，亦雇轮船于十七日到旗后，虽已登岸，以风涛颠簸，人力饥疲，俟暂息一二日，调来郡城分扎。一时兵勇骤增，声势颇壮。台南开路，经同知袁闻柝亲督人夫，由赤山步步为营，披荆斩棘，已跨狮头山，入鸡笼坑，离昆仑坳十余里。昆仑坳，盖诸山之脊也。卑南番目牙等陈安生等（？）已自率番众由本社循山辟路,出至昆仑坳相迎。其附近番社,各缴出倭旗多面,以示输诚。八月初八日,复有昆仑坳及内社番目率二百余人,来袁营请领开路器具,愿为前驱,均分别赏赉。讵旁有望祖大社凶番,其目名武甲与卑南社素仇,率众埋伏箐林,放枪截杀,卑南社番情急抵御,格杀武甲等三人。袁闻柝驰至晓谕,望祖力社番自知理屈,悔罪求和,尚于大局无碍。臣等恐该同知孤军深入,后援无资,札副将李光带勇三哨进扎双溪口,游击郑荣带勇一营进扎内埔庄,节节相衔,庶入山日深,后顾无虑。顷据报:十一、十二、十三等日,内山风雨大作,栅帐皆飞,为之停工数日。然一过昆仑坳,则近卑南地界,业经诸番垦荒辟秽,虽所开未必合法,然从而扩之,沿途尚易施功。北路准提臣罗大春函称:自七月二十四日由东澳起工,至八月初一日开到大南澳岭顶,计程二十余里而遥,大半凿幽凿险,苦费人功。初三日,有不知姓名之凶番百余,出没灌莽间,窥我有备而退。初四日,正在刊木逾山,勇夫手口交瘁之际,突有凶番数百,各持刀标鸟枪,从林际前来扑犯。守备黄朋厚、千总王得凯、都司陈光华、军功陈辉煌等率勇上前接仗,毙其一人,伤其数人,始兽骇而散。我兵亦被伤五人。自此以下为大南澳平埔,约广长四五十里,中有竹围。闻凶番约计四十余社,丁壮数千,思截我前途,铲削巨木,创为望台,以凭高下瞰。罗大春现复遣人加意招徕,一面添募勇四旗,夫千名,以助士功,兼防不测。恐一时兵勇未齐,众寡悬绝,请臣拨台南一营赴之。现调东港总兵戴德祥一营前往。咨淮军总统唐定奎分营填扎东港,以为枋寮后援。近复闻北路自初六后,亦风雨交作,溪流四溢,途径不通,一切工程,想难措手。大抵台南番社,经倭人肆虐,知朝廷宽大之恩,故稍易招致。且山后番目,真心受抚,兵至则荷锸相迎,虽有伏莽狙击之徒,搜之即遁。北路则天荒未破,各社言语互异,官无从曲通其情,不得不诱诸通事。为通事者,向以欺番为利,号曰"番割"。生番积受其欺,无所控诉,愤不自胜,时报以杀。故通事亦以入番社为惴惴。其零星番社名目,通事且不能周知,进一步须扎一哨,以勇兵护夫役,即须以碉堡护勇兵。非刊除草莱即堪收效也。

　　台郡城垣,以灰砖必来诸内地,展转需时,现仅修成二百余丈。而风雨飘摇,旧者又塌数十丈。安平洋式炮台,绘图刚就。现已派候补知府凌定国会同洋将督造。所呈图说,深合机宜。惟费巨工烦,非一时可竣。臣霈以月初亲往凤山巡视诸军。稽核练丁人数,清查番社户口,发给印牌,以固人心。该民番等俱鼓舞欣欢,一律遵办。于本月十六日始归郡城,谨合词驰奏。

17. 浙江巡抚杨昌浚奏

窃臣于本月初五日，承准军机大臣密寄，于同治十三年九月二十七日奉上谕一道，饬将切实办法限于一月内覆奏等因，钦此，并奉钞发折单到臣。查西洋各国，以船炮利器称雄海上，已三十余年。近更争奇斗巧，层出不穷，为千古未有之局，包藏祸心，莫不有眈眈虎视之势。日本、东隅一小国耳，国朝二百年来，相安无事，今亦依附西人，狡焉思逞，无故兴兵屯居番社。现在事虽议结，而覆霜坚冰，难保不日后借端生衅。且闻该国尚在购器、练兵，窥其意纵不敢公然内犯，而旁扰琉球、高丽，与我朝属国为难，则亦有不容坐视之理。故为将来御侮计，非豫筹战守不可，即为保目前和局计，亦非战守有恃不可。

就中国现在局势论之，内地久已肃清，边疆亦经底定。各省不乏知兵之将、能战之兵，船政、机器渐有成效，比庚申以前，情形已异。前年天津之案，本年台湾之役，均能勉就范围，未始非因中国气势渐振，有以隐慑于其间。诚能趁此机会，更加讲求，同心戮力，不为浮议所摇，不以多费中止，宽以时日，未有不克转弱为强者。秦襄修甲励兵，用复先世之仇；勾践生聚教训，历二十年而卒报强吴。况我国家大一统之规，果能惩先毖后，中外一心，安见雪耻复仇之无日耶？

前此奉旨设防，当饬沿海口岸，修筑炮台，置办器械，添募水陆兵勇，未尝不认真整理。然海上无大枝水师，无可靠战船，一旦猝然有警，臣自恃只能就陆地击之，若角逐于海洋之中，实未敢信有把握。是今日自强之道，陆军固宜整理，水军更为要图。前两江督臣曾国藩于发逆既平之后，即与侍郎彭玉麟创设长江水师，至今江面数千里，恃以无虞。臣愚，以为此时整饬海防各师，比江防为尤急。虽沿海各省，本有额设战舰，然以御外洋兵船，胜负不待智者而决。是必须扩充轮船，置备铁甲船，俾各练习驾驶，方有实际。明知其费甚巨，其效难速，而不能不如此也。日本以贫小之国，方且不惜重赀，力师西法，岂堂堂中夏，当此外患方殷之际，顾犹不发愤为雄，因循坐误，以受制于人哉？论语云：人无远虑，必有近忧。又曰：欲速则不达。见小利则大事不成，是在我皇上坚持定见，断以不疑，则自强之要，莫先乎此矣。

近洋人入内地者，愈布愈远，交涉事件益多，办理实形棘手。天津、台湾两案，此其显然共见者。其余寻常龃龉之事，所在皆有，口舌之端，无非兵戎所伏。既不便一味迁就,又不可过于激烈。愚民但快一朝之忿,而不顾异日之忧;旁观惟工指摘之谈,而不知当局之苦。故目前即勉强敷衍,总难免决裂之一日。承饬议各条,洵为当务之急。而用人、筹饷二者,尤为紧要。足食乃能足兵,有治人乃有治法。而持久之道,亦即寓乎其中矣。

抑臣更有请者:从来天下之安危,视乎民心之向背。外夷虽强,遇百姓齐心,即不敢显干众怒。必整顿吏治,以固结民心,庶于自强之根本,更有裨益。

谨按原奏各条,将切实办法,详细陈明:

一、练兵一条:查海上宜专设重兵,臣所见亦适相符。合浙省水陆各标,自经整顿,较有起色,虽未经战阵,而兵皆精壮。近年挑选洋枪队,一切步伐号令,均效西法,尚属齐整。惟各省沿海地方辽阔,纵使设防,何能处处周密?况战守相为表里,有守之兵,无战之兵,有分防之兵,无游击之兵,一旦有事,终虑措手不及,顾此失彼。臣窃谓南、北、中三洋,宜设水陆三大枝。闽、广合为一枝,江、浙合为一枝,直隶、奉天、山东合为一枝。每枝精练万人为度,各设统领一员、帮办二员,仍听南北洋大臣节制调遣。各置备轮船二十号,兵船商船各半,又铁甲船一二号。其先尽各省外海水师内严加挑选,挑选不足,再招募生长海上、熟狎风涛壮勇以益之。其口粮似宜比长江水师章程,略为加重。无事则分防洋汛,兵船捕盗,商船载货。有事则通力合作,联为一气,兵船备战,商船转运。平时兵丁船不敷住,即在海口择要团扎,随时操练,更番出洋。大约水师闽、广为长,浙江各省次之。至于陆路洋枪队,不习风涛,不善驾驶,迁地弗良,恐难得力。外洋有此三大枝水军,练习三数年后,海上屹然重镇,可分可合,可战可守,近则拱卫神京,远则扬威海面。不惟内地之奸匪敛迹,外夷之要挟,亦可渐少矣。

一、简器一条:臣惟兵不精,利器适以资敌;兵精矣,而器不利,亦难以决胜。洋人器械之精,由于讲求年久,心力专一。如布国之克虏伯、美国之格林,为炮中之最精者,皆以造炮之人名之,故彼此争胜,愈出愈奇。骤然效之,诚若未逮。现在闽、津、沪各局,已办有成效,如经理得人,力求精进,久之自不多让。臣前委员赴上海、香港,拣火器之精者,炮如克虏伯、格林之类,枪如林明登、来福之类,此外水雷、铁火箭等项,均酌量定办,多少不等。惟内有大钢炮一尊,重二万斤,子可及四十里。俟各项到齐后,即可配沿海要口,俾资演习。西洋火器,日新月异,今日所艳称之物,后必又有驾乎其上者。且收存太久,难免锈坏,故臣未敢过于多办,恐虚縻经费。询悉后镗枪炮,虽觉巧便,究竟机关太多，时有炸裂，不如前门枪炮结实耐久。浙省各口炮台，已成数处，将来一律告竣，需炮较多。现已购就机器，在省设厂铸造，藉可考较，以为扩充地步。又粤东线枪，装子多且远，实比洋枪为长。似防海者是项军器亦不可少也。

一、造船一条：臣惟请求船炮，功在平日，御敌机宜，决于临时。臣拟设水军三大枝，应用轮船、铁甲船若干只，已于第一条内缕晰声明。窃计练兵三万人，有轮船六十号、铁甲数号，可勉强敷用。惟中国轮船，不及其半，铁甲尚一号未有。自应先就泰西船厂，定造铁甲一二只，余则自行陆续仿造。至添置轮船，闽、沪有现成之局，不难扩充。臣托闽局代造兵轮二号，明年三、四月可以竣事，已另片奏明。惟专恃官造，究不免限于经费。如今各省殷实商贾，各备轮船，经营贸易，有事听官租用，准其破格奖励，未始非扩充之一法也。或云铁甲船可以御敌，或云英国蚊子船载巨炮，可以洞穿铁甲，皆洋人自相标榜，事非经验，臣实未敢臆断。但彼有此具，而我无之，一旦有事，先觉相形见绌，故有不得不办之势。本年日本铁甲船泊于吴淞口外，以小船渡入进口。浙省各口外水深之处甚多，不难择地安泊。口内长潮之际，如定海、镇海、黄道关，闻亦可驶。船有大小，甲有厚薄，则吃水有深浅不等，应俟铁甲船购到，吃水若干，斯驻泊之处，不待测量而已知矣。

一、筹饷一条：臣惟海洋既设重兵，则一切用款，自不能不彻始彻终，通盘筹划。如臣所拟三大枝，通年所需，约略计算，非三百万两不可。而购造船费，尚不在内。当此关外军务方殷，滇黔善后未了，方日催东南各省转饷接济，若同时筹办防海，事端甚大，用款更多，诚有难兼顾之势。惟查与外国通商以后，各关洋税，岁入不下千万。内地设卡抽厘，各省一年所入，亦不下千万。若于此两项内，每年酌提一二成，交各省藩库，专款存储备用。以此济创立之需，即以此充永远之费。所有一切不急之务，闲杂之款，可减则减，可裁则裁，挹彼注此，似尚不难集事。倘舍此二项，另行设法，所获未必有济。且东南民力已尽，何堪竭泽而渔？就浙省言之，海塘工程，二三年后，计可报竣。除酌提岁修外，每年尚可节省银二十余万两，以作海防经费。若各省同心协力，天下无不可办之事。前因倭倨台湾，商人闻风束手，厘捐日形减色。如果海疆动摇，税厘折耗必多。故筹饷所以养兵，而强兵即所以裕饷。开源节流，无过于此。似此权衡轻重，移缓就急，厚集坚持，不至半途而废矣。

一、用人一条：臣惟军兴以后，各省将才，原不乏人，大都娴于陆路者多，熟于海洋情形者少。目前知兵望重、实心办事、堪为统帅之大员，如前陕甘督臣杨岳斌、前湖北抚臣曾国荃、前兵部侍郎臣彭玉麟，皆威望素著，志虑忠诚。诸臣均简在圣心，无庸臣论列。其余提镇将领，就臣所知者，如现任台湾镇张其光、现任衢州镇喻俊明，皆系水师出身，久经战阵。又现任乍浦协副将卢成金，诚朴勇干，举止严重，似可上备采择。此外容臣访察确实，再行随时保奏。

一、持久一条：臣惟设立外海水师，事同创始，极为繁巨，岂旦夕所能奏效？如臣所拟办法，至速亦非四五年不能就绪。盖成军易而办船难，训练亦难也。西人作事，不精不已，不成不置，其坚忍之性，殆非中国之所及，亦非中国所不能行。方初设船政时，外间不无异议，非赖朝廷主持于内，二三大臣维系于外，几至废于半途。自来国家大事，百年成之不足，一旦败之有余，古今同慨。现在各国情形，环而伺我，兵端虽不可自我而开，武备实不可一日或弛。事既不能不办，办即不能中止，诚如原奏所云者。是则全仗宸衷坚定，内外臣工，同心共济，始终不懈，庶几可与虑始，可与乐成。而外患之来，不至茫无把握矣。

三、道咸同光四朝奏议选辑①

1. 请速筹台事全局疏（光绪二年）

丁日昌

福建巡抚臣丁日昌跪奏，为台事速宜统筹全局，恭折密陈，仰祈圣鉴事。

窃查台湾生番蠢动，尚是癣疥之疾，惟日本处心积虑，极意窥伺，传闻近日有屯兵琉球之说，而德国亦常密遣兵船，前往台北，测绘地图。查琉球距台北鸡笼，水程不过千里，朝发可以夕至，该国弱小而贫，数百年来，为中国不侵不叛之臣。其入贡也，不惟表其恭谨，即贩卖土货，亦藉以稍得微利。闻今年贡物已具，而日本强之不令赍行。外则以示桀骜，实则惧琉球密以情伪相告，居心叵测，可恨亦复可忧。沈葆桢前因倭兵屯扎琅峤，是以经营仅在台南一带。其实台湾精华所聚，全局在台北、淡水、鸡笼等处，而外人心目所注，亦在台北、淡水、鸡笼。盖茶叶、煤炭、硫磺、煤油、樟脑之利，皆出于此故也。台湾洋面，居闽、粤、浙三界之中，为泰西兵船所必经之地，与日本、吕宋鼎足而立，彼族之所眈眈虎视者，亦以为据此要害，北可以扼津、沽之咽喉，南可以拊闽、粤之脊膂。从前榛狉未辟，习与相忘，近则天主、耶稣等教，讧入内山，一切利源以及险阻，无不深知。是以彼族所绘台地图说，较之官绘者尤为详尽，而台属各口，兵船林立，潮来汐往，无日无之。年来彼族，无论要求何事，动辄以兵船相恫喝，各省地段，类皆犬牙相错，投鼠忌器，惟台湾势同孤注，如果兵力有余，则遇彼族用武挟制之时，自可由台出奇兵，断其后路，为击首应尾之计，令彼族多所

---

① 选自《道咸同光四朝奏议选辑（全）》，《台湾文献史料丛刊》第四辑（70），台湾大通书局印行，1984年。

瞻顾,似更诸事易于转圜。同治十三年冬,总理衙门原议练兵制器,以备海防之用。盖亦深虑台湾有关东南大局,因而为未雨绸缪之计。以臣愚见,台湾若不认真整顿,速筹备御之方,不出数年,日本必出全力以图规取,其时恐不止如前时尚能以言语退敌也。台中琅峤之役,沿海各省,举办海防,用费殆将千万,而变起仓猝,所购器械,必不能精;事非素习,所建炮台,必不适用。与其临时敷衍,浪掷而无补涓埃,曷若及早图维,节省而有资实济。故为台湾目前计,必须购中小铁甲一二号,以为游击之用;练水雷数军,以为防阻之用;造炮台数座,以为攻敌之用;练枪炮队各十数营,以为陆战之用;购机器、开铁路、建电线,以为通信、运货、调兵之用。购机器集公司,以为开矿开垦之用。同时并举,为费必数百万,臣极知库款艰难,何敢妄发此议。惟台湾有备,沿海可以无忧;台湾不安,则全局殆为震动。况矿利大兴,十年后则成本可还,二十年后则库储可裕,若能于江海等关,各借拨二十万以为权舆,再由官绅百姓,凑集公司数十万,自可次第举办,臣病势沉重,且不知兵,万难当此重任,然惧身入局中,而将边疆大利大害,讳而不言,亦非臣平日愚诚报国之本心。惟有仰求我圣主速派威望素着知兵重臣,驻台督办,并派熟悉军火大员,办理后路粮台,宽筹粮饷,购买外洋铁甲船、水雷、枪炮等件,以资备御而裕接济。臣虽不敏,亦必留台听候驱策,备幕府奔走之役,断不敢置身事外,冀避艰难。仍求敕下南北洋大臣密速筹议复办,以免道旁筑室,徒托空言。臣为统筹全局起见,是否有当,谨专折密陈,伏乞圣鉴训示。

2. 沥陈病状并海防事宜十六条疏(光绪五年)

丁日昌

前福建巡抚臣丁日昌跪奏,为微臣报国之心有余,应事之力不足,自揣病躯,不能胜会办南洋海防之任,吁恳收回成命,仰祈圣鉴事。

窃臣钦奉上谕:前福建巡抚丁日昌,办事认真,于海疆防务,向来亦能讲求,着赏加总督衔,派令专驻南洋,会同沈葆桢及各督抚,将海防一切事宜,实力筹办,所有南洋沿海水师弁兵,统归节制。丁日昌接奉此旨,着即驰赴江南,会筹督办等因。钦此。伏念臣愚直性成,养疴田里,仰蒙圣恩逾格,委以重寄,锡以荣衔。臣苟稍可撑撑,虽肝脑涂地,亦不敢辞。惟臣才短病深,自揣心有余而力不足，诚恐误身事小，误国事大。与其贪权恋禄，偾事于将来，莫若沥胆披肝，归诚于君父。谨将万难胜任实情，为我皇太后，皇上缕晰陈之。窃查臣与王凯泰、吴赞诚先后驻扎台湾，王凯泰受瘴身故，吴赞诚则得半身不遂之证。臣亦得两足痿痹之证。上年蒙恩开缺，方谓可以徐图调理，乃闻晋豫大饥，遂竭力筹办赈捐，无暇兼理医药。今春在闽，又因冥搜案牍，病势加剧，困卧床榻，不能转动者，二旬有余。三月间，始扶掖能行。回籍后，办理停止赈捐事宜，略为忙碌，病又增重。今若会办南洋海防，则各省水师营伍，不能不亲自巡查；沿海要隘险阻，不能不亲自阅历；遇有外国兵船到港，不能不亲往采其章程格式；凡遇新购铁甲船军火等物，不能不亲往验其良朽精粗。又须亲往各口，考校轮船操演能否如法，大炮能否中的，水雷能否入壳，并须不时测量水道深浅、沙线涨沈。计此差使，全靠筋力阅历，只有驻扎海船之日，断无驻扎陆地之时。臣虽南人，然不习水性，即无病时乘坐轮船，亦必头晕目眩，呕吐不止。前年曾经奏明在案，况现在足难步履，一举一动，需人扶掖，不惟启外人藐忽之心，亦复长士卒玩视之渐，且病势委顿至此，以上所举各节，何能亲往办理，势不能不假手于人。一经假手于人，定必弊窦丛生，有名无实。此臣之不能胜任者，一也。凡举办大事，左右必有得力数人，寄以耳目采访之事。臣在吴、在闽时，有李凤苞、林达泉等助臣心思耳目所不及。今或远在外国，或殁于台湾，尚有得力亲知数人，亦先后在台湾亡故。目下并无一亲信可靠之人在臣左右；既左右无亲信之人可寄耳目，则此沿海数千里防务，从何得其虚实情伪。此臣之不能胜任者二也。臣性多疑，喜察察为明，故用人往往有始信之而终疑之，始任而终劾之者。臣性又欲速，往往从前数十年积压之事，辄欲于数日内办完。多疑则不能得将士之死力，欲速则不达。此臣之不能胜任者三也。外国之选海防统帅，必须由水师学堂出身，然后任以战舰之千把，由千把洊转而为专阃；又必由各营公推，而后始得为大帅。盖选帅若斯之难且慎也。今臣平日之所习者吏治也，若俟臣病痊，任以吏治，倘不能兴利除弊、锄暴安良，臣甘伏斧钺。至于海防，臣不过涉猎皮毛，实未能深窥底蕴。今臣若去平日之所习，而办理平日之所未习，是不啻樵夫欲以斧斤操舟，农父欲以耰锄学贾也。所用非所习，必致偾事无疑。臣一身不足惜，其如大局何？此臣之不能胜任者四也。臣前曾蒙恩派为北洋帮办矣，在津数月，尚不免与李鸿章意见龃龉，犹幸李鸿章能知臣、谅臣、容臣也。今臣病久肝旺，躁急更甚于前，而沈葆桢之知臣、谅臣、容臣，未必能如李鸿章。臣性属坚执，闻沈葆桢亦复如之，将来各执一是，其流弊何所底止。唐设监军而兵事纷更,宋设监州而吏治疲敝,即如近时派往外国之正副使,固无不因势位相垺而致决裂;且通商与海防,本系一气相生之事,光绪元年,初设海防时,归并通商大臣督办,当时圣衷自有深意。沈葆桢之督办南洋,四五年于兹矣,阅历久则情形熟,兼地方则呼应灵,臣自问才望,不及沈葆桢远甚。今督办之外,复设会办,以南洋督办而论,既局外多一人掣肘,则局中必少一分主裁。以南洋四省而论,既一人之耳目难周,又主宾之权分不敌,临事呼应,必不能灵,徒使本省多一推诿。此臣之不能胜任者五也。臣自同治年间,奉命办结洋人潮州入城案,天津戕毙法国领事案,而众谤兴,及任闽抚时,陆续办结洋案数大起,而谤更甚。光绪二、三年间,臣屡次奏称日本立意窥伺中国,数年之后,必将与我开衅,必须及早购办铁甲船,以免临时筹措不及等因。而谤生尤循环无端;甚有谓臣藉此图利者。其实臣疏中原指明闽、台无殷实洋商可以承办铁甲船,必须由南北洋举办,方无流弊也。虽屡蒙圣主鉴其无他,不加谴责。然众毁铄金,积羽沉舟,直觉天壤间无地可以自容。今则专办洋务,更系树敌招谤,讥弹多则闻听荧,闻听荧则识见乱,此臣之不能胜任者六也。凡以上不能胜任之故,皆系实事实情,并非别有希求,亦非意存推卸,伏惟我皇太后、皇上至仁如天,无微不照,仰吁圣恩,收回成命,另简贤能;念臣因劳致病,俟稍愈而始令驰驱,怜臣谤蘖易招,非所习而不加鞭策;庶微臣无覆竦之虞,而海疆有苞桑之固矣。其目前海防事宜,有为臣所略知者,谨具其大端,密缮清单,恭呈御览,是否有当,伏乞圣裁。

一、海防为全局所关,凡筹兵筹饷,自系督办者总其成。此外无论会办、帮办,其责全在于巡查各省海口险要,稽查沿海各营士卒勤惰,操演轮船、炮法、阵法、篷索、舢板、水雷,熟认沙线、礁石诸事,当风涛汹涌之时,尤当训练进退避就之法,使士卒视险如夷,然后能临变不乱。其地段北至黑水洋,南至安南洋,东至日本洋,西南至小吕宋洋,相距几及万里,极少每年亦须查阅考校二次。计即长驻海中,尚恐周转不及,然以上各事,任海防者,一时不身在行间,即为有忝厥职。臣愚以为此差非独衰病如臣不能胜任也,即由江防出身之武员,亦不能胜任。盖海防与江防,劳逸悬殊,夷险迥别故也。似宜于外海水师提镇中,由沈葆桢选择保举必当有胜任者。此与光绪元年四月上谕如需帮办大员即由李鸿章、沈葆桢保奏意义相符。其于海防窍要,该提镇平日阅历既深,必不致受人欺朦,即巡海亦不致有名无实,且既系由督办所保,亦必不致于掣肘。至督办则筹饷之责尤重于筹兵,沈葆桢兼任地方,于筹饷一事,呼应必能灵通。何则？无论何等经济，无饷则丝毫无可施展。古人所以谓必先有土地、人民而后有政事也。

一、江南制造局之轮船，以及福建船政局之轮船可以供转运，不能备攻击；可以靖内匪，不能御外侮。似宜选一深谙外海水师之大员，统领是船；仍须延请一熟谙水师之西员，会同操演。俟统领能变通融会其法，然后自行督操。并分班分期，调往各口，以便分哨会哨。吴赞诚病与臣等，目前防务紧要，似宜听其请假。若以病躯任此要差，诚恐不免贻误。

一、臣在闽时，闻李成谋在厦门整顿水师，极为得力，操守亦甚可靠，见在海防急于江防，闽省尤急于苏省，可否敕知沈葆桢察酌情形，将李成谋调在闽台，总统水师，先将船政局轮船练成一军，庶可以备不虞。

一、船政局之兵轮船，上年因无经费，将船勇裁减一半，不能成操。臣愚以为他费可省，此费断不可省，应请敕下闽省督抚及船政大臣，速将兵轮船勇数，照旧补足，认真操演。其商轮船亦一律添给枪炮战勇，俾能合操，庶可有备无患。倘管驾有侵吞克扣懒惰诸弊，似宜严惩一二，方可警戒将来。

一、招商局轮船，约计亦有二十余号，似可择其结实便捷者，配给枪炮水勇，以备缓急。惟必需豫储管驾才料，否则遇有事故，外国人之充当管驾者，势必辞去，该船岂非废物。

一、江防仅恃长龙舢板，似亦仅可以靖内匪，而不能御外寇，似宜辅以浅水轮船及水雷等物，庶消息灵而守御固。

一、日本废琉球为县一事，虽极目无公法，然我此时海防尚未周备，似只宜邀齐有约之国，责以不应灭人宗祀，庶几易发易收。臣前覆总理衙门信中，言之甚详，仍求圣裁严饬疆臣，速筹备御，勿为得过且过之计。俟我防务沛然有余，然后兴问罪之师，方能确有把握。此事其曲在彼，我若不撤回使臣，彼亦断不能实时用武也。

一、日本志不在灭琉球，不过欲藉端寻衅耳。我若因此发难，正是中其危机，除灭琉球一事，不过以空言与之徐商外，彼动则我应之以静，彼刚则我应之以柔，彼以力则我应之以理，庶几无从窥我涯际，亦不致有所借口，将来倭无论如何变动，我惟俟其先发，然后分头牵制之，使之骑虎难下，彼外强中干。若长久与我相持，则内变必生也。

一、日本倾国之力，购造数号铁甲船，技痒欲试，即使目前能受羁縻，而二三年内，不南犯台湾，必将北图高丽。我若不急谋自强，将一波未平，而一波又起,殊属应接不暇;虽兵衅不可轻开,而横逆殊难哑受。惟有设法筹借款项,速购铁舰水雷以及一切有用军火,并豫筹驶船之将用器之人。诗云:"未雨绸缪",何况既阴既雨乎!

一、法、美等国,前欲与高丽立约,而高丽拒之,果能闭关自守,岂不甚善,乃旋为日本兵威所胁,竟与立约,此亦出于无可如何。臣愚以为高丽已不得已而与日本立约,则不如统与泰西各国立约,何则?日本有吞噬高丽之心,而泰西无灭绝人国之例。将来倘倭、高启衅,凡有约之国,皆得起而议其非,庶几日本不致悍然无所忌惮。或谓琉球亦曾与法、荷立约,何以法、荷仍复置之不议不论。不知琉球海外弹丸,过于不成片段,泰西早已视同蓼六江黄,无关轻重。且立约后,彼此并未互遣使臣通好,仍与不立约同。况琉球与法、荷、美所立之约,旋亦倭人取为废纸。至高丽局面,远出琉球之上,且有土产可以供各国之采运。若泰西仍求与高丽通商,似可由使臣密劝勉从所请,并劝高丽派员分往有约之国。苟能聘问不绝,自可休戚相关,一切得力军火,我亦可密为挹注,俾足图存。倘遇倭、俄二国意图蚕食,我固当以全力卫之,并可邀齐与高丽有约之国,鸣鼓而攻,庶几高丽不致蹈琉球覆辙。否则高丽亡,则倭、俄与我东三省实逼处此,此固心腹之疾,非仅肘腋之患,不同琉球,弃取无关得失也。

一、泰西皆有独亲独厚之国,以备缓急,相为扶持,如英之于法、德之于奥,凡征战攻伐,彼此必相资助。今我于各国皆视之漠然。则彼遇我有事,安得不作壁上观乎?臣愚以为英、法、美、德各强国中,似宜联络一国,与之独亲独厚,使缓急可为我用。可否敕知总理衙门,密商出使诸臣,相机办理,亦釜底抽薪之一法也。

一、寇之窥我,日深一日,若不速图练兵购器自强之法,诚恐变生仓猝,措办不及。论者动以铁甲船不可轻购为疑,不知人之所以攻我之法,与从前不同,则我御之之法,亦当与从前有异。合无吁恳天恩,敕知南北洋商议,速派妥员,购办合用铁甲船、水雷,以备应敌。其余营制饷制,行政用人,凡有关于自强者,各疆吏似宜认真整顿,俾去浮文而归实际,庶几主强则客弱,免致时时刻刻受彼族之欺陵也。

一、民心为海防根本,而吏治尤为民心根本。故筹办海防,若不整顿吏治,固结民心,仍未免有名无实,买椟还珠也,见在吏治,经特旨停捐后,自当较有起色。惟以前捐输、保举二项人员,存积太多,非用辣手裁汰,吏治难望转机。臣家居数年,及今年往来闽省,目击牧令留心民事者,固百中无一。然恣意虐民者,亦尚不多。惟佐杂则无不以虐民为事,百姓不能聊生,往往归入天主教。迨一入教,则佐杂熟视之而无可如何,不啻为丛驱雀,教风因而日盛。一处如此,处处可知;一省如此,天下可知。此真人心世道之忧,合无吁恳天恩,严饬各疆吏加意整顿吏治,宁使一家哭,勿使一路哭。抑或如昔者巡方之例,钦派公正而兼明白之大员数人,分巡各省,认真举劾,将贪污之吏,一扫而空之,庶几百姓生计可遂,元气可复,众志可以成城,海疆安如盘石矣。否则民心一离,百事瓦解,一遇风鹤之警,无不揭竿而起,其时即食贪吏之肉,庸有济于民生国计乎?

一、近闻东南各省水陆提镇中,操守好者固有,然亦有卖缺者。彼将弁等既系花钱得缺,到任后自不能不克扣兵粮,窝匪纵赌,以免亏本。营伍安得而有起色乎?又有小康之户,以数十金挂名兵籍,冀免书差讹诈,此辈例不到营操演,故往往有兵之名,无兵之实,合无仰吁天恩,作为访闻,饬该督抚严加查参,庶若辈不敢公然视卖缺为常例,营伍可期整顿矣。

一、上海为通商枢纽,与天津遥遥相应,沈葆桢既系督办通商海防,似宜仿照直隶总督办法,往来金陵、上海,呼应方灵;且通商与海防,本不能离而为二也。

一、臣在台湾受瘴过重,回籍后双足又发痿痹,不能步履,无论任事必致贻误,刻下亦且不能上船下船,惟有赶紧认真调治,一俟略能举步,即当趋聆圣训,求赏差使。倘福薄灾生,竟成瘫痪之症,臣亦不敢辜负天恩,遇有洋务并与海防交涉事件,或蒙谕旨垂询,或承总理衙门查问,或由沿海各督抚函商,臣必尽其所知,分别据实奏覆登答。臣但一日不填沟壑,即当一日上报生成,断不敢以病莫能兴,遂尔置身局外。

3. 沥陈球案倭约疏(光绪六年)

陈宝琛

日讲起居注官右春坊右庶子臣陈宝琛跪奏,为俄事垂定,球案不宜遽结,倭约不宜轻许,勿堕狡谋而开流弊,恭折沥陈,仰祈圣鉴事。

臣闻日本使臣,近因俄约未定,乘间请结琉球一案,啖我以南岛,而不许存中山之祀,复欲改约二条,总署惑于联倭防俄之说,办理已有成议。臣闻之,且疑且愕,以为分琉球,一误也。因分琉球而改旧约,又一误也。分岛之误,近于商于六里之诳,因分岛而改约之误,近于从井救人之愚,中国受其实害,而琉球并不能有其虚名。五尺童子,犹不肯堕其术中,堂堂大朝,奈何出此?窃谓俄倭沓至,总署当持以镇定,朝廷当示以权衡;俄强国也,倭弱国也;驭俄人宜刚柔互用,而倭则可刚不可柔。处俄事已不能过缓,而倭则宜缓不宜急。敢抉其利弊,权其情势,为我皇太后、皇上缕析陈之。日本既与我立约通商,无故擅灭琉球,虏其王,县其地,中国屡与讲论,则创为两属之说,横相抵制,彼即以沃腴归我,而中国意在兴灭继绝,尚未可义始而利终。况所割南岛,皆不毛之地,置为瓯脱,则归如不归,若用以分封尚氏苗裔,则贫不能存,险无可守,他日必仍为倭人所吞并。此分割琉球之说断不可从者也。琉球中北诸岛,日本既全据之,若为持平之论,日本应听我择有利于中无损于东之事,加入约内,以相偿抵。而今所改之约,则大不然。道路传闻,谓止改约两条。一曰利益均沾,一曰旧约与加约有碍,照加约行。其居心叵测,无非欲与欧洲诸国,深入内地,蝇聚蚋噆,以竭中国脂膏。况此外又有管辖商民,酌加税则,俟与他国定议后,再与中国定议等语。则是二条之外,又增二条。且故为简括含混之词,留一了而不了之局,以为他日刁难地步。此酌改条约之说,断不可从者也。论者谓速结琉球之案,即可联倭以拒俄。臣愚殊不谓然。夫中国所虑于日本者,接济俄船煤米耳。以长崎借俄屯兵耳。然倭人畏俄如虎,中国之力,终不能禁日本之通俄,日本之亲我与否,亦视我之强弱而已。中国而强于俄,则日本不招而自来。中国而弱于俄,虽甘言厚赂,与立互相保护之约,一旦中俄有衅,日本之势,必折而入于俄。万一中国为俄所挫,倭人见隙可乘,又必背盟而趋利便,皆势之所必至也。夫利害所关,形势所迫,虽信义之国,不能保其必守盟约,而况贪狡龌龊如日本者乎?使日本而能守约,则昔岁无台湾之师,近年无琉球之役矣。何也?此二事皆显背条约者也。然则琉球一案,与日本之和不和何涉;日本之和不和,又与俄事之轻重利害何涉。而目论之士,动谓结琉案即以联倭交,联倭交即以分俄势,可谓懵于事理者矣。况极其流弊,琉球案结,则祸延于朝鲜。日本改约,则势蔓于巴西诸国。何以言之?俄人遣海部、派师船,麕集于长崎,蚁屯于海参崴,成师而出,必不虚归。若我为弦高阻秦之举,则俄必为孟明灭滑之谋。朝鲜之永兴湾,久为俄人所垂涎。犹冀中俄盟成,朝鲜为我属国,彼时可令与各国立约通商,藉以解纷排难,而俄亦鉴于中国力庇琉球,贪谋或戢。昔布以宗人王罗马,首败巴黎期约,各国置若罔闻。于是俄始问津黑海,英人责之,俄反诘英,何以怨布仇俄,英人语塞。今我若轻结琉球之案,则俄人有例可援,中国无词可措,以俄兵取高丽,如汤沃雪,而其势与关东日逼,非徒唇齿之患,实为腹心之忧。祸延于朝鲜,而中国之边事更亟矣。自道咸以来,中国为西人所侮,屡为城下之盟,所定条约,挟制欺陵,大都出地球公法之外。惟日本、巴西等国,定约在无事之时,亦值中国稍明外事,曾国藩主之于前,李鸿章争之于后,始将均沾一条驳去,既藉此以为嚆矢,未尝不思乘机伺便,由弱国以及强国,潜移默转于无形也。今日本首决藩篱,巴西诸国必且圜视而起,中国将何以应之,势蔓于巴西诸国,而中国之财力更竭矣。就日本近事而论,政府萨长二党不和,民党又倡国会之议,以与政府相抗。广张匿名揭帖,欲伺外衅而动。其君臣惴惴,朝不谋夕,内事之乱如此;通国经制之兵,才数万人,分布六镇,数益单薄,以之弹压乱萌,尚且不足,兵力之绌如此。比年借民债三千余万圆,借英债二千余万圆,近又以关税铁路抵借洋债三百万圆,不能骤得,财力之匮又如此。结之不足以助我御俄,绝之亦不足以助俄攻我。若我中国大势,内政清明,将相辑睦,与倭霄壤,固不待言。即论兵力、财力,以之拒俄,或当全力支拄,以之拒倭,实为恢恢有余。见因俄事筹防,南北洋征军调将,所费不赀。既欲与俄乘便转圜,即可留以为防倭之用。是我失诸俄而犹得诸倭也。虽目下铁舰冲船,尚未购齐,水师未成,沙线未习,犹未能张皇六师,以规复琉球,为取威定霸之举。而我不能往,寇亦不敢来,莫如暂用羁縻推宕之法。彼去年以此法待我矣,今我不急与议,彼又何辞。而我则专意俄事,俟定约后,拥未撤之防兵,待将成之战舰,先声后实,与倭相持,如倭人度德量力,愿复琉球,守旧约,是不战而屈人也。如其不应,则闭关绝市以困之。倭商以海鲜为大宗,专售中国,岁食其利,若中国禁其互市,势必坐困。华商在东亦停贸易,则彼榷税顿绌,纸钞不销,且虑华商蜂聚煽变,内顾不暇,必急求成。如此犹不应,则仗义进讨以创之,三五年后,我兵益精,我器益备,以恢复琉球为名,宣示中外,沿海各镇,分路并进,抵隙攻暇,师数出而倭必举。此中国自强之权舆,而洋务转捩之关键也。不然,案一结则琉球之宗社斩矣。约一改则中国之堤防溃矣。俄以一伊犁饵吾改约,日本又以一荒岛饵吾改约,是我结倭欢以防俄,而重受其绐;倭乘俄衅以挟我,而坐享其利也。一月之内,既辱于北,复蹙于东,国势何以支,国威何以振?臣所由拊膺扼腕,而不能不痛切上陈者也。伏祈一面敕下总理衙门,与日本使臣暂缓定议,一面将臣疏,密寄李鸿章、左宗棠等详议以闻。是否有当,伏乞圣鉴。

4. 日本议结球案牵涉改约暂宜缓允疏
（附请调岑毓英督办台湾片）（光绪六年）

李鸿章

钦差大臣、大学士、直隶总督、一等肃毅伯臣李鸿章跪奏，为日本议结球案，牵涉改约，暂宜缓允，遵旨切实妥筹，恭折仰祈圣鉴事。

窃臣承准军机大臣密寄十月初四日奉上谕，前据总理各国事务衙门奏，议结琉球一案，又据右庶子陈宝琛奏，球案不宜遽结，旧约不宜轻改，当经醇亲王等酌议，宜照总理衙门所奏办理等因。钦此。仰见圣主审于驭远虚衷采纳，不厌精详，曷胜钦服。从前中国与英、法两国立约，皆先兵戎而后玉帛。被其迫胁，兼受朦蔽，所定条款，吃亏过巨，往往有出地球公法之外者。厥后美、德诸国及荷兰、比利时诸小国，相继来华立约。斯时中国于外务利弊，未甚讲求，率以利益均沾一条，列入约内。一国所得，诸国安坐而享之，一国所求，诸国群起而助之，遂使协以谋我，有固结不解之势。同治十年日本遣使来求立约，曾国藩建议宜将均沾一条删去。及臣与该使臣伊达宗城往复商订，并载明两国商民不准入内地贩运货物，限制稍严。嗣后该国屡欲翻悔，均经驳斥。自是秘鲁、巴西立约亦稍异于前。诚以内治与约章相为表里，苟动为外人所牵制，则中国永无自强之日。近闻各国驻京公使，每有事会商，日本独不得与。其尚未联为一气者，未始不因立约之稍异也。至内地通商，西人以置买丝茶为大宗，赀本较富，稍顾体面。日本密迩东隅，文字语言略同，其人贫窘，贪利无耻，一闻此例，势必纷至沓来，与吾民争利，或更包揽商税，为作奸犯科之事。明代倭寇之兴，即由失业商人，勾结内地奸民，不可不防其渐。此议改旧约尚宜酌度之情形也。琉球原部三十六岛，北部九岛，中部十一岛，南部虽有十六岛，而周回不及三百里，北部中有八岛，早被日本占去，仅存一岛。去年日本废灭琉球，经中国屡次理论，又有美前统领格兰忒从中排解，始有割岛分隶之说。臣与总理衙门函商，谓中国若分球地，不便收管，祇可还之球人，即代为日本计算，舍此别无结局之法。此时尚未知南岛之枯瘠也。本年二月间，日本人竹添进一来津谒见，称其政府之意，拟以北岛、中岛归日本，南岛归中国。又添出改约一节。臣以其将球事与约章混作一案，显系有挟而求，严词斥之不稍假借。曾有笔谈问答略节两件，钞寄总理衙门在案。旋闻日本公使宍户玑，屡在总理衙门催结球案，明知中俄之约未定，意在乘此机会，图占便宜。臣愚以为琉球初废之时，中国以体统攸关，不能不亟与理论。今则俄事方殷，中国之力暂难兼顾，且日人多所要求，允之则大受其损，拒之则多树一敌。惟有用延宕之一法，最为相宜。盖此系彼曲我直之事，彼断不能以中国暂不诘问，而转来寻衅。俟俄事既结，再理球案，则力专而势自张。近接总理衙门函述，日本所议，臣因传询在津之琉球官向德宏，始知中岛物产较多，南岛贫瘠僻隘，不能自立，而球王及其世子，日本又不肯释还，遂即函商总理衙门，此事可缓则缓，冀免后悔。此议结球案尚宜酌度之情形也。臣接奉寄谕，始知已成之局，未便更动，而陈宝琛、张之洞等又各有陈奏，正筹思善全之策，适接出使大臣何如璋来书，并钞所寄总理衙门两函，力陈利益均沾及内地通商之弊，语多切实。复称询访球王，谓如宫古、八重山小岛另立王子，不止王家不愿，阖国臣民亦断断不服。南岛地瘠产微，向隶中山，政令由其土人自主，今欲举以畀球，而球人反不敢受，我之办法亦穷等语。臣思中国以存琉球宗社为重，本非利其土地，今得南岛以封球，而球人不愿，势不能不派员管理，既蹈义始利终之嫌，不免为日人分谤，且以有用之兵饷，守此瓯脱不毛之土，劳费正自无穷，而道里遥远，音问隔绝，实觉孤危可虑。若惮其劳费，而弃之不守，适堕日人狡谋，且恐西人踞之，经营垦辟，扼我太平洋咽喉，亦非中国之利。是即使不议改约，而仅分我以南岛，犹恐进退两难，致贻后悔。今彼乃议改前约，倘能竟释球王，畀以中南两岛，复为一国，其利害尚足相抵，或可勉强应许。如其不然，则彼享其利，而我受其害，且并失我内地之利，臣窃有所不取也。谨绎总理衙门及王大臣之意，原虑日本与俄要结，不得不揆时度势，联络邦交，洵属老成持重之见。然日本助俄之说，多出于香港日报，及东人恫喝之语，议者不察，遂欲联日以拒俄，或欲暂许以商务，皆于事理未甚切当。查陈宝琛折内所指日本兵单饷绌，债项累累，党人争权，自顾不暇，倭人畏俄如虎，性又贪狡，中国即结以甘言厚赂，一旦中俄有衅，彼必背盟而趋利，均在意计之中。何如璋节次来书，亦屡称日本外强中干，内变将作让之不能助我，不让亦不能难我，洵系确论。盖日本近日之势，仅能以长崎借俄屯兵船购给煤米，彼盖贪俄之利，畏俄之强，似非中国力所能禁也。岂惟日本一国，即英、德诸邦，及日斯巴尼亚、葡萄牙各国，皆将伺俄人有事，调派兵船，名为保护商人，实未尝不思借机渔利。是俄事之能了与否，实关全局，俄事了则日本与各国皆戢其戎心，俄事未了则日本与各国将萌其诡计，与其多让于倭而倭不能助我以拒俄,则我既失之于倭而又将失之于俄,何如稍让于俄而我因得借俄以慑倭。夫俄与日本强弱之势相去百倍,若论理之曲直,则日本侮我尤甚矣,而议者之谋,若有相反者。臣之所未喻也。至若江苏之上海、浙江之宁波、福建之福州、厦门,均系各国通商口岸,日本即欲来扰,既无此兵力饷力,必不敢开罪于西人。惟台湾孤悬海外,地险产饶,久为外人所窥伺,苟经理得宜,亦足以控蔽东南,应请庙谟加意区画渐收成效。中国自强之图,无论俄事能否速了,均不容一日稍懈,诚以洋务愈多而难办,外侮迭至而不穷,不可不因时振作。臣前奏明南北洋须合购铁甲船四号,其数断难再减,所有请拨淮商捐项一百万两,仅准户部议拨四十万,不敷尚多,应请旨敕令全数拨济各省关额拨海防经费,前经奏明严定处分章程,仍未如额筹解,倘再延玩,尚拟请旨严催。水师、电报各学堂,亦已陆续兴办,数年之后,船械齐集,水师练成,声威既壮,纵不必跨海远征,而未始无其具。日本嚣张之气,当为之稍平,即各国轻侮之端,或亦可渐弭。又总理衙门虑及日本于内地运货,蓄意已久,转瞬修约,届期彼必力请均沾之益,或祇论修约,不提球案,恐并此南岛而失之。臣愚以为南岛得失,无关利害,两国修约,须彼此互商,断无一国能独行其志者。日本必欲得均沾之益,倘彼亦有大益于中国者以相抵,未尝不可允行。若有施无报,一意贪求,此又当内外合力坚持勿允者也。臣再三筹度,除管理商民、更改税则两条尚未订定,应俟后日酌议外,其球案条约及加约曾声明,由御笔批准,于三个月限内互换,窃谓限满之时,准不准之权仍在朝廷。此时宜用支展之法,专听俄事消息,以分缓急。俟三月限满,倘俄议未成,而和局可以豫定,彼来催问换约,或与商展限,或再交廷议,若俄事于三个月内即已议结,拟请旨明指其不能批准之由,宣示该使。即如微臣之执奏,言路谏诤,与彼之不能释放球王,有乖中国本意,皆可正言告之者。臣料倭人未必遽敢决裂,即欲决裂,亦尚无大患。明诏既责臣以统筹全局,切实指陈,臣不敢因朝廷议准在先,曲为回护,亦不敢务为过高之论,致碍施行。若照以上办法,总理衙门似无甚为难之处,所有遵旨妥筹缘由,恭折由驿五百里密陈,是否有当,伏乞圣鉴。

再,台湾一岛,孤悬海外,形势雄远,物产丰饶,内则屏蔽闽、粤、江、浙诸省,外则控扼日本、琉球、吕宋诸岛,即泰西兵商各船,由西南洋来者,必经台湾、厦门之间。故论中国海防者,当以台湾为第一重门户。自同治十三年,日本遣兵侵逼台湾生番,前督臣沈葆桢始议开辟后山番地,并奏明巡抚渡台督办。前抚臣丁日昌复详陈经画台湾事宜,措注颇有远略,乃自丁日昌病去,而台事渐少讲求。自改为督抚轮驻,而两年以来,未闻有渡台之举,绸缪未豫,何以弭外患而伐敌谋。臣尝谓东洋有事,台、澎实当要冲。该省督抚,内必得知兵有威望之重臣,随时亲临其地,相机筹布;何璟、勒方锜皆廉慎有余,才略不足。查贵州抚臣岑毓英,勋绩夙著,不避艰险,坚忍耐苦,足智多谋,倘蒙朝廷以海防为重,量移福建,假以事权,令其督办台湾防务,仍循春夏驻省、秋冬驻台之例,就地设法,筹饷练兵,久之必有成效。该抚于洋务虽少阅历,近来意气渐平,自滇案为英人所忌,亦知事关大局,不可孟浪。圣主时示以刚柔缓急之宜,当能虚心体会,练成边才。勒方锜条理精密,似于贵州地方善后为宜。臣因日本狡谋难测,台防关系紧要,不敢不献其愚,是否有当,谨附片密陈,伏乞圣鉴。

5. 覆陈球案倭约疏(光绪六年)

张树声　裕宽

湖广总督臣张树声、广东巡抚臣裕宽跪奏,为球案不必急议,倭约未便牵连,宜缓允以求无弊,遵旨切实覆陈,仰祈圣鉴事。

窃臣等光绪六年十一月初七日,承准军机大臣密寄,光绪六年十月十六日奉上谕,前据总理各国事务衙门奏议结琉球一案,又据右庶子陈宝琛,奏球案不宜遽结,当经醇亲王等酌议,宜照总理衙门所奏办理等因。钦此。仰见宸谟柔远,不辞刍荛之询,务出万全之策,钦服曷胜。窃惟日本贪狡无赖,虐球畏俄,其力不足以助寇,其性不可以恩结,李鸿章、陈宝琛诸臣,言之详计之审矣。至割岛以结球案,结案而涉改约,则理势明而利害见,皇太后、皇上可端拱而决策者也。琉球自明初尚巴志灭山南山北,并有中山,服事中国维谨,一姓相承,至今无改。宫古、八重山,皆南夷荒岛,亦于洪武间始属中山,不过岁修贡职,与三省属府之近隶宇下,衣租食税者不同。今中山残灭,别援尚氏之后,置之两岛之间,与土人则枝指骈拇,不相附丽。言立国则甲兵赋税,无可经营。倭伺其旁,颠危可待。其君既为中国所树,仍中国不了之事,目前暂图收束,后患正自无穷。夫日本无故灭球,中国以大义与之争论,彼曲我直,我不与彼决裂,彼难与我启衅。争论虽无就绪,终存光复之基。割岛不能自存,即斩中山之祀。此仅割两岛议结球案之非计,其理易明也。日本通商章程第三十二款,两国见定章程,嗣后若彼此皆愿重修,应自互换之年起,至十年为限,可先行知照,会商酌改。今已将届十年,原可知照商改,但我以利益与彼,彼亦当以利益偿我。若一国欲专其利,即与修约之义相违矣。况琉球一案,与中日通商,如风马牛之不相及。彼既虏球君,县球土,因中国责言,始以无足重轻之两小岛来相搪塞。中国何负于倭,倭何德于中国,顾欲责备于中国之改约耶?彼则鲸吞蚕食之不已,复欲乘我之危机,我则兴灭断绝之未能,转又予彼以利益。五洲万国,盖不经见。此球案改约二事,断不能牵连并议;其理又易明也。从前洋务初起,与各国订立和约,其时在事臣工,多未谙外事,重以承平日久,武备空虚,所定条款,皆由欺诳挟制而成。盖多非理所有,而束缚于势者,自时厥后,中国讲求交涉利弊,造船筑台,练兵简器,所以力求自强者,非一朝夕矣,度德量力,虽不能争雄于欧土,亦何至受制于倭奴。且俄以伊犁饵吾立约,犹曰代中国收已失之地,今举而还之中国,不可无报称之谊也。倭以球案要吾改约,将何说之辞,无说而从之,恐不免短中国之气,逐生西人之心。此即舍理言势,而割岛改约之不可曲从,尤易明也。自古列国相交,往往以机智诈力相胜,恒视乎所以应之。倭人灭球已涉两年,屡与力争,迁延不决,今当俄事未定之秋,亟相催促,窥其隐私,未尝不虑中国或与俄修好,可乘备俄之力,问罪于倭,是其借端以逞大欲,或亦时急而后相求。如曰姑徇所请,联络邦交,虑适中其狡计,究其流弊,必有如陈宝琛所言,祸延于朝鲜,势蔓于巴西诸国。张之洞所言,环海万国,接踵效尤者。当时李鸿章与日本订立修好条规,于一体均沾之条,力持未允,诚如王大臣等所云,办理颇费苦心。此次巴西立约,亦多中国力占地步之处。此后各国修约,辩论有据,未尝非返弱为强之本。区区日本,乃欲一旦抉而去之,从此耽耽逐逐,相逼而来。外国尽争利便,中国无不吃亏,民安得不穷,国安得不困;日日自强而不足,一事自弱而有余。此利害枢机,不可不深长思也。总理衙门及王大臣等量敌审时,持重应变,诚老成谋国之经。臣等忝领疆圻,亦不敢卤莽灭裂,特念俄、倭强弱,相去悬殊,俄约转圜,中国亦当有自处之道。苟其一意孤行,诛求无厌,恐亦难必以玉帛而不以干戈。今倭之议结球案也,揆理度势,中国均无自处之道,熟权利害,似有未可迁就者。总之,日本视俄事为转移,俄局果变,倭必不因球案既结,而顾惜信义,俄衅不开,倭亦未必因球案不结,而遂起戎心。倘有万一之虞,或竟狡焉思逞,以北洋之力制之,固当恢恢游刃,粤省海口,虽以经费支绌,防备多虚,然以之御俄,则诚略无把握,以之御倭,必当勉与支持。见在俄约尚在未定,与倭人用支展之法,无可疑者,伏愿圣主审俄事之机宜,以为球案之操纵。其见定球案条约,及加约各款,限满虽当互换,批准权在朝廷,或届时未能斥绝,再集众思于廷议,博采舆论于疆臣,均无不可。英国戊辰新约,因商会议阻,至今未经交换;烟台条约,议定已越四年,亦尚有未经批准之条。事有成案,执此无可致诘,拒之不患无词也。至于中国筹防,自兹以往,不可一日复弛,惟望圣谟广运,统筹全局,中外一心,务令边海岩疆,裕其度支,宽其余力,责以简练营伍,造就人材,整齐船械,皆有屹然不摇之势,则所以复球者在此,所以服倭者在此,即所以驾驭泰西各国者亦无不在此。所有臣等遵旨妥议缘由,谨恭折由驿密陈,是否有当,伏乞圣鉴。

6. 敬陈时务疏(光绪七年)

黎培敬

头品顶戴漕运总督臣黎培敬跪奏,为敬陈时务,仰祈圣鉴施行,以培国本事。

窃臣受恩深重,每念时事多艰,外患凭陵,至废寝食,前曾不揣愚昧,妄献刍荛,目下事势幸有转机,宜急图自强之策,所有京城宜练重兵以固根本,前已奏陈清听,可无赘词。谨就目前要务,约举六条,敬为皇太后、皇上缕陈之。

一、日本宜严防也。自道光中海疆多故,英、法诸邦阑入内地,其志止在贸易,大体尚觉相安,随后俄人乘虚窃踞伊犁,藉端要索,使臣庸谬,贻误非轻,幸圣主赫然震怒,能用直言,命将征兵,毅然决战,彼知洞喝难行,情见势屈,款议旋定。论中外大局,已有转机,俄主近为部下所刺杀,尤见天心助顺不助逆之明征,固不可因此遂存轻敌之心,开生事之渐。然而自强之策,正宜因势而利导之;总在坚其志以定其谋而已。近闻俄议已定,日本犹怀狡谋,既并琉球,仍有窥伺台湾之说。查该国切近中国,其土地不及中国两省之大,其额兵止三万二千有奇,战兵只五万有奇,赋额岁收楮币三千五百五十二万三千有奇,于民已十取其七。其国债则借英洋二千余万元,借民债三千余万元,中外所共知也。倭人自前明中叶,入寇苏、浙,经戚继光等讨平之后,不通朝贡已三百年。近则尽弃其学,以学英人,士民不乐从也。同治九年,来求通商,朝廷许之,旋有窥我台湾之役,藉称生番杀其国人,图取其地。幸内慑于军威,外迫于公论,遂帖然就款。然其觊觎之心,未尝一日忘也。琉球世奉朝贡,竟为所灭,肆行藐视,情所难容。从此朝鲜势皆岌岌。查该国箱馆岛之北,有小长岛,与俄界毘连,俄之垂涎久矣。安知非俄人阴嗾之,使与中国生端,既藉以尝试中国而快其观隙之心,又或欲阴敝倭人,而冀收渔人之利。该国距登莱及吴淞口,均不过二千里,非英法诸邦之远隔重洋者比也。以一小国尚敢于横恣,诸国皆将群起而效尤矣。窃谓此事为全局所关,宜预先决计,丝毫不可牵就,分寸不容假借。有事即以防俄之兵力与之决战,我不先启兵端,专以应敌,师以曲直为壮老,胜之必矣。并闻该国使臣宍户玑,回国后并未见国王,亦未授别职,举朝皆目笑之,以其在中国时于球案未能妥结。是该国亦似有悔祸之心。况彼敢深入,则我以轮舟由登莱、吴淞、台湾,分三路直捣其巢,该国无险可扼,所恃惟海。自轮船往来,天险久失;惟神户岛进口有两炮台,见多废坏。横滨至其东京,陆路仅八十里,水路则轮舟可径达品川,距外城约三十余里,知己知彼,彼亦何恃而不恐乎? 此举得手,则诸国皆当敛戢。此后诸国有于条约外稍事要挟者,一概严拒之。譬诸民间富室,为地痞所欺,环而与之讼,彼富人者奋然自立,一讼胜则余皆敛手退矣。此机势之不可失者。伏祈密饬在事文武,严加准备,蓄全力以待之,当可一劳永逸耳。

一、台湾宜设备也。台地从古不通中国,明末荷兰入居其地,郑成功逐而踞之。国初平海,始立郡县。地本沃饶,一岁三熟,闽浙、两广皆资其米,不特日本涎之,各国皆涎之久矣。特莫敢为戎首,姑嗾日人先发以相尝试耳。倘日人得志,诸国又必不容也。前督臣沈葆桢治军台湾,开辟一府三县、移置一厅,奏称生番地可加辟;又奏准令闽抚每年以六个月分驻台湾;因其为海南重镇也;乃迄今未闻再辟,有无窒碍,难以悬揣。今日本既露狡谋,尤宜以全力设备,请敕福建抚臣驻扎其地,不拘六个月为期,并移福建水师提督一体驻扎,与巡抚轮流更换。其福建所造之轮船炮械,酌拨运台,交抚提二标认真操练。台湾为全闽门户,御贼于堂奥,不如御贼于藩篱,此定理也。至生番地面,仍请责成抚提体察情形,添建郡县,使外人知我以全力注台,自可杜其窥伺之计。

一、盛京宜练兵也。我朝龙兴辽左,东三省实为根本。其地北接俄罗斯,康熙中曾经定界。今俄人越界,已抵珲春,则吉林、黑龙江、宁古塔、三姓、打牲、伯都讷、墨尔根、齐齐哈尔、阿勒楚喀等处,皆当严密提防。查东三省夙称劲旅,国初武功超越千古,承平已久,恐不如前然。军兴以来,如将军都兴阿、多隆阿等,均以索伦马步队建立奇功,为时名将,可见兵随将转,得人以统帅之则壁垒一新,旌旗立为变色,应请旨责成盛京总督、吉林、黑龙江将军各副都统,挑选精锐,简拔将才,实力训练,以成节制之师。其旧有边墙,宜分地修筑,毘连俄界之地,尤宜相择险要,多筑堡寨,务令固若金汤。至旅顺、牛庄诸海口,直达外洋,距朝鲜至近,距日本亦不远;上年俄人要挟,声言欲封海口,虽系虚谈,究应严加防范;请仍照乌鲁木齐设立提督,巴里坤、伊犁各设总兵之例,特设盛京水陆提督各一员,增立标营,与各将军都统,相为辅翼,仍拨福建、上海所造轮船归其兼管,选练水军,驾驶周巡,往来于登莱、天津等处,以期熟练。查奉天所属宁海县,西南海中,有皮岛、广鹿岛,明总兵毛文龙尝开镇于此,所谓双岛者也。水军提督宜建行署,轮船常泊于此,一以防卫盛京,一以牵制日本,而诸商舶之往来辽海者,我水军亦得以稽察之。至陆军则湖南提督鲍超所部,素称敢战,见驻乐亭,纪律较前更肃。臣愚谓宜即以鲍超调补新设之缺。盖其声威久着,足以慑服外人,而所部号称健战,尤足使三省健儿共获观摩之益。盛京为国家根本重地,北防俄部,南制日本,即有时策应天津,水陆调拨皆易。就目下情形论之,添立提标,似属因势利导之急务也。

一、钞法宜酌行也。咸丰初尝议行钞矣,然行钞而失钞之本意,无怪其与大钱官票同一不行也。古人行钞,但准银而不发银,从前误议发银,此乃必穷之道。今请仿古钱币遗意,用缎质不用纸质,敕部精造黄缎朱文钞银二千万两,分五两、十两、五十两凡三等,即以二千万两为定额,不许议增,增多必贱,且必壅滞。惟十年一换,换法止就发出时将敝烂者兑销,以昭简便,自奉旨行钞之日起,凡发款收款概搭二成,应收钱粮税课,一律搭解,无钞者不收。如此则钞法行矣。或谓无银之票,无田之券,无盐无茶之引,谁其信之？不知钞本古法,与银钱并行,今解款准搭二成,即与见银无异,且利轻赍,其势尤便。今富商所出之店票,尚有数十年不来取银,信其可用故也。岂朝廷之权力反不如商贾乎？宋用交子、会子,仍令执以发钱,正坐前弊。元明用钞,皆准银而不发银,着有成效者也。西洋人最精于谋利,英国见用票钞,起金洋五枚,至千百万,名曰班克比拉。日本租税,亦概收楮币。岂外国能行,中国独不可行乎？今不许滥增,但以二千万为定额,得此二千万周转于上下之间,其力纾矣。较之他项收税,所得孰多,不待智者而决也。

一、吏治宜讲求也。从来御外必先治内,胜敌莫若自强;而求自强必自整顿吏治始。盖未有民心失而国势能强,亦未有吏治污而民心不失者也。各省督抚简自圣衷者,先宜至公至慎。盖督抚得人,而后司道得人。司道得人,而后守令得人。大法小廉,莫不有震动恪恭之意。此自强之根本也。况外国环伺,耳目甚长,用得其人,则足以大服其心,而潜消其轻侮之气;用非其人,则口訾腹诽,适启其轻量朝廷之心。故用人在今日,尤宜加慎也。至道府牧令佐贰杂流,劳绩捐输,每省候补者不下千余人,事少人繁,饔飧莫继。即用知县,有二十年未补缺者。不得已而定委署一年之章程。凡署事满年,即行撤换。地方利弊,甫有端倪,瓜期忽已届矣。既存五日京兆之心,谁复以兴利除害为念。吏治之坏,半由于此。惟各局差如厘金、保甲、督销等局,委员委绅,有十数年未换者。苦乐亦觉不均。今讲求吏治,应请敕下各省督抚,凡候补人员,认真考试,不必尽列等也。细意甄别,不必尽奏留也;使才能出众,资格在前者,酌委与轮委并用;凡实缺到省,必令赴任,或调署他缺,以试其才具如何;不职者罢之。委署人员,果能尽心民事,访查得实,不必拘定一年;如其卓著勤廉,舆情爱戴,准该藩司详请督抚,遇有缺出,专折奏明特旨补授,不循成例,破格擢用,庶人心为之鼓舞,仕途可免抑塞,于澄叙官方之中,仍寓慎重人才之意。至各局差委,酌定一年,系为调剂候补起见,藉资练习,亦宜通饬遵行。

一、鸦片宜禁绝也。害人之物多矣,从古至今,未有毒于鸦片者,耗财而弱兵,犹浅言之也。恣其毒势,不至尽天下之人类不止。盖始则愚昧者嗜之,今则聪慧者皆嗜之;始则富贵者嗜之,今则贫贱者亦嗜之。中国传染殆遍,再阅二三十年,将与之俱化矣。故论今日之天下,不禁鸦片,则纪纲法度,概无所施;礼乐政刑,皆有难问;非过激也。念自列圣以来,鸦片久悬禁令,道光中,治吸鸦片者以死罪,亦既深恶而痛绝之矣;乃彼时疆吏误国,引寇入门,挟我以不得不弛禁之势。近且收其税银,三家之市,必有烟馆及包煮公膏广南土栈之招牌。向之科以大辟者,今且毫不为怪矣。推原其故,良以贩烟者英人也;彼既不遵,势遂难禁。今天诱其衷,英人早愿禁止。盖自知本为祸首,又中土多种罂粟,不能独专其利,故为此以市美名也。臣前具折时,英人尚无此议,今既有此机会,应请旨饬令总理衙门,照会英国,限自某月日起,不准英商贩运洋烟入口,并严饬各海关税口监督及各道实力稽查,毋使丝毫偷入关口。然后通饬各直省督抚,一律严禁栽种罂粟,停止各省洋药税厘,不准抽收。至禁吸食,宜先从内外各大臣,以次递及文武大小各员弁,并兵丁书吏生监平民,一体禁绝。大张告示,家喻户晓。盖外洋既无入口,内地复不准栽种,严立限期,定其赏罚,上行下效,不介自孚。总之,流毒既深,根株宜拔,欲禁吸食,非禁栽种不可。欲禁栽种,非禁外洋入口不可。或谓洋药税可济国用,禁之则绌,不思军兴以来，开捐助饷，其数已百倍于洋药税矣。乃蒙宸断，鉴其流弊，决计停捐，中外欢呼，群仰郅治。近年度支亦未大绌，况鸦片之害，较捐弊过之何止倍蓰！独可利其税而纵弛之乎？是在乾纲独断，法期必行，则我国家元气之培，与停捐同为第一善政矣。

以上六条，不敢为高远难行之事，亦不敢作虚骄激烈之谈，但就目前情形，因势利导，脚踏实地，急图自强，为内修外攘之计。然总以臣前奏练兵以固京城一条为根本。由此推而行之，抑或同时并举，愚昧之见，未审是否有当高深，伏乞圣鉴。

7. 保小捍边当谋自强疏（光绪八年）

张佩纶

署日讲起居注官、翰林院侍讲臣张佩纶跪奏，为保小捍边，当谋自强之计，恭折沥陈，仰祈圣鉴事。

窃臣伏处田间，侧闻朝廷以俄人要盟，遣使改约，勒兵备边，相持一年，仅而无事。妄意自今伊始，国家稍得敌情，于驭外之规，筹边之要，必将有改弦更张，可久可大者。奈何其犹阒然也。日本既废琉球，更乘俄约未定，为分岛拓商之请，使怒而去，我初未有责言，外洋量中国谋一矣。法兰西越境而图越南，使者嗫嚅，不能责以侵小之罪；越南私与法盟，思假滇中以通商道，我亦未遑诘问。外洋量中国谋二矣。互市四十年，而水师多中舰，少西舰，沿海数千里，而各营有防兵，无战兵。外洋量中国力三矣。内者量吾之谋不过一和，外者量吾之力不过一守，宜倭、法之披猖，而诸国之窃睨其旁也。夫环地球各国，俄最大，英最富，德暴兴，兵最精，彼若协以谋我，斯为大敌。今俄内乱而新与我平，英畏俄、德猜法、美自雄一洲，夙亲中国，仅不欲将焚之倭，收合余烬之法，妄思席卷小邦，蚕食属国，譬诸徐偃王、宋襄公之求霸耳。此殆天之所以资中国也。乌可纵敌贻患，长寇启戎也哉？况日本之于琉球，法兰西之于越南，谋之豫而发之也锐，此必非口舌所能争也。争以口舌，虽仪、秦在前，贾、何在后，不能得之。谋日本者，且曰吾防吾海耳，然日本安然而得琉球，愿已足矣。我苟无存邢、封卫之心，彼庸有得陇望蜀之想。徒防示怯，何足以复琉球哉？然则驭倭之策，虽无伐之力，当有伐之心，虽无伐之之心，当有伐之之势；欲集其势，则莫如大设水师。论者谓水师当以北洋为一军，江、浙为一军，闽、粤为一军。臣以为北洋三口，可自为一军，江南可自为一军，浙与闽可合为一军，而粤似宜异军特起者也。何以言之？论形势者，当视都城为轻重，天津东连旅顺，南控登州，庙岛林立，扃钥深固，所以拱卫京国，萦带陪都，诚隩区也。雍正间，设都统等官驻新城，肄水师，乾隆间裁缺，嘉庆之季，复设总兵。今营汛又多改并，宜参用前制，设北海水师提督一员，以直隶天津、通永、山东登莱、奉天金州为四镇，属之提督，师船当分驻旅顺、烟台、大连湾，以控天险。李鸿章昔尝亲历烟台，七年冬，又复履勘旅顺，知之必审也。庚申之役，病在弃登州、旅顺不守，故敌得征粮登州，取水庙岛，屯煤米大孤山，以逼天津，而无内顾之忧。今自塘沽迤逦以及旅顺，炮台建制，渐精渐密，而烟台仅通伸冈，炮台为丁宝桢所筑，历任抚臣，不复过问。大孤山、小平岛、水深泉美，沙性融和，无有蕴礴，于铁甲船最宜，洋人颇垂涎之，自非作军谋帅，集资造舟，起而据外海外岛，不足以联三省为一。都城重则天津重，天津重则连湾各岛重，不可忽也。曾国藩既下金陵，长江水师，定为经制，而沿海水师，颇仍其旧，舟敝师羸，与各省水师，同不可用。夫自鄂规吴，则当习舟师于长江，以收建瓴之效；居中制外，则当习水战于外海，以张挞伐之威。上海为洋商窟穴，南北喉衿，一隅实系天下之重。故论今日江南形势，当先海而后江，乃长江于提督之上，又简大臣巡阅，则节制五省水师之权已分，而江流入海，脉络钩连，门堂夹锁，狼山一镇，虽隶长江，崇明福山，沿海水师，仍归江南提督统辖，新创轮船水师，亦奏归江南提督统带，是节制一省水师之权亦不能合。李朝斌本以水师建节，近亦深居简出，巡海不过至畬山而止。且于上海造提镇行馆，尤非水师所宜。防俄之役，吴元炳请彭玉麟兼筦江海，抑朝斌也。然玉麟以七十之年，巡江有暇，复令操海，非所以体恤劳臣。此特一时权宜，岂经久至计乎？宜改长江水师提督为江海水师提督，驻上海吴淞口外，狼山、福山、崇明三镇均隶之，专领兵轮出洋聚操，淮扬水师与瓜州镇，亦宜改用西式江船，演习棉药水电，以为后拒。责大臣以巡江，兼顾五省；责提督以巡海，专顾一省；移江南提督治淮徐，辖陆路，以为裁汰漕标之地。如此则大臣之体制益尊，而水陆两提督，责成亦各有所属矣。以长江水师，善平粤逆之后，以外海水师，开制洋人之先。左宗棠、彭玉麟老成硕望，久于兵事，如敕令集议，必能审其缓急，舍旧而新是谋，固非微臣所敢喻度耳。浙江定海，为洋人始事之地，与瓯海皆毗连闽中。闽、浙又同一总督辖境也，故以浙隶江，不如以浙隶闽。蔡牵之乱，浙、闽分而李长庚以殉。浙、闽合而邱良功、王得禄以封,斯其证矣。闽省兵额,满汉共六万余;台湾一镇,水步且一万五千余,其饷几百万两,其船几三百艘,汰无用归有用,谁谓闽之独瘠哉?宜改福建水师提督为闽、浙水师提督,割浙江之定海、海门两镇隶之。浙江提督,仍治宁波,专辖陆路,三军立而南北两洋之势振矣。军制既定,乃议战船,红单拖罟各式,敝者去之,新者亦第以供储粮运军火之用,就所购铁甲两艘,冲船两艘,蚕船十艘,闽厂轮船廿余艘,先聚而搜练之,并敕户部及南北洋大臣,速集巨款,以备增设战船之费,或购自英、德各厂,或造自闽、沪各局,审材必坚,取式必巧。此则计臣疆臣,当同心协力以赴事机者也。船制定乃申军律,各省水师提督及所属,悉以舟为营,不得居陆,不得携家,不得寄椗口内。其升擢拔补,自提督以至船夫水手,有事则以战功,无事则以精算法、熟海道、取炮准为考验。风涛之日,一军聚操,春秋之暇,三军与粤省水师会哨,复以时分巡日本、琉球、新嘉坡、西贡各处,测海线、审敌情、厚其饷糈、严其诛罚,死壮士于锋镝,而不使夺于声色货财;狎铁舰于波涛,而不使蚀于海电水草;此则疆臣及统兵大员,当作事谋始以规久远者也。诚断然行之,十年大效,三年小效,倭犹不悛,则我之军实已充,我之庙谟自壮,然后绝使闭关,或袭琉球,或捣长崎,晋三驾以服郑,吴三师以敝楚,未可知也。兵固有先声而后实者,我主伐则倭必主守;废琉球之利,不敌防中国之费,木杮随流而下,彼或惧而改图,未可知也。若其狡焉思逞,先发制人,则张吾三军,辅以陆勇,首尾相应,掎角相依,蔑不济矣。夫西洋举机巧火器,毕萃于水师,用以腾踔重波,雄视诸国,我采西法以敌西人,师彼之长,究难尽犀之道。故尝论中西战事,所恃主客劳逸,可兼练陆军以胜之,不敢专主水师也。至于日本讲求西法,曾未数年,变易水师,仅于形似。此则二人学弈,专致者必胜;两虎争食,瘠小者必伤耳。辛巳之春,其铁甲扶桑舰,以久泊恶水中,为海虫水气所蠹,比叡、清辉、春日、迅鲸、苍龙、日进、筑波,皆其国第二等战船,并以损伤入厂修治,沿海筑垒增船,为自守计,支左诎右,一日数惊,使其时中国有得力水师,坚速战舰,则震骇东瀛,扼吭据脊,岂止雪台湾之耻、正冲绳之疆而已?故以中国全力图之,彼小我大,彼贫我富,我能四面图彼,彼仅能一面犯我,何为举东隅疲弱之邦,任其鼾睡榻旁,夜郎自大,处之与泰西一例哉!如臣所言,费固当在五百万以上,较伊犁偿款亦仅相埒。然藉琉球为名,以罢日本,即藉日本为名,以固海防;我有楼船横海经制之师,可以靖边,亦可以及远。泰西各国,庶存忌惮,亦绸缪牖户之谋,声东击西之策也。我诚早急琉球,则法且缓窥越南。今法既成谋,虽养由之矢,岂能引虚弦而下之哉！但法取南圻有年，于西贡修船坞立商岸，未尝稍侵中国边界，是眈眈者第在越南全境。谓其遽谋滇中，故未暇也。并越南之后，陆海皆与我接，战争方始耳。然则我之驭法者，殆不当后于日本也。云贵总督刘长佑、两广总督张树声，皆以军旅起家，长佑老矣，粤督治广州，去镇南迥远，而云南抚臣、广西抚臣，皆文吏不习边事。窃以为两抚臣当以知兵大员代之，责粤督治水师为奇兵，而广西、云南治陆师为正兵也。自云南入越有三道，而以蒙自趋右陇关为坦途。自广西入越亦有三道，而以镇南关为熟径。应敕两省各练精兵万人，扼险屯札，以伺利便。安襄郧荆道徐延旭，久守梧州，屡出关治群盗，得交人心，滇中有事，必资蜀饷。四川司道中建昌道唐炯，名知兵，可任艰钜。若以徐延旭领粤西一军，唐炯领滇南一军，则交人乐附，滇饷有资，所益必大。刘永福者，尝于太原败法师而歼其酋，越南授为提督，阮氏尚文，永福心尝鞅鞅。李扬材就禽，而陆之平党众，犹啸聚山泽间，似皆可罗致为用，以得越南陬塞险易，法诚窥越，滇军循洮江右岸以攻其背。粤军长驱越富良江，以取河内诸省。越君劫于法威，越民困于法赋，中国有德于越，兵以义动，争致箪壶，三圻可断而有也。夫我不取越，越终折而入于法，不如暂取而还封之。戍越裳即以固吾圉，知非贪边功而勤远略者比矣。至水师之下交趾，马援以来即行之，故地志以出钦州为制交一奇，别道由广西、龙州、博淰溪河，至越之洳海江，仅半日程，则明洪武间责交趾输粮及乾隆间黎氏来奔所经。钦州道阻修，龙州水潆洄，今但当经琼州以指富春、撼西贡耳。盖法所取南圻嘉定，即越故都农耐，兼火舍水爪哇高蛮诸国地，非交趾旧封，故形势亦异也。琼去西贡，轮舟仅两日程，以西贡、新嘉坡、香港、澳门各口环峙，委一粤当国之冲，而沿海水师，亦颇仍其旧。此臣所未喻者也。法以水师名天下，其在西贡，则海拨仅与我威远诸船坞，而河江檝十余艘，亦仅与我艮钵诸船坞，其遗越南战舰，可以驶行富良江中，则河江檝之属，南圻港汊纷歧，彼俗有"出门三里即是江程"之语。而富良江各处土人，皆行平底水舟，故法之水师，仅仅如此。我若以水师大船，坐镇珠崖，而以快船水雷船，出入其神投海口，与越之民团相联络，以遥为两陆军声援，则法不敢以全力注越都。我胜足以批亢捣虚，退足以东西牵制；或者法人不疾战，而阮宗可幸存乎？或谓粤之改兵轮水师有难者二：一曰兵骄，一曰饷绌。粤兵习悍而惰，各营汛互为党援，持博场通海盗，而营伍额缺，如各省书吏额缺，富家据缺为利，募人充伍而食其息，往往富庇兵，兵庇盗，蒋益澧欲理董之，旋以劾去。张树声等重其事，未遽发也。然外逼强敌，内有骄兵，安可不亟思变计乎？至于购船建军之费，司库不足，臣以为可借资于粤海关也。粤海之赢，昔大学士左宗棠及故编修吴观礼，先后陈之，事格不行，臣亦何敢再议？唯闻刘坤一，署监督仅百余日，曾捐输银十五万两，而各监督之任满还京者，捐洋枪数千杆，且得超擢，是诸监督之入优而出吝也。今以刘坤一为例，则一年任满，固可捐五十万有奇，历三年则一百五十万有奇，以充购船之费，粤之战船，固屹如矣。三任以后，就所捐之数，酌中定额，以充赡军之费，粤之兵饷，又裕如矣。应请旨将粤海关监督，令督抚臣各递署一年，倡捐巨款，为后监督准则。督抚名位既崇，禄秩既厚，而张树声、裕宽亦皆志在匡时，必能尽举所余，以应公家之急，并敕妥议章程，凡内府要需，一切如例办理，即略有不便，停内府两年之使，建粤省百世之基，仰托圣明，必当俯允。如此则三省皆有见兵，可战可守，疆臣乃能临几审变，操纵自如，彼法特乘俄乱未平，德人失助，始敢逞志于南交。若见我锐意出援，则法且狼顾狐疑，谋或可以中戢。倘我以同室相斗，而例为乡邻，同舟遇风，而执为胡越，在今日坐观成败，岂不节用息民，转瞬之间，越南效秦庭之哭，我将何以应之？法人为邕管之寇，我又将何以应之？必事事冀焦头烂额之功，成亡羊补牢之憾，不已晚乎？夫因日本而筹南北之海防，因越南而筹滇、粤之边防，度朝廷密虑深谋，必已见及。奚待臣之烦言，惟臣所鳃鳃过计者，恐谋国者自居贫弱，而视敌为富强，颇有苟安之心，惮为远大之举。是故言和则唯，言战则否；言偿款则有，言军饷则无；言调兵分防，则勉为补苴；言增兵大举，则相顾色骇；充此数弊，事机坐失，劳费转增。窃恐各国环伺，且继日本、法兰西而起，琉球不顾，必及朝鲜；越南不顾，必亡缅甸，诚可危也。方今梯航四通，中外已成列国兵争之局，我自强则乘欧洲争轧，可全亚洲而王之；我不自强，则譬诸投骨于地，而待群犬之相牙，骨不尽不止。栾书曰：不可以当吾世而失诸侯。子罕曰：天生五材，谁能去兵。伏愿我皇太后、皇上，博采汉唐驭远之宏规，深鉴北宋厌兵之流弊，敬览祖宗以来，征朝鲜、平准回诸方略，命枢臣定谋，疆臣治军，部臣筹款，赫然有整军经武之心，为远交近攻之计，无使他族渐逼，属国渐墟，以贻无穷之悔。臣一介迂儒，岂敢危事易言，轻招边衅，唯念时艰日亟，断非安坐所能图存，亦非主和所能弭患；中外大势，始则弱肉强食，继则唇亡齿寒，猕糠及米，其端已见。老于事者，辄谓蛮夷相攻，无烦过问。于日本则曰临时施宜，彼不足忌。此孙权之论鲁肃，所谓内不能办，外为大言也。于法兰西则曰：俟其得越南后，力竭兵罢，然后争之，此项羽之诉宋义，所谓赵举而秦强，何敝之承也。然则深筹熟计，终非出于一战，不足以息外敌之焰而使中国百年无事,及今海内安谧,以皇太后、皇上之敬天勤民,名臣文武犹有存者。若日讨国人而训之,上下一心,师出以律,其势可以一战;倭、法残人之宗,夷人之祀,虐用其民,我以仁义之道,行壮直之师,兴灭继绝;其理亦可以一战。东洋非西洋比,法在西洋,又非英、德诸国比;与强国战,或有诸葛街亭之失,与骄国战,必成典午淝水之功;量敌虑胜,初非孤注。若犹存兵凶战危之见,迟回观望,恐谋万全者无一全也。况即不与倭战,不与法战,而有善战之将,有能战之兵,即中山之社终屋,我犹可设险以自全。交趾之籍遂沦,我犹可画关而自守。如其以和好为永图,以战伐为过举,今日琉球之废,张皇集议,终于听之而已。他日越南之亡,再张皇集议,亦终于听之而已。彼阳和好而日肆吞并,我狃和好而日归穷蹙,驯至人才愈乏,边防愈弛,外侮愈深,彼时不特不能战,且不能守,且不能和;强弱安危,断在今日,不可不深思,不可不长虑也。臣重践朝列,学业寡疏,见闻或异,所言未必尽当,仰恳朝廷采群谋、伸果断,早定大计,天下幸甚。冒昧直陈,伏乞圣鉴。

四、清光绪朝中日交涉档案

《清光绪朝中日交涉史料选辑》[①]
弁　言

　　故宫博物院前于民国二十一年(一九三二)就所藏清代军机处档案辑有"清光绪朝中日交涉史料"八十八卷,刊印行世。这本《选辑》,即据以集成一种光绪初年以讫甲午(一八九四)之战与台湾有关的中日关系史料。

　　这本《选辑》有两个特点,说明如下。第一,凡与球案有关的文件,均予选入。由于台湾与琉球相距不远,在对日关系上往往有所牵连。同治末年(一八七四)日兵的侵台,日人既借口琉球难民被台湾先住民杀害而起,而当时"台湾问题的解决方法,使日人以为中国默认琉球是属于日本"(引蒋廷黻语)。后来球案的发生,这无异是一种鼓励作用。迨至球案发生之后,台湾的防务,又重新为人所注意。因将球案全录,以明真象。第二、甲午之战国内反对和议条款的文件,约占全书三分之一,为他书所无。《马关条约》签订前后,台湾以及其他各省在京会试举人纷纷上书表示意见;各部院属官、各省大吏亦先后有所呈奏。这些当时大多属于留中不报的文件,凡有论及台湾者概行采入,藉见当年一般舆论对于割地问题的反应。

　　如将这本《选辑》与前编《清季外交史料选辑》比较,显见前编一书原辑者对于军机处存档已有所取舍;即如上述国内反对和议条款之件,前编原书则十不及一。由于这本《选辑》原书所集档案较多,所选自亦较为详备。不过,这本《选辑》仍有不足之处;试举一例:光绪二十一年(一八九五)三月二十七日"钦

[①] 选自《清光绪朝中日交涉史料选辑(全)》,《台湾文献史料丛刊》第四辑(73),台湾大通书局印行,1984年。

差大臣李鸿章呈递与日议约往来照会及问答节略咨文"一文,其附件说帖、节略均付阙如(按其中"问答节略"已具见"文丛"第四三种"马关议和中之伊李问答",可供查考)。(伯琴)

光绪三年(1877年)

1. 大学士直隶总督李鸿章奏筹议台湾事宜折
(正月十六日)

大学士、直隶总督一等伯臣李鸿章跪奏:为遵旨筹议台湾事宜,仰祈圣鉴事。

窃臣前奉光绪二年十一月十九日上谕:"丁日昌奏'台湾事宜应统筹全局并省、台势难兼顾'及'举办矿务垦务'各折片,着该督等筹商议奏"等因,钦此。

查台湾情形,沈葆桢曾躬亲其事,见闻最熟;既承谕旨垂询,谅必有擘画尽善之策。臣遥为筹度,琉球距台北千余里,现日本分兵距琉球,难保不渐思吞噬;日斯巴尼亚所属之小吕宋距台南亦仅千数百里,现日国声称调兵船来华,难保不径图窥伺。幸有丁日昌赴台密速布置。钦奉上年十二月二十二日密谕,已调孙开华、方耀所部各营陆续赴台;臣又商催吴赞诚将赫德代购之"龙骧"、"虎威"两炮船由闽驶往协防,藉可虚张声势。丁日昌所拟办法,以静待动、以柔克刚;万一遇有外侮,当能操纵合宜,不至遽有战事;此目前之可勿深虑也。若夫台湾经久事宜,应以举办矿务、垦务为兴利之大端。鸡笼煤矿开采已有端绪,硫磺、煤油、樟脑、茶、铁诸利亦应逐渐招商开拓,或借官本、或集公司。该抚所称"十年后成本可还、二十年后库储可裕",殆非虚语。招垦人多,则经费必多;似须量力经营,不设限制。江海各关协拨紧饷,皆属入不敷出;拟请敕部于各关解部四成及所存招商局税项酌量借助若干,由丁日昌于兴利收回成本时陆续解还部库归款。至铁路、电线,二者相为表里;无事时运货便商、有事时调兵通信,功用最大。东、西洋各国富强之基,胥赖此以充拓。丁日昌到台后,迭次函称"该处路远口多,防不胜防;非办铁路、电线不能通血脉而制要害,亦无以息各国之垂涎";洵笃论也。惟铁路需费过巨,似须煤、铁开采有效,就地取料,工力较省。陆路电线,则移省、厦已成之器为之,亦尚易为。至购铁甲船、练水雷军,不独台防当办,南、北洋海防尤为亟务;臣因海防奉拨额款报解无多,尚不敢遽行定购。去年议定美国黎约翰新式鱼雷五十具并传授制法、用法共索价五十万两,拟招令来津面试,如果精利无敌,当酌于收买分给。铁甲船,则须道员李凤苞带闽厂学生至英国后详细查勘议办;其价过昂,不得不格外慎重也。丁日昌办事认真,不避劳怨;惟近日肝病颇剧,求效过速。若欲诸务同时并举,断断无此财力;若分缓急、先后择要以图,数年当有起色。所谓专派重臣督办一节,似不如责成该抚一年经理,俟办有成效,再议会、抚轮驻。

近阅邸钞,袁保恒请改福建巡抚为台湾巡抚。虽事有专属,而台地兵有饷源,实与省城呼应一气;分而为二,则缓急难恃,台防必将坐困;亦非计之得者。

愚昧之见,是否有当?理合恭折由驿密陈,伏乞皇太后、皇上圣鉴,采择施行。谨奏。

2. 福建巡抚丁日昌奏巡查台湾南路凤山恒春等处折 （正月二十八日）

福建巡抚臣丁日昌跪奏:为微臣巡查台湾南路凤山、恒春等处并察勘旗后炮台,谨将沿途所历情形,恭折陈明,仰祈圣鉴事。

窃照臣于上年冬腊月间巡查台湾北路,旋即折回府城;当经奏明在案。本年正月初二日,臣复带同随员台湾府候补道周懋琦、中军参将庄镇藩、候选通判许希逸等前往巡查南路,由凤山周历枋寮、刺桐脚、狮头岭。查该处为前年淮军攻剿狮头番社之所,计淮军因于瘴疫,物故于此者官弁九十余人、兵勇三千余人;忠义之气,至今犹令过者肃然。复由凤港折而南,历柴城、恒春、琅峤,旋从前倭人扎营之所;计当时殁于瘴疫者,亦有一千余人。该处为台湾极南尽境;逾此则南洋大海,汪洋无际,相距二、三日水趋为小吕宋诸岛矣。新建恒春县城,三面皆山,不甚得地。城中男女仅四百九十余人,而城宽至六、七里之遥;且中无水源,殊不合法。惟工程已有一半,又未便另行改置;已切嘱经理城工员绅等认真搏节,勿得仍前泄沓。臣在恒春住宿一日,察看该县所辖下十八社番情,较之凤山所辖上十八社稍为驯顺。生番头目一色鲁、面马烟等率其徒众前来谒见,臣谕以薙发归诚,不得仍蹈杀人故辙;如被百姓欺陵,尽可前来控诉。并赏以银牌、哗叽、布匹等物。各番目均各唯唯欢跃而去。惟生番,无论长幼俱佩枪刀。枪系土造,虽用火绳,颇有准头;而擦摩滑亮,光可鉴人。较之营兵所用旧式火枪,几胜数倍。而且各番目所带系新式士乃得后膛洋枪,询其何以有此?则云倭人所赠。臣当饬恒春县黄延昭等确查洋枪来路,设法杜绝。

年来抚番之后，禁令渐弛，奸人接济子药，无从稽查；是以生番军火，比前更足。臣现通饬全台文武于良善之番善为抚绥，不准百姓稍有欺陵、通事稍有垄断。其原有田地，设立界址，不准百姓稍有侵占。并每社各设头目，稍予体面，以资约束而便羁縻；惟须一律薙发，然后名为"抚良番"。其未经就抚凶番，严禁接济军火；并不准百姓与之销售货物。庶几受抚之番有利而无害，则向化之心益坚；不受抚之番有害而无利，则革面之心益笃矣。

臣旋由琅峤取道海滨，察看旗后炮台形势。查该处前后炮台，地势均属扼要；惟前炮台并无一炮，后炮台虽有旧炮四尊，亦无炮架。已分别咨请督臣何璟、督办船政吴赞诚饬行司筹款购买前后膛火炮各七、八尊并筹制炮架，以免有台无炮，取笑敌人。其候补道方勋所带粤勇五营航海来台，由旗后入口，即扎凤山旧城。臣并顺道阅看，均属精壮；经嘱该道严加训练，以成劲旅。

臣于琅峤道中感冒烟瘴，旧病增重；当由旗后旋回郡城，延医调理。至沿途经过地方，民情均属安谧。虽在冬末春初，而一路秧针透绿、林花沿崖、流泉涓涓、农歌载道，约系中原三、四月光景；年岁可冀有秋，足以仰慰圣怀。

所有微臣驰勘台湾南路番情并察看旗后炮台情形，理合专折陈明，由轮船代交上海县发驿五百里驰递，伏乞皇太后、皇上圣鉴训示。谨奏。

光绪三年二月二十七日。

3. 闽浙总督何璟等奏据情陈奏琉球职贡日本梗阻折（五月十四日）

闽浙总督兼署福州将军臣何璟、福建巡抚臣丁日昌跪奏：为琉球国因日本阻贡、密遣陪臣赴闽吁请；据情陈奏，恭折仰祈圣鉴事。

窃臣等于四月初四日据福建布政司详：据福防同知转报琉球国土小船一只，内配官伴、水梢三十九员来闽陈情，护送进口，委查船内并无土产方物。据琉球通事林世功同陪臣紫巾官向德宏、都通事蔡大鼎等奉国王命遣陈国情，去年十月二十五日放洋，因风色不顺，本年二月二十九日始抵福州；随据该陪臣等赴司赍投该国王密咨一件，并禀请吁恳详咨给凭赴部沥情等语。除饬照例安插供膳外，合将该陪臣等原禀、该国王密咨照录，详请核遵等情前来。臣等会核咨禀，备悉日本阻贡情事。伏念我朝抚绥万方，不宝远物；即或深航濡滞，从无诘责之文；所以怀柔远人者至优且渥。至外藩如有事故申陈，例得由督、抚臣据情代奏。查琉球世列外藩，夷修职贡，较诸国最为恭顺。兹以倭人中梗方物稽期，该国王昕夕忧危，力难抗拒；深恐失修朝贡事，上负累朝覆载之恩，且虑日本闻知构衅，因饰为遭风漂泊到闽，冀得剖露直诚，用心良苦。该陪臣等衔命远涉，欲诣阙陈情以纾该国之难，其情亦可矜悯；若不代为陈请，何以宣朝廷绥远之恩、慰藩服瞻依之愿。

臣等伏查前代所隶外藩，或因其山川险阻，足以拱卫藩篱；或因其物产富饶，足以供给赋税。是以招携怀远，不惜烦兵力而扩版图。今琉球地瘠民贫，孤悬一岛，本非边塞扼要之地；无悍御边陲之益，有邻邦酿衅之忧。徒以其恭顺二百余年，不忍弃诸化外。且此次委曲陈情，颇昭忠悃。若拒之过甚，转恐泰西各国谓我不能庇护属邦，益启群岛以携贰之渐。合无仰吁天恩，饬知出使东洋侍讲何如璋等于前往日本之便，将琉球向隶藩属、该国不应阻贡，与之剖切理论；并邀集泰西驻倭诸使，按照万国公法与评曲直。趁该国内乱有求于我之时，因势利导，庶几转圜轻易。如竟意存叵测，则在使臣临时斟酌，总期于无隙可寻。是否有当？伏候圣裁！

呈现在该国使臣应否给凭准其入都及取道水陆，抑饬令该陪臣先行回国，暂留通事等官数人在闽恭候谕旨遵行？臣等未敢擅便。除将该国王密咨及该陪臣原禀照抄咨总理各国事务衙门备查外，所有琉球国内日本阻贡、密遣陪臣赴闽陈情缘由，理合据情会同密陈；伏乞皇太后、皇上圣鉴，训示施行！谨奏。

4. 总理各国事务衙门奏日本梗阻琉球入贡现与出使商办情形折（六月初五日）

臣奕等跪奏：为日本梗阻琉球入贡、现与出使大臣相机筹办情形，恭折密陈，仰祈圣鉴事。

窃臣等于光绪三年五月十四日钦奉上谕：何璟、丁日昌奏"日本梗阻琉球贡物，请旨办理"一折等因，钦此；并由军机处钞交何璟等原折一件到臣衙门。臣等公同查阅，原奏称：琉球密遣陪臣赍咨来闽，有托言海船遭风情事；其畏惧日本可知。当经臣等告知何如璋等：如据其密咨与日本辩论，恐日本责问琉球，适启衅隙；不若由闽省以琉球贡使久延未至、风闻日本有阻挠情事为由，径咨出使大臣就近查询，则日本无从寻衅琉球，而发端自外，亦复较易措词。当经行知何璟等在案。嗣何如璋等行抵日本函称："琉球陪臣耳目官向笃忠迭次在东求见,面陈危迫情形;钞呈该国近与日本来往文书。反复详阅,缘琉球于明万历时役属日本之萨摩岛,数年前始改隶东京。该国王曾声请中、东两属,日本许之。近以日本废置诸藩,乃迫令改朔易制,其意直欲并举琉球而郡县之;以其臣事我朝,牵掣顾忌,未敢遽发,故百计挠之,欲琉球之携贰于我,而后可逞其志。此阻贡之所由来也。揆势度情,自不能默尔而息;端待闽咨,以凭核办"云云。

又经臣等函催何璟去后。旋据何璟等将咨文寄来,并另函声称"迟迟未发之故,实以日本举动叵测,难保不藉琉球为挑衅之端。台湾一郡密迩邻封;惩及前事,未免踌躇。且恐琉球或有首鼠两端之计,不可不防"等语。臣等因复函嘱何如璋等详细察度情形,再行核办。现据密复。缕述日本国势困敝,自改从西制以来,所费不赀,饷无所出;又甫经内乱,必不敢遽开边衅。琉球危急可悯,不能不为援手各情。因筹拟三策:一为先遣兵船责问琉球,征其入贡,示日本以必争;一为据理与言,明约琉球令其夹攻,示日本以必救;一为反复辩论,徐为开导,若不听命,或援万国公法以相纠责,或约各国使臣与之评理。要于必从而止。臣等核其所陈,似尚不为无见。伏查琉球孤悬海岛,地瘠民贫;二百余年,恪守藩服。今以逼近日本,为所迫胁,国势濒危;若竟弃之而不为覆庇,势必为日本所并,诚不足以宣圣朝绥远之恩,而慰荒服瞻依之愿。惟是先遣兵船责问及明约琉球夹攻,实嫌过于张皇;非不动声色办法。又,日本自台湾事结后,尚无别项衅端,似不宜遽思用武。再四思维,自以据理诘问为正办。因复与北洋大臣李鸿章往返函商,意见亦复相同。现拟由出使大臣径据琉球陪臣所述情事先为发端,使日本不致迁怒寻仇,别生枝节。

除由臣等函告何如璋等相机审办外,理合将先后与出使大臣筹办日本阻挠琉球入贡缘由,恭折密陈,伏乞皇太后、皇上圣鉴!谨奏。

光绪四年六月初五日;军机大臣奉旨:"知道了。钦此。"

光绪四年(1878年)

5. 总理各国事务衙门奏请照旧章派轮赴台湾巡查折(六月初五日)

总理各国事务和硕恭亲王臣奕等跪奏:为遵旨会议具奏事。

福建巡抚丁日昌奏"请遵照旧章隔年轮赴台湾巡查"一片,光绪四年二月二十三日军机大臣奉旨:"该衙门议奏。钦此";钦遵由军机处交出到臣衙门。据原片内称"现接总兵吴光亮、孙开善等文称:'后山自纳纳社、阿锦山二服凶巢攻破后,剿抚兼施,群番慑服;番务已有头绪'。又接台湾道夏献纶禀称:'台湾每月额定饷银八万四千两,司局自九月起、至十二月止仅解送饷银五万两;核计不及八分之一'等情。省中既无饷可筹,台中必无事可办。与其株守台中,无益于台;何如仍住在省,整顿吏治。恭查乾隆五十三年定章,以督、抚及水师、陆路两提督每年轮值一人前往台湾;迨嘉庆十四年钦奉上谕:'嗣后福建总督、将军每隔三年,着轮赴台湾巡查一次'。以臣愚见,如遇台湾有紧要军务,臣立即驰往,断不稍有迟滞;倘遇无事之时,似如遵照旧章隔年轮赴台湾巡查"等因。

臣等查前据办理台湾等处海防兼理各国事务沈葆桢等奏称"台地善后事当渐图番境开荒;事关创始,请移扎巡抚以专责成"一折,奉上谕:"该衙门议奏。钦此"。由吏部会同臣衙门议复"准将福建巡抚移扎台湾地方",于光绪元年三月十九日具奏;奉旨:"依议。钦此"。旋据南洋通商大臣沈葆桢等奏称:"接奉寄谕,饬筹巡抚应如何往来兼顾?查巡抚有全省地方之责,自难常川驻台;而台湾海外孤悬,又非内地所能遥制。现在筹划兼顾章程,谨拟以后福建巡抚冬春驻台,夏秋驻省"等语。光绪元年十月三十日,奉上谕:"即着照所请办理"等因,钦此。又据福建巡抚丁日昌奏称:"台湾事事创始,断非仅住半年,即能办有头绪。将来台湾事,尚求圣明独断,专派重臣督办数年;俟办有成效,方能徐议督、抚分驻之局"等因。光绪二年十一月十九日奉上谕:"丁日昌奏'台湾事宜亟应统筹全局并省城、台湾势难兼顾情形',所陈各节是否可行?李鸿章于洋务情形最为熟悉、沈葆桢从前办理台湾事务,该处一切机宜自必周知;应如何擘画尽善之处?着该督等妥函筹商,速议具奏"等因,钦此。光绪三年正月十九日,准军机处交出军机大臣面奉谕旨:"沈葆桢、李鸿章先后具奏'筹议台湾事宜'各一折,着该衙门议奏。钦此"。钦遵由臣衙门会同户部奏"请将台湾一切事件应统归丁日昌一手经理"等因,于光绪三年二月二十四日奉旨:"依议。钦此"。钦遵各在案。查巡抚有全省应办之事,既不能常川住台;台湾事事创始,又非仅住半年所能蒇事。至省、台本联为一气,或议分省以专责成、或议专派重臣以为督办,畛域既分,缓急难恃;是以均经议驳。兹据该抚奏称从前沈葆桢所以请将巡抚分驻台湾者,以其时台事败坏已极、闽省饷务尚足接济,拟将台事大加整顿,不得不议以巡抚驻台,藉资督率。昨沈葆桢致臣函,亦言"台事譬如病人,当其骤中风邪,宜用攻泻;迨风邪去而虚症现,则宜用补剂。是则沈葆桢倡议之人,亦以台事为宜因时变通也。且巡抚驻扎台湾祇有半年,除去白犬、澎湖、安平等口守风,合来往程途计之,已在一月;除南、北路巡查往返程途,又须一月有余;又除台湾府文武试、台北府文武试合计,约须二月有余;而台南赴台北考试往返程途又须二十余日,若遇大甲诸溪水涨,则又难以日计。是巡抚舍通省应办之事而不办;仅来台湾代巡道办一试事;因大失小,殊不合算"等语,自系实在情形。且该抚从前会经奏明台事俟办有成效,徐议督、抚分驻之局;李鸿章覆奏折内亦有办有成效,再议督、抚轮住之局。现时台地应办各事渐已次第举办,该抚所称遵照旧章轮赴台湾巡查一节,应如所请办理。惟督、抚有统辖全省之权、整顿吏治之责,于一切筹防、筹饷诸务呼应较灵;应责成督、抚轮赴分驻,以一事权而资得力。如台湾遇紧要事件,自应立时驰往;即遇无事之际,亦不必拘定来年一次,并毋庸限以每年冬春驻台、夏秋驻省之期。应令随时斟酌情形,轮流前往;不得临时互相推诿,亦不得日久视为具文。丁日昌所称将军、提督轮赴台湾之处,应请毋庸置议。

至台湾各海口防务及中外交涉事件,向由福州将军、闽浙总督、福建巡抚会同办理;臣等前于"议覆巡抚移扎台湾"折内奏请均归巡抚管理,奉旨允行在案。现如督、抚轮住台湾,应仍由将军、督、抚会办。至总督节制台湾之权与整顿省、台吏治,吏部查:"总督、巡抚均有统辖全省之权,今经总理各国事务衙门议准巡抚毋庸限以每年冬春驻台、夏秋驻省,应令随时斟酌情形轮流前往,不得随时互相推诿"等语;所有整顿省、台吏治,总督、巡抚均应仍照旧例办理。至台湾府、台北府文武各试,礼部查:"台湾学政事宜,向归台湾道兼管;雍正五年,改归巡台御史。乾隆十七年,复改归台湾道;其达部事件,仍呈福建学政转咨。嗣于光绪元年,据办理台湾等处海防事务大臣沈葆桢奏:'福建巡抚移驻台湾,请将台属考试统归抚主政,咨达事件亦径由巡抚办理';经臣部议准在案。今该前抚奏请遵照旧章隔年轮赴台湾巡查,既经总理各国事务衙门议令督、抚轮流赴台,并不拘定年限;则轮应岁、科考试之时,未必适值巡抚渡台之日。所有台湾文场考试,自应改照旧章仍归台湾道办理;其达部事件,并照旧呈由福建学政转咨,以专责成而符体制"。兵部查:"文武事同一律,所有台湾文场考试既经礼部议令改照旧章,其武场考试亦应仍归台湾道办理;其咨部事件,并由该道呈送福建学政辖咨,以符旧制。再,闽浙总督、福建巡抚现既随时轮流赴台,所有前经改设台地武职营制暨移改抚标游击等官有无另行酌改之处,应由该督、抚体察情形;奏明办理"。其余台湾现办各事及一切未尽事宜,仍应由该将军、督、抚等体察情形,擘画尽善;并请饬下南、北洋大臣等统筹全局妥议具奏,候旨施行。

所有臣等会议缘由,谨缮折具陈,伏乞皇太后、皇上圣鉴。再,此折系总理各国事务衙门主稿,会同吏、礼、兵等部办理;合并声明。谨奏请旨。

光绪四年六月初十日,军机大臣奉旨:"依议。钦此。"

光绪五年(1879年)

6. 军机大臣寄两江总督等上谕(三月二十八日)

军机大臣密寄两江总督沈、署两江总督江苏巡抚吴:

光绪五年三月二十八日,奉上谕:"沈葆桢奏:接出使日本大臣来信,该国废琉球为县等语。琉球久属中国,日本竟敢阻其入贡,夷为郡县,狡焉思启;情殊叵测!亟应妥为备豫,力图自强,以固藩篱。着沈葆桢、吴元柄将南洋防守事宜悉心区画,实力筹办;固不可稍涉张皇,亦不得稍存大意。并着随时探明该国情形,密速具奏。将此由五百里各密谕知之。钦此。"遵旨寄信前来。

7. 总理各国事务衙门奏日本梗阻琉球入贡情形折(闰三月初五日)

臣奕等跪奏:为接据出使日本大臣电报现在日本梗阻琉球入贡情形恭折密陈,仰祈圣鉴事。

窃臣衙门前于上月十九日将出使日本大臣何如璋等迭次与日本办诘阻梗琉球入贡一案大概情形,密折具奏;奉旨:"依议,钦此。"当即密咨该大臣并南、北洋大臣遵照在案。嗣于上月二十七日据何如璋等电报内开:"东松田至球,举动未详;十三日,太政官示:废球为县。此事如何因应?请示遵!余俟缄呈"等语。臣等查何如璋等前屡函述日本派其内务大丞松田往球,欲废藩为郡县,何如璋见其内务卿,据称必无他事。又见其外务卿阻之,据称既经派出,非所能阻;两国议妥,即可撤回。何如璋等告以事无可商,即将告归。又闻派出驻华使臣宍户玑，此案结局必在中国等因。其时虽有废球之说，尚未有废球明文；今据何如璋电报，是派往琉球之人既去，而其国又以废球之事公然宣示，其不顾情理，殊属已甚！何如璋见此情形，恐以事无可商，祇可回华。所称如何因应者，欲取决臣衙门以定行止也。臣等再四揣度：琉球与日本逼处，国小而弱，日本久已觊觎；其所以历久图存者，未尝不赖中国维持之力。现在中国局势未能长驾远驭，日本岂不知之；乃废球一事，一面宣示国中，一面仍派使臣来华，是其国亦尚有顾忌中国之意。从前台湾一案，日本兵驻番社，即遣使臣大久保利通来京辩论。此次举动，大略相同；或者如台案故智办理，亦未可知。其所派使臣宍户玑，据其署使臣郑永宁函报：现已抵津，日内计将到京。前据何如璋等函称：此案结局必在中国；臣等拟俟日本使臣到后，即据理与条约向其辩论；相机办理。其国既派使臣来华，是注意亦在与臣衙门商办；何如璋等正可趁此机会，与臣衙门一气相生，仍向其内、外务等衙门极力与争，并约驻日之西洋各使相助为理，俾知公论所在、情理难容，或尚可以就范。此时何如璋等若竟废然而返，不但于事无益；且一露决裂痕迹，恐日后愈难转圜。应请饬下该大臣仍在日本，将此案妥为随时商办，勿遽回华，以顾大局；是为至要。

除由臣衙门密行电寄何如璋等遵照外，理合恭折密陈，伏乞皇太后、皇上圣鉴，训示遵行！谨奏。

光绪五年闰三月初五日；军机大臣奉旨："依议。钦此。"

8. 总理各国事务衙门奏美统领调处琉球事折（七月二十一日）

臣奕等跪奏：为接据出使日本大臣函报美国前统领在日本调处琉球事拟有办法，谨将大概情形先行恭折密陈，仰祈圣鉴事。

窃臣衙门前准出使大臣何如璋等电称：日本政府示废琉球为县、遣兵赴球，该大臣与之诘问，又日国改遣使臣来华等情；于闰三月初五日具奏在案。嗣有美国前统领格兰忒游历来都，亦经臣等于四月二十八日奏明在案。

臣等以格兰忒系美国前任统领，用兵定乱，威望着闻；美国又为日本所畏服，知其即有日本之行，球事或可从中为力。因于接晤之际，述及此事，格兰忒亦谓日本无理。臣等即将此事始末，详细告之。并言琉球久属中国，日本无故废之，灭人国、绝人祀，殊出情理之外；托伊到彼代评此理，以持公道。格兰忒允为设法调处。迨由津赴东,又经直隶督臣李鸿章与之面商,渠亦应允不辞。近由李鸿章抄寄格兰忒在日本来函,内有"所托之事,仍当妥商办法,不敢预定"等语。兹臣等接何如璋等称:"见美国驻日使臣平安,据称'事必须了,且必须两国有光。已与前统领商一办法:查琉球各岛,本分三部;今欲将中部归球,立君复国,中、东两国各设领事保护之。其南部近台湾,为中国要地,割隶中国;其北部近萨摩,为日本要地,割据日本。未知贵国允否'?当答以'本国意在存球,惟期球祀不绝而已'。美使欣然"等因。臣等查日本废球为县,经何如璋等与其外务争辩、臣等与其使臣宍户玑诘责,往复辩论已历数月;彼惟一味强词夺理,并谓琉球为彼旧属,始终无一毫悔悟之机。其贪狡为心,固有非情理所能动者。格兰忒所拟办法,日本尚未答复;虽能否就范,正不可知。然窃以日人狡诡卑鄙,谄事西人,其于美国尤为心悦诚服;今以格兰忒一言,或可幡然改计。至中国在球设立领事,揆诸"小字"之义,尚无不合。惟将琉球南部割隶中国,中国岂可因以为利,且非朝廷抚绥藩服之体。臣等拟俟定议后,另筹办法。缘现在若由何如璋将此意宣示,则日本必借口于中国未允,以便其不甘输服之私;届时格兰忒势处两难,转不免于松劲也。又据何如璋等声称:格兰忒之意,必欲得当以报;且有欲将大局说定,然后归国。并事可照行,须立专条。拟请美国一同画押各等语。是日人即不遽从,亦必别有办法。此事似已渐有端倪,谨将大略情形先行奏闻,上慰宸廑。

所有臣等接到出使日本大臣何如璋函报美国前统领调处球案办法缘由,理合据实密陈,伏乞皇太后、皇上圣鉴!谨奏。

光绪五年七月二十一日,军机大臣奉旨:"知道了。钦此。"

9. 总理各国事务衙门奏美统领格兰忒在日本商办琉球事情折(八月初五日)

臣奕等跪奏:为接据直隶督臣李鸿章函报接准美前统领格兰忒函称在日本商办球事情形,恭折密陈,仰祈圣鉴事。

窃臣衙门前接出使日本大臣何如璋等函报:"见美国驻日使臣平安,据称已与前统领商一办法:查琉球各岛,本分三部;今欲将中部归球,立君复国,中、东两国各设领事保护。其南部近台湾,为中国要地,割隶中国;北部近萨摩岛,为日本要地,割隶日本"等语。臣等当以"格兰忒所拟办法,日本能否就范正不可知；并拟俟定议后，另筹办法"等因，于本年七月二十一日奏闻在案。

兹据李鸿章函称：近由美国领事德呢、副领事毕德赉到美国前统领格兰忒致臣奕䜣函及致该督臣函各一件，译其来函，语意须将何如璋前给日本外务省照会撤销，由两国另派大员会商办法，始有结局；又称：美国副将杨越翰同日致该督臣函内云：格前统领寄臣奕䜣之函缮毕后，已交日君美加多阅看，毫无异词。美国领事德呢谓其前统领受臣等面托球事，既与日本君臣议定，此信即算是公文；拟请摘录原信要语，由臣衙门照会日本外务省，请其另派大员会商等语。并译录格兰忒原函二件前来。臣等查此次李鸿章函称各节，与前何如璋函报情形不同。惟格兰忒前游历来都时，臣等将球事详细告知，嘱其到日本后持平辩析，格兰忒允为设法调处；迨出都过津，又经李鸿章与之面商，伊亦应允不辞。兹阅其致臣奕䜣函内有称："但若中国肯宽谅日人，日本亦愿退让中国；足见其本心不愿与中国失和"等语。词意浑涵，未审其所谓宽让、退让者果何所指？其致李鸿章函云："何如璋前有一文书，日本深怪彼此不常见面、公事亦不能商量，不妨将前项文书撤回，另派大员与日本议辩，当可设法了结"。美领事德呢并称："球事既经格兰忒与日本君臣议定，此信即算公文"各等语。则球事尚无把握。无论前者何如璋来函所述办法，格兰忒未必与日本议明；即使日本允此办法而未由格兰忒一手经理；另由中、日两国派员会商，日本狡谲已甚，恐仍未易归宿。然就现在情形而论，似只可照李鸿章函内所称摘录格兰忒原信要语，由臣衙门照会日本外务省，请其另派大员来华会商；一俟接其照覆如何，臣等再行具奏请旨定夺。

所有臣等接到李鸿章函送格兰忒原函商办球案缘由，谨钞呈原函二件，伏乞皇太后、皇上圣鉴，训示施行！

再，美国使臣西华七月二十四日来署，臣等询及格兰忒行踪，据云已于数日前自日本起程回国，合并陈明。谨奏。

光绪五年八月初五日，军机大臣奉旨："依议。钦此。"

光绪六年（1880年）

10. 总理各国事务衙门奏请派员商办琉球案折
（六月二十四日）

奴才奕䜣等跪奏：为奏闻请旨事。

窃查日本废置琉球一案，臣衙门与出使大臣何如璋等先后照会其使臣并外务卿反复辩论及面与争执各情，迭经奏报在案。上年四月间，美国前统领格兰忒游历来京，欲前往日本；臣等及李鸿章先后与之谈及此案，格兰忒允为设法调处去后。臣等接何如璋报："晤美国驻日使臣平安称：格兰忒拟一办法：球地本分三岛，议将北岛归日本、中岛还琉球、南岛归中国，似此事可了，亦两国有光。又称：格兰忒将大局说定，然后回国"云云。臣等方谓事有可商，于上年七月二十一日奏闻。旋接李鸿章寄到格兰忒致臣奕䜣及该督各一函，译出详阅，大意谓应将何如璋前给日本照会撤销，由两国另派大员商办，始有结局；并有中国肯宽让日本、日本亦愿退让中国，其本心不愿与中国失和等语。臣等以其与何如璋所报不符，知事又一变；疑所拟三分之说，或日本不愿遵照也。且格兰忒手书，声明曾给日君美加多阅看，毫无异词；似以只能照函中语意办理。当于上年八月初五日具陈一切，奉旨："依议。钦此。"臣衙门即遵旨照会日本外务卿，请其派员会商。九月间，接其照复称："球事系其厘革内政，屑屑问难，非邻好之美。若派员会商，果系销嫌寻好，固所愿也"等语；仍系躲闪之词。臣衙门又办给照会，谓"既经美前统领解劝，从前辩论暂置弗提，愿照美前统领信内所称次第办理；如贵国亦愿照办，即希见"云云。嗣宍户玑来臣衙门晤谈，再四辩难，始明有要中国先撤何如璋所给照会；臣等答以"此格兰忒原议。但原议内中国所应办者只此一事，其余皆贵国应办之事；须待派员会商可以办到，如何分际，定议之后，中国先撤照会，方是正理"。宍户玑无词而退。本年二月十九日，接外务照覆，则称"从前辩论置而弗论，深以为慊；美前统领劝解之意务保和好，亦所同愿"云云；仍是空有搪塞。其时适李鸿章函报该国外务密遣竹添进一赴津谒见，述其执政之意，愿将南岛归于中国，而欲更改约章，增内地通商各款。并称此来只是私相探问，不算公事；如中国可以俯允，再遣使来议等语。臣等思南岛归我，是格兰忒原议；而抹去中岛复球一层，与中国欲延球祀之命意不符。且无端议改从前屡请未许之条款，均属事不可行。与李鸿章往返函商，意见相同；李鸿章遂严词拒之而去。乃外务卿照复及宍户玑均不提一字，可谓狡狯之极！臣衙门于三月十一日又经照会彼外务，询以意见相同，现派何员前来，先行知照等语。六月二十日，接其照复，内称"先撤行文及派员二事，贵国既不喜；敝国以保全和好为旨，必不要求贵国所不喜。今将商办事宜，任之宍户玑；希秉公由恕与之商议，使两清浃洽"等语。又准宍户玑照会称："议球事件，现归办理。请问贵国派何员、于何地方"等因前来。臣等查琉球一案，议论已越年余，迄无端绪。日本辄指为彼之属国，而以废置为其内政；经格兰忒从中调处后，彼外务卿井上馨与何如璋会晤词气较为和平。此次照复各语，与格兰忒原议尚无不合。惟彼族心怀叵测，此事有无可商，实未可知。应否特派大员同该使臣商办，抑或即派臣衙门堂官会同办理之处？臣等未敢擅便；伏候圣裁！

所有拟请派员商办球案缘由，恭折密陈，伏乞皇太后、皇上圣鉴，训示遵行！谨奏请旨。

11. 军机处传知总理各国事务衙门办理琉球事件上谕片（六月二十四日）

交总理各国事务衙门：

本日军机大臣面奉谕旨："总理各国事务衙门奏'请派员商办琉球事件'一折，着派该衙门王大臣会同日本使臣妥商办理。钦此。"相应传知贵衙门钦遵可也。此交。

12. 总理各国事务衙门覆陈日本商务并购《海防新论》折（七月十九日）

臣奕訢等跪奏：为遵旨覆陈事。

窃臣衙门准军机处钞交七月十一日钦奉上谕："詹事府右庶子张之洞奏：'俄人专恃日本为后路，宜速联络日本，所议商务可允者早允；但得彼国两不相助，俄势自阻'等语等因，钦此。"臣等查日本以废置琉球一事辩论逾年，迄无成说。本年六月，开始准日本国外务衙门照复，派其驻京使臣宍户玑商办；经臣等奏奉谕旨，着派该衙门王大臣会同日本使臣妥商办理等因，钦此钦遵在案。

现在正与宍户玑会晤商议,一时尚难就范。至张之洞所称"商务",系春间该外务遣其现充领事官之竹添进一私谒李鸿章面陈之词;此次会议球案,日本是否欲图借此抵制,宍户玑尚未露及此意。容臣等再与会商,看其议论如何,随时察度情形,奏明请旨。

又,查《海防新论》一书,前经上海道刊印咨送前来,臣衙门尚存十余部,现已遵旨先行分寄东三省各数部。一面仍饬上海道赶紧刷印,寄交臣衙门续再补发;并拟知照南洋大臣就近多为购买,分行沿海各督、抚转给诸将领细心请求,以资练习。

是否有当?谨恭折覆陈,伏乞皇太后、皇上圣鉴!谨奏。

光绪六年七月十九日,军机大臣奉旨:"知道了。钦此。"

13. 总理各国事务衙门奏与日本使臣议结琉球案折（九月二十五日）

臣奕䜣等跪奏:为日本废球一案,臣衙门现与日本使臣宍户玑商议办结,恭折奏祈圣鉴事。

窃臣衙门前奉上谕:"詹事府右庶子张之洞奏:'俄人恃日本为后路,宜速联络日本,所议商务可允者早允;但得彼国两不相助,俄势自阻'等语。着总理各国事务王大臣酌度办理等因,钦此。"当经臣等于七月十九日具奏"现在正与日本使臣宍户玑会商,随时察度情形,奏明请旨"在案。

嗣宍户玑来臣衙门面递节略,大意欲照各国"一体均沾"之例酌加条约,而割琉球南部宫古、八重山二岛以属中国云云。臣等查日本废球一事,臣衙门与出使大臣何如璋等先后照会其使臣并外务卿反复争论,迄无端绪;本年六月,始据其外务照覆臣衙门,将商办事宜任之宍户玑等语。今宍户玑请以二岛属中国,南洋大臣刘坤一谓"以南两岛重立琉球,俾延一线之祀,庶不负'存亡继绝'初心,且可留为后图";北洋大臣李鸿章谓"南部两岛交还,已割琉球之半。此事中国原非因以为利,应还球王驻守。就此定论,或不至于俄人外再树一敌。若球王不复,南岛枯瘠不足自存;中国设官置防,徒增后累"各等语。持论各有所见,而皆以"存球祀为重",与臣衙门争论此事本意相同。虽两岛地方荒瘠,要可借为存球根本;况揆诸现在事势,中国若拒日本太甚,日本必结俄益深。此举既以存球、并以防俄,未始非计。臣等因与宍户玑议定专条。载明分界以后,彼此永远不相干预;庶以中国如何设法存球,日本无从置喙。并与宍户玑议明:以光绪七年正月交割此地及彼此派员如何会办,开列专条之后。至宍户玑请加"一体均沾"之条,臣等查各国约内,俱有此项明文;当时李鸿章与日本订立《修好条规》,力持此条未允办理,颇费苦心。其后日本使臣屡以为言,臣衙门均经照约驳覆。转瞬修约届期,必来晓渎。今因琉球一案,遂举其蓄意多年者请为加约。缘各国皆准在中国内地通商,日本条款第十四、第十五两款载明"两国商民不准出入内地",日本商民不如各国得沾中国利益之多;故愿照各国例,加入"一体均沾"之条,以抽换十四、十五两款。臣等揣其情形,若仍照前坚执不允,球案必无从办结。惟日本条规,逐条皆从两面立论;今虽稍予通融,仍应预防流弊。且既一体沾受其益,必须一体遵守其章;将来办理,庶归一律。至此条特为了结球案;允准应俟二岛定期交割以后开办。以上各节,皆为最要关键。臣等与宍户玑往返辩论,始定为加约第一、第二两款。宍户玑初议:以该国现与西洋各国商议增加关税、管辖商民两事,美国已经应允;请一并加入条约。臣衙门前据出使大臣何如璋等函述,大略相同。日本既与各国商议,中国岂能独不与闻;因与宍户玑议明,另立凭单声明:俟日本与各国订定后,再行彼此酌议,无庸并入加约。以上均系有关商务之事,臣等分别缓急,如"一体均沾"一条,其势不能不允者则允之;如加关税、管商民两事,其势尚可从缓者则缓之。凡此,皆为顾全大局、联络日本起见。

谨将所拟球案专条一件、加约条款一件、凭单一件,一并照录,恭呈御览。所有议结琉球一案缘由,是否有当?伏乞皇太后、皇上圣鉴训示!谨奏请旨。

光绪六年九月二十五日,臣奕䜣、臣宝鋆。

谨将球案条约拟底,恭呈御览。

大清国、大日本国以专重和好,故将琉球一案所有从前议论置而不提。大清国、大日本国公同商议:除冲绳岛以北属大日本国管理外,其宫古、八重山二岛属大清国管辖,以清两国疆界;各听自治,彼此永远不相干预。

大清国、大日本国现议酌加两国条约,以表真诚和好之意。兹大清国总理各国事务王大臣、大日本国钦差全权大臣勋二等宍户,各凭所奉上谕便宜办理,定立专条,画押钤印为据。

现今所立专条,应由两国御笔批准,于三个月限内在大清国都中互换。光绪七年正月交割两国后之次月,开办加约事宜。

谨将加约拟底,恭呈御览。

大清国、大日本国辛未年所订条约，允宜永远信守；惟以其内条款有须一、二变通，是以大清国钦命总理各国事务王大臣、大日本国钦差全权大臣勋二等宍户各遵所奉谕旨公同会议，酌加条款。所有议定各条，开列于左：

第一款：两国所有与各通商国已定条约内载予通商人民便益各事，两国人民亦莫不同获其美。嗣后两国与各国加有别项利益之处，两国人民亦均沾其惠，不得较各国有彼厚此薄之偏。但此国与他国立有如何施行专章，彼国若欲援他国之益使其人民同沾，亦应于所议专章一体遵守。其系另有相酬条款纔与特优者，两国如欲均沾，当遵守其相酬约条。

第二款：辛未年两国所定修好条规及通商章程各条款与此次增加条项有相碍者，当照此次增加条项施行。

现今所立加约，应由两国御笔批准，于三个月限内在大清国都中互换。

光绪六年九月二十五日。

谨将凭单拟底，恭呈御览。

两国通商事宜有与他通商各国随时变通之处，彼此预为言明：嗣后此国有将与他各国现行条约内管理商民、查办犯案各款暨海关税则更行酌改，俟与他各国订定后再行彼此酌议。因此，预立凭单，画押为据。

14. 总理各国事务衙门申明议结球案情形片（九月二十五日）

再，臣衙门现与日本商办球案并拟议加约各情形，业经另折奏明在案。查琉球共计三岛，北岛久为日本占去；至中岛，系琉球国王所居之岛，现亦专归日本。南岛土产，据北洋大臣李鸿章函称："询诸琉球国臣向德宏云：每岁出穀不过二万石；并云：琉球自属日本以来，所产各物，日人肆行取纳或随人口增税。与日人言，皆举大约之数"等因。是不独北岛久为日本所踞，即中岛、南岛亦均归日本收税，琉球之隶中国其名而属日本其实；此事若不与定议，亦无策以善其后。兼之俄国兵轮现均停泊东洋海岛，球事不定，恐俄人要结日本，又将另树一敌。臣等再四筹商，虽以南岛存球一线之祀，地小而瘠，将来亦不易办；而名义所在，与辩论初衷尚无不合。臣等愚见如斯，是否有当？恭候圣裁。伏乞圣鉴训示！谨奏。

15. 右庶子陈宝琛奏倭案不宜遽结折（九月二十六日）

日讲起居注官、右春坊右庶子臣陈宝琛跪奏：为俄事垂定，倭案不宜遽结、倭约不宜轻许，勿堕狡谋而开流弊；恭折沥陈，仰祈圣鉴事。

臣闻日本使臣近因俄约未定，乘间请结琉球一案，陷我以南岛而不许存中山之祀；复欲改约二条。总署惑于联倭防俄之说，办理已有成议；臣闻之，且疑且愕！以为分琉球，一误也；因分琉球而改旧约；又一误也。分岛之误，近于"商于六里"之诳；因分岛而改约之误，近于"从井救人"之愚。中国受其实害，而琉球并不能有其虚名。五尺童子，犹不肯堕其术中；堂堂大朝，奈何出此！窃谓俄、倭沓至，总署当持以镇定、朝廷当示以权衡。俄，强国也；倭，弱国也。驭俄人宜刚柔互用，而倭则可刚、不可柔；处俄事已不能过缓，而倭则宜缓、不宜急。敢抉其利弊、权其情势，为我皇太后、皇上缕析陈之。

日本既与我立约通商。无故擅灭琉球，虏其王、县其地；中国屡与讲论，则创为两属之说，横相抵制。彼即以上腴归我，而中国意在"兴灭继绝"，尚未可义始而利终；况所割南岛皆不毛之地，置为瓯脱，则归如不归。若用以分封尚氏苗裔，则贫不能存、险无可守，他日必仍为倭奴所吞并：此分割琉球之说断不可从者也。琉球中、北诸岛，日本既全据之；若为持平之论，日本应闻我铎有利于中、无损于东之事加入约内以相偿抵。而今所改之约，则大不然。道路传闻，谓止改约两条：一曰利益均沾；一曰旧约与加约有碍，照加约行。其居心叵测，无非欲与欧洲诸国深入内地，蝇聚虫蚋以竭中国脂膏。况此外又有管辖商民、酌加税则，俟与他国定议后再与中国定议等语。则是二条之外，又增二条；且故为简括含混之词，留一了而不了之局，以为他日刁难地步：此酌改条约之说断不可从者也。

论者谓速结琉球之案，即可联倭以拒俄；臣愚，殊不谓然。夫中国所虑于日本者，接济俄船煤米耳、以长崎借俄屯兵耳；然倭人畏俄如虎，中国之力终不能禁。日本之通俄、日本之亲我与否，亦视我之强弱而已。中国而强于俄，则日本不招而自来；中国而弱于俄，虽甘言厚赂与立"互相保护"之约，一旦中、俄有衅，日本之势必折而入于俄者，气有所先慑也。万一中国为俄所挫，倭人见有隙可乘，必背盟而趋利便者，又势有所必至也。夫利害所关、形势所迫，虽信义之国不能保其必守盟约；而况贪狡龌龊如日本者乎！使日本而能守约，则昔岁无台湾之师、近年无琉球之役矣。何也？此二事，皆显背条约者也。然则琉球一案，与日本之和不和何涉！日本之和不和，又与俄事之轻重利害何涉！而目论之士，动谓结琉球案，即以联倭交；联倭交，即以分俄势。亦可谓懵于事理者矣！况其流弊，琉球案结则祸延于朝鲜、日本约改则势蔓于巴西诸国。何以言之？俄人遣海部派师船麋集于长崎、蚁屯于海参崴，成师而出，必不虚归；若我为弦高阻秦之举，则俄必为孟明灭滑之谋。朝鲜之永兴湾，久为俄人所垂涎；犹冀中俄盟成，朝鲜为我属国，彼时可令与各国立约通商，藉以解纷排难；而俄亦鉴于中国力庇琉球，贪谋或戢。昔布以宗人王罗马，首败巴黎斯约，各国置若罔闻，于是俄始问津黑海；英人责之，俄反诘英"何以恕布仇俄"？英人语塞。今我若轻诘琉球之案，则俄人有例可援，中国无辞可措；以俄兵取高丽如汤沃雪，而其势与关东日逼，非徒唇齿之患，实为心腹之忧，祸延于朝鲜而中国之边事更亟矣！

自道、咸以来，中国为西人所侮，屡为城下之盟；所定条约，挟制欺凌，大都出地球公法之外。惟日本、巴西等国定约在无事之时，亦值中国稍明外事曾国藩主之于前、李鸿章争之于后，始将"均沾"一条驳去；既藉此以为嚆矢，未尝不思乘机伺便，由弱国以及强国，潜移默转于无形也。今日本首决藩篱，巴西诸国必且阛视而起，中国将何应之？势蔓于巴西诸国，而中国之财力更竭矣！

就日本近况而论，政府萨、长二党不和；民党又倡国会之议，以与政府相抗，广张匿名揭帖，欲伺外衅而动。其君臣惴惴，朝不谋夕，内事之乱如此。通国经制之兵才数万人，分布六镇，数益单薄；以之弹压乱萌，尚且不足，兵力之绌如此。比年借民债三千余万圆、借英债二千余万圆，近又以关税、铁路抵借洋债三百万圆不能骤得：财力之匮又如此。结之，不足以助我御俄；绝之，亦不足以助俄攻我。若我中国大势，内政清明、将相辑睦与倭霄壤，固不待言。即论兵力、财力，以之拒俄，或当全力支持；以之拒倭，实为恢恢有余。现因俄事筹防，南、北洋征军调将所费不赀；既欲与俄乘便转圜，即可留以为防倭之用：是我失诸俄而犹得诸倭也。虽目下铁舰冲船尚未购齐、水师未成、沙线未习，犹未能张皇六师以规复琉球，为取威定霸之举；而我不能往，寇亦不敢来。莫如暂用羁縻推宕之法待。去年以此法待我矣，今我不急与议，彼又何辞！而我则专意俄事，俟定约后，拥未撤之防兵、将待成之战舰先声后实，与倭相持。如倭人度德量力，愿复琉球守旧约，是不战而屈人也；如其不应，则闭关绝市以困之。倭商以海鲜为大宗，专售中国，岁食其利；若中国禁其互市，势必坐困。华商在东亦停贸易,则彼榷税顿绌、纸钞不销,且虑华商蜂聚煽变,内顾不暇,必急求成。如此犹不应,则仗义进讨以创之。三、五年后,我兵益精、我器益备,以恢复琉球为名宣示中外;沿海各镇分路并进,抵隙攻瑕,师数出而倭必举:此中国自强之权舆,而洋务转捩之关键也。

不然,案一结,则琉球之宗社斩矣;约一改,则中国之堤防溃矣!俄以一伊犁饵吾改约,日本又以一荒岛饵吾改约;是我结倭欢以防俄而重受其绐,倭乘俄衅挟我而坐享其利也。一月之内,既辱于北、复蹙于东,国势何以支、国威何以振!臣所由拊膺扼腕而不能不痛切上陈者也。伏乞一面饬下总理衙门与日本使臣暂缓定议,一面将臣疏密寄李鸿章、左宗棠等详议以闻。是否有当?伏乞皇太后、皇上圣鉴!谨奏。

光绪六年九月二十六日。

16. 张之洞奏请防台湾片(十月初一日)

再,日本若有违言,南北海防他无足虑,北洋兵力尚厚,不能攻也;上海洋商所萃,彼不能包各国之利息,不敢扰也。所防者,惟台湾为急。夫议台防者已五、六年矣,而毫无效者,不得人故也。闽省兵既不练,将材又少。窃闻甘肃军营差委候补道刘璈,曩在左宗棠军中,才识雄毅,兼有权略;前官浙西,治行第〔一〕。曾随沈葆桢渡台办理倭案;闻其平居私议,自谓恶寒喜热,若有事台湾,概然愿以身任。又广东潮州镇总兵方耀,智勇沉深;身经百战,声威赫然。台湾距潮甚近,其地商贾半系潮人;若令带所部潮勇数营前往,风土尤为相习。窃思若得此文武两人,责以台务、畀以重权,必能左提右挈,辟土阜财、抚番捍敌,为八闽之藩卫。盖台湾瘴热,任此者不惟择其才,又必服习水土,不致疾病者;该两员尤为相宜。两人材器,敢请询之浙、粤两省官吏士民,决无异词。朝廷如以为可用,即当先其所急,不得任听督、抚扣留。夫日本灭球,乃垂涎台湾之渐;为保台湾计、为保闽省计,此亦不可缓者也。惟望宸断,早为决计施行!是否有当?伏祈皇太后、皇上圣鉴。谨奏。

17. 军机处寄直隶总督李鸿章上谕(十月初四日)

军机大臣密寄大学士直隶总督一等肃毅伯李:

光绪六年十月初四日奉上谕:"前据总理各国事务衙门奏'议结琉球'一案、又据右庶子陈宝琛奏'球案不宜遽结、旧约不宜轻改',当经惇亲王等酌议宜照总理各国事务衙门所奏办理,业经允准。旋据左庶子张之洞奏'日本商务可允、球案宜缓',复经惇亲王等议以'日本与俄深相邀结,又与福建、江、浙最近,今若更动已成之局,未必甘心。且恐各国从而构煽,卒至仍归前说;或并二岛而弃之,益为所轻'等语。所议自为揆时度势,联络邦交起见。惟事关中外交涉,不可不慎之又慎。李鸿章系原议条约之人,于日本情事素所深悉;着该督统筹全局,将此事应否照总理各国事务衙门原奏办理? 并此外有无善全之策? 切实指陈,迅速具奏。总理各国事务衙门折片各一件、单三件,陈宝琛、张之洞折各一件,均着抄给阅看。刘铭传前经赏假两个月,本日已有旨令裕禄传知该提督不必拘定假期,迅速来京矣。将此由五百里密谕知之。钦此。"遵旨寄信前来。

18. 直隶总督李鸿章覆奏球案宜缓允折(十月初九日)

钦差大臣大学士、直隶总督一等伯臣李鸿章跪奏:为日本议结球案牵涉改约,暂宜缓允,遵旨切实妥筹;恭折仰祈圣鉴事。

窃臣承准军机大臣密寄,十月初四日奉上谕:"前据总理各国事务衙门奏'议结琉球'一案、又据右庶子陈宝琛奏'球案不宜遽结、旧约不宜轻改',当经惇亲王等酌议宜照总理衙门所奏办理,业经允准。旋据左庶子张之洞奏'日本商务可允、球案宜缓',复经惇亲王等议以'日本与俄深相邀结,又与福建、江、浙最近,今若更动已成之局,未必甘心。且恐各国从而构煽,本至仍归前说;或并二岛而弃之,益为所轻'等语。自为揆时度势,联络邦交起见。惟时关中外交涉,不可不慎之又慎。李鸿章系原议约之人,日本情事素所深悉;着该督统筹全局,将此事应否照总理衙门原奏办理? 并此外有无善全之策? 切实指陈,迅速具奏。总理衙门折片各一件、单三件,陈宝琛、张之洞折各一件,均着抄给阅看"等因,钦此。仰见圣主审于驭远,虚哀采纳,不厌精详;曷胜钦服!

从前中国与英、法两国立约,皆兵戎而后玉帛,被其追胁、兼受朦蔽;所定条款吃亏过巨,往往有出地球公法之外者。厥后美、德诸国及荷兰、比利时诸小国相机来华立约,斯时中国于外务利弊未甚讲求,率以"利益均沾"一条列入约内。一国所得,诸国安坐而享之;一国所求,诸国群起而助之。遂使协以谋我,有固结不解之势。同治十年,日本遣使来求立约,曾国藩建议宜将"均沾"一条删去;及臣与该使臣伊达宗城往复商订,并载明"两国商民不准入内地贩运货物",限制稍严。嗣后该国屡欲翻悔,均经驳斥。自是秘鲁、巴西立约,亦稍异于前。诚以内治与约章相为表里,苟动为外人所牵制,则中国永无自强之日。近闻各国驻京公使每有事会商,日本称不得与;其尚未联为一气者,未始不因立约之稍异也。至内地通商,西人以置买丝、茶为大宗,赀本较富,稍顾体面。日本密迩东隅,文字、语言略同;其人贫窭,贪利无耻。一闻此例,势必纷至沓来,与吾民争利;或更包揽商税,为作奸犯科之事。明代倭寇之兴,即由失业商人勾结内地奸民;不可不防其渐。此议改旧约尚宜酌度之情形也。

琉球原部三十六岛,北部九岛、中部十一岛;南部虽有十六岛,而周回不及三百里。北部有八岛,早被日本占去;屡存一岛。去年日本废灭琉球,经中国迭次理论,又有美前统头格兰忒从中挑解,始有割岛分隶之说。臣与总理衙门函商,谓"中国若分球地,不便收管,只可还之球人;即代为日本计算,舍此别无结局之法";此时尚未知南岛之枯瘠也。本年二月间,日本人竹添进一来津谒见,称其政府之意拟以北岛、中岛归日本,南岛归中国;交添出改约一节。臣以其将球事与约章混作一案,显系有挟而求;严词斥之,不稍假借。曾有笔谈问答节略两件,抄寄总理衙门在案。旋闻日本公使宍户玑屡在总理衙门催结球案,明知中、俄之约未定,意在乘此机会图占便宜;臣愚以为琉球初废之时,中国以体统攸关,不能不亟与理论。今则俄事方殷,中国之力暂难兼顾;且日人多所要求,允之则大受其损、拒之则多树一敌,惟有用延宕之一法,最为相宜。盖此系彼曲我直之事,彼断不能以中国暂不诘问而转来寻衅。俟俄事既结,再理球案;则力专而势自张。近接总理衙门函述日本所议,臣因传询在津之琉球官向德宏,始知中岛物产较多,南岛贫瘠僻隘、不能自立;而球王及其世子,日本又不肯释还。遂即函商总理衙门,谓此事可缓则缓,冀免后悔。此议结球案尚宜酌度之情形也。

臣接奉寄谕,始知已争之局未便更动,而陈宝琛、张之洞等又各有陈奏。正筹思善全之策,适接出使大臣何如璋来书并抄所寄总理衙门两函,力陈"利益均沾"及内地通商之弊,语多切实。复称"询访球王,谓如宫古、八重山小岛另立王子,不止王家不愿,阖国臣民亦断断不服。南岛地瘠产微,向隶中山,政令由其土人自主;今欲举以畀球,而球人反不敢受,我之办法亦穷"等语。臣思中国以存琉球宗社为重,本非利其土地。今得南岛以封球而球人不愿,势不能不派员管理；既蹈"义始利终"之嫌，不免为日人分谤。且以有用之兵饷守北瓯脱不毛之土，劳费正自无穷；而道里辽远、音问隔绝，实觉孤危可虑。若惮其劳费而弃之不守，适堕日人狡谋。且恐西人踞之，经营垦辟，扼我太平洋咽喉，亦非中国之利。是即使不议改约而仅分以南岛，犹恐进退两难，致贻后悔！今彼乃议改前约，倘能竟释球王，畀以中、南两岛复为一国，其利害尚足相抵；或可勉强允许。如其不然，则彼享其利而我受其害，且并失我内地之利；臣窃有所不取也。

谨绎总理衙门及王大臣之意，原虑日本与俄要结，不得不揆时度势，联络邦交；询属老成持重之见。然日本助俄之说，多出于香港日报及东人恫喝之语；议者不察，遂欲联日以拒俄，或欲暂许以商务，皆于事理未甚切当。查陈宝琛折内所指日本兵单饷绌、债项累累、党人争权、自顾不暇，倭人畏俄如虎，性贪狡，中国即结以甘言厚赂，一旦中、俄有衅，彼必背盟而趋利：均在意计之中。何如璋节次来书，亦屡称日本外强中干，内变将作；让之不能助我，不让亦不能难我：洵系确论。盖日本近日之势，仅能以长崎借俄屯驻兵船，购给煤米；彼盖贪俄之利、畏俄之强，似非中国力所能禁也。岂惟日本一国，即英、德诸邦及日斯巴尼亚、葡萄牙各国皆将伺俄人有事调派兵船，名为保护商人，实未尝不思藉机渔利；是俄事之能了与否，实关全局。俄事了，则日本与各国皆戢其戎心；俄事未了，则日本与各国将萌其诡计。与其多让于倭而倭不能助我以拒俄，则我既失之于倭而又将失之于俄；何如稍让于俄，而我因得借俄以慑倭。夫俄与日本，强弱之势相去百倍；若论理之曲直，则日本之侮我为尤甚矣。而议者之谋若有相反者，此臣之所未喻也。至若江苏之上海、浙江之宁波、福建之福州、厦门，均系各国通商口岸；日本即欲来扰，既无此兵力饷力，亦必不敢开罪于西人。惟台湾孤悬海外，地险产饶，久为外人所窥伺；苟经理得宜，亦足控蔽东南。应请庙谟加意区画，渐收成效。中国自强之图，无论俄事是否速了，均不容一日稍懈。诚以洋务愈多而难办，外侮迭至而不穷，不可不因时振作。臣前奏明南、北洋须合购铁甲船四号，其数断难再减。所有请拨淮商捐项一百万两仅准户部议拨四十万，不敷尚多；应请旨饬令全数拨济。各省关额拨海防经费，前经奏明严定处分章程，仍未如额筹解；倘再延玩，尚拟请旨严催。水师、电报各学堂，亦已陆续兴办。数年之后，船械齐集、水师练成，声色既壮，纵不必跨海远征，而未始无其具日本嚣张之气当为之稍平，即各国轻侮之端或亦可渐弭。又，总理衙门虑及日本于内地运货；蓄意已入，转瞬修约届期，彼必力请

"均沾"之益；或只论修约、不提球案，恐并此南岛而失之。臣愚以为南岛得失，无关利害；两国修约，须彼此互商，断无一国能独得其志者。日本必欲得"均沾"之益，倘彼亦有大益于中国者以相抵，未尝不可允行；若有施无报、一意贪求，此又当内外合力坚持勿允者也。臣再三筹度，除管理商民、更改税则两条尚未订定应俟后日酌议外，其球案条约及加约，曾声明"由御笔批准，于三个月限内互换"；窃谓限满之时，准不准之权仍在朝廷。此时宜用"支展"之法，专听俄事消息以分缓急。俟三月限满，倘俄议未成而和局可以豫定，彼来催问换约，或与商展限、或再交廷议。若俄事于三个月内即已议结，拟请旨明指其不能批准之由，宣示该使；即如微臣之执奏、言路之谏诤与彼之不能释放球王、有乖中国本意，皆可正言告之者。臣料倭人未必遽敢决裂；即欲决裂，亦尚无大患。

明诏既责臣以统筹全局、切实指陈，臣不敢因朝廷议准在先，曲为回议；亦不敢务为过高之论，致碍施行。若照以上办法，总理衙门似尚无甚为难之处。

所有日本议结球案、牵涉改约、暂宜缓允，遵旨妥筹缘由，恭折由驿五百里密陈。是否有当？伏乞皇太后、皇上圣鉴训示！谨奏。

19. 军机处寄两江总督刘坤一等上谕（十月十六日）

军机大臣密寄两江总督刘、闽浙总督何、两广总督张、江苏巡抚吴、浙江巡抚谭、福建巡抚勒、广东巡抚裕：

光绪六年六月十六日奉上谕："前据总理各国事务衙门奏'议结琉球'一案、又据右庶子陈宝琛奏'球案不宜遽结'，当经惇亲王等酌议宜照总理衙门所奏办理。旋据左庶子张之洞奏'日本商务可允、球案宜缓'，复经惇亲王等议以'日本与俄深相邀结，又与福建、江、浙最近，且恐各国从而构煽，卒至仍归前说；或并二岛而弃之，益为所轻'等语。复谕令李鸿章统筹全局，切实指陈。嗣据覆奏，宜用'支展'之法，专听俄事消息以分缓急。又经惇亲王等议奏：'因此构衅，未为得计。且即天津海口可恃，江、浙、闽、粤各省究未可知。请饬妥议'等语。此事关系全局，自应博访周咨，以期妥协。刘坤一、何璟、张树声、吴元炳、谭钟麟、勒方锜、裕宽悉心妥议，切实陈奏。总理衙门折片各一件、单三件，陈宝琛、张之洞、李鸿章折各一件，均着抄给阅看。将此由四百里各密谕知之。钦此。"遵旨寄信前来。

20. 江苏巡抚吴元炳覆奏球案日约可徐图折
（十月二十六日）

江苏巡抚臣吴元炳跪奏：为遵旨筹议密陈，恭折仰祈圣鉴事。

窃自于光绪六年十月二十四日密奉寄谕："前据总理各国事务衙门奏'议结琉球'一案，又据右庶子陈宝琛奏'球案不宜遽结'，当经惇亲王等酌议，宜照总理衙门所奏办理。旋据左庶子张之洞奏'日本商务可允、球案宜缓'，复经惇亲王等议以'日本与俄深相邀结，又与福建、江、浙最近，且恐各国从而构煽，卒至仍归前说，或并二岛而弃之，益为所轻'等语；复谕令李鸿章统筹全局，切实指陈。嗣据覆奏：宜用'支展'之法，专听俄事消息以分缓急。又经惇亲王等议奏：'因此构衅，未为得计；且即天津海口可恃，江、浙、闽、粤各口究未可知。请饬妥议'等语。此事关系全局，自应博访周咨，以期妥洽。着悉心妥议，切实陈奏。总理衙门折片各一件、单三件、陈宝琛、张之洞、李鸿章折各一件，均着抄给阅看。钦此"。伏见皇太后、皇上于中外交涉之事，慎益加慎；下怀莫铭钦感。

臣按日本为东洋蕞尔之邦，近年来与泰西各国通商立约，毅然以与国自居，妄自尊大。前年夷球为县之举，经中国再三责问，无辞可对，支吾掩饰者两载于兹。今忽乘中国与俄议未定之时，乃以球南荒岛给我结案，并要求改约'同沾利益'，贪狡之谋毕露、要挟之心如见。议者以为中国不即允许，恐其助俄为患，多树一敌；臣窃以为不然，中国与俄和战尚在未定，万一俄事竟尔决裂，俄兵扰我海疆，则长崎一带屯师济饷以为接应，势所必然；此时倭人即与中国结好有海誓山盟之约，能闭关以拒俄师乎？能助中国以截击俄人之后路乎？皆不能也。强弱之势，俄足制倭，倭不足以制俄也。如果俄议渐次就范，两国不启兵端，则沿海各省均系通商口岸；目前整顿海防、简兵厉卒，俄人亦既闻之；内地无可进兵。即台湾一处，前年俄兵亦尝履其地矣，瘴疠之毒，不战而伤亡者七、八百人；攻之不易得、得之不易守，即欲狡焉思逞，而揆时度势，臣料俄人必不敢犯其所难。然则倭之助俄、不助俄，在中、俄之言战、不言战，而与球案之结不结、约之改不改，均无涉也。若震慑于恫喝之游谈，而欲藉结案、改约以交欢，是正堕其要挟之计，而二岛仅存、球祀不继，利益已沾，后悔莫及；臣未见其可也。右庶子陈宝琛持论正大，洞中窍要；其言实有可采。直隶督臣李鸿章'支展'之说,听俄事消息以分缓急,老谋深算,出于万全。况球事经中国责问之后,倭人支吾其说者二年有余;今即以支吾中国之法还而施之于彼,理无不顺、事可徐图,必不致遽启衅端也。

愚昧之见,是否有当?所有遵旨筹议覆陈缘由,理合恭折由驿驰陈,伏乞皇太后、皇上圣鉴训示!谨奏。

21. 两江总督刘坤一覆奏球案宜妥速议结倭约宜慎重图维折(十一月初五日)

头品顶戴南洋通商大臣、两江总督刘坤一跪奏:为球案宜妥速议结、倭约宜慎图维,外杜纷纭、内严防范,遵旨密折覆陈,仰祈圣鉴事。

窃臣于光绪六年十月二十三日接准军机大臣密寄,光绪六月十六日奉上谕:"前据总理衙门奏'议结琉球'一案,此事关系全局,自应博访周咨,以期妥协。着刘坤一悉心妥议,切实陈奏等因,钦此。"仰见朝廷全盘在握,兼听为明;跪诵之余,莫铭感悚!

臣查球案与倭约本系两事,直隶督臣李鸿章与右庶子陈宝琛、左庶子张之洞所言倭约不宜更张附益,以免另生枝节,诚为有见。至谓球案宜缓以及"支展"之法,无非欲俟中、俄定局,勒令日本全退球地,重立废王,以张义声而绥藩服;则似未将是非利害深维始终、权衡轻重也。夫琉球与高丽、越南、缅甸等国同列外藩,中国之所以怀柔之者亦略相等。究之,该各国之于中国是否相关,既有名实之判;中国之于各国能否兼顾,亦有难易之殊。盖外藩者,屏翰之义也。如高丽、越南、缅甸等国与我毗连,相为唇齿,所谓"天下有道,守在四夷";而高丽附近陪都,尤为藩篱重寄。臣屡函致总理衙门及李鸿章与出使日本大臣何如璋,务劝高丽结好泰西,以杜倭、俄窥伺;该国万一有警,中国亦应明目张胆遣兵赴援。为该国策安全,即为中国固封守;与英国之保土国情形相同。即臣前在粤督任内,于叛镇李杨才窜扰越南力主进剿,责令广西提督冯子材擒贼自效者,亦恐越南不支,必借师于法人,以后为其所制,而两粤之外障益蹙:此外藩必须极力扶植者。至于琉球则与高丽、越南等国迥别,琉球臣事中国数百年,朝贡极其恭顺,响风慕化,诚属可嘉。然与中国远隔大洋,得失无关痛痒。且琉球臣中国,祇假我声灵;琉球臣日本,实奉其号令。平日无端剥削、无故拘囚,一任日本所为;琉球未尝赴诉中国,中国亦未尝过问。故一旦夷为郡县,指挥即定;而欲中国强与之争,务使日本俯首听命、琉球吐气扬眉,乌可得哉! 如张之洞所言"中国闭关绝市,摈斥日本,不复与通,原为计之至善"。沿海筹防有年,自不如前明之受其蹂躏;然谓此即足以制日本而复琉球,则未必然。如陈宝琛所言"中国声罪致讨、跨海东征,以今日之整练水师,亦决无元初覆军之惧"。然以日本二千余年之国,此举必扫穴犁庭;使设伏以邀我、固守以老我,彼熟我生、彼主我客,悬军深入,大属可虞。即使日本惧我兵威,一战而败,请受约束、许复琉球;而琉球近在日本卧榻之侧,我能留兵守之否? 我能归而彼复夺之,岂能再为出师以蹈波涛之险! 竭中国而事外夷,自古以为诟病;况今日中国之于琉球乎? 我朝定鼎之初,经略西南各国,独置琉球于度外;今日乃为之致死于日本乎! 张之洞、陈宝琛二策既不可行,则李鸿章所谓"支展"者,将来仍以口舌折之、或以虚声胁之,以日本之崛强,未必有济。且"支展"之法,日人未必不知;知之则必附俄,与我为难,势所必至。臣前在京邸,日本使臣来见,屡陈"鹬蚌相持"之戒,原有所为而言;然于琉球有骑虎之危,而于中国有夺牛之惧,安得不思铤险以舒祸! 目前俄得日本推波助澜,可以东西牵制;蜂虿有毒,曷若与之讲好释嫌,纵不拒俄,亦不助俄之为愈也。是"支展"一策,亦属无益有损。夫琉球之于中国,鸡肋可投;中国之于琉球,马腹难及;中外莫不共晓。第以字小之仁,不忍视同蛮触之争,听其湮灭。今我为之索还南属俾有所归,以守先王之祀,亦足以对琉球而示天下矣。齐桓存三亡国,然于卫则迁之楚邱、于邢则迁之夷仪;今之南岛,亦琉球之楚邱、夷仪也。尚氏不能守先人成,亡国之余,等于杞、宗;以图一线之延,尚何择乎肥瘠! 臣前在两广任内,适琉球之八重山八十余人遭风飘至廉州,护送到省;经臣传见该头目等,与之笔谈数纸,察看其人甚属循良。并问悉其境长一百八十余里,如于该处择立尚氏,加以宫古之地,亦足以为附庸。现在泰西七十余国,有百余里、数十里者;南岛犹未为甚小也。《传》曰:"疆场之事,一彼一此"。尚氏果能发愤为雄,则夏之一成、楚之三户,失可复得、弱可转强;如其不能有为,祇凭中国覆翼,即使尽复故物,亦若幕燕釜鱼。盖寇在门庭而援在天末,何能有恃不恐、耦俱无猜! 臣意非欲弃球,实欲存球;顾以今日事势,无论中岛决不可得,即使得之而有日本逼处之忧,不如退居南岛尚可守此一片干净土地。唯是新造之邦,中国之所以欲助之者正非易易。且日人狡狯之技,必须先与申明,即以南岛重立尚氏后人,仍由其君自主,并与共立保护之约;一面宣示尚氏,与该南岛务期永远相安,各无翻覆。日本倘有异词,或尚氏郁郁居此而南鸟亦无推戴之忧,中国受此南岛如获石田,冒不韪之名、受无穷之累,不得不作罢论。此则球案之亟宜斟酌,不可稍涉犹豫者。如虑俄人觊觎高丽,诚所难免。然谓其视球案为进止,则法人之侵越南、英人之侵缅甸,亦何不可以藉词。高丽立国不同琉球,高丽与俄亦不同琉球之于日本。以彼夙无嫌怨,俄人何出无名之师;即使突启兵端,高丽亦属有险可守。而我东三省为马、步诸军星驰电赴与之犄角,俄人亦未必唾手得之!中国之于高丽,向系视同内地,赈饥则不惮转输、讨贼则不靳爵赏,固非与琉球一例。现在强邻耽视,举国寒心;如何为之弥缝、如何与之连络?庙谟广运,是必迎机导之、借箸筹之。高丽在隋、唐时亦称劲敌,今其土地、人民犹是;但得中国左提右挈,使之整军经武,未始不足自固其圉,为我辅车。至于中、日换约,自有定期,与球案毫无牵涉。球案如此议结,日本所获实多;岂可志在居奇,复图进步!据理与辩,彼复何辞。其利益均沾与入内地一条,将来换约亦难轻许;万不获已,则如总理衙门王大臣及李鸿章所议,必须一体遵守,彼亦以便于我者相偿,方为平允。届时或力持前议、或量为变通,自可彼此会商,期归妥协;不得与琉球一案相提并论也。倘日本贪求无厌、强我难从,不得已而用兵,沿海各省似尚可以支拄;唯台湾孤悬巨浸,福建督、抚与船政大臣应已豫为绸缪。臣承乏南洋,自当力扼江苏以固上游五省门户。虽长江深阔,洋船可以通行,不如天津之节节阻碍;然如圌山关、焦山等处亦属天设之险,臣与前兵部侍郎臣彭玉麟等逐一部署以遏其冲,决不乘其长驱而前、入我腹地,以撼东南大局。御倭如是,即御俄亦如是。臣职在边疆,责无旁贷。第以修攘之术,论是非、亦计利害。琉球式微可悯,要非我所得全;日本虚耗已形,亦非我所能取。琉球即无恙,不如高丽等国捍我边陲;日本即逞强,不似俄罗斯国占我疆。究其始终、较其轻重,则是竭华以争球、让俄而折倭,谓为远交近攻、取威定霸,非臣所敢闻矣。

谨就臣管见所及,以球案宜妥速议结、倭约宜慎重图维。密折覆陈,伏乞皇太后、皇上圣鉴训示。谨奏。

光绪六年十一月初五日。

22. 浙江巡抚谭钟麟覆奏球案宜速办结折（十一月初六日）

头品顶戴浙江巡抚臣谭钟麟跪奏:为遵旨筹议,切实密陈,恭折仰祈圣鉴事。

窃臣承准军机大臣密寄，十月十六日奉上谕："前据总理各国事务衙门奏'议结琉球'一案，此事关系全局，自应博访周咨，以期妥协等因，钦此。"仰见圣谟广运，兼采刍荛之至意，曷胜钦服！

臣维日本一案，论事理，诚宜与之绝；揆时势，宜姑与之联：此总理衙门本意也。陈宝琛一折，言事理也；不为拒之，必当伐之。然跨海远征，劳费百倍；自揣数年之内，力恐有所未能。李鸿章"支展"之计，亦审时度势，有不可遽绝之意。第总理衙门既定议矣，旋与之而旋拒之，似乎中国所议事事不足取信于人；不特倭人不服，俄人将援为口实，而所议必戕：此不可不审也。臣愚窃谓球案以速定为要；改约于商务无损，我既不能与之绝，不妨姑从所请，为尚氏谋一线之延。盖琉球之废已两年，其君民日喁喁然冀中国有以拯之；而乃瞻顾徘徊，迄无定策，球民知所望终绝，不得不附倭以求安。年复一年，民忘旧主而球祀斩矣！趁此修约之时与商存球之策，彼能归还中岛、复其故国，固球人之幸；否则，暂以南岛为球王栖息之地，他日我之力诚足以举倭，声罪致讨，悉令反所侵地，不愁师出无名。与其迁延而绝球人之望，不若迁就以慰球人之心：此球案之宜速结也。

至于条约所争，在"均沾利益"一语；泰西和约皆有之。中国之利被西人占尽，多一沾者不见绌，少一沾者不见盈。若强者任意要求而辄许，弱者欲稍分润而不能，不足以服其心。日本前约虽有"商民不准入内地贩运货物"一条，而近来倭人之游历者踵相接，其为商、为民，曾否贩运货物？无从稽考。况华商之黠者，且假西人联票肆行内地而莫之禁；岂倭人狡狯，不知出此。名曰不准沾，而沾者如故；曷若明载条约，俾之"一体均沾"，极其流弊不过海口多一倭商，于中国无损也。

日本之附俄，非心服也，迫于势也。臣前接使臣何如璋函，述其外务卿谈及俄事，有不平之意；此辈诡谲原不足信，而其情可见矣。彼无故而灭人之国，自知不容于公论，何尝不虑中国旦夕有以图之；宍户玑之请归两岛，未必非籍此为尝试。姑与周旋以遂其释怨交欢之望，当不至助俄以扰我；东南无事，可分饷力以济东北，亦两全之策也。惇亲王等恐因此构衅，江、浙、闽、粤各口未可深恃；洵老成持重、统筹全局之见。窃谓今日所患者，贫耳；诚使府库充盈，数万勇士可立致，以摧强敌如摧枯，何有倭人！浙洋与日本对照，轮船数日可至；臣数月以来，密为布置，未敢张皇。虽海口纷歧，不免备多而力分；现已募足勇丁二十营,择要扼守,激厉将士敌忾同仇,虽无必胜之权,咸有敢战之气。臣添膺疆寄,有地方之责;彼侵我疆,惟有战耳。既不敢希冀和局稍懈一日之防,亦不敢创为异议以快一时之论。

既奉谕旨令臣悉心妥筹、切实陈奏,谨就管见所及,缮折密陈;是否有当?伏乞皇太后、皇上圣鉴训示!谨奏。

光绪六年十一月初六日。

23. 穆图善等覆奏球案与商约宜分别定结折（十一月二十六日）

福州将军臣穆图善、闽浙总督何璟、福建巡抚臣勒方锜跪奏:为谨陈闽省防务情形及球案宜分别定结,遵旨议覆,恭折仰祈圣鉴事。

窃臣璟于光绪六年十一月初八日承准军机大臣密寄,本年十月十六日奉上谕:前据总理各国事务衙门"议结琉球"一案,又右庶子陈宝琛奏"球案不宜遽结"、左庶子张之洞奏"日本简务可允、球案宜缓";复谕令李鸿章统筹全局、切实指陈。嗣据复奏宜用支展之法,又经惇亲王议奏:"因此构衅为得计;且即天津海口可恃,江、浙、闽、粤各口究未可知。请饬妥议"等语。着臣等悉心妥议,切实陈奏,钦此。钦遵钞录各折片,寄信到闽。仰见圣主垂念海疆,虚衷下问,曷胜钦佩!时臣方锜带印巡台,臣璟遵即密缮咨商。旋准总理衙门与臣穆图善等公函,详及此事颠末。当以事关机要,臣璟先与臣穆图善连日妥议间,适接臣方锜回函,意见相同。

伏查闽省三面临海,台、澎又孤悬海外,固与天津形势悬殊,亦非江、浙、粤东之比。岁入税厘久矣,穷于拨协;今春提凑六十万金购备铁舰,库帑遂为一空。从前倭人弄兵台南,前两江督臣沈葆桢专顾一隅,调勇至三十余营;今则全局兼顾,所用营勇仅及从前三分之二,海汊林立,处处须防。臣等早夜思维,唯有就现在之财力、办现在之边防,先择紧要之区严营固守;其余小口,巨舰不通,檄饬地方官各办乡团,杜其外诱。如有缓急,再行相机应援。虽成败利钝未可预知,总当勉竭愚忱,力图战守之策;激励将士,同兴敌忾之思。若云确有把握,断不敢自欺以欺君父也。

至日本议结球案并请加约二条,明系乘俄事未定之时,冀申其有挟而求之伎。总理衙门与之辩论,舌敝唇焦;几经时日,不得已而定此议,办理自费苦心。惟方今大局转关,祇在于俄;若倭人幸祸之心,岂能穷诘!其卖煤谋俄者,贪其利也;长崎诸处许俄泊船者,畏其势也。是倭之助俄与否,非义所能禁、恩所能结也。今琉球南部二岛以还尚氏,不足以立国自存;我若遣戍设官,不唯费用不赀,且徒与倭人分谤。是则分归中国,尤属非宜。至所要"在沾利益"一层,于商务原来不能无碍。直隶督臣李鸿章所陈"支展"之法,自亦具有深意。曩时中国与英修约,议定后英商以为不便,遂阁不行;援此为词,尚不患转圜无说。万不获已,亦祇得于此事勉与通融。查泰西各国,唯秘鲁、古巴未经允准。日本近接中国,想望通商已非一日;前者李鸿章定约时所以力持此节者,殆虑倭人素狡,流弊易滋。惟中国若专论御倭,自有余力;万一滋弊,由各省督、抚奏请停止,即可严以绝之。如能彼此相安,则各国既已均沾,多一日本不过多一通商之国耳。若球案曲实在彼,倘能复还中岛、永不侵凌,使尚氏仍返故都,犹是"继绝存亡"之义。今南部二岛荒瘠殊甚,予之尚氏,徒被空名;列之条约,遂成实案。窃谓总理各国事务衙门尚可以事后查询得实,再与力争;本无利人土地之心,何事受其虚诳!如虑激而生变、助俄为恶,则彼得同沾利益,固已塞其所请;此而不已,即并二岛予之,亦无以化其顽梗矣。至管理商民、议改税则,日本与他国订议,他国若允,中国亦自可听之。

臣等愚昧之见,是否有当?理合具折密陈;伏乞皇太后、皇上圣鉴。谨奏。光绪六年十一月二十六日。

24. 李鸿章奏遵覆梅启照条陈折(十二月十一日)

钦差大臣大学士、直隶总督一等伯臣李鸿章跪奏:为海防要图,分别缓急,遵旨妥筹,恭折密陈,仰祈圣鉴事。

窃臣承准军机大臣密寄,十一月初二日奉上谕:"梅启照奏'请整顿水师,拟定各条,开单呈览'一折,所称请饬船政局及江南机器局仿造铁甲船、豫筹购买外洋铁甲船及枪炮等件、推广招商局船赴东西洋各国贸易、添设海运总督、设立外海水师提督、裁改海疆各种笨船、严防东洋、练习水战,长江水师添拨中号轮船各节,系为自强起见;着李鸿章、刘坤一按照折内所陈悉心筹商,妥议具奏。原折、单着抄给阅看"等因,钦此。仰见圣主整饬海防、虚衷博访至意,曷胜钦服。从来御外之道,必能战而后能守、能守而后能和。无论用刚用柔,要当豫修武备、确有可以自立之基,然后以战则胜、以守则固、以和则久。自泰西各国竞起争雄,陆兵以德为最精、水师以英为最盛;至其船坚炮利,则无论国之大小,莫不精益求精。盖外洋以战立国、分争互峙,实有不能不尚武之势;萃千万人之心思才力以治战舰、枪炮,遂月异而岁不同。日本虽蕞尔弹丸,近亦思学步西人,陵侮中国。夫以中国风气较迟,地广民众,为各国所环伺;即使俄与日本暂弭衅端,而滨海万余里,必宜练得力水师,为建威销萌之策。揆之事势,固难再缓。梅启照所谓讲求船炮,诚思患豫防、绸缪未雨之至计也。

查原奏单内第一、第二条,请令船政大臣及江南机器局仿造铁甲船。从前闽、沪轮船多系旧式,以之与西洋兵船角胜,尚难得力;闽厂后来所造"扬武"、"超武"两船,则渐渐合用矣。然欲仿造铁甲船,尚恐机器未全、工匠未备。不若西洋购材制料,取携较便;厂肆既多,可以任意选择。惟是中国制造之法,宜渐扩充;果使所造行驶之速、锋棱之利不逊于洋厂,虽需费稍多,亦可免洋人之居奇、开华匠之风气。拟请敕下船政大臣详查该厂仿造铁甲,究须添备机器若干?船长广及吃水若干丈尺?铁甲厚若干?仿照何项新式?每点钟能行若干里?约须遗价若干?详细酌估具覆。如能合算,即以应购铁甲之费附入该厂,克期造办。至沪局制造枪炮、弹药,各项工器太繁,经费支绌;已饬停造。轮船,同治十三年试造小铁甲船不能出海,炮位布置亦不合法;虽该局机器略备,而无精熟此道之员匠,于西洋新式隔阂尚多,似可缓议也。

第三条,请俟俄事定妥,仍速购铁甲船。臣前奏明南洋与台湾购铁甲船二号、北洋购铁甲船二号,合共四号;断难再少。现据李凤苞电报:已在德国船厂订造钢面铁甲一只,汇集各国新式核开价目,船、炮两宗约需规平银一百四十万两;而添购鱼雷、电灯及回国运费,尚不在内。盖既购利器,须择其最新之式样;李凤苞亲历英、德各厂,再三悉心考校,始行定议,自必确有所见。惟臣初次请拨两船之款,仅得福建六十万、出使经费两次借拨六十万、部饷三十万,本多短绌。今需价稍昂,计两船不敷已一百数十万两;至续请两船所指淮南盐捐及招商局官款,即使如数拨济,尚短百万,焦灼莫铭!臣已函告李凤苞,商令此后定船如能较前价稍减或此间筹足款项,方可续订。第已定之一只,除先汇英银二十万镑(合银七十七万五千余两)外,将来分期续汇,只有尽借拨出使经费及部饷三十万酌量匀凑;若续订一只所短百万以外,应请敕下总理衙门、户部迅予筹拨的款,以济要需。至南、北洋经费短解日多,臣于三月、六月间两次奏催,请比照京饷章程豫定延欠处分;经户部议覆,奉旨俞允在案。惟尚无分别藩司、督、抚明文,各省报解仍不及八成之数。今梅启照拟请将藩司照贻误京饷例议处，督、抚于藩司处分上减一等议处，实与前次部议相符。且边防、海防无分轩轾，陕、甘既比例京饷，则海防岂可歧视。拟请旨敕下该衙门申明旧例，行知各省：自此次定章以后，倘再有拖欠迟逾，均卯照例议处。惟原拨经费四百万两，除去福建、广东截留之款，即使解足八成，合南、北洋不过得二百万余两，每处仅得百余万。目前添购后膛枪炮及水雷、电线等项需用繁巨，以后船只到齐，岁费实苦不支。是欲购大宗船械，非随时另筹不可；铁甲船，尤非另筹不可也。

第四条，请推广招商局船赴东西洋各国。夫欲自强，必先裕饷；欲浚饷源，莫如振兴商务。商船能往外洋，俾外洋损一分之利，即中国益一分之利；微臣创设招商局之初意，本是如此。近来该局"和众"、"美富"两船已往旧金山、檀香山等埠，明春拟派"海琛"船运载兵弁赴英验收碰、快船回华，均足为商船出洋之先导。然此事须逐渐扩充，非仓卒所能收效。至日本自设轮船公司关税独减，中国商轮前往榷税加重，故局船因亏耗而裹足；所请酌派"丰顺"、"保大"试行东洋之处，应从缓议。

第五条，请添设海运总督。查运河为黄水梗阻，每岁止能运十万石，而百万石断不能运。诚如梅启照所言然，往时河运费多弊重，以有仓场、有漕督上下各衙门层层钤制也。今海运百万石，招商局与沙船分运，毫无贻误；经费较省，流弊尚少。若于烟台添设总督，多一衙署、即多一重胥吏丁役需索之繁，恐经费渐难撙节、弊端仍难净除。如虑海上有事，固非空设一大员所能为力。如令其节制沿海水师，则既有南、北洋大臣及各省督、抚，又有添设外海水师提督、又设漕督，未免号令纷歧，事权不一；应请无庸置议。

第六条，请将海疆各种笨船一律裁改。臣于同治十一年五月、十三年十一月，两次奏请将各省红单、拖罟、艇船、舢板等项分别裁并，抵养轮船。前福建抚臣丁日昌亦尝奏称裁并五十号艇船，可养给一号大兵轮；裁并十号阔头舢板，可养给一号根钵轮船。臣于去年十一月议覆丁日昌条陈折内奏称：艇船兵饷较俭，间能捕盗于浅水之处，以辅轮船不逮；虽未可尽裁，请择其窳败无用者量加裁撤。今梅启照请将各种笨船除多桨可行逆风者暂留少半，余皆裁改；与臣等前议大致相同。意在腾出饷项，化无用为有用，实为救时要政。拟请敕下沿海各省督、抚悉心酌度，力任怨谤，认真办理。

第七条，请严防东洋。查日本国小民贫，虚矫喜事；长崎距中国口岸不过三、四日程，揆诸远交近攻之义，日本狡焉思逞，更甚于西洋诸国。今之所以谋创水师不遗余力者,大半为制驭日本起见。至朝鲜为东三省屏蔽,关系尤巨;臣前劝其与西人立约并导以练兵、购器,无非望其转弱为强。他日如该国有警,或须派兵应援、或别有救急之方,固当惟力是视也。

第八条,请设立外海水师提督。从前丁日昌有设立北洋、中洋、南洋水师提督之议,与前督臣曾国藩所陈沿海七省、沿江三省归并设防之说,大旨略同。北洋俟铁甲船购到,海上可自成一军;拟请添设水师提督额缺,其体制应照长江水师提督之例,节制北洋沿海各镇,按期巡洋会哨,以专责成。南洋船只,亦尚未齐;或如梅启照所议,暂将统领轮船之松江提督改为苏浙外海水师提督,节制苏、浙沿海各镇;拟请敕下南洋大臣察酌情形,随宜妥办。惟闽、粤、台湾与松沪相去辽远,势难兼顾;且福建统领轮船之提督彭楚汉与松江提督李朝斌,望均势敌,难相统摄。似应与广东联为一气耳。

第九条,请令海疆提、镇练习水战;大致即是设立外海水师之说。梅启照谓水能兼陆、陆不能兼水,敌船可以到处窥伺,我挫则彼乘势直前、彼败则我望洋而叹;洵系确论。夫水师所以不能不设者,以其化呆着为活着也。今募陆勇万人,岁饷约需百万两;然仅能专顾一路耳。若北洋水师成军,核计岁饷亦不过百余万两;如用以扼守旅顺、烟台海面较狭之处,岛屿深隐之间出没不测,即不遽与敌船交仗,彼虑我断其接济、截其归路,未必无徘徊瞻顾之心。是此项水师果能以全力经营,将来可渐拓远岛为藩篱、化门户为堂奥;北洋三省皆捍卫之中,其布势之远,奚啻十倍陆军。即此以观,而南洋之利用水师,亦可想见。然所以议之数年尚无成者,以无大宗经费购办铁甲船、快船也。窃查定制:各省绿营兵数六十余万,岁饷约二千万两。迩者直隶、河南、两江、闽、浙、湖北等省皆加饷练兵,其余岁发兵饷自五、六成至七、八成不等。然自剿办发、捻、回各逆,专倚勇营;迨内地肃清,各省复不能不酌留防勇以资弹压,而绿营则竟无可调用。其兵糈则姑循守旧章,是多一倍饷额也。有海上防务兴,而筑炮台、造战舰、购枪炮、练海军,厥费甚巨;原所以代绿营勇营之用,而绿营勇营仍未少减,是又多一倍饷额也。中国财用本不甚裕,而有此三倍之饷额,所以愈形支绌。今海上如有海军一支胜于陆勇数万人、陆勇一枝胜于绿营数万人,值此多事之秋,勇营分防要地,尚难裁减;如欲实事求是,整军经武,惟有稍汰绿营积存饷项以为购造船械、创立海军之经费。拟请敕下各疆臣:查明该省绿营兵现存实数,除加饷练兵省分及边要各镇或难骤减,其余酌度形势,通减二、三成。汰减之法,凡老病、死亡、斥革之卒皆空其额,不复挑补;沿海营兵,可挑入水师者亦如之。每岁疆吏核明所减兵数与所节饷数,咨报户、兵二部;户部即提出此款拨归南、北洋,为筹办海军之用。如此数年后,或有成数可稽。夫今之议者,颇谓勇营亦有流弊,不如绿营经制之兵;若汰经制之绿营而立经制之海军,一转移间,可收实用,且所减仅二、三成而又出之以渐,措办尚无窒碍。裕饷强兵之道,舍此似无他术也。

第十条,请长江水师添拨中号轮船。查前侍郎臣彭玉麟奏请添造十七、八丈之中号轮船十只,为江阴以下海防之用;奉旨敕下两江、福建广东各省筹办。果使款项应手、克期赶造,则江防声势较盛。惟需费已近百万,现在闽、沪、粤、三厂饷项皆形竭蹶,能否认定分办? 尚难悬揣。梅启照拟拨长江提督轮船一只,沿江五镇每镇一只,计共七只,已稍减于彭玉麟所谓之数;与其无款而中辍,不如少造而有成。似宜俟闽、粤各厂参酌会商,量力分造;必令仿兵船之式而不必豫定船数,亦防务之一助也。

以上梅启照所陈十条,或亟宜兴办、或暂可缓行、或稍俟变通。至梅启照议创水师,注意于铁甲船;所称遴选武员有志谋而小心者、文员有胆略而耐劳者为之统将,自系识时之论。或谓敌本用此,中国即有数号铁甲,岂能制胜!不知西洋各国去中国数万里,其大铁甲来者不过数号,其余均系快船、兵船之类;中国亦须逐渐添制,但得利器与之相敌,加以主客、劳逸之势,我自可操胜算。至日本地陋财匮,近虽倔强东海之中,其力量亦断不能多购真铁甲也。所有梅启照条陈各件,谨分别缓急,遵旨妥筹,恭折由驿密陈;是否有当? 伏祈皇太后、皇上圣鉴训示。谨奏。

光绪六年十二月十一日。

25. 福建巡抚勒方锜奏台湾海口营务民番情形折（十二月初七日）

福建巡抚臣勒方锜跪奏:为查勘台湾各海口及营务、民番大略情形,恭折具陈,仰祈圣鉴事。

窃臣于本年十月二十日附陈赴台日期,随于二十一日东渡;二十三日抵基隆口,旋由陆路于十一月十三日至台湾府城。沿途为风雾所侵,时有感冒,抱恙逾旬。二十八日,始往阅安平海口。本月初三日,泛海赴凤山旗后。初四日,从陆路回城。所有次第察看情形,谨为皇太后、皇上陈之。

台湾南北袤延千余里，西向为前山、东向为后山。后山海面洪涛涌起，舟船罕至其地；其苏澳、成广澳、莲花港诸处，虽可偶然停泊，亦难久留。前山要口有四，北则基隆、沪尾，南则安平、旗后：为全台首尾门户。此外诸小口，浅狭淤塞，不能通舟。四海口之中，则基隆最为险要。臣于岸后与提臣孙开华周回履勘，该口面西稍北，岛屿前错。左右缭长，中凹宽敞而深；巨舟二、三十可以联泊，且随时均能进口，不须守候风潮。今靠东建设炮台，扼险迎击，尚得形要；刻已并力赶筑，开春计可竣工。基隆以南约七、八十里至沪尾溪海口，其南岸名八里坌。从前舟行皆傍南岸；近因沙壅，又皆依北岸行。然亦不甚深，潮涨时仅一丈六、七尺；难驶大船。北岸旧有露天炮堤，不足以避风雨；臣与孙开华商度、他日能筹经费，当作炮台。盖泥沙时有变更，目前虽浅，异时未必不深也。

安平海口近在府治之西，炮台扼要居中；然面势又觉过于宽漫。幸鹿耳门以内水底皆系板沙，轮船惟定椗外洋，不能径进。夏、秋数月，风涌尤猛；前波后浪低昂一、二丈许，喷薄如雷。十里之遥，来往均资竹筏，海船未有抵岸者。安平以南九十余里，为旗后海口。两山近对，中豁一门，水底石礁既坚且锐；商船夹板亦祇在口外抛泊，扼塞天成。两边各立炮台，地势太高；然舍此，更无可设之处。所恃港道紧严，船大则莫能飞渡也。此两地，皆同镇臣吴光亮、道臣张梦元会勘者。

现际海疆多事，台湾控接数省，防维【编者按：应为务】尤不可疏。但必先明险易之形，庶不至愦于缓急。现查各处分屯营伍，均属得宜：基隆特驻三营，台北府城驻一营，沪尾驻一营；此前山之台北路也。彰化、嘉义近外诸处分驻一营，近里诸处分驻一营；此前山台南、台北之中路也。台湾府城内驻两营，府城西门外驻一营，安平地方驻一营并水师练兵一百九十余名、炮台专驻管炮弁勇一百四十余名，旗后拟添拨一营、炮台亦专驻管炮弁勇一百三十余名，凤山、恒春要隘诸处分驻二营；此前山之台南路也。其北头前后山交界之苏澳地方驻一营，后山由北往南自莲花港至象鼻嘴诸处分驻一营，又往南自中溪洲至大港诸处分驻一营，又往南自璞石阁至成广澳诸处分驻一营，又再往南自卑南至牡丹湾等处分驻一营；此后山道北暨南全境也。原后山之驻营，非徒为招抚番社；实以兼顾海防后路，照护遭风船只，预杜衅端耳。

台湾民番错壤，风气嚣凌；比年以来，稍称安靖。番社已设义学，冀其涵濡教化，徐革非心，臣严饬各该管官勤为抚恤，威惠兼施，必先感之以诚，乃可约之以法。亲习既久,自得相安。至于民风,大率悍而好讼。臣前后所收词禀,已亦百余张;驾捏之辞,什逾五、六。查各县控案多者过千起、少亦数百起,日积月累,尘牍纷纭;差役胥丁,易以因缘为弊。臣严檄州县勒限清厘,听讼若勤,结案自速,无辜者不至拖累、虚诬者当亦渐稀。欲使政平,必由讼理:是治内之本务也。

所有微臣到台日期及沿途察勘情由,理合专折具陈;伏乞皇太后、皇上圣鉴训示。谨奏。

光绪七年二月初三日,军机大臣奉旨:"知道了。所有布置营伍、抚恤民番、清厘案牍事宜,该抚饬令各该管官认真经理,毋得始勤终懈。钦此。"

26. 福建巡抚勒方锜密陈台湾旗后海口港门不宜开通片（十二月初七日）

再,旗后海口,中外商船所集,为台湾南路要区。对峙两山,炮台临海。第限于局势,均觉过高;俯击敌船,恐难恰中。炮台既未足深恃,所可恃者港门逼仄。石堃中潜,险阨天生,巨舰莫能冲驶耳。闻曩者会有开通之议,欲便行舟;是乃自撤藩篱,情同诲盗。设逢事变,何以御之!现在有辞于经费不敷,得以默然中寝;窃计将来必有重申前说者。若竟允从所请,异时为害,悔不可追!谨附片密陈,伏乞圣鉴训示。谨奏。

光绪七年二月初三日,军机大臣奉旨:"该衙门知道。钦此。"

27. 福建巡抚勒方锜密陈抚驭台湾番社片（十二月初七日）

再,同治十三年春末,日本人扎营于台湾之琅峤地方,以十月二十四日撤去,计七阅月。其兵士死亡枕藉。不止千数人;锋刃未交,精锐先尽。如再相持数月,彼当自走,万不能留。于时淮军亦损耗三千有余,扶病者不可胜数。夫以中国之医药相继、馈饷易通,犹且伤夷若此;何况劳师远袭,隔海运粮者乎!当时未知虚实,曲与让和。倭人势实不支,乘机就款;彼已非常侥幸,理应遗痛在心。顾问倭酋轻率自矜,常欲逞志于台湾及高丽两处。高丽戒备,当亦难图;彼从前受厄于台南,将恐求伸于台北。昔日已会探路,今台湾员弁知其事者尚多也。若论以逸待劳，即台湾亦可独当彼国。所虑者民番错处，须防其勾诱内讧。闻彼驻琅峤时，散旗于后山番社，其附从者已三十余处，故遂欲移驻卑南。当经檄委前候补同知、今保知府之袁闻柝驰赴卑南等处招抚诸番社生番，遂将日本所诱各番均招归顺；乃令袁闻柝就其地分屯绥靖一军。是日本倘有事于台湾，笼络生番是其故智；欲使番社之不为寇用，莫若合民番而妥设团防。盖虽土民，亦未必不动于利也。查台地人民约分五类：西面濒海者，闽漳、泉人为多，兴化次之，福妙较少。近山者，则粤东惠、潮、嘉各处之人，号为客民。其一则为熟番；又其一则新抚之番名之曰化番，即后山各社稍近平坦处也。至于前山、后山之中脊，深林邃谷，峭壁重峦，聚而兽处者，是为生番。此五类之人除生番外，其四类多有从西教者；异时为患。何可弹言！而就目前论之，惟生番未驯教化，其熟番已化各社亲习渐久，尚能就我范围。诚使抚驭有方，大可助后山防务；虽不能从军远赴，要不至为敌所资。所谓"曲突徙薪"，洵属无形之益。且番人朴俭，即有时调之出队，口粮亦正无多。平时酌犒其头人善为操纵，但使用恩不滥，自无难继之虞。前山兵力尚单；此事妥时，当可腾出后山防勇一营以补前山虚处，似为两得也。是否有当？谨附片密陈，伏乞圣鉴训示。谨奏。

光绪七年二月初三日，军机大臣奉旨："所奏系为豫防勾结内讧起见；该抚当与何璟会商派委妥员相机抚驭，以期消患未萌。钦此。"

28. 两广总督张树声等覆奏球案不必与改约并议折（十二月十八日）

两广总督臣张树声、广东巡抚臣裕宽跪奏：为球案不必急议、倭约未便牵连，宜缓允以求无敝；遵旨切实覆陈，仰祈圣鉴事。

窃臣等于光绪六年十一月初七日承准军机大臣密寄，光绪六年十月十六日奉上谕："前据总理各国事务衙门奏'议结琉球'一案、又据右庶子陈宝琛奏'球案不宜遽结'，当经惇亲王等酌议宜照总理衙门所奏办理等因，钦此。"仰见宸谟柔远，不辞刍荛之询、务出万全之策，钦服曷胜！

窃惟日本贪狡无赖，虐球畏俄，其力不足以助寇、其性不可以恩结；李鸿章、陈宝琛诸臣言之详、计之审矣。至割岛以结球案、结案而涉改约，则理势明而利害见，皇太后、皇上可端拱而决策者也。琉球自明初尚巴志灭山南、山北并有中山,服事中国维谨;一姓相承,至今无改。宫古、八重山皆南夷荒岛,亦于洪武间始属中山;不过岁修贡职,与三省属府之近隶宇下、衣租食税者不同。今中山残灭,别援尚氏之后置之两岛之间,与土人则枝指骈拇,不相附丽;言立国,则甲兵赋税,无可经营。倭伺其旁,颠危可待。若君既为中国所树,仍中国不了之事;目前暂图收束,后患正自无穷。夫日本无故灭球,中国以大义与之争论,彼曲我直;我不与彼决裂,彼难与我启衅。争论虽无就绪,终存光复之基;割岛不能自存,即斩中山之祀。此谨割两岛议结球案之非计,其理易明也。

日本通商章程第三十二款:"两国现定章程,嗣后若彼此皆愿重修,应自互换之年起、至十年为限;可先行知照,会商酌改"。今已将届十年,原可知照商改。但我以利益与彼,彼当以利益偿我。若一国欲专其利,即与条约之义相违矣!况琉球一案,与中、日通商如风马牛之不相及;彼既虏球君、县球土,因中国责言,始以无足重轻之两小岛来相搪塞。中国何负于倭,倭何德于中国,顾欲责偿于中国之改约耶?彼则鲸吞蚕食之不已,复欲乘我之危机;我则兴灭继绝之未能,转又予彼以利益。五洲万国,盖不经见。此球案、改约二事,断不能牵连并议,其理又易明也。

从前洋务初起,与各国订立和约,其时在事臣工多未谙外事,重以承平日久、武备空虚,所定条款皆由欺诳挟制而成,盖多非理所有而束缚于势者。自时厥后,中国讲求交涉利弊、造船筑台、练兵简器所以力求自强者,非一朝夕矣;度德量力虽不能争雄于欧土,亦何至受制于倭奴!且俄以伊犁饵我立约,犹曰代中国收已失之地,今举而还之,中国不可无报称之谊也;倭以球案要吾改约,将何说之!辞无说而从之,恐不免短中国之气,生西人之心!此即舍理言势而割岛改约之不可曲从,尤易明也。

自古列国相交,往往以机智诈力相胜,恒视乎所以应之。倭人灭球已涉两年,屡与力争,迁延不决;今当俄事未定之秋,亟相催促。窥其隐私,未尝不虑中国或与俄修好,可乘备俄之力问罪于倭,是其借端以逞大欲,或亦时急而后相求;如曰姑徇所请、联络邦交,虑适中其狡计!究其流弊,必有如陈宝琛所言"祸延于朝鲜、势蔓于巴西诸国",张之洞所言"环海万国接踵效尤"者。当时李鸿章与日本订立修好条规,于"一体均沾"之条力持未允;诚如王大臣等所云"办理颇费苦心"。此次巴西立约,亦多中国力占地步之处;此后各国修约,辩论有据,未尝非返弱为强之本。区区日本,乃欲一旦决而去之,彼此眈眈逐逐相逼而来,外国尽争利便、中国无不吃亏,民安不得穷、国安不困!日日自强而不足，一事自弱而有余；此利害枢机，不可不深长思也。

总理衙门及王大臣等量敌审时，持重应变；诚老成谋国之经。臣等忝领疆圻，亦不敢卤莽灭裂。特念俄、倭强弱相去悬殊，俄约转圜，中国亦当有自处之道；苟其一意孤行、诛求无厌，恐亦难必以玉帛而不以干戈！今倭之议结球案也，揆理度势，中国均无自处之道；熟权利害，似有未可迁就者。总之，日本视俄事为转移。俄局果变，倭必不因球案既结而顾惜信义；俄衅不开，倭亦未必因球案不结而遂起戎心。倘有万一之虞，或竟狡焉思逞，以北洋之力制之，固当恢恢游刃。粤省海口，虽以经费支绌，备御多虚；然以之御俄则诚略无把握，以之御倭必当勉与支持。现在俄约尚在未定，与倭人用"支展"之法，无可疑者。伏愿圣主审俄事之机宜，以为球案之操纵。其现定球案条约及加约各款，限满虽当互换，批准权在朝廷；或届时未能斥绝，再集众思于朝廷、博采舆论与疆臣，均无不可。英国戊辰新约因商会议阻，至今未经交换；烟台条约议定已越四年，亦尚有未经批准之条。事有成案，执此无可致诘、拒之不患无词也。至于中国筹防，自兹以往，不可一日复弛。惟望圣谟广运，统筹全局，中外一心、务令边海岩疆裕其度支、宽其余力，责以简练营伍、造就人材、整齐船械，皆有屹然不摇之势；则所以复球者在此、所以服倭者在此，即所以驾驭泰西各国者亦无不在此。

所有臣等遵旨妥议日本议结球案不便与改约并议、宜缓允以球无弊缘由，谨恭折由驿密陈；是否有当？伏乞皇太后、皇上圣鉴训示！谨奏。

29. 总理各国事务衙门奏日本使臣宍户玑回国折
（十二月二十七日）

臣奕等跪奏：为奏闻事。

光绪六年九月二十五日，臣衙门具奏"与日本使臣宍户玑拟结球案"一折，钦奉上谕："前据总理各国事务衙门奏'拟结琉球'一案各折片，着交南、北洋大臣等妥议具奏；俟覆奏到日，再降谕旨"等因，钦此。当即恭录，照会日本使臣宍户玑去后。旋即照覆：已抄录咨报本国。嗣又屡次来署催询，臣等语以俟南、北洋各处覆奏到齐，奉旨之后即行知照。近又接其先后照会四件，大致谓此事迟搁不定，无复期于必成；并以为中国自弃前议，今后琉球一案理当永远无复异议等语。均经臣等据理答复。本月十二日，接其照会称：奉咨回国，饬其参赞田边太一暂署使臣;又函称:球案不敢使他人代理各等语。察其词气,颇有悻悻之意。其究竟因何出京及是否别有意见,殊不可知;臣等亦未便强为挽留。兹已于二十一日由陆路出京矣。

除由衙门知照直隶、山东、江苏各省督抚饬属沿途妥为保护并函致闽省将军、督抚严密预防及电致出使大臣何如璋外,理合恭折奏闻;伏乞皇太后、皇上圣鉴!谨奏。

光绪六年十二月二十七日,军机大臣奉旨:"知道了。钦此。"

光绪七年（1881年）

30. 左宗棠说帖（二月初四日）

二月初二月,在军机处敬阅发下总理衙门折片、惇亲王等奏片、李鸿章、张树声、吴元炳、何璟、谭钟麟各折、刘坤一、陈宝琛、张之洞各折片,得悉拟结球案及日本所请商务详细情形。

窃维各折片均在中、俄和局未定之先,故内外议论纷纭,尚未衷诸一是。而日本使臣宍户玑觉所欲难遂,即谓我自弃前议,悻悻而归,词意决绝。兹据曾纪泽所发电报,商务、界务渐有成说,和议可谐;似出日本意料之外。将遂敛手待命乎?抑溺人必笑,仍思一逞,未可知也!就废球一事言之,日本与琉球共处一方,由来已久;球为日本属国与否,中国无从详知。至琉球之累代请封、积年入贡,久为我中国不侵不叛之臣;史册昭彰,固天下所共知者。即使琉球内附中国、兼属日本,为日本计,尤宜加意抚辑,俾其相庇以安,庶于"字小"之义有合;何乃率意径行,事前不相闻问,遽迁其国王、并其土地、废其禋祀、追其民人,虐视之至此!中国频相诘问,日本任意自如,美国总统格兰忒闻之,不远数万里而来代为调处,遂主分地之说,图解其纷;与中国复疏球、存禋祀本怀有合。但使琉球速复、邦人得所,中国亦又何求!姑忘听之,尚非不可。惟日本所划两岛,是否足为琉球立国,久远相安?非详加考察,无以慎许与而请御批,即无以重商务而昭划一。宍户玑乃以自废前议诿过于我,悻悻而去,何耶?近见疆臣查覆:琉球原本三十六岛,旧为三部。北部九岛,其中八岛为日本所占;中部十一岛。南部名虽十六岛,周围不及三百里,地瘠产微,以畀琉球,何能立足!复球之案不能拟结,日本且自绝于中国,尚何睦谊之足云!睦谊中乖,尚可改约"一体均沾"之足云乎！

宗棠窃拟：宍户玑此去在中、俄未谐之先，兹闻事体顿殊，或要求之意亦缓；亦将不能批准之由明白指示，看其如何登复。一面请旨饬下海疆各督、抚、提、镇密饬防营预为戒备，静以待之。大约以防俄之法防倭，蔑不济矣！至跨海与战，先蹈危机，断不宜轻为尝试；亦无取扬言远伐，以虚声相震憾。俟以窥犯深入，一再予以重创，自可取威而彰远略。近闻日本造小铁甲轮船两只，可驶入长江；亦宜留意准备，免为所乘。台湾瘴疠最盛，地险易防，或免致寇；惟定海一厅，四面环海，宜增调闽造轮船以助浙防。又，俄之兵船久泊日本长崎，军火、粮食多屯于此，将来或藉以资寇；应预为察禁。愚见所及，合并声明，以备采择。

二月初四日，左宗棠谨具。

31. 上谕（二月初六日）

光绪七年二月初六日，奉上谕："前因总理各国事务衙门奏'拟办球案'一折，当谕李鸿章、刘坤一等妥筹具奏。兹据该督等先复覆陈，览奏均悉。原议商务'一体均沾'一条，为日本约章所无；今欲援照西国约章办理，尚非必不可行。惟此议因球案而起，中国以存球为重，若如所议划分两岛，于存球祀一层未臻妥善。着总理各国事务衙门王大臣再与日本使臣悉心妥商，俟球案妥结，商务自可议行。钦此。"

32. 编修陆廷黻奏请征日本以张国威折（二月三十日）

翰林院编修臣陆廷黻跪奏：为请征日本以张国威而弭敌患，敬陈管见，仰祈圣鉴事。

窃维御边之策，必审时势。势有难易，事有后先。难者后之利用抚，所谓"固国之本观衅而后动"者也；今日之于俄是已。易者先之利用征，所谓"夺人之心暂劳而永逸"者也；今日之于日本是已。考日本自汉、魏以迄宋、元未尝为患中国。其后改新罗之贡道而出宁波，于是往来数数，知我中国之虚实、山川之险易。至明中叶后，而东南糜烂，宁波首蒙其祸。国朝鉴明前事，绝其贡献；

二百余年来，相安无事。近乃忽思蠢动，其中盖有所恃。臣愚以为今日之事，有不可不征者五而有可征者三。何言之？日本海东一小岛耳；土地之广、人民之众不及中国十分之一。乃台湾之役，既荡我边疆；琉球之役，复蕲我属国。岂有大一统之天下而甘受小邦之侵侮！此不可不征者一。昔齐桓封邢救卫，"春秋"予之，而后儒犹议其迟至二年之久，以为安忍而喜名。今琉球之亡，迫逾此矣！固宜为之声罪而致讨矣。不服日本，何以复琉球！此不可不征者二。人之患狂疾者，奔突叫跳，不至升屋不已；日本不内恤其政而外求逞于人，何异狂疾！不先发以制之，虎狼无厌，又将肆其西封；东南数省，遭害必同明代。此不可不征者三。泰西诸国自通商以来，非特给之以恩、示之以信，抑亦慑之以威耳；而彼日夜窥我动静，我强则退、我柔则进。使日本一小国而犹不能制，益将轻我而启戎心、何以弭伺我者之隙！此不可不征者四。朝鲜小而贫，屡为敌国所觊觎；而臣服于我最久、最固，实为我东隅之屏蔽。若坐视琉球之亡而不救，朝鲜必为其续矣；他若安南诸国惧有携志矣，何以坚服我者之心！此不可不征者五。则请更言可征之故：一曰名有可居也。臣闻救灾恤难，"字小"之仁；兴废继绝，王政之大。若惟是为台湾故，以求释憾于日本，犹非示天下以公；今奉辞伐罪，责其何以倾人社稷、覆我屏藩？名正言顺，彼必帖然无辞。一曰机有可乘也。日本之君长不惜濡首以从人，甚且易服制矣；而其国人固有阳奉而阴违者，特蓄怒而不敢言耳。而彼君长复虐用其民，诛求无艺；更多借国债，以供其造轮船、开铁路诸费。银钱既罄，市上率用纸钞，空虚已极。财匮于上、民怨于下，上下离心，罔有固志。天威所至，有不倒戈相向者乎？一曰势有可因也。往岁为备俄故，沿海各口俱置重兵。老成宿将，尽时征用；洋枪、洋炮、轮船、铁甲船之属，陆续购置。今闻俄事将有成议，可纾西北之忧；而兵未撤防、将未归镇，器械既精、声势复盛，有无待异军特起者矣。夫劳师袭远，前志所戒。顾者：不得已而用兵，岂避艰险；况有不必涉远而可先声以夺其气者！今试数日本之罪明告通商各国，寻遣一介以告日本，要其必复琉球而后止；复于东南各海口盛张兵威以待之。否则，诸道之师刻期并进，窃料日本未必不惧而听命。以不可不征者如彼而有可征者如此，而又未必遽出于战；使必昧利害之势、违进退之机，一以羁縻为事，臣恐贻患于后，势难追悔于前！

臣又闻日本之长崎，海道五日可达宁波，轮船不过二日；日本若发难，台湾而外必及宁波财赋之区，实其所艳。臣籍隶该处，固为切近之灾。而臣乡人来往彼疆，亦颇有知其国中之虚实、山川之险易者；每为臣言之。臣既有见闻，不敢不据实上陈。是否有当？伏乞皇太后、皇上圣鉴训示。谨奏。

光绪七年二月三十日。

33. 军机处寄闽浙总督何璟等上谕
（四月初八日）

军机大臣字寄闽浙总督何、调任福建巡抚岑：

光绪七年四月初八日，奉上谕："本日已有将岑毓英调补福建巡抚、勒方锜调补贵州巡抚；并令岑毓英即赴新任矣。台湾为南洋门户，防务紧要。日本前议琉球一案未允所请，该使臣悻悻而去，难保不藉端生衅；自应思患豫防，严行戒备。岑毓英久历戎行、谙习兵事，即著责成该抚将台湾防务悉心规画，与何璟会商布置，务期有备无患。其开山抚番未尽事宜，亦当体察情形，次第经理，以为久远之计。该抚当随时前往该郡履勘抚阅，实事求是，认真整顿，用副委任。遇有紧要事件，即由该抚亲往督办。至福建沿海防务，并著该督、抚妥筹办理，毋稍疏懈。将此由四百里各谕知之。钦此。"遵旨寄信前来。

光绪八年（1882 年）

34. 给事中邓承修奏朝鲜乱党已平请乘机完结球案折
（八月初二日）

工科给事中臣邓承修跪奏：为高丽乱党粗平、球案未结，请特派大臣出驻烟台、相机调度，以维藩属；恭折仰祈圣鉴事。

窃见近者高丽骨肉相猜、外戚秉政，乱机久伏；逆党乘之，逐君酖后，横及日臣。朝廷命将出师，二旬之间，罪人斯得；既彰保小之仁，益敦睦邻之谊：圣武布昭，遐迩悦服。

惟闻日廷议论汹汹，群疑满腹；推原其隐，殆以中山之案未结，惧我扬兵域外为声罪致讨之师耳。故自拓商、分岛之请未遂，日使怏怏而去，朝廷未有责言。近闻忽派海军中将榎本武扬为驻华公使，闻其人颇习兵事，素为日廷所倚重；一旦出使，殆将阳作调停、阴觇虚实，和战之局、转圜之机，实决于此。夫以中国土地之广、人民之众、物产之富、贤才之秀出，甲于地球；微轮日本蕞尔之区不足与抗,即英、法、俄、德诸邦亦且逡巡退让,自谓弗如。朝廷徒以重发难端,习为偷惰;重以西国甲兵之犀利、器械之精良、制造之工巧、贸易会计之便捷,欧人方挟其长技以凌我而苟安,持禄之辈遂以为西盛而中衰,环顾而不敢言战。即以日本而论,自李唐以来,步趋中法唯恐不及,千余年于兹矣。一旦舍其旧而新,是谋法秦政之坑焚、效武灵之胡服,几有雄长亚洲之意。然其始,未敢大猖獗也;台湾之役,姑为尝试。而我曾不闻以一矢加遗,掷金钱数十万以求一日之无事;此其所以肆然无所复忌也。而泰西各国,因得以窥吾虚实;于是乎,威妥玛有烟台之行、巴兰德有天津之议。俄约纷更,日人乘隙,夷琉球为郡县;而宍户玑遂下旆回国,恣情要挟。损威毁重,其所由来者渐矣。臣统观今日之时局,日本视中、西之强弱以为向背,各西国又视中、东之强弱以为进退;一发千钧,关系甚重。臣愚以为中、西交际,不妨虚与逶迤,示以宽大;而东瀛有事,则宜以全力争之,不宜有纤毫迁就,启列邦以轻量中国之心。且日本,非果真富且强也;扶桑片土,不过内地两行省耳。东西二京、大阪一府、横神长三口,为其通国菁英之所萃;而民间储积,扫地无存。十余年来购军械、易服色,罄其金钱,尽成国债;平时贸易,专恃纸币之流通。有警,则此无所用。总核内府,现不满五百万两;前借英、德、美三国债项原约以十年为度,今已届期,尚拟再求展限。实迫如此,何以为国! 水师不满八千船舰,半皆朽败;陆军内分六镇,统计水陆不盈四万,又举非精锐。然彼之敢于悍然不顾者,非不知中国之大也、非不知中国之富且强也;所恃者,中国之畏事耳、中国之重发难端耳。今以高乱之故,朝廷忽遣重军分道并进,所谓疾雷不及掩耳;彼已骇然、愕然,失其所恃。不旋踵使情见势绌,概可知矣。臣愚以为朝廷宜乘此声威,将高人致乱之由、诸将平定之速,宣示中外;特派知兵之大臣驻扎烟台,相机调度。不必明与言战;但厚集南、北洋战舰,势将东渡,分拨出洋逡巡;外以保护商民为名,更番出入,藉以熟探沙线、饱阅风涛、浏览形势,为扼吭附背之谋。其驻扎高丽之吴元庆水陆各军,乞饬暂缓撤回,以为犄角。布置已定,然后责以擅灭琉球、肆行要挟之罪;臣料日人必有所惮而不敢发。不惟球案易于转圜,即泰西各国知吾军势已张,不讳言战;如法人之蚕食越南、私邀盟约非口舌所能争者,可不劳而定。

臣一介迂愚,未谙边务;惟事关大局,谨博采群言、参以臆见,冒昧渎陈。是否有当? 伏乞皇太后、皇上圣鉴! 谨奏。

光绪八年八月初二日。

35. 军机处密寄北洋通商大臣李鸿章等上谕
（八月初三日）

军机大臣密寄前大学士直隶总督署办理北洋通商事务大臣一等肃毅伯李、署直隶总督两广总督张：

光绪八年八月初三日奉上谕："给事中邓承修奏：'朝鲜乱党已平，球案未结；宜乘此声威，特派知兵大臣驻扎烟台相机调度，厚集南、北洋战舰，分拨出洋梭巡，更番出入，为扼吭附背之谋。其驻扎朝鲜水陆各军暂缓撤回，以为犄角；责日本以擅灭琉球、肆行要挟之罪。日人必有所惮，球案易于转圜'等语。所奏不为无见。着李鸿章、张树声酌度情形，妥等具奏。原折均着抄给阅看。将此各密谕知之。钦此。"遵旨寄信前来。

36. 翰林院侍读张佩纶奏请密定东征之策以靖藩服折
（八月十六日）

日讲起居注官、翰林院侍读臣张佩纶跪奏：为请密定东征之策以靖藩服而张国威，恭折仰祈圣鉴事。

臣维道、咸以来，天下有大患四：曰粤、捻、回、洋。皇太后两次临朝，削平三孽；今为中国患者，独一洋务耳。而东洋之患且更逼于西洋，意者天厚其毒以速其亡，欲我皇太后、皇上声罪致讨、称兵海壖，以维高宗"十全"之烈乎！

日本自改法以来，民恶其上；始则欲复封建，继则欲改民政。萨、长二党，争权相倾。国债山积，以纸为币；每兴劳役，物价翔贵，众怨沸腾。虽兵制步武泰西，略得形似；然外无战将、内无谋臣。问其师船，则以"扶桑"一舰为冠，固已铁蚀木窳、不耐风涛，余皆小炮、小舟而已；朝鲜之役，赁公司商船益之；盖去中国"定远"铁船、"超勇"、"扬威"快船远甚。问其兵数，则陆军四、五万人，水军三、四千人，犹且官多缺员、兵多缺额；近始杂募游惰用充行伍，未经战阵，大半恇怯；又去中国湘、淮各军远甚。夫其贫寡倾危，国势若此，实难久存。然且不度德、不量力，而专意侮慢上国、蚕食藩封者，恃海为险，谓我必不能战也。琉球之地，久踞不归。朝鲜祸在萧墙，殃及宾馆；中国为之捕治乱党，已足谢日本矣。彼狃于琉球故智，谓朝鲜初非我属，劫而盟之；索兵费五十万元，使与台湾之数相准,以耻中国。我以义始,彼以利终;贪惏无厌,师竟已甚!是即琉球、朝鲜非我藩服,而日本逼处以争此土,犹将起而图之!然则今日之事,因二国为名以乘东人之敝,岂待再计决哉!且臣亦未敢谓遽伐日本也,以为南、北洋大臣当简练水师、广造战船以厚其势。台湾为日本要冲、山东为天津门户,两省疆吏宜治精兵、蓄斗舰,以与南、北洋犄角。并请简任知兵之臣,以辅其谋。责问琉球之案,以为归曲之地;驳正朝鲜之约,以为济怒之端。分军巡海以疑之,关闭绝市以困之,召使归国以穷之。日本猜惧,则必增防;增防,则必耗帑。我水师大集,南、北各省三分其军,与朝鲜之锐更番迭出,观衅而动;于我未病,倭不能矣。及其虚竭,大举乘之,可一战定也。

中国措置洋务,每患谋不定而任不专;应请朝廷垂问枢臣,密定至计。并简任大臣,专以东征之事属之。李鸿章、左宗棠均中兴宿将,粤、捻、回三役卓著勋劳;可否饬令该大臣等会同彭玉麟及沿海各督、抚迅练水陆各军、增置铁船、慎选将领,必备进窥日本。日本非求助西洋,不能与中国相竞。中、西立约在先,信义已洽;联远交以便近攻,度泰西各国亦无阴为彼助。我有力而彼无援,破此必矣。失此不图,倭军四出而兵强,倭商四通而国富。中国优游坐视、戎备不修,数年之中暂以无事为福;忧岁偈日,我之勋旧益衰,彼之势焰益炽。即一蕞尔日本已足为中国巨患,何论西洋哉!

臣于日本之必危朝鲜与中国之当归日本,春正曾极言之。事机所迫,敢不渎陈。伏祈皇太后、皇上圣鉴施行!谨奏。

光绪八年八月十六日。

37. 军机处密寄北洋通商大臣李鸿章上谕
(八月十六日)

军机大臣密寄前大学士直隶总督署办理北洋通商事务大臣一等肃毅伯李:

光绪八年八月十六日奉上谕:"翰林院侍读张佩纶奏'请密定东征之策以靖藩服'一折,据称日本贫寡倾危,琉球之地久踞不归;朝鲜祸起萧墙,殃及宾馆,彼狃于琉球故智,劫盟索费,贪惏无厌。今日之事,宜因二国为名,令南、北洋大臣简练水师、广造战船;台湾、山东两处,宜治兵蓄舰,与南、北洋犄角。沿海各督、抚迅练水陆各军,以备进窥日本等语。所奏颇为切要。着李鸿章先行通盘筹划,迅速覆奏。原折抄给阅看。将此密谕知之。钦此。"遵旨寄信前来。

38. 北洋通商大臣李鸿章等奏遵议邓承修条陈球案折 （八月十六日）

前大学士署北洋通商大臣一等伯臣李鸿章署直隶总督、两广总督臣张树声跪奏：为慑服邻邦、先图自强,酌筹缓急机宜；遵旨覆陈,仰祈圣鉴事。

窃臣等承准军机大臣等寄,八月初三日奉上谕："给事中邓承修奏：'朝鲜乱党已平、球案未结,宜乘此声威,特派知兵大臣驻扎烟台相机调度,厚集南、北洋战舰分拨出洋梭巡为扼吭拊背之谋；其驻朝鲜水陆各军暂缓撤回,以为犄角。责日本以擅灭琉球、肆行要挟之罪,日人必有所惮,球案易于转圜'等语。所奏不为无见。着李鸿章、张树声酌度情形,妥筹具奏"等因,钦此。仰见圣主恢扩远谟、周咨博访至意,曷任钦佩！

窃维跨海远征之举,莫切于水师；而整练水师之要,莫先于战舰。中国闽、沪各厂自造之轮船与在洋厂订购之轮船除商轮仅供转运外,如北洋之"镇东"等六船、南洋"龙骧"等四船、福建之"福胜"、"建胜"、广东之"海镜"、"清海"、"东雄",俱系蚊船式样,专备扼守海口,难以决战大洋。此外北洋之船凡七,分驻旅顺、天津者曰"扬威"、曰"超勇"、曰"威远"、曰"操江"、曰"镇海",驻烟台者曰"泰安",驻牛庄者曰"湄云"；南洋之船凡十五,驻江宁者曰"靖远"、曰"澄庆"、曰"登瀛洲",驻吴淞者曰"测海"、曰"威靖"、曰"驭远",驻浙江者曰"元凯"、曰"超武",分驻福建之台湾、厦门各口者曰"伏波"、曰"振威"、曰"艺新"、曰"福星"、曰"扬武"；近因越南多事,由船政派赴廉、琼洋面巡防者曰"济安"、曰"飞云"：合计兵轮二十二号。其中有马力仅一百匹内外、未可充战船者,如"泰安"、"湄云"、"操江"等船祇可转运粮械；"驭远"则已朽敝,须加修理。惟北洋之"超勇"、"扬威"两快船、南洋之"超武"、"扬武"、"澄庆"等船较为得力：此中国战舰之大略也。自本年六月朝鲜乱党滋事、日本兴兵报怨,臣树声遵旨迅派"扬威"、"超勇"、"威远"三船东渡,复调"澄庆"、"威靖"、"登瀛洲"与"泰安"等船陆续前往；今朝鲜虽事局粗定,一时尚难撤回。邓承修之意,欲请特派知兵大臣进驻烟台、相机调度,厚集战舰更番出巡,自为整军经武、詟服强邻起见。然既思厚集其力,则必有得力战舰十余号,乃足壮声势而敷调拨。近日南洋仅有"测海"、"驭远"、"靖远"三船,臣鸿章前过江宁晤左宗棠,面称长江要口乏船分布,碍难再调;自系实情。北洋天津等处仅有"操江"、"镇海"两艘往来探送文报,烟台则无驻守之船,均甚空虚。今中国所有战舰,惟闽、浙两省七号之中,或可抽调一、二;然彼所驻皆属要地,实虞顾此失彼。且所谓知兵大臣者无夙练之水师、无经事之将领以之为用,船少力孤,情见势绌;不能服远,转恐损威。万一日本窥我虚实,悉简精锐转向他口蹈间抵暇为先发制人之举,尤宜豫筹所以应之。此臣等所不能不踌躇审顾者也。查日本兵船在二十艘以外,而坚利可用者约十余艘;其中"扶桑"一舰号称铁甲,"比叡"、"金刚"两舰号半铁甲,"东舰"一船号次等铁甲,虽非上品,究胜木质。以彼所有与中国絜长较短,不甚相让。况华船分隶数省,畛域各判、号令不一,似不若日本兵船统归海军卿节可以呼应一气。万一中、东有事,胜负之数尚难逆料。是欲制服日本,则于南北洋兵船整齐训练之法、联合布置之方,尤必宜豫为之计也。

自古两国相持,或乘藉胜势,专以虚声相恫喝;或隐修实政,转恐密议之彰闻。务虚者声扬而实不副,终日自绌之时;务实者实至而声自远,必有可期之效。从前日本初行西法,一得自矜,辄敢藐视中国;台湾一役劫索恤款后;更废灭琉球。中国方以船械未齐、水师未练,姑稍含忍以待其敝。然比年以来,臣鸿章与内外诸臣熟商御侮之要,力整武备。虽限于财力、格于浮议,而购船、制械、选将、练兵随时设法,犹具规模;复创设电线,以通声息。兹值朝鲜有衅,臣树声钦承庙谟,调派水陆雄师,飚驰电迈;既藉电报之力,事事得占先着,遂能绥藩服。日本见中国赴机迅捷,不似曩时之持重,亦稍戢其狡逞之谋,与朝鲜议约寻盟,言归于好。虽所索偿款略多,然日人初意实尚不止此。其所以知难而退者,未尝不隐有所惮。至彼国议论汹汹、群疑满腹,恐中国乘机责问球案;闻初议募债洋银二千万圆添购船舰,此事尚未举行:敌情岂云无备!中国地大物博,但能合力以图之、持久以困之,不患不操胜算。若竟于此时扬兵域外,彼或铤而走险,以全力结纳西人,多借洋债、广购船炮与我争一旦之命,犹非策之上者;固不如修其实而隐其声之为愈也。臣等再四筹商:德厂所造之"定远"铁甲船今冬可以来华,第二号铁甲船亦尽明年可到;容俟二船到后,选将募兵,精心教练。而新式快船所以辅护铁舰者,尤不可少;或在洋厂订购、或在闽厂仿造,必须酌筹巨款,陆续添备。铁甲船,如有余力,亦宜添置。此则全赖圣明主持于上,枢臣、部臣、疆臣合谋于下,庶水师乃有成局,海外乃可用兵;军实益搜、威声自播。倘能不战屈人,使彼帖然就范,固为最善;若犹嚣张不靖,则声罪致讨,诸路并进,较有实际。前岁宍户玑回国,显肆要求;中国听其自去,彼终末敢决裂。今又遣榎本武扬前来驻京，或可相机议辩。其球案未结以前，进止迟速，权自我操；似无庸汲汲也。

臣鸿章此次奉命出山，持丧仅逾百日，隐疚实多；倘以进图东瀛为名移驻烟台，果能于事有济，亟愿效此驰驱。惟烟台本是北洋辖境，距津、沽海程仅一日余；若论控驭海防、调度兵舰，则驻津、驻烟固无二致。即欲震慑日本，而彼亦深知我之虚实；烟台无炮台、无陆军，又无兵船，先无自立之根本，转恐无以制人。臣积年措注，所有支应局、水师学堂及厂坞局所、淮军大队，全在天津；若絜以俱行，则烦费既多，挪动不易。若独自前往，将何所凭借以张声威？何从分拨以资调度？况自津至沪达闽、粤电报迅捷，军情顷刻可通；烟台则水陆电线俱无，南北各省即有可商调之事，旬日不得回信，呼应尤觉不灵。臣等愚见：欲图自强之实事，当以添备战舰为要，不以移驻烟台为亟。中国战舰足用、统驭得人，则日本自服，球案亦易结矣。

至吴长庆所部陆军，遵旨暂留朝鲜弹压乱党，免致再有蠢动；丁汝昌带往各兵船，仍留朝鲜南阳海口，与相依护。闻日本陆军分布王京内外兵船五号，留驻仁川港者亦均未撤退。日人方谓朝鲜后患之须防，而我军亦为朝鲜善后之久计；互相牵制，即以潜消敌谋。容臣等随时相度情形，奏明办理。

所有慑服邻邦先图自强，遵旨酌筹缓急机宜，谨合词恭折由驿具陈；是否有当？伏乞皇太后、皇上圣鉴训示！谨奏。

39. 北洋通商大臣李鸿章覆奏宜先练水师再图东征折（八月二十二日）

前大学士署北洋通商大臣一等伯臣李鸿章跪奏：为自强要图，宜先练水师、再图东征；遵旨妥筹覆陈，仰祈圣鉴事。

窃臣承准军机大臣密寄，八月十六日奉上谕："翰林院侍读张佩纶奏'请密定东征之策以靖藩服'一折等因，钦此"。仰见圣主研求至计，不厌精详；曷任钦佩！

臣昨于覆奏邓承修"请派知兵大臣驻扎烟台"折内，曾声明跨海远征之举，以整练水师、添备战舰为要。战舰足用、统驭得人，则日本自服，球案易结等语。今张佩纶请密定东征之策，亦谓不必遽伐日本，南、北洋当简练水师、广造战船以厚其势，台湾、山东治兵蓄舰以备犄角；与臣愚计，大致不谋而合。惟中国力求整顿,既欲待时而动;则朝鲜与日本所立之约,究因毁使馆、杀日人而起,目前可勿驳正。缘朝、日昔年立约,中国并未与议;彼虽未明认朝鲜为我属国;而天下万国固皆知我属矣。似不如专论球案,以为归曲之地;转觉理直而势顺也。

至日本国债之繁、帑藏之匮、萨长二党之争权、水陆军势之不胜,原系实情;但彼自变法以来,壹意媚事西人,无非欲窃其绪余,以为自雄之术。今年遣参事伊藤博文赴欧洲考究民政,复遣有栖川亲王赴俄,又分遣使聘意大里、驻奥斯马加;冠盖联翩,相望于道;其注意在树交植党。西人亦乐其倾心亲附,每遇中、东交涉事件,往往意存袒护。该国洋债既多,设有危急,西人为自保财利起见,或且隐助而护持之。然天下事,但论理势。今论理,则我直彼曲;论势,则我大彼小。中国若果精修武备,力图自强;彼西洋各国方有取惮而不敢发,而况在日本!所虑者,彼若豫知我有东征之计,君臣上下戮力齐心,联络西人讲求军政、广借洋债、多购船炮,与我争一旦之命;究非上策!夫未有谋人之具而先露谋人之形者,兵家所忌;此臣前所以有修其实而隐其声之说也。

自昔多事之秋,凡膺大任、筹大计者,祇能殚其心力,尽人事所当为;而成败利钝,尚难逆睹。以诸葛亮之才略,而兵顿于关中;以韩琦、范仲淹之经纶,而势绌于西夏。迨我高宗,武功赫濯,震慑八荒;然忠勤如传恒、岳钟琪而不能必灭全川,智勇如阿桂、阿里衮而不能骤服缅甸。彼当天下全盛之时,圣明主持于上,萃各省之物力、挟千万之巨饷,荐一人无不用、陈一事无不行;犹且迁延岁月、相机了局者,时与地有所限也。日本步趋西法虽仅得形似,而所有船炮略足与我相敌;若必跨海数千里与角胜负、制其死命,臣未敢谓确有把握。第东征之事不必有,东征之心不可无;中国添练水师,实不容一日稍缓。谕旨殷殷以"通盘筹划"责臣,窃谓此事规模较巨,必合枢臣、部臣、疆臣同心合谋,经营数年方有成效,从前剿办粤、捻各匪,有封疆之责,以一省之力剿一省之贼;朝廷责成既专,一切兵权、商权与用人之权举以畀之,故能事半功倍。今则时势渐平,文法渐密、议论渐紧,用人必循资格,需饷必请筹拨,事事须枢臣、部臣隐为维持。况风气初开,必聚天下之贤才,则不可无鼓舞之具;局势过涣,必联各省之心志,则不可无画一之规。倘蒙圣明毅然裁决,则中外诸臣乃有所受成,似非微臣一人所敢定议也。

张佩纶谓中国措置洋务,患在谋不定而任不专;洵系确论。治军造船之说,既已询谋金同;惟是购器专视乎财力,练兵莫急乎饷源。昔年户部指拨南、北洋海防经费,每岁共四百万两;设令各省关措解无缺,则七、八年来水师早已练成,铁舰尚可多购。无如指拨之时,非尽有着款。各省厘金入不敷解,均形竭厥;闽、粤等省,复将厘金截留。虽经臣迭次奏请严催,统计各省关所解南、北洋防费约仅及原拨四分之一;岁款不敷,岂能购备大宗船械!今欲将此事切实筹办,可否请旨敕下户部、总理衙门将南、北洋每年所收防费核明贸数并闽省截留台防经费由南洋划抵外,再拨的实之岁款,务足原拨四百万两之数。如此,则五年之后,南、北洋水师两枝当可有成。至台湾为日本要冲、山东为辽海门户,两省疆吏诚不可无熟悉兵事者妥为区画,与相犄角;此又在朝廷之发纵指示矣。

臣前奏"慑服邻邦缓急机宜"一疏,业已详陈梗概。所有自强要图先练水师、再图东征缘由,遵旨迅速妥筹,恭折由驿密陈;是否有当?伏乞皇太后、皇上圣鉴训示!谨奏。

光绪九年(1883年)

40. 编修黄国瑾奏日本谋窥台湾请简知兵大员往与筹防片(十一月初四日)

再,日本之窥台,已非一日;狃于琉球之役,以为中国无可如何;必伺中、法争持,潜师掩袭:此系孙权乘曹操攻汉中而分荆州之谋。法亦利日之内犯,与为声应,合而谋我;闻其使臣德理固行至烟台,乘"缚尔德"兵轮自高丽达东洋,恐遂约日以攻我所必救也。闽浙总督何璟、福建巡抚张兆栋,皆吏才而非将才;想久在圣明洞鉴之中,伏望特简知兵大员往与筹防,以资保障;庶不致措置失宜,贻累全局。

愚者千虑,尚冀圣裁!冒昧上陈,伏乞皇太后、皇上圣鉴!谨奏。

光绪十年(1884年)

41. 南洋大臣来电(十一月初四夜到)

密号。顷接省帅来电云:"二十三日电到否?二十五日法又添陆兵五百,声言安南官兵败退,抽调二千人来台大举;连日逼基附近百姓归顺,派夫修营,不从者以兵攻之。百姓求救,不得已以曹军前扎离基二十里五堵地方,壁垒相望。我兵多病,难当大敌;孙章病甚,愈处危险。台北惟茶、米不缺,第一无饷;日久不能敌,民亦不安。台北关税、厘金每年百万,彼族得之,有煤、有饷。台南平阳无险,万难守御。台北失,台南立亡。日本船接济川流不息,必有狡谋。我无兵船,束手坐待受困。海岛孤危,如何能支!务求朝廷俯念全台土地生灵、将士数月苦守血战,速计援救!事甚急迫,危如朝露,惟有痛苦陈情。折奏难带,此电信费银千两,请洋人旎僾送寄。兑银到厦门,更为急要。前电已请转总署、北洋、龚道、闽省。传叩寄"等因。荃转电。

光绪十一年(1885 年)

42. 左宗棠等来电(二月初三日到)

密号。去腊底接香港坐探委员报:腊月十八探得初十抵港之法兵船,英官权许其购七日粮食,限该船于三个月内不得再来香港。十九探得东洋来信,近有法兵船到长崎采买煤、粮,于月之初五离港等情。又腊月电报:香港已于腊初定令应守局外之例,不准接济法寇。屡奉英廷命,何以英官有权许购粮之事,立限三个月不再到港?中、法之事三个月不了,不知是否仍守局外之例?又东洋即日本,与中国最近;理应一例示战,令守局外之例。饬据福建通商司道详,并英国星领事上年有"文行各省照会不能作为示战明文,必由总署照会各国驻京公使转饬各省通商各口领事遵照,方为一律"等语。谨会电奉商,即请酌定示覆!棠、善、浚启。宋。

43. 北洋大臣来电(六月十三日到)

密。厦门彭提督十三辰刻来电:"昨一法船驶厦装煤,言今申刻开往上海。据云澎湖法船今日尽数开往香、厦、津、沪日本等处游历,利士卑士船亦往津、沪一带。日前先托新关船往探,尚未回厦。汉肃"云云。鸿。覃酉初。

光绪十二年(1886年)

44. 粤督来电(十二月十三日到)

驻日本徐使来电:"倭外部文称:因由法新造之'亩傍'兵轮日久未到,现派'明治'舰、'长门'舰前往汕头各港访寻;请电粤转饬地方官:如该二船入口时,弗视为商船"等语。巨舰不比奸芥,何须寻访;言语支离,必不怀好意。现经粤电覆云:"长崎杀戮华兵一案,华民愤极,粤民尤甚。倭舰来粤,恐难保其无事。崎案正在商办,大局攸关;彼此均须加意。如来粤各港口,当即电闻;转致无须派舰来寻"等语。狡谋伺隙,豫杜是否有合?请裁酌加电徐使。之洞肃。文。

45. 北洋大臣来电(十二月十四日到)

密。连接粤、闽电称:徐使电告倭兵舰将赴各口访寻法造兵轮;张督回电称是倭诡计多端。徐未电商总署、南、北洋即先辄先转电亦属任意;祈署电止之! 鸿。盐。

46. 南洋大臣来电(十二月十四日到)

密。顷接杨石泉电称:"日本徐星使来电云:据倭外部文称,因由法新造之'亩傍'兵轮日久未到,现派'明治'舰、'长门'舰前往各海访寻,祈转饬地方官勿视为商船"等因;询荃处有此电否。查日本访寻兵舰,荃处并未接到徐电;不知电钧署否? 祈示覆! 荃。元。

47. 军机处电寄张之洞谕旨(十二月十五日)

奉旨:"张之洞电称:'接徐承祖电:倭外部因新购法舰未到,拟派船至各港访寻'等语;南洋接闽电相同。目下崎案未定,华民积愤;如倭有兵轮入口,难保不别滋事端。此事该外部语涉支离,徐承祖既不先事力阻,且未电告总署及南、北洋大臣,辄为转电闽、粤,殊属轻率;着传旨申饬。彼船如未成行,仍应向其阻止;并即电闻。钦此。光绪十二年十二月十五日"。

48. 闽督来电（十二月十五日到）

昨接日本徐大臣来电云："据倭外部文称由法新造之'宙傍'兵轮日久未到，现派两兵舰来闽厦、台湾各港口访寻；祈转饬地方官勿视为商船，并飞咨台抚"等语。经电复"已知照台抚；闽厦未闻到有日本兵轮，应请照覆外部"。鄙意新造巨舰开赴东洋，必有定期、定向，不比歼芥，何须到处访寻；其言难信。查崎案现尚未了，恐地方惊疑，借端生事。请钧处电嘱徐大臣转致外部，无须派轮来闽；如该轮到时，当即电闻。并祈示复！浚叩。寒。

49. 北洋大臣来电（十二月十七日亥刻到）

密。徐使十六来电："咸电敬悉。倭在法新造一舰，前月初七即闻该舰由新加坡开来之信，逾半月未到；倭揣系沉没或坏机停泊孤岛，故雇两商轮于本月初八驶赴南洋一带访寻确信，直至西贡、新加坡而止。因恐该二轮在途缺乏用物，须入经过各国口内添购；故文请承祖及英、法、葡各使均电知各该属地于该二轮入口时，勿视为商船；其意在免征钞税。承祖深知实情，且接文时船已开行四日，又非独往我国，势难阻止。并悉各使均代径电所属各处，故亦遂照来文所指各处，代电闽、粤：如该二船入口，请勿视为商船等语。昨接粤督来电，当电复'各港'系指有洋关各港、'勿视为商船'系免征钞税而已；并加电闽督声明矣。求代覆奏！此事总由承祖视为事非重大，省文惜费所致。至现在崎案未定，在此时时密探动静；倘稍有别情，岂敢不电达政府。至'勿视为商船'我国允否？亦求请示电知，以免又生一事！缘倭已照会钦差矣。前复外务云：'已代电闽、粤；惟台湾无电，已请闽督转咨'。是恐该船入口，台抚未知，仍接商船办理也。崎案卷供俱英文，且甚多非亲自译改不可；约二月内方能完。现倭不知我究如何办法，不无疑惧；整顿边防。伊藤、井上来询数次，一无转圜语。细情，容十八信达"云云。查徐使既早复外务，自未便再阻；税钞应免与否，各关自照章办理。请代奏！鸿。筱。

50. 闽督来电（十二月二十日）

顷代办日本领事知照：'亩傍'兵轮已查明于冬月初八日由新加坡开行，至台湾洋面之东边失事沉没；所派'明治'、'长门'两舰不到闽湾访寻等语。谨电闻。浚叩。啸。

光绪十六年（1890年）

51. 出使日本大臣黎庶昌密陈日本近日情形片（十一月二十一日）

再，密陈者：窃查日本一国，面面阻海，地形险固，长约五千余里。南与浙江对峙，北与吉林近连；实为中国外海一大屏障。人民四千万，确有户籍可稽。近年事事讲求，海、陆两军扩张整饬，工商技艺日异月新，物产又极富饶。以中国三省之地，岁入洋银八千余万元；出亦如之。其力量，几与西洋次等之国相敌。溯查惰【编者按：应为隋】、唐，通使往来甚亲。开元、天宝三数十年之间，效慕华风，倾城悦服；亦如今日之崇尚西法。故惰【编者按：应为隋】、唐旧制，存于日本者尚多。至元世祖跨海远征，丧师十万，乃启戎心；有明一朝，遂为边患。国家威德，遐远二百余年，海疆静谧；虽未尝通聘遣使，而文物声明一遵汉制。迨西洋各国通商后，明治维新，废藩置县，始有狡焉思逞之志。由是侵台湾、灭琉球、窥朝鲜，与我成为敌国。然二十余年来，百务繁兴，物力已竭。国中通行纸币，银元流行出外洋，漏卮颇巨；一朝有急，势便难支。臣愚以为轻视日本者非，其畏日本者亦非也。

臣两次奉命驻扎，前后六年；观其国情，凡有三变。当光绪七年初至之时，倭人锐气方张，素以中国为办事迟缓，过待情形比较西洋各国隐然有低下一等之意。又因球案，时时提论防我用兵，猜忌尤甚。至八年夏间朝鲜变乱，朝廷遣兵戡定，策应如神，乃憬然知中国非尽事持重；情形遽为一变。嗣是法、越事起，该国外托中立之名、内与法人为比，特于其时派遣陆军大臣大山岩游历欧洲，实则假道越南，窥中国兵势之强弱。厥后马江、台湾之役，彼皆派有兵船往观。然自我与法人构难以来，其心愈益不敢轻视；又于其时乘势谋夺朝鲜，事终无成,盖亦知难而退。逮臣二次驻扎,适值彼外务大臣井上馨与西人订约,受制甚多,为众论所不容,罢职而去;国情复为一变。上年九月大隈重信再持修约之议,被人刺伤,大臣中如伊藤博文、黑田清隆等相继辞职,人怀戒心;国情又为一变。今则朝野上下,似悟既往之失,渐有亲我之心;与初至时迥然不同矣。即交涉事件,亦近和平;不似从前之有意挑剔。此臣六年中所见之实在情形也。

现虽设立议政院,而开设以来,议论颇属平静。其国人与臣往还者,又多以亚洲大局为言。臣愚以为:凡事图功于闲暇时则易,救敝于已败后则难。该国近在邻封,唇齿相依;轮船往来,一昼两夜可达。兼以二国同文,风气切近,可以为祸、为福。而窃计我国海军,除'镇远'、'定远'二铁舰外,其余兵轮不过与之相敌,未必能驾而上之。似宜因彼有响善之诚,随势利导,与为连络;趁修改条约之际,将球案一宗彼此说明,别订一亲密往来互助之约,如德、奥、义三国之比,用备缓急。设异时西洋强国启衅东方,庶免肘腋之虞,别生枝节。虽公法、条约原不足恃,而且此成言在前,则在我所有羁縻、在彼亦有关外人之口;虽不明为朝鲜,朝鲜实阴受其庇。此之为利,似十倍于争论琉球。至于修约一节,目下尚无定议。中国与西洋情事不同,彼以不能以西法施之于我,该国近颇体悟此义;将来必有变通办法,不至过难。微臣管见所及,谨附片密陈。是否有当?伏乞圣鉴训示!谨奏。

光绪十七年二月初六日,奉朱批:"该衙门知道了。钦此。"

光绪二十年(1894年)

52. 北洋大臣来电(五月二十六日到)

龚使密有电:"倭已在英订造两大铁舰,其坚利为东方海面所无。顷马格里密函:东方水面之轮,倭欲尽雇运兵械;刻在英议买在东海大轮。有契友密告中、日战事在即;果尔,恐无利中、日而利俄等语。瑗前晤俄使,言及新闻纸叙韩乱,各国派兵轮往;俄使笑云'俄不插手'。窥其意,似暂不插手。倭衅已启,台湾尤紧要"云。鸿。宥申。

53. 发北洋大臣电（五月二十七日）

密新。二十五日赫德来署言："接上海电：倭有水电船十二支豫备出口，不知何往。此船甚利害，应电各海军豫防。"又龚电：台湾尤紧要等语。应由尊处分电南洋、闽、粤并邵抚知照，不动声色妥筹防范，以备不虞。沁辰。

54. 军机处寄北洋大臣李鸿章上谕（五月二十八日）

军机大臣密寄北洋大臣李：

光绪二十年五月二十八日奉上谕："李鸿章本月二十七、八等日电信，均经总理各国事务衙门呈览。前经迭谕李鸿章酌量添调兵丁并妥筹理法，均未覆奏。现在倭焰愈炽，朝鲜受其迫胁，势甚岌岌；他国劝阻亦徒托之空言，将有决裂之势。李鸿章督练海军，业已有年；审量倭、韩情势，应如何先事图维？熟筹措置。倘韩竟被逼携贰，自不得不声罪致讨；彼时倭兵起而相抗，亦在意计之中。我战守之兵及粮饷、军火，必须事事筹备，确有把握；方不致临时诸形掣肘，贻误事机。李鸿章老于兵事，久着勋劳；着即群细筹划，迅速覆奏，以慰廑系。南洋各海口均关紧要；台湾孤悬海外，倭兵会至番境，尤所垂涎。并着密电各督、抚不动声色豫为筹备，勿稍大意！将此由四百里谕令知之。钦此。"遵旨信寄前来。

55. 闽浙总督来电（六月初一日到）

顷北洋电称：准贵署沁电，饬各口妥筹防范等因。查四月中，出使日本汪来信，据日本海军中将伊东佑亨面称：派兵舰六艘往闽、浙游历，由香港赴厦门，至福州晋谒，嘱待以礼。二十九来三舰，一泊长门外，二舰至马尾，持信请期相晤；已约次日十一钟来署。次早，信来云："本国电传速归，不能趋谒。"即展轮去。闽防易守，有事沉石塞口，巨舰不能入；上岸则击，不难制胜。台湾吃重，急则调刘永福前往。愚谓暂由南洋拨两轮、粤东拨两轮、闽浙拨两轮，先行知会汪使告其外部：中国将以六舰游历长崎，不赴神户；令六舰循环往来于长崎、台湾之间。倭知有备，势将反顾；则韩事自松。是否可行？请钧裁！此意当出自贵署,勿谓闽有是说也。麟。艳。

56. 北洋大臣来电(六月初三日)

密。汪使初二日电:"闻倭派四舰分赴山海关及闽洋,当系窥我海防;祈转署"云。鸿。江辰。

57. 军机处电寄刘坤一谕旨(六月初五日)

奉旨:"据邵友濂电奏:请饬南洋调派兵轮三、四艘赴台协助,并饬聂缉椝驻沪办理后路转运等语。即着刘坤一酌派兵轮前赴台湾备用,聂缉椝着暂缓来京陛见。钦此。光绪二十年六月初五日。"

58. 台湾巡抚来电(六月初七日到)

北洋电:汪使有倭舰分赴闽洋之说。若船在口外,缓急自有炮台可恃;来船设或进口,请示如何办理? 友濂。鱼。

59. 南洋大臣来电(六月初七日到)

密中。钦奉电旨,饬派兵轮前赴台湾备用等因。吴淞为苏、浙要口,江阴等处关系长江五省门户。前准北洋知会:日本声言有兵船入长江之说;虽系恫喝,尤不能不加意严防。现在南洋仅有兵轮六号、蚊船四号均系木壳钢板,并无铁甲炮快等船,不能角逐海上,仅能依附炮台以资策应。地广船少,已虑不数分布。论目下情形,委属万难分拨。惟台湾亦关紧要,且接台抚电"台南各处转运为难"等语;是防守、转运需船甚殷,不敢不力为兼顾。再三筹度,蚊船炮大船小,行驶迟滞,既难派往;惟有抽派"南琛"兵轮一号及本系兵轮、现改运船之"威靖"一号,饬令添募水勇、加配炮位,一并赴台归邵友濂调遣。此次酌派两船,在南洋水师更形薄弱,而于台防恐难以得力;可否请旨于北洋、广东再抽调数号赴台协助,以期有备无患?请代奏! 除电知台抚外,奉旨后求电覆。坤一。阳。

60. 军机处电寄李鸿章谕旨（六月初八日）

奉旨："前因邵友濂请调南洋兵轮三、四艘赴台协助，当令刘坤一酌派备用。兹据电奏：南洋兵轮不敷分拨，拟调'南琛'兵轮及'威靖'运船两号前往，台防恐难得力；请于北洋、广东再调数号赴台等语。着李鸿章电商李瀚章酌量派拨。钦此。光绪二十年六月初八日。"

61. 台湾巡抚来电（六月十二日到）

奉旨筹防，遵即尽力布置。基隆、沪尾为台防要口，当饬提督张兆连、知府朱上泮、参将沈棋山率领原有八营并就地添募四营，分别扼守。此外小基隆、观音山、关渡各小口，添募土勇，严密分布。又专弁赴江、浙增募四营，交已革提督李定明策应后路、藩司唐景崧居中调度。澎湖，饬由该镇周振邦于原有三营外，添募两营增扎。台南，责成万镇国本、顾道肇熙添募三营，与原有三营分防安平、旗后两口。恒春为倭人曾至之地，调募两营严备；后山各口，一体酌量增防。并将存储水雷百余具，分布各要口。海外转运为难，奉旨饬调南洋兵轮，已准刘坤一派定"南琛"、"威靖"二艘克日来台。新授臬司聂缉槻蒙准暂缓陛见，已饬专办后路；并请刘坤一酌拨子药、枪弹，饬聂臬司增购枪械、子弹，陆续分运；一切粗具。惟台地各口浅露，所藉炮台设险，用资抵御。所虑该国兵轮饬词避风修理，先期入口，意存叵测；设仍听其驶进，则炮台虚设，必受马江前事之欺。可否由总理衙门酌量情形，先事明告驻京倭使：轮船游戈，务泊口外；以慎戎机而全交谊？出自圣裁。请代奏！友濂肃具。

62. 国子监司业瑞洵奏日本垂涎台湾请起用刘铭传赴台镇慑片（六月二十日）

再，现因朝鲜之事，日本无理要挟，与我为难，实属立意开衅。幸奉严旨发帑添兵、申严武备，自必星罗棋布，陆海兼防；无庸奴才再参末议。惟查台湾一省孤悬海外，土田沃衍，宝藏暴兴；距日本水程甚近，一日可以往还。彼族实甚垂涎，尤当防其奔突。抚臣邵友濂资望较轻，抵任数年，未闻振作；一旦夷踪猝至,何以御之? 夫用人大柄,朝廷自有权衡;但海疆要区,尤须威重大员,方资镇慑。刘铭传曾立勋名,声绩懋著;宜堪再起,俾抚岩疆。可否谕令销假以备任使之处? 伏候圣裁! 谨附片密陈仰祈圣鉴。谨奏。

63. 北洋大臣来电(六月二十日到)

沪道电:"顷汪星使电:闻倭派重兵犯台,冀挠我进兵计。除分电外,谨闻"云。

64. 军机处奏会拟办理倭事数节并寄李鸿章电信一道呈览片(六月二十一日)

蒙发下折片、电报各件,臣等公同商阅。

倭人不听他国之劝,要挟无理,恐难就范;亟须豫筹战备。北洋所派各军,业经分起进发;到防后应如何相机应敌,自应由李鸿章责成统兵将领妥慎办理,勿误事机。现当用兵之际,需人尤亟。闻姜桂题、郑崇义均系得力之员,应由李鸿章酌量调遣。此外,如有著名宿将,并请饬下李鸿章奏调前往,以收群力之效。

台湾孤悬海外,汪凤藻电称:闻倭派重兵犯台,冀挠我进兵计;尤宜加意防范。福建水师提督杨岐珍,素有名望;请旨饬下谭钟麟,即令该提督迅速渡台,会商邵友濂妥筹布置。广东南澳镇总兵刘永福,前在越南著有战绩。闽、粤相距较近,亦拟请旨饬下李瀚章调令赴台,相助为力;庶几战守有备,可阻敌谋。

李鸿章电称"俄拟派兵驱倭,我军前往会办"一节,恐多窒碍;应令李鸿章再行妥酌。袁世凯熟悉朝鲜情形,现经李鸿章调回天津;拟请饬令李鸿章转饬该员迅即来京,以便臣等面询一切,以备参考。

以上所拟各节,是否有当? 俟明日请旨遵行。并拟就寄李鸿章电信一道呈览,恭候发下,即日先行电知。谨奏。

65. 军机处电寄李瀚章谕旨(六月二十二日)

奉旨:"广东南澳镇总兵刘永福,着李瀚章传知该员:酌带兵勇迅速前赴台湾,随同邵友濂办理防守事宜。并谕邵友濂知之。钦此。光绪二十年六月二十二日。"

66. 军机处电寄谭钟麟谕旨(六月二十二日)

奉旨:"倭人要挟无理,恐难就范。台湾重地,亟须豫筹战备,福建水师提督杨岐珍,着谭钟麟传知该员:酌带兵勇迅速渡台,会商邵友濂妥筹布置。并谕邵友濂知之。钦此。光绪二十年六月二十二日。"

67. 御史杨晨奏筹划朝鲜兵事片(六月二十三日)

再,闻高丽叛党复煽,日夷遽遣兵船据其海口,阻我援师;其势甚张,其谋甚狡。或谓高贫且弱,君又受制于人;我虽极力扶持,彼终不能振作:此一难也。日知莫人忌俄蚕食东方,夺其权利;因挟英以恫喝:此二难也。俄欲拓疆,蓄谋已久;必思坐收渔人之利,隐施交构之方:此三难也。然臣以为无难者;何哉?高虽无益于我,实东北之翰屏,如吴人所谓"西陵当尽力以争"者。而且素为藩属,明载约章,各国皆知应为保护。英人以商立国,独擅中华利权;忌俄之益其强,亦必患日之侵其利。宜密谕驻英使臣与英外部结约,许以商利,如添马头、减货税等事,使彼为我并力拒俄;则日之势自孤,而俄之谋亦息:此远交近攻之道也。结约既成,设防必固;然后令北洋兵船由釜山袭彼之壹歧、对马,南洋兵船由台湾捣彼之浦贺、品川,首尾受敌,彼必自救之不暇。如此,则虽失利于英而可取偿于日;不如此,则恐合以谋我,我备多而力分,且防不胜防矣。约如不成,我固无损;纵不能得其力,亦可以离其心。日夷自夸富强,根本未固;臣民分党,政赋烦苛。与俄接壤,貌合神离;日强亦俄所忌,即可以利啖俄:此兵法伐谋之道也。

至于设防,天津各口应责成李鸿章经理,关东各处应统归裕禄调度,长江一带委之刘坤一,宁波有张其光,福建有黄少春、曹志忠,皆尝战阵立功,较有把握。惟吉林交界密防,将军长顺不洽民情;山东创立海军,巡抚福顺素无声望;台湾为日夷垂涎之地,巡抚邵友濂身弱多病:似尚恐有疏虞,亟宜妥筹布置余如。上海为各国马头,定海为英人保护,厦门、澎湖荒岛孤悬,不烦过虑。若此者,缓急轻重情形更变,想可随机而应,圣心自有权衡。

臣愚陋之见,是否有当?伏乞圣鉴!谨奏。

光绪二十年六月二十三日。

68. 军机处电寄谭钟麟谕旨(六月二十四日)

奉旨:"南澳镇总兵刘永福,着谭钟麟饬令酌带兵勇前往台湾,随同邵友濂办理防务。钦此。光绪二十年六月二十四日。"

69. 发台湾巡抚电(六月二十五日)

密。倭已在朝鲜牙山击我兵船,衅由彼开;如有倭船驶赴台口,可即击之。有。

70. 军机处电寄南北洋大臣等谕旨(六月二十七日)

奉旨:"邵友濂奏:台岛孤悬,饷械支绌;请分饬协济等语。着南北洋大臣、闽浙总督先事豫筹,设法援应,免致临时贻误。钦此。光绪二十年六月二十七日。"

71. 军机处电寄李鸿章谕旨(六月二十九日到)

奉旨:"前据李鸿章奏:统率需人,请饬刘铭传迅速北上。昨据电奏,因病未能赴召。现在进剿各军,应否另调大员统率?着李鸿章迅筹具奏。钦此。光绪二十年六月二十九日"。

72. 南洋大臣来电(七月初三日)

顷台抚以电南兵单,请拨江防二、三营交王镇芝生带领赴台,饷由台发云。苏省苟力能分拨,自当兼顾。惟苏军江海兼防,长江关系五省门户,沿海南则苏松、北则淮海,处处均有□门户;机器局,敌尤注意;恐川沙海口仅四十里,均须择要严防:兵分势单。倭事起,各处纷纷请调、请添,苦无以应;盖新招之营必臻娴熟，方能得力，不仅军械、口粮供应为难。现在苏军皆驻要地，实难抽调。除商邵抚另请酌调腹地省分之营外，仅先奉闻。伏乞主持，苏省幸甚！豪。

73. 军机处电寄邵友濂谕旨（七月初六日）

奉旨："台湾布政使唐景崧、南澳镇总兵刘永福，均着帮同邵友濂办理防务。钦此。七月初六日。"

74. 两江总督刘坤一奏所派兵轮已抵台湾片（七月初七日）

再，前奉电传谕旨，饬令酌派兵轮前赴台湾备用等因。当将南洋水师薄弱、勉力抽拨两船情形，电请总理各国事务衙门代奏在案。现据报称：派往之"南琛"、"威靖"两船业已先后行抵台湾，听候台湾巡抚臣邵友濂随时调遣。理合附片陈明，伏乞圣鉴！谨奏。

光绪二十年七月初七日，奉朱批："知道了。钦此。"

75. 发南洋大臣电（七月初十日）

密中。顷北洋电：倭船二十一只晨扑威海卫，败去复来；北洋各口昼夜戒严等语。倭多快船，炮利行速；如其南窜，江、浙、闽、台均应豫防。乞迅饬水陆守将，并飞电浙、闽、台各省勿懈懈。蒸申。

76. 南洋大臣来电（七月十一日到）

中。昨夜奉蒸电，即飞电闽、浙、台、粤各省。倭情叵测，难保不分途南窜；已严饬水陆守将昼夜戒备。坤。真。

77. 江南道监察御史钟德祥奏请特派能臣前赴台湾察看防务片（七月十七日）

再，臣前以各海口战船、炮台亟应慎固申儆，附奏请旨饬派能臣行边在案。臣因忆及前三年曾亲至广东虎门炮台游历察视，并无大炮可以当攻坚及远之用；附近虎门绅民，亦多与臣言其虚饰已久，无一可恃。不解何以玩忽至此！日来复闻台湾巡抚邵友濂电恳湖北拨借军装、火器，张之洞等正在自顾不暇，颇厌之。查台湾改设行省将二十年，邵友濂为巡抚亦四、五年；每年报销至二、三百万不止，何以并无备预！一遇小小，风吹草动矣；遂尔张皇借资邻省！实缘邵友濂居平不过以巧宦为心，梯荣囊禄是其所长；至于策画边实、臣知其束手矣。且台湾与日本海线牙错，倭倘分船内扰，必台、澎先当兵冲；而邵友濂毫无措置，何以御敌！若曰知兵任战，臣蒿目东望，望不知可属何人！则所恃者，盖难言矣。夫虎门炮台之伪，臣所见；台湾军实之陋，臣所闻。然则南、北洋数要口所称有名雄防之处、难保其不以无事日久而内弛，以废敝、以饱食安坐之大官也。此即日以廷寄责问，诸臣复何难一奏搪塞；夫孰从而察核之。似不如特派能臣出而行边，如臣前片所请；不过三、四阅月与一、二人奔走之劳，而防务可以毕举。孰与夫事至仓猝而后纷纭补救，追悔方来，复烦圣虑也！

臣不胜追切下忱，谨再附陈；伏乞圣鉴训示！谨奏。

78. 江南道监察御史钟德祥奏邵友濂庸劣无能请特简伟才出抚台湾片（七月十七日）

再，邵友濂处心积虑，不过欲谋充满宦囊而止；其庸劣无能，实不胜封疆重任。查其抚台以来，台产硝磺、樟脑、金沙、盐滩诸有大利可图之局，遍布私人分领之，笼入橐囊；全台皆怨谤邵友濂，至谓"去一贼，来一贼"！去一贼者，盖指刘铭传也。刘铭传自光绪十年弃基隆炮台、遁退竹堑之役，积与百姓为仇；故台人目为刘贼云也。邵友濂复侵牟夺利自封，百姓亦谓与贼无异也。至于台南、北及后山各防营，苦窳残废，形同乞丐；望之可笑！考其劣迹、揆以公论，实为有负重任！倘不特简一公忠威重、胆识奇伟之才出抚台湾，无事则苟且偷托；有事则必致震及全闽，而江、浙、广东亦不免受其波荡矣。臣于闽、粤洋防颇悉大势,复有不忘前车之虑,敢径陈其得失以防未然,关系甚远。区区弹劾,臣何利焉!谨附片陈,伏乞圣鉴!谨奏。

79. 军机处奏商阅发下志锐等折拟缮电旨进呈片（七月二十三日）

蒙发下志锐及翰林院代递检讨陈存懋条陈折件,臣等公同商阅。

志锐奏"李鸿章衰病情形甚为可虑,请简派重臣至津视师"一节,臣等查李鸿章数月以来,并未因病请假;调度一切见于电奏,亦尚周市。军事、饷事,仍应责成李鸿章一人经理;所请派员至津视事,应毋庸议。所称日本侦我防懈、必有猛攻大沽之举,此节诚不可不防;臣等亦皆思虑及此。查威海、大连湾、烟台、旅顺等处为大沽各口门户,应责令丁汝昌统率海军各舰严行扼守,不得远离津郡。倭奸最多,尤须严拏惩办,毋得稍涉轻纵。

陈存懋奏"请饬刘永福统领旧部直捣日本"一条,查刘永福帮办台防,正在吃紧;现在海舰缺乏,势难越境远剿。至请派留兵大员赴津及荣禄督办东三省军务,臣等体察,均属窒碍。又请定捐输章程一条,户部正在筹议;应毋庸再行交部。臣等又查冯子材前在越南打仗,甚属勇往;现在驻扎钦州。该提督能否带队北来助剿之处?拟请饬令李瀚章就近妥商覆奏。

以上所拟,臣等意见相同。谨缮拟电旨二道,恭呈御览;伏候圣裁!谨奏。

80. 闽浙总督谭钟麟奏筹办防务情形折（七月初八日）

太子少保、头品顶戴闽浙总督臣谭钟麟跪奏:为遵旨筹办防务情形,恭折缕陈,仰祈圣鉴事。

窃照倭人渝盟肇衅,经总理衙门先后电传谕旨:各海口均须豫筹战备,福建水师提督杨岐珍、南澳镇总兵刘永福饬令酌带兵勇前往台湾办理防务等因;钦此钦遵,业将整顿防营、添足勇额奏明在案。

福州口以芭蕉尾为第一重门户、长门为第二重门户,自电光山起炮台林立,足资守御;各台间有损坏,现已一律修整,上年裁减弁勇,现经募补足额;自七月初一起,饬同防营改支行粮,以作士气。臣与将军臣希元先后亲往履勘,演放各炮,均尚有准。并悬赏格:有能击沉敌船一艘,立赏万金;毙倭一人或生擒者,赏责有差。弁勇无故擅离、临警潜避者,以军法从事。一面饬局派员弁采购木石,在福斗山、长门二处择要填塞,迭石于下以遏其冲。横木于上以阻其势;使轮行节节濡滞,炮台旁击、水雷内轰;似亦制敌之一法。现在长门内新旧各军共十一营、亲兵一哨,由福宁镇总兵曹志忠统领。其余各口应防者尚多,因限于饷力,不能广募;惟有审度地势,扼要设防,激厉将士同仇敌忾,以固吾圉。提督杨岐珍遵旨会办台防,已带兵勇三营于七月初八日带印东渡;倘有台州新募二营候轮继进,现由闽给饷银六万两、新购毛瑟枪一千五百杆、马梯呢枪五百杆并炮弹、军装等件。杨岐珍营本食闽饷,此后仍由闽省筹给。总兵刘永福募勇二营已报成军,催令迅速渡台;已由闽给四个月饷银二万四千两、毛瑟枪五百杆、马梯呢枪二百杆暨炮械等件。该二营此后月饷,由台支给。台湾抚臣邵友濂、藩司唐景崧公忠凤著,定能与杨岐珍等和衷共济。惟澎湖一荒瘠孤岛,无煤无米,固守为难;已嘱杨岐珍抵台后,妥商邵友濂随时接济。厦门为闽、台咽喉,最关紧要。陆路提督黄少春老于军事,威望素著,已至厦门;应令接办厦防,兼管水提衙门事务。泉州裁撤擢胜军,改募"达"字三营调赴厦门,尚虞单簿。现将"立"字右营调扎泉郡,与练兵二营合力巡防。此筹办防务一切情形也。

复查闽省前办法防,库储空竭,故有息借洋款之举;厥后递年还款赔贴镑价,负累无穷。此次议向上海德华银行借规平银五十万两,分作五年十期归还,周年八厘起息,借银还银,不论镑价,由藩司出票如期交还,接年抽本减息;较借洋款为省。曾电请总理衙门代奏,奉旨允准,感激莫铭! 现值筹防孔亟,所需外洋枪械、军火随时设法添购,不及先行奏咨立案。臣惟有力求撙节、严密设防,以仰副圣主慎重海疆之至意。

除分咨查照外,谨会同福州将军臣希元合词恭折具陈,伏乞皇上圣鉴训示! 谨奏。

光绪二十年七月二十五日,奉朱批:"该部知道。钦此。"

81. 台湾巡抚邵友濂奏布置海防情形并请饬拨的款以资接济折(七月初四日)

头品顶戴福建台湾巡抚臣邵友濂跪奏:为遵旨筹备海防,谨陈全台布置情形,并恳天恩饬拨的款以资接济;恭折仰祈圣鉴事。

窃臣于光绪二十年六月初一日准北洋大臣李鸿章五月二十九日电称："奉二十八日密谕：'南洋各海口，均关紧要；台湾孤悬海外，倭兵曾至番境，尤所垂涎。并着密谕各该督、抚不动声色，豫为筹备，勿稍大意'"等因，钦此。六月二十二日，又准总理各国事务衙门电称："奉旨：'倭人要挟无理，恐难就范。台湾重地，亟须豫筹战备。福建水师提督杨岐珍，着谭钟麟传知该员酌带兵勇迅速渡台，会商邵友濂妥筹布置。并谕邵友濂知之，钦此'"。六月二十五日，又准督臣谭钟麟转准总理各国事务衙门二十四电称："奉上谕：'南澳镇总兵刘永福，着谭钟麟饬令酌带兵勇前往台湾，随同邵友濂办理防务，钦此'"。遵经实力筹备，并请饬派南祥"南琛"、"威靖"兵轮二艘来台协助；饬派新授浙江按察使聂缉椝留驻上海，办理后路转运事宜。除将筹备情形先后三次电请总理各国事务衙门代奏外，一月以来，臣督同营务处藩司唐景崧妥筹防守；自朝鲜开仗后，日益加严。所有全台布置情形，敬为我皇上缕晰陈之。

台北据全台上游，基隆、沪尾实为要口，苏澳次之。先饬提督张兆连、知府朱上泮、参将沈棋山各就炮台酌量形势，分别扼守。而地段绵亘、港汊纷歧，各营不敷分布，复于后路饬调已革提督李定明一军前驻沪尾。统驻防三口者，旧勇九营、新募一十五营。又饬道员林朝栋督率旧勇一营、新募三营，唐景崧亦陆续募成三营，分驻狮球岭、关渡，以为海口策应。另于新募一营，以顾后路：此台北布置之情形也。

台南安平、旗后两口，各有炮台。恒春向未设防，该处为倭兵曾至之区，亟应扼要增守。都司邱启标旧驻凤山等处，当饬带同奋勇一营、新募一营前往恒春驻扎；并由台湾镇总兵万国本督饬旧勇四营、新募五营分防安平、旗后两口，兼顾府城。又于嘉义新募一营，协力设守：此台南布置之情形也。

澎湖平海一岛，无险可凭；总兵周振邦于原有防练三营外，增募两营，紧扼炮台，设法固守。后山民居寥落，就地无可增募；惟饬原驻营哨联络民番，同壮声势。中路背山腹海，港口最多，民气素浮；时虞惊扰。不得不于原有营哨之外，酌募三、四营以资弹压而备援应：此澎湖、后山、中路之布置情形也。

臣又严饬各口炮台多储药弹，认真操练；并将储存水雷百余具，分发各口慎密埋藏，以辅炮台之不逮。惟枪械短少，不能自制；机器局所出子弹，亦仅敷平日操演之用。成营既众，勇数倍增，军火异常竭蹶。臣前请恢拓药厂，未蒙部准。当此防务紧急，未敢过事拘泥，当饬各厂放手制造，昼夜趱工；一面电请南洋大臣刘坤一、两广督臣李瀚章暨饬聂缉椝就商上海洋商，分别拨购毛瑟、林明敦各项枪枝子弹运台济用。

　　顾需械既急,需饷尤殷。现计旧有、新募各勇不下六十余营,又赴江、浙、广东等处已募未到尚有八、九营,益以杨岐珍、刘永福两军续当到台,统计当在八十营之数;粮饷、军火之费,每月至少需银二、三十万两。台湾分省,以自有之财供自卫之用,仅能自给,毫无余裕。臣通筹全局,曾将饷、械支绌情形,电请总理各国事务衙门奏蒙谕饬南北洋大臣、闽浙督臣豫筹协济。但恐缓不及事,可否仰恳天恩饬部指拨各省海关的款;一面容臣先向上海洋商订约筹借银一百五十万两以应防务急需,随后再由各关按照部拨归款?臣明知帑项关重,特以海外孤悬情势,不得不吁恳君父之前。伏望迅赐施行,俾得从速订借,以资接济而固人心;不胜迫切屏营之至!

　　所有遵旨筹备海防布置情形并恳饬拨的款缘由,谨会同闽浙总督谭钟麟恭折具陈,伏乞皇上圣鉴训示施行!

　　再,太仆卿臣林维源奉旨留办台湾团防事务,现在督饬地方官绅次第举办;并据林维源捐资另募练勇两营,协同官兵分驻防守。合并陈明。谨奏。

　　光绪二十年八月初一日,奉朱批:"户部速议具奏。钦此。"

82. 南洋大臣来电(八月初二日到)

　　钦奉电旨,饬查南洋煤斤。因倭煤价廉,各机器局遂多购适。兵轮所需,多系购自开平、基隆。现在船局存煤尚多,均可供自冬腊;并已分购湘煤,宽为预备。昨又电查悉江西乐平所产不亚倭煤,亦已由筹防局往购;不至缺乏。贵池系柴煤只合炊爨,山东峄县煤碎多油,徐州利国煤力单弱,均难适用。金陵沿江一带,光绪九年经升任庶子臣汪鸣銮奏奉谕旨:禁勿开采。盖开矿虽兴地利,必当无关地脉、民间庐墓,方可有利无害;苟有产煤较旺而无关碍者,自当留意开采,以供取用。求代奏!坤一肃。

83. 台湾巡抚来电(八月初二日到)

　　感电谅悉。基隆、沪尾为台北最要海口,计旧有、新增共四十营;杨岐珍淮军宿将,久历戎行;若令其总统各军,俾事权归一,呼应较灵。台南兵力尚单;恒春为倭人曾至之地,尤宜严备。刘永福威望素著,现已行抵汕头,若先到台北、再到台南,海程往返转多周折;故嘱其径赴台南与镇、道妥商布置,兼可就近策应澎湖,俾免疏虞。该提镇系特旨派令会商布置、帮同办理之员,是以未敢擅便,请旨遵行;未奉电覆,行止两难。应否如此办理及应否请旨之处?伏候钧处裁酌示遵!友濂。东。

84. 军机处电寄邵友濂谕旨(八月二十一日)

奉旨:"据刘坤一电奏:英船运米济倭,已派'开济'船赴台助截等语。着邵友濂饬令严密巡查,遇有他国商船装运米粮接济倭人,经过台湾洋面,即行截留,勿任偷渡。钦此。八月二十一日。"

85. 军机处电寄邵友濂谕旨(八月二十四日)

奉旨:"现因北路军情紧要,必须知兵战将协力防剿。台湾防军现已不少,着邵友濂传知刘永福迅即北上,听候调遣。其所部兵勇酌带几营、应由何路行走随同北来?并着与该总兵妥商办理,勿稍延缓。钦此。八月二十四日。"

86. 台湾巡抚来电(八月二十七日到)

密新。英轮船大舱深,不肯入口;基隆口外时有风浪,起驳为难。搜查两日,仅得十分之一。奉旨留枪弹、释船只,理应钦遵。惟枪弹仅见货单,尚未搜出;于货单外搜得炮弹一箱,显系违禁。情形诡秘,知系倭运货之船果藏军火,想必不少。该船主自称倭货在下半舱,不将上半舱全起清;军火万起不出,非英领事令船主、大副等洋人离船则恐不能进口,便不能穷搜。领事推诿语未奉公使之命,断不肯承管。请由署商诸公使,电饬领事务令船主、大副等人离船暂住该署,即可驶该船入口穷搜。敌人运船旗已拿到,患在得其人为难;税吏多方袒护,欲令该船驶至上海再查。台无多轮押往,势必逸去;久停口外,又虑他变。放行,似可惜。谨将情形详陈,祈代奏,速电覆!事机紧要,迟恐贻误。友濂肃。宥。

87. 军机处奏商阅发下电信折片拟缮谕旨进呈片（八月二十七日）

蒙发下电信、折片等件，臣等公同商酌。

李鸿章电称"台湾拿获船只枪弹等件，应分别提充"等语；臣等查昨据邵友濂电奏，已奉旨令将枪弹等件扣留，其船只即行释放，与英商无所亏损，办法极为公允；似可无庸再议。拟请电旨饬知李鸿章遵照。

安维峻奏请约英、德共保朝鲜，并分别折用、量移谭钟麟等办理北洋军务，调募甘肃回兵及募毁线泅水之人各节，均属窒碍难行。贵译奏请于九连城等处安设重兵、安维峻奏请调河南山陕防军，业经奉旨饬办。均请毋庸置议。

以上各节，臣等熟商，意见相同。谨缮拟电旨一道，恭候钦定。谨奏。

八月二十七日

88. 军机处电寄李鸿章谕旨（八月二十七日）

奉旨："李鸿章电奏：台湾拿获代倭运货之英船，其货物似应分别提充等语。昨据邵友濂电奏，业据税务司所言，谕令将枪弹等件充公，其船只即行释放，于英商亦无亏损，办法已属公允；着毋庸再议。钦此。八月二十七日。"

89. 台湾巡抚来电（八月二十八日到）

据税务司马士面称："阅西国新报：英国'巴山'船系已售与日本，船价已付，惟尚未换旗。此船应扣留者一。两国失和，各国商船均应有'并无济敌'之据；该船无之。此应扣留者二。商船必有提货单、日记簿，该船不肯呈验；显有情弊。此应扣留者三。于货单外搜出炮弹一箱，船主未先声明。此应扣留者四。该船主见我搜出炮弹，潜封舱口，不准查验。此应扣留者五。看此情形，与昨日大不相同。敝税司已照此电请总税司核办"等语。查英国金领事明白事机，深知大体，税务司相观而化；故前后易辙，亦未可知。领事谓"此船大有可疑"，并不敢认为英船。倘欧大臣顾全睦谊，说明系英国售与倭国之船，则断无释放之理。可请钧署向其密询明确，奏明请旨。若实系倭船，得而复失，岂不贻笑！伏候钧裁！友濂。肃。沁。

90. 台湾巡抚来电（八月二十八日到）

密新。友濂奉截拿接济敌人船只之旨，当即悬十万金重赏，并许以越级保升；故"南琛"、"斯美"等船均踊跃用命。台洋险阔，并值风飓大作，该船尽三昼夜之力，巡至白犬山前始拿到；此船船名"巴山"。特再电闻，以备确查。友濂肃。俭。

91. 发台湾巡抚电（八月二十八日）

宥、沁电均悉。"巴山"既系倭船，领事、税司均无异言，即先将此船带入口内查验；否则，恐俄闻信来夺。其船上英人，即交领事看管查究。欧使现在烟台，已由总税司电嘱转饬领事相助并已电台税司遵办矣。勘。

92. 军机处奏商阅发下电报折片拟缮谕旨进呈片（八月二十八日）

蒙发下电报、折片等件，臣等公同商酌邵友濂电奏"拿到代俄运货之英船，据税务司云敌国官用料件，概可充公，自应全数扣留；至英国船只，应否释放"一节，查现在尚需雇船代运军械，此次所获英船，应请即行释放，以敦睦谊。其余折片，或已经办理、或窒碍难行，均毋庸议。以上各节，臣等熟商，意见相同。谨缮拟电旨一道，恭候钦定。谨奏。

93. 发南洋大臣电（八月二十九日）

密。顷赫德言："接沪税司密电：倭兵三队，每队三万来华，头队指黄海；两队何往，却无地名。昨已开船，日内南北洋恐有战事"等语。祈分饬所属台营严防，并转电闽、浙、台、粤各省。艳。

94. 台湾巡抚来电（九月初一日）

前奉敬电，当经遵旨电知刘永福酌带营勇，迅速北上。兹准刘永福电称："俄人战阵，学步泰西；非调法、越经战之兵，难期得力。永福旧部存苏防者仅三百人，拟再复招六千七百，益以新募带台潮勇两千，为八千人；就粤借领饷银八万两并新式洋枪三千枝。如蒙俞允，永福一面电饬在粤营将从速开招，一面由台赴粤赶紧部署，先带二、三营乘轮前赴上海，取道北上；余营勒限续进，俾免耽延。至成军后月饷，拟照楚军加发五成，以示体恤。是否有当？求转总署代奏请旨"等语。理合据情转陈，祈代奏请旨！友濂肃。艳。

95. 军机处电寄邵友濂谕旨（九月初九日）

奉旨："刘永福前在滇、粤与洋人接仗，威声颇著。近因俄焰鸱张，言事诸臣多有诸令其统率偏师直捣长崎各岛，为釜底抽薪之计者。着邵友濂询问刘永福：此时御俄之策，伊能否确有见地？前该总兵请回粤多招旧部，若果如所请，伊能否直赴日本以奇兵制胜？应令详细筹度，据实电奏。钦此。九月初九日。"

96. 军机处电寄邵友濂谕旨（九月初十日）

奉旨："李鸿章电报：倭船八只初八日在成山洋面游弋，至夜直向南去，恐往南洋等语。台湾为倭人垂涎，诡谋莫测。着邵友濂督饬台南、北守口各将弁勤加侦探，严密防范。钦此。九月初十日。"

97. 台湾巡抚来电（九月十一日到）

密新。接佳电，谨即传谕刘镇。据称"永福旧部劲旅经粤核裁，止存三百人，现留为粤防。永福渡台，仅新募两营，未经训练；奉旨北上，恐难得力。故拟回粤招募旧部，求粤借饷八万两、新式洋枪三千杆；请台抚代奏。奉旨：饬酌带现有营勇先行北上，余令派员回粤添募数营；自应钦遵，速拔内渡。惟艰难下情,无可吁告;只合冒昧沥陈:粤勇赴北,服食异宜、险夷异地;骤闻北上,一军皆惊。永福惯用粤人,又难改带他勇;在南方尚可竭寸长,往北地适足形诸短:其难一。现带两营,经闽督奏定闽给饷四个月,后归台给饷。兹将去台,台窎且隔海,势难供饷;以后此两营饷暨添募数营饷与枪械,应由何省支给?北上严寒,勇丁备制皮绵以及沿路舟车费,均无着;焉敢开招。即现带两营过上海、长江陆行北上,半途军资缺乏,业已呼吁无门,不能进发;何论多营!其难二。永福起自草莽,孤立无援;愚戆性成,动遭谤议。仰荷天恩怙冒,获至今日。孤军北往,四顾无倚。粤军气味,迥异湘、淮,避过不遑,功于何有!其难三。永福受恩深重,遥闻北警,恨不飞扫凶氛;惟勉强成行,顶踵何足惜,定于事无济!如必不以永福为不才,惟有仰恳天恩准永福回粤迅集旧部,饬下粤督速筹饷械,俾得开招;并指定以后饷械何省接济?成军之后,由粤而沪、而北沿路舟车,乞饬南、北洋大臣准永福得以呼吁,始可成行。正拟电闻,伏读本月初九日旨,垂询御倭之策,能否确有见地?回粤多招旧部,能否直赴日本以奇兵制胜等因;闻命益切悚惶。伏维兵事胜负互见,御夷之策不可以一挫而馁。今日北路军情,惟坚守要害,备足粮械,始议进取;直捣长崎,非有多处兵轮,断难得手。虽亟谋上策,而未敢曰'能'。现在台北候旨不胜屏营之至。乞代奏"等因。请钧处裁夺代奏!友濂肃。蒸。

98. 闽浙总督来电(九月十五日到)

新法。元电谨悉。邵友濂本不知兵,师心自用,朝令夕改,文武啧有烦言。唐景崧帮办防务,布置略有头绪,迹近张皇。且帮办仍是藩司,自宜委婉就商,祗求公事有济;乃以意见之私辄行讦奏,亦属不顾大体。倭奴不得逞志于东北,必扰台湾以泄忿;事机甚迫。此时求一实心实力者接替,颇难其人;且来不及。应请严旨申饬该抚、藩以防务为重,调和将士化其遍私,不可稍存意见;麟亦致书婉劝,毋误戎机。谨据实密陈,乞代奏!澎湖无险可扼,无米、无煤,兵多罔济;必得兵轮数艘,方可拒敌,刻难骤谋。麟。盐。

99. 闽浙总督谭钟麟奏订购外洋军械进呈清单折
（九月十二日）

太子少保、头品顶戴闽浙总督臣谭钟麟跪奏：为闽省现购外洋军火等项，开单陈明，仰祈圣鉴事。

窃臣前奏"筹办防务"折内，声明所需外洋枪械、军火，随时设法添购，不及先行奏咨立案；兹准海军衙门核覆："现在海防戒严，实为平时不同。此后如有购买外洋军火等项，先行电奏请旨核办"等因，自应遵照办理。惟倭人渝盟，事起仓猝，水师提督杨岐珍、南澳镇总兵刘永福奉命渡台，随带兵勇，急需枪弹配用；此外新旧各防营亦纷纷请领军火，刻难缓待。当向江南机器局添购洋枪药一十万磅，并向洋商先后订购枪弹、军火，以应要需。值此海道戒严，各省采购者多，价值骤涨，又须另给保险之费；其价值多论马克，应俟付清，再合银数。所有购买军火各项数目及船厂添购各件银数已定者，先行开报，奏咨立案。此后如有续购，应照海军衙门来咨，先行电奏请旨遵行。据各司道呈详前来，臣覆核无异。除分咨查照外，谨缮清单，恭折具陈；伏乞皇上圣鉴！谨奏。

光绪二十年十月初二日，奉朱批："该衙门知道。单并发。钦此。"

谨将闽省现购外洋军火、对象，敬缮清单，恭呈御览。谨开：

一、购厦门炮台二十八生克鹿克大炮用三倍半口径长钢弹一百六十颗、四倍口径长生铁开花弹四十颗、炸药一千五百启罗、打仗用火药三百出、铜螺丝拉火三百枝。

一、购德国毛瑟枪五千杆。

一、购毛瑟子弹五百万颗。

一、购净白硝二十万觔。

一、购金底铜帽一千万粒。

一、船坞添购拉船机三副、水力机一副并配铁水管等件价脚共银一万二千九百余两。

一、修理运粮中号快轮船船台工料共银九百余两。

朱批："览"。

100. 署理福建台湾巡抚布政使唐景崧奏续布台防情形折（九月三十日）

头品顶戴署理福建台湾巡抚布政使臣唐景崧跪奏；为续布台防，益求完备；恭折密陈，仰祈圣鉴事。

窃台湾自闻倭警，所有增营设备情形，历经前抚臣邵友濂奏明在案。

查倭人虽鸱张于北，而志不忘台；六月以来，时有倭轮游弋测水。故台湾设防，与临敌同。南路于霜降后，涌浪渐平，与澎湖并形吃重。恒春县自大港口以迄凤山枋寮百有余里，昔为倭人盘踞半载余；蹊径既谙，旧奸尤有。炮台未设，海岸易登。该处防营尚单，又无大员统率，诚恐敌人承虚就熟，不可不加意严防。帮办防务南澳镇总兵刘永福与台湾镇总兵万国本并驻台南郡城，遥顾恒春，鞭长莫及；兹商以万国本专防安、旗一带，刘永福专防凤山东港至恒春一带。该两镇臣相去仅百余里间，事机则仍可互商，部曲则不妨划守；庶几各有责成。惟刘永福仅带两营，不敷展布；商属派员回粤增募四营。恒春至东港防营，均归节制，以一事权；酌裁疲卒，藉抵新募饷需：此续布南路防务之情形也。

从来争台者必首争澎，盖以澎湖可泊数十艘，踞之足为巢窟。我能保澎，敌难寄椗；游行海面，势不能长困孤台。而难守者，莫如澎妈宫、西屿。两岛对峙，中隔海程二十里；现止勇练八营，断难兼顾。兹调驻扎沪尾候补知府朱上泮率带四营，并募炮队前往协防；又开水旱雷一营，择要分置。该地不产薪米，一切粮饷、军装非及时宽为储备，临警则接济无从；现惟竭力源源运往：此续布澎湖防务之情形也。

中路台湾府为南北枢纽，港口深者约二、三处。该处民情浮动，旧有勇营分扎，仅能弹压；必须有坚整之军，方可扼守海口。兹将现有四营汰弱补强、并散为整，调取福建候补道杨汝翼以为统领；重新壁垒，用壮声威；不欲使台岛中权稍留罅漏：此续布中路防务之情形也。

以上，皆近日陆续筹办。海外轮稀物缺，措置艰难；至速亦须两月，方能就绪。基沪为台北门户，臣与提臣杨岐珍遇事会商，先以鼓舞士气、固结人心为第一要义；就近整饬，尚属不难。惟台湾港口林立，防营合计则多、分布犹薄；又不能以财力有限，遂昧远图。至于炮台欠密、军械欠精，虽非目前猝能增易，亦应随时力为筹购。惜有形之财,必愈糜无形之财;节平时之备,必重劳临时之备:则非微臣之所敢出也。

所有续布台防缘由,谨缮折密陈,伏乞皇上圣鉴训示!谨奏。

光绪二十年十一月初一日,奉朱批:"知道了。钦此。"

101. 军机处电寄张之洞谕旨(十一月初五日)

奉旨:"闻倭人攻陷旅顺后,其第三队兵已乘轮南行,尚未知其所向;现在北洋海口将冻,恐其扰及南洋。着张之洞严饬吴淞口加意防守,并分电闽、浙、台湾各督抚一律严防,勿稍松劲。钦此。十一月初五日。"

102. 闽浙总督谭钟麟覆奏唐景崧廖寿丰办理防务尚无不合折(十月二十三日)

太子少保、头品顶戴闽浙总督臣谭钟麟跪奏:为遵旨据实覆陈,仰祈圣鉴事。

窃臣于本年十月初六日准军机大臣字寄,九月二十五日奉上谕:"有人奏'台、浙两省防务紧要,抚臣均难胜任'一折,前因台湾巡抚一时难得其人,令唐景崧暂行权篆;倘举动任性,必误事机。廖寿丰未谙军旅,筹办一切是否合宜?朝廷均深廑系。着谭钟麟确切查明该署抚等能否胜任?据实具奏,不准稍有瞻徇"等因,钦此,遵旨寄信前来。

臣查台湾防务,前任抚臣邵友濂已添募八十营,见诸公牍。迨杨岐珍赴台带领勇五营驻基隆节制各防军,而沪尾统将凡三易,派王芝生;故邵友濂与杨岐珍商调总兵廖得胜、副将余致廷各募一营赴台。臣以台营太多,招易散难;令廖得胜、余致廷各带百人前往,就地挑练一营以为亲兵,不必添募。臣初令刘永福募两营援台,邵友濂谓其不可用;臣谓刘永福在粤拒敌甚勇,藉其声威可资震慑,邵友濂令刘永福驻台南。唐景崧接署抚篆,以廖得胜统沪尾诸营,余致廷带三营副之;又令刘永福募广勇四营仍驻台南,委知府朱上泮带四营助守澎湖(即邵友濂前派防沪尾者);又以中路土勇不可恃,调候补道杨汝翼募三营驻中路,拟裁土勇之饷相抵。是邵友濂所派各军统领,唐景崧并无全行更换之事。其布置防营,似尚周密。此外,亦未闻有举动任性之处。臣曾函嘱唐景崧：兵在精、不在多，乌合之众恐闻警先溃，务宜联络将领抚绥士卒，必使心志合一，乃可指挥惟命；唐景崧亦以为然。朝廷一时既难得人，不若责成唐景崧认真办理，情形较为熟悉也。

浙江以定海为最要，孤悬而无险可扼，地狭则兵多难容；臣亦时以为虑。至镇海天险，两山旁峙，口内水势湾环；塞口则巨舰无由入。但紧守炮台绝其登岸之路，敌计亦无可施。张其光屡任提镇，老于军事，深悉浙洋沙线；提督本系统辖全省制兵，抚臣廖寿丰以防务委之张其光，自是正办。浙省切设筹防局，廖寿丰咨报委藩司赵舒翘总办，营务处道员丁彦、黄祖经、任锡汾会办；赵舒翘入京，改委署藩司惠年。原折所称委一候补知县，未据咨会，无从知之。数月来；廖寿丰于防务择人随时电商，其布置温、台等处均尚妥协。即另易一人其所规画亦不过如此；尚恐不如廖寿丰之殚精竭虑、勤恳将事也。

总之，军情万变事机决于俄顷，利钝诚难逆睹。臣固不敢信台防、浙防之确有把握，第就目前论，唐景崧、廖寿丰办理尚无不合之处。谨查明据实覆陈，伏乞皇上圣鉴训示！谨奏。

光绪二十年十一月十四日，奉朱批："知道了。钦此。"

103. 拟致日本国国书稿（十二月初四日）

大清国大皇帝问大日本国大皇帝好。我两国谊属同洲，素无嫌怨；近以朝鲜之事彼此用兵，劳民伤财，诚非得已。现经美国居间调处，中国派全权大臣、贵国派全权大臣会商妥结。兹特派尚书衔总理各国事务大臣户部左侍郎张荫桓、头品顶戴署湖南巡抚邵友濂为全权大臣，前往贵国商办。惟愿大皇帝接待，俾使臣可以尽职，是所望也。

104. 户部左侍郎张荫桓奏筹办出使臣经费并酌带随员冀收臂助折（十二月初七日）

尚书衔户部左侍郎臣张荫桓跪奏：为酌带随员、约筹经费，恭折仰祈圣鉴事。

窃臣奉命赴倭，才轻任重，与寻常出使雍容坛坫情事迥别，早在圣明洞鉴之中；自应慎选妥员，相助为理。各该员每日相从会议、译缮密电、办理奏咨函牍,宜有专责;客主之际,仍不能绝无酬酢,亦须肆应之才。臣现就平日所知酌带数员,另缮清单,恭呈御览。如不敷用,臣当再奏明续调,冀收臂助。此中经费,拟酌照臣衙门出使章程分别支用,差竣造报。惟此行原无把握,为时久暂自难预定;如能仰托皇上福威,敌人就范,则臣归期可速、经费可节,随使各员亦有劳可录。俟到差后察看情形,再行具奏,以慰宸厪。现在行期在迩,各员所须治装及舟车之费,援案暂在臣衙门借拨银两先行酌发,俾免濡滞。其他用款,臣抵沪晤邵友濂酌商,即在沪关出使经费项下提用,仍随时咨会臣衙门查考。

所有酌带随员、约筹经费缘由,理合恭折具奏,伏乞皇上圣鉴训示!谨奏。

105. 上谕(十二月初十日)

光绪二十年十二月初十日,奉上谕:"朕钦奉慈禧端右康颐昭豫庄诚寿恭钦献崇熙皇太后懿旨:"张荫桓、邵友濂现已派为全权大臣,前往日本会商事件。所有应议各节,凡日本所请,均着随时电奏;候旨遵行;其与国体有碍及中国力有未逮之事,该大臣不得擅行允诺。懔之!慎之!钦此。"

光绪二十一年上(1895 年)

106. 给事中余联沅奏请饬令张之洞等设法以水师直攻日本折(正月初九日)

吏科掌印给事中臣余联沅跪奏:为倭氛甚恶,现更事势危迫,拟仍吁恳乾断,俯采众议,直捣日本,饬令疆臣密筹决计,以纾近忧而拯眉急;恭折仰祈圣鉴事。

窃维旅顺、威海为北洋门户,旅顺陷,威海危;是门户皆为贼据矣。闻李鸿章曾有奏称'渤海可保无恙'之说,今则门户尽失,渤海之险安在?行将历我庭阶,入我堂奥;不知李鸿章更何说以处此!此时遂任其历我庭阶、入我堂奥,而不早为之计、豫为之防,倭之虎视鲸吞何所底止!李鸿章之误国者无论矣,不知枢臣之谋国者又将何说以处此!于此而欲救目前之急,仍莫如以水师直攻日本,为批亢捣虚之计。斯计也,臣屡言之,即各台臣亦莫不言之;闻始则阻于李鸿藻，继则格于翁同龢。倭事初起，即有以'攻日本'之说进者；李鸿藻则谓其有碍于公法，而未之许也。刘坤一到京时，又闻署台湾巡抚唐景崧电致刘坤一：须饷百万，即拟率偏师攻倭各岛；刘坤一商之翁同龢，翁同龢力以为不可行，并将电报亦弃而不存。刘坤一素尚圆通，亦无担当；此事竟作罢论。在诸臣不过谓无船也，然合疆臣之力，岂竟不能设法！抑或因惜费也，然筹兵、筹饷耗帑无算，岂于此紧要之事而靳之！又恐其轻于一掷也，然边疆土地轻掷者多矣，而独于此兢兢焉，殊不可解也！夫诸臣为辅弼之大臣，而臣为建言之末僚，识见才力，自问亦何能及诸臣之万一；而惟于国步之艰难、敌人之情伪、军情之利钝、将士之勇怯，则未尝不博访周咨，凡有可以利国家而益圣明者，不敢不尽言而无隐。今倭既据旅顺、复图威海，其势已逼我庭阶而窥我堂奥；若再虚与委蛇，视朝廷安危所系如秦、越人之肥瘠渺不相关，而仍不投袂奋起，立定大计以奠盘石而固苞桑，试问误国之罪，诸臣与李鸿章有以异乎、否乎？

　　倭人以中国之无能为也，全师而出；其国内之空虚，不问可知。若果能以水师深入其阻，微论长崎、鹿儿岛沿海可据而有，即神户、东京亦无不震动而瓦解。即不然，我不必直取其各岛，而但以师船游弋其海口，彼旅顺之兵将撤而回顾、威海之寇亦不战而自馁；是我不必取旅顺而旅顺有可取之机，我不必制威海而威海有可制之势。于此不讲而徒张皇于某处必陷、某处可危，坐令金瓯无缺之山河日侵月削而不已，臣不知诸臣之远筹若何而决胜竟无其术也！此真可为长太息者也！

　　昔以贼氛尚远，而犹可从容；今则寇入已深，而岂容犹豫！署两江总督张之洞勇于任事，其谋国之忱较诸人为优；拟请旨饬下张之洞与唐景崧密商妥筹，必须设法以水师直攻日本或游弋其各岛。如实有出力将弁奋勇前往，准其破格请奖。此计若行，捣彼空国直如摧枯拉朽；即不能全师致胜，使彼有内顾之忧，而我得抽薪之计。古人行师如此类者，指不胜屈，并非行险以侥幸；诸臣亦何惮而不为哉！

　　臣以此事所关至为紧要，不能不披沥再为上陈。而议者不察，或谓此举实有碍于和局。不知倭奴恃胜而骄，必以方以要挟；诚以水师胁之，彼将帖耳受款，不求和而和乃速成矣。愚昧之见，是否有当？伏乞皇上圣鉴！谨奏。

　　光绪二十一年正月初九日。

107. 军机处电寄张之洞谕旨（正月初九日）

奉旨："有人奏：倭人全出师，国内空虚；若以水师深入其阻或游弋其各岛，使有内顾之忧，我得抽薪之计等语。着张之洞与唐景崧会商办法具奏。钦此。正月初九日。"

108. 北洋大臣来电（正月十三日到）

密新。龚使真电："张、邵议不成，将回。探倭除已运军火，尚有定购计价六十余万镑。乞转电"云。鸿。元。

109. 军机处寄署南洋大臣张之洞上谕（正月十四日）

军机大臣字寄署南洋大臣张：

光绪二十一年正月十四日奉上谕："御史张仲炘奏：'上海接济倭寇米石，有奸商叶成忠、何瑞棠两人所售不下数千万石；或以台湾采办为影射、或用小船绕川沙出口。税务司查出两起、委员拿获一起，均有奥援解脱；今仍照常售运。请饬查拿'等语。运粮赍寇，大干法纪！着张之洞确切查明，严拿惩办；并随时设法严禁奸商弊混，以杜偷漏。原片着钞给阅看。将此由六百里谕令知之。钦此"。遵旨寄信前来。

110. 北洋大臣来电（正月十五日到）

密新。沪局密电："加给张、邵国书，似仍无济。访察各国有识者之论，倭若犯至北京而后可公论相劝，现处无策"云。鸿。咸已。

111. 台湾巡抚来电（正月十五日到）

密。得密信：倭相大鸟圭介议攻台，以一万数千兵先驻琉球，制有铁牌车登岸为营，由台后山、或恒春、或据住琉球进攻台南；倭主欲先犯京师，取威海由山东进兵等语。伏查攻威海已有明征、又不就和议,志在犯京无疑;计无可抵御者,忧恻之至!銮舆迁幸,似万不可迟;必求皇太后、皇上安处无惊,而后臣民得以设谋泄愤。迁陕太远,不得已或请暂幸热河,似去敌氛略远。海外僻陋,未闻果有此议否?再,请旨下号召海内豪杰:无论海寇、马贼,有能夺回失地一处者,予爵赏,世守其土;有能捐输枪械助人立功者,爵赏同。征东之策,电商江督,尚未复。至后山绵亘与前山同,无力多布防营;且琉球距凤山二十余里,孤岛难守。台无兵轮,此等小岛甚多,防不胜防;驻兵亦置之绝地。刘永福新募四营甫到,催其出驻凤、恒。设有警,臣惟竭力督军守御。现饷项罄尽,户部允拨洋款百万两;请旨饬下早议速交,以济眉急。请代奏!景崧肃。寒。

112. 出使大臣张荫桓邵友濂来电(正月二十一日到)

密红。自抵广岛,日本不准发密电,中国来电亦留难不交。互换敕书后,又谓使权不足,不能开议,应即出境。与商明电请旨,不允;且谓补请敕书亦来不及。既不开议,不合停顿。又缕述中国立约,屡悔举不信:英法约、俄约、法越约、中美工约,前后翻复情状为言。美约系臣荫桓划,法俄约系臣友濂与议;故于臣等之来,弥触其疑虑。日本敕书但云与中国回复和好,尚非讹言中国求和。惟伊藤词意,中国若复遣使,自非名位极崇、能肩重担者不足与议;亦可不到广岛,或在旅顺,伊藤、陆奥均来就议;届时仍由田贝商定云。业将大概情形,初八晚电田贝转达总署在案。应否再派重臣与议抑饬下统兵大臣实力筹战?伏候圣裁!臣等奉使无状,为敌所轻,重负朝命;相应请旨罢斥,以存国体。所奉国书并未呈递,当与敕书恭缴。谨先将东国敕书文节略节会中商答,译寄总署呈览。臣等遵旨回华,今日到沪。臣张荫桓、邵友濂谨电奏,乞代奏!马。

113. 户部掌印给事中洪良品奏倭患益深计穷势迫请直攻日本以图牵制而救眉急折(正月二十二日)

四品衔户科掌印给事中稽察西仓臣洪良品跪奏:为倭患益深,计穷势迫,请直攻日本以图牵制而救眉急,恭折仰祈圣鉴事。

窃谨考日本疆域,分八道、六十六州,不过中国两省之地。借英债二千余万,民债无算;其国本贫,外强中干。劳师袭远,其所以敢于深入我地者,盖早窥内地武备废弛,人皆习于讲和之说而不欲战也。乃至与之讲和,而彼仍不应;且益扰我沿海各郡,势将阻我运道,使京城坐守待毙:此其志岂在小哉!我中国海口延袤万余里,此堵彼窜,防不胜防。转瞬南漕运行,彼以偏师游弋海中,将不战而自困;此固倭奴处心积虑为计毒而料之审者。此本中国之瑕,而不知己之亦有瑕也。谨案日本北为对马岛,与山东之登州径直;南为萨峒马,与浙江之温州、台州径直。长崎一岛,与浙江之普陀东西对峙;厦门至长崎,北风由五岛入、南风由天堂入,相去不过数十更。盖海道以更计程,一昼夜为十更也。凡兵法:制人,不制于人。彼能闯我堂奥,我亦能扰彼庭户;彼能渡鸭绿江而西来,我亦可渡对马岛而东往。彼全师远出,本国必然空虚。请旨饬下两江总督张之洞、闽浙总督边宝泉、台湾巡抚唐景崧密筹会议,各选得力将弁专募海沿渔丁、蜑户、亡命之徒计二、三万人,率以直捣日本,扰其长崎、鹿岛、横滨、神户等处,径逼王京;彼必回师救援,再有宋庆、依克唐阿等两面夹攻击其隋归,使彼受一大创,庶知中国之不可侮。或有虑其报复者,不知此正止其报复;彼若再有蠢动,亦恐中国之潜师袭后也。且示中国师能袭远,永免他国生心;此亦自强之一策。

所谓"殷忧启圣",正在此时。盖我乃大国,彼乃小夷也。以饷言之,我合十七省以筹饷,源源接济;不似日本借债难筹。以兵力言之,我抽募沿海亡命之徒,一呼即集;不似日本借助汉奸。且即有小败,随募随添;战于彼境,较之战于户庭者利害悬绝。以万国公法言之,彼灭我藩属、扰我海郡、杀掠我吏民、夺我炮台险隘,理已先屈,不为无故寻仇。臣阅史鉴,亦知元人初入中国,不知海道沙浅,遽率师征日本,致飓风起而全军漂没;后遂视为畏途。不知彼乃黩武,故为天心所不顺;今我乃救危,当亦天心所深许。况我与日本互市往来,频年遣使不绝;其各岛门户,我亦熟习,不似元人之冒昧以图,可无他虑也。不然,我即徼幸一战胜之,彼不得志于此地,必将生衅于他处,将军事终无了期矣。

此策舆论佥同,近日言者亦众。臣去岁曾条陈两次,其时寇尚未深,故朝廷意在持重,可图徐制。今时势日迫,南漕尤为难缓之图,欲止恶氛,更无他法;故不避烦渎视听,敬请圣断施行,以纾近忧而弭后祸。想枢臣等蒿目时艰,同心体国,亦鉴微忱而思图共济也。臣为扶危救急起见,合无饬下沿海疆臣速筹进取以维大局,幸甚!谨奏。

光绪二十一年正月二十一日。

114. 李鸿章来电（正月二十二日到）

张侍郎电："伊藤自负日本为第一等人，故愿中国所派爵位相埒，始能开议；情愿亲到旅顺相就，愿速之。科士达牵率来沪，允住八日；如留，俟约定乃去。科谓三月必妥结，不必久留。科此来悉辞美都各席，风雪严寒，如期至倭相候，酬以二万五千美银；在倭为草各稿，并与倭外务状师端迪臣辩论数次。端亦美族，科能详叩之；已为倭起定约稿，索款、索地，科不能决。至索改旧约、索开口岸及未战以前龃龉之事须援公法与办者，非科不可。科为美重，此费万不省；承饬转致，应否订至三月？乞电复！旌旆进京商办，万不可少；国书可免，敕书照乙酉在津与伊藤互换之式便妥。但须托田贝与商，能发密电为要"云。鸿先将奉命大略电知，并属转致科士达应请留至三月。此等重大事，非有状师襄理不可。既称国书可免，请署查乙酉在津与伊藤互换敕书之式，酌照办理。伊藤愿到旅顺相就，未知确否？请属田贝电询：若能在烟台会议尤妥。伊藤每欲鸿章往日本报聘，争此体面，倘将来和议成后，自揣精力能远涉风涛，亦可赴倭一行。可于田贝闲谈时谕知；免又远行，徒损国体。现议于二十五日交卸，二十七日赶程。请代奏！

115. 军机处电寄李鸿章谕旨（正月二十二日）

奉旨："本日据张荫桓等电奏：已于二十一日到沪，将往来问答、倭敕底稿钞录呈览；并云再派重臣可不必到广岛，伊藤等可来旅顺就近商办。至停战之议，初次派使时，美使即向倭言及；倭覆电：须俟两国大臣聚会时，方能将如何议和、停战言明。昨接李鸿章电奏，复饬总署与田贝商酌。田谓倭必不改前说，碍难再商；惟盼李鸿章速与会面定议。此时事机至迫，连日电询李鸿章启程日期，殊堪焦盼！该大臣务须即日布置成行；所有随带人员，并着拣派妥协，迅速具奏。钦此。正月二十二日。"

116. 军机处电寄谭钟麟谕旨（正月二十八日）

奉旨："本日据盛宣怀电称：'香港电云：澎湖相近，见倭兵船六艘；台湾水线，昨日午后已断'等语。倭既陷威海，乘冰冻未解南犯台湾，本在意中。唐景崧无电报，想因线断之故。该处调集兵勇不少，惟饷力未敷，户部已拨银一百万两；此后如因战事封口，运解维艰；着谭钟麟设法先给。并传谕唐景崧督饬刘永福等申严守备，激励戎行；如敌船近口，即行奋力截击，毋任乘隙登岸：是为至要。钦此。正月二十八日。"

117. 闽浙总督来电（正月二十九日到）

二十五接香港电云："英轮过百湖，见一倭船泊笔架山，谓有兵船六艘往台湾"。时电线断，无从查问。二十七电通，询杨岐珍；回电云："台湾亦有此谣；澎湖电不通，无确信"。而二十四有澎湖船来云："未见倭船过海，无时不有谣言"；惟饬严备而已。饷源枯竭，闽、台皆同；无可设法。台湾有林绅积粮百余万可给兵食，不虞哗溃。电旨已传谕，请代覆奏！

118. 署台湾巡抚来电（正月二十九日到）

闻倭有兵轮六、七艘在熟湖洋面。熟湖电线去腊下旬损坏，修接未竣，消息不通。现用渔船往探未回，莫卜虚实。英国商轮到安平海口，云本月二十六日见倭兵轮三艘在熟之东各岛外游弋；此信似确。已饬各口勇营严防。惟连日各省纷传台警，诚恐谣闻失实，上系宸厪；谨将情形电陈。祈代奏！

119. 军机处电寄谭钟麟谕旨（正月二十九日）

奉旨："昨闻澎湖见有倭艘，台湾水线已断；业经电令谭钟麟传谕唐景崧严备。台湾孤悬海中，饷需不继，关系匪轻；户部所拨银一百万，设台湾不能汇兑，祇能汇至福建。应如位设法运解？着谭钟麟妥筹办理。刻下贼情如何？着即电覆。钦此。正月二十九日。"

120. 军机处奏酌拟敕画一道致田贝信一件呈览片（正月二十九日）

臣等与李鸿章公同商酌，谨拟敕书一道、又给田贝信一件，恭呈慈览。俟发下后，即日交该衙门办理。谨奏。

正月二十九日。

授李鸿章为与日议和头等全权大臣敕书

大清国大皇帝敕谕：现因欲与大日本国重敦睦谊，特授文华殿大学士、直隶总督、北洋大臣一等肃毅伯李鸿章为头等全权大臣，与日本国所派全权大臣会同商议，便宜行事；豫定和约条款，予以署名画押之全权。该大臣公忠体国，夙著勋劳；定能详慎将事，缔结邦交，不负朕之委任。所定条款，朕亲加查阅，果为妥善，便行批准。特敕。

致美使田贝信

迳启者：贵大臣送来二十三日、二十六日日本所发两电，均已阅悉。李中堂奉派全权大臣，凡日本二十三日电内欲商各节，均有此全权责任。希即转达日本政府，并问明拟在何处会议？即行电覆，以便改期前往。此次敕书，词意悉照日本所发敕书办理。会将府稿录送阅看，应否转电日本？希贵大臣酌度可也。

121. 台湾巡抚来电（正月三十日到）

二十九日亥刻钦奉闽督转传电旨，圣主垂念孤台，涕零感激！澎湖电线，旋报修通；该处文武来电云：见轮船两、三偶过，在数十里外，难辨认为何国船。顷接台东州知州胡传禀报：本月十九酉刻，见倭三轮停于红头屿、火烧屿间；午旋驶去。彼轮游弋台洋，自在意中。伏维敌踪既入台境，即游弋亦应严防，不敢疏忽；设大队来犯，台有战备，亦惟尽力抵御，不敢张皇。祈代奏！景崧肃。卅。

122. 出使大臣龚照瑗来电(二月初二日到)

俄使持俄主电密告庆常：俄、法、英有'保大局、杜侵占'之约，应俟倭说出索项，华难允，再出评论方能得力等语。法外部告庆常：前电催倭速和，倭复愿和；未知诚心否？战守难松，京兵宜用快枪炮，重根本；奉直宜防倭登岸，抄袭山海、津、沽。法、英各遣一舰赴台、澎，探倭舰行踪。英、法、俄现集战舰六十，不难立断倭路；因不愿轻发，姑观倭动静等语。李相卅电悉，即赴英、法外部商后电闻。乞告知！瑗。东。

123. 署南洋大臣张之洞来电(二月初五日到)

传闻倭有索台湾之说，或云借台湾开矿十年等语；未知确否？即使倭真有此意，朝廷权衡至当，知亦必断然不允。查台湾极关紧要，逼近闽、浙；若为敌踞，南洋永远事事掣肘。且虽在海外，实为精华；地广物蕃，公家进款每年二百余万，商民所入数十倍于此，未开之利更不待有。去腊洞向寓居美国之道员容闳借洋款，容复电云：若肯以台湾作押，可借美国银元十万万元等语。查美银元每元合中国银一两余，十万万元是值银一千余兆。又，上海英律师丹文来言：若中国需银，可将台湾押与英人，可借银款等语。洞以其语不得体，当即峻词斥之。即此两说，可见外洋各国艳羡重视台湾之至。既知洋情如此，不敢不以上陈。再，近日倭有数轮游弋澎湖，显系意在台湾，甚属孤危可虑。窃谓此时正可就外洋艳羡之意，另设一权宜救急之法：似可与英公使、外部商之，即向英借款二、三千万，以台湾作保。台湾既以保借款，英必不肯任倭人盘踞；英必自以兵轮保卫台湾，台防可缓。借款还清，英自无从觊觎台湾，其权在我。如照此办法，英尚不肯为我保台湾，则更有一策：除借巨款外，并许英在在台湾开矿一、二十年；此乃于英国家有大益之事，必肯保台湾矣。台湾内山瘴毒深邃，历年开辟无效，是中国人力断然不能深入；若英人代我开山通道、廓清瘴疠、畅开地界，彼虽获目前之利，至年限满足后，我坐享其利矣。我有巨款即可速购各小国现成兵轮，于战必有大益。而既与英以矿利，则保台必所乐从；中、英之交既深，即可与英外部密商遇事从中暗助。总之，英远倭近、英缓倭急，英乃强邻，尚顾大体，倭乃凶盗，毫无天理。古人所谓'远交近攻'，此理确然不易。惟外间耳食之人,恐误以为将台湾押与英国,横生訾议;不知历年借洋款皆写海关作保押,借款已清,英国何尝有据我海关而收税之事乎!大局十分紧急,谨陈管见,上备采择;不胜惶悚!是否可行?伏候圣裁!请代奏!之洞肃。豪二。

124. 署台湾巡抚唐景崧来电(二月初六日到)

密。台湾逼近闽、粤、江、浙,为南洋第一要害;然我控之为要,敌据之为害。欲固南洋,必先保台;台若不保,南洋永远不能安枕。且治台者倘能稍假便宜、略宽文法,不惜资本广浚利源,实属可富可强之地;外人所以垂涎也。近日海外纷传:倭必攻台;又闻将开和议,倭必索台。明知谣传无据,朝廷亦断不肯许人。无如台民惊愤,浮议哗然,深恐视台如汉之视珠崖者;百端谕解,莫释群疑。微臣职在守土,倭如攻台,战事死生以之;倭如索台,和款非能预议。而一岛关南洋全局,惟有沥陈利害,上备先事之运筹、下慰愚民之惶惑。冒昧伏陈,乞代奏!景崧肃。歌。

125. 军机处电寄唐景崧谕旨(二月初七日)

奉旨:"唐景崧电奏已悉。台湾为外人垂涎,近闻倭人有调集兵船聚泊琉球之说;恐将就近图犯台湾,情殊叵测!战守事宜,亟须豫为筹备;着唐景崧督饬各营严密布置,勿稍大意。钦此。二月初七日。"

126. 大学士李鸿章奏报启用全权大臣关防日期片

再,臣奉命与日本商定和约,应有行用关防,以昭信守。兹于二月初三日准总理衙门刊就木质关防一颗,文曰"钦差头等全权大臣关防";咨送前来。臣即于四日敬谨开用。理合附片陈明,伏乞圣鉴!谨奏。

127. 军机处电寄张之洞谕旨(二月十一日)

奉旨:"张之洞电奏由襄阳至京另设电线等语,本日已据王文韶奏明办理矣。前据张之洞电奏：以台湾作押借用洋款藉资保卫一节，总理衙门询之总税务司，据称'各国均守局外，势不能行'。该督所奏，究竟有无确实办法？着详细电覆。钦此。二月十一日。"

128. 署南洋大臣张之洞等来电（二月十四日到）

督办军务处：前奉电旨"会商捣巢截寇"一节，往返屡商。之洞意：拟购穿甲快船数艘、合汉纳根两艘，并赶造极快鱼雷炮船十艘、再购极快公司船三艘改为运船，载兵两千人，载煤数千吨随之；乘虚攻袭，出队登岸，或毁其炮台、或歼其守兵、或焚其积储。若敌内地之兵大至及敌轮还救，则移攻他处。若海面遇敌，船少则攻、船多则避；遇其运兵、运械之船，则截夺之。我船驶快，敌不能追；敌若穷追，则收入闽之长门、浙之镇海、粤之虎门、江之吴淞等处，皆有炮台可以依护。盖兵少则不能深入，煤少则不能在海外久停；船小则不能击其大队；只在乘虚多扰、截其运船，彼有内顾之忧，自不能起倾国之兵深入久扰。至造船到华，至速须七、八个月；购船到华较早，驶行不快。极快雷船，必须定造。购船多少未定，造船已有成议；惟选将难得其人。景崧意：欲招粤边悍勇游匪数千，先用民船潜往；如有兵轮随后继进，意在深入攻踞。惟募练亦须四个月，须有巨饷、利械。两人所拟办法不同；之洞意：总谓民船难往。窃拟分投各自筹办，俟勇齐船到，再看情形商酌。台湾练成此项兵勇，无论攻倭与否，总是有用；饷械，江南筹济。至购船、定船详细办法，另行电奏。谨遵旨覆陈，请代奏！之洞、景崧同肃。元。

129. 大学士李鸿章来电（二月二十五日到）

密红。二十三辰抵马关，倭派全权伊藤、陆奥约期会晤。二十四申齐集公所，互阅敕书妥协。伊、陆言住船不便，谆请移寓，公馆预备整济；允明日暂移，以便就近议事。函请先停战；意似游移。约二十五日再会议，并开所索条款；容续电闻。伊藤言别来十年，中国毫未改变成法以至于此，同为抱歉。探知前六、七日有运兵船多只出马关，约五千人，云往澎湖、台湾；确否？辽、沈、榆关军情若何？乞示！请代奏！鸿。敬。

130. 署台湾巡抚唐景崧来电（二月二十五日到）

各国兵轮来台观战，可否祈钧处商之各国公使，豫饬各兵轮远停口外，勿入口？一恐倭轮混入，再恐百姓惊惶。乞钧裁示下！景崧肃。经辰。

131. 署台湾巡抚唐景崧来电（二月二十五日到）

近闻倭将犯台，前数日来一法国兵轮，停澎湖多日；屡催开，未行。本日又来一轮，升法国旗；又来一轮，旗看不明：均停澎湖西屿口外。又，澎湖纱帽山见有五轮，旗亦未办明析。询法公使，究确有几轮到台？恐系倭人假冒。如此多轮，势应开炮。法轮请远行，恐误伤。景崧肃。

132. 发台湾巡抚电（二月二十五日）

询据法使，称近有法船三只，一名"阿耳热"、一名"意思里"、一名"佛尔"，纷泊澎湖。台无领事，彼已径电水师提督遇警远避，倭不能假法旗云。有。

133. 军机处电寄唐景崧谕旨（二月二十五日）

奉旨："唐景崧电奏已悉。倭人图犯台湾，自在意中。澎湖所停法船，是否假冒？此外，所见兵轮多只旗帜未明，如果系他国之船，在台领事当必知之；着唐景崧就近询之各国领事，令其随时告明。并告以如有倭船前来，局外之船应速避，免致误击。一面已由总理衙门照知各国使臣矣。钦此。二月二十五日。"

134. 署台湾巡抚唐景崧来电（二月二十六日到）

恒春见倭轮十余艘游弋港口；该处无炮台，有防军三营。上年十月筹设电报，购线甫到，竣工尚早；消息不灵。刘永福驻凤山，距恒春两日程；已电属其拨营策应。澎湖西岭复见倭轮五艘，离炮台尚远；曾饬各军度枪炮不能中敌，勿开击，坚伏待。请代奏！景崧肃。宥已。

135. 署台湾巡抚唐景崧来电（二月二十七日到）

本日倭轮十二只犯澎湖之大城北地方；顷据澎电，被我炮台击沉二只、坏二只，余逃。复回扑，我军力战，寇稍退；恐复来。我炮台无伤，立颁重赏。详情容查明续陈。请代奏！崧肃。沁申。

136. 闽浙总督谭钟麟来电（二月二十七日到）

总署钧鉴：接台抚唐本日已刻电：倭攻澎。又接申刻电：倭十二轮犯澎大城北，被我军击沉两艘、坏两艘，倭遁，恐复来；我炮台无伤云。谨奉闻。麟。感酉。

137. 军机处电寄唐景崧谕旨（二月二十七日）

奉旨："唐景崧电奏已悉。恒春有倭轮十余艘游弋港口，该处并无炮台，仅有防军三营；恐其伺隙登岸，着唐景崧速饬刘永福拨营策应，力筹堵御。澎湖西岭复见倭轮五艘，倭之图犯台、澎，声东击西，诡谋叵测！该署抚务当督饬各营时刻严防，勿稍疏懈。钦此。二月二十七日。"

138. 署台湾巡抚唐景崧来电（二月二十八日到）

本日澎战，委员午刻未据报到。午后电断，已饬台南觅人往探。请代奏！二十八酉刻。

139. 军机处电寄唐景崧谕旨（二月二十八日）

奉旨："唐景崧电奏已悉。倭寇扑犯澎湖，经炮台击沉二船、又坏二船，尚未远遁；恐其复来猛扑，或抄袭炮台之后。着唐景崧激励防军时刻严防，测准炮力可及，即行轰击。如能毁其多船，立颁重赏以资鼓励。昨据电奏：恒春有倭轮游弋港口；有无动静？仍着饬令刘永福妥筹兼顾。此外，台湾各口一律严加整备，以杜窥伺。钦此。二月二十八日。"

140. 署南洋大臣张之洞来电（二月二十九日到）

刘帅堪电悉。连日迭接唐电：澎湖击沉倭船二只，余仍不退；今日自文良港登岸千余人，水陆并战，互有杀伤。澎线忽断，嘉义县酉刻尚闻炮击，晚始息等语。索军械甚急，已电饬沪局尽局存枪弹并借沪营与之。因"斯美"轮行，急拨林明敦千五百、弹一百五十万、毛瑟弹五十万、黎意一百二十、弹十余万，交"斯美"带回。澎孤悬，药弹恐难久支；援澎实无策，只有急图济台。江省借款，一时难提到；恳请督办军务处饬拨汇丰洋款百万，令该洋行电汇台。再迟，恐难汇。江省借款到，当拨还。军火当尽力另济，有船即解。恐唐未电京，或劳朝廷垂询，并奉达。之洞肃。

141. 闽浙总督谭钟麟来电（二月二十九日到）

倭昨晨千余人由文良港登岸，周镇往御；自卯至午水陆交战，胜负未分。午后电线忽断，查无消息。刘永福欲援，无轮；相持日久，粮尽援绝，甚属危！麟。艳。

142. 军机处电寄唐景崧谕旨（二月二十九日）

奉旨："唐景崧二十七、八日电奏俱悉。倭攻澎湖由文良港登岸，电信已断；情形如何？仍着确探奏闻。倭人意在攻取台湾，必有大队兵船前来扑犯。从前法人犯台，曾经官军击败；唐景崧惟当激励将士严为戒备，相机堵剿。其凤山一带，并着饬令刘永福妥筹布置；如有贼匪登岸，务须迅速驰击，勿任蔓延。该署抚拟借洋商镑银三百万两，着照所请，准其借用。元丰顺系何国洋行？是否开设上海？着即电知总理衙门，以凭办理。钦此。二月二十九日。"

143. 军机处电寄刘坤一谕旨（二月二十九日）

奉旨："本日据李鸿章电奏：倭人所欲甚奢，恐难就范；伊藤面称现要攻取台湾。倭新报云：兵船二十只在大沽、北塘海面游弋，查察商轮；倭主派小弁亲王赴旅顺督师等语。连日据唐景崧电称：倭攻澎湖，已由文良港登岸；台湾恒春亦有倭船停泊；是其欲攻台湾之说已确。津、沽南北口外有无倭船来往？着刘坤一随时确探，加意严防。昨据王文韶电称：体察聂士成、曹克忠等军，战守颇有把握。但期临敌果能痛剿得胜、扫荡寇氛，军事方有转机。该大臣等其熟筹调度，以纾宵旰之忧；是为至要。钦此。二月二十九日。"

144. 军机处电寄谭钟麟唐景崧谕旨（三月初一日）

奉旨："谭钟麟、唐景崧电奏均悉。澎湖电断无信，又无兵轮接应；将士被困，殊堪悯念！能否募渔船往探情形？着谭钟麟、唐景崧酌量办理。澎如不守，必将犯台；该省布置能否周密？如兵力不敷，或就地添募，或由闽省添派、设法渡往助剿之处，并着该督等妥商筹办。钦此。三月初一日。"

145. 军机处电寄谭钟麟谕旨（三月初二日）

奉旨："谭钟麟、唐景崧电奏均悉。倭攻澎湖，经我军击伤百余人，逐贼下船；在防将士勇敢善战，甚属可嘉！惟孤立无援，军火易罄，恐难久支；实深廑念！应如何暗渡接济之处？着谭钟麟、唐景崧密筹办理；并着张之洞一并设法筹办，以救眉急。元丰顺借款已由户部、总理衙门饬办，并由户部先拨汇丰洋行借款五十万交沪局委员赖鹤年转解矣。钦此。三月初二日。"

146. 军机处电寄谭钟麟等谕旨（三月初三日）

奉旨："谭钟麟、唐景崧电奏均悉。据探澎湖倭船已尽窜去，受创自必不轻；守澎湖将士甚为得力。着该督等速即确探：如倭船果已远遁，即应亟趁此时设法多解子药，以资接济，不可稍有延误。厦门口外之兵轮，何以先挂黑旗、又改法旗？是否实系法船？可询明领事，以防假冒。此外七轮，又系何国之船？并着随时确探严防为要。钦此。三月初三日。"

147. 军机处电寄唐景崧谕旨（三月初四日）

奉旨："唐景崧电奏已悉。倭寇扑犯澎湖，我军力战三日，竟至不守；实深愤懑！文武各官下落，着唐景崧查明具奏。该处系属孤岛，无船接应；唐景崧自请严议之处，着加恩宽免。澎湖既失，台湾更形紧急。该署抚布置防务，历时已久，勇营亦颇不少；临敌调度，必先胸有成算。上年据奏招集万四千人听调，是否足资得力？杨岐珍现扎何处？其余将领如何分布？着即电闻。该署抚务当与统兵各将领互相联络，竭力抵御；敌如分路来犯或乘隙登岸，必当有游击之师接应截剿，方不致猝为所乘，深入滋扰。钦此。三月初四日。"

148. 军机处电寄唐景崧谕旨（三月初五日）

奉旨："唐景崧电奏已悉。据探二十八、九日倭攻澎湖将士交战情形，甚为可悯！总兵周振邦等力竭身死，着饬查确实请恤。台湾各口现在有无倭船游弋窥伺？贼之惯技必先声东击西，继以大队猛攻一处；仍着唐景崧懔遵昨日谕旨，与统兵各将领时刻严防，力筹抵御。钦此。三月初五日。"

149. 军机处电寄李瀚章等谕旨（三月初八日）

奉旨："现在奉天、直隶、山东，倭允停战二十一日；而彼方图攻台湾，不在停战之列。该处孤悬海外，如被敌困，无法援救；尤虑军火缺乏，难资战守。本日据唐景崧电奏：请饬粤省拨可用后膛枪五千枝、配足弹子，另拨毛瑟弹三百万粒、火药十万磅，交知州唐镜沅设法运台。着李瀚章速即拨解，以应急需。并着张之洞、谭钟麟一并酌量筹拨，或用渔船暗渡、或雇洋轮保险，分起运往。趁此敌兵未集之时，赶紧办理，俾资接济。至唐景崧请调兵轮赴台听用，并着张之洞、李瀚章酌量调派。钦此。"

150. 军机处电寄唐景崧谕旨（三月初八日）

奉旨："唐景崧电奏四件均悉。向来两国议和，先定停战日期；和议不成，仍即开战。此次议定停战自初五至二十六，亦只二十一日；其不允台、澎，李鸿章按公法与之力争，而彼坚执如故。此节权自彼操，凡在臣民皆当共喻。况停战并无多日，彼兵之在奉天与游弋津、沽各海口者，依然不减；并非他处尽撤，而以全力攻台也。朝廷注念该处孤悬海外，援应维艰，宵旰忧廑；自去岁至今，无时少释。然自开战以来，屡为该处备兵增饷、不遗余力者，亦正虑有今日。该署抚应将以上所谕剀切宣示，激励将士、开导绅民，敌忾同仇，力图捍卫。其有捐资济饷、杀贼立功者，必定优加奖擢，不次酬庸。慎毋惑于愚论，借口向隅，致守备有疏，自贻伊戚。该署抚所请由广东拨济枪弹、子药，已饬李瀚章照办，并谕知张之洞、谭钟麟酌量协济。至调用兵轮一事，北洋无船，南洋各舰前令协助北洋，因张之洞声称船旧行迟，不能出海，遂止不调；本日虽谕张之洞、李瀚章酌筹办理，第恐未能应手耳。钦此。三月初八日。"

151. 军机处电寄杨岐珍唐景崧谕旨（三月初九日）

奉旨："杨岐珍电奏已悉。现在倭寇图攻台湾，情势日紧；基、沪两口均经该提督与统领布置防守，仍着激励诸军互相策应堵剿，力遏寇氛。台南一路，着唐景崧传知刘永福勤加侦探，严密扼守；毋令乘虚猝犯为要。钦此。三月初九日。"

152. 军机处电寄刘坤一宋庆谕旨（三月初十日）

奉旨："刘坤一、宋庆电奏均悉。倭允北路暂时停战，而声言将攻台湾，情殊狡诈！昨据李鸿章称：倭人交出条款，所索过奢；恐难结局。倘限满和议难成，仍将开战；自应豫为戒备。宋庆拟留铭、嵩两军分驻石山站、间阳驿以固辽沈运道，自率毅军移扎大凌河西岸，自为豫筹赴援起见；即照所请办理。宋庆请调编修张孝谦赴营，该员前经李鸿章奏调出洋，因病未往；所请着勿庸议。钦此。三月初十日。"

153. 军机处电寄唐景崧谕旨（三月十一日）

奉旨："唐景崧电奏已悉。台南府知府唐赞衮当军务吃紧之时，辄托故请开缺卸任，实属规避！唐赞衮，着即革职。前谕张之洞酌拨枪弹并调兵轮赴台，本日据该督电称枪弹已竭力拨解，南洋兵轮无多、且船薄行迟，祇可在长江依辅炮台；若出海遇敌，徒供糜碎，有损于江、无益于台。所奏亦系实情，想该督必已电覆矣。钦此。三月十一日。"

154. 翰林院侍读学士文廷式奏倭攻台湾请饬使臣据理争论折（三月十二日）

日讲起居注官、翰林院侍读学士臣文廷式跪奏：为倭人狡计、专攻台湾，请饬使臣据理争论，以固民心而维国脉；恭折仰祈圣鉴事。

窃臣于和战大局，言之再三。明知天听不回而不惮冒渎者，诚以服膺经训、荷戴殊恩，陈善责难是其职事，不敢有所隐以负神明也。

今日台湾之事，尤为存亡所关。李鸿章之行也，其秘计在割台湾，曾与孙毓汶、徐用仪密议于美国使署，虽大臣秘之而举国皆知之。其言谓：以散地易要地。夫奉天固要地矣；台湾关系江、浙、闽、广之得失，可谓之散地乎？乃近日有停战二十一日之说，曰"停北不停南"。同隶皇上之土宇、同为皇上之人民，何爱于北而恶于南？五洲万国，有此停战之法否？且恐倭之有所牵制，则停海城之攻以利之；虑倭兵饷之不足，则每日偿兵费以资之。此李鸿章父子恐台民之不受割，而劝倭人专力攻之也。其心路人所知，其事天下所骇！夫战而失地，出于势之无可如何；百姓虽死，亦无所怨。若朝廷隐弃之而不言、奸臣巧割之而不恤，四方之人谁不解体！不独各国环起之可虑。当日金田粤匪，岂不由和议苟且召之乎？天下者列祖、列宗所留贻，尺寸之土皆关神灵缔造；皇上不得误信一二人而轻易弃掷者也！应请旨饬李鸿章与倭辩论，若不能一律停战，则毋庸虚受此名，堕其术中。倭之欲离间民心久矣，安可复授以隙！此事径行，臣知不能苟安，而益增危乱，断断然也。伏望皇上念大业之艰难，鉴民心之不可失；天下幸甚！

臣有忧幽之疾，故敢终为一言。谨缮折密陈，伏乞皇上圣鉴！谨奏。

光绪二十一年三月十二日。

155. 军机处电寄唐景崧谕旨（三月十二日）

奉旨："唐景崧电奏已悉。倭人声言欲攻台湾，而近日海面并无动静，情殊叵测！据奏现在士气颇奋，有愿自备饷械者；甚属可嘉！台北布置地营濠堤，尚属周密；惟台南须待四月底方起涌浪，恐敌人此时即来扑犯。仍应时刻严防，整备堵御，勿稍松劲。粤省船械均无可拨，本日已据李瀚章电覆矣。钦此。三月十二日。"

156. 军机处呈递贵铎等折片奏片（三月十二日）

本日贵铎奏"沥陈各军失利情形"折、又奏"举办乡团兼筹善后"片、冯文蔚等奏参"吴大澂损挫军威"折、又奏"请将马玉昆、徐庆璋破格奖励"片、文廷式奏"倭人专攻台湾请饬使臣据理争论"折、又奏"倭人条款不可轻许"片，均奉旨"存"。谨将各折片，恭呈慈览。谨奏。

三月十二日。

157. 江南道监察御史张仲炘请饬全权大臣勿以台湾许倭折（三月十四日）

掌江南道监察御史臣张仲炘跪奏：为台湾必不可弃，及今和款未定，拟请电饬全权大臣勿以许倭，以杜后患；恭折仰祈圣鉴事。

窃自军兴以来，臣以愚蠢之才不自揣量，屡以管见渎陈，冀裨时局。逮闻李鸿章被召，授以全权，知和议事在必行；仰体朝廷万不得已之衷、不得不为"两害从轻"之举，钳口结舌，不敢复言。今者战事已停，而台湾独否；同是中国人民、土地，何分南北！臣于是知谋国之臣，有以台湾媚敌之心矣。

夫石晋燕云之割，终宋世不可复还；而金人即乘之以覆宋，反客为主：地逼力强，其势然也。况台湾地大物博，财产之富甲乎天下；近年偶经缔造，出产收数已数十倍于往年。果能实力讲求、拓充推广，无论煤、铁、硝磺各种，可以冠绝四大洲；即其树植、米粮，一岁所收亦足供十年之用。英之三岛，不能似此广衰;日本一隅,更不能如斯蕃盛。有天险之可恃、无地利之不充,此数千载未经开辟之区,天殆将留之以资中国富强之业者也。中国不欲富强则已,苟欲复仇雪耻,则船械之费、养兵之需,度非数千万不可;但能将台湾经营就绪,数年所产,足供此而无难。大利所关,何容轻弃!倭以至贫极弱,肆其凶狡;兴数万之师,竭数月之力,遂已便中华震动,迭陷名城。设更畀以财富之区,岂不如虎傅翼!而且既夺朝鲜、复得台湾,南北皆可驻兵,据有全海,守吾门户,持我短长;势将贪得无厌,得步进步。不惟江、浙、闽、广各省岁无安居,即辽、沈、顺、直各属虽欲长保,其可得耶?无犹不仅后患可虑也,即以目前而论,举台授倭,台民断不肯服;倭不能得志于台民,必反而诘责于我。若谕令臣服,则中朝之赤子,何忍陷之蛮夷;若令而不从,则倭必藉生衅端,益图要挟!是和仍未和、了仍未了也。臣观谋国者之意,亦未尝不豫料及此。故今日之不停战,即欲使倭夺而踞之,冀正威胁台民梗阻之心,并以掩饰中国割弃之耻;且可曰彼自取之,非我与之也。是岂忠于谋国者,直忠于倭耳!此臣之所为日夜彷徨而不敢再安于缄默者也。

现在议尚未定,条款秘密;外间传闻不一,而皆称有割台之说。如果属真,臣伏愿皇上统筹全局、深维后患,勿为敌人之所挟、勿为群言之所蒙;断自宸衷,严为驳斥。并请电饬李鸿章:如倭人有意觊觎,务当再三折辩,固持勿与,不得为之转达;并与倭约,将南北一律停战,以免台民涂炭之忧、以弭中国无穷之患。大局幸甚!臣不胜迫切待命之至。伏乞皇上圣鉴!。谨奏。

光绪二十一年三月十四日。

158. 军机处呈递德本等折片奏片(三月十四日)

本日德本等奏"查明吏目萧光曜并无劣迹"折、又奏"副指挥沈铭新请开复处分"片,遵缮明发谕旨一道。张仲炘奏"台湾不可轻弃"折,奉旨"存"。又奏"天津运送山海关机器炮不堪应用"片、又奏参"统领下得祥等请饬查撤退"片,遵缮寄信谕旨一道。又奏"董福祥所部甘军、西军不和"片,奉旨:"着督办军务王大臣查明具奏。"

谨将各折片,恭呈慈览。谨奏。

三月十四日。

159. 翰林院代编修丁立钧等条陈时事折（三月二十一日）

翰林院掌院学士臣宗室麟书等跪奏：为据呈代奏，恭折仰祈圣鉴事。

窃据编修丁立钧、华辉、沈曾桐、黄绍第、检讨阎志廉呈称："窃惟自停战议约以来，朝廷推大信以感孚异类，臣民士庶莫不喁喁昂首，私冀仰凭庙算，得以安所乐生；而道路流闻、人言藉藉，有谓倭索割台湾者、有谓倭且索割奉天者、有谓赔偿兵费数且三、四千万镑者、有谓倭索开腹地七省马头①岁收各海关三成税款者。机事至密，无可推寻；而揆以事势之必然。凡此数端，屈体求和，理固知其难免；窃不胜其隐忧迫切！统筹全局，盖目前之大害八、将来之大害十，有不可不急图补救者；敢为我皇上剀切陈之。

夫目前之害，在于蹈不测而速祸变；所谓剜肉以补疮、饮鸩以止渴，名曰自救，其实适以自贼也。京畿如人之头目，威、旅如人之咽喉，二十一省如人之股肱手足；割威、旅，则咽喉为敌之所扼。一朝有警，股肱手足虽欲自捍其头目，有所不能：其害一。辽河、大凌河，挈奉、直形要之冲。割此二河，则山海无藩篱、奉锦无唇齿，两京孤露，无复屏蔽；与新疆之伊犁大城无异。朝窥夕伺，防不胜防：其害二。台湾沃野千里，当倭全国三分之一；割以与敌，俾彼富强，异日南洋衅端百出：其害三。割地必弃民，民不臣倭，即朝旨亦无能相强；彼无如民之不服，必仍于我责言。求息事而终不能息事，北宋之割河北三郡而不免汴京之困，固明鉴也：其害四。西洋见我之轻于割地也，各国将援以为例，法固已视滇、黔、两广如掌中，俄且割吉、江，英且觊川、藏；任发一难，即可藉词以要数省。割肉饲虎，不尽不止：其害五。赔费多而一时不给，不能不听其择地驻兵；我民之骇恨方深、彼军之骄凌日甚，跬步相接，枝节丛生。设有龃龉，和局终仍不保：其害六。赔款惟视洋债，洋债视国势为难易；我甘心自弃国之权利，彼且虑国债之将不能偿。近日以来，洋商屡次食言，未必不由于是：其害七。民易动而难静，同仇敌忾，薄海一心；不尽其用而以款敌撤之，将恐忠愤之情化为乖戾，兵士雠其将领、将领且疾视大臣。江宁约定而金田匪起，前事非远，可为寒心：其害八。

至于将来之害，极于失人心、亡利权，民怨财穷，坐以待困；益觉不可胜言。

---

① 编者按："马头"应同现码头，下同。

夫国家当积弱之秋人心尚固者,以祖宗休养保护之德不忍忘也。一旦开割弃之端,举数十万户委之敌人;国既弃民,民将谁恃!从此人人自危,将恐势成瓦解:其害一。倭得我荣城、海、盖之地,极意抚绥,有缓征至四年之久、振饥至逾万之多者。今我更有弃民之事,是直为敌驱除;以彼新政宽大,形成我内地凋残。一以传百、近以传远,不及数年,恐内地百姓争愿越境相从,不可禁止:其害二。赔偿巨款,目前虽借资洋债,终必敲骨取髓,岁取盈于二十一省之商民;轻许在矢口之间,贻累至数十年之久:其害三。且自朝廷以至士庶,无不知中国积弱,当图自强,自强须财力。今赔款已竭国家之全力,则此二、三十年中岁赢之款尽以偿洋债之本利而尚恐不敷;至于修复海军、经营台炮、一切制造转运,万不容已之急务,竟以何款当之!其害四。法、越事无赔款,庚申城下之师亦仅二千万;今偿倭十倍于旧。英、法阴悔前事,固将徐肆狡谋:其害五。法、越事战胜而议和,军情已极愤懑。此次万里征兵,人思自效;俄然款敌遣撤无遗,恐此后海内灰心,无复激昂之士。骊山烽火,与此何异!其害六。洋人蚕食中国,本极无厌;然卒相顾而不动者,以中国民心、军心未易屈服也。若见我一战失利,即强军民以服他人,何乐而不兴一旅之师叩境上,以恣其要挟!今法求云、广开矿,势在必成可见:其害七。海关为我岁入巨款,军国大命所寄;若以资敌,国将不支:其害八。各口通商,向严改造土货之禁。今腹地尽设马头,势必尽改土货为洋货,华商利益概属洋商,富民化为贫民,贫民且化为盗贼:其害九。厘金岁会大宗,腹地悉变通商口岸,势必至抽厘一项归于乌有。外输巨款、内失利源,国计益亏,民生滋瘁:其害十。

凡此,皆愚智所共晓、事理之显然。伏望圣明,再加详察!夫所以议和者,以战之不可恃也。事经半载,覆败固云相踵;然战而亡者,不过数城之地。今议和之所弃者,且数倍于兹矣!筹兵筹饷,征调半天下;战而费者;不过数千万之款。今议和之所捐者,又数倍于兹矣!亏国体,失人心;堕军实,长寇仇。其究乃并乖其本,计何所取而必出此哉!

倭负海以为窟,距辽沈而不进,薄登莱而不取,望台湾而又不遂攻;惮于深入,情事显然。大军云集津、榆,传闻贼党筹商,颇亦慑为强敌;彼日以直犯神京为恫喝,正所谓'内不足而外示有余'。若我以数千万之款转而备战,纵使再亡数城、再覆数军,庙算益坚、人心益奋,更经三月倭必不支。尔时西人再出调停,必不至亏损如今之甚、贻害如今之远!兹谨陈补救管见六条,开列于后:

一、议撤使臣。倭之坚持不让,以我之一意求和,欲合且离。不若诏李鸿章以

'不成即归',播此说于各国以眩倭之视听。彼急于和,必思改计。若冥顽不顾,则我即明诏天下以'倭欲难厌,朝廷始终不得已而用兵'之意,以释薄海臣民疑虑之心,以励边关将士忠勇之气。一、请即现集之军速筹粮饷、器械足支一军之用,以示朝廷毋速求蒇事之意。一、请严谕前敌诸军将帅自奋军威,不得倚援他部;并令切实具陈方略,各自任其力所能。至朝廷专心委任,不复遥为节度;听其择便,伸缩自如。一、请前敌受攻之地,破格简用强明敏锐之员为地方官,俾之招合民练,助为捍御;则城守愈固,攻掠为难。一、请博采洋员条陈,以资战守方略。一、请鉴庚申前事,早为筹备,以伐敌人行险侥幸之谋,且坚我以战为和、终始不易之志。以上六条,愚虑所及。伏乞皇上审择施行,则宗社幸甚!天下生民幸甚"等语,恭请代奏前来。

臣徐桐现在入闱,由臣麟书详加阅看,系为时事重要起见;不敢壅于上闻。谨照录原呈,恭折具陈,伏乞皇上圣鉴!谨奏。

光绪二十一年三月二十一日。

160. 吏科掌印给事中余联沅请勿允许倭奴奢款并速定大计力筹远谋折(三月二十一日)

吏科掌印给事中臣余联沅跪奏:为传闻倭奴要款太奢,万难允许,请旨速定大计以力筹远谋,毋狃目前而贻后患;恭折仰祈圣鉴事。

窃以李鸿章前赴日本已逾一月,庙谟深邃,外人不得而知;然而要挟之款,传闻者不一其辞。要其大端有二:曰割地、曰赔费。我朝幅员之广远迈前古,岁入七、八千万;若少与之,即可餍其欲,似亦不必深辨。惟闻其欲割台湾,并欲割辽东、索赔款三万万。其余各款不计,即此二者论之,已属万不可行。祖宗之地,尺寸不可与人;况台湾经圣祖百战经营而始得,辽东为兴王之基。无台湾,则闽、浙失其屏蔽;无辽东,则京师撤其藩篱。古者,王公设险以守其国;今一旦弃地数千里,险何以守、国何以立!金、复、海、盖虽暂为倭踞,我兵力一足,尚可恢复;若地一割,则永沦异域。所索之款,罄数岁所入不足以偿。况水旱连年,洋款积累,元气未舒,司农告匮;欲猝填无底之壑,势必至竭泽而渔。若陆续赡军,尚可支持;至勒筹巨款,则立形困窭。泰西谋国,首在富强;我欲与泰西抗衡,亦舍此别无治法。或者谓战不足恃,不得已而出于和;既款之后力图自强,未始不可收效桑榆。岂知以数千里襟带之雄拱手与敌,则强者弱;

悉索敝赋不足、又借债以偿，则富者贫。既贫且弱，四国之虎视眈眈者方益肆其诛求；况闻法人又已发难端，有乘危迫险之势。且又闻台湾之民义愤激烈，恐驱之化外，吁求抚臣唐景崧代奏；此亦见人心固结，宜抚之而不宜失之也。趁此之时，李鸿章能与力争，就我范围固属甚善；如其不然，饬台湾严守备，未必遽如旅顺。奉天有宗庆、依克唐阿等军尚能力战，亦不至毫无把握。且以三万万款缮甲厉兵、选将制械，添海口守御、联合各国邦交，即以一月用三百万计，可支八年。倭奴纵狡，再与坚忍相持，不过半年情见势屈，彼自求款之不暇；又何必低首下心，忺忺倪倪以侥幸于不可必得之数，为四夷所窃笑，且密伺其旁，又从而生心也哉！

总之，倭方据屡胜之势，已先有轻我之心；况值此请成而来，更难满无厌之欲。急之，则彼焰益张而要求愈肆；缓之，则敌谋必沮而伎俩亦穷。指日停战期满，不可再有游移，致误大局。拟请旨饬下刘坤一、王文韶严饬津、榆驻扎各军认真堵御、竭力防守；贼到即击，为先发制人之计，毋得稍有疏懈。并饬下沿江沿海各督、抚激励将卒，一律严防，务令该倭无隙可乘；而后胜由我操、和自彼请，方足以永远守太平之局。不然，即勉强图成，终恐无安枕之一日也！

臣为大局安危所系，不得不披沥上陈。是否有当？伏乞皇上圣鉴！谨奏。
光绪二十一年三月二十一日。

161. 吏部给事中褚成博请严拒割地议和折
（三月二十二日）

吏部给事中臣褚成博跪奏：为传闻割地议和、后患甚巨，吁恳皇上严辞拒斥，以保疆土而系民心；恭折沥陈，仰祈圣鉴事。

窃维倭奴构兵时历九月，皇上不忍生灵涂炭，遣使屈己讲和，圣量同天，含容普被；不特华夏臣民咸感生成之德，即为倭奴计，既已仰荷仁施、许以释嫌修好，宜如何委曲承顺，俯首就盟。乃近日传闻，倭人竟肆意要挟，兵费之外，兼索台湾；虽道路之言未可遽信，然万口宣传，皆谓确有其事。臣晓夜彷徨，心结气悸；痛疆土之空掷，伤御侮之无人！不得不披沥陈辞，仰冀圣明垂察！

中国自与外洋立约以来，意在永好绥边，遇事过于退让；致彼族恃强恫喝，竞肆欺凌。然光绪七年逮治一崇厚，俄人卒降心改约；十年谅山一捷，法人即敛手受盟。以彼最强之国，且犹如此；则是可以威服、不可以德怀，固已彰明较著矣。倭性贪狡甚于西人,非斩馘犁庭、痛加惩创,断难折其狠鸷之气。现在倭以屡胜而愈骄,我以屡败而愈怯;初遣使则被逐,再遣使则被伤。所开条款,无一不制我要害、绝我生机。倘竟隐忍许之,则割地议和之局自此而开。西洋诸强国见我之可以兵力胁制而倭之独享厚利也,必皆视劫夺为奇谋、耻息兵为懦怯;乘机奋起,各逞雄心。日前传闻法人谓:日本小国,尚能如此坚强;彼从前一败即和,未免失之太弱云云。悍狠之语,咄咄逼人。一国如此,他国可知。是我欲弭衅而适起无穷之衅,欲偷安而并无一日之安。薄海内外,凡有血气者皆知为万不可行;而谋国者仍与委蛇商办、不即毅然拒绝,得无谓胜算难操而敌氛可畏乎?不知军威虽屡挫,而所失之地尚未有如台省之广也、所糜之饷尚未有如偿费之多也;与其举数千里之封疆、累万万之膏血拱手授人以助敌焰、而速他寇,何如留之养我兵民、固我封圉,誓灭此狂戾骄盈之虏哉!

臣闻施琅有言曰:"东南形势,在海而不在陆;台湾虽一岛,实腹地数省之屏蔽"。蓝鼎元有言曰:"台湾延袤二千余里,糖穀之利甲天下"。盖迭经康熙、乾隆两朝缔造之艰、亭育之久,始能日臻富庶,永隶版图。今澎湖虽陷,台地贴危;而该省士民感恋列圣德泽,群愿效死固守,不肯服属岛夷。皇上仰思祖宗诒谋、俯鉴边氓忠节,急宜选膺良将,大发援师,系海表烝黎之望。若置诸度外,不予保全;窃恐四海生灵,从兹解体! 民心一去,国难与守?强敌凭陵,必更毫无顾忌;所失不仅一隅而已也。

总之,失机纵敌,误在事先;来者可追,非竟无策。目前为急,则治标之计,仅偿款而不割地,尚可迁就行成,徐图自强之实效。若戎心无厌、坚索土疆,惟有请一面电谕李鸿章克日回华,并将倭人伤我大臣、背理要求之罪宣示天下;一面激励各统帅整饬戎行,相机剿守,以赔贼之费购船械、峙粮粮、募团丁、养间谍,绰有余裕。圣心既已坚定,众志自克成城。贼知无懈可击,必渐就我范围;譬如入市购物,追求之则彼愈抬价居奇,恝置之则自踵门求售:此显而易见之理,亦一定不易之理也。

臣父母在籍,年将八旬;自闻海氛日棘,北望游子,晨夕忧伤,岂不冀和议速成,自便自家之计。惟念割地一事为全局安危所系,何敢昧公义而便私图! 辄贡愚诚,冀裨万一。至外间传述,更有谓倭人攻踞奉天各城、不肯退还者;是迫近陵寝重地,亦敢妄肆要求,尤属悖理逆天,形同狂吠。想圣心自能力折狡谋,不为所动;无待臣之陈说矣。是否有当?伏乞皇上圣鉴! 谨奏。

光绪二十一年三月二十二日。

162. 江西道监察御史王鹏运请勿割地和倭折
（三月二十二日）

　　三品顶戴掌江西道监察御史臣王鹏运跪奏：为和议要挟已甚、流弊太深，请回宸断而安危局；恭折仰祈圣鉴事。

　　窃自李鸿章渡海以后，外间传说纷如，枢廷秘之又秘；风闻军机致李鸿章电音，有"兵费不得过一万万两，地酌之"语。又闻割与台湾，已有成议。夫割地之害，臣前折已详陈之。今日如割台湾与倭人，则滇、粤边境必入于法，雷琼、西藏必入于英，黑龙江、珲春必入于俄，日朘月削，披枝伤心；不出十余年，恐欲为小朝廷而不可得。更闻往年越南用兵之法国兵官现为该国总统，眈眈虎视，久存窥伺之心；并传说粤西边越之地，时有小轮船来往。倭事处置稍一失宜，势将接踵而起：此割地之不可不慎者也。且自今已往，朝廷其遂安于萎茶，一任邻国之欺凌耶？抑尚欲奋发有为，冀雪此耻也？若云目前姑与议和，再徐图自强之策；此则庸臣误国之谭。自中外交涉以来，皆为此说所误，以至于今日。当兵刃既交之际，尚不能力图振作以奋国威，而欲于罢兵之后为我皇上卧薪尝胆，臣敢决其无是事、亦断无是人！即皇上一旦力振乾纲，不为盈廷苟且偷安之说所误；而不訾巨款已付他人，如练兵、筑台、制器、造船诸费更从何出！此犹即邦交安谧时言之；而邻国之借端要挟、用出不虞者，尚不在此数。记曰："无三年之蓄，则国非其国"；得无深念之耶！此又兵费之不可不慎者也。至于台湾既割之后，设绅民义不受割，抗不奉诏；该省孤悬海上，地广人强，使激厉众心、闭关自守，势必内之有负百姓、外之失信夷狄，进退失据、和战两难，又将何策以善其后？是亦不可不深长思之者也。

　　凡此流弊所及，愚昧如臣尚能知之；而一、二谋国之大臣竟悍然行之而不顾，岂知虑反出臣下哉！特以当垂暮之年、处崇高之位，但得数年无事，便可荣宠毕生；故国势之安危强弱，皆非其所恤。伏乞皇上念缔造之艰难，求挽回之至计；严饬李鸿意如兵费在万万两以内、又不致于割地，则姑与之行成。否则，舍力战之外，更无他策。下哀痛责躬之明诏，罢偷安偾事之态臣；以亿万和戎之帑，为收召豪杰之资。中国虽云积弱，以人、以地皆百十倍于倭；此而谓不堪一战者，臣虽死有所不受！若竟如倭所请委曲与和，后患方殷，不堪设想。

　　臣职司言路，目击时艰；自用兵以来，和战大局，一再陈言。非不知天听难回而尤冒渎不已者,实以世受国恩,不忍坐视时局颠危至于此极!且恐后之论者,谓时局至此而大臣不虑远、言官不力争,为圣朝养士之玷;正不独上辜高厚、内愧神明已也。臣缕缕之愚,不胜激切惶惧之至。谨专折具陈,伏乞皇上圣鉴施行!谨奏。

光绪二十一年三月二十二日。

163. 军机处呈递褚成博等折片奏片(三月二十二日)

本日褚成博奏"割地议和后患甚巨"折、又奏"请饬刘坤一移驻永平并董福祥、闪殿魁等军宜抽调撤换"片、王鹏运奏"和议要挟已甚请回宸断"折,均奉旨"存"。谨将原折片,恭呈慈览。谨奏。

164. 军机处拟寄李鸿章电信(三月二十七日)

本日接王使之春电称:"倭索全台,不应则虑北犯;应则粤、闽必哗,而台民亦未必帖然。无计可纾宸虑,窃采西人公论:普、法之战,普索法之阿勒撒士及楼阿来那二省,法不得不应;惟引西例'凡勒占邻土必视百姓从违',普不能驳。至今二省德、法两籍相参,财产皆民自主。华可据近例商倭"等语。现在台事正棘,能照此办理,较可便民。特照录电寄备酌。

165. 钦差大臣李鸿章奏中日会议和约已成折 (三月二十六日)

钦差大臣大学士、直隶总督一等伯臣李鸿章跪奏:为中、日会议和约已成,恭折仰祈圣鉴事。

窃臣奉旨驰赴日本,自抵马关以后,历将议约情形详细电奏;屡蒙训诲,得有遵循。综计自二月二十四日以后,迭与日本全权大臣伊藤、陆奥等会议和商停战,要挟甚多;继索约章,又靳不与。二十八日,臣由会议处归途被刺。三月初三日,陆奥面交节略,允即停战二十一日;要挟之款,已噤不提。嗣后屡催约款,始于三月初七日交到;臣一面电请训示,一面备文驳诘。伊藤等覆文持之甚坚,谓系战后约款,与寻常议约不同;其意隐以同治年间德、法成案为根据。

美律师科士达深虑决裂,恐难力争;臣仍力与坚持,多方开导。直至十六日会议,伊藤交到改定约章,较之原约颇有删易;越日专函申言:"此为末尾尽头办法",竟似西例所称"哀的美敦书"。若不允,即行决裂。臣仍令臣子经方迭赴伊藤处婉与磋磨,但期争回一分,即免一分之害。而伊藤坚执之至,直云"无可再商、无可再改";且十七、十八、十九等日已派运船六十余艘载兵十万,分起由马关出口,驶赴大连湾、旅顺一带,听候小松亲王号令,必欲直犯京畿。停战期限将满,既不肯展,更图大举,势殊岌岌! 臣查二月初七日王大臣等会奏,以"宗社为重、边徼为轻";当此险危间不容发之时,臣未敢一意斥驳以贻君父之忧,又不敢率意擅行以从敌之欲。正在万难处置之际,旋奉二十日谕旨:"如竟无可商议,即遵前旨与之定约。钦此"。二十一日,臣又赴公所会议,竭力与争,几于唇焦舌敝;彼虽坚执,而让地割界、赔款利息、内地租栈、日银纳税各节,尚勉从删改。当即订定二十三日,全国全权大臣公同签画。二十四日,臣即展轮回津。

伏惟皇上灼知时局,许息战争;简畀微臣,任以专使。臣何暇为一身之计,以重九重之忧。惟是汉刘敬之赴朔北,当时本属从权;宋寇准之盟澶渊,同朝或以为辱。臣适当事机棘手之际,力争于骄悍不屈之廷;既不免毁伤残年之遗体,复不能稍戢强敌之贪心。中夜以思,愧悚交集。所最疚心者,赔款虽灭,尚有二万万两;奉天迤南虽退出多处,而营口至金、复一带不肯稍让。台湾兵争所未及,而彼垂涎已久,必欲强占。或有为之解者,谓凤、岫、金、复、海、盖一带,宋、明以来本朝鲜属地,我朝未入关以前所得;台湾则郑成功取之荷兰,郑本倭产,康熙年间始归我版图。今倭人乘胜踞朝鲜,遂欲兼并其地,事非偶然;然而敌焰方张,得我巨款及沿海富庶之区,如虎傅翼,后患将不可知。臣昏耄,实无能为。深盼皇上振励于上,内外臣工齐心协力,及早变法求才,自强克敌;天下幸甚!

谨照钞画押条约并威海卫暂行留军专条、校正文义另款及日本改划奉天界图,恭呈御览。并将和约原本专员赍送军机处,敬候批准,早日派员互换,以便两国停战撤兵,共图休息。再,伊藤等原约第十款"批准互换日起按兵息战",不肯更改;必欲于画押后二十日办结。臣与辩争至再,仅允展至二十一日在烟台互换。又画押时与商,亦应展期停战二十一日;议立另条,附约本之后,一并画押。合并陈明。

所有中、日会议和约已成缘由,谨会同全权大臣李经方缮折由驿六百里驰陈，伏乞皇上圣鉴！谨奏。

光绪二十一年四月初八日，奉朱批："依议。单、图并发该衙门知道。惟闻俄、德、法三国现与日本商改中、日新约，将来如有与此约情形不同之处，仍须随时修改。钦此。"

166. 翰林院呈递编修李桂林等条陈时务呈文折（三月二十九日）

翰林院掌院学士臣宗室麟书等跪奏：为据情代奏，恭折仰祈圣鉴事。

窃据臣衙门编修李桂林等八十三员呈递"时务条陈"一件，恭请代奏前来。臣徐桐现在入闱，由臣麟书详加阅看；事关时务，不敢壅于上闻。谨将原呈封呈御览。所有据情代奏缘由，理合恭折具陈，伏乞皇上圣鉴！谨奏。

光绪二十一年三月二十九日，翰林院掌院学士臣宗室麟书、翰林院掌院学士臣徐桐（入闱）。

编修李桂林等条陈时务呈文

具呈翰林院编修李桂林等，为恭请代奏事。

窃维近日与倭议和之举，原以寇患渐深，民生可念；将借此以暂缓目前，即为日后自强之计，固有万不获已于此者。然窃闻所定条约，则目前之患愈深，日后之忧更大；既不能苟安于旦夕，且无从补救于将来。自非暂缓批准、审议详筹，不足以纾切患而存国脉。请将其中窒碍难行之处，为我皇上一一陈之。

台湾虽僻在一隅，控扼南洋，实当倭地三分之一；户口繁衍，物产饶沃。今既割以与倭，而居民势不两立；固不甘役属外夷，亦未易迁之内地。若任其用兵攻击，草薙禽狝无一孑遗，非特无以对忠义之民，海内闻之，谁不解体！若使台民战胜，则我虽已弃诸幅员之外，而倭势无所逞，仍必狡谋更肆，来责盟言；枝节丛生，牵动全局：此其窒碍难行者一也。

金、复、海、盖人户，皆我太祖、太宗肇基东土保惠教诲之民；土物心臧，与新旧满洲不异。割地之后，华民不愿属倭，倭亦且徙其民以逼华民；异日流离颠沛、号泣来归，受之则无地与居，拒之则于何忍！悉怛谋之事，岂可施之服畴食德之氓！此其窒碍难行者二也。

长白为我祖陵正脉，山势蜿蜒，西迤历宽甸、安东以拥护兴京；鸭绿江流为其水口。今尽弃宽甸、安东之地，行龙中断，案水全无，彼且步步占前，樵牧所经,举足即入红椿之内;庶民于墓田风水尚不肯尺寸让人,我国家亿万斯年佳气郁葱、树立宏达,岂忍令他族逼处,置防护于不问乎?此其窒碍难行者三也。

且今之必欲议和者,谓约成之后可以练兵储饷,一心力以图自强,为小屈大伸计耳。旅顺、威海为辽海之锁钥,今旅既割弃而威且驻兵,神京屏蔽既撤,雠敌杂处庭庑之间。凡漕运、征调、商旅往来之出此者,彼皆得而扼我之吭;练兵、增械、筑台、置舰之当行者,彼皆得而掣我之肘。稍拂其意,彼即直叩天阍,迫我以不得不从之势;操戈入室,长此安穷!彼且令我事权不能自主、政令不能自由,即令假手西人,亦恐无能为力!此其窒碍难行者四也。

近年以来所恃以足国用者,惟在厘金;所恃以旺厘金者,惟在商务。今既许彼臣民设机器、制造各局于诸口岸,倭贫而庶,人满为忧,江、浙对洋风帆瞬息,此后游民幅辏,谋食偕来;不惟侵商贾之利权,即佣工力作之场亦将群焉角逐。东南工贾之利大者兼并于欧贾,小者攘夺于倭民,商务凌夷、厘税日绌;非旦船舰、枪炮之需费无从出,即连年所借洋债将凭何款以指偿乎?自遣使以来,泰西之借债者皆有观望之意;债此其利害较然易明,抑非独国用为然也。谋生既艰,民且狼顾乘间窃发,在在堪虑!此其窒碍难行者五也。

窃寻欧洲旧事,如普、法之战,既许赔兵费,即尽还侵地;其时普得法地至多,未尝据为己有。今既赔费而复割地,是于万国公法亦为未允。传闻倭款原议,谓已得之地不能全数归还;是倭人之意,亦非必悉数占据。乃我既全以予之,复裨益之以未得之台湾;恐亦非倭人始愿所及矣。风闻欧洲各国,因割地太多,有旁观不平之语;我中国即独立难支,亦可作将伯之呼。辅车相制,未见倭人之敢于专狠自遂也。议者必曰彼且举兵克日内犯,与其震惊近畿,不如举边地而弃之;不知陵寝重地,固不得以京师安枕弃之不顾。况倭人谋我,规画有年;观其用兵所向,概不出八年以前倭臣所议。当日伊藤本计,志在多割要地、速许议和,而切切以勿攻京城为言。此议前使臣徐承祖录之,李鸿章等实亲见之。今此虚声,昭然恫喝;倭人之狡诈固不足言,独怪诸臣明知其意,曾不肯一破其谋为不可解也!抑倭议尚有忽战忽和、屡次寻衅之说,今之说议固不足恃。窃查公法有云:条约若与某国有碍、致令不得兴旺或与内政有阻,某国即行宣示而后退之可也。又云:条约有力所不能行者,则遵守之责自卸。今所议草约虽经使臣画押,而其中实多窒碍难行之处,不得不详加指驳,更予筹商。伏愿皇上断之宸衷、参之群议,因各国之争持,徐观事变;计将来之利害,豫作图维。缓与批定,半月之闲必有可以斡旋者。惟四口通商一层难于终拒,顾必不可因倭请许之；若辽、台两地，固无难力争而得也。西国议约，咸集众谋。窃援此例上陈，拟请饬下改议施行，以伐敌谋而维国势；宗社幸甚！天下生民幸甚！

职等目击时艰，同深忧愤。谨具，恭请掌院代奏，伏乞圣鉴施行！谨呈。

编修李桂林、编修丁立钧、编修潘炳年、修撰黄思永、编修叶大遒、编修华辉、编修王培佑、编修吴同甲、编修张亨嘉、编修朱福诜、编修冯煦、编修李葆实、编修胡景桂、编修刘永亨、编修熊亦奇、编修周爰诹、编修姚丙然、编修王荣商、编修宋伯鲁、编修王廷相、编修罗光烈、编修沈会桐、编修周承光、编修杨天霖、编修徐世昌、编修徐受廉、编修刘学谦、编修李盛铎、编修邹福保、编修冯诵清、编修高觐昌、编修蔡金台、编修秦夔扬、编修张元奇、编修柯劭忞、编修连捷、编修陈嘉言、编修徐仁铸、编修刘若曾、编修陆钟琦、编修杨士骧、编修马步元、编修王万芳、编修段友兰、编修王祖同、编修高枏、编修杜本崇、编修叶昌炽、编修鹿瀛理、编修朱锦、编修傅世炜、编修陈田、编修李立元、编修谢佩贤、编修郑叔忱、编修黄曾源、检讨阎志廉、修撰刘福姚、编修吴士鉴、编修王以慜、编修王安澜、编修黄绍第、检讨黄绍曾、检讨梁銮藻、检讨孙廷翰、检讨萨嘉乐、编修孙百斛、编修王仍征、编修李豫、检讨洪汝源、检讨蒋式瑆、修撰吴鲁、庶吉士王会厘、庶吉士谭绍裘、庶吉士黎承礼、庶吉士张怀信、庶吉士齐忠甲、庶吉士王瑚、庶吉士余坤、庶吉士姚舒密、庶吉士黄秉湘、庶吉士张林焱、庶吉士达寿。

167. 礼科掌印给事中丁立瀛等奏和议条款未可轻许请饬廷臣集议折（三月二十九日）

礼科掌印给事中臣丁立瀛、掌山东道监察御史臣庞鸿书跪奏：为倭人要挟太甚，和议条款未可轻许，请饬廷臣集议以期慎重；恭折仰祈圣鉴事。

窃惟近者李鸿章赴倭议和，实缘兵凶战危，理无必胜；时势所迫，为朝廷万不得已之举。但使无伤国体，不妨迁就屈从；此在天下臣民所共晓然者也。乃现闻所议条约种种要求，事事挟制，几欲以其待高丽者相处；此而可从，损国威而张寇焰，岂细故哉！

夫倭自袭陷澎湖而后，未尝以一舟犯及台湾；盖亦知重兵所在，胜负无常，不敢轻视台湾也。乃今于其兵力之所不及而拱手让之，弃险阨之要地，启他国之戎心；异时更有似此之举，何以应之！且闻台湾之民闻有此议，人情汹汹，愤不可遏；若果弃之，是失民心也。民心一失，何可复收！至于旅顺，为津海门户，岂容界之他人！俄国占踞伊犁，尚可收回；而况在肘腋之间乎！此割地之未可轻许者也。

从前英、法各国议和，所偿兵费不过百十万而止耳；息事安民，何惜小费。乃今之所索竟至二万万，不啻数十倍之。现计度支所入，合洋税、厘金、正供、捐输，每岁不过七、八千万。常年供支，已有不敷；去岁军兴，更觉万分竭蹶。如此巨款，何所取资？即云洋商可借，而分年归还更须加息；则此后常年用款，将何以支！国帑既虚，民脂又竭，其为祸害，胡可胜言！此偿费未可轻许者也。

至于威海，为我海疆重地；去岁暂失，旋即收回。若容倭兵日久驻守，是使彼有扼吭之势，而我有截腕之忧。形格势阻，入我堂闼；后此偶有违言，又将何所恃以争执！此倭兵留驻之未可轻许者也。又如内地通商、土货改造两端，乍观之似无足重轻。然内地商货为厘税之所出，从前洋人屡尝议及改造土货，经总理各国事务衙门力持而止。苟或许之，则土货成洋货，而数千万之厘金皆无所著；有损国计，亦非浅鲜。此又未可轻许者也。又如偾事将领按律治罪，朝廷赏罚之大柄，所以号令天下，明示励惩也。设令遽行释放，则此后军旅之事，何以激励将士！且以驭下之权，何可使外人得而干之，此又未可轻许者也。

此次议和，谈洋务者动以普、法之事为言；此倭人恫喝之辞耳。今日之时势，岂普、法可比？法之于普，力绌势穷，无所复之，乃出于此。今倭之所扰及者，不过奉天、山东沿海数百里之内，未尝敢深入也；我之所失，亦不过金、复、海、盖、岫岩、凤凰五六城耳。前此之战，皆由统帅不得其人，致为所乘，以至溃散。今调而未用之兵尚数十万，兵力未尽绌也；民心之固结犹是也。在彼肆其欺陵至于此极，凡在臣民，益深义愤。我直彼曲，势尤可乘。且既有此二万万之款，何难购械练兵、慎择将帅，以图大举，奚可以普、法之已事而事事屈从之乎！窃恐屈从之后财殚力竭，即欲求自强之计，而费既不足、势又不行，将一屈而不可复伸矣！

今李鸿章虽取其条约而归，而朝廷尚未批准；其事犹可熟筹改计。从前俄人条约，亦曾更议；揆之外国公法，亦在可行。臣愚以为宜饬廷臣集议，逐条讨论；权其利害，可许者许之，不可许者再与力争。毋堕其恫喝之计而贻害于无穷，庶足以顺人情而尊国体矣。

臣等职居言路，不敢安愚缄默。愚昧之见，是否有当？伏乞皇上圣鉴！谨奏。

光绪二十一年三月二十九日。

168. 京畿道监察御史刘心源请勿遽允和议折
（三月二十九日）

京畿道监察御史臣刘心源跪奏：为汉奸把持和议，条款要挟太过；敬请酌察，勿遽俞允，以维危局而戢后患。恭折仰祈圣鉴事。

窃自中、东议和以来，外间传闻李鸿章被刺，伤重昏愦；此次和议条款，皆系李经方及出使随员马达忠、罗丰禄等所定。臣风闻条款中最难堪者，如奉天以南州县皆归倭奴，又索台湾全地；并兵费二十千万及未缴足兵费、倭奴驻兵威海岁偿五十万两；兼腹地通商、土货改为洋货及东省败军获咎之员皆予释放等款。数日臣民愤懑，转相骇告，咸谓使臣已经画押。臣以为若果有此，殊出情理之外，而中国不复振矣！查各国条约有云："若致国势衰弱或力不能行，即不能守"等语；是全权大臣已允者，犹须斟酌行之也。臣惟中国所以议和者，以东省失利。东省所以失利者，以汉奸掣肘；兼之事权不一、军律不严，未战先遁，实非战之罪也。如果权一律严，则收复易如反掌矣。国家不得已遣使议和，屈中国以俯就外夷，亦谓有益事局，旋作自强之计耳。若条款难堪如此，是力不能行而徒自蹙也！谨将不可允者五条，敬为我皇上陈之。

奉天者，祖宗陵寝之基，而京师喉衿也。自倭奴入寇，我军失利陷没者，盖平等州县耳。以二十千万之费之多尚不能赎吾所失之数州县，而反索及他重款；是我不与之和，尤有收复之一日，且不必縻费至二十千万之多。今一议和，而地乃不可复，二十千万为虚掷，而尚有他重款之累；国家亦图何益而乐从之！且奉天以南归倭，彼得扼吭拊背之势，必驻重兵以相逼。不惟奉天以北及吉林隔绝，日久必非我有；而京师密迩寇境，何能安枕！势必议迁都以避，则大局不堪问矣。此必不可允者一。

台湾者，南洋之扃，而闽、广屏藩也。自国初归顺，践土食毛数百年无他患。近又开垦招抚，遂成文物之区。其险隘足以自守，其钱粮足以自给。本未与倭奴兵交势屈、失尺寸之地也，今无故弃与倭奴，使衣冠之族、忠义之民沦于非类，在朝廷于义有所不可，在该地亦必有所不甘；则战端又开，重烦圣虑矣。臣策倭奴之黠，决不肯縻费劳师以与之争，必反而责问朝廷；恐非一尺诏书所能谕之使从也。若为迁民之计，则无论不肯受迁，即腹地以何处之！此必不可允者二。

自来外夷驻兵中华，即自备军饷，拒之惟恐不力。今倭奴驻兵威海，据中国东北之脊，以控津海、制山东、逼京师、窥中原，我乃岁偿五十万两以养之；是虎狼入室，喂之使饱，欲不搏噬，其何可得！而彼且曰偿足二十千万，即撤之。夫即撤之，而我先以五十万两为彼养兵，已为无名；矧其不撤，彼时中国尚能过而问之乎？此必不可允者三。

凡外洋货物入中国者，向有一定口岸；腹地所以不容通商者，为其税入中国者益少而害多也。今倭奴通商腹地，改土货为洋货。土货者，中国所出，中国税之；若改为洋货，则中国为无货、无税矣。夫以洋货入腹地、税归中国，中国尚恐益少害多；而乃中国之货、之税尽归倭奴，是蹶我于万不能起，虽至愚亦知其谬！此必不可允者四。

赏罚者，人主之大权。以中国之律治中国臣民，外国本不与谋。此番东省败军获咎之员，如叶志超等本为咎有应得，圣恩宽大，未即斩徇，已为大幸；此亦何与倭奴事，乃其条款竟欲释放！在倭奴固为轻中国而揽大权，臣窃以为此正汉奸之迹之暴露者也。此等条款，若果倭人所定，则叶志超等之私通外国为有据；不然，彼亦何德于倭奴而必为之请命乎？若系李鸿章或李经方、马建忠、罗丰禄等属倭奴窜入者，则前日之败，有所指授；彼等声息相通，正得藉手倭奴以援其党。阳以张敌焰、阴以快私谋而挠国柄，罪固不胜诛也。此必不可允者五。

要而言之，倭奴虽横，不过扰海疆耳，于各省无恙也。中国虽挫，不过失数县耳，于大局无亏也。今和议条款如此难堪，若概允之，是我之命制于倭奴之手，即欲善后而不能。又况西洋各国欲啜汁者众矣，势必挟"利益均沾"之说，乘我之敝。假如俄索吉林、伊犁，英索西藏、四川，法索滇、粤，以至德、美诸国请开金矿、修铁路、主税务、厘盐政、驻兵内地托名弹压，若不允之，将援例于倭奴；若概允之，又势不及给。是则此次议和条款亦事机得失之大，不可不加审者也。臣请我皇上勿以一时之衄，姑作"急何能择"之计；勿堕汉奸把恃恫喝之术，遽忘后患。

抑臣尤有虑者：今日枢府大臣，类皆老懦因循。平日惟知情面请托，护庇门生同乡而已；无一人留心人才，匡济时局者。一旦临难，方且外托持重，茫无布置。即如此番军务，诚系调度乖方、赏爵不严，明知汉奸而用之所致；而廷臣始终不悟，犹以为筹划尽矣，无可如何。实则各存一"垂暮易了、敷衍旦夕"之心；际此议和之时，未必不以危词耸动天听，进劝俯允。臣以为廷臣容有仅为一日计者，惟独我皇上圣祚方长，当为万世计，正未可苟且图也。伏愿宸衷独断，酌察难易以为准驳；斯中土安而外夷慑矣。

臣为时势艰难，敬献瞽说；是否有当？伏乞圣鉴训示！谨奏。

光绪二十一年三月二十九日。

169. 福建道监察御史裴维侒请勿轻议割地折（三月二十九日）

福建道监察御史臣裴维侒跪奏：为轻议割地，恐启各国贪利之端；恭折仰祈圣鉴事。

窃臣闻和议有割地之说，此朝廷轸念民生、统筹大局，万不得已之举也。惟臣闻倭人虽得澎湖，不习水土、兼染时疫，伤亡极众，以船九艘运归；其气顿馁，因不敢攻扑台湾。夫以台湾之地，天险可恃；物产富饶、兵力充足、人心固结，虽孤悬海外，亦可无虞。议和之始，特虑在天津附近数海口耳。臣窃维旅顺失事之后，倭不敢深入者，其兵力本不足，故旁扰滨海各区张扬声势，以为后来要挟之地；彼时我军未集、火器不齐，倭若乘虚，洵为可虑。至此时，则我军二百余营军火陆续运到，关内各统领皆有勇往思战之气；犹主议和，是适堕其术中。前敌所以无功，由诸军不能联络，将领优劣相参。宋庆军势太孤，余军皆不能战；关内各军有能战者如余虎恩、熊铁生、黄①福祥等，又皆驻守未出。使有一军出助，宋庆当不至无功。此我军失利之由，所堪痛惜！即今不战而言守，但使相持数月，倭必不支；自古未有劳师远出而能久而不敝者也。况倭地不过数岛，户口可计。抽丁赴镝，屡多伤亡；质地贷饷，势将不继。其兵必不能再增，其饷必不能持久。兵法自有曰："致人而不致于人"。坚守待敌，此致人也；倭人穷兵图远，此致于人也。又曰："战不足而守有余"。我军扼守要隘，相度地势设为犄角；倭虑截其后路，必不敢深入。且闻朝鲜之民不愿附倭者甚众，倭民苦役怨望尤多；一旦中变，倭之危可跂足俟矣。今者遽与议和，且割奉天、台湾之地。奉天密迩京畿，倭人岂可接壤！台湾则民心固结、众志成城，倘竟弃之，恐士卒因之解体，闾阎亦且寒心！倭得之而益富，将何事不可为。且

---

① 编者按：原文如此，应为董。

外夷各国率皆贪利,难保不相率效尤。倭人无信,反复变诈,自昔已然;若求辄与之,虽属暂顾目前,将何以遂其无厌之请! 此举关系非浅,诚不可不妥为计虑也。

臣为大局久远起见,不敢以缄默自安。冒昧具陈,伏乞皇上圣鉴! 谨奏。

光绪二十一年三月二十九日。

170. 钦差大臣李鸿章呈递与日议约往来照会及问答节略咨文(三月二十九日)

钦差北洋大臣、太子太傅、文华殿大学士、直隶总督部堂一等肃毅伯李,为咨呈事。

窃照本大臣在日本马关地方会议和约事宜,自二月二十八日受刺客枪伤后,与日使伊藤等迭次往来照会、说帖,钞钉一本;又与伊藤等五次会议问答节略,共钉一本,内多辩论紧要之语。相应咨呈贵处,谨请查核! 行次匆促,不及恭楷多写;可否转交总理各国事务衙门密存备案? 须至咨呈者。计咨呈说帖一本、节略一本。

右咨呈办理军机处。

光绪二十一年三月二十七日(说帖、节略原阙)。

171. 山东巡抚李秉衡奏议和条约尚须斟酌折(三月三十日到)

降二级留任、又降二级留任山东巡抚臣李秉衡跪奏:为与倭人议和条约,尚须斟酌;谨沥愚忱,恭折驰陈,仰祈圣鉴事。

窃自倭夷犯顺以来,我水陆各军节节挫败,以致陪都告警、京师震惊;皇上不忍生灵之涂炭,特命北洋大臣李鸿章往东洋议款,本息兵庇民之心,非得已也。为臣子者,不能杀敌致果,纾庙堂宵旰之忧;苟和议于国体无伤而犹断断置辩,是以朝廷为孤注徒快其议论之私,臣虽至愚,不敢出此。惟以臣所闻和议条款,有倭所得地方尽归倭有暨辽河以东及台湾均割归倭,并赔银一百兆两之说。臣以为讹言,不足深信;即令倭以是要挟,皇上决不能允。而既闻此说,不觉忧愤填膺,有不得不披沥上达于君父之前者;敢敬陈之。

倭立国岛上，仅中华一二行省地耳。闻近来洋债日增，困穷已甚，非有长驾远驭之略也。其来中华者，劳师袭远，死亡相继，人数有日减、无日增。观于荣成、威海等处，得而不守；前以精锐萃于牛庄、营口，则海城以东久无动静；二月下旬往攻澎湖，则旅顺一带倭船绝少；其大枝劲旅止有此数，已可概见。特以轮船飘忽海上，往来甚捷，故觉其势尚张；而中国先无坚忍敢战之将，望风披靡，彼愈得肆其猖獗耳。然自去秋至今，所失不过奉天数州县之地。至辽河以东东三省版舆之大，彼即以力征经营，得、不得正未可定；奈何以数省之地敌所力争而未必能得者遽拱手以让诸人，有是理乎？东三省为我朝发祥之地，根本所关，与京师相维系；且陵寝所在，列祖、列宗之灵爽，实式凭焉。一旦付之犬羊之族，在天之灵，必有愀然不安者！我皇上至仁大孝，其肯听此狂悖不经之议，以隳我万年不拔之基也哉！台湾北连吴会、南接粤峤，幅员南北三千里、东西六百里，乃江、浙、闽、粤四省之要害。野沃土膏、物产蕃庶，为东南一大藩障。自巡抚改驻台湾，经营缔造又越数年。刘永福素骁果善战，敌即往攻，未必能克。倘割以畀之，东南数省无安枕日矣！

乃者，泰西各国环布中土，皆大于倭数倍；通商者据我要津、传教者愚我黔首，其蓄志均甚深，倭一得志，诸夷谓吾华土地之可利也，必狺狺环向而起；肘腋之患，有已时哉？且中国之与外夷议和者屡矣，或偿其兵费、或准其报商，固未尝以疆土与人也。今既赔以巨款、又许以割地，瘠中华而奉岛夷，直纳款耳，无所谓和也。中国息借洋款已数千万，此次赔款又须借贷，合之数将万万。若用此巨款以养战士，以二十万人计之，每月只需一百余万，岁计亦不过一千数百万；如能战胜，则赔款可以不给，而中国可以自强。熟得、熟失？固较然易明也。或者谓倭兵精炮利，我不能战胜，则土地终不可保；此又不揣其本之论也。中国自发、捻平后，久不见兵革；各处营勇，皆积疲不振。淮军更将骄卒惰，畏贼如虎。故寇焰愈炽，莫之敢撄。自海上告警以来，召将征兵，已遍天下；筹饷购械，糜帑数逾千万。近已布置稍定，兵机可期渐利。即谓海军覆没，彼水师不能制；而曩者法、越之役，全以陆师克复关、谅，法夷震慑乞款；是陆师得力，而彼之水师亦不得逞也。关内外宿将自宋庆、依克唐阿、唐仁廉而外；如聂士成、程文炳、董福祥、熊铁生、余虎恩各员均素称敢战；以刘坤一老成硕望为之主持而指挥之，战事必大有转机。于此而以和议曲徇其欲，则所用经费尽成虚掷。日后有事，再会猝召募，又蹈此时覆辙，而海内罢敝，势必不支；其祸有不可胜言者矣。同治之初，发、捻蹂躏遍天下，东南数省郡县半陷于贼；赖曾国藩等持以坚忍之力,卒底于平。今所失之地,视彼时祇什百之一、二耳;但使各将帅有卧薪尝胆之诚,恢复固非难事。安得为彼所得者,遂尽为其有哉!

臣伏愿皇上乾纲独断,如彼族要挟过甚,则绝其和议,勿为虚声恫喝,勿为浮议所摇惑。畿辅以东,责成督师大臣慎简将帅,若者为前敌、若者为接应;其不力者,汰黜之。如有不遵,以军法从事。各省海疆战事,责成各督、抚;有丧师失地者,重治其罪。上奋安民之怒,斯下励敌忾之忧。臣虽老惫,愿提一旅之师,以伸积愤;即捐糜顶踵,亦所不惜!迨彼族势穷力屈,就我羁勒,然后从容议和,则不至损威纳侮,亦可稍戢各国觊觎之心;大局幸甚!

臣迂直之性,罔识避忌;披沥上陈,不胜悚惕待命之至!谨缮折由驿驰奏,伏乞皇上圣鉴训示!谨奏。

光绪二十一年三月二十五日。

172. 内阁大学士额勒和布等代奏侍读奎华等条陈折（四月初一日）

大学士臣额勒和布等跪奏:为据情代奏,仰祈圣鉴事。

窃据臣衙门侍读奎华等呈称:"伏见和议条款,流弊无穷。倭人犯顺渝盟,披猖已极;皇上如天之度,不惮屈己隐忍联和,以期四海乂安、同登衽席。今闻倭人藉端要挟,有赔款、割地、屯兵各款;此诚五大洲未有之奇闻、三千年所无之变局也。倭人用兵变诈百出,计其所得,祇海、盖、金、复数城,以中国版图计之,不过九牛之一毛、面上之黑子;然犹惴惴然恐我复得,故开地营、筑坚垒,竭力经营以抗王师。欲解海城之围,则攻辽阳以缓之;欲分援师之力,又攻澎湖以挠之。师速而疾,不能久留;支绌情形,已可概见。今割台湾、割辽东,不能易其已陷之一城一邑,复举其力所不能得者割以畀之,是益寇兵而赍盗粮也。昔秦之误六国也,胁之以兵、诱之以讲;故六国之地,卒并于秦。然其时,六国兵力形势皆不如秦,故其君臣苟求旦夕之安,不顾灭亡之祸。今以中国之大、士民之众而制于区区之岛夷,所谓冠履倒置也。况今之环而视者有六七强秦,尤非一秦之可比!金之以和饵宋也,亦稍还侵地,画江、画淮;兵力所不能加者仍为宋有,未闻岁币增至数千百万也。今则停战有费、补偿有费,养兵又有费;我之卑屈愈甚,则彼之要挟愈多。今日割五城、明日割十城,窃恐欲为南宋之偏安不可得也!观于欧洲近事,战事败而不割地,虽危而不亡,如波斯、埃及是也；轻于割地则瓦解土分，祸不旋踵，如土耳其是也。国家征赋，岁有常经；每岁关税所入二千万悉予倭人，势不能不取偿于民。行一切苟且之政，搜括既尽，贫弱难支；人心涣离，不可收拾！语有之：'漏脯救饥，鸩酒止渴'。非不暂饱，祸亦及之；今日情形，复何以异！况又内地驻兵，藩篱尽撤；微瑕细故，动辄寒盟。一旦风尘有警，未审何以御之！欧洲各国虎视眈眈，将欲于此觇我强弱。若屈辱已甚，必启戒心；法人窥粤、英人窥滇，俄则西窥新疆、东窥三省，四夷交侵，各求所欲，未审又何以给之！至于勒我筹饷代彼养兵，则不特不视为与国，且并不得比于藩封；是鄙我也。一国启其端，各国踵其后；欲隐忍图存，其可得乎？纵使含垢忍尤，侥幸无事；岂复能腼然与诸国缔邦交、修邻好乎！况抑遏已甚，则士气不扬；悲愤既深，则人心思变。历观往事，大抵皆然。窃恐修和之国书犹未尽诺，而潢池之盗弄已遍寰区。彼时虽欲用兵，谁复乐为尽力！言念及此，可为寒心。职等秩居微末，朝廷大计何敢与闻；然当危急存亡之秋，不能无哀痛迫切之论。既有所见，不忍不言。伏祈皇上乾纲独断，万勿批准约章；饬下王大臣再行妥议，毋贻后悔。宗社幸甚！天下幸甚"！臣等公同阅看，实属慨念时艰，敬陈管见；不敢壅于上闻，谨据呈代奏，伏祈皇上圣鉴！谨奏。

光绪二十一年四月初一日，大学士臣额勒和布、臣张之万、臣宗室福锟（假）、协办大学士臣宗室麟书、臣徐桐（入闱）、侍读臣奎华、臣英华、臣德元、臣荣寿、臣灵椿、臣恒寿、臣绍昌、臣忠普、臣朴奎、臣继荣、臣松秀、臣薛浚、臣查思绥、前侍读缎匹库员外郎臣贵秀、候补侍读臣倭兴额、臣海诚、臣智格、臣贵寿、臣廷恩、臣常福、臣伊哩布、臣刘培、臣朱彭寿、臣陆嘉晋、臣陆钟岱、臣刘家荫、委署侍读臣崇恩、臣奎林、臣赛崇阿、臣奇承额、臣润昌、臣谦福、臣昌荣、臣庆麟、臣崇康、臣穆津、臣润麟、臣国瑞、臣恩昌、臣毓隆、臣倭恒额、臣恩佑、臣景魁、臣文元、臣杨树、臣吴均金、臣鲍恩绶、臣傅潜、臣李廷斯、臣王绳、臣郑克昌、臣潘仰熊、臣张士鐄、臣车毓恩、臣陈作彦、臣吴中钦、臣王宝田、臣吴炯、臣林开荣、臣欧瑞麟、臣刘耀增、臣苏元龙、臣王桂琛、臣陈寿彭、臣丁建本、臣刘志、臣袁照藜、臣朱文震、臣顾芳、中书臣侯昌铭、臣黄笃瓒、臣殷济、臣许兴文、臣汤原铣、臣濮贤慈、臣许枋、臣林介弼、臣方荣秉、臣胡恺麟、臣孙书城、臣陈嘉铭、臣黄以霖、臣常光斗、臣陈永寿、臣温联桂、臣孙星煜、臣齐耀珊、臣王昉征、臣刘锡光、臣吴钦、臣李之实、臣苏守庆、臣刘晋藻、臣李植、臣李庆荣、臣李湘、臣高继昌、臣胡宗管、臣郭恩庼、臣罗家劝、臣陈培庚、臣李祥麟、臣朱蔚然、臣欧阳荣泉、臣郑葆琛、臣华世奎、臣阎炳章、臣许文勋、臣冯炳焜、臣高增爵、臣张荫棠、臣沈桐、臣任于佐、臣缪嘉玉、臣秦渐和、臣涂宗瀚、臣庐铭勋、臣许秉璋、臣王寿慈、臣罗廷桂、臣颜廷佐、臣苏志纲、臣雷在夏、臣朱琨、臣魏达文、臣顾儒基、臣陈本仁、臣渠本翘、臣毛祖模、臣曹中成、臣康咏、臣陈懋鼎、臣赵椿年、臣刘秉权、臣杨廷玑、臣方昆玉、臣翁绶琪、臣汪大燮、臣周子懿、臣许秉衡、臣马希援、臣邓邦彦、臣沙从心、臣王昌年、臣赵以煃、臣郭曾程、臣宋廷模、臣熊元铺、臣张云骧、臣吴庆焘、臣杨锐、臣李兆麟、臣段大贞、臣杨沣、臣李永懋、臣雷镇华。

173. 侍郎陈学棻奏和议已成请宣示中外折
（四月初一日）

　　户部右侍郎署兵部左侍郎臣陈学棻跪奏：为和议已成，请谕示中外以靖人心而维国体；敬陈管见，仰祈圣鉴事。

　　窃此次倭夷犯顺以来，臣等苟安缄默。不敢妄置一词者，不知朝廷意旨之所在与战守之合宜也。今则和局已成矣，皇太后、皇上深仁厚泽，不忍糜烂其民，委曲求全以养天地之元气；此诚皇太后、皇上不得已之苦衷，薄海臣民所当共谅者耳。乃闻各部院指陈利弊、各省举人诣都察院联名条陈，不一而足。又闻台湾绅民因有割以予倭之议，男妇老少痛哭愤激，不甘自外于中国；此固圣朝培养数百年之德泽有以感激之，而列祖、列宗在天之灵有以默牖之也。万一民心坚固，矢效愚忠，仇不共天，百战不屈，则和局必不能成，倭夷必将挟朝命以威胁驱迫；听之则为不了之局，助之则无戕忠义之情理。况如此情形，不止台湾一隅乎！若有因人心而用之，假此名目煽惑人心，其祸有不堪议者。以皇太后、皇上不得已之苦衷，能委曲以成和局，岂非大幸！无如人心惶惶。谣诼之言遍满闾巷，民情浮动甚于未定和议以前；畿内如此，传播天下，变本加厉，势必激成内患。伏求朝廷即日将和议已成宣示中外，并约订条目一一详布，使天下之人皆释然于皇太后、皇上爱民顺民之心，无所疑惧；则浮议自息，隐患自消。若有不能宣示之条，则必大拂人心、大伤国体，求全目前，贻害无已！硁硁之信，在朝廷似可不必。若谓和议已成、难于反复，正可执人心不服、众志难移以谢绝倭夷。人心归戴、至死不移，正所以彰国家积累之仁，而杜外夷觊觎之渐也。至割地输币之利害、先事防变之规为，章奏纷纷，必能采择；毋待赘词。

臣愚昧之见，请将和议已成宣示中外以靖人心以维国体；是否有当？伏乞皇上圣鉴！谨奏。

光绪二十一年四月初一日。

174. 翰林院侍读学士冯文蔚等奏和议条款要挟太甚万难曲从折（四月初一日）

日讲起居注官翰林院侍读学士臣冯文蔚、日讲起居注官记名道府翰林院侍讲臣樊恭煦跪奏：为和议条款要挟太甚，万难曲从；谨抒管见，恭折仰祈圣鉴事。

窃自倭人肇衅，我武不扬；时局艰危战守无策。我皇上出于万不得已，遣使行成。近闻李鸿章已定约回津，所议条款尚待宸断；此事关系重大，想皇上自有权衡。惟道路传闻，其中窒碍难行者约有三端；不得不披沥上陈悃款愚忱，伏乞圣明鉴察！

一、割地难遽允也。奉天之凤凰厅、岫岩、金、复、海、盖等处为京师屏蔽、北洋门户，若全畀倭人，京畿不能一日安枕。奉省辽、沈既难固守，即吉林、黑龙江两省亦将势成隔绝。至台湾虽孤悬海外，实为南洋七省关键。况奉省所属义团同仇敌忾，誓不与倭人俱生；台湾自疆吏以至兵民，并皆忠义奋发，誓不从贼：足见食毛践土者咸知大义，俱有天良。倘一旦拱手授人，不特国体有伤，抑且人心将贰。此端一开，将来各国启衅，势必纷纷效尤；以有限之舆图，岂能供无厌之婪索！闻英、法、俄、德等国皆不愿倭人独占要地，宜乘此时电商各国君主，浼其出为调处：已失之地，偿费赎还；未失之地，尺寸不予。倭人见事机牵掣，自顾后患，当不难曲为迁就矣。

一、偿费宜详酌也。闻议给倭人兵费，已多至二万万。臣等以为将此巨款收拾中国人心，与之力战；此上策也。即不然，联络各国，许以此款为酬，借其舰械恢我疆土；此中策也。若以此偿倭，已属下策。倘再分年付给，彼必屯兵待费；国家岁入有限，仍须借支洋款。同一偿款耳，而既有借款之息、又有偿倭分年之息、又有彼国屯兵之费，是一事而贻三累，不待智者而知其亏损也。似宜商借洋款全数清偿，勿令屯兵，并免层层剥削；然此亦终为下策矣。

一、通商宜杜弊也。小轮直达内地以及土货改造，此二事各国觊觎已久，朝廷力与辩论，终未允准；今闻所允口岸四处，系沙市、重庆、苏州、杭州。臣等以为各国向有商岸之处，皆可准令倭人通商。其各国未开口岸之处皆不可允，况苏、杭已入内地乎！至土货一准改造，各国利益同沾；彼之制造速、人力省而物又华美易售，中国之商民从此失业矣。且小轮捷驶、洋票盛行，洋关之税日见短绌，厘卡盘诘概无所施；不特商民之生计将穷，即国家之利源亦竭。至通商税则，且有常经；更宜与各国一例征收，以免借口而杜流弊。为今之计，宜允倭人于各国通商之埠概予通商，阳示优容而阴为限制；断不可准其小轮直达内地及土货改造二事：不特收中国之利权，亦以消外洋之衅隙。

以上三条，皆仰体朝廷不得已之深心，于无可设法之中，求稍可苟安之策。不揣冒昧，合词上陈；伏乞皇上圣鉴！谨奏。

光绪二十一年四月初一日。

175. 户科掌印给事中洪良品请力黜和议专修战备折（四月初一日）

四品衔户科掌印给事中稽察西仓臣洪良品跪奏：为权奸妄许多款、耗币中国、留贻后患，请旨力黜和议、专修战备以固宗社而顺民心；恭折仰祈圣鉴事。

窃李鸿章以获咎之身，朝廷赏复翎顶，方冀其折冲樽俎，力盖前愆；乃闻李鸿章徒以全权在手，遽许割台湾、澎湖及东三省所失之地，又与款二万万金，径行画押。此与曾纪泽之使俄，据理辩论，不失国体、不遗后患者迥异，事关宗社安危。天下者，祖宗之天下；相传二百余年，金瓯无缺、元气无亏。诸大臣在事中，或为帝室懿亲、或为重臣元老，世受国恩，休戚与共。自必力筹万全，方可以上对祖宗、下示黎庶，远留青史之令名、近防目前之隐患；不得以国家存亡重局，徇人情面、专已私见以贻后悔于无穷也。

至其利害，臣请得而言之。东三省，为京城根本，海城、旅顺等处，介在辽、沈中间。若不图克服，割弃予敌，使之踞我心腹，外而奉天、兴京、吉林，内而辽阳以至京城，藩篱已撤；后患何堪设想！澎湖、台湾，为闽、浙外屏。澎湖虽被攻夺，然台湾尚属完区，民心为我固守。计日本之疆域，不过与台湾等耳。彼方患唐景崧、刘永福矢心力战，乃欲以片言恫喝得之；考自古之失疆土，未有若是之易者也。诸臣辅皇上，为祖宗守土；祖宗栉风沐雨以百战而得之者，今乃以虚声恐吓而弃之人，其谓诸臣何！至许款二万万金，尤为历来未有之事。盖钱财者，国家之元气也；宋以岁币赂金，遂使元气剥伤，国以削弱不振。况今日四邻环视,又非宋、金两国之比。彼见日本以小邦邀此重利,心生艳羡,必将藉事寻隙与我为难,势不获重赂不止;我又将何以应之?臣职户垣,尚知国家出入大数,每年入不敷出甚巨;前借洋债一千余万,至今尚未偿完。今许倭以二万万之数,库储如洗,何从拨给!若再借洋款,是累益增累也。闻倭借英款数千万,而欲我借英款为之代偿;不知我负此重债,将来能使何国为我代偿乎!是明明移祸于我,而阴堕其术中也。况中国唯乾隆时,库储七千余万为极盛;今库中未赢一文,遽许人以两万万之数,将来债重难偿,必生别衅:是我求免祸而适以召祸矣。又况沿江、沿海许以设立码头,此各大国所不能得之我者,乃悉以之许日本;不虑各大国之纷纷效尤乎?

　　夫我之婉转求和者,原欲保我疆土、守我资财,彼此相安无事耳。今以议和之故,反至割疆土、弃资财,犹不免于无事;则何如拚死一战,始终与之相持乎!夫战虽危事,利害彼此同之。就今日形势而论,我以主制客、以大御小,彼之兵合计不过三、四万人,我之兵不下二十余万。我虽偶败,兵可召募日添;彼若久战,精锐可渐销尽。彼以数岛之地,负债以供军饷,势难久支;我以十八省之地,尚能设法筹饷,不至困乏。彼方忧军费之不给,我乃许以重款为之资;是犹助敌以自攻也。臣窃思我国家积德累仁,朝无秕政;默观天时人事,区区日本小邦果能灭亡我之国乎?果能有以制我之死命乎?如不能制我之死命,我国不至灭亡;何故听其恫喝之言自相惊恐,务餍其欲而自贻其患乎?庚申之役,实由内地有贼牵制,犹必邀齐各国,乃能乘虚入犯;今倭奴自知独立难支,又恐断其火药转运,故由山东窜至澎湖,其不能深入京师可知。何为兵未近逼,气先自馁;甘心割弃要地、赂以重款,以益敌人之富强耶?李鸿章齿已七十有三,自知年命有尽,但求苟且塞责;故不惜贻皇上以无穷之□。且诸臣若心存忠爱,何忍出此!第因贼氛日炽,为此过虑;不知胜败,军家常事。发、捻初起是何气势,疆宇几失其大半,以视日本今日何如;乃卒为官军所灭者,无一"和"字之说以乱之也。倭事甫动,李鸿章即立意主和,以致上下解体、将土①观望不前;倭奴深知其立意主和,故益狂骋猛攻,肆其要索无已。然则我军之所以屡败、倭奴之所以有挟,皆此一"和"字误之!及今不和,亡羊补牢犹为未晚。和则危亡可立而待,战则人心激而愈奋、人材练而愈出;稍能持久,终可决胜。臣窃愿皇上念祖宗基业之艰难、悯百姓供输之苦累,勿以一"和"字自误!

---

　　① 编者按:原文如此,应为士。

切割地、赂财之议,概置弗庸;并严饬刘坤一、依克唐阿、唐景崧等速筹战备,即将倭人所索重款取十之一以赏战士,谁不鼓舞思奋!臣闻台湾士民备戈欲与倭战,足征我朝德泽深入民心,故薄海咸识同仇之义。合无请旨奖其忠奋,令其自相团结克复澎湖,则疆场益有赖矣。臣无任迫切泣祷之至!伏乞皇上圣鉴!谨奏。

光绪二十一年四月初一日。

176. 河南道监察御史宋承庠奏倭人要挟太甚请更改草约折(四月初二日)

河南道监察御史臣宋承庠跪奏:为倭人要挟太甚,请将草约更改,勿堕狡谋;恭折具陈,仰祈圣鉴事。

窃臣闻李鸿章渡东后忽被枪伤,一切会商和约,均由李经方与议;复因李鸿章伤后悾怯,率尔画押。其详细条约,不得而知。外间哗传有割地一款,则自旅顺沿海至凤凰城尽为倭属,复益以台湾全地;赔偿兵费,则索至二万万两之多;通商一款,则择苏、杭,内地复准其改造土货,又有抽关税三成;及威海、旅顺屯驻倭兵,由中国月给饷银五十万两等语。夫朝廷遣使议和,原为息事安民之举;乃如臣所闻各款,是倭人非有意议和,不过藉此戏侮中国。无论国体攸关,不宜轻许;仅以利害论之,亦万万不能迁就。旅顺等处一去,是无辽、沈;台湾一去,尽失东南屏蔽。况该处人民久沐圣化,一旦沦为异域,谁则甘心;即或分年迁徙,而骤聚数十百万无业游民,将何安插!设有内地伏莽借端勾结,内讧之患,恐较外侮为尤甚!匪直此也,即以国家经费而言,厘金一项岁入不下千万,若在苏、杭通商,复准改造土货,则厘金即难收纳;又复抽提关税三成,岁入之数愈减。约内所议赔费、饷需,将以何项指拨?目前虽息借洋款以济急需,日后按期分还本利,仍归无着。是倭人不烦兵力,而我已坐困;倘倭人蓄养精锐以图再举,泰西各国或相率效尤,又将何以应之!

议者或谓约不速定,恐倭船阑入津、沽,震及畿辅;试思即照此约议定,能信倭人不再寻衅乎?能保他国不从而生心乎?一堕术中,即已为所牵掣而不能复动;诚不若补救于前之为得矣。臣闻倭人饷项久已罗掘殆尽,徒悬指赔费以为弥补;苟饱所欲,虽暂息事,必旋渝盟。我能相持数月,彼族势难久持,或易就范。设或倭船驶至,断不敢遽尔深入;即如辽阳一州,仅有民团抵御,至今完守。关内外大兵云集,敌人即思内犯,亦岂瞬息可达! 惟有恳求坚持宸断勿予批准;并将草约更改,不致堕彼狡谋,天下幸甚! 臣为维持大局起见,理合恭折具陈,伏乞皇上圣鉴! 谨奏。

光绪二十一年四月初二日。

177. 署南洋大臣张之洞来电（四月初二日到）

倭约万分无理,地险、商利、饷力、兵权一朝尽夺,神人共愤;意在吞噬中国,非仅割占数地而已。所有弃台、旅之害,威海刘公岛驻兵之害与中国联合备战各条之害,二十六日电奏已详陈。近闻通商条目、赔款限期,尤堪骇异。各省口岸城邑商业、工艺,轮船处处任意往来、任意制造,一网打尽;工商生路尽矣。倭在华制造土货亦照洋货纳税,各国效尤,如何能拒! 厘金亏矣。赔款二万万两六年付清,又加五厘利息,即借英国洋款转付,分期摊还每年亦须还本息一千数百万两;各海关洋税空矣。今借款系赫德一手承办,专借英款,将来无论如何搜括,亦不能还清,英国必索我地方作抵;是又生一患矣。民贫极则生乱,厘税去则无饷,陆师、海军永不能练,中国外无自强之望、内无剿匪之力,威、旅之兵必至永远不撤;京城亦永远无安枕之日矣。一倭如此,各大国援例要挟,动以窥伺京城为词,更不能拒;后患不可胜言矣。然非藉兵威不能废约;此时欲废倭约、保京城、安中国,惟有乞援强国一策。俄国已邀法、德阻倭占地,正可乘机恳之。乞援非可空言,必须予以界务、商务实利。窃思威、旅乃北洋门户,台湾乃南洋咽喉;今朝廷既肯割此两处与倭,何不即以赂倭者转而赂俄、英乎? 所失不及其半,即可转败为胜。惟有恳请敕总署及出使大臣急与俄国商订立密约,如肯助我攻倭、胁倭尽废全约,即酌量划分新疆之地,或与南路回疆数城、或北路数城以酬之,并许以推广商务;如英肯助我,则酌量画分西藏之后藏一带地让与若干以酬之,亦许以推广商务。外洋通例,若此有联盟密约,有战事即可相助,不在局外之例。俄现有兵船三十余只在中国海面、英有兵舰二十余艘在中国海面,只须有一国允助,其兵船已足制倭而有余;其船或开向横滨、长崎,或径趋广岛,或游行南、北洋;兵舰一动,倭焰立阻。倭素畏西洋,断不敢与俄、英开战。若俄、英有一国相助,则兵不血刃而倭约自废,京城自安。若倭敢战,则我拒其陆兵;英、俄截其海道、攻其国都,倭必灭矣。同一弃也,而损边远之西域,可保紧要之威、旅,全膏腴之台湾,且可尽废一切毒害中国之约;权其轻重,利害显然。且辽东、旅顺,国家根本;台湾归化,康熙初年;而西域开拓、藏卫大定,则在乾隆中叶。先后缓急,亦自不同。譬如人有急病,台湾割弃、威、旅驻兵,咽喉之病也;内地处处通商、赔款力不能还,心腹之患也;西域边远,髀膑之损也。盖俄、英本强,然历次条约尚无吞并中国之意;即以轻利酬之,于彼有益、于我尚无大损。倭专意欺害中国,正苦饷力不足;若此约允行,则从此既强且富,是我助以吞噬中国之资矣。且倭约各条处处包藏祸心,而字句巧黠,意图含混;尤望将和议各条发交王大臣等细心阅看,自知其险毒之谋矣。此因和约已许割地,故拟为此权宜转移之策,冀以救急纾祸。忧愤迫切,仰候圣裁。请代奏!之洞肃。东。

178. 河南巡抚刘树棠来电(四月初二日到)

密。风闻和议将成,虽不知均系何款,第闻内有割台湾及辽河以南地,赔费二万万多、一年内付一万万、余分六年付给各节,则似有不可允行者。台湾为南洋门户,前圣经营多年,始行内属;辽、沈尤为我朝根本重地。一旦割而与人,不独失士民向化之心、启外洋窥伺之渐为足虑也。倭人构难已逾半年,于我朝并无大损;是其兵单饷绌,已可概见。台湾有险可阨,即使悉锐往攻,亦恐非旦夕所能得手。且辽河以南逼近畿疆、控扼山海,使敌据为巢穴,内则抚我之背、外则扼我之吭;早发夕至,防不胜防:是纵豺狼于肘腋之置,权纾患而患转迫也。朝廷岁入有经,现闻并厘税等项亦不过六、七千万多,量入为出,尚属不敷;更安从遽得多万万更先填此壑谷哉!取之民,是敛怨也;借之外洋,是重累也。我朝轻微薄赋,深洽民心。沿海雄师星罗棋布,但使各处疆臣将帅悬不赀之赏、定失律之诛,兵卒严加选汰、统将各专责成,未必不可转弱为强,歼此丑虏!纵使仍如前此屡次败挫,数月所失不过如此。且失者尚可望得;费者尚不难筹;总胜于一朝无故坐失数千里险要之地、二万万难筹之款也。前此俄据伊犁已有成议,尚可转图;法争越南,我能自强,彼偿兵费。倘其要求无已,似只可仍出于战;免致中彼狡谋,有妨大局。臣忝膺疆寄,受恩深重;不敢不披沥上陈。伏候圣裁。请代奏!刘树棠肃。先。

179. 署台湾巡抚唐景崧来电（四月初二日到）

密。钦奉卅日电旨，近日台湾情形，敬陈之：二十五日，台民知台已属倭，台北绅民男妇日来署向臣母及臣环泣，并电知台南、台中各绅士留臣固守。当将朝廷不忍台民涂炭之意，剀切开导；无如义愤所激，万众一心，无从分解。次日即鸣锣罢市，适英领事金璋来臣署，绅民环请设法，拟以台归英保护，将煤、金两矿并茶、脑、磺各税酬之，恳其转达公使。臣见此情形，不能禁止；而防营仍未敢撤。莠民遂乘机欲乱，有二十六日劫司库、械局之谋，以有备而止。二十八日，竟在市中劫抢，中军方良元出弹压，仓卒被戈。乱民闯入臣署，亲兵闭门抵拒；臣与刑部主事俞明震、府经彭恒祖亲出喝散，提臣杨岐珍亦率队弹压，谕重恤尸主、严拿凶手去后。忽闻有各国公论，欢声雷动，安堵如恒；果有转机，不难立定。若仍照前约，军民必立变。现已抗缴厘金，设台仍属中国则缴；并禁各盐馆售盐，饷银不准运出、制造局不准停工，皆称应留为军民战倭之用。臣恐为军民劫留，无死所矣！请代奏！景崧。东。

180. 督办军务处代递詹事府左赞善贻榖等条陈呈文折（四月初三日）

臣奕䜣、臣奕劻等跪奏：为据呈代奏，仰祈圣鉴事。

据詹事府左赞善贻榖等联名赴督办军务处具呈，以和倭利害等词呈请代奏前来。臣等未敢壅于上闻，谨抄录原呈，恭呈御览；伏乞皇上圣鉴！谨奏。

光绪二十一年四月初三日，臣翁同龢、臣李鸿藻、臣荣禄、臣长麟。

詹事府左赞善贻榖等条陈和倭利害呈文

詹事府左赞善贻榖、翰林院编修孙伯斛、庶吉士齐忠甲、内阁中书齐耀珊、吏部郎中成和、主事刘锦、荣翰屏、户部郎中荣安、员外郎庆恕、主事朱显廷、郭之桢、庆春、郑文钦、裕绂、礼部郎中文瑞、兵部郎中庆颐、员外郎承平、刑部员外郎攀桂、那福、主事李光琛、笔帖式荫昌、工部郎中宝春、员外郎魏晋桢、主事宫兆甲、赵兰田、北营参将鹏展、举人凌善钟、岳德懋、恒善、恒泰、李恩瑞、李崇瑞、庆春、钟毓、阎宝琛、于霖中、荣文祚、郭星五、朱瀚章、朱笃庆、邵振铎、郑廷柱、周德隆、赵晋臣、张光鼐、齐耀林、张允中、姜梦飞、吴璋、丁孝虎、杨灏生、冯绍唐、王佐廷等谨呈:为和倭利害,痛哭沥陈,吁恳专折代奏事。

窃维时局糜烂,敌锋侵逼,而犹阻挠和议,侈口谈兵;是不忠不智之甚者也。慨自夷患日深,英吞缅甸,法吞越南,朝廷大度深仁,率皆隐忍周旋,言归于好;以为可以万年无事矣。乃倭夷贪暴,吞噬无厌;既据琉球、又图朝鲜,撤我屏藩,侵我疆土。将帅不职,水陆挫刃,京师动摇;议者谓非修款不足以自存、非弭敌不能以息战,此固万不得已者。然职等窃意今日积弱之势,皆由于前此弭敌而来;则议款之条,更不可不留后此自强之地。乃今所闻,竟有大谬而不可解者:曰度支匮乏,筹饷艰难;不可不和。然且赔费二万万矣,筹饷则难、赔费则易;其不可解一也。曰门户不守,两京空虚;不可不和。然且割鸭绿江以西、辽河以东与之矣,目前之门户可忧、万世之门户不顾;其不可解二也。曰东南半壁,首尾难顾;不可不和。然且割台湾弃之矣,守台而东南尚可危、弃台而东南转无患;其不可解三也。曰连兵祸商,厘税短绌;不可不和。然且举商务、税务授权于敌矣,一口之停商可病、各省之减税无妨;其不可解四也。曰百姓无辜,荼毒堪悯;不可不和。然且令辽南、台湾之民事敌矣,百姓之性命不宜伤残、百姓之廉耻不足顾惜;其不可解五也。曰泰西各国,虎视眈眈;不可不和。然且开端于倭矣,拒倭尚不免分裂之患、厚倭岂不启觊觎之心!其不可解六也。有此六不可解,而竟轻以相许!或以陵寝所在、社稷所关,迫而为此缓敌须臾之计;不知如此而和,不特不能缓敌,且益资敌。何者?倭夷穷蹙,挑衅求利,其欲和较急于我;是以攻旅顺、攻威海而不攻津、沽,彼盖恐逼我太甚,我且避之而彼将失所挟也。且以彼通国兵力不及我十分之一,而负债且数倍于我;即得我一城一地,势必折伤将士、糜耗军火,而所得又不足偿。连兵数年,岂能久支!我苟挈民以迁、清野以待,罢和议以绝诸将之观望,移赔费以购西洋之船械,厚粮饷、明赏罚以励士卒,徙老弱、留精壮以结乡团,下哀兵之诏布告天下,同心戮力以匡大难,开言路,求贤才、汰庸佞、严兵律,徐图筹数年之饷以兴倭相持,则倭进无所持、退无所守,其败可立而待也。今计不出此,沾沾然挈财割地,弃利权以资敌。假令得我之财再举入寇,将如之何?假令驻兵辽阳,节节挑衅,扼我之吭、制我之命,又如之何?假令虎踞台湾,窥闽粤、图江浙,使东南各省不能撤防,又如之何?假令广设机厂,贱售洋货,禁海关人口之征,阻华商出销之路,又如之何?假令百姓不服,酿成兵端,抑或忍辱事仇,率子弟以攻父母,永为边患;又如之何!假令群夷效尤,窥衅而动,法索云广、英索藏蜀、俄索新疆及吉林黑龙江,不从则树敌愈多,从之则削地殆尽;又如之何？牛庄去盛京不过二百余里，凤凰厅直逼兴京，去永陵尤为密迩；日后倭奴败盟，朝发夕至，则三陵不堪设想矣！且海口尽为倭有，三省之生路已穷；是直拱三省而尽与之矣！帽儿山界连长白，地产五金，倭更窥伺；今以此千余里精华所聚之地拱手与人，则倭之兵饷益充，而我之脂膏愈竭。职等窃观往代兴亡之故，率皆误于和局；然尚未有如是其暴者。即泰西各国向有战败赔费之公法，亦不闻有如是其多者。而倭敢为此言而我且唯命是听，是倭不能以战死我，变其法而以和死我；恐战死之缓，而先自缚其手足也。

夫以我不练之兵临敌溃退，然且持一年之久，所失不过数城；即糜饷数千万，亦皆散之中国兵民。现闻倭饷穷民怨、瘟疫流行，前敌之兵以女充数，势已不能支矣。即今图之，无论倭之不能深入，即并力以争奉、直，而我京东有程、董、曹聂及沿海驻扎各军，关外有宋、依、长三大军及魏、陈、孙、吕各军棋布星罗，极力堵御，而以刘大臣坐镇其间，谓寇遂能深入，即倭自问当无此力量也。如谓兵不可恃，何以金州失陷后一月而下数城，及逼辽阳数月而城未能下？在主帅之得人耳。古人云："卧榻之侧，岂容他人鼾睡"；况割两省之地、赔二万万之费以助其经营！辽南一日属倭，即两京不能一日安枕。又况辽南各城处处有旗户、处处有乡团，旗户数十万皆世受国恩，将另行安插乎？抑驱之事夷乎？乡团自战其地，忠勇倍于官军；宽甸收复，已有明效。拟请旨饬令将军裕禄查明各团数目，津贴兵饷一半，分隶宋、依、长三军部下，随同防剿；以其自保身家之念，力图恢复，未有不勇往直前者。所患和约一定，则耳濡目染，义气尽消或相率而为倭民；此后兵事再兴，恐无有为朝廷效命者矣！

伏维我皇太后、皇上仁慈惠爱，不忍生灵涂炭，曲意抚绥，诚为保京师、惜民命之计。乃至割根本重地，致令皇气发祥之所不能保全；凡有血气，痛愤同深！惟恳转奏速罢和约，挽回大局；即按之西法，亦有"民不乐从而约即废"之例。现在尚未用宝批准，正可废约。所谓"两害相形，必取其轻"。应请旨交王公群臣会议，熟权利害，以图匡救；未始非亡羊补牢之术耳。当此举国仓皇、群臣泄沓之时，独言和约之不可，目为妄论，夫复何辞！但伏念祖宗基业之重，下察臣庶忠义之诚，洵可背城一战，请即变和为战，誓共灭贼，尚可自立为国！

职等谊关桑梓，情迫智昏，诚以根本失则大局危；是以罔识忌讳，昧死上言。伏乞代奏，恭候谕旨遵行，不胜悚惶待命之至！

181. 翰林院代奏编修王荣商条陈折（四月初三日）

翰林院掌院学士臣宗室麟书跪奏：为据呈代奏，仰祈圣鉴事。

据臣院升用侍讲编修王荣商呈称："为敬陈管见，恳请代奏事。窃闻李鸿章与倭人所定和约，割地之外仍赔兵费二万万，限六年全缴。以公法论之，既赔兵费，则倭人所占之地皆宜让还中国。今乃复与以台湾，殊为可骇；而兵费之不易赔，犹为可忧！夫国家之有财用，犹人身之有精血也。精血枯则人毙，财用竭则国危；此一定之理。中国度支久绌，借贷已穷；不知李鸿章何所恃而许之！况倭人所欲必得，西洋各国谁不生心；此议一成，各国之藉端挑衅、援例需索，固有可立而待者。伏求皇上饬军机大臣等统筹全局，先将二万万之数指定的款，以为赔偿之地；然后再议他条。如六年内并无巨款可筹，抑或他国别生枝节、不能扫数全清，则是今日所许不过空言搪塞，以偷旦夕之安。诸臣一日去官，即可置身事外；皇上受列祖、列宗付托之重，将何以善其后乎？用兵固须筹饷，然以中国之饷养中国之兵，其流通仍在中国；与赔兵费之大伤元气者不同。况我既失地、又出兵费，是恐倭人之力尚不能尽取中国之地，而复竭力以助之也。近闻台湾人民誓不与倭俱生，即英国人亦有'台湾不当与倭'之言；可见倭人无理要求，普天同愤。方今草议虽经李鸿章画押，尚可转圜。伏求皇上博采众议，详加批驳！如倭人愿得兵费，则金、复、海、盖诸州皆应让还中国；如倭人不肯还地，则中国所失已多，台湾固不能割、兵费更不宜赔。苏、杭诸州乃中国膏腴之地，不宜许其通商。叶志超等例应正法，乃中国法度所关，不宜准其免罪。如倭人不肯允从，是其目中已无中国；今年许和，难保明年不更寻衅。与其决裂于中途而我之气更馁、力更疲，不如今日不和之为愈矣！夫中国将士非尽不能战也，但为和议所误，而致败耳。查畿辅诸军，如聂士成、曹克忠、董福祥、申道发、吴凤柱、李光玖等皆骁悍善战，倭人断不能深入；其他将帅优劣互见，大约不贪生者其人皆可用、不克饷者其兵皆能战，惟在朝廷分别而进退之。但和议不绝，则军心不夺。此次如果决裂，伏求皇上一意主战，勿再遣使议和！军机大臣同心赞襄，信赏必罚，不徇私情；推贤荐能，不拘资格。各路将帅，协力堵剿；王公大臣之坐拥厚赀者各出家财助饷，以为富民之倡。如此，则兵何患不精！饷何患不足！虽成败利钝非所逆睹，然求自强之策，必由于此。若但求目前之无事，而委曲许和；窃恐公私罄竭、纲纪败坏、人心涣散、四夷交侵，大局有不堪设想者矣！愚昧之见,是否有当？恳请代奏"等语,呈请代奏前来。

臣徐桐现在入闱,臣麟书详加阅看该编修所呈,系属军情重务;不敢壅于上闻,谨据呈代奏,伏乞皇上圣鉴！谨奏。

光绪二十一年四月初三日。

182. 翰林院代递编修黄曾源条陈时务呈文折
（四月初三日）

协办大学士、吏部尚书、翰林院掌院学士臣宗室麟书等跪奏：为据呈代递封奏事。

窃据臣衙门编修黄会源呈递条陈一件,谨请代奏前来。臣徐桐现在入闱,臣麟书详加阅看,系为条陈时务起见;不敢壅于上闻,谨将原呈恭呈御览。伏祈皇上圣鉴！谨奏。

光绪二十一年四月初三日协办大学士吏部尚书翰林院掌院学士臣宗室麟书、协办大学士吏部尚书翰林院掌院学士臣徐桐（入闱）。

编修黄曾源条陈时务呈文

翰林院编修黄曾源,为时事艰难,请权计利害,以维全局、以固国本;谨据管见所及,呈请代奏事。

窃维倭以区区岛夷,戎首自甘,扰我海疆、夺我险要;凡有血气之人,无不怒发裂眦,誓将灭此！乃自军兴以来,陆军则溃败频闻,海军则叛降相继。皇上仰念皇太后春秋已高,不忍以征兵筹饷,上厪慈怀,俯念民生荼毒之戚,不愿以黩武穷兵,下伤元气。于是力违众议,遣使和戎;诚如明诏所云"不忍两国生灵同罹锋镝"者也。乃倭恃凭诈力,反肆鸱张：始则逐我使臣,继则刺我使臣。后迫公论,勉就范围；而又需索多端,骇人闻听。查万国公法：凡两国相争,无理者赔偿兵费。今倭不顾天下是非,妄索兵费；公法所载,有如是乎？夫偿兵费,所以赎侵地。如兵费偿而侵地不返,即三国合纵强如俄、英、法者,尚不至是；而倭乃竟如是乎！且昔普、法之战,号称复仇之师,入其都、俘其王,而其所订和约,当日尚能力与之争,不过许偿兵费、割一省之地以与之而已。今我所失,除威、旅而外,不过沿海数州县；而二十一行省,金瓯无缺。津、沽天险,胜负未分。乃于失地之外,复界以数千里富庶之台湾；设不幸如庚申之事,其将割天下之半以予之乎？此倭之需索可异；而使臣不能力争,则尤可异者也！倭自用兵以来,所费不下数千万金,其死伤亦不下数万人;而其所得者,不过滨海之一隅。今我澎湖虽失,台南北固依然无恙也。台湾为七省门户,海外膏腴,民风强悍;使倭以兵力取之,尚不知用兵几何,需饷几何、旷日又几何!今乃拱手相让,倭竟不费一矢、不伤一卒据我之岩疆以扼吾之肩背,海疆自此无安枕之日矣!夫和,所以纾患也;不得其宜,则其召祸也倍速。今倭得恣其志,相形之下,英将悔还定海、俄将悔让新疆、法将悔去基隆,各悔其所悔,而土崩瓦解之势成矣;此又祸机之立见者也。

窃观方舆所载国家形势,东北重于西南;祖宗定鼎北平,所以遥为控御者,意至深、虑至远也。今侵地不返,津、沽失威、旅之门户,而堂奥之势孤;疆圉杂戎索之烟尘,而防守之智困。窃恐后来建议之臣,必有以西迁之说进我皇上者。抑思乘舆可迁,陵寝可迁乎?臣工可迁,数百万生灵可迁乎?此断不可行者也!皇上端拱京师,而威、旅尚不可保;一旦乘舆西幸,九重天远,将士能保津、沽之险以还朝廷乎?窃恐井陉之险不足恃,而北平之患已不可胜言!彼蒙古外藩惟强是视,见我鞭长莫及,必有从而生心者,恐以后外藩亦非我有;此侵地所以不容不返者也。窃维今日之事,财帛固非所计;如弃地,则必不可轻言。盖和不足以为国,与其和而嚃将士之心,不如战以待事机之转。我朝深仁厚泽,沦浃肌肤;自用兵以来,虽在孺子妇人,无不指倭相诟谇。皇上诚将屈体言和之故与倭骄慢需索之端宣布中外,义愤所激,安知无豪杰之士出而效命疆场者!在昔中西构衅,粤人倡义拒英,以百敌一;而英人之据有粤城者,不敢过雷池一步。

人心固结,其可恃有如此者。且以时势测之,亦必终出于和也。倭人猖獗,实欧洲大局所关。台湾之在中国也,纵不假此以为重;倭人得之,则足为富强之本以为患于诸邦。美之防檀香山、英之防香港、俄之防海参威,皆已早虑及此。而制造土货,不惟我之商贾失业,即各国商务亦因以坏,当为诸国之所痛心;而不出为排解者,以"利益均沾",欲坐收渔人之利耳。且以为与其以台湾为倭所独有,不如以台湾为各国之租界;与其许倭减洋税以取媚于西洋,不如在我减洋税以市恩于各国。或谓非我族类,其心必异;各国未必舍倭而助我。不知自通商以来,诸国商务利益以得之中国者为最厚利之所在,人必趋之;此即缓急可恃之端。且排难解纷,西人每假此名以为重;特求之不力,斯应之不速耳。皇上诚召见各国使臣并电谕出使大臣,将倭人无礼需索之端布告各国朝廷、商之各国外务大臣,请其剖别曲直,出为调处;彼各国使臣最重礼貌，每以觐见为荣，倘得亲聆天语，再得亲贵重臣动之以利害、诱之以货利，俾知台湾、威、旅如不能索还，倭之无礼既敢违公法击英之商船，则逞其狡谋，安在不蚕食南洋诸岛，是中国之患而亦诸国之忧也。彼各国利害相关，纵不为我计，独不自为计乎？现在事机危急，请皇上速断宸衷，定期召见；并电谕出使各国大臣效包胥之节以纾国难，必以得请为止，不得稍涉观望。"诚"能动物；苟情辞恳恳，未有不动听者。诚得各国维持公论，则展定约之期，倭不能不许诸国之请也。斯时，即将所定条约与各国斟酌尽善，务使彼此相安，方无后患。

总之，利源可开，财虽散而贫寡不为患；奥区尽失，基已坏即补救不为功。非不知军兴以来皇上旰食宵衣，圣容为悴；事方棘手，讵敢以迂阔之见上误戎机。第念荷累朝豢养之德、皇上知遇之恩，知不敢不言、言不敢不尽。愚昧之见，是否有当？伏乞代奏！谨呈。

光绪二十一年四月初三日。

183. 浙江道监察御史易俊请力黜和议折（四月初三日）

掌浙江道监察御史臣易俊跪奏：为条约必不可允，请力黜和议以全国体而顺舆情；恭折仰祈圣鉴事。

窃维倭奴犯顺，侵占我疆土，虏掠我人民；凡有血气之伦，莫不同深义愤！朝廷悯生灵涂炭之苦，特简李鸿章为全权大臣，前往议和；此万不得已之苦衷，为薄海所共谅。近闻和约已定，惟所许各款多出于情理之外；而其最不可从者，莫如割地、赔款二事。臣请敬为我皇上陈之。

天下者，祖宗付托之天下，未可以尺寸与人者也。宋割燕云之地，终宋世不能复还；金人覆宋之祸，实基于此：可为殷鉴。奉天为京师根本，陵寝所在，最关紧要；如由辽河以东一带数百里均归倭有，是卧榻之下，直令他人鼾睡！则外而吉林、内而沈阳兴京，藩篱尽撤；腹心之患，防不胜防。然尤得曰：此已失之地也。若台湾，系完善之区。其地大物溥，出产之多甲乎他省；康熙时竭尽兵力，始收入版图。昔人以艰难得之，后人以容易弃之，可乎？倭奴得此，如虎傅翼；闽、浙诸省，从此不能安枕。且该处百姓，食毛践土二百余年；今无辜而驱之化外，万一不遵朝命，有如郑芝龙其人者率众抗拒，将奈之何？是欲弭祸，而反以召祸也。

自军兴以来，库储如洗；各省闲款，亦罗掘一空。以岁入之数计之，每年不过七千余万两；承平无事，除开销外，所剩无几。此次军务经费，已属不赀。如赔款为数尚微，犹可勉为允许；乃竟至二万万之多，势不得不息借洋债先付若干，余则分限加利付给。国家进项祇有此数，将来练兵、买船、制械与夫一切善后事宜，均需巨款；即设法筹措，终恐不敷应用。所负重债，从何处取偿？土宇朘削、府库空虚，虽欲徐图自强，奚可得耶！以此言和，大局岂堪设想！英、法、俄等国皆视眈欲逐，设藉端启衅、相率效尤，又将何以应之？臣念及此，不寒而栗！

夫两害之中，当权其轻重。如能援从前与俄讲和之例重议条款，苟无伤大体，不妨曲从其请，藉息争端。否则，即作罢论；饬下各路统兵大员戮力同心，决一死战，以资敌之兵费充殄寇之军饷，绰有余裕。台湾兵力颇厚，民心亦固；有唐景崧、刘永福等严密扼守，可保无虞。山海关内外，大兵云集；闻各将士忠义勃发，一得倭奴肆意要求之信，皆为之裂眦，恨不获系夷酋之颈，致之阙下。如罢和议，其敢战之气必百倍于前；就令胜败靡常，偶蹈失疆覆辙，犹胜于举膏腴之地拱手而让之他人也。况揆之理与势，未必至此。倭兵大共不过数万人，前占踞荣城、宁海等处，不久即全行撤退；其兵单不敷分布，已可概见。国课亦异常支绌；师老财匮，可想而知。但久与相持，其穷蹙可以立待。倘遽就草约定议，则堕其诡计，将以我之境土为生聚之谋、以我之赀财备攻取之具；彼日强而我日弱，靖康之祸恐不免复见于今日也！

臣亦知李鸿章业已画押，未易挽回；第事关宗社安危，不得不顾反汗之微嫌，贻噬脐之大患！伏愿皇上上念祖宗基业之重、下念黎庶供亿之艰，立毁前约，勿为浮议所摇；天下幸甚！臣区区之心，不能自已；谨披沥上陈，伏乞圣鉴！谨奏。

光绪二十一年四月初三日。

184. 都察院代递工部候补主事喻兆蕃等呈文折（四月初四日）

都察院左都御史臣裕德等跪奏：为据呈代奏事。

据工部候补主事喻兆蕃等以"烛奸防患"等词赴臣衙门呈请代奏，臣等查阅原呈内称："倭寇披猖，李鸿章前往议和，臣民皆知出于不得已之苦衷；惟事出于情理外者，必当致慎。请即传闻议和各款，权衡难易"等语；取具同乡京官印结,呈请代奏。臣等详阅原呈并无违碍字样,不敢壅于上闻;谨钞录原呈,恭呈御览。伏乞圣鉴!谨奏。

光绪二十一年四月初四日,都察院左都御史臣裕德、左都御史臣徐郙、降二级留任左副都御史臣宗室奕年(感冒)、左副都御史臣宗室奕杋、左副都御史臣杨颐(入闱)、署左副都御史臣沈恩嘉、左副都御史臣寿昌。

工部候补主事喻兆蕃等呈文

具呈工部主事喻兆蕃、内阁中书杨锐、刑部主事吴思让、吏部主事洪嘉与、户部主事吕道象等,为和议暂成、战事未已,烛奸防患,须费思量;合词恭恳代奏,仰祈圣鉴事。

窃倭寇披猖,官军屡挫,妖氛寝逼,畿辅堪虞;致我皇上遣李鸿章前往议和,中外臣民皆知出于不得已之苦衷,无敢不以为是也。惟事出于情理之外者,必当致疑致慎。彼漫求之,我漫应之;在彼适以为笑,而我遂至于沈溺不可救矣。夫言战须量力,言和亦须量力。力实不足以和,则不如战;以虽和犹未和,战事固在早晚间也。请即今日传闻议和各款而朝廷所已许者摘其大端,权衡难易,一一陈之。

一、台湾全割,两年后尽徙台民还内地。台湾现未失守,非金、复、海、盖所可同。其为败货之区、形胜所在,固无待言。朝廷所恃以维系天下者,不忍之心耳。台民涵濡圣泽二百余年,一旦使其祖宗之庐墓、世守之田畴沦为异域,永不与于衣冠文物之盛;犬马犹识旧主、鸟雀犹恋故巢,公议私情,岂容抑灭!且即云徙于内地,内有何地可以安插百万生灵?台民固将曰"是诳我也"!安土重迁,与祖宗之魂魄相依;虽徙之,必不愿也。慕恋之诚,激为恚愤;恚愤之极,蛮为犷悍;势必揭竿秉耒,与倭奴死斗于山椒水曲之闲。虽云未交割以前归我拊循,既交割以后听其取舍。而倭奴狡逞,区区之地,必攻而后得,固将屠戮忠义,肆其淫威;或攻而不得,何惭责问朝廷,与之协剿。我朝廷一从而无不从,果忍戕其赤子,夺之地而予之乎?抑别割要区,以填其溪壑乎?通好未终,衅端旋起。此台湾之不易于割者,一也。

一、威海驻兵,岁供饷五十万;事事如约,即行裁撤。查倭奴气力弱薄,势难及远;颇有自知之明。其处心积虑,不过视中国为可欺,姑取其切近者而附益其家邦足矣。驻兵威海,非防朝廷之违约,乃杜他国之分肥。盖谓中国违约,本不足防也;威海有兵与旅顺相犄角,则收直隶、卷山东如探囊取物,晋、豫且在其掌握矣。驻兵之后,内地之险隘窥之必精,内地之民心市之必巧;内地拜幅拜捻之余党，必勾纳之无遗。裁撤之说，诳三尺童子耳；一驻而永远不撤者也。藩篱去，门户张；辇毂之下，如坐针毡。是欲求一息之安，不可得也；我皇上尚有奋兴之一日乎？为我皇上臣子者，尚有效忠雪耻之一日乎？且山东非无义民，日与狄夷相杂处，团防必愈练愈严；乘间抵隙，争启衅端。金鼓一鸣，畿疆复震；目前之事，皇上亦无如之何！此威海之不易于驻兵者，二也。

一、赔兵费二万万，本年交五千万、后五年每年交三千万。查国帑所入，每岁度支仅足敷衍。本年五千万，从何措办？后此每年三千万，更从何措办？现纷传洋员赫德已允借中国数万万矣，朝廷即有此气力、有此交情，有借之一日而永可无还之一日乎？莫大之款，岂任蹈空！则或指名区盐矿为偿负之资，或侵中国政权为更张之说。条约未便屡事请求，舟车未通，擅谋开创，是市中国者，赫德也；朝廷且甘仰其鼻息矣。倭奴已然之凭陵，既不堪受；赫德将来之要挟，亦属无穷！债外积债、敌外树敌，如之何其可也？嗟乎！南宋纳金人岁币，尚不过五十万；今且两千倍于宋人！历览史册，和戎者多矣，从未有如是之奇局！彼倭奴非不悉中国情形，而开议公然如此者，毒心狠计欲驱我于罟获陷井，一落万丈，永远不能复出者也。此二万万兵费必不易于赔者，三也。

然则倭奴之为倭奴，其设心路人皆知之矣。取台湾，所以收傥来之利；驻兵威海，所以示进取之机；金、复、海、盖不归还，所以表军威；索赔兵费二万万，所以蹙国命。外洋祇谈功利，不辨是非；以彼雄视东瀛，固洋洋乎动众国之叹嗟而鄙我中国为孺子之不若！暂时许成，不过假以数月及二三年之安；待我国势万有不支，则群起而乘之矣。李鸿章父子为其所卖，竟以倭奴所恫喝彼者恫喝朝廷；岂不可痛哭流涕长太息也哉！

夫势处于无可为者，亦惟于无可为者为之；事出于不得已者，亦惟以不得已者已之。人穷则智勇生，况我国家金瓯无缺、民心甚固，又何为摧之、抑之、颠之、倒之，甘自败坏至此耶？与其暂和而坐困，何如久战而延祚！与其以二十千万饲豺虎，何如以三五百万奖士卒！与其偷安于一二年而必底于分析，何如苦持于一、二年而犹可图恢复！孰得孰失？不止霄壤。

介兹和议可反之时、生死呼吸之际，谨合词冒昧上陈，恳请代奏！伏乞皇上圣鉴！谨呈。

185. 都察院代递户部主事叶题雁等呈文折（四月初四日）

　　都察院左都御史臣裕德等跪奏：为据呈代奏事。

　　据台湾京官户部主事叶题雁等以弃地戾仇、人心瓦解等词，赴臣衙门呈请代奏。臣等公同查阅，原呈内称"道路传闻有割弃全台予倭之说，不胜悲愤！今台地数千百万生灵皆北向恸哭，誓不与倭人俱生。职等生长海滨，极知台民忠勇可用；但求朝廷勿弃以予敌，必能为国家效命"等语。取具同乡京官印结，恳请代奏。臣等查阅原呈，并无违碍字样；不敢壅于上闻，谨钞录原呈，恭呈御览。伏乞圣鉴！谨奏。

　　光绪二十一年四月初四日，都察院左都御史臣裕德、左都御史臣徐郙、降二级留任左副都御史臣宗室奕年（感冒）、左副都御史臣宗室奕枆、左副都御史臣杨颐（入闱）、署左副都御史臣沈恩嘉、左副都御史臣寿昌。

　　户部主事叶题雁等呈文

　　具呈户部主事叶题雁、翰林院庶吉士李清琦、台湾安平县举人汪春源、嘉义县举人罗秀惠、淡水县举人黄宗鼎等，为弃地戾仇、人心瓦解，泣吁效死，以固大局；沥请据情代奏事。

　　窃维君民之义，犹父子也。人子当疾痛惨怛、性命呼吸之顷，不呼父母而诉者，必非人情；况今普天、率土蒙国家三百年豢养之恩，一旦沦为异类，有不旦夕号泣呼吁于君父之前者哉！职等狂瞽，毫无知识；闻诸道路有割弃全台予倭之说，不胜悲愤！谨就愚衷所见，为我朝廷痛哭陈之。

　　夫台湾者，我圣祖仁皇帝六十年宵旰经营之地也。仁皇帝悬不赀之赏，劳心焦虑，收此一隅。诚以国家定鼎燕京，全借海疆为屏蔽；无台地，则不特沿海七省岌岌可危，即京畿亦不能高枕。是以既平之后加意抚绥，每岁内地换防，縻数百万金钱而不惜；而台民感列圣之恩，深入骨髓。林爽文之乱，诸罗一县被围半载，义民四万竭力死守，城中以地瓜、野菜充食，卒能力遏凶锋，保全台地；高宗纯皇帝谕旨嘉奖，赐名"嘉义"县。是台民忠义之气久蒙圣鉴者，二百年于兹矣。甲申法人内犯，敌由沪尾登岸，台民奋力死战，歼毙法酋；此尤明效大验者也。今者闻朝廷割弃台地以与倭人，数千百万生灵皆北向恸哭，闾巷妇孺莫不欲食倭人之肉，各怀一不共戴天之仇；谁肯甘心降敌！纵使倭人胁以兵力，而全台赤子誓不与倭人俱生，势必勉强支持，至矢亡援绝、数千百万生灵尽归糜烂而后已。我皇上圣德如天,数年来畿辅水灾,尚饬各直省督、抚设法赈救;睹此全台惨痛情形,岂有不上廑圣虑!但以议者必谓统筹大局,则京畿为重、海疆为轻故耳。不知弃此数千百万生灵于仇雠之手,则天下人心必将瓦解;此后谁肯为皇上出力乎?大局必有不可问者,不止京畿已也。

夫以全台之地使之战而陷、全台之民使之战而亡,为皇上赤子,虽肝脑涂地而无所悔。今一旦委而弃之,是驱忠义之士以事寇雠;台民终不免一死,然而死有隐痛矣!或谓朝廷不忍台民罹于锋镝,为此万不得已之举。然倭人仇视吾民,此后必遭荼毒;与其生为降虏,不如死为义民。或又谓徙民内地,尚可生全。然祖宗坟墓,岂忍舍之而去!田园庐舍,谁能挈之而奔!纵使孑身内渡,而数千里户口又将何地以处之?此台民所以万死不愿一生者也。

职等生长海滨,极知台民忠勇可用。况台南安平一带,犹称天险;四、五月以后,浪涌大作,无处进攻。凤山、恒春一带,暗礁林立,防守綦严。台北、基隆、沪尾,重兵扼守。统计全台防勇一百二十余营,义勇番丁五、六十营,军火、粮械可支半年;倭人未必遽能逞志。但求朝廷勿弃以予敌,则台地军民必能舍死忘生,为国家效命。

职等谊切君亲、情关桑梓,不已哀鸣;沥恳据情代奏,不胜惶悚感激之至!谨呈。

186. 署台湾巡抚唐景崧来电(四月初四日到)

台民不愿归倭,尤虑乱起。朝廷一弃此地,即无王法;不能以尚未交接解之。文武各官,不能俟倭人至而后离任。官既离任,民得自逞;不独良民涂炭,各官亦断难自全。盐为养命之源,无法管理,万民立困;此一事,即万难处。现在各署局幕友、书吏、仆役,离散一空;电报、驿站亦将无人,势必不通,无从办事。去撤勇营,犹为难事。愚民惟知留臣与刘永福在此,即可为民作主,不至乱生;刘永福亦慷慨自任。臣虽知不可为,而届时为民挽留,不能自主,有死而已。伏泣沥陈,跪求圣训。请代奏!景崧。江。

187. 署台湾巡抚唐景崧来电(四月初四日到)

顷闻俄、德、法阻止日本占华地,台不在列;三国保辽,台益觖望。台民曾挽沪尾英领事金璋达驻京英公使，称全台愿归英保护，恳速派兵轮来台；土地、政令仍归中国，以金、煤两矿及茶、磺、脑三项口税酬之。第恐非领事所能办到；乞旨饬下总署速商英使，以解倒悬。迫切待命。请代奏！景崧肃。江亥。

188. 署台湾巡抚唐景崧来电（四月初四日到）

台民汹汹；屡请代奏，未便渎陈。兹闻各国阻缓换约，谓有机会可乘，劫以不得不奏之势。兹据绅民血书呈称："万民誓不从倭，割亦死、拒亦死，宁先死于乱民手、不愿死于倭人手。现闻各国阻缓换约，皇太后、皇上及众廷臣倘不乘此时将割地一条删除，则是安心弃我台民；台民已矣，朝廷失人心，何以治天下！查《公法会通》第二百八十六章有云：'割地须商居民能顺从与否'；又云：'民必顺从，方得视为易主'等语。务求废约，请诸国公议派兵轮相助；并求皇上一言，以慰众志而遏乱萌。迫切万分，哀号待命。乞代奏"等因。请代奏！景崧。江。

189. 浙江道监察御史李念兹奏和议有可成之机宜思设法维持折（四月初五日）

浙江道监察御史臣李念兹跪奏：为和议有可成之机，宜思设法维持；恭折仰祈圣鉴事。

窃自古驭夷之道，不外羁縻之而已。宋儒程子亦云："守备为本，不以攻战为先。"我朝自泰西各国通商以来，风会更为一变；或二十年、或十数年辄一构兵，卑则我无余地、亢则祸无已时。此际操纵，宜费苦心；不可轻于一发也。去年倭人肇衅，验之往事，自可舍经就权，与和而不与战。夫战本正大之举，然初不料淮军之窳败至此！今既不能战，不得不与议和；惟敌势方张，其要挟自必出常理之外。传闻各条款，许之，则鸩脯止饥，危亡立至；不许，则炉灶另起，把握毫无。虽忠臣义士，亦徒抚膺而唤奈何也！然有可恃者，则人心之固结、各国之阻挠；非恃此以与之战也，正恃此以与之和也。

近闻台湾全省联络死守，揭帖四出，誓杀倭寇。都中有言责者无论矣，而各部院臣工及会试士子纷纷联名缮具折呈，求长官察宪代奏；各省大吏、前敌将帅，亦率以阻和入告：此皆由国家培植人心之厚、作养士气之隆。而倭人谲狡多智，当计及众怒难犯，果能战必胜、攻必取乎？应乘此机，饬下枢臣汇齐奏章，择要寄李鸿章令其告知倭人，声言"我皇帝非不愿以大事小，如群情不符何！应再妥商"。臣料倭人必有忌惮，为之心折矣。复闻俄、法、德各国因倭人诛索、有碍公法，群起阻挠；大国本难测，但其沈几观变，未必当时遽向我起衅；而区区一倭骤雄跻诸邦之上，决难听之。应请饬下总署转商各国使臣，按照公法有无妨碍？伊深嫉倭人之强，必不谓然。即据此情，令李鸿章告知倭人；彼万不敢撄众国之锋，又必为之俯首帖耳矣。果终倔强不服，则已激怒我军，再战可也。如天诱其衷就我范围，条款中甚者去之、可者予之；则从容谈笑，而和议成矣。从兹君若臣卧薪尝胆，力图雪耻；气之所及，镇伏诸国而无难。行见和无不和，且将永以为和也。

臣目击时难，日夜彷徨；谨据臆见所及，以求一当。伏乞皇上圣鉴！谨奏。

光绪二十一年四月初五日。

190. 军机处电寄李鸿章谕旨（四月初五日）

奉旨："连日纷纷章奏，谓台不可弃，几于万口交腾。本日又据唐景崧电称：绅民呈递血书，内云《公法会通》第二百八十六章有云：'割地须商居民能顺从与否'，又云'民必乐从，方得视为易主'等语。台民誓不从倭，百方呼吁；将来交接，万难措手。着李鸿章再行熟察情形，能否于三国阻挠之时与伊藤通此一信，或豫为交接地步；务须体朕苦衷，详筹挽回万一之法。迅速电覆！钦此。四月初五日。"

191. 都察院代递各省举人呈文折（四月初六日）

都察院左都御史臣裕德等跪奏：为据呈代奏事。

据奉天举人春生等、湖南举人文俊铎等、谭绍裳等、任锡纯等、广东举人梁启超等、江苏教职顾敦彝等、四川举人林朝圻等各以条陈赴臣衙门呈请代奏，臣等公阅各该呈词，均系事关重大，情词迫切。既据该举人等各取具同乡京官印结呈递前来，臣等不敢壅于上闻；谨钞录原呈七件，恭呈御览。伏乞圣鉴！谨奏。

光绪二十一年四月初六日，都察院左都御史臣裕德（感冒）、左都御史臣徐郙、降二级留任左副都御史臣宗室奕年、左副都御史臣宗室奕杖、左副都御史臣杨颐（入闱）、署左副都御史臣沈恩嘉、左副都御史臣寿昌。

奉天举人春生等呈文（略）

湖南举人文俊铎等呈文

具呈湖南举人文俊铎、王龙文、周永年、周植谦、岳障东、王礼培、黄昺隆、金肇汉、曾希文、彭作润、李笃真、谭襄云、梁仕淦、薛佽善、谭邺华、夏鸣雷、周震涛、瞿振鑫、陈焕澜、李大澄、盛德水、王汝明、万治谟、吴邦治、周丰洛、文浚、贺弼、曹广渊、许邓起元、许邓起枢、李青蕃、吴德洪、刘鸿度、黎敬先、龚锡龄、李鸿仪、王诗梅、杨承禯、李邦屏、王国栋、谢作庸、周维翰、萧洪钧、刘维尧、邹人灏、万祖恕、黄瑞兰、方永昺、方永元、谢宗海、吕鼎元、罗仰经、唐龙骧、方朝治、林道堂、郭宗熙、贡士李最高等，为和款遗害甚大，请立予驳斥，壹意战守；谨合词具呈，仰祈代奏事。

窃自倭夷构衅以来事经半载，皇上悯生灵涂炭、战士艰苦，命李鸿章东渡议和；乃倭夷妄肆要挟，无礼已甚！近闻议和款目骇人听闻，几于一举而覆我中国。草莽微贱，悲愤同深；请以和款大害，为我皇上敬谨陈之。

一曰户槛撤，而畿辅堪虞也。高丽旧属中国，倭奴肆虐，夷为郡县；然犹曰仅唇齿之势也。至于奉省，我太祖高皇帝创业之地，列圣陵寝在焉。夫东三省倚山为堂奥，负海为门户。自咸丰八年、十一年画黑龙江至乌苏里江以北、兴凯湖至图门江以南归俄管辖，而我东北之海口尽矢；所恃者，旅顺、辽河而已。旅顺船坞水深二十八尺，此天然之形势；辽河、牛庄商民辏集，为繁庶之区。倭于此创立水师、广通商务，足以纵横溟渤，为所欲为。且我既举鸭绿江至辽河沿海千余里而尽弃之，则奉天两京悬处于敌境之外，与内地几同隔绝；皇上祈谒之典如何举行？即以形势论之，辽地弃，而榆关首当敌冲；旅顺弃，而大沽全行孤露。夫倭所以不径攻津、榆者，以大军声势联络，无必胜力算也。割地议定，我军丧气之余，精锐消沮；倭若蹈瑕抵隙，陆军迅捣榆关，奇兵出居庸、古北，海军直攻大沽，分袭乐亭、歧口、北塘，可长驱而得燕、蓟矣。即令倭坚守和约，而于海、盖、金、旅之间屯垦生聚，收今日之流氓，即为异日之汉奸；且必于吉、奉择地兴矿，由朝鲜筑铁道以达关内。种种要挟，许之则不堪，不许则变起；不审何待以之？尤可危者，闻以赔费之故，倭将于天津、威海驻兵。考古今中外交涉之政，汉、唐两朝，有和议而无割地之事；宋最弱矣，虽有割地，而亦无敌兵驻境之事。夫国家所以许和，以震于倭之恫喝，欲保京师重地也。试问天津、威海驻兵,能保其不犯京师乎?曩者寇在重洋之外,犹且莫展一筹;今引寇人房闼之中,而谓有术以制,则何不早制之?此可知其必无是理矣。

一曰险要隳,而边海糜烂也。台湾为南洋之锁钥,自设行省以来,膏腴日辟,形势尤称天险。惟沪尾、鸡笼可通轮舶,余皆浅滩暗礁,守易而攻难、客劳而主逸。今无故委以资敌,险要隳矣,势必于沿海港口处处设防;从此,南洋遂无宁日。且倭既并琉球、破朝鲜、踞台湾而有之,由此联威旅、瞰津榆,棋布云屯,直有包举太平洋之势;以彼全据形胜,坐以制我,复有何事不可为。用台湾之兵以扰闽、粤、苏、浙,而南洋疲于奔命矣;用天津之兵以赴京师,平原广野无险可扼,则燕郊通潞为蛇虺凭陵之窟宅;用威海之兵出登莱、扰兖济,而津淮之消息断、运道塞:又所谓扼中国南北之吭者也。泰西各国垂涎台湾非一日,苦无隙可乘耳。今倭唾手得之,则法起而窥桂管,英窥川藏,俄窥吉江、新疆,我将何以拒之?去岁俄之巴马界务、英之锡金商务,甚费争论;法现索云广开矿,势在必行:皆其明证。拒我之失地,苟为敌人兵力所取,则失亦甘心;奈何不战而以与人!军兴以来,朝鲜以无备而失矣,旅顺、金、复、海、盖、凤、岫以不力战而失矣,威海、荣城以水师不得力而失矣;今台湾天险,守将又皆忠勇,为敌人兵力之所万不能取,又拱手以奉之,开门以延之,天下岂有如是之事哉!

一曰商业夺,而利权馨失也。自长江通商以来,岁漏卮于外洋者数千万金;华商生机,独土货耳。今闻许倭于内地设立机器局,改造土货;洋商牟利无孔不入,势必于舟车所能达者,悉力经营。此例一开,各国从而效之,不能禁止。平时建堂传教,尚与华民不能相安;今若再夺华民生计,势必衅端百出。抑勒华民,则内变将作;不徇夷请,则外变立至:中国各省尚有安靖之一日乎?民生既蹙,盗贼滋多;今会匪蔓延天下,虽游勇煽惑,实亦困穷所致。郁极思伸,恐有一发不可收拾者;思之能无寒心!海关税值百抽五,为岁入之大宗;今闻大加减改,各国援"利益均沾"之例,从此税课大亏矣。凡将来筹兵、筹饷、制器械、立海军各项要务,竟以何款兴办?新贷千百万洋债,竟以何款归还?至于赔偿兵费,闻数且至二万万,又将如何措办?即曰洋款可借,竟以何款抵偿?泰西商税数倍重于中国,故大政易举;普、法之战,法赔普人巨万,不数年而即清还。中国岂能如此!即暂借洋债输转,亦终必取之于中国商民。夫财者,万民之精血也、国家之命脉也。我国家垂二百余年从无搜括之政,祖宗深仁厚泽洽于肌髓;是以咸、同年间用兵累岁,而民不怨。今以款雠之故,朘民膏血,搜括无遗;恩谊既漓,怨讟斯起。恐外寇未平,而内乱之复生也。庚申之役,英人已入京师,赔款不过千余万;何今日之事,竟至与普、法比伦!拿破仑身为俘虏,失地三分之二,巴黎入围,饷尽援绝,故屈而求和,输巨款以图恢复耳。今我失地不过数城,四海晏然,金瓯无缺;而自比法国,天下又岂有如是之事哉!

以上三者,遗害甚大,天下皆知;而必出于此者,岂以战守之不可恃耶?夫前敌如宋庆、依克唐阿诸军提兵转战,虽胜负不常,而志气弥厉;魏光焘、李光久虽以众寡不敌、军无援应致败,而鏖战不退,杀倭甚多。今方扼守辽、锦冲途,整顿队伍、运储饷械,倭必不能飞越。刘坤一以三万众守临榆,所部余虎恩、熊铁生等皆宿望之将,倭即来攻,一时断难得手。津东西以聂士成、曹克忠分防,如老米沟、北戴河浅狭殊甚,岐口进二里亦浅至一、二尺,敌必用小舟乃可驶入,则现有之长龙、舢板可以制之。惟大沽水深可容兵轮,然练勇炮队屯扎两岸,不难同力抵御。乐亭、北塘口虽较宽,然彼客我主,炮台可以轰击。海岸烂泥沙礁,足遏敌舰;虽闲有硬滩可登,我及其半登歼之,必可无虑。朝廷以忠义激将帅、将帅以忠义激士卒,广运方略、练习胆艺,自能出万死以雪雠耻;胡乃为一蹶不振之款局乎?

风闻李鸿章中枪伤重,所议款目皆李经方等壹意主持。伏乞皇上乾纲独断,立将李经方所议款目全予驳斥。窃闻万国公法,无论君主、民主及合众之国,遇有割地、让城等事,必国会士民公议,方可施行;否则,虽已立约,仍作废纸。盖以事系国家安危,不得不广为咨度。为今之计,当明诏天下,以倭欲无厌,振厉薄海臣民同仇敌忾之气,严饬刘坤一、王文韶、李秉衡等通筹战守,殚诚任事、虚心纳善、实力运谋,以冀挽回已溃之局。审如此,则宗社幸甚!天下甚幸!谨呈。

湖南举人谭绍裳等呈文

具呈湖南省举人谭绍裳、陈忠盟、刘信淇、曹广权、唐祖澍、周启铮、柳泽绥、刘忠训、刘焌杰、萧昌世、周荣期、夏诒年、沈克刚、梁丙炎、吴宗实、梁焕章、俞莱庆、孙举璜、彭煌、粟棪,为和议必不可许、战守确有可恃,积弊宜振、后患宜防;沥血披陈,以维大局而击人心。伏请代奏事。

窃自去岁倭人用兵高丽,皇上以数百年藩属不忍置之度外,明降谕旨,示天下以不得已而用兵之意;薄海臣庶、五大州万国莫不晓然于倭人之狂悖。皇上仁至义尽,奉辞伐罪,理无不胜;而统将各臣奉行不力、措置乖谬,临敌拒战仍梗一和议于胸中,以致士卒离心、将帅不睦、军令不肃、赏罚不严、器械不齐、饷糈不足,我兵着着落后,倭人着着占先,淮军溃于先而吴大澂败于后。朝廷万不得已,遣李鸿章东往议和,遂有此和约九条之举。日来外间传闻,款目要挟繁多;巷议街谈,不胜愤懑!夫御夷之道莫如战,不能战然后守,不能守然后和;然苟不能全大局、存国体、防后患,则和亦不可议。窃维今日之事,有万不可和者十二、有可以战守者六;而振积习、防后患,即寓其中。请为皇上披沥陈之。

台湾,闽、浙之门户,物产富饶、形势险固,外夷垂涎已久;前法人因越南构衅欲得台湾,而将士力战,得以保全。今拱手而授诸倭人,与以富强之资、贻以驻兵之地,东南屏蔽一旦尽失,福建、浙江曾不得一夕安寝。此不可许者一。辽阳以南,京师之左臂;逼近兴京、盛京,陵寝所在。今割而弃之,东三省藩篱尽失,左臂为之不举。前之救高丽,本为防东三省、固京师起见;今割内地与之,无辽阳则无东三省、无东三省则无京师,数百里之内一翘足而根本动摇。此不可许者二。割地请和,万国公法向无此例。泰西英、俄、法、德、意、美诸国,其强十倍于倭人,皆垂涎于中国之土地、人民,而不敢为割地之谋者;以理之所无,中国将以力争而不许也。今以与倭人,诸国将自耻其智力出倭人下,并求割地。此不可许者三。从前各国构衅,虽赔兵费,从无二万万之多;即竭天下人民之私财,不能如数取给。现在议者借洋债与之,不识将来何以偿还!历年所借洋债已不下数千万,今又益以二万万;力不能给,则必求土地以为偿。此不可许者四。倭人与我构兵八、九月,所费以亿万计;债负累累,情见势绌。战虽胜而力已竭,其不能与我持久明矣!今我以二万万资之,器械益精、饷糈益足、士气益壮;万一交兑之后倭人立即背盟,何所执以责之?我以二万万练兵,可以苦战十年;倭人外强中干,必不能久。若即苟且图成,适堕诡计。此不可许者五。中国土货,小民所资以为生。倭人设局改造,欲笼中国之利权;区区小民,何堪盘剥!如彼减价发售、因事施惠,顺民之欲;是使我以二万万之赋税敛怨于民而彼以货物市德于民,收拾人心,尤为阴险。此不可许者六。天津、威海,中国之咽喉;而彼驻重兵,意在制我,使不敢动。此犹白刃在颈,虽三尺童子知其不可。而又出兵费以养之,是藉寇兵而赍盗粮也。且倭人岂徒久驻以胁我哉,亦欲窥我畿辅耳。此不可许者七。苏州、杭州、沙市、重庆四口通商,竭中国之精华,固不待言;而外间传闻,湖南亦许立码头。夫湘人忠义性成,止知有国、不知其他,与夷誓不两立。是以立电杆、开码头之事,屡梗朝议;非敢跋扈,乃忠于皇上也。今与倭人逼处,小民何知,势必至烧教堂、烧洋行、戕教士之案迭见;非倭人屠戮湘人,即湘人屠戮倭人。争端一开,大局有碍。

此不可许者八。各国入口货物税则，自有章程；而倭人独宜减免，其理安在？彼取中国之财如泥沙，而区区之税尤吝不与！且各国闻之，必并请减免，而税无所得。此不可许者九。炮台、枪械，所以自卫。前敌诸臣皆须缴呈，一旦有变，徒手何以御敌？虽却克欲使齐之封内尽东其亩，不若是无理。此不可许者十。依克唐阿、李秉衡、宋庆皆我国忠勇能战之臣，倭人所深忌；彼之兵力所不能制，而我又束缚献俘，助彼力之所不及。献俘之日，或逼其投降，不降则置之于死。长城自坏，后虽有智勇之士，孰愿为朝廷致死者？因军事获咎之员，国法所不容、神人所共殛，则必概行释免；我之所怨，彼之所德。是非倒置，莫此为甚！此不可许者十一。从前中外和局，皆李鸿章一人主持，外间颇传为其子李经方所卖。今李鸿章伤重昏迷，所议条款全出李经方之手；道路流传，有欲借倭人以倾中国之意。事虽无据，不可不防。此不可许者十二。凡此诸条，天下之人皆能见及，谅亦早在皇上洞鉴之中；而议久未决，盖以战守无所恃之故耳。

请言战守之计。中国之民，非不能战。从前李鸿章糜饷以养淮军而克剥其将帅、将帅克剥其卒伍，口粮所出，克扣殆尽；营伍之额，十无二、三。师出之日，以窳惰之民充额，上下不习、将帅不和，必欲出于败而后已；而李鸿章又阴为倭人主持，钳制诸将使不得战。是以万众离心，未见敌而先溃败。自平壤而后，皆兵溃数日而倭始至；非倭之强，用兵失其道也。然八、九月来，倭兵北不能越辽阳、西不敢窥津沽、东不能至兴京、南不能得台湾，兵力之薄可知矣。今湘军牛庄之败，以五千之卒敌三万人，又仓卒无备；然犹血战竟日，杀伤相当，士卒之军械无所弃。诚使厚积兵力，忠愤之气不至衰蒽。此可恃者一。倭人火器虽利，然中国上海制造局所制亦足相当。此次前敌创败，卒误于所购洋枪之不得力。近尝询悉前敌来者，如中国之台枪、劈山炮、火箭，皆倭人所深畏。倘及今改用台枪等器，精为制造，彼以巧胜，我以拙攻，未必不可致胜。此可恃者二。求御枪炮，莫如地营。掘沟深七、八尺，上覆以本板、沙土；炮来狙伏、炮过出击。可以制胜。牛庄之役，以大雪坚冰，掘地营不成，故至于败；使今日诸军一切依此法，必能与彼持久。此可恃者三。近日宿将多死、人才未出，皆由赡养太久。然苦战之后，胆气愈增、智勇愈出，虽中材亦成名将；如今之宋庆、李光久、魏光焘、聂士成、马玉昆等，皆有能战之才。从前之败，实由事权不一、将帅不和之故。如得责成统帅大臣，以兵力并归此四、五人各统三、四十营，偏裨之畏缩不前如刘树元诸人者，立斩以肃军令，敢挟私嫌而不相顾者，立与正法；然后一军驻天津、一军驻山海关，三军与倭人角逐，首尾相应，犄角相攻，必能得手。此可恃者四。倭之胜兵，闻亦祇七、八万；我中国一呼，百万薄海之民皆愿效死。但得死伤相当，百败不折，前者已死，后者继进；十遇之后，倭之精锐尽矣。此可恃者五。饷糈诛求，民之所苦。然与其以二万万拱手授之倭人，不如罗掘以充军饷；民犹乐输，国尤可立。即借资洋债，但令利权常保，将来亦不患不能偿。此可恃者六。有此六可恃，明白易见。

夫天下者，乃列祖、列宗艰难开创之天下，而历代帝王所守以分中外之界限者也。今纵皇上屈意许和，得不念列祖、列宗在天之灵，坐视数万里金瓯无缺之皇图受制于人，日以侵削；将来财赋既竭，险要既失，财穷民怨，虽有忠臣义士欲奋忠义以图恢复，而尚何所藉手乎？夫和款荒谬至此，窃料皇上必不肯许；特虑为保全民命起见，俯如所请。臣民感皇上如天之恩，愿不和而死、不愿苟和而生！如得皇上奋不测之威，立伸干断；天下之人陨首赴难、赴汤蹈火所不敢辞，则何为不成、何事不立！如沈吟不断，天下人进无所施其策，退祇自顾其身家，庶民解体，万事瓦裂；后患不可胜言。

举人等惟有一死以报朝廷，诚不忍含垢偷生，目击非常之变也。伏愿皇上恕其狂愚，采其至计，断而行之；天下幸甚！谨呈。

湖南举人任锡纯等呈文

具呈湖南举人任锡纯、曾廉、周先稷、曾熙、江宗汉、戴展诚、梁涣奎、朱先辉、冯由、旷经涛、谢南式、唐绍祁、李如松、陈龙光、邓润棠、廖汉章、萧鹤祥、李振湘、沙上铸、伍毓焜、程崇信、孙文昺、何维畯、李光寓、王章永、罗廷干、曾荣炳、杨焯、曾声骙、周广、孙楷、郭振墉、章华、洪汝冲、杨昀、谢尔庸、张寿衡、莫重坤、李家熙、李元音、皇甫天保、危克济、江西、李瑞清等，为闻和议将成，遗害久远；谨呈管见，伏请代奏事。

窃中国与外夷交涉以来，无不优容养奸，任其要挟。道光年间，林则徐斥英领事义律缴烟，声威已震；而误于琦善辈天津之抚。咸丰年间，僧格林沁获夷酋巴夏礼，敌方丧胆；而误于恒福辈天津之款。法、越之役，冯子材兜剿谅山，法人已受重创；而误于李鸿章天津之约。国家元气丧于庸人之手者，几乎尽矣！洎日本扰我台湾、灭我琉球、侵我朝鲜，皆以李鸿章主持，任其凶狡，未予创惩；积侮之余，遂酿去年六月举兵内犯之变。当倭之未起也，驻高使臣已叠电告李鸿章矣；该臣不独不先事豫防，反斥其诞妄。及难端既发，乃令私人弃去险要、磕破兵船；纵寇养奸，臣民共愤。日来传闻和议将成，朝廷割地数千里、赔费二万万、通商四口、减税三成、津威驻兵扼吾咽喉、前敌缴械翦吾羽翼；是何心哉？而忍出此！窃思立国，必先守险。今京师以辽东为肩背、以山左为咽喉、以高丽为藩篱、以台闽为门户，苟一处既失，则危急堪虞；若全画与人，则势难自保。何者？榆关为京都屏障，奉省一去，藩篱尽撤，防不胜防；古北、喜峰诸口，处处可入。此我覆明故辙，不可不忧！旅顺、烟台当吾孔道，南漕粟米恃此一线咽喉；威海驻兵，吾将坐困。况临清、威海相隔匪遥，海上构兵，敌人必以数千骑驰扼临清；河运亦不足恃。朝鲜与直、东、江、浙四省仅隔小海，朝发夕至；敌既据为巢穴，东南糜烂，将不忍言。奉省为墟，朝鲜自无从过问。吉、黑二省虽未割弃，然其孔道皆在辽东；声气不通，朝夕难保。吉、黑既失，蒙古之势益孤。蒙古失，不独燕京、山右不能安枕，即长安窟宅亦难视为奥区。台湾，为东南门户；泰西之来者入新嘉坡巽他峡，即以此为要冲。虽香港、广州可不收泊，而台、闽则竟难飞过。台湾一失，天津之驶犯者更难控制矣。台湾、朝鲜，皆出日本间道；二地尽失，则制于人而不能制人。海上用兵，全在岛屿犄角。犯台则闽救；台当其前、闽拟其后；犯闻则台救，闽接以正、台击以奇。去台，则辅车失矣！况自京至广，沿海数千里无一险可扼、一山可依；旷野平原，港汊四达。多设兵，则饷坐耗；少设兵，则寇无常。明于沿海置五十余城，迨俞、戚奋兴，始平倭孽；然东南民气已骚然矣。故谓重祖宗之地者，犹隔膜之谈；谓保财赋之源者，尚阔疏之见。要知此土一失，则中国数万里危亡，跂足可待：此和而割地之可忧者也。

　　至财用为立国之源，权算为度支之本。今赔费既二万万，复减洋税三成，重重亏损，伊于胡底！国家岁收合地丁、赋税、杂项，全无荒歉所入，不过六、七千万；即全以予敌，犹非数年不敷。而兵饷、海防、廉俸各项，从何措办？况水旱凶荒、兵戈盗贼，其糜费者不可逆料；则中国永无偿款日矣。且一国减税，诸国必执"利益均沾"之说竟以要我。洋税大减，进款益虚；出项日多，入项日少。即日可暂借洋债，而款巨年重，何日能偿？既不能偿，必仍割地以清债累：是一举而中国永无安全之时也。至欲悉索闾阎，则自通商以来，钱财透漏外洋，民生穷困；赋税维正之供，尚多蒂欠。而欲以款仇资敌之费搜括残黎，恐怨气一腾，揭竿者纷纷，不可复遏。且倭人兵残饷竭，故愿暂为休息以坐敝中国。彼所负西人之债，每载入其国报中。今得我岁偿数千万，则彼益士饱马腾、船坚炮利；而我兵饥将馁、器械凋敝。偿彼之款一不应期，必率锐师加我；即令竭天下之财币谨以奉之，无或失时。而彼财既足，彼气益骄；能保不借端开衅乎？

总之，今日所许，偿与不偿，皆必被兵；彼时中国益惫，不可支持，悔且何及！此和而伤财之可忧者也。

中国通商以来，土货日钝，洋货日行；钱财出洋者十七、八，民生凋困极矣。犹幸腹地或未通商，则土商贩运，透漏尚少；或离口远，则穷乡僻壤，服御未多。今复添四口通商，更许其内地设立机器、制造等局；搜括几遍，凋敝何堪！小民生计日穷，势必搏刃相向，横生枝节；何省无之！况重庆驻东南上游，宜昌以下皆有夷人，则当保此奥宅，为异日除贼根本！苏、杭为财赋渊薮，吴淞而外既多商埠，尤当保兹陆海，为国家岁出饷源。苟漏脯填饥、开门揖盗，虽安旦夕，不久必毙！至于缴枪械、缴炮台，则犹操刀授盗而求其缓颊、空山独坐而求豺狼之无噬，能乎？不能，行见兵械甫缴，衅隙即生。彼凶狡性成，将不欲二万万之赔款而欲得六、七千万之岁收，不欲数千里之膏腴而欲得二十三省之城邑；率彼兵甲，捣吾空虚。吾守备既去、羽翼既翦，无可如何！此尤和之召衅速祸之大可忧者也。

窃揣议和者之意，必曰我以仓卒无备，见侮于倭；即今息事安民，将力图自强为恢复计。夫恢复之事，必终出于战。皇上试思之：未有有险可守、有塞可扼而不能战，而割去险要而能战者也；未有有饷可筹、有械可购而不能战，而括尽财源而能战者也；已练数月之兵不能战，而异日再集之兵即能战乎？挥之境外不能战，而异日据吾心腹而能战乎？既不能战，仍出于和；今日之和局如此，异日仍堪设想耶？今日之和局不堪设想如此，异日不堪设想之和局安可得耶！夫天下者，天下之天下。昔日祖宗之制，凡有大政举行，无不下廷臣议、下各督抚议；今如此大举，割地数千里、赔款数万万，自宜询谋佥同，博求善策。乃闻近日之议隐秘深密，不独外人不得知之，即京朝官亦不得知之。夫朝廷所虑者，军事之不振耳；不知军事不患不振。从前威海、旅顺失守，皆我退险让敌，不战而奔之故。至牛庄、海城之败，李光久、魏光焘以四千新集之师当数万方张之寇，血战一昼夜，坚持不退，杀戮相当；尚非不能一战者。比窃尝询悉近日从军中来者，佥谓自平壤败挫以来，无战无溃奔之将，无战不因溃退之军以累及力战之将；所以宋庆、聂士成忠勇敢战，而迄无成功。此次牛庄之败，又以吴大澂所部之刘树元赴援不至之故。夫法不立，则令不行；战而可逃，谁不逃者！为今之计，皇上宜首查逃走诸将，无论经议与否，概行立即正法，传首九边；则榆关、津口之兵，不战自肃。榆关、津口之兵肃，而京城固若金汤矣。至唐景崧、刘永福之镇台湾，忠勇素孚，和衷共济；李秉衡之抚山东，久垂清望，克笃忠贞。余如前敌之依克唐阿、宋庆、李光久、魏光焘,榆关、天津之曹克忠、聂士成、余虎恩等,率皆忠义奋发;久在圣明洞鉴之中。皇上诚于此时严励诸将,各分汛地,责以死守;不必分别湘、淮、奉、豫各军,惟忠亮严明者即予之、贪鄙畏葸者即斥之、谋勇兼优者即进之、衰暮无能者即退之、杀敌致果者即褒之、临阵退缩者即斩之、廉洁自爱者即赏之、克扣军饷者即钞之、互相救援不分畛域者特记大功、各争事权致误全局者一皆枭首、心术可嘉而未免模棱两可者宜急解其重权而置之转运支用之列、才力过人而尚未竟其用者宜急授以大任以发其纵横扫荡之奇;所谓临之以不测之威、待之以不次之赏。而皇上又于其时招徕贤才,不拘资格;广开言路,破除忌讳;俾内外臣工欺伪者无所容其诈、阿附者无所贡其长。其京以内,复修城池、诘奸细、集粟米、储子药,彼虽欲袭我之间而无可袭;各直省悉编保甲、筑台堡、清赋税、制军器,彼虽欲攻我之瑕而无可攻。而我奉省大军有此和夷之款,不患无御夷之用。火药、器械随时购运,兵丁口粮量予加增;密谕诸将严堵海口、毒水草、断接济,暂勿与战。俟其困敝,奇兵四出,大举深入,从而覆之。以此致敌,何敌不摧;以此图功,何功不克!勿狃于洋人难御之成见也。道光中三元里义民之胜,光绪十一年谅山之剿,彼皆英、法悍兵,尚且屈服;况日本地小土瘠,赋重民怨,财力兵力远逊西人!此次以逆犯顺,尤为普天同愤;勿憷从前战败之难恃也。我朝征三藩、定西域、伐金川、殄教匪、除粤逆,无不先败后胜;盖战败而将之阅历、兵之瑕疵见,人才以练而出,军法以熟而巧。若一战未胜,即听人要挟;我皇上神武天生,必不如此!如魏光焘、李光久等师虽挫败而血战不退,经此大变,加之整顿,必能缓急可恃,立奏肤功。如其不然,则割险去卫,蹙国疲民;英、法率士于西南,鄂罗拓疆于北境,中国欲求一息之安,得乎?伏愿皇上持之坚、断之明、行之决,一意除倭,永绝和议;安危之机,在此一举。

举人等草茅下士,何敢越分陈言。然食毛践土,具有天良;当此时艰孔急之时,不敢不披沥上陈,无任激切悚惶之至!谨呈。

广东举人梁启超等呈文

具呈广东举人梁启超、林缵统、麦葆元、陈维湘、赖际熙、麦孟华、王栋、张寿波、陈大照、陈景华、欧赓祥、赵熙光、王寿慈、陈禹畴、漆葆熙、左公海、刘士骥、谭镳、关燮基、金俊基、张其镇、林树埔、梁昱墀、黎启瑞、谢晋勋、吴功溥、招卓华、江慎中、莫寿彭、刘东瑚、何景濂、梁广叶、柯郁菁、李遇昌、李卓凡、梁亦鸿、林镜銮、梁知鉴、李扬华、李萃英、陆寿昌、黄烜林、陈廷选、黄恩荣、关伯麟、谢荣熙、潘宗尹、周思镐、黄心龄、江孔殷、龚其莘、潘志和、陈秉彝、招嘉招、罗桓熊、吴世泰、吴荃选、莫泇鉽、钟葆珩、黄颖、钟锡璜、张阶平、钟锡玢、谢聘珍、潘耀焜、朱瑄、符仕龙、麦秩严、潘焱熊、黄嵩裴、梁朝杰、郭文修、罗葆祺、朱文格、吴台东、吴诵芬、梁兆献、梁寿祺、潘蔼吉、龙祝龄，为胁割台地，启法觊粤、广东难保，请再订和约，勿割台湾以塞夷心而慰民望；呈请代奏事。

窃闻李鸿章奉使日本、和议已成，有割东三省沿边及台湾全省一事；天下闻之，未有不震动发愤，痛心疾首者也。而粤人犹用私忧过计，惴惴危栗，恐不自保。是用不敢避斧钺之诛、犯冒越之罪，披沥血诚，为我皇上陈之。

夫日本兴无名之师，称兵犯顺；此普天同愤者也。皇上轸念生灵涂炭，俯与款和；此不得已之苦衷，天下所共谅者也。然自道、咸以后，外夷启衅，屡次款和，不过许其增口、丰其偿币而已；未开有割地之举。今辽边失守，我师败衄，未能恢复，无可如何；若台湾全岛为东南门户，连地千里、山海峻险，其硝磺、樟脑、材木、米粟及煤、铁五金之矿饶绝海外，西人计之，以为整顿可得五万万。其人民千余万众，自圣祖仁皇帝开辟以来，涵濡煦覆，沐浴圣化；近二十年升为行省，锄启山林、教化番众，上劳庙谟、下糜巨帑，亦既渐有条理，炳焉与内地同风。岂可未闻败失，遽甘弃捐！远闻台民闻有弃台之说，莫不痛心号踊，回首面内，悲怨大呼，谓黔首千万，莫非赤子，何忍一旦弃之夷狄；此诚天下所悲悯者也。皇上为之父母，闻其呼号，其忍终弃数千余万无辜之赤子乎？

虽然，此犹以情理之常言之；苟事势并迫，固有不得不权其宜者。然尝考割地之举，皆出国蹙之余。汉、唐、元、明，百战败衄，未闻斯事。若石晋之割燕云十六州，则出于酬德；宋时之割河北三镇，则因破京师。以外国近事言之，同治十三年德之破法，连兵数十万，深入巴黎，下数十城，破其半境、围其都城，百日食尽援绝，然后请和，乃割奥斯、鹿林两郡地数百里；光绪五年俄之攻土，连兵数十万，深入巴达坎山，破其君士但丁都，为城下之盟，废其君主，自与英、德、法、奥、意共柄其政，乃始割其黑海一隅。是皆国破君亡、势穷力竭，万无可已，乃始割区区之地；然而西人已大笑之矣。考之中国前事则如此，征之外国近事则如彼。今日本用兵未至三队，得地未敢深入。我师虽败，而十八行省金瓯尚完，犹然全盛、非极困蹙之时也。近者征兵十万，盈满都畿，犹可一战；未有沿海不扰、津沽不惊，都城晏然、市井如故，台民熙熙、一矢未加，而遽以千余里之岩疆、千余万之苍黎与人者也！真千古所未闻、外国所无者也。或者曰：我器械乏绝、师徒不练，台地不割、都城必惊，沿海被扰、台亦终失；不如先割可以弭兵。不知苟战而失，莫可如何！台民之心，可以相谅。且及今血战犹冀一胜，即再有败衄，敌师所耗亦多；他邦效尤，不至太易。外国政由议院，最重民命，不易启兵；近百年来彼洲小国如荷兰、葡萄牙、比利时、嗹国犹能保全者，良由于此。若逆虑挫败、震彼大言，稍为要挟，即为割千余里之地；外夷知中国之易欺胁，则狡焉思启，何国不来！中国虽大，何以给之？自啖其肉，不几一日而尽乎？是外夷外存觊觎之心，而吾又以台鼓舞之、诱召之也。风闻法人无端要索，欲得滇、粤之矿；彼自经营越南以来，生心滇、粤之地久矣。闻昔者主持攻越南花利者，昔曾游吾华，着有一书规取中国；今以正月二十四日法百姓以花利取越功成，推为总统。彼日本小国犹可以空言得台，况法之雄武冠绝欧洲、花利之狡黠夙有成谋哉！其索我滇、粤必矣。法既大获，俄、英生心，俄请新疆、英索广东；俄、英益强，吾震益甚。德、奥、意、日、葡、嗹之流以诸国得之易，则必将陈兵境上，咸来要索。有一国之不与，皆日本也；都城必惊。若全给所求，则吾地已尽，何国之有！是吾割肉而自毙也。或曰：吾暂割而求自强，诸国何敢要索。不知吾即自强，仓卒不能奏功；而要索甚速，联袂而来，安能待我十年教训乎！故欲割台以全内地、保都城，而地更瓦裂，都亦必惊；不割台，则地或可保，都或不危。日人若因此败和，吾大兵已集，激厉忠义，犹可为战；众志成城，敌人亦何敢遽行藐视乎！

今开法夷已将借端启衅，举人等颠颠下愚，私虑台湾既割，滇、粤垂罽，即及广东，诚不忍桑梓、身家将沦左衽；上之为国、下之为家，怀抱愤郁，迫功呼号。伏乞皇上俯察民情，深计后患；保全疆土，毋启戎心。严饬李鸿章订正和款，勿割台湾；不胜呼吁屏营之至！伏惟代奏！谨呈。

江苏教职顾敦彝等呈文

具呈江苏大挑二等教职顾敦彝、候补教习许汝棻、举人刘嘉斌、田毓璠、李慎仪、王玉彬、赵臣杰、周召齐、徐秉璜、山东举人夏廷相、刘兆庚、湖北举人王钟麟、袁尹孚、江西举人张炳麟，为和不足恃、战必有功，勿堕狡谋以贻后患，谨陈管见，呈恳代奏；恭祈圣鉴事。

窃自上年五月倭人借高丽起衅以来，无理已极，占我藩服、扰我边疆；此普天臣民无不切齿同恨，共望新招各军训练渐成、器械俱备，大伸挞伐，灭此朝食者也。乃近闻朝廷将遂其贪狡之谋，俯允和议；间里惊传，将信将疑，不胜骇异！佥谓新拟条约，其害有不可胜言者。有曰高丽为自主之国。倭人此举，似乎大公；其实攘我藩封为其属埠，比于琉球而已。夫高丽不能自振，犹常首鼠两端,以致肇成倭衅;此等藩服,弃之诚不足惜。然祖宗庇之已久,今一旦弃之,卢肘腋之间反成仇敌:此不可者一也。有曰割予全台。无论台壤膏腴,冠乎各省;倭人得之,立可富强。而台民素号忠义,必不甘心服从于倭;倭知不能制伏,必欲朝廷胁台民以从之。否则,强徒而让之,是民不背国家而国家自弃其民;天下百姓闻之,其谓之何! 诚恐民心不免疑涣:此不可者也。有曰割辽阳以南。夫辽阳为祖宗龙兴之基,必不可予人以尺寸,而使异类实逼,震惊陵寝。何况既据其南,安能禁其不窃发以夺其北;如去年乘我不防,轰毁"高升"船之故智。且将吉林、黑龙江隔断,使我不能一气联属,保无他国窃窥猝发以攘踞之者:此不可者三也。有曰赔款二万万。查外洋两国相争,迨至就和,偿费亦必视其所用军费之数稍优以酬之,赎还所失之地;故曰"赔"也。倭自去年开衅以来,未及一载,曾用军费二万万乎? 恐二千万犹不及也! 今已失之地未还,未失之地复割;又故奢索其数。是有意困我,使我不可复支:此不可者四也。有曰倭人在内地设立机器局,改造中国土货并无限制。是欲尽夺中国民间之利,潜移我民以就彼,尤其居心之最叵测者:此不可者五也。有曰我前敌诸军缴炮台、缴枪械。彼当和议初成,或者不即败盟;设有他侮,我国家将何以备? 此不可者六也。有曰天津、威海驻兵。是断南北之津、扼京师之吭,即不啻割我畿辅以东之地,而易其名曰"驻兵"。我京师重地,更何恃以为屏蔽? 此不可者七也。有曰倭人在内地贸易,减改税则。是直欲揽我政权,不啻举中国而共之也:此不可者八也。凡所传闻种种,令人骇异;甚或不止于此。查万国公法:凡两国议和,设有大不利于一国将致其衰弱灭亡者,本许更易。倭人今所要挟,皆欲衰我、弱我;彼二十年来力效西法,岂未阅万国公法哉! 而竟以此尝我。是直藐视我中国无人,或竟堕其狡谋为侥幸计耳! 岂知我通国凡贱无不窥之,举朝臣子亦早知之,皇上更早明察之;而或不能不隐忍俯允者,盖以不允则不和,不和则必战、战则自去岁以来溃败多而胜伏少,恐不足恃耳。而正不然! 职等或生长海疆、或游佐戎幕,于中外形势、窃尝留心研究;请以实见实闻、共见共闻之情形,为我皇上略陈之。

自牙山失事以来,边疆险要节次不守,似乎战不足恃;其实非彼强而我弱也,非彼有利器而我无精械也,皆由将士不用命所致耳。将士亦非不能用命也,其观望效尤、知畏贼锋而不知畏国法,皆平壤一溃倡之也。夫叶志超、卫汝贵、黄仕林、赵怀业之流,本系无赖小人;值时方多故,滥窃军符,酣豢于骄奢淫佚者一、二十年。其贪庸偾事,久在圣明洞鉴之中,无待渎陈。即平壤溃后言之,宋庆一军,其由旅顺带往,完善精锐者实止数营而已;虽归其统率节制者不下数十营,而或以淮、豫畛域暗为掣时,或收合残败、未定惊魂,概难得其死力,犹能东奔西驰,维持数月。待其新军练齐,必能使之大创:此可战者一也。依克唐阿、长顺各军,初亦颇形畏葸,继因迭次与战,渐窥其伎俩不过尔尔,皆能振厉自强,具同仇敌忾之气;可知将材愈战愈出:此可战者二也。聂士成守摩天岭,统带虽有十数营,半属平壤残卒,可助声威、不堪应敌;仅以后招之小队数百人及芦防马队两哨,多设方略,即能屡挫贼锋。若彼时所招十营,训练已熟、器械已备,何难与贼大战,规取凤凰等城。同一倭贼,岂围平壤则强而犯大高岭则弱哉!此可战者三也。用兵之道,畏葸者固败,轻率而不知审时度势者亦败;吴大澂之溃,可为炯戒。魏光焘、陈湜等皆湘军有名宿将,自出关以来慎重而不敢轻战者,亦以训练未熟、器具未备;且南人畏寒,俟天气大和而后动耳。休息稍久,必能复振:此可战者四也。此关外之可恃者。至关内各军,如聂士成所部马金叙、冯义和、徐照德、夏海门、尹德胜等,或在成欢、或在前敌,皆已实见其能血战者;卞长胜、姚良才、刘守琦皆百战宿将,谋勇兼优者。孔庆塘则系武备学堂诸生中之翘楚,深沈勇敢、熟于西法,望而知为将才。如孔庆塘、卞长胜、姚良才、冯义和者,即令统带一、二十营自成一军,亦足胜任。而吴宏洛犹为出色宿将,现已为分统,驻扎新河:此可战者五也。曹克忠新军亦经训练数月,器具亦皆完备;闻其部伍整齐,将弁亦多勇敢:此可战者六也。署大沽协罗荣光本属骁将,自北洋告警,即夜宿炮台、躬为警备,津沽恃为长城。署天津镇吴殿元,老成镇静、有识有胆,为天津绅民所信服;惜第有寥寥制兵,不足制胜。若拨与数营,令与曹克忠、罗荣光成犄角之势,不独津、沽万无可虑,并歧口亦可巩固:此可战者七也。天津以西,董福祥一军最着声望,足资保障;设饬赴前敌,必见奇功:此可战者八也。职等见闻有限,而亲见亲闻、众口交推者已可得战将如许;谁谓无可用之将哉?有可用之将,即有可用之兵;兵随将变者也。或谓沿海广矣,倭随地可逞;恐我防不胜防。不知彼全军祇有数万,分地多则兵愈寡;正可伺其暇而乘之也。何况山东、江、浙、闽、广海滨地势迥殊,有能入、有不能入;但使京畿巩固,蠢贼他犯,各省皆有准备、皆有良将、皆有忠义之民,何足虑哉!且第能仿照国初制海寇郑成功之法,坚壁清野,令海滨大户量地内徙以避之,不必与战;相持半年、一年,彼兵疲饷绌,无可借贷、无可接济,必将自困自毙矣,观其所扰之地俱在沿海,不敢深入陆地;贼非难办,亦概可知已。然良将固不乏人,而劣将之不足恃者亦复不少。职等一介书生,未便指摘；而朝廷耳目甚广，若辈弥缝虽巧，岂能欺饰圣明！今但访其怯懦、贪污、钻营、猥鄙者而急去之，其不渔色爱财、不畏择敌者而重任之，严退后之诛使慑于国法而惜命之念轻、悬不次之赏使歆于荣名而杀贼之志奋，将见将无不用命、士亦无不用命；立时旌旗变色、气势百倍，不必费饷二万万而敌已伏矣。夫平壤未溃以前，是有兵有械，而主将不能用也；平壤既溃以后，是兵械皆缺，而统师者不能展其力也。今则新军招调已集、器械购造已齐，转败为动，正在今日；而委曲以就无限后患之和议，岂不重可惜哉！

职等草茅下士，何敢妄谈国是。第自祖宗以来食毛践土，垂三百年；孰无血气？孰无心知？闻倭贼要挟之端一至于此，实不胜其愤懑！我皇上如天之量不弃刍荛，戋戋狂言，或资圣择；用敢冒死上陈。为此，呈恳代奏。谨呈。

四川举人林期圻等呈文

具呈四川举人林期圻、林朝泽、曾沛霖、刘彝、伍廷桢、陈倬、冷春膏、胡荣鉴、余良遇、贾鸿基、廖映旭等，谨呈为恳请据呈具奏事。

窃维倭人畔盟启衅，凌我东藩，至甚无礼也、至大不敬也、至无上下也，为天下患至无已也。我皇上赫然震怒，下诏东征；薄海臣民，谁不当枕戈擐甲以纾国家之难！顾乃统兵大员，始而失平壤，继而失旅顺，威海以及金、复、海、盖、营口、牛庄诸要地；震惊陵寝，致令我皇上宵旰不安。无知臣僚，或归咎于用兵，附和和议之说；不惜举祖宗数百年栉风沐雨之台湾、辽右以畀倭人，更附益以银二万万两，毁我炮台、销我军械，夺我自主之利权。从古敌国之祸，未有若斯之甚也！举人兄弟恭应甲午恩科会试，下第留京，目击时艰。心欲痛呈，惧涉位卑言高之罪；欲不痛陈，恐负二百余年食毛践土之恩。窃敢条其利害，恳代为陈之！

举人窃维今日事势，惟有以守为战而已；割地以和，最不可也。前日平壤诸败绩，盖军令不明、赏罚不申、老将不汰、各营将领复从而克扣之，而又统帅太多、军力不厚，是以一溃至此；非用兵之过也。彼北洋大臣身膺重责，岁糜金钱数百万，训练无方，徒藉防边之名挟制中朝。海军沉没，又不能慷慨誓师，仰报朝庭；而复坚执和议，以误大局。在廷枢臣，竟不能以去就、死生争之；方诸宋臣李、宗、韩、岳，能无愧颜！举人窃按天下地图，十倍于倭；料度士卒，十倍于倭，其间原不乏忠义之士。使果统帅得人，并力东征，取倭有余；何甘受制如斯！夫制人之与受制于人也，其荣辱得失之机，诸大臣岂不能辨！度其议和之心，不过全身家、保妻子，欲以其难委诸后人，使国家独蒙倭患而已不与其忧；

故日夜务以倭势恐喝皇上,以求割地。独不思今日割台湾、辽右矣,进则两广、浙、闽、关东、京畿矣;异日倭人无厌,将谁割乎？外国效尤,将谁应乎？是终肇衅也。衅肇而有所割以应之,是自弱之术也;衅肇而无所割以应之,乃复号召豪杰为战守计,谁复肯应之者！此隳天下之心、启外洋之祸,甚不可也。祖和议者,曰"吾暂割地以和,而内修我甲兵";此尤饰说也。祖宗百战而得之地,百姓归心,塞险据要;倭虽善攻,未必能取。我虽不能守,亦不致失数千里。今乃坐而割地,使倭势日张,吾地日蹙、精锐士马日愈损耗,后将不可为国矣！内修安在乎？且以今日完善之天下尚不能自主,遣使乞和;倭人知我内怯,百计要求,销我兵械、毁我炮台、分我厘税,能保十年无事乎？不保十年,是以益强之倭而割愈弱之中国,其计固不止矣！况军兴之后继以悉索,内帑已空,必迫而加田赋、税间架、重关税、裁禄赐,一切弊政将见于今日。窃恐海内骚然,民变滋起,借口台湾、辽右之民不为中国爱惜;此种情形,胡堪设想！是割一台湾、辽右,愈以疑天下而召内乱;何国之能安乎？设更进而变易我制度、位置我臣僚,皇上将何术以御之？

夫自古边患,不过曰形、曰声,要我以厚赂,使中国愈贫、彼国愈富;而常不肯轻战,致失和好、绝重贿。若我今日志在必战,胜有赏、败有诛,军令肃然;以和议之财养士马、以议割之地封功臣、以已失之土购勇士,天下必有不世之才起而应募,孰与割地自敝之为愈也！且倭亦甚疲矣,借洋款、购器械;相持一年,亦非得已。我纵欲息事安民,亦当激扬士气,一战胜之、再战擒之,使彼乞和;然后不得操我缓急之权,可要诸久远。今奈何以倭人之力攻其所不能取,倦而听我之和;我又以其力之所不能攻而资之,不惜助倭以自削！陈轸曰:"天下为秦相割,秦曾不出刀;天下为秦相烹,秦曾不出薪:何秦之智而山东之愚"！此可为今日太息痛哭者矣。以举人言之,方今皇上有英武敢为之志、奋发雪耻之心而不得其人,国势日蹙、政事日以靡,将帅矜骄、士卒颓弱,人民疲敝、府库空虚,卒使天讨不伸,至于割地请和,一切听其要挟;则群臣误皇上之故也！方今能言之辈,至众多也;其指陈政事,明于上下、达于体制,敢以天下自任者几人？平居无事,小廉曲谨亦可委任;一旦临以兵革,则手足无措、生死撄心,计欲奉身以退,以天下之安危委之皇上,将焉用彼相！孟子曰:"入则无法家拂士、出则无敌国外患者,恒以为国之不幸。"今幸天心仁爱,警以倭人。倘悟和议之不可立国,收回成约,大彰挞伐,退不肖、进贤才、纳忠谏、破资格、除忌讳、修军政、变士风、裕邦财、宽民力、改弊政、省冗官、一号令、信赏罚、作士气、择督抚、选监司、严防守、饬边臣、绝使轺,有进和议者诛、有言割地者杀:此自治自强之谋,国家累数百年可无事也。如此,则足以奉安列圣之陵寝,仰体皇太后奉承先帝保疆土、育元元之心。

为此,应请据呈具奏,天下幸甚!谨呈。

192. 内阁侍读学士贵贤奏倭夷和款贻害无穷亟须集议以冀挽回折(四月初六日)

内阁侍读学士奴才贵贤跪奏:为倭夷和款贻害无穷,亟须集议以冀挽回而弭祸患;恭折仰祈圣鉴事。

窃维倭人肇衅,朝廷不得已而用兵,命将出师,兵力不可谓不厚、饷糈不可谓不足,船械军火不可谓不精;乃何以闻风溃遁,一败涂地,举国家三十年之心力、亿千万之金钱所置之船械军火尽输之敌人!而尤复捏报胜仗,甚或徒托空言,欺君父而长寇仇!统兵诸将帅,皆受国厚恩;何竟忍而出此也!方今丧师失地、舍战言和,固知我皇上必有大不安于中者。惟和议亦息事安民之道,倘事果得息、民果即安,未始非保邦至计。乃以观今日之和局,殊有大不然者在也。如现议允许兵费至二万万、界务至于攻取之地听其占踞、商务至于重修条约;外洋利益均沾尽矣,中国利源均失尽矣!国家岁入之数,尽所有以作赔偿,十年犹虞不足;再加以倭人条约所索内地码头并听其以机器制造,则土货悉化为洋货、华商尽并入洋商,一转移间各省厘金胥归乌有。异时虽欲练兵自强,乌可得耶!至辽水以南划归倭界,则陪都孤立。逼近三陵;将来之事,诚有不敢设想者。旅顺、大连湾、牛庄、营口一弃,则渤海地利全失,津、沽、北塘俨同唇亡之齿;海上运道尽属敌人,不知朝廷何以处此!至台湾之割,万一百姓横生枝节,将剿之耶、抑听之耶?若果剿之,是为倭人之逼索,戕中国之百姓,宇内谁不寒心!若竟听之,倭人必另索偿地,又将何以应之?此不可不熟思而审处者也。

夫战败而赔兵费,虽公法所通行;若赔费而兼割地、且于攻战之地又不退还,并欲于预内地之商务、税务,虽普之虐法尚不至此,惟英于缅甸、法于越南有之耳。然二国之沦陷,实基于此。彼以缅、越待我,我遂以缅、越自甘;朝廷何负于诸大臣、诸大臣即忍以缅、越之臣自居,其忍以缅、越之君待皇上耶!在诸臣不过顾惜身家,为此苟且图存之计;不知希苟安于旦夕、不顾遗后患于将来，是厝火积薪之举、止渴饮鸩之为，愼亦甚矣！

现在风闻俄、法诸国有暂缓画约之请，此正与我以转圜之机；若果藉词睦邻、改约另议，倭人虽狡，必不敢开罪诸强国。苟能挽回一、二，未始非宗庙社稷之福！盖与其忍耻于敌国，何如藉重于友邦；或亦两害相形，取其轻者之意也。伏乞饬下廷臣通盘筹议，俾广益思而免贻悔！是否有当？谨披沥直陈，奴才不胜屏营待命之至！伏乞皇上圣鉴。谨奏。

光绪二十一年四月初六日。

193. 江南道监察御史钟德祥奏和议要挟不堪请力辟邪说进用忠劲雄略之臣亟起补救折（四月初六日）

江南道监察御史臣钟德祥跪奏：为传闻和议为倭夷把持要挟，至于不堪；倘误从之，将不可以为国。应请旨断然力辟奸佞倾邪之说，进用忠劲雄略之臣，亟起而共持此补救挽回之局；恭折仰祈圣鉴事。窃自李鸿章奉命前赴日本，即奏调其子李经方暨马建忠等随行，已隐挟一"偿费、割地为苟免之计"以去；所谓"司马昭之心，路人皆知"者也。今果有赔偿兵费二万万之说，有割台湾、辽南之说，有勒缴军械及驻倭兵、内地码头以机器制造不纳关税之说，外间佥谓李鸿章父子业与倭人定议立约，枢臣翕然为之内应，李鸿章有德色、枢臣亦遂开颜也，直待皇上御押，即行成耳。果尔，安得为议和，是降我也！考之中夏洎泰西列国自开战局相胜负以来，未有此辱。

李鸿章与机近诸臣忍心害理而议卒出此，殆谓可苟纾目睫之祸也；臣则以为脱此议行，不特损威伤重，直推纳一全盛之中国以趋于削弱乱亡而已矣。臣请得遂陈其利害之说。弃金州、旅顺，则扼畿辅之吭，而威海、津、沽皆为倭制矣。弃台湾，则遥断南洋右臂，而厦门、南澳当兵冲矣。北溟、南海皆吾奥区之使倭据之，是如骑项而曳之股，其颠而扑我也，直反复手间事矣；此割地之害也。兵费之说，年来皆已视为常例，不以赔偿为何耻。然总计中国厘税所入，岁不过三、四千万；今率应二万万之偿款，举海内扫地而供，拟就使十年悉索，尚不足以相当；苟曰图存，尚谓有策乎？此偿费之害也。且割地、偿费成和之后，李鸿章必自诩于国家有再造之功，李经方益可恃岛房为负隅之势，有功则必偿、有势则益张，此大归也；将来破格推恩，褒录李鸿章、李经方等，遂复使其父若子持权假威、指嗾枢要以肆所欲为，臣恐狼子野心蔚为乱贼，非大法所能钳制也。臣岂不知语无顾忌，必为人所仇嫉；抑何以必预言及此也？请为皇上述唐、宋之已事。唐僖宗、昭宗之时，国政已衰矣，顾名义犹在，效忠有人；使不以奸臣为忠、不以贼臣为可倚，亦何至蒙尘出走也！奸贼而据，权重其君，识不能辨；故当日沦胥相及，浸以不救。宋徽宗、钦宗之时，勤王兵来、将相夹辅，金人已将卷甲北走；使不狎信邪僻、弃置忠谠，又何至不得已而亲赴敌营，以至苍皇无主，迄无可为！此皆终古炯鉴，彰灼若前日事者也。夫内无鲠辅，则必有与贼祸之外臣狼狈欺罔，而害中于国家矣；此非深隐难料度之事也。如今日纵意肆志以割地、偿费内削中国，倘犹谓之有功，即李经方亦可以骤起而执大柄；彼其处心积虑与倭夷久相沉瀣，贯注浸入骨髓，与国朝特貌合耳。就使之即真全权大臣，适傅之翼也；固必不感激图报，不待智者而知。倘枢臣慴腾，苟如其议而趣和，是以奸臣为忠、以贼臣为可倚也；浸假倭人因缘，既和交错畿辅岁月之间，窃窃焉群游于辇毂之下，彼奸臣、贼臣者不难以外人响面慕内为饰词，而潜引以疽附。万一有之，试问及此仓猝时，孰为李纲守、宗泽战，使必不至有马惊衔橛之变端也？臣故曰割地、偿费，其后患正长也；此议必不可用，其心亦不可信。

幸及今议订于下、尚犹待命于上之顷，敢吁请皇上据理法而斥之，立予倭绝；绝之，则战耳矣。夫处此时势而言战，或将疑而驳诘臣，以谓既屡战屡败而犹以战请，是以国为孤注也。持和之说，不过如此。臣则以为不然。前敌之败，非战而败，实不战而相率以走为败耳。其故实坐李鸿章之本不欲战，已涣散颓堕淮军之战心。加之临战禁格，不使抗敌以当其冲；又北洋所发枪炮、药子，内多和以泥蜡不可用；又各营军将无不克扣勇丁粮食、衣装之钱，又所至无不骚扰淫掠：以此自败，未尝败于战也。未尝败于战而麟龀相觑觑，遂以战为讳，独谓和为得策，即割地、偿费而甘心。此何异无病而饮鸩、畏溺而自投于河，可哀孰甚焉！然则皇上必欲求宗庙社稷安、皇太后亦安，非力斥邪议而决战大创夷丑，必不可和。夫谋战决胜，亦无他谬巧也；在得将帅抱忠义、凭戴国威，各矢糜碎、克期誓师，气已胜矣。自上年兵兴以来，悉未得如此人，属以疆场之任也。臣是以忘其卑微孤愚，披陈敢战之策至六、七奏，阒然迄不得旨而犹不自已，致大官要人转相传讥诮臣，而今乃以割偿为高算也。臣之戆执必战，其遂宜为卖国者讥诮耶！然诸臣内外勾结以挟持朝局，使及土崩瓦解之祸，臣必不服；不独臣不服，普天极地之人士皆不服。至如诸行省督、抚、提、镇抱持忠愤气义，必不乏人，此不能俯首不争者也；盖必与臣同不服。皇上何不俯察臣言而内断于圣衷,赫怒发诏,合天下之力、起彪武之士而新将帅之节,开关延敌,数战而破其所谓快枪者;然后请旨诘问李鸿章等:夷战果复有何长技也?夫楚勇以徒步搏战,倡天下之勇敢;今其气虽渐衰散——淮、皖尤甚,然尚可精择为用也。至若两粤骁杰,蟠郁岭表;其偏霸材武久未发泄,而疾视夷虏,恨之尤深。盖天性多颛颛愚忠,未凿削以亡也。臣故曰:即格斗亦可恃以破倭无疑。所虑者,割地、偿费之说,枢臣胶固于内,牢不可破;则李鸿章之焰益炽,恐朝廷竟将熟视而不能拂违其党同之众喙。皇上即明知为非策,而亦无如何。言官之言,久同故牒;尚何冀万一仰邀圣听也。然而此危急存亡之秋也,唐僖、昭之所以播越,宋徽、钦之所以不返,初亦缘误信如李鸿章及今枢臣者之昏庸邪蔽二、三人耳,遂能倾其以与仇贼,为读史者所追痛。如臣所持,其说悉与割地、偿费大相龃龉,顾可以转败而为胜、易危而为安;孰利孰害、何去何从?惟皇上能自主之。一怒而安天下之民,今日是也;非臣所敢妄测矣。

抑又闻之:台湾之民甫得割弃之耗,诸不逞党类即以聚众而叛,且闻戕杀官吏矣。辽南多马贼及打牲悍族,果割金、旅等处而弃之,必可翘足而待煽乱之起;今特尚畏法耳。和议一倡,四方汹汹;倘误允行,祸如发矢!臣愤迫呼吁,言无裁择;待命之至,待罪之至!伏乞皇上圣鉴训示!谨奏。

194. 广西巡抚张联桂来电(四月初六日到)

谨请代奏事。窃闻款议予地、给费及联合战守等款,未知确否?就此而论,要盟难许,宜策万全。伏念朝廷委曲迁就,原欲安京师而奠民生;第寸土尺地皆列圣遗留,何可与人!况辽河密迩陵寝,旅顺、威海为大沽门户;台湾地富民强,为沿海七省屏藩:均防海所必争。纵忍弃其地,安忍弃其民!设民不从,衅端立起。兵费过巨,罄库帑则国用立困、竭民财则人心易离、借国债亏空难补;立待之款,猝何能集?分交之款,筹更何从?倭最狡诈,未得地与费不退兵,则我防勇不能撤、军饷不能裁;既得地与费,财多胆壮,难保不立渝盟。是欲保安京师,窃恐转增危迫!加以我因款而撤兵,内忧散勇、外逼强邻,其患更深于今日。至于联合战守,遇倭有事,助以饷则不值、助以兵则人将舍倭而图我;倘我有事,倭明相助而暗相袭,何以御之?凡此,皆至危之端,非至安之计也。自倭肇衅已十阅月,胜败原属无常;即使持以三年,未必辽东、全台悉为彼有,军饷之费未必遽用二万万两。我朝地大物博,数倍于倭;果与相持,彼必先困。若遂其欲,不惟倭寇贪得无厌,将恐他人尤而效之,从兹海疆尽撤藩篱,其害有不可胜言者。前此一面用兵、一面议和,两说并行,致生观望。迨至今日,与其以地与费暂弭敌患,何如坚持定见,以不得不战之故布告天下。陆军,则严饬带兵诸臣戮力从事,责成统帅以一事权;水师,则向德国租船械、借将兵,定饷犒之数,使之效命,以杜倭海上往来之师。有用命者悬以不次之赏,不用命者临以不测之威;薄海军民、前敌将士,岂无忠义愤发、为国出力之人!安危之机,在此一举。要挟之盟,似宜力折。事关大局,不敢避出位之嫌;区区下忱,缮折奏陈。恐致迟延,谨撮要驰电,未达万一。敬祈代奏,不胜惶恐迫切待命之至!张联桂谨肃。江。

195. 台湾巡抚唐景崧来电（四月初六日到）

密。台民愤恨,必不服倭;不待去官撤勇,变乱立起。闻三国阻约,人心稍定。现距批约之期不远,如无转机,乞速密示,以便筹划!景崧。歌。

196. 军机处寄北洋大臣李鸿章上谕（四月初六日）

军机大臣字寄北洋大臣李：

光绪二十一年四月初六日,奉上谕："三国劝阻之议,许景澄电称:外部允催日本驻使于批准定期之前,定一日期限;倭确覆,迄今未到。询以可否由中国径告日本'三国劝暂缓批准'之意,外部以为未可。嘱以尚未查清,权词答复。现在为期更促,为我自计,似究以明告日本为妥;三国谅亦不能借口。着李鸿章即行妥筹覆奏。昨因台民具呈援公法两条,谓民不顺从不得视为易主;电谕李鸿章详筹挽回办法。不意日来电线忽断,特饬照录驰递;着一并奏覆。将此由六百里谕令知之。钦此。"遵旨寄信前来。

197. 山东巡抚李秉衡奏和议要挟过甚万难曲从折（四月初七日到）

降二级留任、又降二级留任山东巡抚臣李秉衡跪奏：为和议要挟过甚,万难曲从;再沥愚忱,恭折仰祈圣鉴事。

窃臣前以"和议将成、条约尚须斟酌",于三月二十三、二十五等日先后电折奏陈在案。近闻李鸿章已回天津,和款展于四月十四日换约;条款内有割台、澎及奉天辽河以南地,并赔兵费二万万两,南北两京、苏州、杭州、重庆、沙市等处通商,暨倭驻兵威海、每年付饷五十万各条。此事尚未明奉谕旨,以臣所闻亦前后小有歧异。军国大计,朝廷自有权衡,臣何敢哓哓上渎。惟彼族要挟过甚,事事曲从,即无以为国。外间微闻此议,食毛践土之伦无不切齿愤恨;臣受恩深重,若徒隐忍缄默,实觉辜恩负职,清夜难安。谨干冒斧锧,敬再为我皇上陈之。

辽河以南,自牛庄沿海至盖平、复州、金州、旅顺转而东至凤皇城、鸭绿江,皆海防形胜之地,为京师左辅;卧榻之侧,岂容他人鼾睡!倭夷贪狠成性,引而纳之肘腋之地,而欲虎之无噬、蛇之无螫也,得乎?台湾为东南藩蔽,无论要害一失,沿边各省不能安枕;且其地入版图者数百年,物产丰饶、户口蕃息,士农工商各安其所;一旦使之弃祖宗富饶之旧业,责令迁徙,必至流离失所,怨讟繁兴。谁非朝廷之赤子,而忍令罹此荼毒乎?况安土重迁,人之恒情;设有凭恃形势、铤而走险以与倭相抗者,将遏其义愤,强令臣服于倭乎?抑责其负固不服,而加之罪乎?不然,倭又将与我为难也。我朝深仁厚泽,无论如何为难,断不加赋;赔款二万万,非借洋债不可。照台湾成案以八厘取息计之,岁需息银一千六百万两;息无所出,又将借本银以还息银。从前以海关抵偿,故取携甚便;设海关不敷坐扣,则借款未必可得,将取盈于丁赋,举中国有限之脂膏尽以供其盘剥。即此一端,国势已不可支。况款议若此,则害切剥肤!各处防营仍不能撤,兵饷又从何出?国家岁入有常,安得有无穷之财力以塞此漏卮哉!金陵、苏州、杭州、重庆、沙市,向未准各国立通商口岸;京师重地,更非外省可比。若倭人一开此端,则各国条约向有"一律照办"之语,将接踵而至,利权尽为所揽。况禁近之地,彼族包藏祸心,设有仓猝不备之虞,其患何堪设想!夫中国之亟亟求和者,欲苟图旦夕之安耳。闻倭自兴兵以来,借国债至一万五千万元,财力困穷,人民愁苦;不过强力偾兴,外实内虚。于此时而自谓战不能胜,偿之以巨款、赂之以土地;割辽河而北洋为所据、割台湾而南洋为所据,复驻兵威海以扼中权之要:是倒持太阿之柄以授人,而使之厚其力以图我。即欲求旦夕之安,不可得矣!

方今泰西各国眈眈环向,俄人虎视于西北,英、法狼顾于西南,皆视我与倭之事以为进退;如此次曲徇其欲,数年之内,俄必索我天山南北及吉林、黑龙江两省,英必索我前后藏地,英与俄必争索我乌梁海,法必索我云南、广西边地。祸变之兴,殆不旋踵。历观往代割地和亲、卑礼厚币,偷安未久,覆亡随之;史册所垂,可为殷鉴。

伏望我皇上赫然震怒,立绝和议;布告天下臣民并各和好与国,声其欺侮要挟之罪,为万国所不容、神人所共愤。以偿兵费之款养战士,严敕各将帅、督抚效死一战;半年之内,倭必不支。即令战而不胜,亦断不能于从前失地外,再失数千里疆土。况天威震迭,薄海同仇;果万众一心,未有战而不胜之理!必待彼势绌求和,然后定约;则我国家威棱遐畅,自不敢肆其凭陵矣。

臣忧愤迫切,谨披肝沥胆,昧死渎陈;不胜悚惧屏营之至!谨专折由驿驰奏,伏乞皇上圣鉴训示,立赐睿断施行!谨奏。

光绪二十一年四月初一日。

198. 吏部代递郎中延熙等呈文折(四月初七日)

大学士管理吏部事务臣张之万等跪奏:为据情代奏,仰祈圣鉴事。

窃据臣部文选司郎中延熙、李绍芬等以"和议宜筹全局"呈请代奏等因,臣等公同阅看,事关军务,不敢壅于上闻;谨将原呈封固,恭呈御览。伏乞皇上圣鉴!谨奏。

光绪二十一年四月初七日,大学士管理吏部事务臣张之万、协办大学士吏部尚书臣宗室麟书、协办大学士吏部尚书臣徐桐(入闱)、署吏部尚书臣翁同龢、降二级留任降一级留任吏部左侍郎臣崇光、吏部左侍郎臣徐用仪、吏部右侍郎臣长萃、吏部右侍郎臣廖寿恒。

郎中延熙等呈文

吏部文选司郎中延熙、李绍芬等,为呈请代奏和议宜筹全局,仰祈圣鉴事。

窃自倭奴犯顺,诸将失律;朝廷不忍涂炭生灵,委曲言和诚亦万不得已。顾不得已而言和,亦谓目前聊可相安、将来徐图自立耳。近日传闻大学士李鸿章与倭奴议和,有割全台及辽阳以南一条,有威海暂许住兵、岁助兵费一条,有赔款二万万两一条;其余传说不一。即此三条,能保目前可以相安、将来可以自立乎?无论辽阳为国家根本,譬之树木,既掘其根,枝叶断难复茂;即以台论,闻台民忠义奋勇,誓不从敌。若果不从,朝廷将用兵取台以予倭乎?抑任倭奴自取乎?用兵取台以予倭,台民何辜,当为朝廷所不忍也;任倭奴自取,是直驱孝子顺孙以供寇雠之吞噬也。倭奴取台而即得台，犹可谓台民自罹于惨苦也；倭奴取台而不得台，必仍以兵事责言于我，是欲罢兵而兵终不得罢也。自各国通商以来，天下形势在于海面；威海、旅顺，天生险隘以保卫京畿；此北洋大门户也。守威海、旅顺，则天津无虞；天津无虞，则京畿可以安帖。今旅顺既失而不还，威海又许其住兵，全海形势皆失，北洋即为自强之计，亦属无地自容；一言不合，彼将愤兵相加，要挟何有底止！且倭奴狡诈百出，若赔款交清之后彼仍久据不归，尔时又何能复以兵力相争，驱之使去！天下财力止有此数，国家岁入七千余万，每岁用且不敷。今以二万万资倭奴，彼将日益强大；我竭天下脂膏，十余年不能了此款项，又从何处再筹巨款以为制器、练军之用？是此三条，为目前计，即难以相安；为将来计，亦无以自立。此固宜熟思审处，不可轻听恫喝之辞以自误也。

窃观倭奴伎俩，殆有所止。彼所扰皆沿海地方，不敢深入旱地也；辽阳打牲手枪法灵便，彼一有所损，则委而不致也。其国贫而债重，将取偿于此一战；闻其议院，颇有离心。我若坚持数月，彼将不能自了。为今之计，惟有速筹急来缓受之法。枢臣目击时艰、身当重任，胸中自有成算；但得在廷诸臣不以身家系念，无复假持重之言为自卫之计，必能计出万全。方今天下全势、人心固结、腹地完善，尚不至束手无策也。倘朝廷计议已定，然后明降谕旨以定人心、申明纪律以作士气、招集流亡以壮军威，目前能战之将若宋庆、聂士成、董福祥、马玉昆、李光久、依克唐阿、刘永福，能战之帅若张之洞、李秉衡、唐景崧，皆义切同仇、声威素著；信而任之，必能奏绩。其有退败不前者，立予军前正法；勿令逡巡部议，侥幸求活。又以和敌之款移于用兵，饷取其足、赏取其重，军务自有起色。至于前之战败，皆望风自溃，又复有所牵制，故至此耳。宋庆能战，则胜负相半矣；山东能战，则胜负又半矣。然此犹近海之地；若使倭奴入旱地，则其胜负之数，我多于敌矣。倘主和议者谓战不足恃、如此议和无甚妨碍，即请皇上饬令将目前如何相安、将来如何自立之处？具折详晰上陈；仍饬下廷臣会议，勿任含糊敷衍，致贻后悔。

事关大局，凡属臣民，同深愤懑。不揣冒昧，缮折呈请代奏。谨呈。

光绪二十一年四月初七日，郎中延熙、郎中李绍芬、员外郎惠森、主事钟琦、郎中恩浩、郎中觉罗钟培、员外郎范广衡、主事刘家模、主事雷祖迪、主事丁宝铨、员外郎联寿、郎中成和、郎中宗室载林、员外郎长昕、员外郎贺勋、员外郎昆玉、员外郎锡龄、员外郎熙彦、主事长明、主事宗室海锟、主事陈应禧、主事李坦、主事洪嘉与、主事孙笥经、主事刘华、主事关榕祚、主事刘显曾、主事孙绍阳、主事刘元弼、主事黄允中、委署主事文通、委署主事书年。

199. 吏部代递主事王荣先等呈文折（四月初七日）

大学士管理吏部事务臣张之万等跪奏：为据情代奏，仰祈圣鉴事。

窃据臣部候补主事王荣先、洪嘉与、鲍心增呈称"约草悖谬，万难隐忍曲从，宜速筹战守以挽危局而策武功"等语呈请代奏前来，臣等公同阅看，事关军务紧要，不敢壅于上闻；谨将原呈恭呈御览，伏乞皇上圣鉴。谨奏。

光绪二十一年四月初七日，大学士管理吏部事务臣张之万、协办大学士吏部尚书臣宗室麟书、协办大学士吏部尚书臣徐桐（入闱）、署吏部尚书臣翁同龢、降二级留任降一级留任吏部左侍郎臣崇光、吏部左侍郎臣徐用仪、吏部右侍郎臣长萃、吏部右侍郎臣廖寿恒。

主事王荣先等呈文

候补主事王荣先、洪嘉与、鲍心增，为呈请代奏约章悖谬、万难隐忍曲从，仰祈乾纲速断，急筹战守以挽危局而策武功；恭祈圣鉴事。

窃自倭奴犯顺，我师进讨，日久无功；皇上轸念生民，不欲究武，爰遣北洋大臣李鸿章往议和事。凡在臣民，同深感戴。然必所开条约理势能行，不滋后患；乃可俯从，以纾目前之急。今闻现议各条，不足以安黔黎，适足贻忧宗社；此则大局安危所系，万万不可曲从者也。职等负惭敌忾、同抱杞忧，敢将约章利害欺绐情形，缕晰陈之。

第一款，中国认明朝鲜国确为完全无缺。按倭在朝鲜改制度、开铁路，极力经营，而反令中国认明无缺；此如盗入民家，毁其器物、攫其货财，而强补盗之官代出并无被盗情形保状也。玩侮孰甚！又云令独立自主。即当声明倭亦不得于该国驻兵干预政事；何无一语及此，是为我敌国、实倭属埠也。又云该国向中国所修贡献典礼，全行废绝。考自古属国朝贡有缺，即力不能讨，亦无明颁诏谕准其废绝之理。况朝鲜久为藩服，我太祖、太宗经营之功，列祖、列宗覆冒之谊，垂三百年；今此约竟一语废绝，复欲我皇上御批允准。衡之事理，似不可行。

第二款，中国将管理下开地方之权——所有堡垒、军器、工厂及一切属公对象永远让与日本。查下开地方除未经收复各城不计外，其台湾一省勿论从前、即近二十年惨淡经营之城堡、台戍、局厂、铁路及一切经费不知凡几千万，而煤金之矿、硫磺、樟脑、粟米之饶利，外洋所估出产值五万万者不与焉；一旦举而让之日本，当年得之何其艰、今日失之何太易！又划界所开，除割台湾全岛、澎湖列岛其荒谬易见外，其云奉天南边地方划界自鸭绿江口抵安平河口至凤凰城及营口止，是折线以南，自未失之辽阳、大高岭一并在内，纵横几及千里既全割弃；而又云辽东湾东岸及黄海北岸在奉天省所属诸岛屿，一并在所让境内。查黄海即辽海别名，其北岸所包甚广；又申明之曰奉天省所属。按锦州一府，凡广宁、义州、宁远各州县西南抵山海关，皆在黄海北岸，均为奉天辖境；山海关外万山环抱，恃为天险，亦海岸岛屿耳。今并在让界之内，是并榆关弃之矣。即仅留关城，我岂能复出关门一步！不独锦府全境无一发之系而与盛京声息隔绝，必出喜峰口、绕蒙古草地乃通缓急应援，鞭长莫及；是举本朝龙兴之地及陵寝所在而弃之也。其吉林、黑龙江两省，更难越境有之；是一举而失幅员万里之地也。

第三款，两国派员划界，限一年竣事。查倭约既多含混于前，必生枝节于后；非尽弃各处险要，恐永无竣事之期。

第四款，中国将库平银二万万两赔偿日本军费。似此巨款，民间无可搜括，势必借之洋债；即数厘之息，每年已合一千余万。即能如约八次交完，已及八年；不知更几何年而后偿毕。即再以十年约算，是利银又须二万万也。而前八年之中除第一次外，又须给倭每百抽五之息，又给威海驻兵之费岁五十万；七年合计，又千数百万。是不计割内所失，已偿费四、五万万也。中国虽大，遭倭毒计，精髓立枯矣。

第五款，限二年内，地方人民愿迁居者任便变卖；限满后，宜视为日本臣民。又云台湾一省，限两个月内交清。查倭所割之地，台省最为繁庶；仅限两月交清，则所云二年内任便变卖迁居者，悉不可信；直弃我赤子为倭臣民而已。

第六款，换约后再会订通商行船条约及陆路通商章程。其通商，则添设口岸以便日本臣民往来侨寓，从事商业、工艺制作：一、湖北荆州沙市，二、四川重庆府，三、江苏苏州府，四、浙江杭州府。按沙市、重庆、苏、杭等处均系内地商贾辐凑之区，向未通商；重庆近虽设关，亦非外洋工艺制作之所。今概任倭作俑，尽夺民利矣；又于各府外另为伏笔，曰陆地通商。夫陆地更包括无外，是直举中国二十三行省而与倭共之也。其通商行船，除驶入各口搭客、装货外，一从宜昌溯至重庆，二进吴淞江及运河以至苏、杭。查宜昌上游及运河，向无准外洋行驶小轮船之例。又通商之国往往有兵轮阑入长江，在彼名为"护商"，而民情即多惊骇。犹幸泰西各国重在通商，且其来甚远耳。今倭包藏祸心，且离中国极近；若果行此约，彼以兵轮护商，何词可阻？一旦狡焉思逞，连檣驶入，上及重庆、内延苏杭腹地；一时水陆猝发，沿江七省尽为倭据矣。又日本在中国内地进口商货，勿庸输纳税钱、派征一切诸费。又得在中国通商口岸城市任便从事各款工艺，又得将各款工艺机器任便装运进口。查我内地税法，有出口、进口、落地种种名目，重以沿路关权、厘局、船税，近又加以各项捐输，货物成本愈重，市价愈昂，获利愈微，商民所以交困也。今倭货既免一切征税，则成本甚轻，必减价出售以罔市利；是内地商贾之生业，自此废也。中国生齿极繁，除耕农外，率恃工艺糊口；通算产物之乡，何止以亿万计。今倭得于内地城市从事各款工作技艺，一则曰任便、再则曰任便，无复限制。又机器灵巧，一人所司可兼百人之职，一日所就可抵数月之功；是内地手民之生计，自此穷也。小民迫于衣食，惟利是视；今上海租界各商既多挂洋旗以逃税矣。若内地商贾失业，必尽变为倭商；内地手民失业，必尽佣为倭工：直为倭殴民而已，非仅并关税、厘金之利而失之也。

　　第八款日本军队暂行占守威海卫既已万不可行，且即云第一、第二两次作抵押，又云俟赔款交清、通商行船约章批准互换周全妥善，可允撤回；未批准以前虽交清赔款，仍不撤队。计赔款交清，业已八年；且倭虎狼之心，其欲无厌，即通商、行船两事彼所谓"周全妥善"，有何底极！随时随事，皆能借口。是实欲据我南、北洋之咽喉；赔款虽多，终无撤队之期，且为再起风波之地也。

　　第九款，由日本所还俘虏不加罪，既以谬妄；又云迭次交仗，所有关涉军队之中国臣民概予宽贷，并饬有司不得代系。夫国家所恃以驱策天下者，刑赏而已。今如倭约，是叶志超、龚照玙各犯既当立行出狱，而在逃未获赵怀业、卫汝成之流必冒托于俘虏之数，且即挺身自出；有司不敢捕治，威刑尽废，魑魅横行，此后统兵将领亦何惧而不临阵溃逃哉！亦何乐而为宋庆、马玉坤、徐邦道之血战哉！平日亦何惮而不克扣兵饷、废弛军政哉！盖此次挐问罪员，惟淮军将领居多；此约但欲私庇淮将，而不顾败坏国事至于此极也！且向来外洋立约，从未干预阻挠中国政权；今倭此约，已一举而夺皇上威福之柄。此后废置予夺，骎骎有惟倭命是从之势。且遇强大于倭之国，更当何如！恐秦使张仪相魏、金索宋韩佗胄之首，其祸不远也！

　　另约三条：一驻守威海之日本军队，应不越一旅团之多；军队需费，每一周年贴交四分之一库平银五十万两。按倭欲驻兵威海,其意本作偿费抵押;乃二万万之外,又复加此兵费,无理之中益复无理。且日本军数,每一旅团虽未核其多少,而此项需费周年四分之一尚需五十万两,一年即需二百万两,每月实需十六万六千两有奇;即倭饷较厚,合计实兵已将及两万之数。既准其驻兵,安能更立限制耶!倭驻兵既多,我即须严为防备,恐欲撤兵而仍不能撤、欲省饷而终不能省也。又日本军队所驻地方,凡有关涉军务之罪,均归日本军队官办理审断。是举该处人民任倭荼毒,而中国官员不得过问也。若倭复用私恩笼络之术,小民何知,其有损于中国更大!

以上各条,综其大害,国势蹙矣、财源匮矣、民心涣矣、威柄失矣。即不论倭贼之败盟、旁国之乘衅,而四者皆国之命脉所系,失之何以自立!我皇上天纵圣智,谅无不在洞知灼见之中。且皇上所委信着任、恃为心膂服肱之佐者,内则枢部大臣,外则督抚将帅也,今和约到京多日,未闻有以宜速批准之说进者;是枢部大臣既不以此约为然矣。文则刘坤一、张之洞、李秉衡各疆臣,武则依克唐阿、长顺、丁槐各统帅,莫不交章谏阻;是督抚、将帅亦不以此约为然也。又闻台湾义民惨奏迭至,而京职小臣及十八省会试举人涕泣呼吁于都察院呈请上闻者且数十起;是天下臣民又皆不以此约为然也。且闻俄、德各国啧有烦言;是五大部州殊方异域之情亦并不以此约为然也。然则多方恫喝、力主和局者,李鸿章一人而已。皇上以鸿章之心为可信乎?此次倭开之约,自有中国以来,虽石晋之事契丹、南宋之事金元,未尝有是也;其不得复名为和审矣!鸿章实本朝臣子,何以允之?以鸿章之心为不可信乎?奈何当本非万不已之时而遽行无可如何之策,以列祖、列宗三百年积累之基,误从鸿章一人之奸谋而轻于一掷哉!虽然,今日时势,即我皇上屈意批准,职等固知倭决不能大得志于中国果尽如此约也;何也?台民犷悍之性以义愤激变于前,各省教匪、裁勇不逞之徒藉驱夷号召于后,恐许割之土地未交、允偿之兵费未缴,而天下必已甚乱矣!倭亦恶能尽行此约于中国哉?所忧者如此,则我国家安危大计有不敢逆料者矣。职等亦知以皇上之明、枢辅之忠,必无允行此约之意。所不免疑虑者,和局原可中更而战事恐无把握;设寇逼畿辅、要挟滋多,不若姑为权宜之计耳。然以事理权之,固可决其不然也。何则?将来之制胜难豫知,而往日之败则可见;知往日之有由败,即知将来之必可胜矣。自平壤倡溃以来,我军节节溃败者,多败于不战;其敢战者,固未尝尽败也。其亦有时而败者,以有拥兵不战之将累之也。今但主于坚忍,困以持久,汰阘冗之将、裁疲玩之兵,诏求直言以集群策、联交友邦以审敌情；专任宋庆、马玉昆、徐邦道、董福祥、聂士成诸将，使条上方略，合力防剿，联为一气、互为声援，朝廷不复遥制，战事必有大功。夫倭之气力伎俩，明明可睹。彼虽百战，必不能攘我数千里之地；彼虽百胜，必不能攫我十余万万之财。而况庙算克坚，军气愈壮，倭众分力弱，几辅重地固断断不能深入哉。此则舆论佥同、确可凭信；非职等之私言也。近日廷臣之条陈战事者亦多矣，虽未必算无遗策，而制胜之道必在其中。我皇上但博览群奏，精择而力行之，必可收涓埃之效。职等尤伏愿朝廷于军务赏罚，一以遵行高宗纯皇帝用兵成宪为断，务使将畏国法甚于畏死绥、士畏将令甚于畏锋刃，则乾隆间之开疆万里、圣武远扬，必更见于今日；危局可挽、和事亦可成矣。宗社幸甚！天下幸甚！

所有谨陈约章悖谬缘由，遵例呈恳代奏。伏祈鉴核施行！谨呈。

光绪二十一年四月初七日。

200. 都察院代递各省京官举人呈文折（四月初七日）

都察院左都御史臣裕德等跪奏：为据呈代奏事。

据吉林京官总理衙门章京文瑞等、福建京官礼部郎中黄谋烈等、贵州举人葛明远等、广东举人陈景华等、江西举人程维清等、广西举人邹戴尧等，各以条陈赴臣衙门呈请代奏。臣等公阅各该呈词，均系事关重大，情词迫切；即据该职、该举人等取其同乡京官印结呈递前来，臣等不敢壅于上闻。谨钞录原呈六件，恭呈御览。伏乞圣鉴！谨奏。

光绪二十一年四月初七日，都察院左都御史臣裕德、左都御史臣徐郙、降二级留任左副都史臣宗室奕年、左副都御史臣宗室奕枕、左副都御史臣杨颐（入闱）、署左副都御史臣沈恩嘉、左副都御史臣寿昌。

章京文瑞等呈文（略）

礼部郎中黄谋烈等呈文

具呈礼部郎中黄谋烈、户部主事陈崌、翰林院编修潘炳年、吏部郎中何刚德、翰林院编修叶大遒、礼部员外郎郭曾炘、工部郎中许桎藩、户部主事叶题雁、郑福臻、刑部主事陈秉崧、工部主事傅嘉年、翰林院编修张亨嘉、曾宗彦、刑部主事郑淑璋、兵部主事张嘉猷、工部主事赖清键、户部主事林寿照、刑部主事李英华、翰林院编修张元奇、黄曾源、检讨萨嘉乐、兵部主事魏莠琦、刑部主事郑琼书、翰林院修撰吴鲁、升用赞善翰林院编修叔忱、户部郎中陈宝瑨、光禄寺署正龚荫橒、内阁中书陈懋鼎、翰林院庶吉士郭曾准、兵部主事高晖游、内阁中书康咏、吏部主事黄允中、兵部主事方家澍、刑部主事周景涛、翰林院庶吉士李清琦、刑部郎中黄纪元、工部郎中杨枢孙、翰林院庶吉士叶大年、户部郎中林开章、内阁中书方昆玉、户部主事万钟骙、工部主事刘怡、光禄寺署正龚葆琮、国子监博士梁孝熊、监丞卓凌霄、正红旗官学汉教习林其荣、刑部主事许文辉、侍卫林培基、德俊、姚承恩、黄德、薛梦蛟、潘吉昌、高葆光、林天骥、陈维阳、林寿椿、吴拔祯、黄步荣、沈瑞舟、陈澄澜、林捷鳌、举人沈翊清、宋天荣、张朝弼、张朝法、李九盛、傅朝旭、郑篪、赖丰杰、吴征骥、林开暮、李景骧、董元亮、郑贤照、李含芬、江尚宾、邓登瀛、巫挹奎、谢松涛、李汶川、黄冕南、庄庆忠、张绳武、陈震、杨士鹏、林履升、林镇荆、林均、谢朝荣、吴镰、陈辛、廖和韶、林翊、王炎、杨葆元、施大猷、蔡庚绪、陈伯贞、王承基、陈韵珂、林玉铭、萨起岩、汪韶年、郑世卿、郑文豹、李宣龚、陈羲图、郑孝柽、黄乐、方捷三、罗得元、练蕴辉、叶奖唐、吴世康、陈旭铜、周登皞、周诚孚、林齐贤、郑鼎缨、范彦璋、欧福芗、蔡绍元、罗焕垣、林百熙、葛滋春、林乔新、曾广嵩、郑猷宣、方钟玉、李兆蓉、林文斗、许中、刘孝佑、刘孝祚、赵应鼎、方新、高彤、陈廷业、陈燮嘉、刘廷珍、黄曾培、林图南、施登瀛、蒋诒、林孝箕、蒋琛、梁赞翰、郭曾熊、周建藩等，为台民铤险，大局可虞，吁恳宸断，转危为安；呈请据情奏闻事。

窃自倭人犯顺，我皇上不忍数十万生灵横罹炮火，特允各国约和之请，凡以为保境息民计也。乃近日道路传闻，佥谓新定条约，拓埠四省、减税三成、偿饷至二万万并有割予台湾之事；全局所系，本未敢妄赞一辞。惟是职等籍隶闽疆，但就弃台一事言之，其害已有不可胜言者。

开国之物，台地未隶版图，沿海为之蟊食；以圣祖之神武，辅以姚启圣之谋、施琅之勇，竭智尽锐，仅而克之。军府既立，百年之间变端屡见；辄复启门命将，为之扫除：盖开台若斯之难也。倭人不费斗粮、不烦一矢，雍容拱手坐享其成，此则天下臣民所共愤痛者也。然犹曰：姑以纾祸也。台地樯帆之利，遍于重瀛；门户之防，重于左海。一旦予敌，糖、米、百货不能依旧转输，内地无所仰食，必有受其敝者。开矿、经商，彼族长技；煤产既旺、海军益张，边衅朝开，雄师夕至，数轮内驶，七省绎骚。是欲纾目前之祸，实以酿异时之祸也。己未、庚申之际，东南糜烂，天下无完土；以欧西之强英、俄、法、美合从之势，亦仅仅开十三口、偿饷各八百万而止耳，无所谓割地也。今日事势之难，尚未若在时之甚；而区区倭人之要挟，乃十倍于欧西。各国闻而妒羡，必自悔前此之失机；设持"利益共沾"之说，英索滇、蜀，法索桂、粤，俄索伊、喀，予之则土宇立尽，不予则兵端将开，其又何以待之？是欲纾一国之祸，反以召各国之祸也。然且曰：割则祸在后日、不割则祸在目前也。职等私忧窃计，割地之祸盖有不旋踵而见者。台地，无来由种族，凋耗略尽。今之隶版籍、供赋税者，率皆漳、泉、潮、嘉之民；迁台以来涵濡圣泽几三百年，中土忠义之气与海外犷悍之俗，渐清摩荡，皆固结于不自知。道光二十一年，台湾乡兵助巡道姚莹破英船于鸡笼，次年复破之于大安港；光绪十年，台湾乡兵助提臣孙开华破法船于沪尾，全台危而复安：此可以见台民敌忾同仇之气矣。职等闻台民始得割地之耗，举国若狂，哭声震野；富者输财、壮者充伍，数日之间义旅云集。与抚臣唐景崧约：遮留文武将吏，不令奉诏内渡；俟倭人至，即与之血战。且约：尽毁教堂、焚使署；见深目高颧者，不辨何国尽杀之。职等知倭人军势固甚锋锐，但恃强麇至，定有损伤；而西人无故被戕，殊为冤抑，势必均向中国责言。我皇上爱民如子，必不忍调饷出师为骄夷诛锄义士；该夷将益疑朝廷之指使，而我亦无以为自解之词。正恐衅血未干，衅端又启；始谋不善，挽救何从！或谓人非土著，何难言复邦族。不知台民之富在地，人可迁，地亦可迁乎？既夺其土，即丧其生；萃百十万失地、丧生之民起而与倭人为难，奋空拳、拚躯命以当燎原之火炮，流血成渠之事即在目前。本欲割地以定和局，反因割地以坏和局；又何取而必出此？

查西国和约交涉，虽有议款而未订实颁行，均视作未成，可以重复参订。光绪三年俄、土萨司提之约，彼此皆立名签押；后因各国百灵会议，多有撤销。伏求皇上念祖宗缔造之维艰、大局决裂之可虑，特饬总署王大臣与各国公使出为转圜，将割地一条作为罢论；台湾幸甚！天下幸甚！

为此呈恳奏闻，冀回危局。谨呈。

贵州举人葛明远等呈文

具呈贵州举人葛明远、吕钧璜、喻熙箴、傅夒、吴廷璧、顾福基、周之麟、吴鹏、杜树棻、张鸿逵、张煦春、张可煐、王勋、陈清明、马治源、张清华、谢承珪、吴正枢、申德渠、徐致和、曾鹏星、陈凤仪、后赟、廖杭、乐嘉藻、廖袭华、聂延祜、罗廷珍、石天荣、周廷琛、萧正和、戚朝勋、李端棻、罗会恕、黄莹书、谈定安、胡嗣芬、杨澍、华鈖、黄钟杰、戴仁禄、周学海、李绍莲、徐培中、姜兴胄、孔繁锡、胡序铨、熊滨臣、谭沛霖、张杰、刘廷魁、王玉梁、王崧寿、樊瑗、颜德辉、彭汝畴、杨绶、柳元翘、陈文燨、陈其铸、犹龙、犹朝选、犹海龙、王之珍、王维恪、邹国柱、胡绍铨、吴本基、李端荣、曾寿祺、丁树铭、张致安、吴懋卿、杨锡谟、晏怀新、冯元亮、魏祚臣、周坚、刘端棻、周永年、金正炜、龚绵元、任承纪、杨元龙、胡纪辰、杨鸿寿、丁树柟、李端荣、黄明、王智元、黄家琮、匡履福、朱勋、杨国栋、丁良佐、张尧煦、聂树楷、申允熙、赵永霖、伍襄钧、艾应芳、聂树奇、周泌、董玉林、曾凤文、蹇念恒、马汝骥、陈夔麒、周祜、胡培元，为受挟割地，诸戎生心，将及云、贵，请更正和议、勿割台湾，以巩边防而系民心；恳请据呈代奏事。

窃闻李鸿章使日议和，条款已定；偿费、增口而外，有割东三省沿边及台湾全省一事。此议一出，地球万国咸以为笑、中外臣工咸以为忧、普天群黎咸以为愤；而云、贵一隅，近鉴前事、远计后患，尤用悚慄，惧祸将及！故敢沥肝胆、冒斧钺，为我皇上一言。

从来驭夷之道，首在于战；能战而后能守、能战而后能和：此理之常也。倭人肇衅以来，我皇上力主战议，屡次遣将征兵，激发忠义；普天群黎，感极起舞。今者皇上轸念生灵，俯与议和；深心苦衷，亦天下所共谅。惟尝考道光、咸丰以来屡次款和，不过偿费数千万、增口岸于沿海各省；即庚申之役，都畿震惊，亦未闻有割地之举。诚以土地者；国之所与立，卧榻之侧，未有可容他人鼾睡者也。同治十三年普、法之事，普人破法数十城，直逼法都，围之三月，食尽兵绝，虏其君主；于是割奥斯、鹿林两省。光绪五年俄、土之事，俄人兵将百万攻土三年，直麾君土坦丁奴不，盟于城下，废土王、专土政；于是割黑海一隅。此三十余年以来，地球诸国构兵割地两大公案；皆公私俱竭，不得已而为斯举。然计其所割，犹不过数百里。今日本肇衅已逾半载，始终不敢深入。是其兵力不足，已有明征；远非普、俄之比也。我师虽小有败衄，而十八行省山东而外未受一矢，金瓯依然；津、沽熙熙，神京无恙。率土臣民握拳攘臂，忠义愤发，随地可用。奈何以四境全盛之邦，一鼓少挫，而甘学法、土二国；此诚薄海内外所不解者也。

今旅、盖、金、复、荣城、威海一带，为都城门户；一旦捐弃，后患已不可胜言。然既为敌人兵力所得，未能遽行恢复，祇能隐忍，徐作后图。若台湾一岛，伸臂海外，拱卫东南；地千余里、人千余万，矿产饶富甲于内地。圣祖仁皇帝戡定海贼时，知台湾不守，闽、澎不保；故竭力以经营之。乾隆七年十二月，高宗纯皇帝圣训云："台湾地隔重洋，一方孤寄；实为数省藩篱，最关紧要。"盖台湾为边圉防卫，存亡得失，与内地相牵；久在圣明洞鉴之中。今忽无故，拱让寇仇。千万苍黎，孰非赤子？百年教育，一旦蔑弃；哀声呼号，惨动天日！凡兹冤状，固不待言。独念迩来海禁大开，岩疆之防，全在沿海；威、旅既失，东北天堑已就湮沦。若复割台，东南之防，更复何有！倭人以此见迫，正齐国佐所谓"惟吾子戎车是利，无顾土宜"。且彼兵力未及，安得予取予携！诚千古所未闻，亦万国所无有。今震其恫喝，自撤藩篱；台地、台民固不足惜，独不念列祖、列宗得台治台之劳苦乎？况倭既得台，经营整顿，藉其饶富，无异又益一日本！我弃地不治，故为石田；人尽地乏力，将成天府。不识他日东南各省与强邻为界，何以自存！

然云、贵之人之所虑，则更有甚于此者。法人之取越南，欲以窥云、贵、广西；与倭人之取高丽，欲以窥辽阳、山东，其立意相同。谅山之役，我军稍长，法之鸥谋遂亦稍戢；今倭以虚言恫喝，即得千余里之全台，法知中国之易欺，岂有不思狡启！曩者法人主持攻越之斐礼氏者，曾著书言中国之可图；今以正月二十四日法人公推以为民主，是其生心窥伺，已有成谋。闻法人日来以台湾之故，亦借端违言，思得滇、粤矿地；是台湾一割，非直长东邻之气，抑亦贻西封之忧。且滇、粤界务，争论累年，尚未定案；而法人去岁已因盐政，多生事端。今既割台以与倭，倘法人亦陈兵扬言胁取云、贵、广西，不识何以应之？法人之强，甚于日本；日本吾犹畏之，何有于法！是则云、贵亿万黔首所为日夜焦虑、呼天号救者也。若不之许，则法衅立开。英索广东、川、藏。俄索新疆、漠北，苟求而不得，亦复如是。与其割台而使诸国生心，何如不割而独与日本为仇！

今者割地之外，复益以二万万之兵费。皇上苟以此二万万之款购置兵械、广募新军、搜求将材、激厉士气、淘汰庸臣、诛磔懦将，信赏必罚以号天下，天下之大，食毛践土之众，岂尽无人心，甘负天日；众志成城，有必然者。前者之薄有挫缺，亦由太平日久，兵气稍衰，统率失人，掣肘将士；今稍整顿，安见必不如人哉！现闻台民坚守，誓与倭仇，不肯降服；倭人闻此消息，亦稍寒心。乘此人心固结之余，正可以抒义愤而巩边卫；亦时会之不可失者也。

举人等籍隶边徼，惴惴愚忠，诚不忍以中国之强大、皇上之圣明为庸臣所卖弄、仇敌所欺凌，又不忍桑梓、身家将沦异域，故敢披其血诚。伏乞我皇上念边防之不易、鉴戎心之难餍，俯察舆情，保全海道：饬中外大小臣工妥为详议，更正和约，勿割台湾，云贵幸甚！天下幸甚！谨呈。

广东举人陈景华等呈文

具呈广东举人陈景华、黄心龄、苏逢圣、韦佩琼、江慎中、梁昱墀、陈鸣玉、邝桢材、罗瑞忠、莫寿彭、谭鹗英、龙祝龄、吕祖涛、陆应瑄、张荣燊、郭文修、潘赓扬、钟应同、陈源浚、颜绍泽、何景濂、陈维湘、林宪、方家珍、陈祺年、莫文龙、彭炳纲、唐浩源、麦炳鉴、陈汤聘、陈耀荣、陈伯坛、朱瑄、麦秩严、潘耀焜、招卓华、林廷资、曾述经、张文英、杨士瀛、李赞宸、麦汝良、潘家桂、符士龙、刘东瑚、梁亦鸿、谢銮坡、陈宫韶、麦劭祥、左公海、谭学斐、冯祥光、龚其莘、赖际熙、朱鉴尧、韩日华、魏宗弼、傅维森、苏荣干、冯侃干、黄绍宪、马銮光、麦孟华、凌鹤书、湛书、冯应鎏、袁天章、霍崇范、方士华、陈伟宗、谢晋勋、何宝璜、何良康、岑仲良、潘葆铭、关蔚煌、潘以珖、黎宗葆、梁𤩽藻、谭骏谋、梁荣恩、邓骐保、杜甄、罗庆荣、陈思干、潘普书、梁庆桂、李彝坤、余棠熙、张伯龙、何祖濂、何家本、易奉鎏、梁启泰、梁凤鸣、孔昭莱、冯瑞兰、罗琳、胡元泰、梁庆瑜、张绍勤、李庆朝、潘蕴志、金俊基、黄翰华、李保极、朱銮骐、马云鸿、庄国贤、文英华、邱云鹤、刘荣恩、陈启人、黄桂瀛、叶修昌、谭资鉴、王栋、郭而勉、罗殿华、朱崇让、梁庆锵、陆锡骐、黄兴邦、余嵩年、黄嵩斐、徐廷杰、关燮基、梁金鳌、张恩泽、林凤韶、罗之章、梁知鉴、林镜鎏、陆慈和、李敦、刘彦芬、潘应铿、李锡康、陈宾鎜、许炳耀、陈藻鉴、梁元任、高国章、梁殿元、李萃英、黄颖、李景鎏、陈维嵩、张其镇、朱宝荣、梁庆年、叶大垣、何作猷、梁冠澄、梁念祖、崔浚荣、易贤瀚、黄汝刚、冯心镜、张廷弼、曾广华、赵纯熙、侯家骧、罗桓熊、孔继愎、陈敬彭、司徒澜、陈桂荣、陈禹畴、李鉴湖、陈邦颜、劳伯华、余彬瑚、胡锡侯、莫圻、谢锡勋、招嘉哲、陈秉彝、区坤元、梁泮、马之骥、叶衍蕃、萧永康、钟荣光、郑毓岷、冯柏芬、梁鳌、赵昶、陆寿昌、卢宗璜、周发祥、吴全选、陈廷选、郭金汤、赵丙寿、杨蔚浚、梁鸿藻、钟锡璜、罗英隽、漆葆熙、冯嬉、严宗武、周思镐、吴台东、吴世泰、莫迦錤、黄恩荣、张元钰、赵彭年、谭镰、钟葆珩、谢聘珍、张阶平、邓纬枢、张宝琛、李扬华、黎朝书、吴功溥、李家璧、陈组熙、刘耀棠、刘玉埙、刘曜垣、缪国钧、林桂芬、赵熙光、张世俊、关伯麟、尹庆举、程道元、江孔殷、何翰章、何钟岳、梁用弧、林禄衡、林兆年、姚巨显、谢荣熙、黄瑄林、叶应钊、冯冠芳、梁兆献、李名瀛、李涛叶、文兴、杨履泰、汤耀、陈节、陈学韶、陈启辉、陈谟、文汝镇、梁禹旬、黎庶怀、莫贤书、徐绍桢、冯作彝、赵夔一、黄永康、汤荣焜、陈鹏翔、许荣桂、黄纶、欧赓祥、龙建章、唐风俭、陈兆元、曾纪亮、梅友容、罗葆祺、许福仪、张乃瑞、钟锡玢、杨纪凤、廖廷珍、黄立权、冯焕章、区普銮、李群英、劳锦章、余守约、冼瑞祺、潘志和、梁启超、卓观国、陈大照、魏鉴辉、刘培炜、刘庆祺，为呈请代奏事。

窃闻和议将成，日本要挟甚多；补费、割地等款，不一而足。道路传闻，人心惶骇！其他条款，主持国计者必有硕画远谋，非草茅所敢参议；至如割地一节,关系尤大,为祸尤烈!台湾绅商迭次函电,均称与日本誓不两立;如遽行割弃,则人心愤激,必酿事端。天下闻之,亦将解体。况东、西两广与台湾遥为犄角,此地若沦异域,形势尽失,在在堪虞。且英、法两国皆较日本为强,今日竟隐忍顺从,英据香港,扼控广州;法据越南,逼近龙州:虎视鲸吞,蓄谋已久。一旦见中国弃台湾之易,必援以为例;将何以拒之?舐糠及米,势所必至。

查万国公法:凡约未经君主画诺,皆可更改。宜亟援此例,以谢倭人;理直则气壮,无虑又生他变也。自来立国久长,专恃人心固结。万姓阽危,呼号于罔极;圣明洞鉴,必俯顺乎下情。众志成城,转圜良易。举人等诵习诗书,稍知大义。议弃珠崖,深鄙贾捐之论;甘蹈东海,窃闻鲁仲连之风。为此联名上呈,务望代为具奏,坚持定见,毋徇邪谋;庶顺舆情,可弭后患。不胜屏营待命之至!谨呈。

江西举人程维清等呈文(略)

广西举人邹戴尧等呈文(略)

201. 都察院左都御史裕德等条陈六事折(四月初七日)

都察院左都御史臣裕德、署左副都御史臣沈恩嘉、左副都御史臣寿昌跪奏:为事机至迫,敬献刍荛以备採择;恭折仰祈圣鉴事。

窃自李鸿章与倭奴立约以来,中外嚣然;台民变起,道路惊惶。转相告语。于是京外臣工以及草茅新进,相率至臣署请为代递呈词;此皆我国家深仁厚泽沦浃寰区,凡有血气之伦,无不竭其耿耿愚忱以奔告于君父。凡所谓割地则自弃堂奥、偿款则徒赍盗粮,弱我国势、散我人心、夺我利权、蹙我生计,寇贼近在咫尺之间、巨患发于旦夕之际,诸疏言之綦详,毋庸缕述。顾既知其害,亟宜思挽回之术、补救之方。臣等职司风宪,不敢安于缄默;爰以所闻参诸愚见,谨据六事为我皇上陈之。

一曰申明公法。查万国公法内开:国君与邻国立约,无论君主、民主及合众之国,遇有割地、让城等事,必国会士民公许,方可施行。倘有不愿,虽已立约,仍作废纸。往时法国君主被擒,与日耳曼立约,分让国土;国会不愿,其事遂寝。又约内注明:俟国君酌定者,则必俟其君允准,方可施行等语。刻下庶司百僚以及各省举人纷纷呈诉,是士不愿也;台民激变戕官,是民不愿也。若据实事、援公法以告倭,理明词顺,非我背约也;自应展缓批准,照公法另为商议。

一曰借助邻国。查俄主为太子时游历日本，突被刺伤，其事虽寝，其怨甚深；而法与俄最为亲密，德与我国交谊素敦。若趁此时极力联络，切实许以利益，并特简重臣明告该三国使臣电其本国竭力相助，必有以熄方张之焰、杜无厌之求。或谓倭之兵费终不能不偿而又许三国之利益，岂不重困？不知倭若于二万万中肯为减让，即以此分酬三国，在我并未加多。即或不然，筹款尚有周转之方，割地永无复还之日；惟朝廷权其轻重而已。

一曰固结台民。台湾之变，非民之好作乱也；呼吁无门，铤而走险耳。亟以此时电谕唐景崧示知该省绅民：现在新约并未批准，百姓各安生业；一面传谕在京之台湾绅士，令其各电本籍，申明朝廷并非弃台不顾。极力拊循，诚以定台湾之人心，即以定濒海各省之人心，实以定天下之人心。此举所关，良非浅鲜。观于各省举人俱递诉呈，远至蜀、黔亦皆联名呼泣；人心惴惶，于此可见。臣等所以沥请安抚台民者，非仅为台湾计也。

一曰请交廷议。刻下约款未发，外间传闻异词，多有不经之谈，人心愈加摇惑。若以约款发交廷臣会议，不特为集思广益之助，实藉为释疑开惑之方。且历来有关军国大事者，皆交廷议；况兹事体大，尤非从前所得比拟者乎！

一曰激励将士。自李鸿章赴倭以来，前敌防军各将领率以为和议可成，有志者尚不惩操演之期，偷安者即藉为息游之日。而《申报》所载倭兵之往旅顺者，方且络绎于途；即和议果成，关防、海防岂能一日弛备！倘不得已而仍出于战，尤当及此间暇之时，简选精锐、裁汰疲弱，教练阵法、演放枪炮，挖壕筑垒、熟习地营，求为制胜之方，以备临阵之用；而其要，尤在体恤士卒。应请旨严谕各军将帅遍饬诸营统领，不准稍涉松劲。至于克扣、虚冒诸弊，特加厉禁；一经查出，军法立诛。其有整顿营伍、善拊士卒之将领，优加奖擢。赏罚既明，精神一振，人思效命，士气常新。鼓舞转移之机，惟在上之善用刑赏而已。至于失律之将如叶志超、龚照屿辈，倘蒙降旨速正典刑，犹足以餍万众之心而作三军之气也。

一曰坚持定见。李鸿章虽已画押立约，而邻国议于外、士民讧于内，其所以展期另商者，非国家之负约也。惟恫喝之词，倭之惯技；腾其口说，自在意中。然我国情真理直，皇上但以实情实理折之，彼岂能遽违公法！即或狡焉思逞，我军百数十营兵勇数倍于彼，而驻津之聂士成战动迭着、曹克忠勇略夙闻、吴宏洛辈治军严整、董福祥一军西人亦啧啧称羡；至关内外各将帅如宋庆、马玉昆、宋得胜、丁槐固称名将，即其余将士与倭接仗，已久习于彼之战阵，非复从前之胆怯。且倭性多疑，未敢轻进。皇上但申明赏罚，悬不次之赏、严退后之诛，人人思奋，敌忾同仇；不特都城巩若金汤，即天津、山海关亦安如盘石，断无他虞。倘有以西迁之说进者，皇上坚持定见，勿为所摇。根本既固，胜算必操。此尤臣等所深虑熟计，而仰望于九重者也。

以上六条，不揣冒昧、不避忌讳；诚以事机至迫，勉竭愚悃，以冀挽回。伏祈皇上圣鉴，不胜激切屏营之至！谨奏。

光绪二十一年四月初七日。

202. 湖广道监察御史陈璧奏台地碍难畀敌折
（四月初七日）

湖广道监察御史臣陈璧跪奏：为台地碍难畀敌，酌议权宜办法，以防急变而弭后患；恭折仰祈圣鉴事。

窃闻此次和约，倭人要挟太甚；索费开埠之外，加以割地，且更及于未经开战之台湾。台湾虽孤悬海外，实系沿海七省门户；他族逼处，滋蔓堪虞！且土地饶沃，久为各国所垂涎；一旦猝为倭有，西国因羡生妒，枝节丛生，势尤不可收拾。况台民义勇性成，岂能甘心沦陷；效死不去，更何以处之！则论将来之隐患，台固不可割；而论目前之事变，台竟不能割也。

近日臣工条奏及士民呈诉，沥陈利害，呼吁同声；朝廷覆帱无私、同仁一视，台民惨痛之情形，知必上厪宸虑。即诸臣统筹全局，纾灾弭患，具有不得已之苦衷，而竭力支持，犹必有策及万全者；臣亦何敢赘渎！惟是约期已迫，民志难违；转圜之机，争于呼吸。倘荷圣主洪福，得诸臣帷幄之筹、藉各国调停之力，弃地可返、敌焰顿消，诚为万幸；设以使臣既经画约，不能失大信而启衅端，而两害从轻，亦不得谓权宜之竟无策也。臣愚以为倭人逞志一时，既许以地，纵不肯敛手而罢；而台民愤恨，彼未尝不闻而悚然。诚因此时告以"民情不顺、成约难依"，与之更议偿地之费；倭人知难而退，岂有不唯唯听命者。如以饷需支绌、巨款难筹，不妨将台地公估价值，暂典西国；人民归其保护，矿务听其主持。数年之后，库款渐充，再议收赎。如此，则民犹中国之民、地犹中国之地；台民义愤稍释，或可委曲顺从。而西国歆于台一时之利，专意经营，亦不至为患肘腋；既无悔约挑衅之虞，又不失操纵惟我之势。臣所谓防急变而弭后患者。此也。然而,策则已下矣。至于宸衷独断,另筹良策,保全大局;而事平之后,更将急图自强,歼兹小丑:此则天下万世之福,尤臣所夙夜祷祝而求之者也。

臣愚昧之见,是否有当?伏乞皇上圣鉴,饬下王大臣妥议施行;臣不胜急切悚惶之至!谨奏。

光绪二十一年四月初七日。

光绪二十一年下(1895年)

203. 南洋大臣张之洞来电(四月初七日到)

初三电奏,计已进呈。顷王使之春江电云:"顷赴外部,极言德向助日;因俄、法牵制,复忌其强,遂有压日之举。惟日电称彼邦屡胜,碍难相让。若照所请,恐激民变云。假如中国台、闽、粤民变,何以处之?或足牵制。当称谢;因请设法相助。随问'奉旨否'?对'未';但不便再问。若从民变着想,尚有权衡"等语。查路透电报,倭拒俄、法诸国,确系以恐激民变为词;正与法外部之言相同。倭既藉民变以拒诸国,我更可藉民变恳诸国以拒倭。昨台抚唐江电称:"台民不愿归倭,欲劫留桦与刘永福在台同守;仅许送出老母,而家属不准行。乘机欲乱,有劫司库、械局之谋,以有备而止。二十八日,砍死中军、枪伤平民。旋闻有各国阻止批约之信,目前稍定。倘无转机,各官及良民均无生理矣。军火万难收回,存局恐百姓不准提出。不知各国究竟有切实办法,能阻割地否?批准期到,大乱立起。电报、驿站,人均逃散,必至信息不通"等语。是台湾民变,其势已成,辽民亦必不服,毫无虚假。窃思"恐激民变"一说,正合西例,可冀西洋各国动听;且措词又得体。仰恳朝廷熟筹全局,一面饬总署迅速与各公使商;一面电许、龚两使迅与俄、德、英商,电王使迅与法商,或有转机。再,英袖手不管,必有隐情;上海传言倭与英约,分与利益:情形种种可疑。此说如确,我更宜与英商。倭饵英以利,我亦能为;我许英者较厚,自舍倭助我矣。即不相助,亦免助倭为患;似甚紧要。英若作梗,则大局处处窒碍矣。恭候圣裁。请代奏!之洞肃。歌。

204. 福州将军庆裕等来电（四月初七日到）

和约未奉明文，传闻不胜骇愤；不独辽东根本、台湾要害，国事人心关系綦重，万不可弃；即腹地设局、制造，亦夺我自主之利权，蹙民生、妨国计，并绝日后兴复之机。此二事，即论公法亦不合；况赔费过巨，竭脂膏以借寇赍盗，民何以堪！国何以立！李鸿章不与力争，图苟安耳。然万方解体、四国生心，虽欲苟安，亦何所得！似此和局，千古所无。伏望朝廷俯察群言，迅伸干断，驳废谬约；饬下各将帅严备待战，一面邀各国凭公剖断计议，大局幸甚！请代奏！庆裕、宝泉叩。鱼。

205. 署台湾巡抚唐景崧来电（四月初七日到）

密。俄、德、法出阻约，或云割辽而未阻割台，海外传闻不一。台乱日起，臣无泪可挥，无词再渎。惟反复焦思，中外固强弱迥殊，但能矢志不割地；有此限制、事犹可为。或已失之地，力不能复，听其占据；犹属有说。台未失而与人，此端一开，各国援以索地，是不动兵而可裂我疆宇；恐大变即在目前！诸臣可苟安；皇上春秋鼎盛，临天下之日甚长，断不可图苟安。今一割地以后，欺凌艰苦之事，惟皇上一人当之；诸臣不复见矣。割台，臣可偷生；然天良未泯，甘泯危机，万死不悔。总之，战而失与割而失，大有不同；况战，未必即失耶！至京师之重，重在皇上耳；巡幸而出，披无恫喝，必不立争京师，即保京师之法。伏乞圣三思。请代奏！景崧肃。鱼。

206. 都察院代递选用道李光汉等条陈时务呈文折（四月初八月）

都察院左都御史臣裕德等跪奏：为据呈代奏事。

据选用道李光汉、丁忧候补道易顺鼎、内阁中书陈嘉铭等、吏部主事洪嘉与等、礼部主事罗凤华等、广西京官翰林院编修李骥年等、福建京官兵部主事方家澍等、湖北举人黄赞枢等、江南举人汪会武等、河南举人王□贺等、浙江举人钱汝雯等、顺天举人查双绥等、山东举人周彤桂等、四川举人刘彝等、王昌麟等,各以条陈赴臣衙门呈请代奏;臣等公同阅看各该呈词,字句间有未尽检点之处,惟事关重大,情词追切,既据该职该举人等各取具同乡京官印结呈递前来,臣等不敢壅于上闻。再,原呈字数较多,若照例钞录进呈,恐致耽延时日;是以未便拘泥成例,谨将原呈十五件恭呈御览,伏乞圣鉴!谨奏。

光绪二十一年四月初八日,都察院左都御史臣裕德、左都御史臣徐郙、降二级留任左副都御史臣宗室奕年(感冒)、左副都御史臣宗室奕枞、左副都御史臣杨颐(入闱)、署左副都御史臣沈恩嘉、左副都御史臣寿昌。

湖南岳州府平江县三品衔选用道李光汉,谨顿首稽首,呈恳都察院台前:

彭、左既死,谁与言战!一和了事,国有常例;其和权常操爵阁督臣一人之手,而天子、大臣不得主持,何暗无天日至此!和此开彼、和彼开此,覆辙在前,人人共见共闻。该爵阁督臣操此和术,故敢欺蒙圣上,敷衍海防,婪帑肥私;与倭奴结亲通货,甘心以国家海军兵轮、军械及各利器尽输倭奴,作倭奴之心腹,为国家之盗贼。故倭奴得以我攻我,钳制淮军诸将阳战阴输,未事先逃。故倭奴得以指挥如意,势如破竹,如入无人之境;夺朝鲜,侵犯内地城池、口岸,隔绝中国海道,轮船逼近几辅,恐惧君心,冀遂和谋。朝廷果堕计术,赏还三眼花翎、黄马褂,诚遣该爵督臣跻倭廷议和。外间传闻倭奴条约:高丽自主之国,割辽阳以南、割全台,令前敌缴炮台、缴军械,由倭奴在中国设机器局改造中国土货,赔款二万万,驻兵威海六年扼我咽喉、俟缴赔款撤兵,释放淮军获罪之员,俘献伊、宋、李等条。我中国三岁乳儿闻之,皆知显系该爵阁督臣心窍、手段;岂圣天子暨各在位大臣独不洞鉴!即倭奴,亦初不料堂堂中国竟皆能如此顺从,而朝廷一一允之。呀!何太阿倒持、江河日下至此!以一穷蹙小岛国尚敢如此,倘各大国援例收利,接踵效尤:俄则欲割新疆、甘、陕,蒙古、东三省以东,英、美、法等国欲割粤、闽、苏、杭、云、贵、川等处。此则问赔款几万万,彼则欲驻兵各要害;此则欲改造中国制度,彼则欲征收中国钱粮;其亦将照例允之耶?

职道身越草莽,何知军国!然弱冠时尝从胡文忠、左文襄、蒋果勇、李忠武诸公游,颇晓戎机;自乙酉秋为备倭防俄六条作未雨绸缪计,赍呈惇亲王暨江督刘坤一不报后,性耽山水。甲午夏,倭奴事发,不出所料;故持奋袂兴起,由闽达沪。乙未正月,自沪起程,二月二十三日到京;取具同乡印结,将"平倭一助"并前备倭防俄六条于三月二十日具呈缮赍宪台,恳乞代奏。比荷允录,二十六日蒙饬京畿道取备履历、补具副呈,核准将缮;突闻和议将成,中止。一再壅于上闻,愤郁填胸,不能自己。夫臣之于君,犹子之于父母;岂有父母病危,其子坐视不施救药者。兹持再呈台前,伏乞重念列圣基业,国家纲纪、大局安危所系。果如倭约,则辽阳、全台,倭奴皆得驻兵,使神京腹背受敌,不仅威海扼我咽喉。宪台总司纲纪,想必早有硕谋巨画、宏济时艰,启沃君心及时猛省,发奋为雄,斥还条约,告庙誓师,声罪致讨,伐一国以警百国,作转弱为强、一劳永逸之计。时虽老成军务晨星硕果,而文英武彦犹如林旅;其为守兼优如山东巡抚李秉衡、其才猷卓越如两湖总督张之洞、其洁己奉公如广东巡抚马丕瑶,他如河南巡抚刘树堂、台湾巡抚唐景崧、山东布政汤聘珍、湖北布政王之春、新疆布政魏光焘、海州盐运分司徐绍垣等,皆由军务出身,足备栋梁柱石之选。其骁勇善战,除如福建南澳镇总兵官刘永福、新疆提督董福祥、甘肃督标中军官汤仁和、陕西榆林镇总兵官蒋云龙、广东高州镇总兵官余虎恩、广东陆路提督唐仁廉、长江水师提督黄少春、署长江水师提督彭楚汉、湖南提督娄云庆、甘州提督李培荣等皆著名宿将外,尚不乏忠勇性成之辈。况我朝培养二百余年,当此需材孔亟之秋,必有匡君济变者应时而出。即如德国汉纳庚,尚闻风兴起为中国出力;他如"公义"海轮管驾晏德禄为中外第一良师,皆可用作兵轮驾驶之师。况中国人材辈出林立,取之不尽、用之不竭者乎!是人材不足患也。与其偷一时之苟安、开不了之祸端,以二万万填倭欲,何如以三千万捣倭巢,保全疆土、民命为得计!开缺两广总督李瀚章、前台湾巡抚刘铭传、江苏候补道周家驹、大理寺丞林维源皆拥家赀数千万,为天下财富之最,可暂各借千万以急其先,各督抚从容筹备以继其后:是饷不足患也。通饬各督、抚改"额"为"练",并前改成练免得千三百余营:是兵不足患也。严饬李鸿章督率淮军收回失守城池、口岸,以续前愆;刘坤一驻节天津,训练南勇,护卫畿辅;宋庆驻扎山海关,以资捍御:是备御不足患也。并饬署江督张之洞改招商海轮,以复海军:是兵轮不足患也。各机器局加紧造备枪炮、火药,以期足用:是军械不足患也。再,或乘此和议将计就计,赔款约在三十年后,赶紧造购铁甲兵轮、巨炮、枪药等项,招募水中本事甚高者精练二千名,多备炸药、绳索为夺毁敌人兵轮计;整顿各省防、练、标等军,筹储饷粮、选将招贤,亟为备俄计,犹不失为中策。

谨在备呈台前,伏乞重念社稷、伏察愚忱,迅赐核准,速达天聪,用救艰危而全大局;中国幸甚!天下幸甚!

河南候补道易顺鼎呈文

（见本丛刊第二一二种《魂南记》）①

内阁中书陈嘉铭等呈文（略）

吏部主事洪嘉与等呈文

具呈吏部主事洪嘉与、工部主事喻兆蕃、吏部主事鲍心增，为勋臣学术浅妄、愆忿积深，欲以和议倾危社稷、荼毒生民、毁灭圣教，数千年浩劫成于一朝；谨沥血直陈，吁求圣主振刷精神，事天立命，惩前毖后，旁烛无遗，密与近臣审定大计，以保国势而靖苍生。恳请代奏，仰祈圣鉴事。

一、议和各款实非和约，即倭逆之行军节度也。倭逆之行军节度，实本诸十数年前俄夷之节度，不可不知也；敢遂陈之。伏查《西国近事汇编》光绪六年三月二十二日第四条云："俄拟分兵三路攻我，一趋辽沈、一趋扬子江口，更以一军溯燕、齐海岸突入内地，横截河流为奇兵、为游骑。"燕、齐海岸，即我威海各口也。又，六年七月十五日第七条云："俄人策时事者曰：'两国罢兵，我军将不战而还，未免余勇可贾；不若施之高丽，水陆诸军数道并进，直走其都，如摧枯拉朽耳。即取其地，外尽海洋，内图辽、沈。倘英人与俄构兵，即可东向与英争太平洋之利，兼可扼中国海上之师；纵横进退，罔不如志；高掌远跖，霸国之资也。惟不可徇他国之请，存其社稷、与之通商，诸国均其利，我国失其权。是则所谓妇人之仁，非计之得也。'"由此观之，倭逆先盗我朝鲜，继寇我辽沈、据我威海，图突入内地，又扰我南洋，非其用兵飘忽不可测也，实本诸十数年前俄夷之节度，中国平日自不肯留心耳。今日和约又迫我弃辽沈、割台湾，驻兵于我威海，实非和约，正倭逆之行军节度。俄、英诸国地大物博，颇难经理，志仅存于蚕食；倭则穷寇，恒思席卷中原以拓基址，故首先发难。惟其气力尚小、饷源亦匮，分兵两路，已虞单乏；若分三路，势更难支。我之疆域，环峙于南、北洋；倭逆局促，处我辖中。譬犹人身百体皆具，间患风痹。倭逆寇我，犹针灸也。针灸一施，百体俱起；以困倭逆，力处有余。今倭逆外强中干，故枪伤李鸿章，冀以虚声动我。不意李鸿章不能誓死相拒，反受其恫喝、堕其术中，上误圣主、下误举朝之大臣；举台湾、辽沈一朝尽弃，且许驻兵威海，奉约为谨。是恐其力不足夺我台湾，而急割台湾以益之；恐其力不足据我威海，而先让威海以俟之；恐其不能三路攻我，而厚遗土地：人民、兵费以辅翼之。故曰议和各款实非和约，乃倭之行军节度；而我圣君、贤相为所胁而从之，纵一日之敌而贻终身

---

① 编者注：即《台湾文献史料丛刊》，台湾大通书局印行，1984年。

忧、惮目前之劳而甘蹈入陷阱。我国臣民皆有血气,心知素知以孝事君、以敬事长;和议一成,恐匹夫亦多自杀于下、老臣更必疽发背以死,能不动心乎?

一、各省准倭逆设制造局改造土货,此尤开门延盗,拱手奉倭以中国十分之七也。我皇上不甘弃中国于倭逆,何为而允此约! 伏思既准倭逆设制造局,则必择我水陆要冲而扼之、派驻兵船以保护之,取材于山。收我壮丁而用之,每局以万千人计,其作工之匠,皆其精兵也。其局卡墙濠、皆其金城、汤池也。会匪、奸民授以局中之炮械,皆其攀鳞附翼之士也。非独此也,既准其收买、改造土货,则聚人以财;不出数年,民与倭相习,谁复知有朝廷者! 非独民也,奸绅豪吏无不贪其赇贿,摇手动足而天下去其大半;此时虽欲悔之,曾何及矣! 向亦谓李鸿章老成持重,必无背叛之情;且恐言者过当,激则生薄。今观此约,李鸿章何独持重于彼而不持重于此! 此岂倭逆所敢望! 虽使倭逆起倾国之兵以与我争锋,亦断不敢望获利至此。欧洲各国,殆亦梦不及此。开辟以来,兼弱攻昧、取乱侮亡,曾未敢如此施诸人国者也! 岂李鸿章诚叛国耶? 不然,岂李鸿章已愦愦耶? 闻李鸿章未赴倭之前,倭逆会来电信,问"有让地之权否"? 李鸿章答曰"有"。续倭逆又电问云:"有概行让地之权否?"则李鸿章已鼓轮东往,不及答矣。此岂其概行让地之权耶? 此约果成,虽使九庙有灵、皇天眷顾、忠臣义士呵护本朝于九泉之下,亦无如人事何也! 窃愿我圣君贤相,毋为所欺绐也!

一、李鸿章少年英发,本属不羁之才,阶缘佳会,遂立功名;特未尝学问根柢匪深。浸淫欧洲民主之说、濡染西洋机巧之学,震其空名,阔于实际。附会于孟子"民为贵、社稷次之、君为轻"一言,遂悍然鄙士夫犹土芥,视君父如路人,呼孔圣为"老二",奉西人若神明。圣师不足系恋,君父安解萦怀。是则所谓"是可忍也,孰不可忍也"! 更兼雄才大略,亦多郁抑。趋事急功,恒被掣肘;激成忿恚,牢不可拔。前此志士仁人悯其学术、忧其心术,尚哀其志事;此次和约出,则虽其骨肉亲昵、孝子慈孙,亦不能复为之曲谅矣! 假使李鸿章尚能率其所知,竭诚尽忠、阙疑阙殆,慎行其余,亦足于国家有涓埃之补。我皇上曲成不遗,尚宜温诏慰喻,许以尽展所长,以救一时之务。若此等和约,不过欲借倭逆以治中国;李鸿章岂学嬴秦氏者耶? 何其似也! 语云:"难以一人手,掩尽天下目。"李鸿章焉能尽天下人而欺之、而降伏之! 圣天子英年典学,图治方新;老臣、硕辅布列盈廷,讲正学、识时务者,不乏其人。夫社稷倾危、生民荼毒、圣教毁灭,千年浩劫成于一朝,此何等大事;岂无一人持定力以砥柱之! 微臣固愿朝廷厚待勋臣,亦不忍视圣主为两截人所误!

一、此约不独揆之天地、祖宗、圣贤之心为不宜行,即按诸《万国公法》亦决不宜遵。遵之,即陷我皇上、我执政于不义,必为外国人所鄙笑。伏查西人《万国公法》,有"邦国不得擅弃土地"之条。《公法便览》曰:"就一国而论,国家虽有辖地之权,要不得鬻尺寸以与他国。故居民未愿,并他国国家毋得擅弃之:是谓公义。"《公法》又有"让地宜询于居民"之例。《公法便览》论曰:"割地改归他国,当出居民情愿。"《公法》卷二第三章三节曰:"持权无限之君,虽曰惟所欲为,实则祇可以其权保国而不可以之丧国。若立约以丧国,其约即可废。"今者民情咸欲致死于倭,不顾改属倭逆国家;岂忍擅弃之以犯公义! 此约之不当成者也。

一、此约即未尝成、无所谓废,自不能责我失信。查《公法》曰:"两国和约,以署押、盖宝之日为始。"又曰:"使臣议约,一切悉遵密谕。其君有可辞者四:如议约后,方知立约之意由于误会而不可行,其可辞者一也。知所约必有害于他国,其可辞者二也。知所约为力之所不能行,其可辞者三也。事势更变,所约归于无用,其可辞者四也。"今此约尚未盖宝,又实为力之所不能行;岂能诬我皇上以不信乎! 又云:"设使和约必待国君盖宝后为始者,则以上各节皆不必论。"盖临时由国君自行裁度,无所谓辞、不辞也。近世议约,大都从此。今盖宝换约尚须时日,既无所谓辞、不辞矣,更何所谓信、不信耶!

一、倭逆盗贼行径,海内所不容;李鸿章之蔑国,并为西夷所不与。《公法》有云:"师出虽有名,按理不可以所踞土地为己有。"盖惩人不得过当、虑己不得过远。故邦国露兼并之意,邻邦必视为有盗窃之心,而合力以攻之。法国路易十四、那波仑第一二君,可为前车之鉴。又云:"邦国不得苛求而肆行无度;若彼国时加横逆,此国不但令其赔偿、且加薄惩以警将来;甚至彼国无道、怙恶不悛,蓻裁之可也。"今倭逆师出无名、肆行无度,屡加横逆于我:其为海内所不容,一也。和约各款,欲一举而遂覆我国,显露兼并之意,正公法所谓"盗窃之心,宜合力以攻之"者:其为海内所不容,二也。盗窃得志,各国将受其祸,渐不可长;正公法所谓"知所约必有害于他国,可辞其约"者:其为海内所不容,三也。拟请旨暴其罪状,布告各国;连约同盟,共遏乱萌。窃闻各国使臣已商量总署王大臣谓:"中国如是吃亏,何以自立? 请大皇帝暂缓数月不与换约,各国当力为排解。"英使臣又谓:"当为力护台湾,必不使中国失此一片土。"是各国本有不容倭逆之心,又忌其将为西国之祸。我台湾官民眷恋我皇上,万夫一心,恨不食倭之肉、寝倭之皮;兼之地险兵精、饷足械利,尽可放手办理。莫若密饬台湾巡抚布大义于各国,复密饬南洋资以巨款购船、买炮,兵威立可大振;

亦用兵之一奇也。否则，各邦且齿冷中朝、敬服倭逆，将急起而图我，恐落倭逆之后矣！《六韬》有曰："事大国之君、下邻国之士，厚其币、卑其辞，则得大国之助与邻国之助。"倭逆伎俩。又最工于此；我岂可尽失各国敬慕之忱乎！

一、所谓李鸿章之蔑国，并为西夷所不与者，何也？《公法》曰："蔑国而立者，可废。"又曰："所谓蔑国而立，如执政背义立约以蠹其国，其约可废而不可遵。"盖此等事，祇一、二人私意为之，不得为举国之信约。若以盟约之名而害事理之实，可乎？据此，则李鸿章之蔑国，不待辨矣。试问其忒君玩寇与倭逆相倚重，借公法以束缚朝廷、割地驻兵、许倭逆设制造局于内地、献俘、缴械、赦诸逃将，有一于此，即难逃蔑国之名。李鸿章欲借《公法》中"忠信"二字以遂其要君罔上之私，请即以《公法》中"蔑国"二字正其背义立约之实！

一、倭逆志在兼并，势难姑容。李鸿章立约蠹国，逆节愈着；虽平日信谅之如臣等，今亦悟矣。外间所见约章，更有不忍闻者：曰通商约章未批准，虽交清赔款，仍不撤兵。是即此次条约，一一谨从。如所曰割地，则许之；如曰黄海北岸在奉天省所属诸岛屿一并在所让境内，则遂并山海关外附近诸要岛，不分界划而全许之；曰赔兵费二万万，则许之；曰已开通商口岸之外，应准添设，以便日本臣民往来侨寓、从事商业工艺制作，日本得在通商口岸、城邑任便从事各项工艺，又得将各项工艺机器任便装运进口，则亦遂任其设立制造局、转运机器而概许之；曰荆州、沙市、重庆、苏、杭，日本得派领事官驻扎，则又许之；曰进口商货暂行存栈，除不纳税钱、派征一切诸费外，得租栈房存货，则亦不复计其包揽民间货厘、煽惑人心而尽许之；曰刘公岛及威海口湾沿岸照日本法五里以内地方（约合中国四十里以内）为日本军队驻守之区，则亦遂将沿岸数百里而漫许之；曰此次交仗所有交涉军队之中国臣民，概予宽贷，并饬有司不得擅为械系，则亦遂屈我国家三尺法、倒持太阿授人以柄而径许之：我事事不惜步印度、越南、缅甸之后尘。我皇上不复护惜臣民、臣工不复忠爱皇上，俱等诸破甑不顾以求速成此次之和约、以求速铸成今日之大错；而后此陆路通商章程，又将何以应之？恐尔时更不敢措手矣！独坐穷山，果可放虎以自卫乎？卧榻之侧，果可容盗贼鼾睡乎？小不忍，则乱大谋；妇人之仁，果不足断大计也。我皇上得无信左右近习诐淫邪遁之言，疑战事万无办法乎！不知前此军事之误，始误于李鸿章迁延纵敌，不许各军开仗；而政府大臣又轻任意气、专事操切，不思谋定后战，屡将既不可用，陆路咸镜道又无两支劲旅一战、一守以附汉城之背。继误于政府大臣袒护亲属私人吴大澂辈，任其空言取巧，将士侧目，遂致摇动大局。孔子曰："敬大臣则不眩。"皇上优礼大臣，何以失之于吴大澂乎？拟请我皇上检查光绪二十年十二月初三日刘坤一奏"辞督办关内外军务，吁恳收回成命"原折内称"将军、巡抚未便节制"，巡抚非指吴大澂乎？贻吴大澂望风潜逃，狂窜数百里，全军数十营因之俱溃。而劾宋庆者有人矣，劾董福祥者有人矣，为吴大澂洗刷转圜者有人矣。忍归咎于诸帅，不忍加诛一吴大澂；忍废弛军务、忍奉倭逆约束、忍误尽君国，但求为吴大澂出脱死罪。我皇上试察情形，果有之乎？倭仁有言："办天下事，如何使得意气私心！"今日军事，皆意气私心坏之也。伏愿我皇上深鉴刘坤一、李秉衡、宋庆、董福祥、魏光焘、聂士成、李光玖诸臣之忠勋，以协力合谋勉为社稷之臣，一切假以便宜、勿为遥制、勿为牵掣；遇有机宜，宫中、府中、营中联为一体，推心置腹、婉商互证，不设成心。先帝诏旨每到江南军营，将士读之，无不感泣思奋；良以此也。先帝谕旨、曾国藩等奏议具在，至今人读之，犹感先帝之诚明而叹曾国藩等之知遇也。又尉缭子曰："杀一人而三军震者，杀之；杀人而万人喜者，杀之。"又曰："军自千人以上，有战而北、守而降、离地逃军命曰国贼，身戮家残。"又曰："古之善用兵者，能杀士卒之半；其次杀其十三，其下杀其十一。能杀其半者，威加海内；杀十三者，力行诸侯；杀十一者，令行士卒。故曰百万之众不用命，不如万人之斗也；万人之斗不用命，不如百人之奋也。赏如日月、信如四时、令如斧钺、制如干将，士卒不用命者，未之闻也。"吴大澂、叶志超、龚照玙、卫汝成诸人，真所谓国贼也；如之何其不杀也？伏愿我皇上确访此数人之罪，立与正法，传首天津、辽阳、山东！如是，则将士感奋，敌不敢加威于我；此烹阿大夫之说也。楚杀子玉而晋文喜，喜杀其所忌耳。倭逆勒我赦诸逃将，杀之而倭逆始惧。至于战守之法，在知倭逆所长，稳慎以持之；知倭所短，变化以破之：而亦在于知人、用器。臣前保游击袁祖礼战守机宜极为熟悉，天佑苍生，弃军之将俱已败露，军事必有转机；此刘宋诸帅之事。若夫开诚布公，明忠邪之归、功罪之分，信赏必罚；此我圣主、贤执政之事也。自古国家存亡之故，未有不由于此。昔俄夷弃旧都以诱法军，歼拿破仑六十万众，法京屡破，卒为地球雄国。君民一心、患难与共，何畏乎倭逆、何患乎列邦！防刀避箭，岂是丈夫！曾谓中国之大，果群工上下集思广益、尽心尽分，思患预防，尚欲束手以待毙乎？

一、贤人者，天地之心、国家之宝，敌人之害也。咸、同中兴之功，不可谓非得人之盛所致。拟请旨饬下一、二公忠大臣暨督抚臣：遇有贤才，出具切实保语，奏请录用；所举非人，与之同坐。窃见前山西道监察御史屠仁守，矩矱程、朱，希风孔、孟；心如绳直，道若砥平。与人亲言，止于慈；与人子言，止于孝；与人臣言，止于忠。且精算术、西学，犹其格致之绪余。壮年足迹遍天下，师友必殊伦。中国艺术之有裨实用者，亦多精诣，而未尝轻以示人。官御史时，每上一疏，必潜思存诚，宿斋预戒，期以实意相感孚。后因言事见忤于我皇太后，虽责其言之失体，犹谅其心之无他；雨露雷霆，莫非高厚生成之德。该废员安土敦仁，居易俟命，默察天时、人事、风俗、人心。去国之初，即在山西讲学；德行政事，因材器授，期于体用兼赅、本末俱进。该省人士闻风兴起者，甚不乏人。昔倭仁见谪于文宗显皇帝，卒为中兴重臣。该废员生平志事不后倭仁，大用大效、小用小效；内而公卿辅导之选，外而封疆将帅之任。苟以该废员处之如乌获，举百钧之鼎，无虑弗胜。我皇太后裁成该废员，犹是文宗显皇帝裁成倭仁之妙用。我皇上述先帝之大美，所以复中兴之丕基。微臣等念"委赘事君"之义、读"善人为宝"之训，怀文宗显皇帝裁成倭仁之至德、思我皇太后放黜该员之至意，犹是文宗显皇帝裁成倭仁之苦心。若徒视我皇上宵旰焦劳、屡兴乏才之叹，避咎弗言，何以对我皇上、何以对九庙之灵、何以对天下苍生、何以质诸幽独！君父安赖此微员、圣贤安有此学问！且该废员已年逾六旬，纵后此诸大臣中有荐之者，恐年力就衰，将不能为我皇上效犬马之报矣。此事甚大，臣少阅历，恐涉疏妄；拟请旨饬下内外公正大臣虚衷衡量该废员学术、心术，倘有不孚人望，不敢逭斧锧之诛。又副将衔后备游击袁祖礼，虽久经录用，未展所长。当此议约停战之日，似宜早加驱策，俾竭其才。各路布置，亦宜赶紧整理；勿俟决裂之日，仍是着着落人之后，反误视倭逆为不可敌。

以上各节，皆据实可征，不敢浮乱妄饰；愧事君之未能，舍尽心而焉可。事关存亡大计，不揣冒昧，谨合辞上陈；恳请代奏皇上圣鉴！谨呈。

光绪二十一年四月□□日。

礼部学习主事罗凤华等呈文

礼部学习主事罗凤华、兵部学习主事何藻翔谨呈：为权奸卖国，宜亟罢和议而筹战备；呈请代奏事。

窃闻倭约十款要挟太甚，使臣隐忍画诺，事事屈从；以此讲和，固不待李鸿章始能也。倭约种种乖谬、万不可俯准之故，详见诸臣章奏者谅已不少，无庸赘述。

推朝廷遣使之意，不过虑倭氛之恶，震惊畿辅。然倭寇自渡鸭绿江已六月，不能过辽阳、不敢攻天津，又遁而扰台湾，兵力非甚强也。中国之败，皆由淮军望风先逃,吴大澂救援不力所致。宋庆、聂士成、依克唐阿稍能竭力支持,尚可堵御;职等固料倭寇未必遽能震撼我京畿也。如皇上以社稷为重、仍作万一之虞,则暂请皇上恭奉皇太后巡幸陕西。特简公忠王大臣留守,协力防堵;即使倭寇闯入京畿,亦不过据我顺天一府耳,二十三行省仍安然无恙也。坚持不肯赔款、不肯割地之见,勿与讲和,极其量不过肆其蹂躏滋扰人民,彼究无所利焉。观其占据荣城、文登旋即退出,是其明证。若赔军费二万万、割台湾膏腴之地,所谓藉寇兵而赍盗粮者也。以二万万之款,重赏天下将士:杀倭人一名,赏银一千;计一万万之数,可以给杀一十万倭人之赏。以此杀敌,何敌不摧!况台湾自康熙二十二年开岛以来,百姓食毛践土,感戴皇仁;一旦弃而畀敌,何以对台湾百姓!且今日可割台湾,异日安知不可割闽、粤,割滇、黔;边疆有事,谁复肯死力为皇上守土乎!竭祖宗十余年心力经营之地拱手而授敌人,谁秉国政!卖国欺君,罪无可逭。外则李鸿章、内则孙毓汶,实为罪魁,人皆指目。至李鸿藻、翁同龢,人望所归;此事关系全局,不能力争,责亦难辞。职等以为今日宜先绝和议,以振士气;调董福祥之军出驻天津要隘,严饬刘坤一、曹克忠、聂士成等协力固守。只要根本不动,则沿海各省纵有疏失,倭寇必不能深入、必不能久踞。近日用兵之失,在节节赴援;"防海新论"所谓"海口太多,节节防守,顾彼失此;又复调兵赴救,大犯兵家之忌。宜择要地三五处重兵防堵,余则以弃为守":良不诬也。西迁大举,本不宜仓猝;然两害相形,取其较轻。与其赔巨款,割要地,驻倭兵于黄海天津,梗得南北咽喉、掣我肘腋,不如暂请皇上西巡,俾倭寇不能挟畿辅以为恫喝;一面激励诸将力扫凶锋,俟寇氛平定,然后奉迎乘舆。盖今日和议不成,倭人未必遽能震撼畿辅;倭约一立,则后日事事受制,见侮外夷。发、捻之乱,蹂躏十余省,赖皇太后圣明,一意进剿,卒成中兴之功;设当时与贼议和、画疆而守,至今尚可为国乎?今倭寇不过占奉天数县之地,在中国如九牛之亡一毛;何遽委曲将就,一至于此!倭寇民穷财尽,能与力持一年半载,必将内蹶;不与议和,而和成矣。

职等位秩卑微,明知妄谈国政,得罪大臣,自干斧钺;然事关大局安危,难甘缄默。伏乞总宪、副宪大人据情代奏,不胜悚惶之至!职等谨呈。

光绪二十年三月三十日。

翰林院编修李骥年等呈文

翰林院编修李骥年、骆景宙、修撰刘福姚、庶吉士关冕钧、内阁中书陆嘉晋、吏部主事雷祖迪、关榕祚、陆辅清、户部主事李庆云、傅超衡、谢启华、庞之盛、金鹏、冯舜生、礼部主事曹穗、兵部主事党庆奎、陆嘉藻、刑部主事蔡揆忠、张其镁、黄守正、工部主事李演、光禄寺署正唐启宇、苏龙恂、林泽，为呈请代奏事。

窃闻倭人和议，已有成约；兵费之外，割台湾、辽南一带归倭管辖，并所攻得之地均不退还等语。此约一出，中外骇异。请将目前大害，为皇上陈之。

台湾一岛虽悬海外，实南洋四省之门户；轮舟往来，朝发夕至。一为倭人占踞，则咫尺之内，防不胜防。闻台民志切同仇，纷纷向大吏吁请，咸愿自备资粮、同心死守。此等思义之气，皆列圣深仁厚泽培养而成；一旦弃诸外夷，不特台民无所控诉，四海之人谁不解体！且台地崇山峻岭，最称天险；即失一二海口，陆路尚足自固。倭欲取以兵力，猝难得手。今以沃壤千里拱手授人，恐自兹以往，东南无安枕之日矣！若辽东为国家肇基之地，山川雄厚，形胜攸资；陵寝所在，岂可咫尺让人！今割弃辽南一带，而旅顺、威海复驻倭兵；拊背扼吭，肘腋之间皆足为变。一有缓急，京师遂成孤立之势。且今之所以议和者，以保京师也；审若是，而京师之危转甚于今日。何者？南北之路既断，根本之计又虚；两路受敌，何以应之！若谓既和之后，再图自强；无论人怀偷安、积习难挽，即有一、二豪杰力求振作，而割地、偿费之后险要尽失，饷源日竭，日朘月削，智勇俱困，谁为皇上力撑危局者！今泰西诸国眈眈虎视，将视此举为进退；倭如得志，谁不效尤！召兵祸而启戎心，诚不知何以策其后矣！

抑闻倭人用兵，每户抽一丁，国人积怨；加以国债累累，外强中干，万难持久。特藉虚声恫喝，要挟百端。但能坚忍数月，彼即形见势绌；故和议愈迟，则就范愈易。伏愿皇上独奋干断，勿予批准；将倭人约章饬下王大臣等公同会议，尺寸之地不可轻弃。庶今日所以力争边境者，即异日所以力保京师也。天下幸甚！臣民幸甚！

为此呈请代奏。谨呈。

兵部主事方家澍等呈文

兵部主事方家澍等，为势逼万难、和战俱困，请统筹全局，伸明大义，以定策迁都诏示中外；恭请代奏事。

窃见今日之局，主战者徒争空名，主和者亦贾实祸。盖不迁都而战，是为孤注一掷；不迁都而和，是为鸩脯充饥。何以言之？中国自水师告烬，皇上既屈意议和，而倭人要挟之端，外间传闻：既不还东省，又欲割台湾；既厚赔兵费，又欲改造土货；既逼缴炮台、军械，又欲驻兵内地各节。如此和局，为中国开辟以来所未闻、五大洲各国所未有。乃倭人敢于要求无厌者，以为都城岌岌旦夕,在彼掌握中耳;倭人必肆其要求、不留一毫余地者,以中国地大物博,不如是挚其手足、竭其膏脂,不能制其死命耳。然则战既危在旦夕,和又必不可以为国。统筹全局、深权大义,将使倭人所以恫喝我者一旦失所挟持,莫如以定策迁都诏示中外也。

今之言战者,大有人矣。问其何以战?则曰饷宜足、兵宜精、将帅宜用命也。问其饷何从足、兵何从精、将帅何从用命?则茫无以应也。今之言和之害者,更大有人矣。夫和之为害,不胜枚举。夫人而知然,凡事当审时度势,分别轻重言之。今不分轻重,毛举细故,动累万言;于十分危急之秋,犹持一毫不肯让人之论。迂阔之见,不待智者而知其非。伏计今日之和,赔费不可惜,而当思费之所从出;则各口岸改造土货,必不可行也。割地不可惜,而当思已失之地全不归还、未失之地何为更割也。且所以急急议和者,畏倭兵之逼京邑耳;和焉而仍驻兵内地,不更可畏乎?且责赔而费无从出、割地而民不肯从,倭人更以负约兴师,彼时手足已挚、脂膏已竭,惟有坐以待毙;欲求如今日之不可战犹可和、不可和犹可迁者,不可得矣。朝廷设官如此其众,岂无统筹全局,能见及此者?见焉而终不敢议及此,则未有深权大义,直陈于我皇上之前者故也。

礼家之言国君与社稷为体纪侯大去,传有微辞。然此为国君言,非为天子言也。《春秋》之义,天子无出。无出者,天下之大,随天子所往,无所谓出也。经法而外,史事尤有明征。论者徒引东晋、南宋以偏安而弱,亦知怀、愍、徽、钦之被祸,固在未迁都时乎?况及今而迁都,固四海金瓯依然无缺,并非晋、宋偏安所可同日而语也。伏乞统筹全局,伸明大义,先以定策迁都诏示中外;召还全权大臣,不听倭人要挟;命沿海各统兵大臣人自为战,不为遥制。倭人闻之,知恫喝之谋进无所施,必当减损条款以就和局。若竟兵船北来,则请决计西行,以恭亲王督关内外各军节节堵御,以董福祥、程文炳两军扈跸就道。倭人用兵向极慎重,望辽阳而不进、得威海而不前;必不敢劳师袭远,深入腹地;是迁都之策,实出万全。若倭人肯让还东省已得之地交易台湾,不得已亦须敦谕台民,告以为尊者屈深、念主忧臣辱之言,藉纾畿辅肘腋之患;其必不愿从倭者,为之设法迁徙安插。

职等际此事势万难、和战俱困,筹全局、权大义,舍定计迁都,别无万全之策。谨缮具呈词,恭请代奏。伏乞皇上圣鉴施行!谨呈。

光绪二十一生三月□□日,具呈兵部主事方家澍、福建侯官县举人陈衍、福建闽县举人卓孝复、福建侯官县举人林旭、福建侯官县举人刘蘎、福建闽县举人叶大华。

  湖北举人黄赞枢等呈文（略）

  江南举人汪曾武等呈文（略）

  河南举人王□贺等呈文（略）

  浙江举人钱汝雯等呈文

  具呈浙江会试留京举人钱汝雯、许德裕、戴翊清、钮家枢、叶守铨、蒋锡绅、徐信善、陈逢熙、汪守泗、俞宗濂、林昌熙、姚陞闻、姚洪淦、蒋清瑞、唐元义、邱炳珍、许文浚、闵次颜、沈毓麟、王樨荣、潘钧、邬泗瑛、吴荣煦、姚庭沂、吴纬炳、朱寿征、宋祖同、曹树培、王栋、吴震春、吴炳声、金承熙、唐浍、王甲荣、朱金祺、都守仁、陈其闲等，为和议条款有拟，浙民敬陈愚忠，请代奏闻事。

  窃自倭人肇衅，敢肆凭陵，率土臣民同深愤激。今闻和议垂成，倭人所索，贪婪无厌；其杭州通商浅水轮船、内地设立行栈、机器改制土货等款，尤为夺民之利、浚民之生。若遽许之，是彼再胜而我再败也。又闻补偿之费索至二万万，已占之地又不退回，台湾、辽东任其割取；事事皆出情理之外。各国闻之，强者生心、弱者怀愤。譬如逐鹿，必将群起而争。求和愈速、成事愈难，理有固然，事有必至。咸丰年间，英、法纠合各国堕名城、据要害，其势岌岌不可终日；然议和之款，不过千万，尺寸之地未尝与人。今寇在数千里之外，听其虚声恫喝，遂俯首听命之不遑；此非特旁观各国所不甘，抑亦倭人初意所不及料也。

  现闻台湾之民，罢市聚哭，群情汹汹，不肯附倭；彼之所谓乱民，我之所谓义士也。澎湖之陷，绅民死事惨烈，今能不畏凶威；虽奉朝命，仍与之抗，可谓大义炳于寰区。方将旌以徇之于国，岂可抑勒之、束缚之驱而纳诸水火之中乎！倭人方以我不恤民隐，布告各国；今复抑民从敌，是自实其言而授人以口实也。他国复以是为言，更将何以自解！

  古语有之：择祸莫若轻、择福莫若重。举人等非谓和必不可议也，第我愈降心，彼愈要挟；与求和割地，何如发愤为雄！与其竭财力以奉敌人，何如悬重赏以待国士！与其草率定约后不能行，使彼归曲而责直，何如联络各国，责以公法令，彼俯首而无辞！

  举人等窃维浙货大宗首蚕织，国家大利在东南；如他族擅此利权，则吾民皆将穷困。既有剥肤之痛，难已呼吁之情。用敢竭其愚忱，联名具辞呈诉。敬请代奏，伏维皇上圣鉴！谨呈。

  光绪二十一年四月□□日。

顺天举人查双绥等呈文

具呈顺天举人查双绥、查尔崇、刘蔚仁、李廷瑛、祝椿年、余绍业、王祖庆、杨士芬、马辅原、孙进、杨肇曾、牛桂荣、徐良弼、俞寿慈、俞寿璋、庄维藩、廖圣清、张良璧等,为割地予敌,和议必不能成;敌陈管见,请代奏闻事。

窃闻中国之驭外夷,非和则战。今倭人构兵已十阅月,所占之地仅此数城,朝廷不忍斯民涂炭,屈已言和;事如可成,岂非中外所同愿。兹闻和约有割台湾、割辽南等款,台湾之民聚哭罢市,奔走呼号;各国闻之,责言四至。以此言和,是欲南辕而北辙也。无论祖宗土地尺寸不可予人,即以时势而论,倭以小国得利独厚,各国环视,必有争心;欲拒之则力不能,欲予之则地不给:此必穷之术也。台人不肯附倭,皆我忠义之民。如过行抑勒,必生事端;非特损威,抑且伤义。逼迫已甚,必有上党冯亭之谋。我虽欲割而彼不受割,倭人终以背约为言,反得归曲而责直;是有目前议和之名,反启后日用兵之实也。准情酌理、揆时度势,皆不可行,行之必速其祸;是和之召乱但百倍于战也。难者之言曰:"京师为重,边徼为轻;此白刃在前,不顾流矢之说也。"不知京师譬之手足,未有手足受创,而腹心不受病者;亦未有手足尽去,而腹心能独存者。台湾膏腴甲于天下,今割弃之风一开,他日法人请粤、英人请滇,各国与我邻者皆有所索,边徼尽去,封疆必危;虽有京师,岂能晏然中处乎?况辽南门户,咫尺兴京,更不能以边徼为比;是避流矢而反冒白刃也。

举人等籍隶顺天,非不知侥幸无事,畿辅可以渐安、皇家可以无恙;然披离手足以安腹心;无是理也。窃谓敌可和,要挟至此则不可和;和可议,亏损至此则不必议。然则不议和而议战,难者必曰:"战有把握乎?"请得转而诘之曰:"和果有把握乎?"无论赔款万万,天下困穷,无从应给;即此台湾有不听割之势,约不待悔而已不能践矣。所谓把握者安在?至于我屡求成、彼此凶狡,则下明诏以收人心,悬重赏以作士气,联与国而多树之敌,选将才而重予以权,必能众志成城,肤功迅奏。以赔偿之款为兵费,我尚可支十年;彼已力竭财尽,不能不俯首于我矣!成败之效、存亡之几,昭然可睹。故敢披沥上陈,敬请代奏。伏维皇上圣鉴!谨呈。

光绪二十一年四月初四日。

山东举人周彤桂等呈文(略)

四川举人刘彝等呈文(略)

四川举人王昌麟等呈文(略)

207. 大学士李鸿章来电（四月初八日到）

钦奉初六寄谕："三国劝暂缓批准，现为期更促，为我自计，究以明告日本为妥，三国谅不能借口。着即妥筹覆奏"等因。窃闻三国劝缓批准，各外部并未明言，似难援为确据。若径告日本，恐彼借口责我反约；盖停战第二款'两国不允批准，即将此约作为废止'云。约既废止，立即决裂；三国各行己志，未肯助攻，转无从商改。若暂行批换，我仍可与三国互商。敬求妥慎筹办，至初五电旨，业于初六申刻电复。查台省所引《公法会通》第二百二十六章，其注解甚详晰；而未引全，似断章取义。且私家著述，援以折倭，亦必不理。台民强悍不服情形，鸿于三月十六、二十一问答时，已详切言之；彼竟悍然不顾。今既远隔，实欲挽回而不能。请代奏！鸿。齐巳。

208. 户部代递主事刘寅浚条陈时务呈文折（四月初九日）

降二级留任、又降一级留任大学士管理户部事务臣宗室福锟等谨奏：为据呈代奏，仰祈圣鉴事。

据臣部贵州司学习主事刘寅浚谨缮敬陈管见一件，呈请代奏。臣等公同阅看，该主事所陈系为时务起见；不敢壅于上闻，理合将原呈上陈御览。为此恭折代奏，伏乞皇上圣鉴！谨奏。

光绪二十一年四月初九日，降二级留任又降一级留任大学士管理户部事务臣宗室福锟（假）、户部尚书臣熙敬、户部尚书臣翁同龢、降二级留任又降一级留任户部左侍郎臣立山、户部左侍郎臣张荫桓、户部右侍郎臣长麟、户部右侍郎臣陈学棻。

户部学习主事刘寅浚呈文

具呈本部学习主事刘寅浚，呈为和局难成、敌情难测，请豫严战备以防急变；恳求据情代奏事。

窃职近闻中倭浚和各款，要挟百端，万难自立。姑无论全台百姓不能内迁；而赔两万万之款，虽吸尽膏血不能偿；割辽阳之地及扼我咽喉而坐困，祸在眉睫，奚取于和！然皇上既不得已而许之，李鸿章将书券而行之，即各路征调亦将渐次资遣；是和局之成，固已彰明较着矣。而职窃以为不然者，以全台不服故也。全台之民闻朝廷以全台畀倭,军民、男妇数万北望号痛,誓以死殉国,不愿附倭;此我朝列祖、列宗、皇太后及皇上之深仁厚泽有以沦浃其肌髓,乃有此全台忠义之民也。今既坚不附倭,则必胁以大兵、制其死命,庶全台可服。倭人前攻全台失利,深畏其地险民强,必不再縻兵、縻饷以相尝试;势必胁我安置妥贴,挈而相授。我朝抚有全台近三百年,万不能因其坚不附倭,遽兴仁义之师伐此忠义之民之理。是全台不服,和局终不成;和局不成,倭人愈不可测。盖倭人窥伺全台已非一日,彼不能以兵取,必胁我以代为取;我不为代取,彼必仍攻我各海口,而欲终胁我以不能不代为取。此在倭人为一定不易之计,亦即列祖、列宗在天之灵故掣今日和局,使不赔两万万之款,而膏血不至于立枯;使不割辽阳之地,而咽喉不至于立梗也。伏望皇上逆料和局不成,飞饬关内外各将领豫严战备,倭来即击,假以便宜;即至十战仅三、四胜而六、七败,而彼客我主,倭人欲深入内地而兵力未必能支、欲久事远攻而饷源未必能给。日后和议开自倭人,必不敢如此要挟。若因和局粗定,遽议撤防;设一旦倭人因全台不服,突然攻击,则军心懈弛,祸甚燎原,悔无及矣!

然和局不成,势有战事;皇上必虑兵单将怯与夫军饷不给。不知今日战争,兵可不让添、将可不议调、军饷可不患其绌;敢请为皇上切言之。中国之兵数倍于倭,其不尽得力者,半由于技不精、半由于饷不重。闻溃卒归自关东,佥云倭人月饷十倍于我;关外日食昂贵,仅获一饱,谁肯因一饱而舍身命!由此以观,强兵之要,首在重饷。请皇上谕饬各统帅:有兵士愿赴前敌者,饷加倍;溃则无赦。将校愿赴前敌者,饷加倍,溃则无赦。如营官有弊混克扣情事,统帅不查参劾,别经发觉,一并从重惩办。如此,则弱者不敢冒为强、强者必益鼓其勇,将一兵可得数兵之用而疲兵可以裁;即加饷出于裁饷之余,而饷项无所费。职以为不必添兵者,以此。溃将误事,皇上已惩治者,可勿追论;此后,必用重赏严诛以相激励。用重赏,藉以诱怯战之夫;用严诛,方可服敢死之士。盖皇上操诛赏统帅之权能核实而不私,斯统帅操诛赏将校之权自至公而不贷;诛赏严明,立可转怯为勇。职以为无须调将者,以此。各营兵饷虽近无专款可指,然以中国之大,万不至无可设措。倾输而助大兵,不劝谕而自奋;倾输而助强寇,虽敲扑而难求。且划和款四分之一,足持一年之久;与其虚縻而资敌,何若实用以自强!职以为无患饷绌者,以此。从古兵法无战而必胜之事,而恃有敢战之气。请皇上勿怯于从前之败,但能行职之言,则此后兵将万不至于败,即败而犹敢于战。夫兵将敢战,即足以制倭人。此在我有凭把握,故宋庆诸军终为倭人所忌；若责以必胜无凭之把握，其谁敢任！皇上试思兵将可用如此、军饷可措如彼，事非难行，效可立见。中国明有可为之势，议战断非孤注之谋；和局不成，复何疑虑！顾或谓战事不息，保无震动京师。不知和局即成，而赔费、割地无可自立，其祸较震动有百倍之酷。而况倭人专恃恫喝，深以京师震动为忌。计倭人弄兵海上，几攻无不克；其始终不犯津、沽，非力有不足与有私于李鸿章也，盖深恐京师震动，无可要挟，自揣饷源、兵力难与我久持。且津、沽有事，大碍华洋商务，泰西各国亦将推刃于倭；故倭人甚不利震动京师。惟探知我皇太后、皇上日以京师震动为恐，乃佯以攻击津、沽为名，虚声恫喝，百端要挟，以肆其狼贪之欲；必不敢实有此事。若中国力图振作，兵将人人敢战，则众必成城、同仇敌忾，倭人虽欲震动京师，亦无所施其力矣。即皇上防患过深，始终以振动为恐，愿赔费、割地以了战局，全台不服，和局难成，倭人终必多方以胁我，突出以攻我；安可不豫严战备，观望和议，暗弛军心，使倭人已先发制我以召仓猝之变乎？

职激于世变，无可自效。谨因和局难成、敌情难测，敬陈管见；恳请中堂大人俯准代奏，不胜感激之至！谨呈。

光绪二十一年四月初九日。

209. 户部代递主事邓福初条陈时务呈文折（四月初九日）

降二级留任、又降一级留任大学士管理户部事务臣宗室福锟等谨奏：为据呈代奏，仰祈圣鉴事。

据臣部江南司候补主事邓福初谨缮敬陈管见一件，呈请代奏。臣等公同阅看，该主事所陈系为时务起见；不敢壅于上闻，理合将原呈上陈御览。为此恭折代奏，伏乞皇上圣鉴！谨奏。

光绪二十一年四月初九日，降二级留任又降一级留任大学士管理户部事务臣宗室福锟（假）、户部尚书臣熙敬、户部尚书臣翁同和、降二级留任又降一级留任户部左侍郎臣立山、户部左侍郎臣张荫桓、户部右侍郎臣长麟、户部右侍郎臣陈学棻。

户部主事邓福初呈文

户部主事邓福初谨呈：为和议若成，危亡更速，急宜改图；冒死直陈，遵例呈请代奏事。

今者与倭奴议和已允未发各条，不特中国臣民痛心疾首，皆不乐从；即欧洲各国亦不以为然，且将起而议其后。不知主和诸臣，何以出此；将谓和议不成，则战事难恃，恐致震惊乘舆乎！事未经六部、九卿会议，不惜数人冒天下清议，独断独行；又将谓漫然言战，不能预言战何以胜！众说纷纭，徒乱人意乎！夫不战，虑致危亡也；议和，图免于危亡也。职则以为以祖德、人心、事势观之，战虽危事，而不至于亡。若如今日之和，危且益甚，而亡亦更速。请为皇上一一陈之。

综计国家岁入止数千万，而岁出无多余；偶有所需，辄当另筹。去岁兵兴，分派各直省不等，督、抚或行之不善，不肖有司因以为利，民已不堪其扰矣。今骤加二万万，多方息借，二万万外又更赢焉。中国之财聚多致滞，尚有此壅彼绌之虞；况输之外国乎！《礼》有云："无三年之蓄，国非其国。"况预取后数年之蓄而空之，更何以为国乎！必亡者一。辽为根本重地，陵寝在焉。朝鲜之外藩既撤，已难固守；辽河以东尽为倭有，倭又屯兵威海；一旦窃发，两地并进，根本动摇。密迩京师，犹养虎卧榻，何以御之！必亡者二。台湾土产饶沃，稻岁四熟；福建山多田少，仰给台湾米谷。既以畀倭，运粮不至，福建必饥。台又产煤，足供轮船之用。台、闽隔海仅数百里，澎湖相为犄角；倭朝发夕至，福建饥疲，何恃而守，南疆震动。必亡者三。抽厘助饷，本属权宜；三十余年，不能中止。五口既开，入口之数不敌出口之数；财流于外，十室九空。今许通商，苏、杭、川、楚更添口岸；倭有二万万赀，何商本之不充、何机器之不致，中国所产尽成倭货，关卡不得过问，小民之生理全失、待用之厘税缺征。交涉既多，侵渔又极；或与商人龃龉，倭必以奉行不力责及官府以与朝廷为难，事变万端。必亡者四。赏罚者，国之大权，而治军为尤要也。与倭战败诸将受倭挟而赦之，能军者短气、偾事者逃法；汉奸外向亦予宽贷，是驱中国之民不效死于长而输情于敌也。倭若再至，谁为战乎？必亡者五。倭本小国，俄、英、德、法诸国较倭尤强；与倭和而偿费不赀、弃地不赀，被俄、英、德、法环伺于旁，闻法已议及云南矣。设更有议及新疆、西藏者，有议及江、浙、闽、粤者，何以应之？此尤亡可翘足待者。兴言及此而不痛哭流涕急与倭绝，尚得为有人心哉！或者曰：既和之后，徐图自强。夫图强必先图富，失重赀、失要地、失大权并民生国计而尽失之，欧洲各国即不效尤，固已竭天下脂膏轻于一掷矣，贫弱不可挽回；猥曰自强，夫谁欺欺天乎？岂非主和议者欺蔽朝廷之大罪哉！

若夫祖德、人心、事势，可得而言也。我国家圣圣相承，世无失德；远迈后代,比隆成周。此非臣子之私言,天下万国所共仰者。周既东迁,国威不振,天下诸侯强大倍周者多矣;惟其德盛,故能与诸强国并立而后亡。汉、唐、宋、明立国亦久,然皆一、二传后即有昏暴间之;徒以开国之初功德在民,虽有可亡之隙犹必迟之又久而后亡。汉、唐各朝多昏暴而不遽亡,我朝无昏暴而虑其亡,有是理乎?职有以知卜年卜世之甚长也。发、捻之乱扰遍天下,外侮乘之,危亦甚矣;卒之人心可恃,故群策群力奉先帝庙谟,削平大乱。人心可恃,外侮虽乘隙而起,仍亦知难而止。倭衅虽开,人心尚固,内无叛乱,非复发、捻时矣。一闻议和,台湾之民群起而呼吁焉;一闻割台湾,其民更崛起与议和者为仇。诚因而用之,原其向慕之诚、赦其狂迫之愚、鼓其勇敢之气,彼文臣如唐景崧、武臣如刘永福、乡绅如林维源必能结民以图存,不隐然为倭树一敌乎?倭所不能取者,奈何迫而弃之!不惟辜台民心,天下之民其谁不解体!职愿皇上熟思而审处也。或者曰:区区台湾,其力岂能自存!职则以为就使不能自存,倭不全力注之,不能得志;以全力注之,不知几费经营。得志尚不可必,即得志而倭力亦竭;内地之患可稍纾,台民之心亦可无怨。孰与拱手而委台于倭,使倭不费张弓、只矢据千里膏腴之地,逆民气而长寇氛以生他国之心;其得失为何如耶?而况众志成城,安见台民必不能自存耶!且夫倭比中国,其地、其人、其财不过二十分之一;以一服八,孟子决其不能,况以一服二十乎!彼主和者曰:倭强我弱,倭之火药、船器皆精于我;此巧为谢过地也。欧洲各国素习机器,或为我所不及耳;倭非素习,我果不如倭,亦李鸿章之罪耳!李鸿章昔年奏牍,谓练海军必二十年而后可用。彼直听其终不可用,预为自诿二十年后,其身不存,后人受其过;岂知及身而遂败露哉!且海军几于二十年矣,而仍一败涂地;又何说之辞!前者大东沟之战,止一巨舰将士用命;巨舰虽沉,倭奴受制亦甚。此犹出海而战也。其后旅顺、威海有险可凭,所谓"一夫当关、万夫莫开"者,尚有三巨舰在;假令丁汝昌、龚照玙等能如大东之战,扼险坚守,倭亦何能遽胜哉!乃竟委而弃之,水雷之在海口者自断其线而逃;倭奴如入无人之境。然则海军之败,人为之,非火药、船械之不济也。今海军已全废矣,倭奴之力亦已无余。人但知海军全废,不可不和;不知倭力无余,正转败为胜之时也。何以知倭力无余也?开战数月之久,倭岂不欲尽取奉天地哉;力有不继;仅得金、复、海、盖数城耳。中间互有胜负,聂士成连山关之战实一大捷,倭未能全胜;其力可知也。倭不能大逞于奉天,遁而捣山东之虚;我奉天兵围海城甚急,倭回攻辽阳以解海城之围,不得不弃山东已据之地;其力又可知也。倭攻辽阳不克,又捣澎湖之虚；始则两船沉、两船破而退，继又登岸不胜而退，三战始取澎湖，得不偿失；其力又可知也。天下之如金、复、海、盖者，不知凡几；倭纵有余力，其取各地如此其难，安能亡我中国耶！职故曰：战虽危事，决不至于亡也。

至谓言战者不能预言战何以胜，因欲废战；职请解之。战譬之棋，善棋者不能预言棋何以胜，及至临局，胜负自分。故棋得其道，可以必胜；战得其道，何独不然！战得其道无他，心战为上耳。战之不胜，畏死幸生之心误之也。督战之权，李鸿章为最重；所统之师，海军之外有淮军、有继募之练军。李鸿章治海军，惟知虚糜帑项、位置私人，不能实事求是；始终主和，以藏海军之拙，其心不可问，故败。昔之淮军，平发逆、平捻匪，皆欲战胜以博富贵；今则亡散过半，所余之将富贵已极，餍梁肉、耀锦绣，有生之乐、无死之心，故败。而继募之练军，皆市井无赖；尤必败者也。任战事者，仅一宋庆，湘军之遗也；其心无他，故胜。聂士成虽亦淮军，心耻淮军之不振，故亦胜。自余将领如徐邦道辈，具一分心者有一分之用；时亦小胜。诸将之胜败，视其心。然终牵于议和，观望回惑，故不能全胜。以职之愚计之，当今之时，倭心甚骄、倭力已竭，中国人心愤恨已极，力尚可继；以愤击骄、以盈击竭，已操胜算。诚于斯时明降谕旨，誓与倭不两立，力翻和议，使天下人心一出于战；诛李鸿章以杜和议之根，正其丧师辱国之罪，以快天下之人心。凡诸犯官，速正典刑，毋事姑息。有进御倭策者，破除资格，立予升擢；任得其人，事不中制。夫破格用人、事不中制，先帝以之中兴。诚能法之，倭自易平，必使海疆肃清；倭心悔祸，求和于我，然后权其可否而许之耳。安有堂堂四万里之中国，先自屈于千余里之倭奴哉！若谓心战为上，战得其道，可以必胜，为纸上之迂谈，则发、捻之乱实甚于今日，勋臣如曾国藩辈始亦败衄，使非其心百折不回，何竟能成功乎？人才以历练而出，当必有应运而起者。况与倭交绥半岁有余，不过沿海奔窜，多方以误我耳；何尝深入陆地，使我不支而制我之命哉！倭不足畏，而过畏之；虑战之危，反以和而速之亡：谓非主和议者欺蔽朝廷之大罪哉？

职虽末僚，本无言责；悾悾之忱不能自己。又闻大小臣工端揆入诤者，不知几渎圣聪矣，而卒无转圜之效。愚昧之见，以为言不深切，利害不明；用敢冒死直陈，干冒忌讳。皇上如用职言，诛奸相、绝和议，整顿师干，与民更始；事若不效，请斩职首，治其妄言之罪，职死亦瞑目矣。伏乞大人代为转奏！谨呈。

210. 都察院代递候补道易顺鼎等条陈时务呈文折
（四月初九日）

督察院左都御史臣裕德等跪奏：为据呈代奏事。

据丁忧候补道易顺鼎以条陈二件，记名副都统奇克伸布等、户部笔帖式裕端等、山西举人常曜宇等、河南举人步翔藻等、王崇光、张之锐等、四川举人林朝圻等、罗智杰等各以条陈一件，赴臣衙门呈请代奏。臣等公同阅看，各该呈词字句间有未尽检点之处；惟事关重大，情词迫切。既据该职、该举人等各取具同乡京官印结呈递前来，臣等不敢壅于上闻。再，原呈字数较多，若照例钞录进呈，恐致耽延时日；是以未便拘泥成例，谨将原呈十件恭呈御览，伏乞圣鉴！谨奏。

光绪二十一年四月初九日，都察院左都御史臣裕德、左都御史臣徐郙、降二级留任左副都御史臣宗室奕年（感冒）、左副都御史巨宗室奕枨、左副部御史臣杨颐（入闱）、署左副都御史臣沈恩嘉、左副都御史臣寿昌。

河南候补道易顺鼎呈文（一）（略）

河南候补道易顺鼎呈文（二）

（见本丛刊第二一二种《魂南记》）

记名副都统奇克伸布等呈文（略）

户部笔帖式裕瑞等呈文（略）

山西举人常曜宇等呈文

具呈山西举人常曜宇、贾大中、陈运丙、曹佐武、张宪文、丁体仁、张荣、刘汉阳、傅倬、傅侃、傅□枚、马蕃、张朴、解宝树、魏宇、王祝三、丁士廉、丁伦、张官田、应璜、王暨和、柴淇、孙秉衡、栗国聘、王藻虞、荀友楷、宁绳武、崔养锋、崔养锐、展成章、冯文瑞、梁志仁、李鉴堂、王守让、王绍珪、王建官、李希愿、吴文吉、冯俊卿、牛凌霄；李树峤、黄鎏田、庞映青、孟庄、籍兰溪、刘廷钧、胡玉堂、陈裴然、张贯文、张三铨、梁克缓、王发源、王学会、常麟书、任浩、岳亮采、刘学易、孟步云、申应枢、乔佑谦、王芝兆等，为和议未可遽定、机宜未可少失，恳请代奏事。

窃闻倭夷就抚，中国于所失之地概置不问，赂以巨款、复割台湾一省畀之，不胜骇异。旋闻台湾臣民执"效死勿去"之义，俄、英、美三国亦有助我剿倭之请；此诚难得之时、可乘之机。若察之不真、赴之不速,祸变之兴亦有旋至立睹者；不可不熟思而审处也。

请先就台湾论之。唐景崧之忠、刘永福之勇、林维源之义,久为中外所共推；而不知三人之情势,固自不同也。唐景崧以儒臣膺疆寄,所欲忠者国耳。朝廷允其所请,竭股肱之力为国家效命,其素志也；即不允其所请,亦惟有奉身而退已耳、甚则查志以殁已耳,无他恋也。刘永福以中国流氓据越南尺寸之地,与法人血战累年,未经败衄；泰西各国,目为奇人。其慕义来归,亦欲为国家效鹰犬之力,稍抒其胸中奇略耳。熊虎之姿,其能一日忘搏噬哉！然地非久处、兵非旧部,受诏而归,仍不失专阃大员；唐景崧素得其心,断不至遂成决裂。所最难措置者,独林维源耳。以彼族大宗强,膏腴数百里,子弟、族姓、家仆、佃户数千人,将令其携眷而归耶?彼将仰食于何所也?将令其裂冠毁冕而为异域之民耶,无论谓他人父、谓他人母,断非林维源所甘心；恐倭人亦未必能容之也。此皆设身处地而代决,其必不可行者也。是故藉林维源之力、资刘永福之才,据地利、因民心,驱策之、鼓舞之,使之家自为守、人自为战,唐景崧之所能也；排解之、慰遣之,使林维源违邱陇、弃田园,转徙异地,变衣冠、易服色,与犬羊异类杂处,唐景崧之所不能也,岂独林维源哉！其于全台之民,亦若是而已。弃之化外、责之忠顺,天下安有是理！胡为以数百万忠义士民,不使之敌忾同仇,而反使之负嵎拒命耶！考康熙间,尝退海三十里之地以避郑氏矣；况今日台湾之富庶十倍于郑氏,不早宣示恩信安服人心,迨至事变既成,不可收拾,恐其患亦不减于倭人也。

就俄、英、美三国论之。英、美以商务为性命,则口岸在所必争；俄人与朝鲜相毗连,则险要亦在所必争。其效顺,或亦出于至诚。然不敢谓许之,必有无穷之利；而敢谓拒之,必有立至之祸！何则？彼三国者,其为有心效顺耶,是欲市德于我也；欲市德而不承其德,以德始以怨终矣。其为故挑衅端耶,是欲构隙于我也；欲构隙而故示之隙,彼益得所借口矣。夫今之与倭议和者,岂朝廷之本意哉,亦曰敌强难支而已。试思一倭人倘不能支,顾可支数十倍于倭之三大国乎？自来借助洋兵,但虑饷重。今以二万万敌之款,用之剿敌而有余；夫何惮而不为！稽之前史,汉用西域制匈奴、唐用回纥制土蕃；考之近事,李鸿章亦曾以洋兵剿粤逆矣。事非创见,何必骛疑。况今日海内形势已成战国,中国虽自强有日,远交近攻之计亦断断在所不废。此机不失,俾异日之狡焉思启者相戒不为祸始,其利正无穷也。目今中国所少者,海军耳。诚得每国助铁甲十数艘,将用以守北洋,则内犯无虞;用以捣贼巢,则祸变立定矣。所虑者,迟疑之间,事或中变;则益难措手耳!

然则台湾不可弃也,弃台湾是益一倭也;三国不可拒也,拒三国是益数十倭也。自古和议之兴,原以弭变;而今之和,适以速变。主和之祸,恒在异日;而今之祸,即在目前。并无旦夕之安,而为苟且之计;何不一再筹维耶?然则如之何而可?曰:战而已矣。问何以战?曰:欲知今日之所以胜,当求前日之所以败。一言以蔽之,曰:用人而已。宋庆一军屡次退守,而奉天士民颂之不绝于口。闻倭人草约,亦有令该提督及依克唐阿、李秉衡到彼国请罪一条;其故可思矣。使前敌如宋军者再得一、二路,安见战事不日有起色哉!方今如曹克忠、聂士成、余虎恩、熊铁生、刘光才诸人之已经在防者,无论矣。他如冯子才、雷正绾之耆勋宿将,苏元春之熟悉洋仗,岑毓宝之文武兼资,娄云庆之可以统湘军,王孝祺之可以统淮军,皆未可置之间地;董福祥内卫畿辅,亦称重任,然以大支劲旅用之守而不用之战,亦殊可惜!语曰:兵如流水,不流则腐;未有守者必不令战、战者必不令守之理也。不但此也,吴大澂部曲在前敌者,皆二三少年,未娴军旅;应令刘坤一、宋庆、魏光焘逐一体察,毋任滥竽,再致贻误。定安练军断难振作,应另派统带严加选汰,无使误战而复误饷。陈湜一人,观曾国荃之奏牍,则为健将;观其在山西防河,则亦敌至则遁而已。一事未可概人生平,要不可不详加察核。唐仁廉,霆军旧部,非不能战;麾下现已万人,应令与诸军并进,勿徒观望。刘坤一统筹全局,身任重寄;应令振刷精神,力图报称。胜利,予以不次之赏;不胜,则加以不测之威;勿以各路胜败为分外之事。总之,庙堂有不测之恩威,而后将帅知愧励;统领有必行之赏罚,而后偏裨知奋兴。而尤切要者,则以永杜和议为战胜之本;是在皇上之独断而已。

举人等草茅下士,识见浅陋;值此时事艰难,不敢安于缄默。谨此具呈,伏乞据情代奏。谨呈。

光绪二十一年四月□□日。

河南举人步翔藻等呈文

河南举人臣步翔藻、孙凝、赵星阶、何兰芬、刘启泰等恳请代奏:为倭逆约款为害无穷,伏乞明谕斥罢,以弭祸机;沥陈管见,仰祈圣鉴事。

窃以倭逆犯顺,狂悖已极;要盟各款,为害甚巨。和议万不可允,战事大有可恃。谨为我皇上一一陈之。

夫倭,一海岛小国耳。其敢于狡逞以并高丽、犯海疆,蹂躏数省至猖獗几不能制者，一误于昔年倭并琉球而我未暇救、法侵越南而我受其欺，终以和为结局，而该逆遂有玩视中国之心；再误于高丽偶扰，李鸿章欺饰朦蔽、壅于上闻，不为之备，而该逆得肆其吞并高丽之志；三误于淮军将领叶志超、丁汝昌、卫汝贵、卫汝成、龚照玙等遵李鸿章"恐碍和局、无为戎首"之说，率皆闻风先遁、坐失机宜，致有平壤诸处之败、威海旅顺诸处之弃；四误于吴大澂徒托空言、疏于调度，不战而溃，致有奉天南境诸险要之失，而该逆乃益纵其猖獗之势，更扰及登州、澎湖。统计始末，是皆为和议之所误。今战有不利、仍归议和，是故蹈前车覆辙也。顷闻和约诸款，要挟太过，狂悖尤甚；普天率土，发指眦裂。若从此议，为害无穷；如厝火积薪，祸机至速。草茅下愚，不胜忧天之虑！窃谓有不得和者三、有不可和者十、有不必和者三。

奉天为国家根本之地，祖宗陵寝在焉；非所得以予人者也。约款割奉天所失之地不复归还，是使其地沦为异域，我皇上不克尽展礼谒陵之孝矣；其不得和者一。高丽自国家定鼎以来，臣服中国二百余年，朝贡无阙，以作东三省之屏卫；是祖宗留贻之藩服，非所得以予人者也。约款以高丽为自主之国，名为"自主"，倭实主之；其不得和者二。台湾自国初时颇劳庙算，命将徂征，久而始平，归入版图二百余年，留贻至今；是祖宗底定之疆域，非所得以予人者也。约款以台湾予倭，其不得和者三。

自古用兵靡饷，未闻偿之一说；今之《万国公法》：开兵端者，偿人兵费。此次倭逆肇衅侵我属国，兵端非自我开。约款反索我偿兵费，显违《公法》。且多至二万万两，计中国岁入不过数千万，用兵以来悉索搜括，饷犹不足；而此二万万两者，偿之既非理、又何所出以盈其数哉！不可和者一也。兵，所以备战也；和，所以息战也。既和，则无所用兵矣。约款倭驻兵天津、威海等处，我岁给饷五十万。夫天津为京师门户，威、旅实海疆险要；我兵尽撤而彼兵犹在，是诚何心！交战以来，逆兵从未至天津。既和，而反迎其深入，代为供给；一旦猝发，何以御之！是我养兵以自贼也。不可和者二也。苏、杭为国家财赋之区，重庆、沙市为川、楚咽喉之地；约款倭于此四处设立码头。既立码头，必以保护商人为名，兵船往来出入无阻；一旦扰苏、杭而漕运断，起重庆、沙市而川、楚梗，是失腹地最要之区矣。不可和者三也。货物者，国家之利源也。各国通商以来，银钱流出外洋，漏卮不塞，已见国用日绌、民生日敝矣；犹赖土货与之交易，利源不至尽竭。约款改造土货，则凡利全归于彼；不待数年，小民皆穷饿无生计矣。至民无生计，后患有不堪设想者。不可和者四也。赋税者，所以济正供之不足也。各埠洋税,本减于各局厘金数分之一;凡江海所通之处,多托洋税以图偷减,已夺中国利权矣。约款更减洋税,将致应税者尽归于洋。彼专舟车之利,而我失租税之实。不可和者五也。刑罚者,祖宗之定制,千古治天下之大法也。今贻误军机、拿问治罪诸将领未即立正典刑者,已仰见皇上法外之仁。约款尽释其罪,是废我国家之法也。此款何利于该逆,而要挟至此;必其中有与彼交通之人。否则,直用以制我耳。有罪无刑,从此无人肯战矣。不可和者六也。凡此约款,直欺中国为无人;猖獗无状,至此已极!闻更有前敌缴军械、宋庆等献俘之说,悖妄尤甚。约款而不如此则已,约款而果如此,是不成为议和也,直纳降耳。从古中外议和,未有要挟如此者;大伤国体、尽失利权,岌岌乎无以自立矣。不可和者七也。该逆狡诈叵测,安论信义;迨既和之后,我兵撤散已尽、彼将背约而愈肆要挟更甚于今之诸款,其何以给无厌之求!不可和者八也。通商以来,订约者无虑数十国。其会开兵衅者,英有庚申之乱、俄有伊犁之争,法有越南之侵,其约款均不至是。今倭逆小丑,如此订约;倘他国视我易欺,尤而效之,纷然肆逞,又何以应多方之扰!不可和者九也。国家深仁厚泽,民之沦浃久矣;今之约款全利于逆而深害于民,草泽忠义之士必不甘心从彼,势将互启争端。若负信约以安民,是授逆以责言之隙;若强守义之民以从逆,理既不可、势亦不能,将外患日纷、内乱尤可虑。不可和者十也。

　　窃维是役之始,皇上赫怒主战。嗣后廷臣以和议进者,岂不谓战有不利,将以和为苟安目前之计?抑思战之不利,由于淮军将领徒能克扣兵饷、闻敌先自逃溃;其败,非战之罪也。即如宋庆一军,以数千之兵支持半年,能守能战;其未得大胜,苦于孤军无助耳。李秉衡、刘永福有死战之心,故其所守之地,逆虽扰之而终不得逞;至畏此三人而莫敢撄其锋,足见战之可恃矣。他若董福祥、雷正绾、聂士诚、曹克忠、郭宝昌、唐仁廉诸人皆百战宿将,可以大用。今宋庆在北,依克唐阿、长顺尚能佐之;更益将领一二员、兵勇十余营以厚兵力,可统归宋庆调遣。天津要隘,聂士成、曹克忠等势孤力单,更简宿将、设重兵以扼京师之门户。李秉衡抚山东,自足独当一面。苏、杭等处,择知兵大员往驻以严其防,相宜为战守计。唐景崧、刘永福在台深得民心,林维源忠义勇敢,相得益彰。若使刘永福招募旧部,更募生番之善用火器者用作前敌,坚守无虞;即径进长崎以捣其巢穴,则军威已可大震。伏乞皇上明降谕旨,示以有战无和;各人所守之地,令其自审机宜,以一事权。外责诸将以办贼之效,不为遥制;而内无惑于议和之说:如是纵不能必胜,亦可保不败。窃计即战而败、败而屡,亦万不至如约款割地之辱、偿费之多,贻祸之速也。不必和者一也。李鸿章重受国恩,其养淮军、造机器、设海军,每岁縻费无数;一旦尽化乌有,皇上未加以重罪,宜如何奋发天良,以仰纾宵旰之忧。乃始则昏愦骄蹇,坐误不问;继因不主和议,深怀怨望。今奉命出使,独秉全权,竟不顾体统之损失、大局之败坏,惟该逆之言是从,举中国之土地、财赋皆轻以许之。如此狂悖至极之约款,擅自画押,上达天听以要挟恫喝;是固皇上简命时所不及料也。若谓草约已定,不能中止;则该逆要盟,使臣专辄未奉纶音、未钤御宝,岂足为据,无庸以违约失信为疑。不必和者二也。昔宋之和金也,徒以徽、钦在北,不敢为孤注之一掷,故损威失利而不遑恤;然且不及今之约款百分之一,已致一蹶不能复振。今以理论,则我直而彼曲;以势论,则战有可胜之机,而和有无穷之害:何所顾忌而必出于此!且倭逆自犯顺以来,兵饷不足,悉索敝赋,人成强弩之末;再持半年,即坐致其弊矣。不必和者三也。

圣朝政崇宽大,恩义以待各国,原不为已甚之事。臣等非敢谓和必不可议,而今之约款则决不可从;亦非敢定战必无不利,而今之约款则为害太甚。事关国家大局,虽得之传闻,未审确否;而刍荛之见,不敢缄默自安,致负朝廷养士之恩。谨不揣冒昧,痛哭直陈;罔识忌讳,不胜惶悚!伏乞皇上圣鉴!

光绪二十一年四月初八日,河南举人臣步翔藻、赵星阶、何兰芬、孙凝、刘启泰、王絮会、沈正坤、李广源、冯际午、刘国良、李檃森、张惠宇、梅静波、赵国光、周桐唐、赵东阶、孟广洛、胡诗昕、张翰光、韩守仁、王其镗、施春和、郑联晖、崔寅清、金葆桢、牛东藩、申文铭、许召宣、王蒲园、刘必勃、黄心芳、郝百炼、仓永勋、杨亦熺、尚葆初、郭铭鼎、孟广信、申杰万、吕泰初、邓鸿藻、张凤台、高士林、常培绪、金应枢、李汉光、余士荣、徐维岳、汤昌浚、易彦云、邹孟贤、李化龙、张霙、吴雁声、刘方鼎、郭森、张嘉德、周润广、步凤书、步凤苞、周国均、王德懋、王骏烈。

河南举人王崇光呈文(略)

河南举人张之锐等呈文(略)

四川举人林朝圫等呈文(略)

四川举人罗智杰等呈文(略)

211. 国子监司业瑞洵奏时局艰难宜藉外援以资臂助折（四月初九日）

国子监司业奴才瑞洵跪奏：为时局艰难，宜藉外援以资臂助；请派大员专办，俾昭郑重。恭折仰祈圣鉴事。

窃维欧洲大局，殊类战国；远交近攻，贵审全势。迩年简命使臣持节各国，藉缔邦交；一旦有事而仍视同秦、越不能相助为理者，使臣贪鄙者多，率视此差为聚财之优缺、译署之阶梯，无能宣扬德意，深悉详情。如崔国因、汪凤藻等之谬妄，久在圣明洞鉴矣。海禁既开，西人皆协以谋我，有利则均沾之。德与我交谊尚厚，素无猜嫌。俄人则喜因利乘便，咸丰十年当英、法增约之际，夺东方瓯脱三千里；自此松花、黑龙两江，与彼共之。今以中国权利尽畀之倭，度非俄之所愿。台湾逼近香港，英人亦必生心。海陆相通十有余国，孰不眈眈而起者！土耳其之役，英、法、俄且分裂其土矣。兹以使者立约损害过巨，俄、法、德三国皆为不平，出而干预；英虽不言，而已隐有保护台湾之意。际此权势两穷之时，宜以苏、张之说游说列邦，使其自保利权，即以巩固中国；此实今日自存之大关键。倭之所以得志于我者，即在善交友邦；我即用其道而制之，必不致转受其累。将来律例、政事略为修改，各国且必视为同类而归入公法之中；则一切洋务，从此皆有办法。去年九月，奴才曾经密奏联络英、德以为外援，实已早见及此；为今之计，无论和战，皆非藉重各国之力不克有济。似应速与商订密约，即使许以利益、资其协助救目前之急，亦自无妨。伏恳特派明干大臣，专办此事，毋徒以一问一答了结，务期有成；庶藉以扶持时局，实宗社安全之至计。

奴才不胜大愿，谨恭折上陈；伏祈皇上圣鉴！谨奏。

光绪二十一年四月九日。

212. 署台湾巡抚唐景崧来电（四月初九日到）

密。台之存亡，视批约准否。存亡各有办法：购械陆续将到，无台不必运台，有台则宜备战。全台盐务，北路收外来盐、中路领运南盐；南路购盐皆在此时，备一年之食，成本甚巨。无台，则三路俱应停办；有台，宜趁此时办理。过此风势不顺,运购两穷。民变日起,抢劫盐馆、厘金衙署,假名字者不一而足。迁怒于官与洋人旗号,游勇屡枪击英兵轮入口舢板,幸未伤人,各国洋人用水师在岸自卫,恐不免杀戮事。正气一泄,邪气全来;再迟时日,虽有台不可救药矣! 批约是本月初八日,抑十四日? 务乞密示消息,以便豫筹! 景崧肃。庚。

213. 福建陆路提督程文炳请重订和议折(初十日到)

总统皖军福建陆路提督奴才程文炳跪奏:为和议万难曲从、战守俱已有备;并陈奴才现筹联络关内诸军预备攻剿情形;伏求皇上饬下廷臣公同会议,停止马关约款,以维大局而系人心。恭折仰祈圣鉴事。

奴才窃闻三月二十三日李鸿章与日本所议条款,赔给兵费至二万万两之多,已为历来和约所未有;割地,则由鸭绿江西至营口、东至黄海二千余里之远,尤为万国公法所不容。其尤甚者,索台湾以据全海之关键,通长江以擅东南之利益;各口创设机器制厂,以夺我中国之利权,使我无以筹饷、无以练兵。不出十年,财殚力竭,拱手而成坐亡之势。揆其用心很毒,是即金源谋宋之故智。彼亦明知中国之大、人民之众,非其旦夕所能图;惟假和之一术以懈我天下之兵、竭我天下之财,一旦以片言渝盟,即再如今日之征兵调将、联数十万之众与之角战而不能矣。

昔汉臣诸葛亮有言:"不伐贼,王业亦亡;坐而坐亡,孰与伐之"! 今日之势,战则犹有可转之机,和则恐成浸弱之势。与其掷二万万金以资敌,不如以此饷兵,何兵不可练;以此结邻,何邻不可交! 且闻彼国行用纸币,巨债累累,势绝不能持久;中国即再用兵一、二年,东南财富所入犹可揩拄,何至赍之巨费、奉之奥区,尽畀以天下之利权、全予以江海之门户! 此约一成,不但京师无以立足、辽沈不能庇根;窃恐各国从此轻量朝廷,纷纷效尤,各索其所近之疆土五裂四分,天下事将不可问矣! 且奉边为开国龙兴之地,台湾为中叶力辟之区;得之百战,弃之片言:上恫祖宗在天之灵、下阻四海臣民之气,人心一去,谁与战守? 开台民哭声震地,凡有血气,莫不痛心! 我皇上英武圣明,亦万万不忍为此。奴才微闻和约尚有二端,其玩中国如股掌、视中国若附庸,内而廷臣、外而疆吏、下至闾阎妇孺、外至交睦友邦,无不眦裂龈穿,翘首而望皇上之一怒。李鸿章虽已画押,我皇上聪明独断,亦万万不忍听此!

议者或谓和局一裂,彼若由津、沽内犯,震动京师,谁执其咎? 奴才窃观被之行师，皆于沿海；水陆相依，犹未敢深入腹地。其兵号称十二万人，然计其留备高丽、奉边及分守所得各口岸外，即以全力入犯，亦不过二三万人。奴才与董福祥、曹克忠、聂士成等所部九十余营，数近五万；合之防口诸军，关内已不下七、八万人。刘坤一总持内外，谋略优长。奴才前赴榆关，与之筹议一昼夜，窃以天津西、南两面入夏水涨，一片沮洳；惟乐亭、芦台一带地势宽展，将来恐被由此登岸，趋永平大路而赴通州。如有警报，奴才即由张湾渡河会合董福祥一军，向前迎击；刘坤一亦督关内各军自后追剿，四面兜击，或可一鼓聚歼。若由津、沽而入，曹克忠现驻小站、聂士成现驻芦台，两军左右包抄；奴才亦与董福祥拦顾迎击。仰托主上洪福，如获一二大捷，挫退凶锋，则军事不难立转，京师自然谧安。奴才即拟请旨出关，节节进剿。倘有不利，奴才惟当粉身碎骨一死以报国家。窃计津、沽、山海关距京皆尚数百里之遥，彼时即銮辂西巡，暂为狄泉出居之谋、徐图灵武恢复之计，以势揆之，犹为未晚。况我朝深仁厚泽二百余年，即万一不幸至此，列土疆臣、天下义士亦必投袂而赴敌；即目前台湾之举，四海人心已可概见。若此时和约一成，人心立涣；不数年间，海内财尽、天下骚然，欲求如南宋、东晋之局，亦不得安枕之日矣。奴才驻军畿东，数月以来，请求洋操；枪械现已足用，阵式亦均熟娴。复以军律申严，士卒以忠义激发；将领闻敌人如此恣睢，无不椎胸流涕，忠愤勃然。观其志气，当可一战。董福祥、曹克忠、聂士成以及宋朝儒、牛师韩、李永芳、马心胜等亦皆忠勇宿将，奴才与之联络筹商，志气投合。关外辽阳以西、锦州以南，有宋庆、依克唐阿、长顺等军，尚可支持。长江为饷源所关、运道所系，应请饬下张之洞督率诸军力筹堵御。观其构衅将及一年，所得亦仅奉边七、八州县；饷绌兵分，已有外强中干之势。故彼之计，利在胁和以困我；我之计，反在持久以弊彼也。

奴才身统重兵，受恩深重；国家安危存亡，争此数日。万不敢避斧钺之诛，苟安缄默。伏求皇上饬下王大臣、六部、九卿公同会议，罢废李鸿章所订条约；仿中、俄改约之例，另遣使臣重订和议。如其不从，惟有一战。壹意坚持，始终不衰，国事始终有转圜之日；天下幸甚！宗社幸甚！奴才不胜愤懑迫切惶悚待命之至！再，此折系用奴才行营关防；合并声明。谨奏。

光绪二十一年四月初八日。

214. 南洋大臣张之洞等来电（四月初十日到）

传闻十四日烟台换约，此举一定，实关大局安危。各国现正商办，有已有办法者、有未得确音者；但有强国出为排解，总可挽回几分。伏恳宸衷务加审慎，迅饬总署使臣力恳各国切商倭人展限数旬停战议约，以便详加斟酌。从容数旬，各国必有真实情形。彼此交忌，必然相争；庶可因时变通，相机补救。此时恳各国助战则难、恳各国展期则易；若仓卒换约，各国皆怨，归咎于我，岂不多树数敌！铸成大错，悔不可追。谨合辞吁请，惶悚迫切。请代奏！之洞、宝泉、继洵、德馨、秉衡、景崧、联桂同肃。蒸。

215. 盛京将军裕禄等来电（四月初十日到）

现奉总理衙门电传李鸿章与日本定约画押、停战展期，当即分饬各营遵照。顷傅闻李鸿章于三月二十三日在马关与倭议约画押款内，有奉天被倭占踞之地尽归倭有，并割台湾、澎湖及许在京都、杭州、梧州、长沙等处通商，仍赔兵款三万万元之说。朝廷命李鸿章赴倭议和，原系不忍生民涂炭，为万不得已之举。传闻果确，是倭人无理要挟，欺凌过甚；恐李鸿章身家念重，出于骗胁，不暇深求利害。圣明在上，自不肯曲从迁就。裕禄等受恩深重，身在局中；统筹利害所关，实有难安缄默者。

窃维奉天与直隶唇齿相依，又为吉林、黑龙江门户。东南水陆各地方虽被倭踞，而大军现已毕集，各属均办有团，兵民之情尚属奋厉；莫不敌忾同仇，日图恢复。且南路之城，又为奉天门户；过此以北，均属平坦，无险可扼。倭之藉和约以图久占者，其意盖谓有此地方，东三省即可在掌握中矣。万一再开衅端，则彼踞险可以制我，我转无险可以制彼；长驱直入，何堪设想！而海道一夜可达，则山海关、津、沽及烟台等口相距皆近，口岸林立，亦属防不胜防。倘令倭人久占于此，即使力筹连防，而重兵势难全留、民团企望解体，若如近日之兵力齐备，窃恐缓不济急；似受患之处，不仅在辽、沈矣。其台湾民情素称强悍，能否从彼，不致群起争端，更无论矣。此割地之害，较然易见者也。至内地通商一节，杭州、梧州其害尚轻；京都为辇毂重地，彼前各国通商立约，只许在海口、不准在内地开设行栈，所以示限制也。今若许倭在京通商，则各国必执"一体均沾利益"之约为请，势难拒绝；则辇毂之下群夷咸集，防范綦难。即如此次朝鲜之乱，倭即以借口保商逞其兵力；思患预防，关系尤巨。长沙则民志专一，自通商数十年，独该处不许洋人在境；裕禄曾任湖广五年，知之甚悉。若许在彼通商，难保民情帖服而不生事。一处有警，则全局皆为摇动，沿江、沿海仍须处处筹备战守。是现议商款，无异藉寇兵而赍盗粮。此割地通商之害，较然易见者也。至赔款一节，洋钱三万万元即合银二万万余两，以三十年分给，则每年已须银七百余万两；如不能三十年分给，则每年亏折更多。恐竭天下之财力筹办，已难措集。既出此赔款，各省仍须设防；加以地方各项费用及河旱赈抚之需，丝毫均难阙少。恐至疲敝难支，所患益大。万一他国效尤，藉端要挟，又将何以应之？此赔款之害，显然易见者也。自来办理军务，当入手之初仓卒调募，兵将或不能相习、战守则未尽合宜；迨经营既久，人才以磨励而兴，无不终归底定。即如康熙年间之削平三藩，雍正年间之征服准噶尔，乾隆年间之平定金川、缅甸，嘉庆年间之剿平川、楚教匪，咸丰年间之剿除发、捻各匪，皆系初办棘手，而卒能收效于日后。此次倭人窥扰奉省，历次交战，我军虽未得手，而闻彼之精锐伤亡亦多；近以人数不敷，多以琉球人充补，纪律未皆精壮。如果坚持定见、期以心战，此后各军同心努力，彼之伎俩，我军类皆熟悉；体察目前兵力民情均属振奋，似尚可用。长顺、依克唐阿与陈湜、吕本元、孙显寅、徐邦道等凡在前敌将士，莫不奋发思效；裕禄、定安等同办军务，一切调度事宜，亦无不同力共筹，冀收微效。

今验诸关外兵民之情如此，而衡诸倭人约款之害如彼。若和议平允，则尚无失进退之义；倘过于受欺，则虑民必难服，不久必复生衅。是目前之和难以持久，而将来之患所忧方大。李鸿章与倭所议之款传开如皆确实，万一被族坚执不回，则以奉省兵团而论，尚可与之力战。裕碌等知识愚昧，无补万一；第审察时势，众见皆合，不敢不披沥上陈。伏乞圣明裁断，饬廷妥议；万不可曲从迁就，遽为允许。大局幸甚！根本幸甚！

再，现因停战期迫，此奏若缮折由驿具奏，恐稽时日；用敢由电具陈，谨乞代奏。

裕碌、长顺、恩泽、依克唐阿、定安、济禄、沙克都林扎布、富尔丹、李培元。冬。

216. 都察院代递奉恩将军宗室增杰等条陈折
（四月十一日）

都察院左都御史臣裕德等跪奏：为据呈代奏事。

据奉恩将军宗室增杰等、内阁中书王宝田等、刑部主事徐鸿泰等、直隶举人纪堪诰等、河南举人赵若焱等、江西举人罗济美、陕西举人张懋等各以条陈一件，赴臣衙门呈请代奏。臣等公同阅看，各该呈词字句间有未尽检点之处；惟事关重大，情词迫切。既据该职、该举人等各取具图片及印结呈递前来，臣等不敢壅于上闻。再，原呈字数较多，若照例钞录进呈，恐致耽延时日；是以未便拘泥成例，谨将原呈七件恭呈御览。伏乞圣鉴！谨奏。

光绪二十一年四月十一日，都察院左都御史臣裕德、左都御史臣徐郙、降二级留任左副都御史臣宗室奕年（假）、左副都御史臣宗室奕枕、左副都御史臣杨颐（入闱）、署左副都御史臣沈恩、左副都御史臣寿昌。

奉恩将军宗室增杰等呈文（略）

内阁中书王宝田等呈文（略）

刑部主事徐鸿泰等呈文（略）

直隶举人纪堪诰等呈文

具呈直隶举人纪堪诰、彭培壬、毕培基、纪堪、王泽春、孟印川、高步蟾、刘珩、郭联墀、胡金镛、高焕、孙植、张璜、史振铎、李敬元、崔铎、刘世骏、于凤阁、于凤鸣、陈梦阑、丁宝相、王鸿儒、卢鸿泰、张自省、邢霁云、桑魁卯、王六德、吴毓福、魏景僖、郝继贞、褚宝训、郭好苏、刘以榕、张保衡、王阆城、孙同荣、同书文、元德善、郑蜀江、刘晋荣、李荫桐、刘文着、郭毅、陶镛等，为和议窒碍难行，请旨饬下改议，以维国脉；伏祈代奏事。

窃维倭人肇衅以来战频失利，特遣全权大臣李鸿章赴日议和；此自皇上爱民息兵，万不得已之苦心，天下臣民所当共谅。夫人情莫不恶劳而好逸、避危而就安，倘使既和之后果可以旦夕无事，亦自可知难而退、曲意偷生，谁肯责大臣以所难者。但闻此次和约，要挟太重；果如所请，是倭人已擅中国之权、已制中国之命，不惟后日无自强之计，亦且目前无苟安之期。

举人等生长皇畿、沐浴圣化，实为切肤之痛；敢避越分之嫌，交相图维，其不可和者有四。一曰失祖宗之基业也。辽、沈为我朝发祥之地，陵寝所在；岂容他族逼处。台湾一省，圣祖仁皇帝之所经营，不惟中原之屏翰，实乃瀛海之咽喉；一旦割以予倭，是撤其门户而守以盗贼也。且和，所以息事也；然倭人得地之后，势必改法易服，百姓不从，仍必生事。彼南携台湾、北挟威海，首尾相顾，操纵自如。而我已尽弃边防，战守失据；失地不复，内侵日甚。以地请和，与以毒解渴何异！一曰失天下之人心也。国之根本，在于人心。我朝深仁厚泽沦肌浃髓，家诵诗书，人识忠孝，知有中国而不知有外夷。一旦和约既成，将中国之租赋为倭纳之、中国之土物为倭变之，虽舍战言和亦自有为民之苦心；而天下至大、人民至繁，岂能家喻而户晓；恐率土不服，势成瓦解。人心既去，虽智者无从挽回。现闻台湾不肯奉诏，此其明验，良可寒心。一曰失天下之利权也。国家量入为出，岁有定额；今所赔兵费数至两万万之多，累岁穷年无此生息。况许以开码头、变土货、减洋税，所出之数多，所入之数愈少；纵使加意撙节、急力搜括，亦不能满此漏卮。官无以为官，必至额外勒索；民无以为民，必至群归盗贼：天下之患乘虚而入，事变之生何所不有！一曰启四夷之窥伺也。此次倭人首先败约，不惟中国之所痛恨，亦外洋之所共疾。窃闻珲春驻有俄国兵船，南洋一带驻有英、德、法、美各国兵船，养锐蓄精，观衅而动；如使我一意谋战，则彼意存观望，未肯轻发。若曲意求和，则彼知中国势绌，岂肯使倭人独擅其利；群为效尤之请、咸思无厌之求，瓜剖豆分、猬集蜂起，祸在目前，不待知者而后知也。有此四不可和，天下知之；岂大臣等独不知之！则所以必主于和者，以为不可战耳。

  然使以议和之心议战，则可战者有六。一曰联络与国，以壮其势。此次和约，泰西各国颇为不平。如以求和之心为睦邻之谊，动以大义、饵以重利，借楚救赵，往事多有。虽借兵外夷，未必不贻后患；然善于驾驭，容可徐策万全。且今日之势，即不借为声援，亦难禁其索请；如使彼转为倭用，患不更大乎？先发制人，时不可失。一曰增添饷项，以厚其力。关外之师，士不宿饱，岂能以饥羸之卒赴烽火之场！加以赔倭之巨款为养兵之厚糈，每月口粮可增三倍。临敌对垒，重悬赏格：每斩一首、获一将、夺一炮台、复一城池，迭增其数鼓舞人心；则获赏之念重，爱身之念自轻。闻辽阳知州徐荫璋募得一倭人头者，予十金；数日之间，囚首累累，编悬于市。设更以五十金购一倭头，赔费之数可得倭头四百万颗。况亦不消如，何至甘心而为之下乎！一曰召募人材，以收其用。倭之兵精器利，实亦劲敌；然宋、伊诸军未尝不屡挫其锋，兵日战则日精、将日练则日出。况董福祥、丁槐各军威望素著，豪杰之士各思投效；诚能破格待人，安知今日无胡、曾、彭、左诸人出而辅兴皇运乎！一曰申明赏罚,以敕其威。此次失利,固由兵事废弛,亦因赏罚不速。牙山之败,罪在叶志超；平壤之败,罪在卫汝贵；旅顺之败,罪在龚照玙；而此数人者久稽重诛,故将士不免效尤。今闻和约内有开释失律之将官一条,有罪不罚、有功不赏,天下人臣岂复有尽心王事者！反其所议,则忠臣自奋、庸臣自惧,捷于影响,祸福判然。一曰购买船械,以争其锋。威海之失,铁甲尽失,遂使倭肆行海面,毫无顾忌。然闻德国民局尚可购买,南洋大臣张之洞经营此事,已有头绪。使早为之图,已可备今日之用；及今而图,尚可备他日之用。不得以缓不济急,贻误无穷。一曰南北并举,以合其力。此次失利,皆误于苟安息事。北洋有警之初,即当调动南洋以分倭之兵力；今以台湾既割之地,用其臣民效死之心。彼专力于台湾,则我可规复渤海；彼专力于渤海,则我可力守台湾。纵不两得,必不两失。旷日持久,彼将不支；然后大举歼旄,可获全胜。孰与坐而待困,自伤国体乎！

总之,议和则买日为活,一息苟安而不能；议战则转败为攻,一蹶犹堪以复振：是非判然,无烦再计。伏愿皇上恫下,断以己意；量简忠勇大员,予以专权、畀以重任,急振神武之威,以除残暴之众；严绝和议,力筹战备,无轻为土地之弃、无惑于迁都之说！举人等窃窥时势,以天下之大歼兹小丑,将势如压卵,固有不足平者。即或不然,我但不战不和,久与相持,将有不战而屈者；不尤胜于甘心割地以行成乎？于以保基业而固人心、收利权而绝窥伺,则社稷幸甚！苍生幸甚！

举人等环求宪台据情代奏,不胜屏营待命之至！谨呈。

江西举人罗济美呈文（略）

陕西举人张彪等呈文（略）

217. 军机处电寄唐景崧谕旨（四月十一日）

奉旨："据龚照瑗电奏：'台湾吃紧,法已派轮护商,先遣员晤台抚,面商机宜；有兵登岸,请晓谕地方勿惊疑'等语。着唐景崧将法轮系为护商来台,先行出示,免致临时惊扰。法员来时,即与相见。钦此。四月十一日。"

218. 翰林院代递编修杨天霖条陈时务呈文折
（四月十二日）

协办大学士吏部尚书翰林院掌院学士臣宗室麟书等跪奏：为据呈代递封奏事。

窃据臣衙门编修杨天霖呈递条陈一件，谨请代奏前来。臣徐桐现在入闱，臣麟书详加阅看，系为条陈时务起见，不敢壅于上闻。谨将原呈恭呈御览，伏祈皇上圣鉴！谨奏。

光绪二十一年四月十二日，协办大学士吏部尚书翰林院掌院学士臣宗室麟书、协办大学士吏部尚书翰林院掌院学士臣徐桐（入闱）。

编修杨天霖呈文

具呈翰林院编修杨天霖，为安危利害，显而易明；再尽愚忱，恳祈代奏事。

窃职前因和约不便，请皇上探之公论、断自圣心；又以所列各条皇上必不肯许、和议必不能成，请力筹战守，急去病根。数日以来，不闻皇上发雷霆之怒、施斧钺之威者，此必有人摇惑于中、牵制于内也。职窃谓今日之事，许与不许，两言而决耳；然而安危系焉，利害分焉。凡言不可许者，非不知战守之难；究之非难于战守，以用非其人耳。若改弦易辙，必不至此。此虽不敢谓谋国之忠，然为皇上保全者土地、爱惜者钱财，疆场之外，始虽有锋镝之危；庙堂之上，终必获磐石之安：此固显而易明者也。凡言可许者，必以为中国如何虚弱，夷人如何盛强！既有成约，必不可背；虽有亡失，无可奈何！不许，则危在目前；许之，则安然无事。此虽不自谓卖国之臣，然举祖宗之土地弃之而不恤、竭国家之钱财掷之而不顾，谬谓从此以后可高枕而无忧；不知所伤实多，将一厥不复振：此又显而易明者也。且凡事当权其利害：两利相权，则从其重；两害相权，则从其轻。自用兵以来，地土固不能无失、钱财固不能无耗，然而为期将近一年。以一年之用兵与今日之议和较，虽有所失，孰与失奉天、台湾之广；虽有所耗，孰与耗二万万之多！今不议战而议和，指日便须割奉天、弃台湾，一年之内又须交一万万；若战，则台湾无恙也，奉天虽有失，尚可克复也；以一万万为一年兵费，尚有赢余也。此其利害孰轻孰重、何去何从？我皇上必能明辨也。

职闻此次和约，倭人初议本不如此之甚；今所列各条，与初议大不相符。中外传言，皆李鸿章父子怂恿倭人变本加厉耳。又闻其国饷源枯竭，已成弩末;人民愁怨,且将瓦解。若再相持数月,必有自毙之势。今议者不能实心任事,以副皇上之智勇;而反摇惑牵制,若惟恐倭人之欲不遂、李鸿章父子之谋不成:岂真不知安危利害哉! 良由丧心病狂,故甘为此悖逆之事耳。夫国运之盛衰,视乎人心之向背。今闻台湾以有割弃之议,百姓巷哭罢市,以死自誓,不愿属倭;而各省士子纷纷联名具呈申诉者,不计其数。人心如此固结,而乃以中国之大使见侮于倭人、以皇上之权反受制于李鸿章父子,则皆诸臣庸懦奸邪之罪也。愿皇上沈几独断,勿为邪议所夺。内而严谕诸臣各矢天良,力图振作;外而飞饬统兵大臣激厉将士,共奏肤功:协力同心,以挫贼氛而固疆宇。天下幸甚!

谨将愚忱,再恳代奏!为此谨呈。

219. 署台湾巡抚唐景崧来电(四月十二日到)

密。总署蒸电及十一电旨均敬奉,台民感戴万分。龚使所谓钧署与法公使先立一约,不知办否? 祈示;以备法员到台询及此事,便有商办。景崧肃。文。

220. 陕西巡抚鹿传霖奏和款狂悖太甚万不可从折(四月十四日到)

头品顶戴陕西巡抚臣鹿传霖跪奏:为惊闻和款狂悖太甚,万不可从;泣恳圣心早断,以挽危局事。

窃以倭人要挟各条,任意欺侮。彼据旅顺、威海,驻兵要口,而令我缴枪械、撤兵及铁路,彼又代我管制造军火局;是我之兵柄全付于倭矣。赔款至二万万,六年付清,加息五厘,竭我正供饱其欲壑,中国度支何从出、官民何以养? 且听其各省通商、随地工作造货;是我之财力全归于倭矣。兵财两亡,何以自存! 倭人内地恣意横行,所至之处断难相安,湖南尤甚;稍有抵牾,借口称兵,藩篱尽撤,何以御之! 况国家经费有常,此二万万之巨款即极力搜罗、百计节省,亦非十年不办;与其轻弃于倭奴,何若用作兵费歼此逆夷哉! 我朝深仁厚泽,所恃以不恐者,在人心固结耳。若以台湾与敌,则台民之心失;何不通商口岸均许倭奴前往工作,则天下之民心俱失。从此亿兆寒心、万方瓦解,所关非浅鲜也。夫朝廷所以议和者,盖以倭氛肆逆,逼近神京,思欲暂安目前、徐图自强,姑忍而为此降心之计。殊不知倭奴狡诈贪狠,窥我隐微,遂要挟以决不能从之事。此而可从,则是我清二百余年巩固之金汤拱手而授之倭奴,欲求暂安且不可得;真堪痛哭流涕者也!

往者庚申之变,其时发、捻俶扰几遍天下,而显皇帝暂幸热河;各国和局既定,犹且金汤无恙,复还故都。今之天下,经皇太后宵旰勤求,削平大难,与民休息;既以毅皇帝及我皇上秉承慈训,四海又安。以视庚申危局,霄壤悬殊。虽倭人犯顺以来,我军屡次失利,然各省完善,元气并未大伤;而该国则兵力已殚,饷源更绌。特以神京逼近海口,我之战舰一时尽没,宫廷不免震惊耳。臣愚以为庚申之岁遍地皆贼,泰西三大国逼处京师,国势岌岌,百倍今日;然当日议和,不过至通商而止。今以天下全力制一逆倭,何至贬辱如此之甚!皇上诚赫然震怒,举倭人欺侮挟制诸端宣示中外,天下臣民谁不同怀公愤!因而激励将士、申明刑赏,统兵文武诸臣必有能忠义奋发、力挫凶锋以伸天讨者。若宋庆、依克唐阿、聂士成诸军屡次拒敌获胜,着有明效;特事权不一,未竟全功。此外如董福祥、程文炳、刘永福、王孝祺、曹克忠诸宿将咸怀忠义,誓殚国雠;陷阵摧锋,可以预决。若谓倭奴所向无敌,何以辽阳一州得徐庆璋率励民兵且战且守,而倭即屡攻屡却!然则天下之兵非必不可用,而倭非必不可胜也。台湾一隅,即责之刘永福,不为遥制,不拘绳墨;永福帅师而林维源筹饷,必能牵制倭逆,力保全台。臣非谓必不可和,特如此言和,彼直视同纳款,我更难以偷安! 现在北洋各要隘大兵云集,当不至于疏防,而倭亦未必遽敢深入。臣虽衰庸,未娴军旅;窃愿躬率劲旅,效死杀贼。即碎首疆场,亦所甘心! 甚至万不得已,我皇太后、皇上暂时西幸以避其锋,犹远胜于听其要挟,不能自存;而各军帅知乘舆已发,无内顾之虞,更可专力放胆,纵横荡决。彼倭逆深入重地,兵单饷竭;以我全力歼彼孤军,未有不能殄除凶暴、复我疆宇者也。即或一时难以底定,则卧薪尝胆,蓄养精锐以图恢复,兵力财力尚可有为;乌可束手受制,失人心、辱国体至于此极耶! 且倭乃小国,而我屈己听命至此;万一他大国观衅而动、群相要挟,又将何以待之? 惟当乘此兵力厚集之时与之决战,胜固转危为安;即战而不胜,而西据河山,犹足自守。今若尽允倭人挟制各款,忍辱曲从;窃恐苟安旦夕,不出数月之间倭必又有寻衅用兵之举。彼时枪械全交、兵防尽撤,而倭已据我要害、持我魁柄;一旦举兵再犯,欲战不能、欲迁不得,真无立足之地,噬脐何及!

臣僻在西陲,传闻已迟,中情愤激;不避斧钺,谨冒死驰陈,伏乞皇太后、皇上圣鉴!谨奏。

光绪二十一年四月初七日。

221. 署台湾巡抚唐景崧来电(四月十四日到)

密。台民知法轮将到,甚喜;忽闻有阻挠者,事将中止,不胜忧愤!城内外已竖旗聚众,台变在俄顷。崧命在旦夕,危不可言;务求钧署坚请法轮迅速来台,一面先加紧电示,以便安民,待法员到台商办。迫切万分。景崧九顿首。元。

222. 陕甘总督杨昌浚来电(四月十四日到)

顷由津传来中、倭和议草约各条,阅之不禁痛哭。自有和约以来,媵军实而长寇仇,莫此为甚!既给费,又割地。奉地已失者不还;辽阳一州苦守半年、台湾正在鏖战获胜,今无端割去。威海等处驻兵,由华给费;天津门户已塞。中、日联合备战一条,尤不可解。利权、兵权,均被倭占;商务、界务,实逼处此。似此侵损太甚,何以立国!纵苟安目前,无异燕雀同堂耳。李鸿章老悖,草率画押;想朝廷必有斟酌。浚远在西陲,得信较迟;谨下陈愚虑,尚求垂鉴,从长计议,无任急切慨祷之至!即请代奏!恭叩钧安。陕甘总督杨昌浚谨呈。元。

223. 陕西藩司张汝梅来电(四月十四日到)

文。头品顶戴陕西布政使臣张汝梅跪奏:为倭人要挟太甚,割地、赔款均不可从;请速停和议、严备战守,以固军心而全国体。恭折仰祈圣鉴事。

窃臣闻此次与倭言和,有割奉、台,赔二万万之议;天下臣民,莫不痛心疾首。各直省督、抚臣交章谏阻,忠义奋发,必剀切无遗矣。臣窃谓割地、赔款,有断不可行者。无论凤凰、九连二城逼近陪都,不能侵占;即台湾一岛,辟治有年,财赋充足,其民忠信强直、同仇敌忾,林维源罄赀助饷,公尔不忘私,何忍一旦举膏腴之壤尽为倭有,搢绅之旅、忠义之众尽为倭民乎?至于赔款二万万、六年分偿,我国人不敷出,已形支绌,若遽允此,何以为偿!若许而不偿,则彼有辞,终无了局矣!今之迁就言和者,不过以北洋海口密迩京师,恐惊乘舆,出此下策不妨。六龙巡幸,原可从权。若我皇上躬奉皇太后暂行巡幸,銮舆既出,则前敌各将士无内顾之忧,得以专力言战;彼客我主、彼寡我众,与之决命争首,众志成城,未有不胜者也。况自去秋开战以来,互有胜负、我无大伤,并非一蹶不振;何故一旦屈辱至此!现我兵数倍于倭,能战宿将亦不乏人;若谓饷绌,则以和倭之二万万充饷,腾饱有余。计不出此,而以地资敌、以财助雠,少不如意,动即胁制;我则兵散不可复聚、财尽而无可复筹,将来之受制必更有甚于今日者,将何以自立也!伏愿皇上上秉慈谟,早定大计;天下幸甚!

臣忧愤所迫,不敢不言,亦不忍不言;无任激切屏营之至!伏乞皇上圣鉴!张汝梅。

224. 都察院代递江西举人罗济美等条陈折(四月十五日)

都察院左都御史臣裕德等跪奏:为据呈代奏事。

据江西举人罗济美、云南举人张成濂等各以条陈一件,赴臣衙门呈请代奏。臣等公同阅看,各该呈词字句间有未尽检点之处,惟事关重大,情词迫切。既据该举人等各取具同乡京官印结呈递前来,臣等不敢壅于上闻。再,原呈字数较多,若照例钞录进呈,恐致耽延时日;是以未便拘泥成例,谨将原呈二件恭呈御览。伏乞圣鉴!谨奏。

光绪二十一年四月十五日,都察院左都御史臣裕德、左都御史臣徐郙、降二级留任左副都御史臣宗室奕年(假)、左副都御史臣宗室奕㭎、左副都御史臣杨颐、左副都御史臣寿昌。

江西举人罗济美呈文(略)

云南举人张成濂等呈文

具呈云南举人张成濂等,为和议将定,国势愈危;谨另筹御侮之策,恳请代奏以挽时艰事。

窃自倭人犯顺以来,言战言和,迄无虚日。但主战者筹划疏略,而不顾师干总统即坚持和议之人;主和者始终不移,而但翼失地丧师以遂其胁和之计。盖李鸿章一日不去,一日无胜倭之望;初不待溃败之后而始知也。自旅顺、威海相断失陷,其始愿既遂,其阴谋更深。愈谓中国断非倭敌,举数百年培养之人心、廿三省式廓之封疆、亿万众同仇之士庶,竟属一无可恃;抑若朝不允和,倭即夕至,京都立覆、宗社立倾,不得不俯首求和,暂纾祸患。朝廷不得已而曲从之,天下臣民亦无不痛心而默识其故。况兵凶战危,士卒横罹锋镝,孰无人心、亦岂乐此! 故自李鸿章赴倭而后,天下臣民惟静待和议之定,以纾君父之忧,未敢妄出一言,致涉干扰;亦谓李鸿章受恩最深,天良不至灭尽,虽于国体有辱,或于国脉无伤。乃今闻和约成矣、全权已画押矣,所立条款,则竟万万出人意料之外;是欲纾祸患而祸患更速,欲保社稷而社稷更危!

姑先以条约中之为害最烈、足致危亡者而言:一、赔费太巨也。兵费二万万,先付五千万;其余分年偿清,仍按年起息。夫我之不能战者,恐无饷耳;今有此二万万,何不以之养战士,而乃以之输仇敌! 前大学士臣曾国藩所立湘军营制,每万人月饷共五万两。是即养勇五十万众,每年不过三千万两;再支持五、六年,犹未及二万万。况果能将帅得人、事不掣肘,尚无须五十万之众,五、六年之久,早已令倭奴畏威而纳款矣。今尽以之予倭,固已搜括无遗;筋疲力尽,而仍不免于养兵,饷项更从何出! 倭众仅十余万,得此则兵饷更充,攻我更力;是输饷以供敌,正输饷以自攻也。一、割地太易也。夫皇上抚有之地受之列圣,不敢尺寸与人。东边奉安三陵,为京师屏蔽,外控吉、黑两省;今委之于倭,旦夕有事,倭得扼我之吭而制之。台湾为东西洋襟喉,物产饶而民气劲;倭因以为资,还而谋我,是我厚其毒以自敝也。泰西公法:两国议和,非兵力所及之地,胜者不有。今台湾,则非倭兵力所及也;即兵力所及,兵费既偿,其地仍归本国。今归我者威海刘公岛而已,辽东则不归也;破坏公法自我始。我与泰西各国所立条约,均有"一国有利,各国均沾"之言;今割地与倭,倭固利矣,势必各国援"均沾"之例纷纷责地于我,俄则请割新疆及东三省,英则请割前后藏及广东,法则请割广西且与英共请割云南,许之乎? 不许之乎? 许则地有尽时,不许则寇至无日! 万一竟请割我京师,又将何如? 不能拒蕞尔之倭,而独能拒强大之英、俄等国,无是理也! 且台湾尚义,自昔已然;万一我弃台民、台民不弃我,倭仍将责言于我。与之,何以处台民;不与,又何以处倭! 窃恐台民有以自处,我实无以处此矣。一、驻兵难允也。兵费未清之先,倭兵仍驻威海等处,其饷由中国代付。夫既和矣,而敌兵犹驻眉睫之间,且以数百万、数十万巨款以养之,天下无此自甘于受害之事。况倭一日不去,我一日不能撤防,则戒严如故也、饷糈如故也;徒削此二万万之脂膏血肉,徒弃此辽东、台湾数千里之疆土人民。万一倭民与我军民故寻小衅,安得再有此二万万之费、数千里之地以予之耶? 一、减税宜驳也。我之所资以偿洋债者,洋税耳。今倭之土货各减二成,他国势必纷纷请减,许倭即不得不许他国,每年约少洋税千数百万两;洋税既减,洋债何偿?况我愈馁彼愈骄,今日二成、明日二成,势必至于无税而后已。且各国群起效尤,咸动豆剖瓜分之志,势更至于无地而后已。兴言及此,能不痛哭流涕,泣血上言于我皇上之前哉!或曰和之为害,朝廷未尝不知,特因相继溃败,舍和别无办法;故苟安目前,聊以救祸耳。不知非无办法、非无善策,因李鸿章始终主持掣肘,故虽有善策亦归无用;无怪忠臣义士、勇将锐卒无从为国效忠,且甚至与叶志超诸人同受溃败之名,抑似堂堂中国竟不能与人决一战者。总之,如此定和,非惟无以救祸,适足以速祸,并苟安而不能。若不和而战,急去李鸿章而易以公忠坚定之臣,则不惟能苟安,而且能自强。是又何必违天下之公论,而以数百年相承之基业弃之一旦而不顾耶!况咸丰末年,天下糜烂,发、捻肆扰,而夷氛之恶直逼京师,事势之危过今百倍;然和约亦不过增通商口岸及千余万兵费耳。今日者苟如此定和,不几令英、法各国追悔从前之得利太轻耶?则无礼之要请,定纷纷在目前矣。且和之云者,兄弟之国修好息兵,化干戈而为玉帛之谓也;得失利害,不能大有偏枯也。昔宋臣富弼对辽主之言曰:"两国既为兄弟焉,可使一荣一辱?"反复数百言,卒以至诚感悟辽主。夫富弼所谓荣辱者,犹仅得地、失地一事也。今议和乃如此定款,是则坏我之藩篱、蔚我之手足、戕我之腹心;我若允之,直纳款乞降之谓,受辱不足言矣,尚何和之云哉!总之,中国士卒众多、人心固结,足以敌倭而有余;前此之败,实由李鸿章主使之。故其最令人切齿者,一则以天险之旅顺,令私人龚照玙驻守,退让于倭,倭兵得由陆路攘取金、复、海、盖及营口等处。一则人人痛恨奉旨挐问之丁汝昌屡次保留,仍统海军,不转瞬而以"定海"等兵舰公然悉献于倭。即此二事而论,李鸿章用心所在与中国致败之由,显然立见;是犹得谓中国之真不能战哉?及今大势未去、人心犹固,依然金瓯无阙、一统全盛之天下,犹可奋一战,以杜群夷之窥伺,以振积弱之国威;幸勿延至不可收拾之时,则真欲战而不能、自立而不得矣,不大可恐惧寒心也乎!

谨将战胜之策,分为十款,胪陈于后。

一、统帅须得人也。中国士卒、粮饷十倍于倭,旅顺、威海之失,皆由守将先遁,兵勇继溃;故倭兵安然入口,毫无抵御,非天险之可恃也、非倭兵之果强盛也。其故由李鸿章暗中指示淮军将领望风希旨,相率退让,以示倭强我弱,以实其宜和、不宜战之言。总之,去岁决意主战,即不宜用李鸿章主持战事。今者往事已矣,惟有急用公忠坚定、众望素孚之李秉衡为关内外督师,而以宋庆副之；各路接军悉归调遣，提、镇而下得以军法从事。再用不恤情面、素有风力之臣如刘坤一、马丕瑶、唐炯等为北洋大臣直隶总督，力守北洋各海口。如此，则两帅得人，壁垒一新矣。至于忠勇朴实之将，所在皆有；李秉衡诸人自能搜罗调取，因材器使也。

一、海军终不可不立也。即于所备赔费内提取二千万两，交张之洞、边宝泉、谭钟麟、马丕瑶等派委廉洁明敏之员潜赴英、德各国购办铁甲两三艘、快船十余艘、洋炮洋枪若干，速运内地。盖公法虽有不售船械与交兵之国之言，其实但能不惜使费，仍自可办；普、法往事具在，可按册而考也。

一、东三省猎户、广东疍户，可招为我用也。此等骁勇舍死之人，果能招为前敌，消其罪案、除其蛋籍，则感恩效命，断无溃退之事。再加以将帅法令严明，军伍更屹立如山矣。

一、滇边义民，宜招以成军也。云南用兵向以踪跳击刺为主，三五星罗，手足相搏，俗名"打交手仗"；散而不整，与淮军之专尚包抄者不同。制倭之法，莫良于此。宜令滇中勇将如丁槐、夏毓秀、蒋宗汉、李应举、马柱、杨国发等速成滇军二三十营，北上听候统帅调遣；以地营为守，以击刺为战。

一、宜汰弱兵，以益兵饷也。倭一兵之饷月得十余元，而我不过四、五两；加之将领之克扣，所得尚不及此数。赡死不暇，安能责之以战！今请饬令将各营弁勇析为三等，勇敢善战者为上、朴实耐劳者次之、老弱有嗜好者为下。上等者使之战，月饷视额饷倍之；次等者使之守，月饷视额饷益其半；下等者汰之，以所汰之饷加之能战守之人。饷不多加，一兵得一兵之用矣。

一、索伦马队宜炼也。滇兵之专尚击刺者，最利于山林险阻之地；苦遇平原旷野，即辅以精悍马队。一面搏击，一面用马队冲突，二者相辅而行，倭奴无从御我矣。

一、东征宜专设粮台也。师行粮随，古有明训。雍正暨乾隆间大军西征，尝以大学士、尚书等重臣专司粮饷，大学士黄廷桂、李侍尧、孙士毅均尝督理；及同治初收复新疆之役，亦尝以京卿袁保恒为后路。今东征之饷，始则李鸿章委之同乡私人胡燏棻，继则刘坤一虽更委陈宝箴，其职亦仅藩司；而转数千里呼应既恐不灵，且淮军右淮、湘军右湘，发放迟速亦不无畛域，前敌利钝所关甚重。相应请饬令前敌大臣于山海关设一总粮台，并特派重臣督理；庶南北各营联为一气，缓急调剂权衡得中，则士饱马腾，人思自奋矣。

一、宜一事权，以严赏罚也。士卒之用命，视乎赏罚。今以东事论之，牙山覆而叶志超无罚,则平壤再陷矣;旅顺弃而丁汝昌、龚照玙不诛,则威海继失矣。应请饬下前敌统帅申明军律:有未战先溃或临战不力者,虽实缺总兵、道员,立正军法;不必拿问进京,致稽显戮而慢军心:此所以罚也。其能杀一倭兵、击破一倭船者,赏若干;杀一倭酋、夺获一倭船者,赏若干,并授何爵:此所以赏也。如此则将士知朝廷赏罚必信,法令非同虚设;则不惟乐于死战,且亦不敢不死战矣。

一、台湾各口,宜令各自为守也。全台洲港纷歧,渔人、蜑户所在有之;风涛沙线,皆其素习。应令各自为团,或五船为一队,或十船为一队;敌船既至,多则远之、少则击之,乘间以袭之、多方以扰之,使敌人不得登岸,则台地可全矣。

一、宜清查汉奸也。大军所驻各州县市镇,应责成举行保甲;一家有为汉奸者,九家同坐。军中亦宜行之,一人有为汉奸者,九人同罪。如此则敌人无从知我举动,可无"高升"轮船之失矣。

此以上十条,皆举人等悉心体察、广咨博访,确系今日之要图。务恳圣恩采择,见诸施行!而其大要,则尤以第一条之去李鸿章,专任李秉衡、刘坤一、宋庆、马丕瑶、唐炯诸人为主脑,使诸人得行其志,毫无掣肘;更辅以其余九款,若再不能支持大局,仍似以前之迭失要地、纷纷溃退,举人等承妄言之罪。总之,去岁早早整我海军直捣倭巢为围魏救赵之计,倭奴早已大创,军事早已完结;因总持战事者为李鸿章,所用战守各员又尽系叶志超、丁汝昌、卫汝贵、龚照玙等佞臣,后复加以吴大澂之庸懦恇怯,所以贻误至此!今日者,但能以陆军力扼各海口,严守炮台;再用新购兵舰以海军逡巡各处,一遇倭船即尽力攻击。一年之后,倭人即有穷蹙、不能支持之势。彼时求和在彼、和款由我,又何至如今日之赔巨款、割疆土、减税则之种种失利哉!

为此公同具呈,伏乞代奏,实为公便。兹特取同乡京官一结,一并登递。

举人张成濂、王开国、寸辅清、施尔猷、赵邦泽、穆梧、牛应辰、李坤、孙文达、郑锡典、郑浑典、王荣本、寇从义、汤立贤、张维源、刘增、戴鸿辰、戴长龄、李尊先、全嘉仁、李增芳、梁友檍、束用中、杨自新、杨瑞鳣、杨兆龙、毛佑国、吴暹、熊廷权、张衡、王宝贤、杨上培、赵甲南、张立志、王寿山、李作梅、罗问仁、李学舜、陈琦、杨笃庆、朱治和、张一清、蓝和光、王佩枪、沈兴廉、曾传经、徐新德、钮尚志、吕咸熙、姚思敬、喻思禹、詹太和、赵铭新、缪云章、赵传忍、王运谦、杨炳炎、万以增、张汝明、陈玉相、杜瑾、萧应椿等谨呈。

光绪二十一年四月十四日。

225. 大学士李鸿章来电（四月十五日到）

龚使愿电："法、俄、德劝倭，英劝倭勿与三国为难。法保台，与瑗密商，王使未与闻；香帅奏奉旨饬王会商，法以忽添一使不合使例，未接见。嗣外部告云：约已批准，台事难商。本日香帅奏传电旨：'王之春会商一节，该督电王之春探问法廷如何办法？龚照瑗回英，释倭之疑。钦此。'瑗与庆始终未悉香帅、王使往来电商情形，未便电署；拟日内晤外部后回英"云。鸿。望酉。

226. 大学士李鸿章来电（四月十五日到）

伦敦十四日路透来电："闻法廷现欲掣肘日本，在台湾及澎湖水陆军士已与日本开议。间有法报，不悦法廷办理此事；又谓法国不能任日本管辖台湾、澎湖，系受俄之愚。此事非三国联合约内订明连埃及一事亦妥办不可"云。鸿。望酉。

227. 署台湾巡抚唐景崧来电（四月十五日到）

密。闻辽东一带仍归我，和约内删去此条；法有阻台之说，不知确否？法员未见到，两船来台恐亦无益。若批约内未将割台一节言剔开另议，恐奉批后，法独力亦难挽回。台民死不服倭，彼此用武，适涂炭生灵。中、日已和好，可否将台民不服情形，请旨饬下总署邀同各国公使与日本商一安民之策？此等惨状，各国当亦见怜。民变在即，迫切待命！景崧肃。咸。

228. 署台湾巡抚唐景崧来电（四月十五日到）

密。盐电敬悉。法如此情形，台恐无转机。民变在即，如何办法？务求时赐消息！景崧肃。咸。

229. 署台湾巡抚唐景崧来电（四月十六日到）

闻和约已换，倭允归辽，随后与三国会商。伏查侵占之地可以议还，岂有完善之区凭空割弃！法船未来，无从与办。惟恳请总署密结法使，迅速派员来台晤商；迟恐民变，无从挽救。再，法以独保台，不如请各国公保为善；但一法尚邀不至，遑论各国！是在总署之设法矣。景崧。铣。

230. 署台湾巡抚唐景崧来电（四月十六日到）

密。台营增多，台事未定，勇不能拨，留与撤均须饷；定购军火，亦须给价。恳旨饬户部速拨饷二百万两，以备急需。但有一线可图，誓必存台，另开局面；不敢屡求部帑，为目前急无可筹，仍仗朝廷。台将亡矣！赏畀此款，藉慰万民悲愤之忱；二百年养育天恩，亦遂从此尽。伏乞恩。请代奏！景崧肃。铣。

231. 署台湾巡抚唐景崧奏查明澎湖失守情形折（三月十四日、四月十七日到）

头品顶戴署理福建台湾巡抚布政臣唐景崧跪奏：为查明澎湖失守情形，并据总兵前来投到；恭折驰陈，仰祈圣鉴事。

窃澎湖与台湾地处隔海，自上月二十九日失守，电线先断；仅于二十七日接该镇、厅击毁倭船一电之后，此后即消息无闻。据台南各路电报转据澎湖带伤逃渡弁勇告述战状，经臣先后电奏。一面以该勇等带伤仓猝逃渡，于各处战未必尽能睹悉；故复饬台南就近派员探查去后。兹据各员查覆，并据失守澎湖镇总兵周振邦于三月十三日缴印投到前来。臣复加查讯、汇核情形，前次逃勇之言间有未实，似以现查较为实在；敬为我皇上陈之。

缘本年二月二十七日辰刻，忽有倭船十二艘先后驶至，开炮攻犯澎湖之东边纱帽山、大城北等处，被我军守大城北炮台之熊国昌还炮击之，先后中倭船二艘；将沉未沉之际，被其余倭船拖带而去。未几，倭船复来环攻；午后，又被我炮台击坏倭船后桅一艘。倭人尽力扑攻，即由文良港等处登岸，约二千余人；经督带林福喜督队接仗，奋勇直前，血战至晚，击毙倭兵数百人。我军哨官蓝翎五品顶戴刘得和阵亡,蓝翎千总余道德、蓝翎五品顶戴朱光辉受重伤,伤亡勇丁约有六、七十人:此二十七日之战情也。统领花翎知府朱上泮,与总兵周振邦相约三更各派一营偷劫倭兵。是夜,朱上泮宿大城北炮台,待至五更,周振邦之兵不至;朱上泮即自派右营之左、右、后三哨赴敌,又调前营两哨、后营两哨为此三哨接应。不意此三哨天明行至西溪,正遇倭伏;两相痛击,哨官花翎守备宋承进、蓝翎把总陈喜清均阵亡,蓝翎把总夏泽润带伤,兵勇稍却。其接应之前后营四哨大呼陷阵,敌人炮弹如雨,血肉纷飞;我军死者甚众,哨官蓝翎都司朱光明、花翎守备徐绍坤、蓝翎千总栾定邦、拔补千总黄长胜等皆战殁。辰刻,倭船开大炮轰击我炮台,一面分队登岸,即在大城北与我军对仗。朱上泮亲身督战,彼此枪炮齐施,朱上泮左股忽为开花弹所中、肩上复中一弹,当即昏倒在地;经亲兵等竭力抢归,我军伤亡大半,前营管带花翎游击衔留甘补用都司朱朝贵、后营管带留闽补用参将朱荣昌、哨官花翎守备孙殿勋、蓝翎千总罗得标均阵亡,花翎都司吴定安带伤。幸督带西屿炮台副将刘忠梁在彼瞭见我军被逐,即在台开大炮遥击,伤毙倭兵不少;林福喜亦乘势回逐力战。倭退回船,随即掳各渔船,胁令渔户引路,复登岸再战,分队抢割水雷、电线,顷刻碰沉鱼雷船一艘,倭船复施开花炮接应。午后,大城北炮台遂为倭炮所毁。林福喜独力鏖战,时久力竭兵单,遂致挫败;哨官蓝翎把总蔡进祺受伤被掳。倭即抢踞各处营盘;扎定,复被我西珸炮台刘忠梁尽力开炮遥击,轰毙倭兵二百余人:此二十八日之战状也。二十九日,倭轮环攻西珸炮台,刘忠梁仍还炮击之,伤其一船。相持许久,忽被倭炮飞子飞入药库,火发轰毁炮台,弁勇溃散:此二十九日澎湖失守之情形也。

查讯周振邦,供亦大略相同。并称伊力竭失守,即图自尽,为左右环救,护送来台,听候查办等语。察核各将领此次战状,地虽失守,以林福喜督战为最奋、朱上泮次之。朱上泮系受伤致败,林福喜系力竭兵单致败。刘忠梁扼守西珸炮台,最为得力,先后击毙倭人亦最众;其炮台被毁,系被倭炮飞子入库轰发致败。以致孤岛支持血战三日夜,卒因无船援应,致为敌陷。现在消息中断,该将领等存亡与此外尚有伤亡营哨各官,仍因隔海,骤难一律详查;容再饬令确查,得有各员实在存亡下落后,续再一并奏请优恤,以慰忠魂。至该镇周振邦系澎湖专阃大员,此次战守不力,迭据各委员查覆:于各将领在外血战,望视不救;倭兵入城,又先逃避,并无巷战受伤情事。并据各将领纷纷禀诉前来。今既投到,失守地方不能与城同存亡,例有应得罪名。相应据实奏参请旨。

除将周振邦饬发首府看管,印信存储司库,并再饬查各将领实在下落、分别据实办理暨分咨总理衙门及各部查照外,所有查明澎湖失守情形暨总兵投到缘由,谨会同调补四川总督闽浙总督臣谭钟麟恭折由驿驰奏,伏乞皇上圣鉴训示!谨奏。

光绪二十一年四月十七日,奉朱批:"另有旨。钦此。"

232. 军机处录呈总理各国事务衙门与法使问答奏片（四月十八日）

据总理各国事务衙门送到与法使问答一件,照录呈览。谨奏。四月十八日。

总理各国事务衙门与法使问答节略

致谢寒暄毕,施阿兰云:"台湾一事,接外部覆电云:'前外部与庆常商及保护,因恐倭不听。观北路或有战事,法欲以台湾驻兵;今已允让辽东,与前情不同。中国既将台湾许与日本,自不便再想别法,致启衅端;本国亦不便出而干预。'现在此事可作罢论。"

问以"玉之春曾与外部见面否"?

施云:"外部不愿接见,有两个缘故:一因王大人张罗借款,人多杂乱,有失体面。一由中国本有驻法使臣,今王大人路过法都,若久留不去,令人生疑。"谓:"台湾之事稍有漏泄,于中国甚为危险。应令王大人即行回国为妥。"

告以:"台湾百姓不愿归日本,立将变乱。贵国如能设法保护,非但台民感激,贵国亦可大得利益!"

施云:"目下总不能办,深恐两相索累。倘日后台湾出有别项情形,法国或另有打算,亦未可定。缘台地与越南相近,本国亦有关系。我们哈外部与龚大人及庆常素来相熟,将来如有应与贵国关照之处,当可密商转达也。"

233. 署台湾巡抚唐景崧来电（四月十八日到）

密。有德人来说:中、德交情最厚,向无微嫌;台事曾请英、俄设法,今又专请法,独未及德,似未周到。因此向德领事探商,渠亦以为应有电旨饬许使向德外部商请阻割台湾,并由总署向德使筹商。察法、德素不相能,且台地并无法商、又无领事,惟德有之;今请法不请德,恐德难以为情,致添一层痕迹,似非邦交所宜。惟添请德国,究与法使有无妨碍?无从遥揣。并请饬总署妥酌!伏乞圣裁。请代奏!景崧肃。

234. 署南洋大臣张之洞来电(四月十九日到)

密。呈总署:俄、德、法已为我将辽、旅争回,今倭换约展限七日,已蒙旨暂缓互换;乃以伊藤一言恐喝,仓卒互换。伊藤允展限之电到,亦已无及;忿抑万状!然事机难以屡误,尚有补救一、二之方。盖我约虽换,倭断不敢占辽,必另索巨款抵补;前议二百兆已足令中国民穷财尽矣,岂可再加!开伊藤已向李相授意;此乃倭寇窘极狡极之计,万不可又受其毒。此时要策,惟有坚持定见;但托俄议,不与倭议。闻俄本有"拟与倭商立退地约据,保索偿费,尤代调停"之说,盖倭不能据辽,慑俄之威,非倭之让;情不必感,费自不必加。倭不敢踞,俄又不肯占;倭计既穷,略为敷衍,即可令归于我。即使俄不能代我减费,倭亦必自图了事。若为倭所愚,开口轻许、又耗巨款,中国更不支,后患难言矣!台湾情形亦与辽相同,惟恳请饬龚使速回英,饬王使速与法切商,则台保全而不加巨费与倭。钱财虽轻于出地,然譬如人身,脂膏耗尽,何以自存!俄、法既经出头,倭必无再战之理。伏望朝廷坚忍力持,不胜大幸!请代奏!之洞肃。啸。

235. 大学士李鸿章来电(四月十九日到)

密红。顷接伊藤博文十八日戌正电称:"十七日来电收到。日本一俟应先豫备中事整办之后,即可与中国开议奉天南边之地。至台湾一节,日本现已告明中国政府,今日皇已派水师提督子爵桦山资纪作为台湾巡抚、并作为日本特派大员,办理按照《马关和约》第五款末条之事。约两礼拜,该巡抚即可履任办事于行抵该处时,即豫备办理特派之事。日本政府盼望中国政府立即简派大员一人或数人,与该巡抚会晤;并将该大员等衔名告明日本政府。按照如此情形,本大臣告知贵大臣:日本政府谓如中国政府查照日本所请速派大员一人或数人与该巡抚桦山会晤,毫无延宕;则贵大臣所虑危险之事,即可免矣。该巡抚一经到任之后,则境内保全平安之事,一惟日本政府是问。"玩其语意,似已电由田贝告知钧署。适科士达来晤,密与商筹;科谓:"和约既经批准互换,除日本允还奉天南边另议外,其余应逐一照办;断不可游移,借故诿延,以致另起波澜,生意外险。即请地国保护即使办到,亦必枝节横生。"鸿告以:"台湾官民不肯交接,奈何?"科谓:"皇上批准,中国官民岂可任听梗阻,致失国体!如国家采纳鄙言,应由政府属田贝转告日本:以中国派大员商交台湾,日本应同时派大员商交辽东,方为公允"云云。可否仍责成唐署抚与倭员妥为商办?乞代奏请旨!鸿。效酉初。

236. 广东巡抚马丕瑶奏强寇要盟权奸挟制筹策具陈折（四月二十一日到）

头品顶戴广东巡抚臣马丕瑶跪奏:为强寇要盟、权奸挟制,民心不服,宗社攸关;谨筹策披沥具陈,伏乞宸纲独断事。

窃臣阅天津电报局电传和议已成,计列十款;李鸿章于二十六日回津等语。遽闻之下,惊骇彷徨,罔知所措!伏念李鸿章受国厚恩,前此淮勇之溃逃、海军之覆没,蒙我皇上轸念勋旧,不加诛戮;复令衔命出使,畀以全权。宜如何激发天良,力图补救;岂容以敌人要求无厌,转为之挟制朝廷,而置宗庙、社稷、土地、人民于不顾!苟有人心者,断不出此。人谓倭人恃李鸿章为内援、李鸿章恃倭人为外援,由今观之,诚不诬也。臣僻守南隅,愤懑不能自已;谨就愚戆所及,为我皇上缕晰陈之。

现议款内,有日本所得地方悉归日本一条。查上年兵衅既开,背盟内犯,其曲在彼;徒以猝不及防,遂至金、复等州与旅顺、威海等口相继失守。各该处为燕、齐要隘,密迩神京;既曰议和,应将掠过地方悉数归还。况奉属为都门左臂,天津、烟台为口岸咽喉,焉能任其独据上游,搤吭拊背;北洋之险要尽失,此后防无可防。此其万不可允者,一也。台湾久为日本所垂涎,亦为各国所眈视。该省民物繁庶,其向化急公、涵濡圣泽者二百余年。我皇上一视同仁、痌瘝怀保,固不忍弃全台士庶而舍此版图;全台士庶戴高履厚、践土食毛,亦断不忍负皇上深思而甘为夷虏。一旦割归日本,遑论泰西各国群起纷争;即台南北各属忠义民团亦必揭竿而起,将与倭人不共戴天。胜负何常,众怒难犯,彼时必至逼胁中国官员为之经画;其将迁就倭人而驱逐台民乎?抑亦保护台民而再启衅端乎?此其万不可允者,又一也。至辽河以东地方割归日本一条,尤为诞妄无理。失辽东逼近沈阳,为我国家根本重地。列祖、列宗创业垂统,缔造艰难,尺土不可与人,卧榻岂容鼾睡!何况发祥之地,陵寝具在;无论其如何要挟,断不能忍让曲从。今若割以与倭,则南至海滨、北至漠外,任其纵横无忌;而我则门庭自限,跬步不行。昔俄人婪索伊犁,使臣崇厚擅与订约,犹蒙我皇太后、皇上赫然震怒,严加重谴;今以辽东相较,其轻重何止倍蓰!此其万不可允者,又一也。至若陆地通商,外洋久已歆羡;其所以求之不得者,徒以民心固结、腹地纡回,未能逞其私志耳。今许于北京、河南、四川、梧州、肇庆添开五口,将来滇、黔、关、陇、江、汉、湖、湘四通八达尽为所据,不日建洋房、开铁路、设领事、练洋兵,倭人倡率于前、各国踵行于后,十余年间将合中外为一家,各国争肆豪强而中国独承其敝;坐视民穷财竭,莫可如何!此其万不可允者,又一也。以上四条,上自皇太后、皇上,下至廷臣、内外文武百官以及天下士庶皆知其万无可允之理。倭人盖明知其不可而故意要盟、李鸿章亦明知其不可而代为挟制,是虽和不和,即和亦不能终和,安用此和议为哉!

此次电信到粤,粤人无不怒目裂眦,思食李鸿章、倭奴之肉欲得而甘心焉。想天下之民情,固无不痛心疾首于此议也。伏愿我皇上大震天威,首以宗社为重,立将现议各款严行拒绝;并援崇厚之例,将李鸿章发交刑狱,特派王大臣严按治罪,俾倭人无消息之可通、无奥援之可恃,则彼之气自夺而我之气益奋。一面诏饬刘坤一、王文韶、宋庆、依克唐阿、裕禄、李秉衡、唐景崧、刘永福等严整师旅,速将所失地方克期收复;一面通饬沿海沿江督、抚、提、镇将防务而实严备以遏寇氛,胜则予以不次之赏、不胜则予以不测之罚。其各省民团、义旅准其一律助战,共建奇勋;当必有豪杰之士应时而出。计以赔款百兆,足敷军粮、船械、赏犒一切之用,固无待于他求。师直为壮,胜算先操;臣以为断不至如目前之泄沓也。若谓兵凶战危,天津、辽阳等处皆与畿疆切近,我皇上至性仁孝,深恐有惊慈体;拟请饬下王大臣集议,恭奉皇太后西巡,避地山右或驻跸长安,俾各路统兵大员得以大张挞伐,李鸿章、倭奴亦无所挟恫喝于其间。夫"谦受益、满招损",此《虞书》之兵法也;"临事而惧、好谋而成",此《论语》之兵法也;"谨慎寄事",此汉诸葛之兵法也。自古战事不在于外势之强弱,而判于一心之敬肆;但使我上下、中外共常存忧勤惕励之心,自可收扫荡廓清之效。国威一振,众志成城。彼曲我直、彼骄我奋,败者可胜,失者可复。数月以后,事局必变。待倭人变计求和,则操纵在我,不至有伤元气而损国体;庶军务早平,宗社安如磐石矣。

臣愚戆无识,披沥直陈,曷胜悚栗屏营之至!是否有当?伏乞皇上圣鉴!

谨奏。

光绪二十一年四月初四日。

237. 大学士李鸿章来电（四月二十一日到）

钦奉二十日电旨，饬筹商台湾办法。查条约既经批准互换，断无违约不交之理。因与科士达密筹，姑先与伊藤委婉电问。电文云："贵大臣十七来电，业经转电中国政府。奉昨日电旨内开：'现在台湾兵民交愤，必不甘服听命。该署抚唐景崧系守台之官，现为台民迫留，危在旦夕，实无权与之交割；究竟有何办法？如何补救？着妥筹覆奏。钦此。'本大臣以贵大臣屡因两国所有为难各事，和衷与本大臣商办；况现在两国重缔和好，其交涉为难之处，应照友谊议结。察看台湾现在情形，两国全权大臣急宜会议此事办法。查贵大臣业经认明，所有弃让奉天南边之事，应行会议办理。本大臣之意，以为以上两事，务须同事议结。现因台地情形改变，与前不同；中国国家万不得已，着本大臣与贵大臣商酌办法。谅贵大臣必以为然，并令日本大员桦山提督暂缓起程为要"等语。此即前电另行筹商之意。彼即允再会议，亦必不肯放松；彼既弃辽，岂甘弃台！姑先商缓，看其复电云何。仍求朝廷熟思审处，设法开导唐署抚，勿任固执，另起波澜；致以一隅误大局，是为至幸。请代奏！鸿。马申。

238. 出使大臣龚照瑗来电（四月二十一日到）

哈外部告庆常云：倭事尚未稳妥，议院将诘问助华原委。若界务、商务不定，政府必受责；他事艰为出力。庆常云：已将此事电陈总署，请饬施使减让。哈云：云南领事及盐矿已嘱施使酌量通融，余事请照准等语。庆常探闻法与他国密议台事，暂不使华与闻生枝节。瑗。号。

239. 美使田贝来电（四月二十一日到）

公历五月十三日上午十点钟，日本政府自东京致电驻扎北京美公使云："本日日本政府请烦美公使将以下情节转达中国政府：日本朝廷业已简派水师提督子爵喀巴压那苏肯奴埃作为台湾、澎湖等岛巡抚，并授以钦差大臣之职，准其按照马关所立条约之第五款末节办理一切事宜。该抚约于二礼拜之内赴任,抵任时即行办理特委事件。日本政府即希中国政府立派钦差大臣一员或数员,前会该抚。至中国所派钦差之姓名、官阶,亦望即行照会日本政府"云云。

240. 署南洋大臣张之洞来电(四月二十二日到)

全台绅民敬电禀者:"台湾属倭,万姓不服。迭请唐抚院代奏台民下情而事难挽回,如赤子之失父母,悲惨曷极!伏查台湾已为朝廷弃地,百姓无依;惟有死守据为岛国,遥戴皇灵,为南洋屏蔽。惟须有人统率,众议坚留唐抚暂仍理台事,并留刘镇永福镇守台南。一面恳请各国查明'割地绅民不服'公法,从公剖断台湾应作何处置,再送唐抚入京、刘镇回任。台民此举,无非恋戴皇清,图固守以待转机。情形万紧,伏乞代奏!全台绅民同泣叩。"

241. 署台湾巡抚唐景崧来电(四月二十二日到)

密。台民知法不可恃,愿死守危区,为南洋屏蔽。坚留景崧与刘永福;经反复开导、再三力拒,无如众议甚坚,臣等虽欲求死而不得。至台能守与否,亦惟尽人力以待转机。此乃台民不服属倭,权能自主;其拒倭,与中国无涉。恳旨饬下总署商倭外部,彼员从缓来台,则台与倭尚可从容与议;若即以武相临,不过兵连祸结,彼断难驯。以上各节,是否有当?伏乞皇上训示。请代奏!景崧肃。养。

242. 出使大臣许景澄来电(四月二十二日到)

罗拔称:"俄国不及顾台,亦不能再向日本说话;德国已由领事告:台民不能保护,实无他策。"再述交地棘手情形;据云:"似宜先撤防兵,次第办理;此外,亦无善策可筹"等语。谨闻。澄。马。

243. 军机处电寄庆常谕旨（四月二十二日）

奉旨："据龚照瑗电称：探闻法与他国密议台事，暂不使华与闻，恐生枝节等语。台民汹汹，势难交割。刻下日本派员已将到台，办理殊为棘手。即着庆常密询外部：能否再申护台前议？迅速电覆。再，法使有'外部不愿接见王之春'之语，究竟曾否会晤？着一并电闻。钦此。四月二十二日。"

244. 军机处奏进呈日本条约片（四月二十二日）

换约委员伍廷芳等赍到日本条约一册，恭呈御览。谨奏。
四月二十二日（条约一册原缺）

245. 署南洋大臣张之洞来电（四月二十三日到）

王使之春来电云："号电谨悉。遵旨令庆常询外部'因何不愿接见？台事有无办法？'据复：'前商立约在未批准前，华既迟误；三国劝倭展限，华不能缓。议院谓辽地全力已尽，不欲再举。故无可晤商，非敢慢待。'又以恐德占先步激之，彼不为动。即前日法使向署问办法，亦止探询，无他意。立约致缓之由，详前电；诚可惜！现仍令庆常随时探问，一面候轮回华。乞代奏！春叩。"等语。谨照转，请代奏！之洞肃。祃。

246. 军机处电寄李鸿章谕旨（四月二十三日）

奉旨："李鸿章廿一日电奏已悉。兹据张之洞电奏：'接全台绅民电禀云：台湾属倭，万姓不服；既为朝廷弃地，惟有死守，据为岛国。并据唐景崧称：台民坚留该署抚与刘永福，不听开导；求死不得'等语。是台湾难交情形，已可概见。该大臣仍当熟筹办法，以期补救万一。伊藤回电如何？即行电覆！张之洞、唐景崧原电，并由总理衙门照录电知。钦此。四月二十三日。"

247. 刑科给事中谢隽杭请派李鸿章李经方赴台交割折（四月二十四日）

刑科给事中臣谢隽杭跪奏：为敬陈管见，恭折仰祈圣鉴事。

窃臣闻李鸿章、李经方为倭奴定议条约中有割台湾一款，以致该省人情汹汹，众怒如水火。然仰见列祖、列宗深仁厚泽沦肌浃髓，虽以孤悬海外之台湾，尚皆具有天良，不忍背负圣朝，甘心从夷。台湾诸臣若强驱之化外，于名为不正、于言为不顺；自有生民以来，无此办法。近复风闻李鸿章有两礼拜期内交割台湾，并请简派唐景崧之奏。臣意唐景崧之为人，以之效命疆场则志当靡他、以之旋转乾坤则力恐弗胜。此事既系李鸿章、李经方始终主谋，岂有功届垂成，反自逍遥事外之理？且该大臣等既能定割地请和之策，自必具用夷变夏之才。国家用人专一，若忽舍而他求，臣恐其追胁朝廷，且未有已也。相应请旨饬派李鸿章、李经方等迅速亲赴台湾依限交割，以终遂其志而闲执其口。用敢披沥直陈，伏乞皇上圣鉴施行！谨奏。

光绪二十一年四月二十四日。

248. 大学士李鸿章来电（四月二十四日到）

顷接日本伊藤二十二日戌正英文覆电云："四月二十一日来电，业经接到。查按照两国批准《马关和约》，台湾所有主治地方之权业已交与日本；其了结地方变乱之法，勿庸两国合议。是以中国政府只须将治理台湾之事并公家产业，查照条约及前电即派大员交与日本大员。按照以上情形而言，桦山巡抚起程日期勿庸暂缓；查该巡抚已于本日由西京动身矣。至于奉天南边之地，日本之意已于前电声明"等语。鸿查此电，词意甚为决绝。桦山已于二十三日起程，计日必到澎、台；应请先行电知唐署抚筹备为要。至台地绅民公电有云："请各国查照'割地绅民不服'之公法剖断"；询科士达，查洋文公法原本所载，并非战后让地之例，难以比拟。且倭既不肯会议，俄、德、法亦不过问，孰为剖断？应请传谕，勿得误会！此事恐开衅端，并连累他处；务祈慎重筹办，大局之幸！请代奏！鸿。敬巳。

249. 军机处电寄李经方谕旨（四月二十四日）

奉旨："着派二品顶戴前出使大臣李经方前往台湾与日本派出使大臣商办事件。钦此。四月二十四日。"

250. 大学士李鸿章来电（四月二十五日到）

密红。前属德璀琳转电巴兰德，请其极力设法耸动各国劝阻倭人赴台交割；顷该税司译送巴电："传德京皆云天津设法阴令台民叛拒倭人，显系违约；倭必兴兵构怨，势极危险。若再战败，必将重议和约，视马关前约为更甚。我已辞职，退回故里"云云。查鸿迭奉旨饬电问伊藤，有"台民愤乱抗拒"之语；因前约明电无密码，或沿途各局漏泄讹传，或倭人藉词捏造。其实阴令台民叛拒者，南洋及台抚也。今德君臣既疑中国违约、不愿帮助，俄亦未必与倭与戎；中朝必应妥慎筹办，勿先违约，自贻后祸。鸿。敬戌。

251. 大学士李鸿章来电（四月二十五日到）

密红。奉电旨派李经方往台湾与日本派出大臣商办事件，钦此。查李经方自马关随同回津后，因忧劳成疾，病势沉重，回南就医。顷电传旨饬遵，据覆称"素未到台，情形不悉，地方官绅无一知者；日本所派桦山亦素未谋面，无从商办。现正延医调治，牵发旧疾，怔忡日剧，神智不清；断难胜此艰巨。乞代奏"等语。查系实在情形，并无一语捏饰。商交台湾事体繁重，自应责成台抚督同藩司顾肇熙妥办；否则，应饬阁督就近拣派大员前往，会同该处官绅筹办。似未便令情形隔膜、资浅望轻之员搪塞外人，必至贻误。李经方实不胜任；理合自行检举，请旨收回成命，另行简派。乞代奏！鸿。有巳。

252. 德国外部来电（四月二十五日到）

现在屡次听闻，佥言如一：现驻台湾之中国兵丁较前加增，煽惑人心播乱，将日本逐出。如再开仗，中国应当赔偿更多；深恐不但台湾，连海南、舟山等紧要之处一并失去。令绅大臣劝中国总署设法弹压。本部所开,的确无疑。

253. 军机处电寄李鸿章谕旨(四月二十五日)

奉旨:"李鸿章两电俱悉。据称伊藤覆电词意决绝,德国又疑中国阴令台民叛拒,恐致构兵等语。台湾一事,朝廷深为焦虑;昨派李经方前往商办,可见中国并无不愿交割之意。现在倭使将到,着李鸿章饬令李经方迅速往台,与倭使妥为商办,毋稍耽延贻误;一面仍将台民不服开导竟欲据为岛国情形,再行电告伊藤,免致怀疑借口。钦此。四月二十五日。"

254. 大学士李鸿章来电(四月二十六日)

密红。顷德领事司艮德来,译呈绅珂电云:"柏林政府电开:'接得实信,台湾现已添兵,以台民定策为辞。德国政府之意,以为中、日如再行开仗,则中国违约,责成更大;不但台地必失,且恐舟山、海南及其他要紧处所难保无虞'等语。本大臣因于二十四日谒见总署,以现在危险情形告明各堂,并加警戒;总署答云:'李中堂已将总署无权管理台湾事宜告明伊藤,并请伊藤会议此事;伊藤复称:中国已将台湾主权让与日本,台事勿庸会议,日本能自保其地平安等语。请将以上情节告明中堂,并将回复之语电知'云。"鸿答以"总署无权管理台事之语,不但我未告明伊藤,且无此政体;恐绅使误会"云。所称危险情形,自是友邦关切好意;请加意申诫为要。鸿。宥午正。

255. 军机处电寄许景澄谕旨(四月二十六日)

奉旨:"许景澄廿三日电奏已悉。俄允三国同议辽事,尚未酌定商议之地。着许景澄随时探问;一有确信,速即电闻,以便中国派员与议。倭已派员来台收地,现派李经方前往商办;并令唐景崧开缺来京。惟台民不服,必至生变。其难以交割情形,亦可告知俄廷,免致倭人借口。钦此。四月二十六日。"

256. 军机处电寄李鸿章谕旨（四月二十六日）

奉旨："李鸿章电奏已悉。李经方随同李鸿章赴倭，派为全权大臣，同订条约；回津后尚未复命，何以遽行回南？昨派令前往台湾商办事件，又复藉病推诿；殊堪诧异！李鸿章身膺重任，当将此事委筹结局，岂得置身事外，转为李经方饰词卸责！本日已有旨将唐景崧开缺，令其来京陛见；并令文武各员陆续内渡。现在倭使将次到台，仍着李经方迅速前往，毋得畏难辞避！倘因迁延贻误，惟李经方是问；李鸿章亦不能辞其咎也。钦此。四月二十六日。"

257. 军机处电寄唐景崧谕旨（四月二十六日）

奉旨："署台湾巡抚布政使唐景崧着即开缺，来京陛见。其台省大小文武各员，并着饬令陆续内渡。钦此。四月二十六日。"

258. 侍郎长萃请饬李鸿章亲赴台湾办理交割事宜折（四月二十七日）

奴才长萃跪奏：为大臣玩视朝廷，渐不可长，请更考验以决去留；恭折仰祈圣鉴事。

窃见大学士、直隶总督李鸿章受国厚恩，总理海军数十年，糜饷无算；一旦临敌，率皆溃散。其孤恩负国，已可概见。迨奉命议和，不顾事之可否，遽尔定约而归。其"军务获咎人员均行释免"一条，于倭人并无所利，显系该大臣预为淮人开脱地步。尤可异者，议和之后迭次请假，并不进京复命，举万分难处之事委诸朝廷；岂公忠体国之大臣而忍出此！彼盖明知所约各条大不利于中国，中国臣民必动公愤，故思置身事外，归过朝廷；而其敢于出此者，直以朝廷无人督责耳。在我皇上念其为先朝老臣，且有战功，每示优容，不忍弃置。而我皇太后自归政后深居宫中，又不能知其晚年变节至于如此；使皇太后知其如此，则所谓此鞅鞅非少主臣者，在我皇太后圣明果断，固早有以处置之矣。

今者和局既成，事多棘手；而最难者，莫如交割台湾一事。该大臣既已约之于先，谅必能善之于后；且能与倭人议事者，除该大臣外，亦别无一人。拟请皇上恭请懿旨,饬令该大臣亲赴台湾办理交割事宜。所以必请懿旨者,我皇太后垂帘听政几三十年英断如神,群臣莫不折服;该大臣即不畏我皇上,当必不敢不畏我皇太后。如其闻命即行,亲至台湾目击民情,一时触发天良,容或另有挽回之术,是该大臣尚能补过于万一;在朝廷弃过录功,亦何必更为刻责!设该大臣抗违懿旨,托病不行;则是该大臣不惟不畏皇上,并不畏皇太后矣!则是该大臣但知有倭人,不复知有我大清矣!拟请皇上奏明皇太后,立将该大臣治之重典,以维国体、以厌人心;天下幸甚!不然,听其优游事外,略不绳以法度,不惟目前台湾之事漫无办法,且恐唐代藩镇拒命之祸将接迹于此后矣!

奴才愚昧之见,是否有当?谨恭折奏闻,伏乞皇上圣鉴训示!谨奏。

光绪二十一年四月二十七日。

259. 大学士李鸿章来电（四月二十七日到）

钦奉宥电谕旨,惶悚曷任!李经方患病未愈,且虑不能胜任,何敢饰词推诿。惟事势紧急,遵即电饬力疾料理前往。顷据电禀:"经方才短病紧,地方情形太生,恐误大局;不敢不沥陈于前。严旨督责,敢不懔遵。惟任大责重,可否添派一人同往到台;或留署藩司顾肇熙、提督杨岐珍在台交接,并请令科士达偕往襄助？乞酌核代奏"等因。查顾、杨二员均与鸿章旧好,人亦明练;乞电饬暂留,与李经方会商一切。科士达亦愿偕往;所需洋文、东文参赞翻译各员,已令经方酌调。鸿赶紧代刻关防,以便公牍钤用;并饬沪道筹给公费、租定轮船,俟津、沪各员齐集,刻日前往。鸿又电属伊藤转致桦山,和衷相机商办。请代奏!沁午。

260. 福州将军庆裕等来电（四月二十七日到）

前电台民公禀,计已代奏。台民忠愤,倡议拒倭;远近响应,日益汹汹。官府弹压无权,兵勇有戕中军之事。届期倭来收地,势必群起抗拒,断不能听官交割;倭不得地,必借口别有要求。若不及早设法,一朝变起,接受愈难。查和约赔费、通商两条足餍倭欲,此条可径援公法"民情不愿,定约可废",明请各国公议废约。倭知民心不附、难善其后,亦必愿迁就了结。裕等为防患起见,请代奏!庆裕、宝泉同肃。感。

261. 军机处奏赴台办理交割除李经方外实无别员可派　请饬不准推诿片（四月二十七日）

本日长萃奏"请饬李鸿章赴台交割"一折,奉旨"存查"。赴台交割一节,昨因李经方藉病推诿,奉旨电饬李鸿章仍着李经方迅速前往。前议条约虽有"两月内交清"之语,惟日本所派使臣桦山资纪已于二十三日起程,计日可到。此次办理交割,除李经方外,实无别员可派；即使李鸿章再有电奏代为固辞,仍应请旨饬令李经方前往,不准推诿。合并声明。谨将长萃折恭呈慈览。谨奏。

四月二十七日。

262. 军机处拟给李鸿章电信（四月二十七日）

昨李经方因病辞差,已奉旨仍令迅速前往。贵大臣务当懔遵谕旨,谆饬该员力任其难；克期赴台,设法办理。如再固辞,必干严谴；慎勿率行渎请。四月二十七日。

263. 大学士李鸿章来电（四月二十八日到）

顷接本日伊藤午初覆电云："李中堂阁下：公历本月廿一日、即中历四月廿七日来电,业经收到；并将其中情节转电桦山,托其与李经方按照友谊和衷商办。日本政府已派水陆各军前赴台湾,中国特派大员谅必带有'全权',日本特派大员业经奉有此等文凭。如中国特派大员先来长崎带同日本国船只前往,以资护卫,更为安稳。至该大员何日可抵该处？务乞示知"等语。应否加给"全权"文凭？可否先赴长崎会齐前往？乞速核酌请旨饬遵！鸿。勘酉。

264. 军机处电寄李鸿章谕旨（四月二十八日）

奉旨："李鸿章电奏已悉。科士达愿偕李经方赴台并调参赞翻译各员,均照所请理。台湾文武各员,已有旨饬令内渡,未便再令留台守候。如天津别有可派之员,即由李鸿章就近酌调前往,帮同李经方商办一切。钦此。四月二十八日。"

265. 大学士李鸿章来电（四月二十九日到）

顷电复伊藤云："五月二十日、即中历四月二十八日来电，业经收到。蒙转托桦山与李经方按照友谊和衷商办，殊为感佩。惟台地民情日变，不服开导；现正围集地方官衙门，愤乱哄闹，不放唐抚台等内渡。中国特派交割大员，断难冒险轻进，致遭不测。贵大臣商请先来长崎协同贵国兵船前往护卫，洵属慎重安稳之美意；但虑事多窒碍，仍望贵大臣电致桦山提督，约定何日彼此在台湾海边何处或澎湖何口会晤，迅速示覆，以便转属李经方酌办。至中国特派大员，已奉旨加有'全权'字样。如果台地平靖，自应按照《马关和约》第五款末条办理交接；倘台民叛乱不已，实系无法交接。祈贵大臣谅之，另筹善法为盼"等语。除转致经方外，请代奏！鸿。艳酉。

266. 署台湾巡抚唐景崧来电（四月二十九日到）

闻倭归辽旅，索加费一万万；台湾系未失地，大可援此案加费赎回。原议兵费偿二万万，又赎辽、赎台之费，请各国公评价值，即可指台湾押与他国挪借巨款；所有赔款，均由此出。似此办法，则辽旅、台湾均退还中国，而赔款数万万均由台出。据江督电称：美国曾估台湾可押十万万；即不如数，大约数万万可押。请旨饬下总署与李鸿章向日本酌议：台民誓不服倭，倭难据取。李经方来台交割，台民愤极，定中奇祸；即澎，亦断不可往。实相爱，非相忌之辞。改派他员来台，恐亦无善全之策。伏思偿款二万万，又加赎辽旅费，部臣如何措手借款！洋债可成，海关全为英国所据，已属难堪；借必应还，我又何以立国！不如赎台而转押台，则费有所出。至来赎台之费，从容计议，自有众擎易举之法；容再续陈。惟押台之说，台无外洋巨商，请饬江督与议。总之，朝廷不忍割地弃民，人心感奋，百事可为；一失人心，断难再振。台民闻李经方偕倭酋即日往台，变在旦夕。倘蒙俯采末议，祈速谕知。请代奏！景崧肃。俭。

267. 军机处电寄李鸿章谕旨（四月二十九日）

奉旨："李鸿章电奏已悉。伊藤所称李经方先赴长崎会同前往，诸多窒碍。着李鸿章覆以彼此约定在台湾海口会晤，以免周折。文凭即加'全权'字样。钦此。四月二十九日。"

268. 署台湾巡抚唐景崧来电（五月一日到）

密。法提督昨派兵轮"保汤"、"保佩"来台察看，兵官德而尼晋谒，谓"台能自主，可保护"。告以"台民誓不从倭。若台地竟无力争回，必成自主。请速问法弁，究允保护否"？该轮即日开往长崎，请提督电询法廷矣。窃维朝廷虽允割台，经崧迭奏台民愤不欲生情形；第有一线生机，自必允为设法。此次法提督派员来商，实系为保台起见；惟事机能否转圜，尚难悬揣。谨先电闻。可否代奏以慰宸廑之处，乞裁夺。景崧肃。艳。

269. 大学士李鸿章来电（五月初二日到）

密红。顷接伊藤初一申正电称："李中堂阁下：本月二十三日（即中历四月二十九日）来电所示各节，当经转达桦山提督去后。顷准该提督复称：'两国特派大员，应以淡水作为会齐之所。中国特派大员如以淡水地方有碍难之事，该提督应将中国特派大员安稳送至澎湖或福州暂住。如果该处有愤乱之事，应俟至弹压平靖后再行前往，该提督与李经方同时登岸'等语。本大臣相应迅将以上各节电达贵大臣知照，并望李经方即径赴淡水"云。似此尚为稳妥。除电经方酌办外，请代奏。鸿。宋辰。

270. 大学士李鸿章来电（五月初二日到）

密红。昨奉寄阅署台抚电，语多隔膜，实有不能已于言者。美国向例不干预外事；即美商肯估押，该国不能助兵，岂非空谈。俄、德、法与倭廷言，不准倭占中国大地；大地犹言平地也，故只索辽东而不及台岛。法初姑欲保台，因俄、德不从,乃止。未定约之前,英且不肯押台;岂定约后,美肯越俎!南洋及台抚皆不明洋情,凭虚臆造者也。至李经方手无兵权,自不能冒险轻进,致失国体。台北人来谓:前次杀死中军,系兵变,非民变;哥哲会弁亦欲乘机劫库耳。唐抚不遵旨内渡撤兵、横生异议,幸朝廷勿为所惑!鸿。宋辰正。

271. 大学士李鸿章来电(五月初三日到)

密红。顷电伊藤云:"公历五月二十四日(即中历五月初一日)来电所示各节,甚为周到。李经方现在上海料理行装,未知桦山提督何日自何处起程?向日可到淡水?乞先示覆。查台地民情愤乱、不服开导,系属实情;弹压似尚需时。李经方本无带兵管理地方之责,应静候桦山弹压平静后方婉商办一切。上海距淡水仅两日夜水程,如得桦山办理平靖之确信,李经方即可径赴淡水相会。可否转属桦山将情形随时径电李经方酌办?若桦山正在用兵弹压之际,李经方迹涉嫌疑,未便遽与会齐,以致该处绅民怨愤。贵大臣必能鉴谅及此,并希预筹善处之方为幸"等语。鸿。江午。

272. 前署台湾巡抚唐景崧来电(五月初三日到)

密。四月二十六日,奉电旨:臣景崧钦遵开缺,应即起程入京陛见。惟臣先行,民断不容,各官亦无一保全;只合臣暂留此,先令各官陆续内渡,臣再相机自处。台民闻割台后望有转机,未敢妄动;今已绝望,公议自立为民主之国,于五月初二日齐集衙署捧送印旗,印文曰"台湾民主国总统之印",旗为蓝地黄虎,强臣暂留保民理事,臣坚辞不获。伏思倭人不日到台,台民必拒;若炮台仍用龙旗开仗,恐为倭人借口,牵涉中国。不得已允暂视事,将旗发给各炮台暂换;印暂收存,专为交涉各国之用。一俟布告各国并商结外援,嗣后台湾总统均由民举,遵奉正朔,遥作屏藩。俟事稍定,臣能脱身,即奔赴宫门,席藁请罪。昧死上闻,请代奏。景崧肃。冬。

273. 大学士李鸿章来电(五月初四日到)

顷接伊藤初三亥刻电称:"本日来电已接到。桦山提督明日早辰可抵淡水。本大臣详审料量，深信当此时节，两国特派大员会晤之期愈早愈妙。此事极有关系，甚属紧要。是以本大臣盼望中国特派大员立即启程，不必以所处艰难鳃鳃过虑。如万一果有不虞，桦山提督自当按照本大臣前寄贵大臣之电所陈之意出力助护"云。闻台湾已自立为民主之国，布告各国；恐无出而援助者。绅民义愤固无如何，惟不应奉署抚唐景崧为总统，使朝廷号令不行。日本岂不明知；必有责言，虑生他衅。李经方奉命前往交地，兹既无地可交，此外各事无从过问。伊藤仍催赴淡水会齐，原系照约办理；李经方即去，亦不过作壁上观战，断难设法排解。究竟如何处置？李经方应否速往？伏乞电旨迅速指示机宜！请代奏。鸿。支午。

274. 署南洋大臣张之洞来电（五月初四日到）

接台电：台民忠义，誓不服倭。适唐抚奉旨内渡，台遂自约为民主之国；绅民蜂拥毕集，不放唐行，强唐抚留台。唐无可如何，允暂留保民御敌；并云"该抚在此，则各官可行；该抚一人去，则无一人可脱矣"等语。查台民不肯属倭情形，屡经电奏。前奉旨拨济台饷五十万及军火各节，已拨三千万并酌拨旧枪并弹；现自改为民主之国，以后饷械等事自未便再为接济，以免枝节。谨电奏陈明。请代奏。之洞肃。支寅。

275. 军机处电寄李鸿章谕旨（五月初五日）

奉旨："李鸿章电奏已悉。台民劫制生变，事出意外，无从过问。李经方既经照约派往，若不速行，转令生疑。伊藤电内既有'出力助护'之说，自应克日前往，相机商办；即使不能排解，彼亦无可借口也。钦此。五月初五日。"

276. 前署台湾巡抚唐景崧来电（五月初五日到）

王大臣钧鉴：全台不服倭，因愿为圣朝之民。今之自主，为拒倭计，免其向中国饶舌；如有机，自仍归中国。臣为民劫留，暂缓赴京陛见。连日以来，惶悚万状。惟此后不无奏咨之件及与各省文件公牍，拟用臣开缺本衔及"台湾巡抚"关防。一息尚存，未敢稍逾臣节。谨预陈明。署藩司顾肇熙内渡，因受瘴抱病；乞准回籍就医。缺无人署,只合姑存衙门之名；委数员分理文牍,以便承乏。提臣杨岐珍潜离行营,待轮内渡；勇营后拔。其不敢在台,别具苦心。近日倭轮三五艘,或泊或游于沪尾口外；台民安堵。近状并陈。乞代奏。景崧肃。鱼。

277. 署南洋大臣张之洞来电（五月初六日到）

今日台抚唐冬电称："以后奏事及行文洞地暨内地各省,均仍用本衔及'巡抚'印。台倘幸存,自仍归命国家；印、旗系为交涉各国结援而设,免中国受牵累"等语。窃思此节甚关紧要,谨代电陈。查台民依恋本朝,不愿他属；唐迫于台民,不能内渡。唐现办法,洵属无可奈何之苦心。事成则国家受其利,不成则该抚身受其害；谅蒙圣明鉴察。倘能支持数月,倭气已阻,冀可再与倭商赎台之法；台若赎回,所值甚多。请代奏。之洞肃。

278. 大学士李鸿章来电（五月初六日到）

密红。钦奉电旨：饬李经方克日往台相机商办等因。遵即转电饬遵,俟启程定期即报；并密嘱以"各国均疑台民自主系由朝廷嗾使,倭人不能无疑。桦山若怪唐抚主使,应告以已奉旨令开缺来京,乃为台民强留,即不得目为华官。彼即战争,应在台地；不当波及他处,致碍和局。如倭兵上岸攻剿,闻该处有勇百营,岂能一鼓溃灭。台民素悍,竹围甚多,伏莽到处抗拒,剿须旷日持久；汝似未能久待。自应查照伊藤四月廿三日电云'按照两国批准《马关和约》台湾所有主治地方之权业已交与日本,只须将治理台湾之事并了结地方变乱之法一并照约交给日本特派大臣自行经理',备文知照桦山；俟其照覆到日酌量回舟,以后应与我国无干"云云。请代奏。事势至此,亦只有如此办理。鸿。鱼辰。

279. 大学士李鸿章来电（五月初六日到）

密红。李经方鱼电旨令速往,准初七日启程,力疾前往；随带道台马建忠、西文翻译伍克建、东文翻译卢永铭、陶大均、文员张柳、黄正、洪冀昌、邵守先、武员吕文经、高轩春等十员,余谨遵办理。乞代奏。鸿。鱼未。

280. 大学士李鸿章来电(五月初七日到)

路透电:闻俄国拟即照会日本,令将所有驻韩日兵悉行撤退。又日本水师现在淡水口外,想不日台必开战云。鸿。阳。

281. 大学士李鸿章来电(五月初七日到)

顷电覆伊藤云:"西五月二十六日(即中五月初三日)来电业经接到。桦山提督既克期往抵淡水,中国特派大员本应即往会晤;前因台地民情大变,深恐会商无益于事,未免踌躇。兹贵大臣电称此事关系紧要,不必以所处艰碍过虑;允按照前电出力助护等语。本大臣已奏明,饬催李经方迅速起程。据该员电报,准于五月初七日由上海前往;若途间无风雾阻滞,初九、十日可到淡水。惟近闻台湾绅民公议,已自立为民主之岛国,不服我国家号令;李经方必更呼应不灵,且恐激生意外之变。回忆西五月十七日(即中四月二十三日)贵大臣来电,按照两国批准《马关和约》台湾所有主治地方之权业已交与日本,其了结地方变乱之法,勿庸两国会议;中国政府只须将治理地方等事交与日本所派大员云云。是李经方到淡水后,自应查照贵大臣前电语意,与桦山提督会商;想桦山自能设法办理。台民已为自主之岛国,中朝实难遥制;即中国特派大员亦只能照约交出台湾,此外一切均无从过问。祈贵大臣电致桦山提督格外原谅,通融办理为幸。至来电谓果有不虞,桦山必按照前电所陈者出力助护;具见友谊关爱,尤感盛情于不尽也"云。请代奏!

282. 前署台湾巡抚唐景崧来电(五月初七日到)

倭大队犯基隆旁路,已开仗;未分胜负。景崧肃。阳寅。

283. 军机处拟给张之洞电信(五月初七日)

初五来电已呈递,唐景崧亦有电至。现在台事未便过问,若仍用奏咨文件,即难免牵累,有碍大局。唐为台民劫制,如能设法脱身,宜即早归,庶免别生枝节。遵旨电达,希即电知为要。五月初七日。

284. 大学士李鸿章来电（五月初八日到）

刘含芳鱼电:"顷民船'盛连敏'初四午自旅顺开,据称旅仅倭舰一只,每日来往装运;商轮五六只、七八只不等。台局之物,无不运去;存兵寥寥,闻三礼拜皆去"等语。鸿。齐。

285. 闽浙总督边宝泉等来电（五月初八日到）

初七亥刻,台电云:"昨夕倭轮十余艘犯基隆旁口澳地方,寇登岸,已开仗;胜负未分。崧。阳。"宝泉、庆裕肃。庚。

286. 福州将军庆裕等来电（五月初九日到）

急。密。初八酉刻,接台电云:"台沿海可登岸,防不胜防。昨倭输十四艘犯澳底,数百人登岸;该处僻远,只土勇数百人开仗,无大胜负。我军退守山隘,尚无大碍。日内必有大战。崧。阳。"庆裕、宝泉肃。齐酉。

287. 前署台湾巡抚唐景崧来电（五月初九日到）

密。初六日,倭船十余艘带兵数千人乘黑夜由距基隆五十里澳底登岸。该处口岸辽阔,防军难遍堵截;统带曾喜照亦未能力拒,被倭人蔓延至三貂岭,欲攻基隆后路。我军相持三日,初八日下午粤军与倭人迎头奋击,力战两时获胜,杀寇甚多,并斩获倭兵官三画首级一名;寇退至三貂岭半山地方。现仍严饬各军相机进剿,续有探报再陈。可否代奏,以慰宸廑？伏候钧裁！景崧肃。佳。

288. 上海道刘麒祥来电（五月初九日到）

鱼电谕敬悉。顷沪局接台局来电，基隆已开仗。又西报馆得神户电，风闻倭人已在基隆迤北地方上岸等语。李星使初五已乘"公义"轮船起行，倭使闻尚未到，约在澎湖会议。此后自当随时访探；惟台隔重洋，难得确信，惟有据闻驰报。麒祥跪禀。

289. 军机处拟给庆裕边宝泉电信（五月初九日）

来电云：倭寇于初七犯基隆旁口登岸。接仗情形如何？望随时探明电报！五月初九日。

290. 署理福建台湾巡抚布政使唐景崧奏报失守澎湖各员解闽日期折（五月初十日到）

头品顶戴署理福建台湾巡抚布政使臣唐景崧跪奏：为起解失守澎湖镇、厅各员日期，恭折仰祈圣鉴事。

窃臣于光绪二十一年四月十八日钦奉电旨："唐景崧奏'澎湖失守，总兵周振邦坐视不救、先行逃避，据实奏参'一折，即着该署抚派员将周振邦押解福建，交边宝泉审明按律定拟具奏。钦此。"兹查澎湖厅陈步梯现亦投到，该员系失守地方印官，未便姑容。相应奏参请旨，将陈步梯与周振邦一并先行革职解闽，并案审办。除咨部查照暨将周振邦、陈步梯一并委员于四月二十二日起解赴闽投收审讯外，所有起解失守澎湖镇、厅各员日期，谨会同闽浙总督臣边宝泉恭折由驿具奏，伏乞皇上圣鉴训示！谨奏。

光绪二十一年四月二十二日。

291. 大学士李鸿章来电（五月初十日到）

密红。李经方佳巳沪尾来电："初九寅刻到淡水，桦山留兵船名'千代田'在口外候，并送初七函称：'本委员曾经如约前往淡水，何计在该处兵丁等放枪要击,无由进口;乃取道基隆附近,将入台北府。因此特派兵船候贵委员来,即请转驾此兵船或与之同航速来会'云。方只得即刻同'千代田'前往基隆,与桦山接晤。据日船兵官称:桦山带兵船四、陆兵一万已登基隆岸。再,此电托海关代送"云。鸿。蒸午。

292. 大学士李鸿章来电(五月初十日到)

龚使齐电:"顷英廷接唐抚电告台湾变民主,众举为总统;英拟不复云。"鸿想各国必皆不复;我国须自立脚步,以免日后倭有口舌,凭各国公论是非。祈酌办!鸿。蒸午。

293. 大学士李鸿章来电(五月初十日到)

密红。杨提督岐珍厦门电称:"初八带四营抵厦,余仝留台,由唐中丞主政。台事实情,兵多乌合,绅士正者知难、劣者图利。当道性偏,绅民无识者随声附和,假民为主,已见形迹。各绅承指力请随从,珍坚持以遵旨办理,任死不变;继知志不可夺,代奏回任"云。鸿。蒸酉。

294. 军机处电寄张之洞等谕旨(五月初十日)

奉旨:"现在和约既定,而台民不服,据为岛国,自己无从过问。惟近据英德使臣言:上海、广东均有军械解往,并有勇丁由粤往台,疑为中国暗中接济,登之洋报;或系台人自行私运,亦未可知。而此等谣传,实于和约大有妨碍。着张之洞、奎俊、谭钟麟、马丕瑶饬查,各海口究竟有无私运军械、勇丁之事?设法禁止,免滋口实。钦此。五月初十日。"

295. 军机处电寄边宝泉谕旨(五月初十日)

奉旨:"失守澎湖各员,现经唐景崧委员解闽;澎湖镇总兵周振邦、澎湖通判陈步梯,着一并革职,交边宝泉审明按律定拟具奏。钦此。五月初十日。"

296. 军机处电寄李鸿章王文韶谕旨（五月十一日）

奉旨："李鸿章电悉。前因台民变乱，据为岛国；已令文武各员内渡，此后无从过问。昨又电令南洋、广东禁止私运军火、勇丁赴台，此即自立脚步之意。如日使言及此事，着李鸿章、王文韶切实告以和议既定，中国决无嗾令台民自主之理；勿听洋报谣传，致生疑虑。钦此。五月十一日。"

297. 大学士李鸿章来电（五月十二日到）

沪局沈道本日丑刻电："洋报接昨午台北来电：倭舰十五艘已到台湾东北角，约有三千兵登岸；台兵小战数次，胜负未分"云。闻踞辽东之倭，再一礼拜退尽。又闻海参崴俄官示谕在彼俄兵各整行囊，听候续示，立刻出境；似不久，德、倭将交绥云。鸿。文申。

298. 大学士李鸿章来电（五月十二日到）

密红。李经方自上海来电："本日申正，平顺回沪。台事交接清楚，甚顺手；余详续电"云。请代奏！鸿。文酉。

299. 前署台湾巡抚唐景崧来电（五月十二日到）

基隆血战六日，将士伤亡不少；统领张兆连重伤，全军顿散，基隆不守。教民四起，省城瓦解；事不可为矣。请代奏！景崧肃。真亥。

300. 署北洋大臣王文韶来回（五月十二日到）

前新加坡领事黄遵电云："台既自主，亟宜杜彼借口，似应即将唐抚军革职；一面告倭，以台人背衅，巡抚为民劫留，现已将其革职。按约交割需时，现正设法劝谕云云。一以明中朝守约之意，一以缓日本攻台之师。可否密商北洋，言之政府"等因。由陈藩司宝箴转呈前来。文韶悉心查核，所论不为无见。

惟现在劝谕云云,似未妥协;恐揽在身上也。是否可行?不敢壅蔽;谨请钧夺!文韶。真。

301. 广东巡抚马丕瑶来电(五月十二日到)

蒸电谨悉。澎湖事亟,台湾派员来募勇;并非粤东解往接济。和局定,委员即已遣散。英、德公使所云勇丁由粤往台,想是和议未成以前事。既奉谕旨,自应饬禁。惟各处购外洋军械多自香港交付,即日本亦从香港购买;台湾有无购运,粤省不得而知。省城并无运械往台之事;洋报日有谣言,殊不可信。请代奏!丕瑶肃。真。

302. 大学士李鸿章来电(五月十三日到)

李经方文电:"商办交接台湾节略:佳巳电自淡水发后,开赴基隆;申正抵基隆口外之海湾,名三貂澳。舢泊定,桦山请初十巳正相见。届时往晤,桦山云:'奉命来台,以为和约批准,交接甚易。乃伊藤接中国政府电告台事棘手,始带领水陆各军到淡水。后派小兵轮欲进口,知照华官;华兵开炮要挡,故来基隆,又为华兵枪炮轰击。不得已,暂住三貂澳。现陆军一万已登岸,日内可取基隆'云。经方答以'奉命照约来此,专与贵委员商办事件;台湾如何交接,望先明告'!桦山云:'诸事棘手,交接甚难。俟我攻取基隆,到台北府后再徐议交接。'经方云:'和约批准,伊藤自认中国已将台湾治理事权交与日本;此来照约将堡垒、军器、工厂及属公物件交与贵委员。台民已变,岂能登岸一一点交!我自马关回,卧病已久,在沪调治;奉旨力疾前来。此处风涛险恶,不能起立;若候贵委员登岸到台北府,不知何时!台地甚大,民变非一日可平,恐非数年不能交接清楚。今两国和好,须按照友谊和衷商办,不可强我所难。'伊云:'虽然如此,交接事大,不能迁就。'辩论至未初,经方昏眩,坐不能定。桦山云:'请回船,我即来商议。'经方为多人扶回。桦山未正来拜,首云'和约批准,愿两国实心和好,永远不改'!答以'诚然'。伊云:'既如此,何以淡水、基隆中国兵丁皆放枪炮要击;此处复见有华官告示,令军民人等抗拒?'答以'和约批准后,大皇帝即派我来台带有全权交接台湾,且特旨令文武各官陆续内渡;此为两国实心和好凭据。台民不服生变,何事不为!淡水开枪,我未目见,不知虚实;但据贵委员之言,想必团练土兵所为。风闻杨提督等已内渡,其余文武各官虽为台民劫留,未能遵旨一律内渡;民不奉朝命,官久无权,告示皆台民所为,官岂能过问。'辩诘数时。伊云:'但愿抗拒各事,如贵委员所说,非官与兵所为!'经方复云:'交接之事,究竟如何办理?'桦山云:'早间所说,即是办法。'经方云:'固执过甚,似非和衷。'桦山云:'我甚和衷,但办事不得不然。今见贵委员病状颠连,若久留于此,万有不测,我实疚心!但交换之事,贵委员如何办法?'经方答以'照约办理,外无他法'。桦山云:'须有清单。'经方云:'非地方官,何从有清单!此时民变,将来平定后衙署文卷何从查考,终无清单。和约内本无"清单"字样,何必多立名目,强我所难!'伊云:'清单任贵委员如何写法,总须有此名目,方合款式。'经方即于清单内写:'一、台湾全岛、澎湖列岛之各海口并各府厅县所有堡垒、军器、工厂及属公对象。'伊云:'太含糊。'经方云:'强我开清单,祇能如此。不然,即将"清单"二字删去。'伊见方词意甚决,始允照办。桦山又云:由台湾至福建之海线,系台湾属公物件;伊须照收。经方云:'海线非岸上产业,何能交让!况每线登岸,非两国政府议明不能;我未奉命商办此事,无此权力。且和约内未言及!'伊云:'既然如此,祇好写明台湾至福建海线应如何办理之处,俟两国政府随后商定。'彼此辩论自未正至酉正,始定议。桦山即命其参赞先将汉文、东文清稿交方阅看,其稿措词尚合和约;因与福士达商酌。福云:'此文据但照抄和约,于和约外不增减一事,实为简要妥洽,非其意料所及。'劝方即刻署名盖印,恐稍迟有变,另生枝节。亥正,即彼此署名盖印。事毕,十一子刻开船,本日申正到沪;感受瘴疠,病益加剧。乞将问答节略,核酌代奏!至交接文据,即续抄电。"请代奏,并交总署备案!鸿。元辰。

303. 大学士李鸿章来电(五月十三日到)

密红。李经方(电)称:"交接台湾文据:'大清帝国大皇帝陛下及大日本帝国大皇帝陛下为照在下之阅所定和约第五款第二条交接台湾一省,大清国大皇帝陛下简派二品顶戴前出使大臣李经方、大日本国大皇帝陛下简派台湾总督海军大将从二位勋一等子爵桦山资纪各为全权委员。因两全权委员会同于基隆所办事项如左:中、日两帝国全权委员交接光绪二十一年三月二十三日、即明治二十八年四月十七日在下关之两帝国钦差全权大臣所定和约第二款中国永远让与日本之台湾全岛及所有附属各岛屿并澎湖列岛即在英国格林尼次东经百十九度起、至百二十度止及北纬二十三度起、至二十四度之间诸岛屿之管理主权并别册所示各该地方所有堡垒、军器、工厂及一切属公对象，均皆清楚。为此两帝国全权委员欲立文据，即行署名盖印，以昭确实。光绪二十一年五月初十日、明治二十八年六月二日，订为基隆（缮写两分）。大清帝国钦差全权委员二品顶戴前出使大臣李经方、大日本帝国全权委员台湾总督海军大将从二位勋一等子爵桦山资纪。台湾全岛及所有附属各岛屿并澎湖列岛所有堡垒、军器、工厂及属公对象清单：一、台湾全岛、澎湖列岛之各海口并各府厅县所有堡垒、军器、工厂及属公对象。一、台湾至福建海线应如何办理之处，俟两国政府随后商定'云。"乞代奏！又据电称："交接文据汉文、东文各一分，拟派随员赍送到津，求咨送总署备案。回文到，即转咨。"鸿。元巳。

304. 大学士李鸿章来电（五月十三日到）

沪局电："洋报传单，今晨接台北电：此处大为震动，抚台已逃走。衙门并邻近之房均被毁，兵与民四处劫掠；西人幸尚无恙。沪尾亦乱云。"鸿。元戌。

305. 福州将军庆裕等来电（五月十三日到）

顷台局电："唐抚有移驻新竹之议，布置尚未定"云。庆裕、宝泉肃。文酉。

306. 福州将军庆裕等来电（五月十三日到）

顷台局报："倭兵昨晚距城二十里，城内纷乱；电局仅洋人一名，不能收报。今晨唐抚已赴沪，土人挨抢，抚署被焚。"沪或指沪尾。庆裕、宝泉。元。

307. 上海道刘麒祥来电（五月十三日到）

沪关税司先后接淡水税司电：十一夜，倭人轰击基隆；兵降，未回一枪。倭在八斗码头东登岸前进，欲从陆路攻基隆；口外兵轮一大队，将以由水道夹击。又，李道初十夜子刻在淡水洋面与桦山交割换约，昨晚乘"公义"回沪。麒祥禀。

308. 军机处电寄刘坤一谕旨（五月十三日）

奉旨："刘坤一十一日电、长顺初九日电均悉。现在台湾已经李经方交接清楚，倭兵致台，基隆不守，省城瓦解，无从过问；和局并未决裂。倭允归辽，有三国担认，不至翻悔。我军祇宜就原扎处所小心防守，切不可轻信传闻，率行进扎，图占先着，转致启衅；是为至要。此旨着刘坤一知照长顺、依克唐阿及前敌各军一体懔遵。钦此。五月十三日。"

309. 军机处电寄许景澄谕旨（五月十三日）

奉旨："辽东倭兵，前据探称陆续撤退，所存无多。兹又据长顺等电称：现又添兵增炮、筑台挖沟，似不肯归地等情。洋报又称：海参崴俄兵整备行囊，似有与倭交绥之意。现在台湾已经李经方交接清楚，台、倭交兵，与我无涉。惟归辽之事，三国究竟商议如何，尚无确信。着许景澄即向外部探问，电闻。借款一节，亦宜早与定议为要。钦此。五月十三日。"

310. 大学士李鸿章来电（五月十四日到）

沪局电："顷接福州商局电：唐及大小官员十二夜赴沪尾，拟坐'驾时'船往申，被兵士扣留。倭未进台北城，大队往攻沪尾。又闻'驾时'船被击云。"鸿。愿酉。

311. 军机处电寄李鸿章谕旨（五月十四日）

奉旨："李鸿章三电均悉。台事既经李经方与桦山交接清楚，立有文据；此后台湾变乱情形，即与中国无涉。应由李鸿章电知伊藤，以为了结此事之据。至海线如何办理？应饬电局豫为筹议，以备随后商定。前派李鸿章、王文韶为全权大臣与日使商办事件，该使有无来津消息？并着探明电闻。钦此。五月十四日。"

312. 福州将军庆裕等来电（五月十五日到）

顷台局洋匠手报：唐抚昨往沪尾，今早附"雅打"商轮内渡；沪尾炮台拦截，经德兵轮放炮救之，始开去。又，昨晚台城火药局被毁，倭兵现尚未入城云。庆裕、宝泉同肃。寒戌。

313. 大学士李鸿章来电（五月十五日到）

顷接伊藤十四日申正来电："林董已于昨日乘本国兵船由横滨起程赴任，本大臣求托阁下：于林大臣到津时，赐予优待帮助，庶于奉使本旨得有裨益；本大臣曷胜心感预谢之至。"当即电覆以"西六月初六日（即中五月十四日）来电收到。林董大臣已起程赴任，到津时自必优待、遇事帮助，以敦友谊而副尊嘱。台湾变乱情形，前已屡次电闻在案。李经方初九日到基隆海湾与桦山提督会商，蒙其格外照料体谅，节日互立文据，将台湾一切事宜照约交接清楚，以后治理地方之权系贵国政府责任，应由桦山自行照办，即与中国无涉；想贵大臣必已闻知。至林董驻京，原为办理中国政府前电所陈各案；可先在津商办。昨奉上谕：'派李鸿章、王文韶为全权大臣，与日本使臣商办事件。钦此。'林大臣自不必先行进京；本大臣病假将满，当会同署督王大臣遵旨款留，与之和衷妥商办理。请贵大臣迅即电知林大臣遵照为要"云。请代奏！鸿。望午。

314. 大学士李鸿章来电（五月十七日到）

沪电："闽局昨午来电：倭进台北，唐'驾时'走否未确；线已不通"云。询之沪税司，亦无沪尾税司电音。又闻洋人传言："驾时"所载非唐云。鸿。筱辰。

315. 大学士李鸿章来电（五月十九日到）

顷接伊藤十八日午正覆电："台湾业经按照《马关条约》交接清楚，闻之实深欣悦。林董将来赴任办公，承贵大臣允许遇事帮助，曷胜感谢。如此帮助，于两国邦交必深为有益。现当此时，应以重结邦交为第一要议。日皇特简林董,委之以此重任;故宜径赴北京,愈速愈妙。林董赴京并到任一切事宜,仍求贵大臣赐予帮助为荷!其按照《马关条约》应议事宜,现在林董尚无此等权柄;因当其起程之时,中国政府所有主见,日本政府未及周知。至林董到任之后,再由日本政府予以权柄,以便与贵大臣暨王大臣会议一切,原无不可"云。鸿查以前电声明赴任,照常例须到任后乃能办公议事;现虽遵旨款留,势难坚阻。闻两日后可到,俟晤商再陈。请先代奏!效辰。

316. 大学士李鸿章来电(五月二十日到)

沪局电:"洋报横滨来电:五月十四日桦山报称:已在基隆设立总督衙门。该处文武均逃走,土人四处掠劫。西人深恐被害,亲到日人处请兵催进台北府;台民馈礼呈物,以迎王师。北方全境已为日人所有,大约南方尚须战"云。鸿。哿。

317. 大学士李鸿章来电(五月二十一日到)

沪局电:"洋报接香港午后来电:'驾时'已到厦门,该船身有弹子所穿之洞。当台抚乘该船离淡水时,有兵十名被炮台击死,其尸俱载至厦。该船在淡水,系德兵船'伊尔地士'送出海。该船上有乱兵一千五百名要去广州,不肯回厦上岸。台北基隆、沪尾营兵只五百人踞守;台北灾害甚大,日人施救甚勇"云。顷杨提督岐珍来电:"溃勇来厦六、七千,一无所有;闽给遗赀一元,鸠形鹄面,凄惨已极!"核与洋报大略相同云。鸿。马。

318. 闽浙总督边宝泉来电(五月二十一日到)

效两电悉。台湾溃勇纷纷渡厦,尚无哗乱情事。已于十七派员前往,会同杨提督妥为赀遣,派轮分送回籍;粤勇送粤、湘勇送湘,并电两江、粤东接递护送。顷闻倭装勇二艘来闽,到时当续遣;闽口俟溃勇遣毕即撤封,以便茶运。惟闻台北基隆、沪尾倭均派兵营,绅民俱服;华官均内渡,海关挂倭旗。惟台中、台南消息不通,将来战事恐尚不免。宝泉。哿。

319. 闽浙总督边宝泉来电（五月二十二日到）

失守澎湖总兵周振邦、通判陈步梯，经署台抚先后奏奉电旨解闽审拟；当委司道委解亲讯，据供倭由后路登岸，统领朱上泮约往劫营，周振邦与陈步梯被倭迎截，众寡不敌，先后退守东卫金龟集，陈步梯回城，各处炮台被毁、土城亦陷等供。查周振邦疏于筹备，被贼登岸，节节退守，失陷城寨，陈步梯职司守土；俱照守边将帅失陷城寨，应斩候。陈步梯因土城兵少不支，可否援法防成案，乞恩未减？因系奉电旨审拟，谨先电请代奏！详细情形，另折奏闻。宝泉肃。个。

320. 大学士李鸿章来电（五月二十四日到）

沪局养电：" '驾时'昨夜到，停商局北栈江中。遣人到该船询据水手说：唐由此船来，昨夜即上岸，不知何往。至倭之入台，由土人引从基隆后荒僻之径搭桥渡一小河而进，又由某秀才等自基隆引到台北；倭兵仅二百名。先时，兵勇抢掠；及倭兵到，即不抢。'驾时'自淡水开驶，由抚署抬来银三万五千两；为大炮台所见，即向'驾时'开炮。该船系挂德旗，改名'益达'，德商经理；德兵船遣人到炮台询以何故？炮台答以'三个月无饷，现忽有银装出，故击之'。德兵船即饬将银送交炮台，半途已抢数千。旁有一土炮台，仍未得银，复向'驾时'连击五炮；中二，伤数人。倭送粤勇到厦，'琛航'装往广东"云。鸿。敬。

321. 大学士李鸿章来电（五月二十四日到）

密红。鸿章假期届满，日使林董于本日巳正来谒，会同文韶接晤。寒暄数语后，询其接伊政府电信否？林云："昨到津，始接伊藤等电称，中堂与王大人已奉派全权大臣，会商事件。惟照通例，驻京使臣应先赴京到任，呈递国书觐见。"答以"中朝向无一定办法，有公使到任数年或数月始觐见者。现值天气炎热，未知我大皇帝接见方便否。两国既经和好，早迟必准觐见；何必急急！"林云："我奉朝命，不敢违；必须先进京，往总署请示。倘令我回津商议公事，我可再来。"鸿等询及辽东何时退还？日本兵何时撤尽？林云："我启程时，三国正议此事。辽东已踞各处之兵,已逐渐撤回;但一时尚难撤完。"询以我前敌各军探报海城、营口尚添兵？林谓:"必是各营间有调换,误报;添兵,断无其事。"林又商及"照约两国俘虏应各送还广岛、海城;有华兵俘虏一千六百人,当即分送。惟照通例,应由华筹给送费;但为数无多,俟其行文到日分别办理"。问:"台湾有信否？"林云:"久未接桦山信,只知已到基隆,余无他言。"询其何日进京？云"俟酌定水陆路程,再告知"。以上各节,无甚狡强;鸿等不便徐留,致失和气。俟其抵京,钧署再妥酌。请先奏！鸿、韶。敬午。

322. 闽浙总督边宝泉来电（五月二十五日到）

马电敬悉。厦门赀遣散勇,派轮分送;装满三船,均已开行。尚余六七百名候船,昨电调浙轮来闽帮送。现又有倭船三舰装勇二千余至平潭,由省城内外及兴、泉一带均有散勇,即当妥为赀遣,不令逗遛滋事。闽口定于闰五月初二撤封,即知照各领事。请代奏！宝泉肃。敬。

323. 吏科掌印给事中余联沅奏报传闻台湾刘永福与倭击战情形片（六月初二日）

再,中国自交台湾而后,倭人即将电线割断,不通音信;且厚贿中西各报局,不许登录。盖恐中国知之,无所肆其要挟也。臣等昨得厦门商人私信,证以近日传闻,敬为我皇上缕陈之:一、倭以十五艘火船攻鸡笼,先到者十二艘为刘永福诱之入城,悉数歼除;计戮倭军二千人及降倭淮军四千人。一、倭奴取台北府,被刘永福伏兵海边,轰毁其七船、夺获其五船,仅余三船逃免。先是四月间,刘永福知台湾必有战事,乃从闽、广豫购火油,用竹筒盛之;乘风倾入,故有此捷。一、倭中大将七名,悉为刘永福擒获;其余将弁,不计其数。倭人愿输赀续回,刘永福故索银数百兆以难之。其兵丁之登岸者,又为刘永福设计坑杀。一、台北、澎湖,现经刘永福收回。前丁汝昌私降于倭,倭人为之易名;现在澎湖,亦为刘永福拘获。一、倭愿将全台让与刘永福,只求鸡笼两炮台;刘永福不允,只准通商、不许有兵船保护。案倭之伎俩如此。李鸿章前则主和忌战,至此又密禁报局不许宣传,故朝廷有所不知,得遂其虚声恫喝之计。应请旨再饬下闽浙督臣探确速奏,俾该倭慑于威声而敛其骄纵,亦未始非国家之利也。

臣等窃以中国物力如此艰难,赔款万难如数;幸此时款尚未交,倭现与俄购衅,万不可遽借款与之以资其强。至朝鲜久为藩封,而倭强以为自主之国;俄与之争,此诚难得之机会。况俄与我通好二百余年,正好资其兵力制倭人、收朝鲜,以泄中国之愤而快天下之心。乃闻李鸿章尚欲我出兵助倭以攻俄,益信外间传其父子通倭,并非苛论。想圣明深识远虑,洞烛各国之情伪;必不至为莠言所惑,弃好而崇雠也。

为此合词附片具陈,伏乞圣鉴!谨奏。

324. 翰林院侍读学士准良请明谕将刘永福革职片（六月二十日）

再,台湾自割弃以来,军报不通,消息隔绝;惟道路传闻暨申报、沪报,并访之外国新闻纸,则均称刘永福、林朝栋诸军迭获胜仗,毙倭无算。证以倭人之驻中国者近以杀戮劫掠为事,则是残民泄愤,其败衄情形灼然可信。使倭人乘胜长驱据有全台,中国诚不必过问;所宜预计者,在台军之得胜耳。刘永福不务总统妄举,惟以孤忠义愤激励兵民;设使收功台北、归复朝廷,为弃为取,何以侍之？奴才窃以刘永福既未遵旨回任,即不得不谓之抗命。惟是守土大义也、保民至仁也,拟请明谕革职;姑念其情势逼迫,非出得已,不重究其抗命之罪。斯外以杜倭人之口,内以结台民之心。其不济,则朝廷之威令已申;其济,则异日之措施较易矣。

奴才愚昧之见,谨附片具陈,伏乞皇上圣鉴!谨奏。

325. 户科掌印给事中洪良品奏和款难筹请勿借款以招后衅折（六月二十四日）

四品衔户科掌印给事中臣洪良品跪奏:为和款难筹,请勿借款以招后衅,仍与倭酋缓商减数,以全盟好而固邦本;恭折仰祈圣鉴事。

窃倭寇内侵,我皇上体上天爱民之心,屈从和议;此其不得已之苦衷,久为薄海臣民所钦谅。惟是倭人索款太巨,其中有关国家安危之故,臣五夜筹思,罔知所措;不得不为皇上分析言之。

案中国财源，以户部为总汇，而户科稽核其成。臣任户科十年，于一切出入会计，时刻留心。计自近年以来，财之所耗，大半销于海防、洋务居多。此两项原无成例可循，皆为乾隆时所未有者。今言者欲藉节流以为偿款也，则必先撤去海防、屏除洋务然后可。而臣揣时度势，有以知其断断不能，是徒为画饼充饥之计；至使四邻闻之，妄疑我有余力，而肆其要挟。近闻辽南各地，该倭又索款五千万两方肯退还。不知前此二万万两之款，断非中国力所能办，即百计搜括、多方撙节，终属于事无济；而况又添五千万两乎！此言者谓四、五年即可清还二万万两之说，诬也！至俄、英、法诸国之款，万不可借以塞责。计二万万两之款，每年须息金一千七、八百万两，而镑价之长跌、洋行之折扣尚不在内；统计须二千万两，乃能偿息一年。今海内物力衰耗，加以各关利薮隐为洋人侵蚀，该倭复请于各口免税、且复制货销售，有碍小民生计，因以包征夹带，大损中国饷源。统计中国库储如洗，有日减、无日增；兼之中外往来之縻费、水旱荒之蠲赈，朝不谋夕。安能每年余此二千万金以偿息乎！而况二万万金之本，尤难筹措乎！夫此各国势大力强，以礼羁縻，尚难驾驭；况力不能偿！至于爽信而授之口实，其有不立启兵端者乎？是我徒受小国恫喝之虚声而反贻大国侵逼之实祸，不可不防也。

辽南各地逼近奉天，业为倭人占夺，此圣虑所已及者。李鸿章并不索还，反不及俄人之忠顺。且倭本不敢深入，自破威海后直趋澎湖，其意欲尝试台湾，万不能正视京城；固已彰明较着。乃代为恫喝朝廷，径先畀以台湾，令餍其欲！闻台湾义民尚为我守，屡与倭战，获胜。夫以一隅之地，军火不全，尚能与之力抗；况我环师二十余万，军火器械俱备，该倭安能略无顾忌，径行狂骋！故惟以虚声诱喝，而又与内奸勾结，致贻我皇上宵旰之忧。昨有人从上海来，购得刊本所纪刘永福台战情状；证以交割台湾三月有余，倭人不能到手，其事岂尽无因。可知从前之败，非果倭兵无敌，实由李鸿章主持海防，多方以误之耳。及往议和，而又草率定计，全不为后患设想，以致今日办理棘手！但事已至此，无识者徒谓势难反评；不知此事非空言可了者。今日不受倭人恫喝，失信于倭之患小；他日难偿息借各款，失信于俄、英、法之害大也。此时正宜合盘通算，求一实在下落；切不可苟且塞责于一时，以致招尤贻悔于后日。此国家成败关头，最宜审慎。

以臣愚见细思，惟有急来缓受一策，阴与力持，阳为欢好。且遴简忠勇廉明之督师大臣，密谕宋庆、曹克忠、聂士成等严行提备；至临期，选一有口辩人与之往返熟商,告以实情,求其展期、让款、止息,另订条约以图永好。彼若怒而不许,我则晓谕各国、布告天下,顺人心之义愤、乘倭寇之败穷,厚集雄师与之力战,并攻取辽南各地;再密谕刘永福率其黑旗、番社各兵径攻日本,以为牵掣之计。至台湾兵饷,除基隆煤利外,计每年樟脑一款亦不下数十万,尽可供用。臣考自古国家成败之数,全在留元气、结民心。财者,国家之元气也。我朝祖宗有鉴于明之辽饷八百万金,卒以致亡;于是轻徭薄赋,永不加征。故厚泽深仁,固结于民心不解。虽以发、捻数千百万之众占夺疆域大半,历久终归销灭。今倭人自知兵力难于持久,唯恃有内奸勾结,乃以虚声恫喝,使我国家元气一旦被其剥削殆尽;此非寻常细故也。曩时他国议和,量力给与款项;事过,仍脱然无累。今与倭人议和,力难筹此巨款;转借他国之款以给之,势必贻累无穷。且先饰其言曰:限三十六年本息还清。试以二万万两之款,以三十六年分算,每年实得还金若干?并连镑价消耗合计,请饬令户部行文各省督、抚、关、道,除例解中国费用与一切蠲贷外,再余存项若干?问其实能筹措此项否?如按年力尚能筹,即具切结呈报;不能者听。似此方为实在着落。不然,一时苟且敷衍,仍滋后患;则此约非息事之券,适乃启衅之媒耳。臣虽至愚,若库有余资,藉以图安,未尝不乐其便;今权衡利害,借款终以招衅、改约尚为有名,两害相形则取其轻,时不可失也。况万国公法中明有"力不能行、致国之衰弱者,许其改约"一条;据此为言,何患无词。何为任其邀索而自贻害于无穷哉!

臣职户垣,专司稽察,实知财力盈绌大数,关国计出入是非;若知而不言,亦有溺职之咎。是以不揣冒昧,据实直陈。伏乞皇上圣鉴!谨奏。

光绪二十一年六月二十四日。

326. 鸿胪寺卿刘恩溥请勿轻弃台湾折(七月二十二日)

鸿胪寺卿刘恩溥跪奏:为敬陈管见,仰祈圣鉴事。

窃自台湾隶我版图二百余年,百姓衣食租税,诚心向化,中外皆知矣。今年忽割付日人,是岂我皇上之本心哉!如割付之后,台民即甘心归附日人,中国原可置之不问;无如众志成城、齐心抗拒,日人之所谓乱民,实我中国忠义之民也。在日人骑虎不下,必欲灭此朝食,自属意中之事;惟此等义民惨罹锋镝、至死不变情形,实难恝置!试思各省偶遇灾荒,多方赈济,尚复不遗余力;今兵荒更甚于灾荒,若听此数百万生灵膏诸锋刃,臣知皇上必有怒焉如捣者矣!臣思金、复、海、盖等处既有三千万金可以赎归之议,似台湾亦可商办,日人决不至执意不从。可否饬下总理衙门王大臣邀集他国公使与之婉商,酌付数千万金;即甚至再付二万万金,亦不为过?缘借款本非一时所能偿清;再行借用,亦不过多展年限而已。若台湾赎回后,即将该处地利认真兴办,似此项不至终归无着。且可令台民知皇上之不忍轻为弃掷,又可以保全中国之疆土,不致沦为异域;似于如天、如神之德尚相符合也。

臣愚昧之见,是否有当?伏乞皇上圣鉴!谨奏。

光绪二十一年七月二十二日。

327. 署两广总督谭钟麟来电(十月初六日到)

南澳镇刘永福回粤,细询情形:因倭人在台北杀戮甚惨,台南民坚留不放;此次潜遁得归,勇丁欠饷万余未清。查南澳与澎湖对照,令其回任,恐生枝节;可否调署南韶镇之处?恳代奏,请旨遵行!麟。鱼。

五、李鸿章全集·信函[①]

1. 复钦差出使日本大臣翰林院侍讲何

光绪四年正月初十日

子峨尊兄馆丈大人阁下：

　　去秋台从过津，畅聆绪论，赋别以来，瞬经改岁。迭奉十月十八，冬月十五、二十八，嘉平初七等日上海、横滨所发惠书，借聆一一。敬审东瀛利涉，专对宣猷，引企吉晖，式符抃颂。大斾以十月十九登舟，冬月十二行抵横滨。该国先已遣官恭迓，即遣黄参赞前往东京知会外务省，旋于二十四日进谒日本国主，呈递国书。礼成后与其太政官三条岩仓及大久保、伊达宗城等相见，应对周旋，情意款洽。泰西各使亦均订期会晤，美使尤为相契，自应设法联络，冀得友邦之助。各口华商求设领事，拟俟驻定后照会外务省，妥商办法。一面即令所派理事分驻各口，以张国势而顺舆情，具征坚持前约，力争上游。惟寄寓商民归地方官管束，本是泰西通例，日人自与西人通商后，其国改用西律，原欲仿照办理，具有深意。上年岩仓赴英、法两国商办，均未之许。该国寄寓以华人为最多，从前柳原之照会、森使之面述，皆力持缓设领事之议，虽经敝处与总署据约驳斥，揣其用意，盖欲先从华人下手，果能遂其所请，便思推及西人，又因华人流寓太多，有尾大不掉之患，此该国之隐情也。领事之设，原以保护商民，各口华人不下万众，其中良莠不齐，未必皆知大体，设官之后，所望甚奢，或不免有意外要求及作奸犯科等事，若因薄物细故，动以律法相绳，将谓华官不能庇护，易生觖望。若必遂其无厌之请，无论公使、领事之权，约章本有限制，断

[①] 顾廷龙、戴逸主编：《李鸿章全集·信函四》32，安徽教育出版社，2008年。

难处处办到,且彼国亦不肯允从,徒损国威,无裨实事,此约束华民难遽妥善者也。执事照会外务省后,近日若何辩论,仍望权度轻重缓急,随时相机商办。琉球因阻贡遣使,日廷久未得请,前递禀求见,执事令黄参赞等接晤,因其祈请诚恳,许为缓筹,自非得已。琉球服属两国阅时已久,情事与高丽不同,应如何斟酌商办。森使前过津门,鄙人曾面询此事。该使伴为不知,殊为狡谲。畿疆静谧如常,年前得雪三四寸不等,天时久旱,仍未深透,亟盼雪雨频沾,冀可补种春麦,稍资接济。晋豫旱灾过重,雪泽亦微,春收无望。弟竭力筹救,粮运艰贵,款项支绌。各省捐助虽尚踊跃,究难全活多命,亦未即有了期。西征军事,自刘毅斋湘军规复东四城后,从前陷贼之换防守备何步云纠集汉民,据喀什噶尔以抗贼。喀酋窜踞和阗,而嗾白彦虎往袭喀城。湘军现分两路赴喀,张朗斋一军分趋叶尔羌、和阗两城。白逆所馀悍众不多,无能为役。喀酋老巢已失,和阗回众先经归款,声威所震,谅难负隅久抗。特恐两酋窜人浩罕俄疆,仍为不了之局耳。新疆地势辽阔,左相议以郡县治之,事体极为繁巨,财力又甚竭蹶,似难即有就绪。张家口矿务试办数月,正槽银砂尚未能确有把握。唐景星所延矿师开河北来,酌办开平煤铁。荔秋太常拟于春间出都,弟亦于二月杪赴津,知关远念,并以附陈。彼中矿务政教军谋,谅已饫闻大略,便望详示一切为幸。专泐布复,敬颂勋祺,顺贺春祺。不具。馆愚弟李鸿章。

(G4—01—023)

2. 复日本副使三品衔即选府正堂张

光绪四年正月初十日

鲁生尊兄大人阁下:

去秋津门晤教,畅领雄谭,握别匆匆,驰思结辀。旋奉十月间惠书、抄件,借聆壹是。辰维骁征懋绩,赞画宣勤。博望乘槎,一介重皇华之选;东瀛持节,允能增上国之光。引企英晖,允符颂龠。执事抵东后,偕子峨星使进谒日本国主,与其国太政官及泰西各使订期会晤,均臻妥洽,睦邻修好,端赖长才。迩来东京馆舍计早择定,所有交涉事件,务祈和衷商办,妥细经营,是为至属。此间静谧如常,一切详致子峨星使函中,兹不赘述。专泐布复,敬颂台祺,顺贺春祺。不具。愚弟李鸿章。

（G4—01—024）

3. 复钦差出使日本大臣翰林院侍讲何

光绪四年正月二十六日

子峨尊兄馆丈大人阁下：

正月初十日泐复一缄，由招商局转寄，计邀青及。顷奉嘉平二十七日第四号函膝、抄件，敬聆一一。日本领事之设，本系照约办理，弟数年来所断断力争而未敢稍涉宽假者，昨以柳原、森使迭有违言，又虑中国商民难遵约束，方请由尊处斟酌妥办，诚恐事机滞碍而权力未能独伸也。兹读来示，知去腊照会外务省，派范锡朋为正理事官，驻扎横滨。接其复文，尚无异议，业经刊发钤记，饬令任事。入手一著，甚得机势，殊非初料所及，皆由执事坚守条规，力持大体。读答寺岛、宫本之言，不激不随，洞中窍要，使彼族无可置词。樽俎折冲，无愧专对之选，钦佩莫名。此外各口未设理事，自应暂照第九条条规，贸易民人归地方官约束照料。范君为台端识拔之人，所有开办后操纵缓急机宜，谅能均臻妥协。横滨距东京甚近，仍希随时督饬认真经理，并须约束商民遵守约章。主客之际，果能悉泯猜嫌，遇有交涉事件，必为平情妥办，使东人倾心信服，将来别口理事，或应添派，或应兼管，自不难迎刃而解矣。东京馆舍，租定移居。昨接朝鲜执政小春望日来书，日本又遣使赴彼，有何议论。新报谓英国欲令倭人介绍通商，确否。彼与各国交通情事及近日会商事略，便中仍望详示一二，以释系怀为幸。此间日前得雪四五寸，土膏滋润，若此后旸雨调匀，尚可及时补种春麦。西域尚未续有捷报，法使已令筠仙侍郎兼充，知念并及。专泐布复，敬颂勋祺。不具。鲁生兄均此。馆愚弟李鸿章。

（G4—01—052）

4. 附　何子峨来函

光绪四年四月二十八日

专肃者：阻贡一案，在神户时有球官来谒，察其词意，诚有如上谕所谓另有别情者，因饬其将阻贡后所有与日本往返文书悉钞一份备览。寓东京后，驻日球使毛凤来等迭次求见，收其各禀。如璋反复查阅，缘琉球于明万历三十年役属萨摩藩，近日本废其国内诸藩，遂欲举附庸者而郡县之。因琉球之臣事我朝也，必逼使贰我而后可以逞其志，此阻贡之举所由来也。琉球寡弱不敌，势如累卵，不能不托庇宇下以救危亡，故屡次遣员哀吁者以此。然惟称日本阻贡，于废藩制、改年号诸事皆隐忍不敢陈，是琉球之愚也。琉球初附东京，其王曾声请率由旧章中、东两属，彼时副岛种臣为外务卿，经许其请，后乃竟阻贡使，遣官驻球，欲锁其港。琉人危拒，几至骚乱，以劫日人。观日官批其所禀，绝无情理，不过一再曰所请各事难以听从而已，是日人未尝不知理屈。四年以来未遽灭其国绝其祀者，则以我牵制之故，欲俟我不与争而后下手耳。今向德宏之来（中山王据闽藩探问咨文，始将阻贡情事咨复，差向德宏赍来，其咨复文书当抄与日人。此次索阅之，唯于谕日复贡等字则隐约其词，馀皆同也），马如衡之去（光绪二年十月十九日，自琉往闽，此间新闻纸早经传播），日人皆知之，迟之又久而我不言，日人或揣我为弃琉球，疑我为怯。日本行废置而郡县之，以后更难议论，此准理度情，此时不得不言者也。或者乃恐因此开衅，不知日本国小而贫，自防不暇何暇谋人。该国债逾二亿，因去年萨乱，民心不靖，复议减租，国用益绌，近复下令借民债一千二百万，而应者寥寥，所赖以敷衍者纸币耳。然苟一兴师则军械枪火皆购之外国，非现金不可。陆军常备额止三万二千人，海军止四千人；轮舰止十五号，多朽败不可用者，议由英厂购船，以费绌始来一号，名为铁甲实铁皮耳。近仿德制，寓兵于农，征役练兵，三年为期。彼盖知全国濒海，时势艰危，图自守耳。若倾国劳师，常额不敷必役番休。废藩旧族意多怨望，又恐内乱将作。彼执政如岩仓、大久保皆非轻躁喜事之流，此种情形无可掩饰，其不敢开边衅者必矣。若台湾之役，西乡隆盛实主之，长崎临发，追之不及，乃将错就错，使大久保来议和。大久保归，国人交庆。后西乡复议攻高丽，执政痛抑之，乃弃官称乱，自灭其身。至今士大夫皆深讳是事，不复一言,其情可揣而知也。中土所传日耗多出夸张,证以台役,益疑其强盛。如璋到此数月,旁观目击,渐悉情伪。前所呈《使东述略》略陈大概,窃谓其今日固不敢因此开衅也。若又以日人无情无理,如瘈狗之狂,如无赖之横,果尔,则中、东和好终不可恃。阻贡不已,必灭琉球。琉球既灭,行及朝鲜。否则以我所难行,日事要求听之,何以为国拒之。是让一琉球,边衅究不能免;欲寻嫌隙,不患无端。日人苟横,奚必借此。又况琉球迫近台湾,我苟弃之,日人改为郡县,练民兵;球人因我拒绝,甘心从敌,彼皆习劳苦耐风涛之人,他时日本一强,资以船炮,扰我边陲,台、澎之间将求一夕之安不可得。是为台湾计,今日争之患犹纡,今日弃之患更深也。则虽谓因此生衅尚不得不争,况揆之时势决未必然乎。如璋熟知中国此时决非用兵之时,即虑日人亦知我天恩宽大,必不因弹丸之地张挞伐之成,口舌相从,恐无了局。然无论作何结局,较之今日之隐忍不言扰为彼善于此。即终无了期,而日人有所顾忌,球人借以苟延,所获亦多。失此不言,日人既灭琉球,练之为兵,驱之为寇,转恐边患无已时,斯又度时审势反复踌躇而以为不得不言者也。闽中来函,极言恐开边衅,欲罢此事。如璋谨据其所见函呈总署,然兹事重大,自恐识暗智昏,惶恐不知所措,伏维中堂察核训示之。临楮悚皇,再叩崇祺。如璋又肃。

(G4—04—048)

5. 复 何子峨

光绪四年四月二十九日

再密复者:承示日本阻贡一案,琉球使臣屡次哀吁,冀中国力加保护,借支危局,情殊可悯。琉球自明初臣服中国五百年来,无代不受封,无期不朝贡,旧章具在,班班可考,较之万历年间为萨摩藩属者,其年代先后已自不同。一旦恃强凌弱,欲举附庸者而郡县之,阻贡不已,旋改年号,改年不已,复欲锁港,无理已极!琉人喁喁内向,思欲托庇宇下,沐我厚往薄来之利,兼收扶危定倾之功。我中国自应善为护持,俾海东片壤稍延宗社,乃足昭字小之谊。且前时副岛种臣既许中、东两属之请,是彼未尝不畏我牵制。中国若隐忍缄默,彼且疑我怯弱,或将由琉球而及朝鲜,不如早遏其萌,使无觊觎。是今日日本阻贡之举,中国之不能不与力争者,理也,情也。然迩年以来曾未认真议及者,盖亦有故。琉球以黑子弹丸之地孤悬海外,远于中国而迩于日本,昔春秋时卫人灭邢,莒人灭鄫,以齐、晋之强大不能过问,盖虽欲恤邻救患而地势足以阻之。中国受琉球朝贡本无大利,若受其贡而不能保其国,固为诸国所轻;若专恃笔舌与之理论,而近今日本举动,诚如来书所谓无赖之横,瘈狗之狂,恐未必就我范围;若再以威力相角,争小国区区之贡,务虚名而勤远略,非惟不暇,亦且无谓。鄙意以为中国与之淡漠相遭,殆即古人不服药为中医之说,至谓言之即恐开边衅,则未必然。日本饷项之绌,国债之繁,旧族废藩之思乱,前此闻之稔矣!西乡隆盛已伏其辜,彼君臣鉴不戢自焚之祸,或者渐思守分。所购铁甲船,闻甲有四寸,似非铁皮五六分厚者可比。然核其军额颇属单弱,中国兵力固自应之有馀,谅彼决不因一言不合,遽起波澜,惟言之不听恐无大益耳。然琉球既祈恳不已,或不妨相机妥为开导,仍候总署核示办理。鸿章前晤森有礼,亦曾询及阻贡之事,彼乃佯为不知,似由情理内怯,但使少有顾忌,俾蕞尔屠邦不遭吞噬,所获已多。将来倘有辨论之时,自应援引修好条规第一、第二两款与相驳难,并密请总署转咨礼部,将琉球数百年朝贡成案钞备崖略,可以应答不穷。往年日本于台湾、朝鲜之役,始以巧言恬我,继以虚声疑我,其坚韧狡狯情状令人莫测其端。执事沉毅有为,果于任事,与日人交涉稍久,必能诇彼情实,与为推移,先事则审慎周详,临事则识力坚定,见可知难,随时进退,谅必曲中机宜也。再颂勋祺。不具。鸿章又顿首。

(G4—04—055)

6. 复总署　密议日本争琉球事

光绪四年五月初九日

敬密复者:顷奉五月初七日直字四百三十号密函钞件,以日本阻贡一事,闽帅谓宜勿轻发端;子峨星使谓隐忍不言,失体败事,究应如何办理,属即妥筹具复等因。仰见虚衷博采,思患预防,曷任钦悚。鸿章前接子峨四月初七日来函,力陈此议,与上尊处信件大致相同,当就管见所及详复一缄。兹将来往函稿钞呈钧核,未知有当万一否。查小宋等以日本举动叵测,有可疑者三端:其第一、二端似未甚确,第三端则琉球以咨复闽藩之文钞给日国,毛凤来等又在日境时谒星使,日本殆明知而阴纵之,以尝试于我。子峨函云:言之不从,其亏辱不过与不言而弃之等，事理固较然矣。至小宋虑其求益反损，窃料言之固无大益，然亦不致大损。日本事事宗法泰西欧美各邦，遇有此等事件，断无不举公法以相纠责之理，即言之无成，不以兵戎而以玉帛，何至遽开兵衅，亦不至遽坏和局。子峨向钧署所陈上中下三策，遣兵舶责问及约球人以必救，似皆小题大做，转涉张皇。惟言之不听时复言之，日人自知理绌，或不敢遽废藩制改郡县，俾球人得保其土，亦不借寇以兵，此虽似下策，实为今日一定办法。至其末段有云径告日本，愿举两属之琉球全归日国，准西例易地偿金，无论万办不到，中国亦无此体制也。上年台湾之役，日本即借琉球属人被害为词，其时钧处及鸿章与柳原、大久保等辨论，均力争琉球原属中国，而该使置若罔闻，居之不疑，是其处心积虑不使琉人内附。琉人近日更畏之如虎。即使从此不贡不封，亦无关于国家之轻重，原可以大度包之。惟中、东立约第一条，首以两国所属邦土不可稍有侵越，琉球地处偏隅，尚属可有可无，设得步援例而及朝鲜，我岂终能默尔耶。与其日后言之而毫无补救，似不若及今言之或稍止侵凌。该国执政大久保昨因变更朝政被刺，正岩仓等休惕危厉之时，星使乘机进言，冀可略知顾忌。若言之不听，再由子峨援公法商会各国公使，申明大义，各使虽未必助我以抑日本，而日人必虑各国生心，不至灭琉国而占其地，似较不言为少愈耳。闽中既恐波及，拟请钧处密致子峨，即据球使告述各节以相诘问，暂不必提明闽咨，亦不遽云出自贵署之意，庶几能发能收。森有礼甫经回国，其于钧处似有芥蒂，若一著迹，更难转场，是否可行，伏乞裁夺。专肃密复，祗叩中堂、王爷、大人钧祺。李鸿章谨上。直字一百八十九号。

再，奉五月初一日密函，谨聆一是。荒旱之馀，人心浮动，谣言自不能免。近畿连得大雨，流民多已归耕，只老弱妇孺尚有寄食各处粥厂者，大致甚属平静，谅不至有意外之警，可纾廑廑。专泐密复，祗颂钧祺。鸿章又上。

(G4—05—016)

7. 附　郭筠仙侍郎拟宣示日本书并附注二则

光绪五年三月二十二日

琉球臣事中国垂五百年，由来久远，而其地逼近日本，中国势难远庇。今闻日本禁其入贡中国，谋废为县，闻之骇叹。琉球之于中国自致其忠爱之忱，于中国不足为轻重,受其贡无所加于中国,绝其贡无所损于中国,而其入贡中国并未常有开衅日本之端。即从前亦兼纳贡日本,中国从不以介意,未知日本何所据以为词而废其国。英国深入缅甸,法国联合安南,皆未常①禁其入贡中国。日本不惟禁其入贡,又从而废之,既非兴灭继绝之谊,亦垂睦邻讲信之方,于事深有未安。应传谕琉球嗣后无庸入贡中国,以安日本之心,仍着驻扎日本大臣宣布国家之意,达知日本外部大臣,转奏请仍琉球之旧,听其自主,庶昭大公而明至信。日本废琉球为县,上海议论纷烦,无不主用兵者。琉球臣事中国最为恭顺,而附近日本肘腋,中国之力万难远庇,宜下明诏止其入贡,宣告日本不得擅废其国,庶情事两得,名正而言亦顺。东汉西域为匈奴所逼求内属,诏止其来,宋元以前如此等事盖常有之。稍援议郎班固拟答匈奴之例,为宣谕日本书呈请钧鉴。万国公法有保护小国之例,据此以诘日本,合众国之力维持之,琉球可以不废。而揣度中国之势恐有难行,此但一谕,饬驻扎日本大臣而已,不必求有益琉球。要求所以自处之道。光明正大,无逾是者。自揣愚昧,不足上陈当事,而私质之中堂,未知以为然否。嵩焘谨注。闰三月初五日到。

(G5—03—003)

8. 复总署　论日本废琉球

光绪五年闰三月初六日

敬复者:顷奉闰三月初四日直字五百十四号密函,以日本废琉球为县,筠仙侍郎所论不为无见。商酌可否等因。日使宍户玑由沪来津,鸿章本拟赶回面与理论,讵初二日行至河西务,闻该使已乘船驶过,交臂相失。迨抵津后询,据津海关郑道面称,晤宍户时曾告以可俟鸿章差旋晤谈一切。该使谓北上至京、通,当能遇便谒见。窥其意似将引避,亦遂无由接谈矣。适得筠仙三月二十二日沪上来信,有拟宣示日本书一通,附注两条,与致尊处信相同,谨钞呈览。又接其三月二十五日续函,谓日本既改球为县,前议当小为变通,而要必以宽免入贡为之基,一面遣派使臣会同各国公使保护琉球,听其自主。日本事事取法西洋,即当以西法治之,大小相维,强弱相制,固无臣事之礼,不令入贡

---

① 编者按:原文如此,似应为"尝"。

中国,亦不令入贡日本。琉球臣服中国已久,宜中国主其议;一以保护琉球为义,不足与争朝贡等语。其立论仍同前书,而遣派使臣会同各国保护琉球事,虽未必办到,似目前舍此更无办法。钧署电复子峨亦是此意。昨接子峨三月十五日函,称宍户既经到京,拟请召使臣归论此事,或有结局,若不令其归,即与宍户议,亦必仍前顽固。揣度情势,似尚明透。可否于裁复子峨书中略参活笔,令其会商驻日各使,如无成说,准即回京随同辩议,其使馆及各口理事公务,仍责成经手各员暂行照料。泰西通例往往有之,并非创见。钧处与宍户理说如有子峨在座,彼更无可躲闪,以后操纵进退之宜,尽可相机酌办,似亦无碍收局。筠仙论宽免入贡一节,即使琉球侥幸图存,恐朝贡有不得不免之势;但令球国终能自主,免贡出自朝命,似尚无伤国体,卓见以为何如。顷接丁雨生三月十九日信,威使于初十日赴香港,渠亦于十二日由闽起程回籍,知念附闻。专肃密复,祇颂中堂、王爷、大人钧祺。李鸿章谨上。直字一百九十六号。

(G5—R3—011)

9. 复总署　论争琉球宜固台防

光绪五年闰三月十六日

敬密复者:十四日接奉闰三月十三日直字五百十五号钧函,商及日本废琉球为县办法,并钞示与日使面谈节略,具审筹酌机宜,张弛互用,佩服莫名。宍户一味推诿,刁顽已极,但既为公使,此等交涉大事岂能不管,若竟不管,则和好既不能修,他事亦不能办。钧意一面仍与该使理论,一面知照子峨与该国外务争辩,此诚有不得不争之势也。查康熙六十年册封琉球使徐葆光所著《中山传信录》内称,明洪武五年琉球始入贡中国,嗣后逾年朝贡,率为常例。然永乐年间尚巴志之乱,万历年间日本平秀吉威胁琉球奉贡,又使毋入贡中国。旋自萨摩岛举兵中山,执其王及群臣以归,留二年放还,遂停贡中国。十年事平,仍入贡,其时明祚未衰,一听自然,未有兴师问罪之举,想亦以跨海远征诸多不便。今日本复师平秀吉故智,擅废琉球为县,正值我与立约派使驻扎之际,局势固有不同,若任其废灭而不问,诚如尊谕,如国体、众论何。邀集各国公评,自是一定办法。惟西使陆续来京商议修约免厘等事,口舌正多,若以此事相告,非置之不理即借端要求。即如初九日阿恩德先谈琉球新闻,鸿章语以各国意见何如。彼谓是中国之事、亚洲之事，与欧洲各国无干。连日会晤德国巴使、义大理新使德路嘉及各国领事，并无一语提及，似皆袖手旁观。其平日议论则多以日本学西法自强为是，而以中国鹜虚名令小邦入贡为非。筠仙前论《万国公法》有保护小国之例，无必令臣事之礼，盖因欲布告列邦，须以免贡为言，始洽众志。且若到彼此相持不下之时，更恐有幸灾乐祸，乘危徼利者。谓肯出而转圜，恐其毫无把握。至现在东洋各使，子峨平素联络似有交情，未知临时果认真出力否。美使四月可回，法使热夫来假归，闻无东旋意，荷兰则无常驻处所。子峨在彼或能相机结纳，设法与论耶。现所希冀者，其所派县令尚未遽往，球王未必甘受削夺，久之或有变态。钧意彼若一味蛮干，悍然不顾，即请将驻倭公使、领事一概撤回，布告各国，暂不说到用兵一层，作弯弓不发之势。将来万不得已，尽可如此办理。布告各国自应一由驻京公使转达，一由出使大臣转达外部并行文各口，勿与日本领事交接往来。届时各国或虑开兵端扰乱通商，出为理处亦未可知。无论西国果否排解，而彼既并吞中山，台湾之防尤应及早整顿。愚谓宜择知兵有威略者任之，此则自固门户之要计，兼有伐谋制敌之远图，尚希留意。专肃密复，祇请中堂、王爷、大人钧祺。李鸿章谨上。直字一百九十九号。

(G5—R3—017)

10. 致总署　议接待美国前总统

光绪五年闰三月二十一日

再，承询美国旧主格兰忒抵通后，尊处拟派人往迎，到津时即付一音，以便从容料理等因，具仰礼意优隆。筠仙、劼刚、荔秋诸星使均先致信，以优礼接待。鸿章月初回津，美副领事毕德格面询钧署如何款待，当以筠仙函意约略告之。该副领事谓，大皇帝虽不便觐见，如能在宫廷赐宴，似与欧洲各国礼貌无殊。鸿章告以向例只可在贵署公宴，碍难另议。彼谓其到津后，进京与否尚恐未定。复告以行止由伊自酌，将来拟仍怂恿人都一游，庶尊处借得把晤，相机联络，或为他日公评日、球近事之一助。日人实奉美国为护符，而格将军尤美之达尊，众望所归也。毕德格谓，伊曾任大将军，即称将军为宜。闻现由香港赴粤省，到沪尚有旬日耽搁，容俟来津再行详布，以副诈诿诿。鸿章又启。

(G5—R3—022)

11. 致总署　论伊犁及接待美国前总统

光绪五年闰三月二十六日

敬肃者：顷接新加坡领事胡璇泽密禀，英国威使于二月初旬抵新加坡，该领事与通款曲，谈及新疆事务，讽以从中调护，共敦睦谊。伊犁及喀什噶尔一带与印度毗连，若为俄据与英有碍，倘在京邀集各国公使会议，威使当可相助。又，美国前总统嘉兰（一称格兰忒）亦过该埠，谈及旧金山限制华民。嘉兰答俟回国后，事必妥办。闻嘉兰两任总统，民心爱戴，此次游览回国将再接任等语。窃思伊犁地势扼要，与印度北界相隔已不甚远，俄人踞之，本非英人所愿。英国派员驻俄探听此事，其情已可概见。惟俄人性情阴鸷，威使未必肯以伊犁一事显助中国。则该领事所谓俄人不得于西将求于东之说，又不能不环顾大局豫为筹虑。至美国前总统嘉兰不日当由沪过津入都。似宜斟酌礼数，优为接待，将来交涉事件亦有裨益。谨将胡璇泽原函钞呈密览。专泐，敬叩中堂、王爷、大人钧祺。李鸿章谨上。直字二百零一号。

(G5—R3—028)

12. 致总署　报美国前总统到津

光绪五年四月初八日

敬肃者：前奉闰三月十七日钧函，以美国旧伯理玺天德到津时即付一音，以便从容料理等因。鸿章曾于闰月二十一日附陈一是，并选据沪道禀报，飞咨在案。美国旧主格兰忒于四月初七日卯正，乘伊国兵船进大沽口，豫饬炮台、炮船官弁放炮二十一响，升美国旗迎接，并令许道钤身带船护送来津。该兵船亦升龙旗，放炮回敬如礼。鸿章因徇此间领事、税司之请，于是日酉时船抵紫竹林，先往该兵船拜晤，以示格外优待。格君端庄沉厚，蔼然可亲。初八日接何署使来函，云该国前君于四点钟赴署晤谈，原函附呈察览，因其前君字样双抬，不便回信，即派人约订，届时格君率署使及兵官、领事等八人来拜，照中国规矩放炮三声，亲兵小队站班举枪示敬，开门迎入畅谈。据何署使面称，伊于明早由陆路回京，十一日当诣贵署，商请接待。格君于初九日赴天津各领事公宴。初十日赴敝处公宴。十一日自津起程，由水路北上，约三日可到。拟仍派许道带小炮划护往通州，以待尊处派人至通迎护，即交替旋津。至格君人甚敦厚，明白事体，未必有挑剔礼节之意，而自何署使以下，皆不免张大其词，为之抬高身分。方鸿章办差未回津时，美领事即捏造敝处接待礼仪单繁文过当，传知各口领事，幸粤、沪均知其伪，随宜款待，并未照办。鸿章曾面斥该领事狂妄，亦俯伏无词。由此一端，馀可类推。想钧署参酌时宜，不亢不卑，或较各国公使量为优待，伊必十分感激，嗣后遇有交涉公事借重帮助之处，冀稍尽力。敝处公宴拟在吴楚公所备办，中西筵席器具各全。盖洋人初至中华，多不惯用匕箸，兼有西国刀叉，酒茶则主随客便。是否，并希卓裁。前筠仙函称，伊欲游观机器局及京城观象台等处，格君在津、沪并未往看机器，至京当亦无暇往观象台等处矣。专肃奉布，祗请中堂、王爷、大人钧祺。李鸿章谨上。直字二百零二号。

(G5—04—003)

13. 附　与美前总统晤谈节略

光绪五年四月二十三日

四月二十三日下午四点钟，美前首领格兰忒带同杨副将、斐参将、毕副领事来署。寒暄毕，格云在京师见恭亲王二次，人极谦和，第二次晤谈甚久，并谈及日本琉球之事。答云我正想与贵前首领谈此事。格云恭亲王亦嘱我过天津向李中堂细商，究竟琉球从何时起与中国相通。答云自前明洪武年间臣服中国，至今已五百馀年。格云现在废琉球之事从何而起。答云日本于前数年派员至琉球那霸港驻扎，侦探琉事，阻其入贡中国。迨后琉王派官赴日本外务省，求仍进贡中国，日本未允。去岁琉官复至日本，诉其事于法、美等公使。美公使平安答以此事须知照本国国会议夺，平安旋即回美。日本主怒琉官多事，今春遂派兵四百名入中山，掳其世子、大臣至东京。琉王乞假八十日养疾，未行，日本遂改琉国为冲绳县，设立县官，改琉王宫为县署。格云琉球未贡中国计有几年。答以五年。格云中国是否意在争贡。答以贡之有无无足计较，惟琉王向来受封中国，今日本无故废灭之，违背公法，实为各国所无之事。总署大臣向宍户辩论,宍户云我系修好而来,不能预闻此事。中国何公使向日本外务省辨理,外务省云此系内务,外务省不问。格云琉球用中国文字否。答以能用中国字读中国书,明初曾以闽人三十六姓赐之。格云琉王是三十六姓中人否。答以琉王尚姓,不在三十六姓之中。因又告以我有好几层道理要奉告:第一层,琉球向来臣事中国,又与美国立有通商章程,今日本如此办法,固于中国万下不去,即美国亦不好看,譬如欧洲比利时、丹马等小国与各国立有约章,无论何国断不能举而废之。第二层,美国与中国通商,必须由太平洋过横滨至上海,今日本如此强横无理,难保不到失和地步,一经失和开兵,则横滨等口美商船只断难顺行,是日本灭琉球,不但与中国启衅,直将搅乱华、美通商大局。第三层,贵前首领声名洋溢,中西各邦人人钦仰,此次游历中、东适遇此事,若能从旁妥协调处,免致开衅,不但中国感佩,天下万国闻之,必皆称道高义,否则或疑贵前首领意存观望,未免声名稍减。格云所言均是正理,我最怕各国失和动兵,如善言调停息事,大家皆有益处。答云我闻日本废灭琉球大都出自萨摩岛人主意,国主美加多颇为所制。闻东京等处舆论亦颇有以废琉球为不然者,诚得贵首领至日本力持公论,则美加多倚重首领声名,当可压服萨摩岛人。格云我甚愿秉公持议,如日本国主为萨人所制,我可为伊涨胆子。又告以顷接中国驻日何公使函云美国平安大臣已回日本,据称美国国会谓,若中国邀请,美国理应帮助。此次贵前首领至日本,所以我切托相助,我一面即函致何公使,嘱其俟贵前首领到时谒商。格云此事我总须到日本询明平安,详查案卷再行置论。答云平安公使倘谓日已灭球,言之无益,贵前首领即之不论乎。格云平安未必出此,且平安系我为首领时选其出使,实一公正极有名之大臣,现为驻日美使,琉事分所当问。设竟不然,我必自向日本美加多及大臣询商。毕德格从旁云领事德呢同去,赴日本相助平安。当又告以中、美条约第一款,若他国有何不公轻藐之事,一经知照,必须相助,从中善为调处等因。今琉球之事,日本实系轻藐不公否。格将洋文详读一过,杨副将从旁提解。格云实系轻藐不公,美国调处亦与约意相合。又指示中国、日本修好条规第一款,两国所属邦土各以礼相待,不可稍有侵越,俾获安全等因。格又将洋文细读,毕副领事云可惜立约时未将朝鲜、琉球等属国提明。当告以邦者,属国也;土者,内地也,即是此意。毕复译洋言以告。格云琉球自为一国。日本乃欲吞灭以自广。中国所争者土地,不专为朝贡,此甚有理。将来能另立专条才好。答云贵首领所见极大,拜托,拜托。格云琉事大端不过如此,可再谈金山华工之事。问以华工事如何办法。格云华工到金山,于美国开荒甚属得力,惟有西洋各国外来之人,见华人工资甚贱又耐劳苦,于是工作渐为华人所夺,致生妒忌,遂不相容,现在美国朝议亦不从外来人之言。答曰如此办理甚好。格云从前华人往美国,多系自备资斧,好人尚多。现因金山之六大会馆代出水脚,令华人前往,是以至者日多,皆极穷苦之人,以致土人视为猪孜、黑奴一般,亦不甚愿。答云金山六会馆并未闻有代华人出水脚之事,凡愿往者仍系自备资斧。格云西公使新从本国来,深悉情形,愿将此事改章办理。答云可与总理衙门妥商,我亦可先将尊意转致。两国和好只求于事有济,谅无不可商量。格前首领因天色已晚,六点半钟起去。

(G5—04—009)

14. 复总署　议请美国前总统调处琉球事

光绪五年四月二十四日

敬密复者:四月十四、二十一日连奉四月十二、二十等五百二十一、二十四号钧函抄件,敬悉琉球近事煞费苦筹,美前首领格兰忒到京后,蒙王爷面嘱调停,伊欣然允诺,具征德意感孚,曷任钦佩。先是格前首领到津匆匆宴会,无暇论及公事,但于接见美副领事毕德格商及,欲请格君到东洋时调处球事。据毕德格云,格君拟由京回津再与细谈。十七日,毕德格送格君至通州返棹来谒,云途中密询首领愿为调处球事。且首领尚欲向敝处议商金山华工,如两事议成,洵于大局有裨。当诘以金山华工如何办法,毕谓美国外部与西公使皆坚请中国改约,我想改约恐办不到,但能由中国设法暂令华人勿往金山,三五年后再看情形定夺。比告以且俟前首领回津再说。四月二十三日丑刻,许道接护格前首领至津,并贲有尊处寄交琉球志一册。鸿章即于是日已时答拜格前首领,闲谈半晌。该前首领订于下午四点钟来署,有要话密商,因屏人与论球事两点钟之久,未复询及金山华工,答以此事应由钧署主政。谨将问答节略钞呈电览。窃揣格前首领语意,其于球事甚相关切,尚无推诿,日本能否听从,固未可知。想伊到东,必可从旁关说。毕德格谓,已请德领事随去,有前首领与日本美加多及执政大臣议商,有德领事与平安公使向其外务省议商,诚如钧谕,会逢其适,或一转圜之机耶。顷适接何子峨四月初七日来信,拟有数条办法,内有专请美国调处一条,正与钧旨及敝意相合。据云已上陈尊处,不另录呈。格前首领定于二十六日由津起程,乘兵船径赴东洋,约七日可抵长崎。鸿章拟复子峨书,并密钞此次与格前首领会议节略,交德领事带去,期更妥速。格君允至东洋议有端绪,再复知敝处也。本日巳刻,毕德格复来署密谈,以格君帮助球事意颇诚恳,惜金山华工一节,敝处未允变通办法,似有觖望,且谓西华此来必欲改约,又私议前首领不必帮助球事。鸿章复嘱其密告格君,如能将球事议妥,华工总好商量,将来或另立专条,仿照古巴、秘鲁办法,总署未必不允。球事关系较重,既欲外人尽力,似不妨略予通融,卓见以为何如。赫德谓球事不允,日本就要有事台湾,后患固在意中。台防现稍有备,雨生奉旨后自当力疾筹画。闻其脚肿未瘳,秋初甫能就道,亦尚未得其来信,合并附陈。专肃密布,敬颂中堂、王爷、大人钧祺。李鸿章谨上。直字二百零三号。

(G5—04—010)

15. 复　何子峨

光绪五年四月二十五日

子峨仁弟馆丈阁下:连接闰月间及四月初七日数次惠函,具聆一是。松田到球,一切举动肆行无忌。外务复文竟称我琉球藩、我内政,若与中国无干,非仅意存延宕。观其事事不留馀地,将来鸱张狼顾,得步进步,自在意中。此次球事全系萨人主持,彼国上下多不谓然,必待我坚与相持,或其异议诸臣可出而定策,通商诸国可出而排解。宍户与总署议论,亦一味推卸,权力有限固系实情,然适有此事即奉使命,岂得谓毫无秉承。尊议所拟各条,如拣职分较崇之大臣专为球案颁发国书,径与其国主理论,较为得劲。惟必须预定撤使罢市之一著,乃可以放手为之,否则收手不易,大员中又鲜能当此任者,或恐未必能行。邀请美国互助一层,有约可援,自系题中正义。适美前首领格兰忒过津,入都游历,闻其声望为欧美各洲所钦服,日人供张延请,十分敬重。与之接谈数次,诚笃老练,似可从中调处,因即密致总署于会晤时殷殷嘱托。格君出京时敝处又告以原委,谆请调停。格君与鄙人气谊相投,意甚亲厚,慨然应允。适彼因金山华人过多,欲求中国妥为设法,复密许通融,以坚其志。兹格君前赴日本,又商令驻津美领事德呢随往,会商平安大臣。格君并无推诿国会之意,盖其在位八年,主持大计,回国后国人仍必推戴复任,若果能持公论,或不待行文美国国会。濒行时以执事在东孤立无助,嘱其推诚照应提挈,望即谒晤,密商一切;或将此案本末缘起摘要译呈,并密嘱在东京之琉球世子官员等乘间禀求,伊必召令进见,仍祈与平安公使加意联络,妥商办理。惟格前首领虽雅意相助,究系局外之人,日本君臣能否听从尚不可知。将来如何收场,想长才荩画,操纵进止,必有权衡,总署亦必有裁示也。副岛种臣出任师傅,素有肝胆,如能弥缝匡救,或亦转圜之一助。副岛素性刚明,虽劝驾促行,似尚未可轻动,尽力争执则不可少。附钞致总署函稿一件,美前首领与敝处问答节略一件,总署与美前首领、宍户公使问答节略一件,希即察核。此函交德领事带上较速。德君人甚笃厚,可为穿针引线,幸留意焉。专泐密复,敬颂勋祺。不具。馆愚兄。

(G5—04—011)

16. 附　琉球国紫巾官向德宏初次禀稿

光绪五年五月十四日

具禀琉球国陈情孤臣紫巾官国戚向德宏,为泣血呼天立救国难事。窃照本年闰三月,有漂风难民来闽,据称敝国业于本月间被日本灭亡,闻信之下,心神迷乱,手足无措,业经沥血具禀闽省各大宪在案。尔时即欲躬赴宪辕叩恩救难,但恐事益彰露,转速非常之祸,乃著蔡大鼎等先行北上,密陈苦情,当蒙中堂恩准,远为函致总理衙门定夺,并承道宪郑传示训词,宏等感激涕零,焚香碰头。讵于四月十七日倭回闽商交到敝国五世子密函,内云业于本月初三日有日本内务大书记官松田道之率领官员数十名、兵丁数百名到琉,咆哮发怒,备责国主何以修贡天朝等事,又不从日谕,乃敢吁请天朝劝释,如此行径甚属悖逆,应即废藩为县。现虽合国君臣士庶誓不甘心屈服,而柔弱小邦素无武备,被其兵威胁制。国主万不得已退出城外,举国惊骇。松田又限定日期,欲敝国主赴日候令,当有官民人等再三哀请,敝国主染病卧床,乞免赴日,松田不允。敝世子思欲延缓日期,以待天朝拯救,已于闰三月间前抵日京,具禀日国政府,号泣哀恳,暂缓敝国主赴日之期。该政府不允所请,敝世子拟即禀明钦差大臣,而日人查禁甚严,不能通达消息,不得已托闽商带回密函,饬宏迅速北上,沥血呼天,万勿刻缓,如不能收复,惟有绝食而死,不能辱国负君。泪随笔下。宏泣读之馀,肝胆几裂,痛不欲生。溯查敝国自前明洪武五年隶入版图,至天朝定鼎之初,首先效顺纳款输诚,迭蒙圣世怀柔有加无已,嘱遵大清会典间岁一贡,罔敢愆期。不意光绪元年日本禁阻进贡,又阻庆贺皇上登极各大典,当即具备情由,百般恳请,该日本不肯允准,敝国主特遣宏等捧咨赴闽陈明,荷蒙福建督抚列宪具奏,钦奉上谕:著总理各国事务衙门,即传示出使日本大臣相机妥筹办理。钦此。钦遵在案。嗣于钦差大臣抵任之日,敝国驻日法司官等屡次沥禀,恳求设法,节蒙钦差大臣与日国外务省剀切理论,冀可劝释。讵料日人悍然不顾,竟敢大肆凶威,责灭数百年藩臣之祀。主忧臣辱,主辱臣死,宏等有何面目复立天地之间。生不愿为日国属人,死不愿为日国属鬼,虽糜身碎首亦所不辞。在闽日久,千思万想,与其旷日持久坐待灭亡,曷若剃发改装,早日北上;与其含垢忍辱在琉偷生,不如呼天上京善道守死。合国臣民及商人、乡农雪片信至,催宏上道,效楚国申包胥之痛哭,为安南裴伯耆之号求,用敢不避斧钺,来津呼泣。伏维中堂威惠播于天下,海岛小邦久已奉若神明,必能体天子抚绥之德,救敝国倾覆之危。吁请据情密奏,速赐拯援之策,立兴问罪之师,不特上自国主下及臣民,世世生生永戴皇恩宪德于无既,即日本欺悖之志亦不敢复萌,暹罗、朝鲜、越南、台湾、琼州亦可皇图永固矣。再,此番北上情节应先禀明闽省各大宪再行启程,只恐枉需时日,缓不济急,故敢星夜奔驰,径趋相府,犯法之罪,谅不容辞。宏等在上海闻得日本之党密防敝国来华请救,遇必拿捉。宏等为此剃发更服,延邀通事等同伴,以作贸易赴京。然谣多言杂,心怯神迷,且风土不悉,饮食艰难,可否恩赐保护怜察,或可有人照料,以全孤臣。临词苦哭,稽颡延颈待命之至。须至禀者。

(G5—05—005)

17. 附　何星使来电

光绪五年五月二十日

读示敬悉。美前主到,见将此案译出,俟再面呈。杨、德述前主言,事必尽心。璋又述总署意,文请美使。美使力担。馀续驰报。

(G5—05—007)

18. 致总署　美前首领望日可到东京

光绪五年五月二十九日

密肃者：前属美前首领格兰忒赴日本后调停球事。曾密致何子峨一函，托美国德领事带交，当经录稿奉布，谅邀鉴悉。昨接子峨五月十二日来书，以日本外部卿商请撤销第一次照会未便准行，并述及美前首领望日可到东京，正在盼望续信。顷接上海文报局译寄子峨五月二十日电报，查明号数字义另纸呈览。内称杨、德云云，杨越翰副将系美前首领之幕友，左右用事，最为亲密，鸿章前密嘱其从旁照应；德即领事德呢也。俟有续报，容再驰陈。专肃奉布，敬颂中堂、王爷、大人钧祺。李鸿章谨上。直字二百零七号。

(G5—05—010)

19. 附　录日本外务照会译文

光绪五年六月初一日

为照会事，照得上年我国兴办球事之际，因贵大臣送文论驳内有欠雅字面，当经本卿大臣为之辨复，尔后迭次面谈亦在案。奈我所望与贵大臣意见不合，致使碍难迄未为贵大臣剖陈我国办球原委，实深惋惜。此事既不与贵大臣说明，因前由贵总署亦为琉事照会我国驻京大臣宍户之件，兹已核示该大臣辨复矣。相应照会贵大臣，希为知照可也。须至照会者。明治十二年七月十九日。外务卿寺岛宗则。大清国特命全权公使何如璋阁下。

(G5—06—001)

20. 附　照录琉球国紫巾官向德宏二次禀稿

光绪五年六月初五日

具禀琉球国陈情孤臣紫巾官国戚向德宏，为感泣渎禀求解倒悬事。窃宏于五月十四日冒叩相府,泣恳救难,经蒙宪谕准为办理,复荷宪恩体恤怜念孤臣,格外矜全,饬为安插善地,常加存问。美领事又敬传恩谕,下情感激,形于梦寐。惟敝国自光绪元年间惨遭日本阻贡,敝国主命宏赍咨赴闽陈明国难,禀请督抚列宪大人据情具奏,复饬宏即日进京匍吁。当于光绪三年五月十四日奉到上谕:著何、丁饬令统行回国,毋庸在闽守候,将此由四百里谕令知之,钦此。以致宏不能陈情北上,请旨定夺,又不能早叩相府,预请设法办理,虚延岁月,致日本无所顾畏,大肆凭陵,派官派兵前来敝国,将敝国主驱出城外。将敝世子拥去。国危君辱,皆宏不能仰副敝国主进京匍叩之命所致。回忆宏赍咨赴闽时,敝国主临行泣谕,何啻倒悬;望解之情,惨迫急切,宏乃稽闽日久,迄无成事,误国误君,已属死有馀罪。近承美领事交阅西报中,有敝国主被日迫赴日京,革去王号,给予华族从三品职,著令归国,敝世子留质日京等语。伏思敝国主忍辱至此,无非以敝国素无武备,难与抗拒,故暂屈辱其身,上以延敝国一线之命脉,下以全敝国百姓之生灵,断非甘心容忍屈从倭令。其所以殷殷属望于宏,冀能吁请天朝拯救,知犹是饬宏赍咨赴闽时恸哭望援之心也。倘宏仍复需时旷日,坐失事机,敝国主卧薪尝胆,宏乃苟活偷安,真为罪上加罪,为此不揣冒昧,再行稽首相府。前月老中堂大人据情密奏之后,大皇帝即否兴师问罪,日人之在敝国者如何驱逐,敝世子可否召入内都详察被难之苦情,泣求老中堂大人恩示端倪。如得兴师问罪,即以敝国为乡导,宏愿充先锋,使日本不敢逞其凶顽。宏于日国地图、言语、文字诸颇详悉,甘愿效力军前,以泄不共戴天之愤;或颁兵救国堵御日本,如前明洪武七年间命臣吴祯率沿海兵至琉球防守故事,使日本不敢萌其窥伺。敝国官民仰仗天朝兵威,必能协力齐心,尽逐日兵出境,自无不克者。愚瞽之见是否有当,统恳老中堂大人立赐裁决施行,则敝国上自国主下及臣民,世世生生永沐皇恩宪德于无既矣。临词苦哭,惶恐待命之至。须至禀者。

(G5—06—002)

21. 附　译美前总统幕友杨副将来函

光绪五年六月十一日到

中国五月十六日致书李中堂阁下:昨日随同前主到日本东京,该国亲王大臣等迎谒，请前主住美加多海边行宫。前主自入东洋境后，逐日酬应忙冗。今日前主带同随员等拜晤美加多，见面时说许多恭敬盼望之语，工夫不长，格外礼貌。中国何钦差来谒，有一东洋大官在座，不便谈公事，随后前主须往回拜。连日会客赴宴，尚未议及琉球之事。前主偶与东洋二三大臣谈论球事，尚未及与秉权者议论。我曾与东洋大臣背后论及几次，可为中堂陈之。据东洋大臣云几百年前早认琉球为属国，琉球各小岛本隶日本界内，中国因台湾之役赔偿兵费，缘台湾土番戕害琉球难民，日本代琉球兴师，故议赔偿，足见中国认琉球为日本所属之凭据。日本现废琉球王，与前废内地各藩一例，派员改易琉球政令，是日本分所应为。琉球前进贡中国不过虚名，只为贸易得利起见耳。我答以琉球既有臣服日本几百年之凭据，不难一查即可明白，何不先与中国说知，交出凭据，乃先做此失和之事。况两国各有驻京公使，遇有交涉大事，须照《万国公法》办理。此等重大事体，应服公法规矩公道商量，何必诡行霸气。我前在北京听恭亲王说，日本并未与总理衙门商量，又未与何钦差妥商。嗣在天津听中堂议论相同。即将此意向日本大臣说，此与立约和好之国友谊关碍不小。日本如此举动，中国不即决裂动兵，是中国大度含忍仁厚待人，不欲遽然失和。若西国遇有此事，必早动兵。凡天下有约各国，遇有大事不先商议者必致失和。日本大臣答云此却不然，日本亦甚愿与中国公议此事。因何钦差不熟悉交涉体例，前行文外务省措词不妥，有羞辱日本之意，是以不便回复，置之不理。如果中国肯将此文撤销，日本无不愿商议的。此是最要紧话。其事之真伪，我尚未考校明白，我向中堂说何钦差坏话，并非谗言。看他外面人颇和平端正，不像冒失得罪人样子。因东洋怪他此件文书，遂不与商，我不能不告诉中堂知道。现德领事在此也很出力帮忙，我向他说及，德领事云要会何钦差，问有此不妥文书否。不可因此小事，致两边不能商议；不可自走叉路，致碍正道。日本自称琉球久为属国；今闻中国认琉球为属国，若不属日本者，深为诧异。此是真心话抑是假冒，中堂谅必确知。我尝与平安大臣议询此事，平安详细告知，更觉中国实在有理，日本不应与中国失和，令西国从旁疑怪。此中另有一番道理，日本近与美国议准加进口税，美国认其有自主之权；从前各国与日本立约所定税则，悉由各国核定，不由日本自主，日人心甚不平。据日本大臣云税则不公，本国商民受累，现派驻西国各公使商议此事。如英国南洋各属地税，则均由各属国自主；日本系自主之国，各国更不应代定税则。我向日本大臣言，日本既不愿各国待你有轻藐不公之事，则日本即不应与东方和好之国自做轻藐不公之事，被人訾议。日本待琉球显出公道，则各国待日本亦无不愿公道。适香港英国燕总督亦来东京，我素与相好，人极公正，遂将琉球近事详细告知。他意见与我一般，因托他同前主向日本秉权大臣商酌。燕总督爵高望重，是英国在东方第一大官，东洋极其钦佩。现住内阁大臣宅内，说话必能得劲，比驻日巴公使更强。燕总督与巴夏礼素不同心，据燕总赞云看大局，中、日两国皆有背后挑唆之人，欲使两国失和，各国可乘机得利，甚为叹惜痛恨。他愿加意将此事办妥，不令挑唆人成功。五月二十六日又致书云前书缮就，因无便船，故未即发。近日筹办各事，合再奉陈。昨据何钦差之参赞来见，将琉球事始末文卷译送，我即转呈前主阅看，案牍甚烦，详阅再四，了然于心。前主深以中国理足，毫无矫强之处，日本国主、大臣尚未与前主提及，前主尚无机会谈论，日日赴宴看操，俟礼貌期过，再拟特为此事商论。前主欲先听日本意议若何再定办法，现令我日与东洋大臣讨论此案原委，录存呈阅。本日晚间，外务大臣请我饮宴，允即钞送案卷，若辈意见总谓琉球系伊藩属，今革琉王仍与裁革各藩诸侯一样，进贡中国本不算事，只为借此贸易获利。所以不愿与中国商议者，因何公使照会不妥，羞辱太甚，殊为丢脸。琉球已置县令，政事律例均改照日本通行之规。燕总督晤日本大臣谓，此事应两国公请他国一人出为调停。日本大臣云尚未到此时候，倘要如此办法，日后再商。日本坚持己见，自以为是，专看中国动静。他们闻中国深怪此事，颇觉诧异，内有一大臣云从前并不知道中国要怪我们，昨在长崎迎谒美前主，方知中国有此意思。前主拟日内赴东洋内地游历，十日可回，再见美加多。届时两国案卷必已缮齐，当将恭亲王暨中堂意旨转达美加多，相机商议。该国肯听与否，未便预为限制。看他们现时口气，似不愿他人好话劝说。该国有一班人挑唆生事，望与中国启衅战争，其秉权大臣畏势依违，似不得不俯从。该大臣等如此存心，殊非公忠体国之道。英使巴夏礼亦阴与挑唆，惟愿两国失和。日本已将琉球废灭，若遽翻悔，该大臣等恐众心不服，禄位难保。以上各种情形，日本君臣亦有难处，既前主与燕总督出力调停肯说公话，无非为各国安静和好，谅日亦不肯重拂其意。下次船去，事之成否，容再函达。我这几天日夜思虑，要帮同前主办好此事。据愚见，中国若不自强，外人必易生心欺侮。在日本人心中，每视中国弱，自家强，所为无不遂者。彼既看不起中国，别无事不可做。日本既如此，则他国难保无轻视欺凌之事。据日本人以为，不但琉球可并，即台湾暨各属地动兵侵占，中国亦不过以笔墨口舌支吾而已。此等情形最为可恶，旁人看出此情，容易挑唆，从中多得便宜。中国如愿真心与日本和好，不在条约而在自强。盖条约可不照办，自强则不敢生心矣。即如美国当初兵威未立，各国亦皆蔑视，英人每与美有隙，即派兵船胁制，及战败墨西哥后，威名大振，英遂贴然。南、北美交战之始，英、法方私议欲分占其地，嗣经前主削平，亦遂寂然。法国初欲吞灭墨西哥，自美国起兵，勒令法人退兵，其事遂寝。前主在位时，要英国赔补济贼船费，英人不得不遵，实知前主有此权力，因此各国未与美国失和，皆能自强之效也。美国平时虽养兵不多，有事一呼可数百万得力，故人不敢轻视。鄙意如此，不敢不为中堂陈之。中国大害在"弱"之一字，我心甚爱敬中国，实盼中国用好法除弊兴利，勉力自强，是天下第一大国，谁能侮之。国家譬之人身，人身一弱则百病来侵，一强则外邪不入。幸垂鉴纳。不宣。杨越翰顿首。

(G5—06—006)

22. 致总署　述美前总统调处球事

光绪五年六月十三日

敬密复者：六月初二日奉到直字五百三十号公函，询及美前首领至日本后，球事作何调处，金山华工西使所递条款似易商办等因。查美前首领行抵东京，曾接何子峨五月二十日电报，译寄钧览。顷又接子峨五月二十五日来书，想已并陈尊处。兹再照钞呈阅。同日接前首领之幕友副将杨越翰洋文来信，五月十六、二十六日并为一封，所言各节尤为详明，谨译出附呈电察。又，美领事德呢密致其副领事毕德格函，经毕副领事面呈阅看，内云日人废灭琉球，系英使巴夏礼从旁挑唆。何公使于交涉体例不甚熟悉，又误认巴夏礼为好人。凡何公使背后所说之话，巴夏礼转告日本外务省，两边簸弄，相持愈坚。何公使若久驻东洋，恐于公事无益。杨副将信中亦有微词。鸿章再四寻译，子峨第一次照会外务省之文，措语未免过当，使其不能转弯。日本今日放手做尽，乃复追咎其照会之失词，借口逗气，以自掩饰。闻德呢在日京借住美国人施博寓内，施博前充天津美领事，为日本外务省聘任襄助，已阅两年，尽知其情。日人怪何公使之照会，及巴夏礼为日人主谋，皆自施博处探出，信不诬也。但杨越翰于此事极为尽心出力，既怂恿格前首领与美加多及秉权大臣商议，又请香港英总督会商，意欲压制巴使，末复谆劝中国力图自强，一片忠诚，殊为可感！据称格首领游历日本内地，旬日即回，再与商论此事，自必不至食言。其能否转圜虽不可知，而有格首领一言，美使平安再接续商办，或者渐有归宿。俟杨副将续有信来，容再译呈。又，德呢致毕德格函谓，格前首领拟于六月初九日由日本起程回国，德领事亦即旋津。至金山华工如何通融办法，尊处尚未定议，似未便预为函告。相距过远，亦缓不及事也。专肃密布，祇请中堂、王爷、大人钧祺。李鸿章谨上。直字二百零九号。

(G5—06—007)

23. 附　向德宏登复寺岛来文节略

光绪五年六月二十四日到

六月二十一日，琉球紫巾官向德宏准钞日本寺岛外务大臣来信，遵谕谨将逐件详细条陈开列于左，仰祈宪鉴。

一、日本谓敝国属伊南岛，久在政教之下，引伊国史谓，朝贡日本事实在中国隋唐之际。此谎言也。考敝国在隋唐时渐通中国，尝与日本、朝鲜、暹罗、爪哇、缅甸通商往来，至明万历间有日本人孙七郎者屡来敝国互市，颇识地理，因日本将军秀吉著有成名，孙乃缘秀吉近臣说秀吉曰：倘赴琉球，告以有事于大明，彼必来聘。秀吉听之，致书琉球，略曰：我邦百有馀年，群国争雄，予也诞降，以有可治天下之奇瑞，远邦异域款塞来享，今欲征大明国，盖非吾所为，天所授也。尔琉球宜候出师期，明春谒肥前辕门，若懈怠期，必遣水军悉糜岛民。敝国惧其威。因修聘焉。若据日史所言，则敝国隋唐时已属日本，何以至大明万历年间尚未入聘，其言之不实，不辨自明矣。国史附会，何所不至。至引所载太宰府遣使于南岛以下云云，安知非日本人在敝国为市者将敝国地图画归送呈日史馆，故铺扬而张大其说乎。且赤木为敝国地产木，至今尚无进与日本，如当隋唐时有贡，何今日反无之。事隔千馀年，久远无稽，日本任意捏造，那有穷乎。

一、敝国距闽四千里，中有岛屿相绵亘，八重山属岛近台湾处相距仅四百里。《志略》所谓去闽万里，中道无止宿之地者，误也。距萨摩三千里，中有岛屿相绵亘。敝国所辖三十六岛之内，七八岛在其中。万历三十七年被日本占去五岛，亦在其中。《志略》所谓与日本萨摩州邻，一苇可杭者，误也。今日本以敝国当萨摩州一郡邑,谓久属伊南岛,实属混引无稽之词,成此欺人之谭。

一、敝国《世纪》载,开辟之始,海浪泛滥时,有男名志仁礼久,女名阿摩弥姑,运土石、植草木以防海浪,穴居野处,是为首出之君。迨数传而人物繁殖,智识渐开,间出一人,分群类,定民居,称天帝子。天帝子生三男二女,长男称天孙氏,为国君始,二为按司官始,三为百姓始,长女为君君,次女为祝祝,均掌祝祭之官。天孙氏传二十五世,为权臣利勇所弑;浦添按司名尊敦者起兵诛利勇,诸按司推戴尊敦为君,即舜天王。舜天王父源为朝乃日本人,遭日本保元之乱窜伊豆大岛,嗣复浮海至琉球,娶大理按司之妹,生尊敦,即舜天王也。自舜天王至尚泰王凡三十八代,中间或让位于人,或为所夺,如此者几易五六姓,舜天王之统三世已绝矣。察度王洪武年间赐琉球名巴志王。永乐年间赐姓尚,至尚泰王或虽有嗣承,同系天朝赐国号受姓之人。尚泰王之祖。尚圆王伊平屋岛之人,乃天孙氏之裔也,日本何得认为日本之后耶。总归时异世迁,断不能妄援荒远无稽之论,为此神人共愤之事。如按此论,则美国百年前之君为英吉利人,刻下英吉利能强要此美国之地乎。地球内如美国者极多,纷纷翻案,何有穷乎。

一、尚宁王被擒事固有之。盖因丰臣氏伐朝鲜之后将构兵于大明,以敝国系日本邻邦,日本前来借兵借粮,敝国不允所请,日本强逼甚严,尚宁更不承服。嗣后义久召在萨摩球僧亲谕日本形势,还告尚宁王逮朝德川。尚宁王不从,遂被兵。尚宁王为其所擒,此逼立誓文之所由来也。厥后岁输入千石之粮于萨摩,以当纳款,此盖尚宁王君臣被困三年,不得已屈听之苦情也。今据日本伐朝鲜事,盖不便以骚扰中国为言耳。然事在明万历三十七年,是时敝国久已入贡中朝,即以所逼誓文法章而言,亦无不准立国阻贡天朝之事;且天朝定鼎之初,敝国投诚效顺,迄今又二百馀年,恪遵会典,间岁一贡。嗣王继立,累请册封,日本向来亦称琉球国中山王甚为恭顺,皆无异说。乃自同治十年以来,谬改球国曰球藩,改国王曰藩王,派官派兵前来,此乃起衅天朝之所由来也。

一、神教则自君君、祝祝掌祭祝之官时,敝国已有神教。据云岛祀伊势大神等出自日本,不知敝国亦祀关圣、观音、土地诸神,何尝出自日本也。

一、风俗则敝国冠婚丧祭均遵天朝典礼,至席地而坐,设具别食,相沿已久,亦天朝之古制,经典详载也,焉知非日本之用我球制乎。如日本以古制私为已物,则日本亦可为天朝之物矣。至云蒸飨用伊小笠原氏之仪,尤为无据。

如按此论,亦可云小笠原氏之仪乃引用敝国之仪矣。

一、四十八字母敝国传自舜天王,舜天王虽曰国人所生,然久已三传而绝,何得据此为日本之物。且敝国亦多用汉文字,并非专用四十八字母也。如以参用四十八字母为据,则日本之向用天朝汉文不止四十八字母者,日本亦可为天朝之物类,有此牵强之理乎。

一、言语敝国自操土音,间有与日本相通者,系因两国贸易往来,故彼此耳熟能道。若未经与日本通商,则日本不能通敝国人之言语,敝国亦不能通日本人之言语。据日本以敝国称国为屋其惹,为冲绳,形似浮绳,故曰冲绳。始祖天孙氏,天孙氏天帝子所生,非日本人也。此言语与日本何涉,不待辩而误见矣。如按此论,则日本能操敝国言语,敝国亦可云日本为敝国之物也。

一、日本谓敝国有饥则发帑赈之,有仇则兴兵报之,以为保庇其岛民。此语强孰甚焉。敝国荒年,虽尝贷米贷粟于日本,而一值丰年便送还清楚,无短欠。在日本只为恤邻之道,在敝国只循乞籴之文,如即以此视为其岛民,则泰西各国近年效赈天朝山西地方,以及天朝商人之施政奥国,则天朝可为泰西之地耶,奥国可为天朝之地耶。至台湾之役,彼实自图其私,且将生端于琉球,故先以斯役为之兆,何尝为敝国计哉,敝国又何乐日本代为启衅哉。

一、日本谓敝国国体、国政皆伊所立,敝国无自主之权。夫国体、国政之大者,莫如膺封爵、锡国号、受姓、奉朔、律令、礼制诸巨典。敝国自洪武五年入贡,册封中山王,改流求国号曰琉球;永乐年间赐国主尚姓,历奉中朝正朔,遵中朝礼典,用中朝律例,至今无异。至于国中官守之职名,人员之进退,号令之出入。服制之法度,无非敝国主暨大臣主之,从无日本干预其间者,且前经与佛、米、兰三国互立约言,敝国书中皆用天朝年月。并写敝国官员名事,属自主各国所深知。敝国非日本附庸,岂待辩论而明哉。

(G5—06—014)

24. 附　摘译日人贞馨所著《冲绳志·序》

<u>光绪五年六月二十四日到</u>

照录琉球紫巾官摘译日本人贞馨所撰《冲绳志·序》。不肖贞馨列内务之末班,管理琉球藩之事务。抑琉球弹丸黑子之地,僻在南海中,风俗偏固,见闻

狭隘,墨守旧章。不欲迁新就变;然使臣来朝以来,屡蒙恩典,藩王诸臣深感戴朝旨,皇化日隆,政纲月张,归其统一之治,期日可待。唯奉支那(即天朝)之正朔,兹五百年。今全归我藩籍,他日或往复论辨,有费口舌之日。当其时,为之援据者舍书籍其何以然。古来记琉球之事者概皆不免讹谬,记载其服从我与支那(即天朝)前后信使往来之颠末,确乎可证者极鲜矣。贞馨既奉其职,不能免其责,于是不顾不文。就和(即日本)、汉(即天朝)史传,旧藩古记录及琉球人所著之诸书,历考沿革,参订异同,亲质问琉球人,稍得其要领。乃省烦杂、摘要旨辑为三卷,誊写录上,以备在上诸会之参考,庶几有所裨补朝谟之万一云尔。明治七年贞馨谨志。

(G5—06—015)

25. 附　节录日人贞馨《冲绳志》内《贡献志·小叙》

光绪五年六月二十四日到

又节录日本人贞馨《冲绳志》内《贡献志·小叙》,云琉球庆长之役以来,虽职贡复旧,犹不禁通清国,故世以琉球为两属之国。要之,琉球虽蕞尔小国,颇备自主之国体,是以本朝中古以降之纪南岛朝贡,与三韩肃慎入贡略同,例以外国待之,以其朝聘贡献眩耀世人之耳目,取史册之光烈者和、汉同揆也。今就其事实内地及叙清国贡献节目如左。

(G5—06—016)

26. 附　津海关郑道与向德宏笔谈节略

光绪五年六月二十四日到

照录津海关郑道与琉球紫巾官向德宏笔谈节略。文字一条:问琉球用四十八字母否。向答曰亦用四十八字母,亦用汉文。问汝懂日本文否。向答曰懂得。问琉球读何书。向答曰读中国四书五经。言语一条问屋其惹作何解,冲绳作何解。向答曰屋其惹是所呼之音也,冲绳以地形如绳之浮于水面,故以名之也。问日本人称琉球为冲绳否。向答曰日本人亦称为冲绳。问阿摩美久是何年代之人。向答曰始开国之人即天孙氏。问日本人是否称阿摩美久为天孙氏。向答曰日本知何称谓未曾确知，想是称天孙氏。神教一条：问伊势大神八幡天满熊野神是日本之神否。向答曰是日本之神。问琉球祀此神否。向答曰祀。问琉球有孔圣人庙否。向答曰有。风俗一条：问蒸飨用何礼。向答曰仿中国古制。问用原氏小笠之仪否。向答曰此仪无据。问何谓南岛。向答曰琉球与萨峒摩相距中间之十馀岛皆曰南岛。问伊豆大岛是谁国地名。向答曰是日本地名。问八千石之粮近年纳与日本否。向答曰现在每年仍纳与日本。问从前誓文是存琉球王宫否。向答曰誓文事属闻知。未见存在何处。问琉球人现在遵守誓文否。向答曰有遵有否。问何以有遵有否。向答曰人不甘服，故多不遵。问誓文有载琉球史书中否。向答曰史书无所载。问誓文句语有讹舛否。向答曰不晓得。问《冲绳志·序》是何人所译。向答曰是我自译。问日本书汝能译否。向答曰能。

(G5—06—017)

27. 附　何子峨来函

光绪五年六月二十四日到

受业如璋谨上书宫太傅伯中堂夫子大人钧座：五月二十五日肃呈三十五号缄，并抄上美前主书各件，当邀垂鉴。二十九日奉到五月十一日赐书，敬谢读悉。六月初一日，接到外务复文，所询其封藩年月，一概不答。惟末云总署来文既饬宍户公使辩复云云。初二日，郑永宁袖出外务核示宍户复稿，如璋检其所云古事，皆世远年湮，芒昧无据之谈，惟万历三十七年萨摩藩岛津家久帅兵征球，携其君，夺其国，后复君立国，遂为附庸。所称立约十五条并誓文二道，《中山球阳志》一字不之及，而日本史固灿然书之，自是以来，时时遣使。萨州大将军嗣位，亦或遣使来江户，征纳其米，多寡不定。康熙以后，每岁额纳米七千六百馀石，相沿至今，此即文中所谓经其田、收其税者也。然考当时由球割去大岛、德之岛、喜界冲、永良部、与论五岛直隶萨摩，则尚疑其所课征者此五岛所出也。亦设一官驻于那霸，其职掌不过征租税、护商旅及刺探外事，以报明本国。当我使臣来临时，则潜匿他处，从无干预琉球本国之政。而外务文中竟称兵戍其土、吏理其民、布禁行令等于内治，可谓无耻之甚。夫球实两属之国，论其收税一事，则琉球亦为萨摩之附庸；而论其名义，则琉球并未受日本封。直至壬申年始有封藩之举，既在与我立约一年后矣。不由日本封，岂得径由日本废之耶。至文中竟谓台湾生番之役，中国认为义举。查当时曾议凭单。一则曰日本从前被害难民之家；再则曰日本国属民并无预琉球。日本史书亦自言有备后国小田县民被害，而当日球人闻有是役，曾再四求，声称中国既饬台湾道自行惩办。此事与日本无与，则假借台役以为张本，尤为狡诈无理也。总之，外务复文皆自言一面之词，而琉球为我朝贡之国固天下所共知。咸丰初年与各国立约，用我年号、历朔、文字尤为确据，今美国公使尤为详知其事也。现在美前主既游日光山，此事尚未开口。闻其数日归来乃再言之。本日见美使，彼言事且缓商，此案必有一结局，总不令两国有战争之事。至结局云何，此时难豫拟，亦不便言。又言日本现办防疫之事，此事了，必与外务言，待统领归，当来馆面商，请一切放心。美前主之声望如此，与日人言必不能一概推却，即不能就了，有平使继之。大约准度此事，美人第从中居间，所谓收场，未审何知；苟直谓与球有约，理应与闻，则复球殆亦不难。现在既托之，只好看如何再作道理耳。天津领事德呢，其人极欲效劳，而因一时未言，彼本局外，无从插入，故亦告归。彼在此，如璋颇招呼之。外务复文并复总署稿今钞呈览，彼既知美人调停，而所复如此。盖亟欲自陈其有理，所谓作论呈统领者，亦如此耳。德呢归索函，即托带呈。专肃敬颂钧祺。受业如璋谨肃。六月初四日发。德领事带来。第三十六号。

(G5—06—018)

28. 复总署　钞送琉球乞救文牍

光绪五年六月二十七日

敬密复者：六月二十日奉十九日直字五百三十五号公函钞件，以宍户公使照送其国复文，绝无认错之意。鸿章详阅寺岛来信，强词夺理，语亦甚辨。适有琉球紫巾官向德宏，五月望后由闽航海来津乞援，询其兼通汉、日文字，因将寺岛信稿节录给阅，令逐条查案辨驳，以备采择。向德宏并呈有日本人贞馨所著《冲绳志》钞本三卷，皆东文，系明治七年即中国同治十年，是书专备与中国辨论球事而作。向德宏摘译其自序及卷中《贡献志》小叙内亦有琉球为两属之国,颇备自主之国体,例以外国待之,和汉同揆等语。寺岛既援徐葆光《中山传信录》、周煌《琉球志》以相折辨,似我亦可援贞馨《冲绳志》语以矛攻盾。谨照钞向德宏先后乞援两禀、向德宏登复寺岛来文节略,及津海关郑道与向德宏问答语、摘译贞馨《冲绳志·叙》,恭呈钧电。向德宏失国孤臣,号泣求救,鸿章再四抚慰,嘱其回闽候信,不肯遽返,情殊可怜,少迟事定,当再设法资遣之。美领事德呢自东洋回津,赍到子峨侍读函,并钞呈览。二十六日,德呢来见,所谈各节与前致各信大意相同。据称美前总统往游日本内地回东京后,必与日主美加多面商,该外务省复钧署之信亦呈总统阅看,而总统总谓中国有理,至其听从与否,固未可知。总统须七月初自日起程,濒行必有信详致敝处,香港燕总督已于五月杪回港云云。合并奉闻。专肃密复,祗叩中堂、王爷、大人钧祺。李鸿章谨上。直字二百十一号。计抄折五件。

(G5—06—020)

29. 附 译美国副将杨越翰来函

光绪五年六月三十日到

中国六月初七日,杨越翰自日本离阁地方致书李中堂阁下:前次去信言琉球事至五月二十六日止,并将香港燕总督肯说公话缘由陈明矣。发信后,燕总督又与敝前国主公议此事,甚为同心。日本素重燕总督,以贵客相待。闻旁人言,燕总督背后劝说日本大臣,极其切实。日本内务大臣伊藤是第一有权柄之人,我想琉球之事,日本应先请国主调停,亦须彼此当面商量,不要他国公使在座,另出意见。因国主系游历之客,日人礼貌十分恭敬,不便先自开口,令人疑其多管闲事。我晤伊藤时,诱他先说此事。伊藤遂将该国办理球案卷宗送与我看,请转呈国主查阅,并欲请国主秉公商议。闻日本外务省已有复信与总理衙门详明颠末,想中堂必早知道。国主每云遇著好机会,必要将琉球一事与日本剀切言之,但若在东京商论,各国耳目太多,不便。日本国家因派内务大臣伊藤、将军赛阁、兵部尚书及现任驻美钦差越西达等随来内地,与国主议论此事。昨日午刻会谈至晚,国主告知他们,前在中国,恭亲王与李中堂托我调停,在中国看,日本办琉球事甚不公道。我并无别的意思,但不愿亚细亚各国或有失和情事,中、日多年和好,更不愿有失和情事。琉球之事我已与平安公使商议明白,我与他一样意见。国主论至此,又将恭亲王与李中堂所说之话详细告述一遍,其说甚长,亦甚结实,就如在京、津当面说的一般,并云中国以日本办理此事将中国太看轻了。又畅论各国若有战争,兵灾最可惨伤,其起事之人亦可恨。日人恃强,华人则甚和平。现在日本兵法虽似强于中国,而中国人物财产甲于天下,如肯自强,人才是用不尽,财产亦用不尽的。我劝日本不要看小,此事关系颇大,倘有旁人从中挑唆,使两国失和,必是奸邪,只愿自家乘机得占便宜。日本现有此等外人,其居心行事实在令人痛恨。譬如中国受鸦片烟之害,都是此等人播弄出来。中、日两国如同比邻,其人种同一根本,情谊应若一家,如有衅端,必系旁人鼓惑挑唆。我看此事在日本必办不了,既有英国公使在此牵掣,必了不成。应该在北京与恭亲王等,或在天津与李中堂商议办结。伊藤听国主以上议论,又将日本现办情理详叙一遍。他闻中国于此事深抱不平,颇为著急,因日本初无失和之意也。惟日本难处,此事已办到如此地步,号令已出,不能挽回,致于颜面有碍,因请教国主有何妙法能了,可令中国允服。国主云两国应如何互相退让,议定章程,我也不便预说。又将中堂前说琉球是各国与中国通商要路,为台湾前面门户,向伊藤等开导,谓非设法另立章程,保住中国要路门户,恐此事不能了结。伊藤云即将国主此番话一一回明内阁执政大臣,再行复知国主。此次国主与伊藤等问答之话甚多,意义均极周匝,实系尽心代中国讲理劝和,俟日本商议就绪,如何回复,容再详布一切。德领事业经起程回津,他在日本甚出力,日日与国主商量此事,常派他出去探访,细事谨慎,认真办公,是美国得用之人,我们回国后当保举他。国主之少君格参将托德领事回津后,将日本水陆兵法详告中堂。格参将随国主多年,兵法将略素优,所见甚确。我再将前函所陈自强之义劝说中堂,中国能强,则各国必不敢欺凌。据我看,中国已屡次被他国欺负,总缘未能认真自强耳!嗣后中、美两国如能会商,立一专条,彼此遇有难事,互相帮助扶持,若有此明文,他国或不致生心。我们回国要将此意转达朝廷,国主与我等意思德领事全知,中堂可随时问他。杨越翰顿首。

(G5—06—023)

30. 致总署　译送杨越翰来函

光绪五年七月初一日

敬密肃者：六月二十七日业将美国领事德呢回津面述各情函陈大略，谅邀察览。兹复接接（编者按：应为接见）美前首领幕友杨副将六月初七日自日本内地之离阁洋文密信，译出呈阅。据称日本已派内务大臣伊藤、将军赛阁等，就美前首领游观内地，密商球事。六月初六彼此问答之语甚长，略述一二，似尚中肯，所见者大，其结穴有两国如何互相退让；议定章程或在北京，或在天津议结之语。未知日本政府如何办法，俟杨副将下次信来，当有端倪，容再布闻。据德领事面称，香港燕总督已于该领事未起程之前先回，杨副将续函则云燕督曾劝说日本，但未言其何日回港耳。至云此事在日本东京有英使巴夏礼从旁牵掣，必办不成，似系洞见症结之语。然宍户公使未必能在京议结此事，除非日本另派大臣前来商办，庶有归宿，尚希尊处密筹机宜为幸。专肃密布，祗叩中堂、王爷、大人钧祺。李鸿章谨上。直字二百十二号。

（G5—07—001）

31. 附　何子峨来函

光绪五年七月初四日到

受业知璋谨上书宫太傅伯中堂夫子大人钧座：六月初四日天津领事德呢归托其赍呈三十六号一缄，并附抄外务复文等件，想邀垂览。美前主于昨十三晚自日光山归东京，如璋于十七日往彼公馆，适值他出，见幕友杨越翰，问其何如。据言在日光山时，适内务卿伊藤博文、陆军卿西乡从道亦游光山，来谒统领。统领言及球事（伊藤于我六月初六日往光山，初八日谒统领；伊藤并携僚属偕往；大藏卿近往箱馆，伊藤兼理大藏卿，非能给假避暑者，盖专为此事去谒统领也），详述如璋等所译此案本末，并在中国时我国援照条规请其调停各节，历二三时之久，彼二人皆默然，不发一语，但云归商政府，再有复命。杨越翰又言，亚细亚中、东两国总须和好，此事两国各少吃亏，伊等必调停，使两国各有体面。统领再三引伸此意，彼未尝不称善也。又言中山王所用之印是中国所颁，此系出令行政之物，可为臣服中国确据。又言琉球中、南两部之间为太平洋商船出入要道，自未便听日本专据，有碍美国通商之局云云。言毕复述右大臣严仓具视订于今晚来见，未知述此事否。如璋于本日遣麦嘉缔往问，杨有复信，知尚未言及。看来此案日人不能径行拒绝，或有转圜。统领之意并欲了结此事，然后起程回国。结局如何，虽未可知，然中间人能出一句公道话，则大局挽回既多。续有情形，再当驰达。近日日本米价腾贵，至每石米十二元，民情骚然，且喧传我国添船练兵，益为浮动。丁雨生中丞近当就道，但使我南洋一带水师足恃，彼终不足为我边患。此刻了固大妙事，若或不能，吾终坚持之。彼内乱一作，终不能不就我范围也。肃此，敬请钧祺。第三十七号。六月十八日发。

(G5—07—002)

32. 致总署　译送格兰忒来书

光绪五年七月初五日

密肃者：七月初一日译录美国杨副将函呈，驰呈鉴阅。本日美国德领事来谒，面呈美前首六月十四日自日本东京致敝处洋文信函，谨译出照钞呈览。昨接何子峨六月十八日来书，与美前首领函大意略同，并钞呈电，俟下次信来当再奉闻。专肃密布，祇颂中堂、王爷、大人钧祺。李鸿章谨上。直字二百十三号。

(G5—07—004)

33. 附　照录美前首领来函

光绪五年七月初五日到

中国六月十四日，西历八月初一日，自日本东京致书李中堂阁下：自到东洋多日，诸务倥偬，未及专函道候，并谢贵中堂接待优厚之意，感歉莫名。前在中国游历各处，得见恭亲王与贵中堂，为一代名臣，心未尝一日忘也。贵中堂所托琉球之事,已经向日本说过。屡与敝国平安大臣商议,适日本大臣伊藤、赛阁二位来离阁地方谒晤,当将此事与之详论一番。现回东京,日本内阁诸大臣拟仍来会面妥商办法,是否能令日、中两国俱各允服,我尚不敢预定。两国应该彼此互议,庶不至于失和,似不必再请他国出为调处。我看亚细亚洲只有中华、日本可称两大强国,甚盼两国各设法自强,诸事可得自主。日本气象似一年兴旺一年,中国人民财产本富,自强亦非难事。俟我起程回国时当再函报。查德领事人极正派,办事谨慎,有信即交伊转达。回国后如贵中堂有相托事件,必为尽心筹办。此颂勋祺。格兰忒顿首。

(G5—07—005)

34. 复美前首领格兰忒

光绪五年七月初六日

敬复者:日前贵前主来游中国,获亲风采,畅聆教言,欣佩不可言喻,惟款待多疏,时萦歉念。项接西历八月初一日自日本东京来书,猥蒙记注,感慰交并。所托琉球之事,迭接杨副将信,知贵前主居间排解,苦口劝导日本诸大臣,俾勿听信旁人唆弄,致开兵衅,仰见贵前主不忘金诺,顾全两国大局之美意。本大臣立即将贵前主赐函并杨副将信译寄我总理衙门,转呈恭亲王查阅,靡不同声感谢。惟此事实系日本欺人太甚,琉球为中国属邦已五百余年,案卷具在,天下各国皆所闻知,今日本无故废灭琉球,并未先行会商中国,乃于事后捏造许多谎言证据,照复我总理衙门,强词夺理,不自认错。闻已将此项节略转呈贵前主阅看,想必能明辨其诬也。来示两国应该彼此互让,不致失和,诚为公平正大之论。但日本错谬在先,毫无退让中国之意,中国于前年台湾之役,业经忍让过分,举国臣民已形不服。今此事若再退让,于国家体制声名恐有妨碍,未知贵前主与其大政大臣等如何妥商办法,使两国面子上均下得去,本大臣窃愿倾听下风,以待贵前主之指挥也。贵前主将此事费心商定,不日命驾回国,想可属令贵国平安大臣与敝国何公使在东京接续商办,务使两国归于和睦,感盼尤殷。至敝国朝廷上下皆欲认真整顿诸务,设法自强。以副贵前主暨杨副将殷勤嘱望之怀。惟祝贵前主回国后,一路福星,万家拱戴,仍旧总理国政,庶中、美交情日臻亲密。以后仰仗大力维持之处甚多,容再随时专函布告。

德领事人极正派谨慎,本大臣素相器重,尚祈贵前主回国后加意栽培为幸。专泐奉复,敬颂钧祺。李鸿章顿首。杨副将暨少君、格参将均祈先为致候,馀再续布。

再,日前贵前主在天津晤谈,曾蒙以金山华工之事,嘱为妥筹办法,当经本大臣转述尊意,函商我总理衙门王大臣,请其酌为变通。旋据贵国西公使会议,拟暂禁止娼妓、逃犯、有病及招工人等前往金山等因,我总理王大臣因贵前主谆嘱在先,顾念两国睦谊,互相体谅,遂与西公使和衷商酌,格外通融,允照所请,以后再妥订章程。想西公使必已函报尊处,特再附闻,以释远念。又及。

(G5—07—006)

35. 附　照录何子峨来函

光绪五年七月初九日

受业如璋谨上书宫太傅伯中堂夫子大人钧座:上月二十四日肃呈三十八号一缄,想邀垂鉴。本月六日奉到六月二十三日赐缄,敬谨读悉。琉球一案,既经美前主与日本执政言,尚无复音。前接总署钞示,美使西华论金山华工问答二纸,时前主方游箱根。如璋往见幕友杨越翰,述及西华所言娼妓、逃犯、有病、招工四种人勿往金山,是本前主意。我政府谓苟二国有益无不乐为,商量嘱其转达,以坚其意。现美前主既归,仍无回信,屡遣员探听。本日,美前主云既有函呈王爷,一二日暇见如璋,再述一切。如璋约于明日见之。此事日人主意大约意在挨延,闻前会诸大臣议论言战者不过一二人,馀二三十人皆谓不如延宕,俟中国之怒渐息,球人之望日淡,则无用争矣。目下当徐与中国议论云云,未知是否领事德呢所言。日人此举出于巴人播弄,是人诸凡狡黠。如璋初至,意欲少与联络,俾不梗我,前函屡述之。外人不知,遂疑为倾诚相结。彼在东多年,日人恶之已甚。改约增税及近日停船检疫事,美使力助日人而巴使持之益坚。此案拉之出头,虑中日人之忌,故如璋议请他国调停,在美而不在英,若谓日本信其簸弄则与情事相乖。日本通国上下皆谓如璋因信巴人之言而后发议,屡见新闻纸,彼实不能反信其言。(德呢所云实局外悬揣之词。德呢意欲效劳,惟彼无从插入。归时向如璋借川资,既予之矣。)缘巴使与日人、与美人皆极不相容,所谓众恶皆归也。巴使闻将归国,然自当遵谕加意谨防之。香港督燕君人甚公正，在港时多袒华人，此次东游颇谓巴使欺日人过甚，而力主中、东两国务须和好，以兴商业。颇闻此案伊亦有心劝争，今其人亦既归港矣。球王现仍留东京，前新闻纸中有放其归国之说，至今无验。松田本为废藩而去，彼事既妥，亦经回国；随去之兵由熊本镇拨往，闻颇患热，有更番调守之说。长崎理事余瓗寄上海道函所称，命王归国，撤兵罢戍，是据新闻之言而误为实耳。美前主闻于我七月十五日启程，续有情形随即驰达。如璋才识暗浅，曾无尺寸之效，过蒙圣恩，愧无以报，荷承齿及，益切悚惶。惟求夫子中堂训示，俾无陨越，不胜祷切。肃此，敬颂钧祺。第三十九号。

(G5—07—008)

36. 附 译美前首领来信
（信面云敬烦李中堂转送恭亲王查阅）

光绪五年七月二十一日到

西历八月二十三日即中国七月初六日，我到日本以后，屡次会晤内阁大臣，将恭亲王与李中堂所托琉球之事妥商，设法使中、日两国不至失和。看日人议论琉球事，与在北京、天津所闻情节微有不符。虽然不甚符合，日本确无要与中国失和之意。在日人，自谓球事系其应办，并非无理，但若中国肯宽让日人，日本亦愿退让中国，足见其本心不愿与中国失和。从前两国商办此事，有一件文书措语太重，使其不能转弯，日人心颇不平。如此文不肯撤销，以后恐难商议；如肯先行撤回，则日人悦服，情愿特派大员与中国特派大员妥商办法。此两国特派之大员，必要商定万全之策，俾两国永远和睦。譬如两人行路，各让少许，便自过去，无须他人帮助。两国大员会议时，如用洋人翻译，亦须两边愿意，不必再请各国公使调停。倘两国意见实有不合之处，可另请一国秉公议办，两国应各遵行，亦不可仅令驻京公使理说。亚细亚洲人数居地球三分之二，惟中、日两国最大，诸事可得自主。所有人民皆灵敏有胆，又能勤苦省俭；倘再参用西法，国势必日强盛，各国自不敢侵侮。即以前所订条约吃亏之处，尚可徐议更改；各国通商获利之处，中国亦不至落后。盖取用西法，广行通商，则民人生理、国家财源必臻富庶，不但外国有益，本国利益更多矣。日本数年来采用西法始能自立，无论何国再想强勉胁制立约，彼不甘受。日本既能如此,中国亦有此权力,我甚盼望中国亟求自强。我深知通商各大国内有那般奸人,愿中国日弱,他好乘机图得便宜;我实有爱惜此两国百姓之诚心,不得不苦口奉劝,勿中那般奸人觊觎之计。再过两礼拜,我即启程回国,日后若听闻中、日两国为琉球事业经说合,并有永远和好之意,我更十分欢悦。我原不肯干预两国政务,越俎多事,但既出此言,两国果皆信以为实,球事可望了结,我亦不虚此行与有荣施也。前在中国各处,大小官员待我礼貌甚厚,至今感念不置。此颂勋祺。格兰忒拜具。原来洋文信寄总署。

(G5—07—012)

37. 附　译美前首领另函（信面云李中堂查阅）

光绪五年七月二十一日到

西历八月二十日即中国七月初三日,我有一句话要向贵中堂陈明,祈莫怪我。我原不便说的,看似多管闲事,但受恭亲王与贵中堂之托调停琉球事。我总未与何公使当面商量。我诚心要劝中、日两国不致因此失和,先将两国所争论者详细说开,使两国面子上均过得去。若照驻东洋各国公使之意,不免从旁挑唆生事,他们好出头搅扰,冀得便宜。若中、日两国失和交战,兵费浩大,人民受殃,此极惨恶之事,不知几十年后元气才能渐复。我风闻何公使遇有交涉事件,必与西国那一位公使商议,或因是他的好朋友,其是否我亦不敢知也。美国现有平安公使在此,人甚公正,我常与密商球事,但不能再向各国公使道及,因亦不便与何公使说及。何公使先前有一文书日本深怪,彼此不常见面,公事亦不能商量。我盼望中国要妥细商办此事,不妨将前次文书撤回,另派大员与日本议办,当可设法了结。凡与中、日两国相好皆有是心。外另致恭亲王一函,请贵中堂先看,再为转寄。此颂勋祺。格兰忒拜。原来洋文信寄总署。

(G5—07—013)

38. 附　美国副将杨越翰来函（原来洋文信寄总署）

光绪五年七月二十一日到

李中堂阁下：我久欲致函中堂并谢中堂致信与我许多见爱见重之情。现在敬国主致恭亲王与中堂之信，实系用心斟酌情形，缕陈一切。写信之前，国主与日本内阁大臣面论球事数次。又与美加多面论两点钟之久，苦劝其不可与中国失和；另外又写一信与中堂，系详论中国何公使在日本人地实不相宜之故，但是与何见面时，伊貌极端谨，又极谦下，实不便直言其非。我知国主之意，并非论何公使外面不胜公使之任，实因伊以前事事与英国巴公使商办，如此举动，于中、日两国交谊大不相宜，缘巴公使处心积虑，必欲中、日失和而后快。球事败坏皆伊播弄而成，何公使若系精明之人，当早烛其奸，何至误中其计。敝国主因此不与伊议论球事，惟将一切专述于中堂之前。我自己虽见过何公使数次，我知国主不肯与何说球事，我亦不便面说，有时仅托人代达，但我看何之为人实在谦和之至。至现筹球事办法，敝国主实系用心着想，除函内所陈，此外别无良策。但所说办法，深恐不副中堂本怀，是以将真实办法指明一二，用备采择。国主到日境时，日已改琉球为县，视为本国内务，绝不与外人道，几无从开谈。幸日本深佩敝国主之为人，愿与之议论往事，此球事之转机一也。敝国主拟令两国各派大员会议球事，日廷应允，此球事之转机二也。请中堂详细思维，前三月日本办琉球之事独行独断，目中无人，目下已回心下气，愿与中国会商，看此情形，可以知敝国主于球事实系煞费经营，东游之行不为无益于贵国。今日之后，贵国须竭力筹维，球事即可平妥了结。万一不能了结，中国于球事始终有礼，亦无愧于各国。中国先愿与日本商量球事，足见中国重视和约，不肯轻启兵端实据。至于何公使照会一节，此系细故。球事了结与否及如何了结，与照会无干，可以不必追究。但日本请将照会撤回，中国允之亦不失体面，缘照会措词过于直率，有失友邦敌体之礼。且何发照会时，球事尚未大坏，亦不应说那样重话。敝国主劝日廷议结球事，初未肯从，嗣经再四相劝，方勉强从命，实缘敝国主勋名素著。伊君臣久已钦佩，又因国主见美加多所说之言十分恳切，是以日本各大臣亦不能从旁阻挠。敝国主致恭亲王与中堂之函，自己念给美加多听，美加多当面谕知各大臣，饬其一体遵办。我所以函述此节者，请中堂可以明白敝国主议论球事之用心，美加多亦系实从敝国主之言也。至日本现办球事亦真有为难之处，中堂明见万里，请详陈之。曾记有一日，我与日本一内阁大臣谈及球事，渠云我们美加多及诸大臣实愿与中国永远和好，只因日本从先带双刀一类之人几有二百馀万之多，向隶各藩属下，现在此辈极为穷苦，惟愿日本与别国动兵，伊等有事可作。中国民情柔顺，易于管束，我们日本此类之人，若在上者控制稍不合宜，伊等即借端生事，所以我朝廷办理一事，若先硬后软，此辈人必挟制作乱，此现在议球事之实在为难情形也。再，我闻敝国主云亚细亚洲人数中、日两国计有三分之二，皆真有自主之权，与同洲内缅甸、安南等国迥然不同。往年印度国内有好几个国王分治，英人设计愚弄，使之自相争战，渠却从中渔利，或助战，或劝和，借端侵占其地。我在日本目睹英人待日本情形，实与当初待印度之意相似。今欲播弄中、日搆兵，即当日害印度之故智。希冀二国日弱，与缅甸、安南相同，将来地可渐归英属耳。中、日二国与各国立约通商，不但利益全归各国，本国反处处受害，倘美国人待中国国家之意都与我相同，美国必可与中国立一密约，有事相助，此约如成，中国一有大事，美国即出头帮助，则一切交涉情形自与未立约之时顿然改样。中、美二国必可永保平安，不为他国所欺矣。又，敝国主在长崎时，与众人议论中、日交涉情形，以上言语亦曾略为提及。后来香港燕总督在厢馆与人谈论，谓国主在长崎所说之话颇有深意。现在敝国主与中堂二位大有才智之人既忽然相交为友，中、美之约必可有成。敝国主深知中、日倘或交兵，必至利归于人，害归于已，所以力劝日廷速议球事。又，我看日本美加多及其大臣并无真愿与中国失和之意。中、日地方相连，譬知人家弟兄一样，球事尽可自己理论明白，无借旁人说合。但球事了后，中国亟须赶紧自强，方可有备无患，缘南有英人在缅甸，西与俄人接壤，可虑之处极多。我现在于西九月初二日随同国主回国，此后中堂如有何事见委，我情愿竭力办理；但是我恐无机会到中国见中堂，如果中堂不到美国，则彼此见面甚难。我十分想念中堂，祈中堂视我为好友。是所至叩。此上，即请勋祺。杨越翰拜具。

(G5—07—014)

39. 致总署　译送美前总统来函[2]

光绪五年七月二十二日

密肃者：七月二十一日酉刻，美国领事德呢、副领事毕德格来署谒晤，赍有美前首领格君洋文信函二件：一系七月初六日专致王爷，嘱敝处阅后转寄；一系七月初三日另致敝处，因事关秘密，今早即令毕德格口译其意，鸿章亲笔叙录。谨将原函二封译稿照钞一折①，驰呈钧览。尊处如有翻译可信之人，不妨另译，以资印证。玩格前首领语意，须将何子峨前给外务省照会撤销，由两国另派大员会商办法，始有结局。与美副将杨越翰六月初七日来信大致略同，可见其主意早定。其致敝处函内直云何公使在东京，公事不能商量，若欲议结，非另派大员不可。又，杨副将同日致敝处一函内云格前主寄呈王爷之函缮毕后，已交日君美加多阅看，毫无异词。德领事谓，其前主受王爷与钧署嘱托球事。既与日本君臣议定，此信即算是公文，钧署似不能不照办，拟请摘录原信要语，由贵署照会日本外务省，请其另派大员来华会商，是否如斯，究应如何妥办，抑须奏明请旨定夺，伏候卓裁。敝处七月初六曾复格君一函，计未接到，已经启程。此次尊处如何办复，见示后再行依样作答。杨副将函洋文冗长，并未深说球事，闲话居多，匆匆未及译出②，容钞稿并原函录呈鉴阅。专肃密布，祇叩中堂、王爷、大人钧祺。李鸿章谨上。直字二百十六号。

(G5—07—015)

40. 致总署　密论何子峨

光绪五年七月二十二日

再，前接子峨六月二十四日来函，以往见美使平安，谓已与格首领商一办法，拟将琉球三部：中部仍归球王复国，中、东各设领事保护，南部近台湾，割隶

---

① 原编辑者注：吴刻本此处多"并洋文原函"五字。
② 原编辑者注："未及译出"一句，吴刻本改作"一并译出"。

中国，北部近萨摩，割隶日本。其新设之冲绳县即移驻北部，彼尚可以收场。格首领欲将大局说定，然后回国，其详细节目交与美使妥办，另立专条等语，想并达知钧署，无庸赘述。今阅格前首领迭次亲笔信函及杨副将函，并未稍露割岛分属之说，或若辈背后私议，或与日本密商未经允定，抑或美使以斯言诳子峨，均不可知。格前首领人尚诚笃，不似驻东各使之狡狯，其不肯与子峨面商此事，并不欲令美使接办此议，又不欲令两国驻京各使干预此事，用意深远，似专为撇开巴夏礼等起见，杨副将前函已明言之。子峨虽甚英敏，于交涉事情历练未深，锋芒稍重，其第一次照会外务省之文，措词本有过当，转致激生变端。语云出好兴戎，可为殷鉴。副使张鲁生久不相能，鸿章曾寓书劝勉。德领事前自东京回，面称何公使馆内凡有机密要事，各国公使及外务省无不周知，恐有暗通消息之人，其正、副不和则通国皆知云云。兹格首领来信如此，不敢不据所闻详细奉陈，以备酌核。鸿章谨又密启。

(G5—07—016)

41. 致总署　寄呈杨副将来函

光绪五年七月二十四日

密肃者：七月二十二日驰布一缄，并寄呈美前首领两函，计已达览。顷将同日所接格君幕友杨副将洋文信函译出钞稿并原函一并奉阅。适接何子峨七月初九日来缄，附录呈电。子峨尚未知美前首领如何说法，并谓巴使与日人、美人极不相容，自系实情。格君等因疑子峨与巴使倾诚相结，又闻日本上下皆谓子峨信巴使拨弄而后发议，是以秘不与言，究之皆非事实。然日人与子峨嫌隙既深，其说自无由得人。格君前信云此事，何公使不能商量议结，亦系确论。应如何酌办之处，想卓裁自有权衡。专肃密布，祗颂中堂、王爷、大人钧祺。李鸿章谨上。直字二百十七号。计呈钞折二件、洋文信一封。

(G5—07—017)

42. 复美前首领格兰忒

光绪五年八月初九日

敬复者：西历八月二十三日曾泐复一书，交德领事转寄，计已接到。昨由德领事送来贵前主西历八月二十三日致恭亲王函，拆阅后即为转送。兹恭亲王有复信一封特寄呈览。又接贵前主西历八月二十日致本大臣另函，得悉琉球之事深费清心，斟酌立论，从旁调处，感谢莫名。来函既称敝国何公使从前有一件文书，日本深怪公事不能商量。现在我总理衙门已查照贵前主函意，照会日本外务省，由两国另派大员会商办法。倘日本果悉遵贵前主美意，派员来华妥商，冀可及早设法了结，免致中国人民心怀不服再有失和之事，则贵前主此行洵于中、东两国大局俱有裨益。何公使那件文书尚是小事，琉球业经日本废灭，要他回头，使中国面上过得去，正自不易。窃恐将来两国派员仍说不妥，尚烦贵前主随时致书劝解耳！闻台驾已于西九月初二日起程，遥祝风帆顺利，一路福星。行役年馀，苶躬劳勋，借可略作休息，他日再亲庶政，俾我两国交谊益亲。所有奉托事件尚多，风便祈时赐好音为幸。专此复颂台祺。李鸿章拜具。

(G5—08—004)

43. 复美国副将杨越翰

光绪五年八月初九日

杨大人阁下：连接五月十六、二十六日、六月初七日、七月初六日四次手书，备承关切逾恒，情深语挚，曷任感佩。日本废灭琉球之事，蒙贵前国主多方开导，斟酌情形，相机立论，使日本君臣允服。非贵前国主勋望德器照耀海外，不足以感动日人；非阁下左右赞襄，日夜筹画，亦不足令日人回心向善。贵前国主与阁下此行，诚于中、东两国皆有裨益。感谢之私，匪言可罄。现我总理衙门王大臣已查照贵前国主来函之意，照会日本外务省，由两国另派大员会商办法，倘日本即派员来华妥商，冀可及早议结，免致有失和之事，本大臣实深欣愿。来示谓中国先愿与日本商量球事,足见重视和约,不肯轻启兵端之实据,洵为金石良言。此次日本改球为县,从未与中国说过,中国已屡次商询,彼总置之不理,今仍依贵前国主之言备文,请其派员会议,更显出中国重视和约,不欲遽与失和。日本美加多既亲见贵前国主所致恭亲王与本大臣之函,当面谕知各大臣,饬其一体遵办,想必不至中变。倘不速派大员来华就商,是不但轻视中国,且于贵前国主所言面从心违,未免负友失信。中国于球事始终有礼,亦可以对天下万国也。至于敝国何公使前给外务省照会措词过火,此一时言语之失,诚如尊论,系属细故,球事了结与否及如何了结,均与照会无干。日本似借词不与商办,为事后掩盖之计。当初若怪照会失词,不妨由其驻京公使与我总理衙门理论,何必急急废灭球国,转将照会之语自行坐实。贵前国主与阁下洞见情伪,当已了然于胸也。如其另派大员会商,前项照会撤销尚是易事,惟球事如何处置,使两国均有体面,以后能永远和睦,本大臣曾用心著想,难得一实在妥法。倘日本仍不自认错,徒令中国认错,中国实无错处,局外必有公论。贵前国主与阁下现虽回国,想仍念念不忘,代为筹虑耳。迭蒙来函,劝中国设法自强,语语从肺腑中流出,见爱甚深。本大臣读之且感且愧,惟有随时会商我政府王大臣,设法整顿庶务,以慰阁下关注之殷。又蒙两次示及嗣后中、美会商立一专条密约,彼此遇有难事互相帮助,必可永保平安,不为他国欺侮。是于咸丰戊午原约第一款之意重言申明,更为结实,中国极所愿望。贵前国主既有此美意,阁下又允于回国后转达朝廷,他日贵前国主重亲大政,此事必可有成,尚祈勿忘金诺,随时留心关照为幸。台驾自东洋启程后,想一路顺平,早抵贵邦。本大臣甚钦佩贵前国主与阁下至诚待人,愿结为同心相契之好友,以后见面颇难,希常惠好音,以释远念。专此复颂勋祺。李鸿章拜具。

(G5—08—005)

44. 复总署　论球案

光绪五年八月初十日

敬密复者:连奉七月二十七、八月初五日公函,以球事既经美国格首领与日本君臣议定,目前舍此亦别无办法。业已奏明,照会日本外务省,请其派员会商,并由王爷泐复格首领函,属即转寄等因。细读照会及复函,斟酌至当。

不脱不粘，钦服无既。先行撤回照会一节，德领事等均谓两国会议大事向有此办法，尚于交际公法体制无碍，但日本必欲先行撤回，乃肯派员会议，未免恃强欺人。格君因其接待礼貌过隆，遂亦徇其意而为之请，鄙见殊不谓然。今钧处于照会日本文内将此节删去，极为得体，未知其如何登复，恐彼尚纠缠此说。闻德领事云，日本欲中国另派大员前往东京，若不能行，或如光绪二年在烟台会议。鸿章谓此事由日本办错，中国毫无错处，断不能比照滇案稍涉将就，该领事语塞。敝处顷亦仿照尊旨泐复格首领、杨副将，两函均交德领事寄去。复格函内将何公使照会一节轻笔放过，杨副将函内则就其来信语意反复辨明，使若辈稍自憬悟。录稿奉呈鉴察，未知是否。如果日本即派大员来华会商，届时先请撤回照会，相度机宜，或尚无不可通融之处，卓裁以为何如。昨接子峨七月十六日来信，初十、十一等日迭晤格首领，询及球事，彼总沉默不发一语，但谓此事可无庸战争，仍须两大国自为妥结，想并函陈尊处矣。赫德所议海防章程，顷接幼丹制军来函，甚不谓然；经费现存无多，添购蚊船一节，似须定议后再行商办。专肃密复，祗颂中堂、王爷、大人钧祺。李鸿章谨上。直字二百十九号。计抄函二件。

(G5—08—007)

45. 附 日本竹添进一上书

<u>光绪五年十月二十四日到</u>

　　天下无两婚之妇，岂亦有两属之邦乎，是琉球之所以宜属于一也。琉球隶属于敝国历历有明证，前次既详陈之，今不复赘。盖朱明以来纳贡于中国，奉其正朔者，一则借大国之光以自夸耀，一则利中国赍与之物耳。维此中国取法于三代，域外诸国来者不拒，去者不追，即如琉球亦以恩待之，不必悄悄问其所以立国，尤见柔远之盛德也。夫琉球弹丸黑子之地，敝国得之不啻无利，有灾则赈之，有难则卫之，其所费不赀，而今改为县者，何也，盖坤舆大势非复曩时，比西海之表，强国竟雄，俄也，德也；欲伸志于亚细亚洲，俄则骎骎南侵，德亦新胜之势，如猛虎出山，日夜眈眈于东洋，求其可据之窟，中外识者所共知也。抑西人举事必借口公法，而所谓公法，有一君兼统两国，无一国两属于二君，是西人亦不有两婚之妇也明矣。然则不幸有事之日，彼来据琉球以为己有，曰既为

两婚之妇,更为三婚之妇,不亦可乎。当是时不知何辞以诘之,名不正则言不顺者,此之谓也。敝国以琉球为县,即所以正其名而绝外国窥觎之念也。中国乃以此举为非,赠书于敝政府,激论以责之。敝国论者皆谓琉球之属我者公也,其贡于中国者私也,今则以私责公,譬之有夫之妇与邻人私通,私夫乃争其妇为己室,反加本夫以不信不义之名,是何道理,其轻侮我一至此耶。而进一则由此益见中国恤小之仁,以论者为不得中国之情也。何则,彼琉球者,尝阴阳于中、日之间以谋私利,而中国以君子之心待之,固不逆其诈,而今春琉球一二妄人巧饰言辞,倒置冠履,变乱黑白,以哀控于中国,中国见此书也,悯弱救小之心油然而生,不暇复审其实,竟至以我之举为暴虐耳。要之,敝国则察坤舆之大势预为之备,而中国则扩字小之心以尽其仁也。呜呼,东洋中称为帝国者,独有中、日二国而已,而同种同文,势又成唇齿,宜协心戮力以御外侮,今乃为一二妄人所误,出蚌鹬之争,以遗渔父之利,是进一所以痛哭也。进一抵津之日,闻诸道路,琉王姊丈紫金冠向德宏间行来此,以有所请求于中国,进一不知其所请求为何事也。然而使德宏为有心之人,则必谓中、日违言自琉人启之矣,亦不得不自琉人辨明之,因请中国曰,琉球贡献于中国者在借宠光以为荣也,其实臣属于日本旧矣。今日本大革内政,废藩为县,施及琉球,固势之当然也。而琉王则列华族,琉臣则与爵禄,民庶则轻税弛役,上下皆欢乐之矣。但当初一二妄人不喜新令,遽乞救于中国,于是中国赠书于日廷,以启二国啧有烦言矣。中国字小之仁,诚为爱戴无谖,然而日廷之举实不如妄人所言,伏请中国善察其实,两国赠答之书互相缴回,悉归之乌有以合两国之欢,使琉民有所归焉。未知德宏所请求果如进一所言乎。若然,则中国许德宏之请,先通意于敝国,缴回照会,而后派大使于敝国,彼此熟议办理妥当,违言之局变为和乐之会,群疑冰释,两心相孚,中、日之交自此益加亲密,则二国人民之幸莫大于此,而德宏亦与受赐矣。瞽言无当,伏请中堂垂教。

(G5—10—008)

46. 附　与日本竹添进一笔谈节略

光绪五年十月二十四日

竹添云前次干渎尊严,聊陈瞽言,得罪于中堂大矣,而中堂宽恕,不独宥罪,乃赐大作并有所命于进一(七律第七句即是),何其德之宏而恩之渥也。进一感激无已,今将回国,窃将要件奉大教以慰鄙衷。倘屏左右,使进一罄所怀,为幸更甚,敬布腹心。我云左右之人致泄漏,尊意如何,可一一详告。竹添云今朝缀鄙所欲请,以当笔话,敬以渎览。我云阅来书语意,似有使之来此游说者。竹添云进一非受人指意者,进一日夜以中、日两国之或有失和为忧,故苟有所知,不能默止也。我云所论仍系一偏之理。竹添云请赐垂教。我云记得前次已经驳辩,阁下既系局外闲人,恐在处士横议之列,否则与贵国政府所言一鼻孔出气。此事是非,固非数语所能明晰。竹添云各挟一是,以争辨终无结局,此二国之忧也。敬问如何料理,则两国共受其福乎。我云贵国如即派大员来华妥商,当想一结局之法。竹添云大教鄙人未悟其故,何则敝国则以处琉事为是,系境内之政,而中国则倡两属之说,以责敝国。敝国竟不服其说,固无先派使办之之理。起争端者,中国也。然则自中国派使办之,敝国亦以礼报之,是似得体。我云琉球之属日本,中国各史籍掌故均未纪载,即自国初至今。历派册封使臣往球复命,亦未知有此事。前我政府照会,谓琉球为两属之国,原以中、日和好在先,日国遽为此举,并未预先商会。现在诘问,恐日国面子下不去,料想琉球必先两属,为此圆融之语,俾得转圜,仍归于好耳。其实所云两属,并非典要也。竹添云琉球舜天王为敝国帝家之支裔,钦定皇朝《文献通考》中详载之矣。况琉王及三司官誓书十五件藏在琉球及萨摩官库,是琉球为敝国隶属,确乎有证者也。至中国册封等事,前次既论之,犹昔时西洋诸国受罗马法王冠礼,而所谓朝贡则太王以玉帛事戎,一般小国之事大国必有赠献,自古然也。但此等情节不必哓哓相争,进一之所忧则两国失和之事,东南全局从此破裂,无复收拾之日,然则生民之涂炭果何知。中堂仁高义盛,必有为两国生民维持幸福之神算,是进一所以伏请也。我云琉球属中国自昔已然,天下皆知。非一时一人之私言,即使亦属日本,中国上下向所未悉。前日本与我定约时,第一条称所属邦土实指中国所属之朝鲜、琉球而言,当时伊达大臣及嗣后换约之副岛等,皆未向我声明琉球系日本属邦,今忽谓琉球专属日本,不属中国,强词夺理,深堪诧异。今若不必争辨琉球系属谁之邦,但讲两国宜倍敦和好,日本之意乃欲欺辱中国,吾虽欲和好,其可得耶。竹添云中堂曾览琉王及三司官誓书否,此为敝国属国断无可议者矣。我云今阅日本照复总署文内始知有此件,从前各书未载,亦未有人传说。据琉球人言,当时系强逼拟稿照写,不独琉球君臣未能永远遵行,即日本亦甚秘之。余揣度情节,显然即谓此为属日本之证,乃谓并不属中国,惑世诬民甚矣。竹添云两国各有所是,终不相让,破和与全和惟在两国当路诸贤之意耳。如进一则迂儒之见,但历现各国情势。深为中、日二国寒心,乃如独逸近时垂涎琉球与台湾者,西国新报亦屡载之,虽未知其信否,倘有中、日失和之事,其祸何如哉。幸有全此局之良策,则进一虽不肖,周旋其间以谋二国生民之幸,齑粉身骨亦在所不顾,但奈中堂之教如此,进一终不能达微衷也。进一从此回国去矣,明年幸而两国无事,再航海来拜芝眉,敬聆大教也。我云,独逸系何国,中国无此译音。竹添云,即日耳曼。我云阁下之意甚善,鄙人亦非多事者,但通国上下议论如此,忝秉国钧,忍辱负重,事已至此,我再稍让,犹可说也。若日本居之不疑,毫无认错悔过之意,是其祸非自中国倡之,更非鄙人倡之也。阁下回国得见政府,务劝其开春后另派明干大员来华,彼此会商互让之策,实东方大局之幸。倘强执成见,将中国一切抹倒,九州之大,岂遂无人耶。竹添云果有此命,进一感激曷已,竭犬马之力以有报盛德也。敝国果有情势,实不能先派大员者,进一必来禀明其意也;若能派大员,进一亦必先航报之左右,以请垂教焉。我云中国主持大议者实止数人,皆不能分身远出,非自高声价也。日本群材济济,能派员前来为妙。竹添云此等语,敝国公使等皆不知之,鄙人则窃有所尽心也,幸勿泄漏是荷。遂辞去。

(G5—10—009)

47. 复总署　论球案

光绪五年十月二十六日

　　敬密复者:日本并球一事,迭奉十月初九、二十二日公函,抄示外务省照复并两次与宍户使晤谈节略,尚无归宿,钧署十七日与宍户议允,再给外务省照复,语意似专指不提何星使照会一层,未知已否缮办。昨接丁雨生函,颇以照美统领原信撤销子峨照会为是,惟日本此次照复仍谓琉球废藩为彼国厘革内政。若坚执是说,窃虑派员会商终无办法。且彼必欲中国另派大员前去,无论踌躇四顾无此专对妥员,即有人前去,而所议无成,怏怏而回,既轻国体,更无后著。鄙意仍要该国派员来华,若无办法,听其自去,虽是不了之局,中国始终不失身分,钧意以为何如。适有日本闲员竹添进一者,上年运米来津助赈,学问渊雅,曾与订文字交,今夏复来,持其国执政伊藤博文素绢乞书,询知与伊藤契友,笔谈之顷,驳辨球事甚详。伊当将原文带去,盖使之闻知之意也。昨忽又叩门上书,与其外务所答球事如出一口,因延见屏人笔谈,姑作盘马弯弓之势,借为旁敲侧击之词。彼又将原文携去,因照录副稿并其所上书录呈,以供一噱。本日美国德领事过谒,言前送统领来书,知其调停球事,语尚含混,曾密致统领,请再作书催日主美加多,照议派员会商妥结。解铃还是系铃人,或格统领回国后尚能为力耶。再,前奉九月十三日公函,抄奏遣令球官毛精长等三人回闽,属过津时派员护送等因。迄今毛精长等并未到津,而紫巾官向德宏等仍固守勿去。津关郑道传询,向德宏谓毛精长等实尚在京候信,伊亦决不肯回,资斧已断,只得略为资助,以示体恤。竹添进一书内已言及之,鸿章旬即旋省,惟密属郑道等妥为保护,日人当不敢强索也。专肃密复,祗叩中堂、王爷、大人钧祺。李鸿章谨上。直字二百二十三号。

(G5—10—010)

48. 致总署　美国杨约翰来信

光绪六年二月初五日

敬肃者:鸿章初三日抵津,初四下午美国新升上海总领事前驻津领事德呢来谒辞行,袖交前总统格兰特之随员杨约翰洋文来信,译称日本为琉球事不至决裂,该外部询及派往中国各官品行,计其时正容闳向外部催问广东、福州美领事未了案件也,并嘱转致钧署。谨将原函照抄呈览。日本如何会商球事迄无确耗,尊处有无接到复文。倭人狡变莫测,闻我伊犁悔约之信,未知有何诡谋,殊为悬系。据德呢面称,五月间该国公保接任伯里玺天德,格兰特众望所归,冬月或将复任。杨副将所言另议两国互相援助之约,自应俟格兰特果已复任,再行相机商办。专肃奉布,祗叩中堂、王爷、大人钧祺。李鸿章谨上。直字二百三十号。计钞折一件。

(G6—02—002)

49. 附　与日本委员竹添进一晤谈节略

光绪六年二月十六日

　　问何日由东京起程。竹云正月三十日起程，自东京抵上海，驻一日，直航津矣。呈节略一纸。问阁下尚回国否，约在何时。竹云小子惟视阁下所命以为进退。问贵国何时派员来华会商。竹云阁下以敝大臣所说为有理，果赐采用，则敝国不必派员前来。何则。两国另派大臣以会商此事则颇涉重大，为欧洲人所指目，恐非两国之利，故小子先来，候阁下之意，两意终无扞格，则委敝宍户公使办理之耳。答云琉球另是一事，当妥商办法。至于通商征税，系两国交涉常事，不应牵合，似有挟而求中国，转难允行。竹云总署王大臣第四次照会内，有琉球一案将从前论辨各节置而不提，愿照美国前统领从中劝解之意办理等语。是以敝国大臣讲究两国和好之道，终至使进一候阁下之高教，果如大命，则敝国无由表好意，而纷纭之论终不可解。答云美国统领原函只说两国派员会商此事，并未提及通商议约各节，总署仍照美统领函意照会贵国，亦无另有别议。今忽增出议改和约，是为节外生枝。竹云夫琉球之属隶敝国，前统领亦以为然，但就东洋大势论之，清、日两国蚌鹬相争，不免为欧人所冷笑，是以敝国勉为难为之举，欲以密两国之交。抑内地通商，中土既许各通商国矣，而敝国则独不得准许。辛未结约之日，敝国人士抱憾于中国，终至酿台湾之役，又至有废琉球之举，试问中土许我商民内地通商，其所损几何，盖无之也。而敝国商民买卖于中土者，常为西人所垄断，受害不鲜，今敝国不顾伤体面，欲割琉岛定两国疆界，长杜纷纭，以表好意，而中国不敢许其无所损之事，何其厚于西人而薄于东人乎。答云美前统领函内并无以琉球专属贵国为然，故请会商妥法。就东洋大局而论，中、日两国必应倍敦和好。琉球之争由于贵国先发难端，中国至今隐忍不发，实为顾全两国和好、东方大局起见，非力不能自伸其说也。至辛未准定和约，亦为睦邻而设，其时日本不准外商游历贸易内地，中国自应一律办理，非独薄于日本而独厚于西国也。贵国既有抱憾，则当日不应准约，亦不应互换，乃两国大臣皆画诺互换，旋即有台湾之役，又旋有废琉球之举，甘心违约，匿怨而友，岂大邦信义之所为乎。今议定琉界，是非已不分明，又欲牵及通商改约以胁制中朝，中国非不敢许其无所损之事，盖不能受人胁制也。故曰通商事当另议,断不可混作一案。竹云至琉球所属之论,则前次悉之矣,今不复赘。敝国不许外人入内地通商,于各国皆然,何独止于中国哉。辛未之约于敝国实有不满意者,然而当局者深虑东洋大势,切冀敦中土和好屈意从之耳。至高论胁制中朝,则大非敝国之意也。抑琉球为我隶属,邦人皆信之,外人亦知之,故台湾之役,中土遗金恤死者家族,是中朝亦视琉民以为敝国人也。今敝国割以属于中土,苟无口实,则何以间执敝国论者之口乎。然则敝国非敢胁制中朝,乃请中朝好意以敦两国友爱之心也。小子更进论之,方今中朝与西国议厘金、审理罪人、出入货物等件,而敝国亦与各国议修改条约,以复帝国自主之权,想敝国本年必结局也。中、日两国协心戮力,以谋复自主之权,且讲贸易之利,在敝国最所切望也,伏请阁下谅察之。答云辛未立约为中、日数千年比邻所无之事,中国屈己以订约,贵国亦称屈意以从;既屈意从之矣,以后应遇事和衷商办,情好日坚,庶两相信则诸事易商,乃擅兴台湾之兵,擅废琉球数千年自立之国,此等举动天下有约各国所未见,百喙不能节其非。至台湾之遗金恤死者家族,非本大臣与议之事,节略内并未指明球人,岂能硬派中朝视琉民为日本人耶。中朝好意以敦邦交非一日矣,万国之所共信,贵国当亦揣测而知,今必欲借议球事增改通商章程,非胁制而何夫。使诎在中国,胁制尚为有词。试问台湾、琉球两案其诎究在谁哉,无庸哓辨,各凭天理良心而已。贵国与各国议改条约节目若何,请少暇详录见示。竹云既与美国言定而公告之矣,想驻津美国理事官悉知之。小子不赍稿本,故不得附上,与各通商国议修约大意皆同。台湾之兵非敝国擅兴之也。敝国派员议及难民之事,中朝答以生番在中朝统御之外,日本往责其罪亦可也,故敝国兴兵伐之矣。节略内未指明琉人,诚如大教,然是结局之日,中土相议以属之亡是公耳。厥初江南沈制军派员与驻台湾我统军文书往来,皆指明琉民,阁下而岂不闻之乎。抑小子之回国,一意以敦两国和好为旨,幸敝国内阁大臣相知者多类,故涕泣苦请,以结局为请,而敝国素有与中土重和之意,故婉曲为妥办之法,而阁下之言如此,小子不胜痛哭之至。试思割土大事也,中土仅弃不毛之地以与之俄,乃论者蜂起,崇公为得罪,至敝国割琉球定疆域,岂无招阖国之激论乎。今为重两好交谊奋然出此策,而中朝之意仍如此,恐外伤前统领之忠意,内破东洋之全局,似非通观大势者。答云台湾之事,中朝实无日本往责其罪亦可之说,立约以后,此等大事必须先派员行文商办,如中朝照会有此语方是为凭,何得引口说无凭者以定案,强词夺理之甚。沈制军责问统军之言乃是正论。此案亦非沈帅所议结,总署与威妥玛、大久保议结时,汝我均未在场,只能就当日文字评论。不得以意为增损也。伊犁与琉球又当别论,伊犁久隶我属,未便割土议和;琉球自为一邦,非中土亦非日土,即如尊议亦非割土可比,阁下来意殷恳可敬,但题旨似未认明。鄙人言尽于此,不欲多渎。竹云美前统领专以促使中、日交谊。御欧洲之侮,苦口怂恿,敝国大善其意,而中朝亦有第四次照会,故谋妥商其局,婉曲讲究办法,阁下今犹论琉球所属而不及妥商之议,殆疑于拘争琉球所属之名,而不为东洋全局之谋,果然,则竟不照前统领劝解之意也。既已如此,小子复何言,从此直回国去耳。然小子无复面目对我诸公,又不忍目击阋墙之争,即有振衣归耕于田野,不复以时事触耳目也。答云总署与鄙意皆与前统领之意相同,若不为保全两国交谊,总署即不必续行照会,贵国若真欲保全交谊,应仍就题立论,妥商办法,则和谊自见,乃又因此牵及别事,鄙人未敢与闻。竹云至琉球所属之论,则敝国第二次、第三次照复既悉之矣,别无所让一步也。敝国之意,则曰中朝果虑东洋全局,彼此均不却之于各通商国之外,而益兴贸易,共确立帝国之权,以御欧洲之侮为心,我国岂惜尺寸之地乎。当划定两国疆域,内则杜疆吏之争于永远,外则正所属之名于各国,虽有狠心之国,不能容窥觊于东洋诸岛,敝国之意如此耳,岂有胁制中朝之事哉。果使敝国有胁制之心,则乘中、俄有违言,以逞窥觊也。若其不然,亦琉球既废为县矣,中国以为言,敝国只曰中朝何故干涉我内政而有烦言乎,恬不应之,则中国起兵之外,无复他道矣。阁下果与前统领之意相同,则请不以小子之言为河汉,且徐垂大教,然则小子誓轻轻办了去也。小子今日之言非出于私意,实有所受也。答云中国与日本立约通商,本未却之于通商各国之外。至十年修约,届期如有彼此不便者,尽可详妥互商。今为琉球之议未定,又欲乘机于通商求进一步,是岂真为东局共御外侮计耶,殊所不解。竹云中土不许敝国商民入内地通商,敝国亦不许中土人民除官吏外游历内地,是彼此较各国有限制也。待十年后详妥章程,此系章程内所言明,不足以视中朝好意;果然,琉球之议,敝国亦以十年之后及之也。答云废琉球事亦条约所有否,岂得与通商章程一例,何客气之重耶。竹云果然,敝国政府无以借口琉球之事,未有收拾之日也。问总署照会如何答复。竹云大意谓,将从前辩论各节置而弗论,深以为惬。至照前统领劝解之意保全和好,亦所同望也云云。客冬介朱老爷敬请黄石斋先生家书帖大跋,今次倘蒙惠赠,幸甚。初拟入京,今知和议不成,不必入京,经两三天直回国去也。答云何妨在此多住。竹云小子密奉国命来矣,今谒阁下,知使事不成,故不得久驻此地,多罪于敝国也。答云鄙人但据理论事,至阁下使事之成否,非敢过问。竹云小子出国之日,窃谓幸获中堂妥商办法之命,则入京密谒总署大臣,果与中堂意合,则传敝国所命于宍户公使,以妥议办法也。答云执事既奉朝命,有何文凭。竹云小子所奉密命也,请试言其故,倘自钦差大臣,公然与总署大臣议,议或不浃洽,即至破和。以小子幸辱中堂之知,且密来候尊意之所在,果有浃洽之教,则直往入京;若终不浃洽,敝国别无办法,乃小子使事之密旨也。今大人议论过。故往入京亦属无用,故拟直回国耳。答云与阁下系文字交,可在此盘桓数日,再晤谈。竹云敬谢。倘再蒙延见,何日固无妨也。答云另议各条全是修约,包括太多,即届修约之期,必有一番详议,姑存细阅,再送还。

(G6—02—007)

50. 附 日本竹添进一说帖

光绪六年二月十六日到

客冬中堂阁下不弃进一之愚,既荷教诲又辱有所命焉。进一义不敢遗忘,回国之日即敬致阁下之意于我政府,且沥微衷恳以讲两国和好之道为请。我内阁大臣谓进一曰:琉球归我版图旧矣,今废为县并之,内治自主之权固当然也,乃中国反以为言,我不解其为何故。尔后会美国前统领格兰氏游历我国,为我说曰,琉球南部诸岛与台湾相接。为东洋咽喉,日本占有之,若有侵逼中国之势者,李中堂所忧,盖在于此也。我闻斯言,始悟中国违言之所由起矣。抑我与中国唇齿相依,我唯和好之密是求,岂有他心。我之废琉球为县,所以正名而固圉耳。今纷论相难,我实不知保全好谊之办法也。但我别有欲言者,中国于西洋各商使均得入内地贸易,而我商民独不得同其例,是疑于厚彼而薄我夫。中国与日本人同其种,书同其文,有旧好之谊,有辅车之势,宜同心戮力以雄持东洋全局,然中国相待之约,反不如待西人之优,我所深慨也。中国大臣果以大局为念,须听我商民入中国内地懋迁有无,一如西人,则我亦可以琉球之宫古岛、八重山岛定为中国所辖,以划两国疆域也。二岛与台湾最相接近,而距冲绳本岛九十里程(大约当中国五百里强),度其员幅,殆琉球全部之半,实为东洋门户之所存,今以属人,于我国为至难之事。而一面我勉强为此至难之事,以表好意;一面两国奉特旨增加条约,中国举其所许西人者以及于我商民,我国亦举所许西人者以及之中国商民,而两国征税建法一任本国自主。嗣后遇与各通商国修改现行缔约内管理商民、查办犯案条款,或通商章程,或税则,互相俯就,但均不得较他国有彼免此输、彼予此夺之别。果如此于中国略无所损,而两国相亲爱之情由此大彰,然后中、日视如一家,永以为好,实两国之庆也。是我公平秉心为大局之谋,中国大臣深达时务,想必相谅矣。吾子素受中堂之知,诚有为两国解纷之志,往报此意可也。

(G6—02—008)

51. 致总署 议球案结法

光绪六年二月十七日

敬密启者:日本废球一事,前经钧署续行照会该外务省,仍照美前统领原函派员会商。昨接何子峨正月二十九日函称,晤井上馨谈及,该国情愿退让,拟以琉球南岛归中国,中岛归日本;又闻其政府将于三月间派员来华等语。正在疑虑间,去冬日员竹添进一自愿回国调停此事,约今春再来复命,曾抄录问答节略奉闻在案。兹竹添进一抵津,于二月十六日下午过谒,笔谈半日,大致与子峨所闻于外务卿者相同,惟面呈说贴内添出增加条约之事,显系借端要求。鸿章反复驳辨,不稍假借。该员谓密奉国命前来,将意使事不成,即日回国,亦不进京。鄙见琉球南岛割归中国,似不便收管,只可还之球人,固不能无后患;然事已至此,在日本已算退让,恐别无结局之法。至彼欲同西洋各商人内地卖洋货、运土货,原系中外通商公例,当立约时此事与柳原前光等争论数日,强而后可;知非彼国所愿,将来十年条约必有一番舌战,不谓彼即欲乘此事机速图进步,洵属狡变。而又为之说曰,中国举其所许西人者以及于我商民,我国亦举所许西人者以及之中国商民。嗣后与各国修改现行约内管理商民、查办犯案条款、税则章程互相俯就,其词义包含万有,盖举该国近与英、美会商减出口税、加进口税,及各国人犯案由本国官照本国律例处断等事,皆隐括在内,各节如有成议,利害参半,而立言颇近公平,不敢谓该国将来必办不到,但未便因球事而牵连及此。竹添闻鄙议不谐,径欲归去。又称许之则入京传国命于宍户公使,与尊署妥议办法,揆度情形,似非虚诳。复查美前统领函内亦有以前所订条约吃亏处可徐议更改之语,兹事应否相机互议,关系重大,鸿章不敢率臆擅断,亦不便决绝拒复,姑留暂住数日,或再令其赴京禀商之处,专候卓裁,迅速示遵。照抄竹添面呈说贴及拟增各条笔谈问答节略,恭呈钧核。再,据德税司、美领事面称接俄国电报,前派驻吐谷曼回部三万兵,因与中国有事暂缓进发,自系虚声恫喝,然彼固不无愤愤也。专肃密布,敬叩中堂、王爷、大人钧祺。李鸿章谨上。直字二百三十四号。计抄折二件。

(G6—02—009)

52. 附 与日本委员竹添进一笔谈节略

光绪六年二月二十五日

竹云曩辱大教,不堪感激,回寓之后,中心耿耿,寝食俱废矣。遂赋拙诗二章以奉献乞正,想已入台照矣。今日之谈,事体重大,实两国之生灵休戚系焉。阁下仁高义盛,其量如天,幸赐细思,以教小子。小子非挟私游说者,敬沥肝胆以献鄙衷也。答(云)昨读来诗,用意良厚,惟第一首句云"议媾在明恕",所议实不甚明恕,如何能遵。第二首云"墙外拒兄弟,室中容虎狼。"似指内地通商而言。夫西约之成由于迫胁,抑仅准其领单赴各省购丝茶,仍不得沿途销售,日本为数千年兄弟和好之邦,并无阋墙之事。当初立约,彼此议明不欲照西人一律,以更敦亲睦,且日人自有丝茶,无须入内地来办,非拒之也。今西人得领照赴内地游历,日人亦然。何有区别。竹云贸易之情自不得不一律者,请试陈之。有一物于此,甲欲购之,乙亦然。然而甲则得入有物之处,乙则不得至焉,此乙则不得购也。其偶购之,亦不得不借甲之手以购之,乙之损害果何如耶。购之已知此,售之亦然。故当今日与各国通商之日,独敝国商民不得入内地贸易,较之各国商民不啻不得利,常为外人所愚弄;果然与中国通商,遂不得与西人竞其利,是敝国之所以向中国苦请内地通商也。虽然使此事为中国之损害,伤中国之体面,则敝国不必苦请也;中国既许各国矣,今推许之敝国,于中国无所轻重,此所以增加条约有第一项也。至"明恕"二字则亦有说,琉球久属我邦,今以内治之改革施及琉球,废藩为县,大号既发,中外所皆知,今割以定疆域,于敝国体面无乃有伤乎。且阖国论议纷兴亦可知也。然而敝国奋而为之以表好意,而中朝则不敢准无所损益之请,似不明敝国之苦衷者,故云在明恕。

答云日本即购内地之物，各通商口岸尽有华商行铺转售，何必借西人之手，所损害者，内地沿途运脚。然日人若入内自购，岂能独免运脚，此事损害中国者甚多。盖与西人一律请单、照运货入内地，沿途税、厘皆免，甚至有华商假冒包揽骗厘，弊端种种，课饷攸关。倘日本商民肯与华商一律，逢关纳锐，遇卡抽厘，则于国课毫无损害，虽遍行天下可也。日本若念中国之许西约出于勉强，不必苦请，或自愿照华商一律，使西国观感，徐议更改旧约，乃所以爱中国也。至谓内治改革施及琉球，废藩为县，明行霸虐之政，阴为遁饰之词，断不足以服人。日本体面有伤，中国体面独无伤乎。明理君子亦以此义为明恕，真所不解。竹云尊谕损害中国甚多云云，小子未能冰释于怀。西人请单、照运货入内地，皆除海关税外，另纳海关税之半，以免沿途纳厘之繁，非专免税、厘也（所差甚多几十倍）。且运入其货之地，必先报沿途首程关卡，然后始运货，岂有华商假冒之事乎。且其货皆系洋品，本不准在沿途或口岸转售（并无此例），亦何过虑乎。领单赴各省购丝茶，诚如尊谕，又有领单运洋货于各省或入内地购牛羊等，其事不止一端。敝国所产，借西人贩售者其品不少，敝国所需中土货物，借西人购入者亦颇为多，皆为西人所垄断，于中、东商民俱无所利，是办商务者皆能知之，且中堂有西约成于迫胁之谕，如英、佛则或有之，如布路斯国、如和兰、如西班牙及其馀小国亦以迫胁成之乎，恐不然也。故小子窃谓，中国待东人似欠明恕之意。答云布路斯、和兰、西班牙各约，皆继英、法接踵而至，不似日本又隔多年。继日本立约者仅秘鲁，其约亦与西约稍异矣。余任南北通商已二十年，无一假话。今笔谈已数千言，大旨尚无归宿。中、日所争论者琉球之事，总署与贵外务省往复照会既议明，从前辩论各节暂置弗提，愿照美前统领信内所称情事次第办理；若尊意则并非照美统领所称情事，且另生枝节矣。中国之争琉球，原为兴灭继绝，护持弱小起见，毫无利人土地之心，乃贵国居之不疑，并分南岛与中国，中国必不敢受。至谓割南岛有伤贵国体面，无论肯割与否，中国体面早为贵国伤尽，是岂真欲保全和好者耶。且吾窃闻美统领在日本时，私拟公评，却不如此，尚有一函为证。竹云前统领一函其呈总署者，窃得寓目，大意论亚细亚大势，必以保全中、东好谊为劝解，遂有半让之语，而以缴销中国从前照会为著手之始。据云尚有一函，可得拜观乎。因将何子峨上年六月二十四日来函，美使所称与统领熟商南岛归中国、北岛归日本、中岛归琉球，复国立君云云，摘要出示。竹云小子实未闻前统领向中国公使发此言，敝国政府与前统领面晤之言及书函皆悉使小子一阅，亦未见有此言，想敝政府不知前统领有此言也。答云或背后有此议,而阁下未与闻耳。竹云然则小子复无所请教,切请获赐日前及今日笔谈稿本深藏诸箧,以为他日受密命再航之时以备参考。答云阁下将何往。竹云将直回国去矣。答云美统领原函既有特派大员妥商办法,外务复文亦愿照前统领劝解之意,究竟何时派员,或即派宍户公使在京与总署妥议最好。竹云倘两国特派大使办理此事,却有招欧人指目之恐,敝国之意不欲特派,中国想当同然。然两情龃龉既如此,而前统领之言亦如彼,此局恐不容易了结也。再请者中堂以文字之交俯赐款教,小子亦以文字之交敬布腹心。前日及今日之谈,请付之乌有。贵王大臣谓,前统领非公事反为公事,今小子之言及此,亦此意也。

(G6—02—013)

53. 附　照录竹添进一五言律诗二首

光绪六年二月二十六日①

豺虎垂涎日,妖云四面生。风号知浪激,任重奈才轻。
议媾在明恕,动天惟至诚。披肝诉君子,不禁泪纵横。
思到干戈事,悲酸欲断肠。徒令一官去,无补两邦殃。
墙外拒兄弟,室中容虎狼。大邦筹画熟,必合和东方。

(G6—02—014)

54. 复总署　劝竹添进京

光绪六年二月二十六日

敬密复者:二十日奉十九日直字五百七十三号钧函抄件,以日本竹添进一所陈割琉球南岛归中国势有难行等因,具仰权衡至当。竹添去后。因其意甚坚韧,漠然置之,使其徐自悔悟。二十三日,伊忽投递五律二首以寓讽谏,仍宗前论。鸿章属其于二十五日下午来晤,谨将是日笔谈各节录呈鉴核。谈次再

---

① 原编者注:此类诗文,原稿均收在相关函、电之后,编纂时仍依其旧。

四挑逗，似何子峨上年六月间函称美使与格统领密议三分球岛之说，格统领并未向日本政府言明，抑或美使背后有此议，而日本未甚画诺，因摘录子峨前函要语出示，俾相质证。看竹添语气，若闻所未闻也者。彼知所事不谐，径欲回国。鸿章送出门时，劝其进京一行，再与宍户商之。竹添沉吟少顷，谓后日姑起身往京，旬日仍回，附航归国。未知其抵都后求谒尊处否。外务省照复文语殊浑沦。竹添所云彼国不欲特派大员，恐招欧人目，又若无成议，恐破和局，皆似实话。嗣后竟无妥结之法，尚希审慎图维为幸。专肃密布，祇叩中堂、王爷、大人钧祺。李鸿章谨上。直字二百三十六号。计抄折二件。

(G6—02—015)

55. 附　日本委员竹添进一来书

光绪六年三月十一日到

小子进一前夕自京抵津，兹拟明后十三日驾火轮船东旋，仰止之念益切。曩者亲奉大教，退而日夜以思，竟有不释然于怀者。美使所说办法是也，请试陈之。庆长年间，萨摩讨琉球不臣之罪，擒其王以归，德川氏命复之国，封以中部及南部诸岛，永为不叛之臣，附庸于萨摩，而北部诸岛则赐萨摩直辖之。尔来二百馀年，相沿不改，故萨摩提封七十万石，即并琉之北部计之者也。曩进一所禀书中指南部二岛，为殆居琉球全部之半者，亦就中、南二部言之，若合三部计之，可云居三分之一，不可云殆居全部之半，果使前统领有三分琉球，其北部割隶日本之语，是未及详琉球沿革之实也，固不足置辨。至将中部归琉球复国立君，则我国决不能从焉。我国中古以来封建为治，诸侯各君其国，今也大革内政，各藩君主皆列之华族，萨摩亦居其一，乃萨摩之附庸独依然立群县之外。政体谓何，中国封建之制不讲久矣，无由察其情势，故不免有云云之论耳。使我邦果有复琉王之议，何故割其地之为。且琉球既不能以全部立国，依我宇下以生活，今乃欲仅有其中部为独立之国，岂可得乎。此理不待智者而且知也。故进一窃谓，美使所说恐非前统领之意，抑何大人与美使言语不通，重译之人无乃或失其旨乎。若使美使果有此言，敝国必不能俯就，两国之事进一未知所底止也。痛哭之馀，敢敬布腹心，不堪恐惧之至。李中堂阁下。竹添进一再拜。

(G6—03—005)

56. 复总署　论铁甲交价并球议不合

光绪六年三月十六日

敬密复者：前奉二月二十三日直字五百七十五号钧函，以议购"柏尔来"铁甲船拨归闽省，以固台防，尊处已密致筱宋尽力筹措，迅速汇解；如所少若干，即在指拨南洋之出使经费四十万内凑足，仍催闽省赶紧解还，勿误筹购"奥利恩"一船之期等因。仰见通筹缓急，因应咸宜，曷任钦佩。昨接丹崖三月初三日电信，英铁甲须亟付，或海部换人则肯售否又不定等语。鸿章当以电信答之，谨将来往电语照录呈览。想丹崖得信后，必又往商英海部。如该铁甲二船议作两起付交，其价似须两起亟付，每起银百馀万，实已大费筹画，然英果肯售，断无中止之理。诚恐如尊谕所云，船能来而费不足，徒延时日，有误海防。俟得丹崖确信，鸿章自当尽力筹凑，其有不足，仍不得不仰仗大力援助，伏希鉴原。二月二十日详致丹崖函稿抄呈秘鉴。再，日本竹添进一自京旋津，又递呈敝处一函，详论中部归琉球复国立君，该国决不能从，照抄奉阅。鸿章置不与较，亦未再晤，闻已搭船回国矣。专肃密布，敬叩中堂、王爷、大人钧祺。李鸿章谨上。直字二百三十九号。计钞折三件。

(G6—03—007)

57. 复总署　论商改俄约兼论球案

光绪六年七月二十三日

敬密复者：连接七月初七、二十一日直字六百一、二号钧函抄件，谨聆一是。赦崇出狱，劼刚接电报后商办情形若何，实深悬念。昨有美国水师总兵萧佛尔特派赴朝鲜议约者久泊长崎，因我理事官余瓗介绍来见。据称在长崎常与俄水师提督会面，稔知俄国除原有东海水师外，调来兵船共十五只，内铁甲二只、快船十三只，均甚得力。已在长崎订购煤，价五十万元，运至珲春等处，实系豫备战事。其新派前任海部尚书、水师提督名来沙弗斯基早经载途，目下可到。当告以崇罪已免，仅商改条约一事，似乎不致动兵。该总兵谓俄人之意以头等公使议定之约不应更改,若专派人来京,势将用兵要挟,否则如此预备已费巨款,俄必不肯中止;若不图中华,恐遂吞并高丽等语。该总兵又由津回长崎矣。赫德二十日在钧署所陈各节,与美总兵密告大略相同。窃虑劼刚商及改约,驳议太多,俄必艴然变计,另派专使来京,彼时更难了局。可否于电致劼刚时,将前议改约各条略参活笔,缘所奉寄谕廷议有未能一一遵从,与其事急而仍照原约,不若事先而稍与通融,俾得相机转圜,免开兵衅,斯大局之幸也。探闻烟台到有俄国兵船二只,一大一小,大者名亚细亚,旋有开往大连湾之说。敝处前派许道等会同英弁往察各岛形势,曾于六月十五日函内陈明。因只蚊船四只,力量太单,早经撤回大沽炮台之旁。目前大连湾一带并无队伍驻扎,将来俄船大队若赴北洋,难保不在大连湾驻泊,我既无可以出洋制胜之船,仅能扼守口岸,未遑阻扰洋面,定蒙鉴及。至禧在明所称烟台调兵八千人,周福陔来函,本拟调军屯守,尚未到防,似无八千人之多,亦断无自我开衅之事,当再缄属福陔加意防范。日本宍使所递球事节略,与竹添进一前议相符,诚如尊谕,只可相机酌办。查竹添三月十一日函内详言琉球北部诸岛久经割隶日本,兹其所并者乃中、南二部,若议将南部宫古、八重山二岛改属中国,已居琉球全部之半。其书曾抄呈台览,谅非杜撰。此事中国原非因以为利,如准所请,似应由中国仍将南部交还球王驻守,借存宗祀,庶两国体面稍得保全。至酌加条约,允俟来年修改时再议。倘能就此定论作小结束,或不于俄人外再树一敌。是否有当,尚祈卓裁。再,送阅日本新报及何子峨来信,长崎售俄船煤,价五十万元。美总兵谓俄、日交情甚密,现中国尚未与俄人失和,原可彼此通商,将来俄若启衅,日本应居局外,照公法约章不应接济俄船煤、米。望与宍户谈次,略示以意,俾免事后追咎,有伤睦谊。巴西议约,往复辨论将及两月,大致业经就绪,除招工一节不提外,尚有酌照西国通例改定防弊之处,月初当可画押,容再抄呈。专肃密复,敬叩中堂、王爷、大人钧祺。李鸿章谨上。直字二百五十八号。

(G6—07—022)

58. 复总署　俄防渐解并议球事

光绪六年七月二十九日

敬密复者：本月二十六日奉直字六百四号钧函，欣悉承示劼刚来电，已递国书，开议条约。适津关德税司送阅十九日伦敦发来电报，言俄国新报现在中、俄有和好之意，曾大臣已面晤俄君等语。项接德国巴使二十七日洋文函，称此事可望平安了结，谨照录呈览。该使令穆领事亲来送信，并密属俄事既经就绪，务请转致各处调兵可止则止，幸勿声张，又使俄国疑虑等因。查敝处自筹防以来所调往海口各营，均令由僻道分起绕行，声色不动，以免外人谣惑。是以月来迭奉寄谕，饬调兵将、办团练，未敢一一遵行，恐无济于事而徒涉张皇，但就现有兵力严密布置而已。山海关一路空虚，沅浦中丞添调各队自不可少；鲍军万人声势较大，何时成军北来，未免尚烦荩虑耳。恰便洋船为俄人租赁运送军装货物，由上海赴图们江一带，闻已数月。中国前拟购英铁甲二船，丹崖来信并未提及，转售俄人似系谣说。抄示复日本节略，面面周到，置立君长官吏一节，隐寓办法在内，自须待其外务省复准始能定议。琉王羁留东京，恐难放还，若另立酋长、择贤置守亦大不易。又，日本条约系同治十二年互换，按原约十年酌改之限，须光绪八年届期，节略云明年重修，似有小误。专肃密布，祗叩中堂、王爷、大人钧祺。李鸿章谨上。直字二百六十号。

(G6—07—028)

59. 复总署　俄约已定兼论球案

光绪六年十二月十六日

敬密复者：十三日奉钧函，知劼刚十一月二十七日来电，俄约已有成议。尊处于初十日电复，面奉谕旨准即定约画押。此事扰攘纷争已近一年，尚能办到如此地步，劼刚固煞费苦心，钧署亦稍谢责望，敬聆之下，欣慰莫名。劼刚定约后必续有电报，届时谅当宣示中外，以定人心。项又奉十四日密缄，并录示与日本宍使来往照会四件，谨悉一一。屡接何子峨信，该国派太政书记官井上毅来京，自系商催前议，密谋办法。玩其十二月初六日照会语意，已知使事之不成，无复期于必成，末仅声明中国却彼好意，自弃前议，自今以后，理当永远无复容异等因。是即弃前议，不过将球案搁起，于两国和局正不相妨。凡各国结约未经画押，即不能作为定议，况必须奉旨批准为断。俄事既已定约，彼固无可挟制之处，宍户即暂回国，仍令田边署理，亦是虚疑恫吓惯技，无足为虑。该国谅不能因前议中罢，即启兵端。万一有事，诎不在我，亦不足畏，务祈尊处于虚与委蛇中力持定见为幸。该使果即出京，过津未必谒晤。缘竹添进一春间来商，迭经严词拒斥；自竹添改充天津领事后，晤时不再提及球事，彼固早知鄙议之不谐矣。将来若奉旨批驳，不妨略引鄙奏为词，鸿章不敢不身任其咎也。竹添领事昨报，赴京久暂不定。盖竹添实宍户谋主，似宍使尚不遽行。续后如何办理情形，仍乞驰示。专肃密复，祇叩中堂、王爷、大人钧祺。李鸿章谨上。直字二百七十二号。

(G6—12—005)

六、茶阳三家文钞[①]

1. 与总署办论球事书

上月二十九日寄函,具陈高丽与俄、日情形。本月初一日,捧读堂宪密谕及大咨问答节略、琉球禀稿,又闽省咨函并致总署抄函各件,具徵盖虑周详,遇事不厌推求之至意,感佩无已。夫阻贡,大事也。阻贡而涉日本,邻封密迩,稍有不慎,边衅易开,是事大且有关于安危利害也。如璋虽至愚,曷敢以轻心尝试。唯细揆日本近情,参以闽函所言,有未尽得其要者,请为台端缕细陈之:

论国事者,百闻不如一见。闽中向时所传东耗,皆出自商贾无识及日报夸大之辞,多非其实。如璋来东数月,旁观目击,渐悉情伪。前寄呈《使东述略》已大概言之。窃以阻贡一案,虽未必尽有把握,东人之不敢遽为边患,可揣而知也。闽函所疑各节,查日本疆域不逾两粤,财赋远逊三吴。民细而质柔,惟萨摩、长门人稍称才武。中土即云困敝,大小悬殊,故彼国执政知时局艰危,深维唇齿,欲倚我为援。而又虞未可深恃,不得已改从西制,冀借以牵制强邻,非有他也。其不敢遽开边衅者一。

日人自废藩后,改革纷纭,债逾一亿,去岁萨乱,以民心不靖,复议减租,国用因之愈绌。顷下令拟借公债一千余万,以继度支,闻民间未有应者,其穷急可知。迩年赖以敷衍者,纸币耳。若兴兵构怨,则军火船械购自外国者必须现金(故去岁有向我借枪子之事)。东人虽巧,恐不能作无米之炊。其不敢遽开边衅者二。

该国近更军制,寓兵于农,常备额陆军三万二千人,海军不及四千人,兵轮十五号,多朽败不堪驶者,大炮数十尊,不尽新制。定购英厂兵轮三号,以费

[①] 何如璋:《何少詹文钞》,温廷敬辑,《茶阳三家文钞》,民国十四年排印本。

绌,仅一号始抵横滨,名为铁甲,实铁皮耳。每船价值仅三十余万金,非钜制也,其驾驶、兵法亦未精。尚非我军敌。全国口岸纷错,自防不暇,何暇谋人?其不敢遽开边衅者三。

废旧藩时,收田土偿以家禄,限十五年为期。近将届满,失职者日就贫困,怨望益深,故十年来祸乱迭起。若复倾国远争,内变将作。且常额不敷征调,势必役及番休,无故兴师,徒滋众怨。彼谋国者皆非轻躁之人,此种情形谅筹之已熟。其不敢遽开边衅者四。

日之贫且弱,人人所知,无可掩饰。迩来极力张大,外强中干。以云示强则有之,示赢固非其情。至其发兵保护,询之琉人,巡捕数十名合商贾祇百余人,岂欲以此抵御乎?若疑琉人求救日本,何以不言?查球人钞给日本之咨,但叙阻贡之由,所云告急、谕倭、复贡等字,则皆隐约其辞,与原文异(中山王密咨日人当未见)。四年以来,日人不遽肆恶于球者,虑我与之争,或开边衅,是以徘徊未发。自知理屈,有何可言?若来馆谒见者,则为驻东之球使,日人未尝禁之,故出入自便。观所吐情实,非受逼而来。即曰日人阴纵之,亦以此觇我不与争,彼可下手耳。非别存诡诈、欲以此挑衅也。或又以前明倭寇及近年台湾之役为疑,不知倭寇举属乱民,当时乘土船随风纵掠,以致沿海骚动。若以今兵舰搏之,立见齑粉。此今昔情形不同也。就令败约寻仇、空国来争,试思彼兵舶几何?海军几何能令我沿海防不胜防乎?若台之役,则西乡隆盛实主之,非执政本谋,长崎临发,追之不及,因将错就错,使大久保来中议结,大久保归,国人交庆(是役,东人甚讳言之,大臣皆绝不道,士大夫偶言之则直认罪过。月前日人捐助晋赈报中直言台役之后,中人视东人为非人类,此事亦可少补过云云。郑书记来总署公然言之彼盖揣我之怯借此以要挟耳,情甚可恶,堂宪斥之宜矣)。西乡后复议攻朝鲜,执政痛抑之,遂去官,称乱,自灭其身。即此一端可知东人之不敢轻易生衅。

若以为日人无理如瘈狗焉,时思吞噬,果尔,则中东之好终不可恃。阻贡不已,必灭琉球!琉球已灭,次及朝鲜。否则,以我所难行日事要求。听之乎,何以为国?拒之乎,是让一琉球,边衅究不能免。欲寻嫌隙,不患无端。日人即横奚必拘拘借此乎?且先发制人,后发为人所制。凡事皆然,防敌尤急。今日本国势未定,兵力未强,与日争衡,犹可克也。隐忍容之,养虎坐大势,将不可复制。况琉球迫近台湾,若专为日属,改郡县,练民兵,资以船炮,扰我边陲,台澎之间将求一夕之安而不可得。即为台湾计,今日争之,其患犹纾;今日弃之，其患更亟也。

不特此也，球人再三哀吁，我不援手，球人将怨于我，而甘心从敌。于此事尤为失算，统筹大局，深帷始终，即因此生衅，有不能不争之者。况揆之时势，未必然乎？且通商以来，各国虚实情伪，无可隐瞒。求贡一事，东人、西人固已知之。奉旨筹办，球人既知，即恐东人、西人亦皆知之。今与言而从，固善。即不从，其亏辱不过与不言而弃之等。或者言虽不从，日人有所顾忌，球人藉以苟延，所获多矣。否则，岁月之间，日必废之！不言，则日人以我为怯，适咨戎心，将来交涉事件，要挟无厌，办理已形棘手，边患亦且日深！言之，则日人事已施行，难于挽回，真恐变羞成怒。始终之际，缓急之间，其得失固有较然明白者。

为今之计，一面辩论，一面遣兵舶，责问琉球。征其贡使，阴示日本以必争，则东人气慑，其事易成，此上策也。

据理与争，止之，不听，约球人以必救，使抗东人。日若攻球，我出偏师应之，内外夹攻，破日必矣。东人受创，和议自成，此中策也。

言之不听，时复言之。或援公法邀各使评之，日人自知理屈，球人侥幸图存，此下策也。

坐视不救，听日灭之，弃好崇仇，开门揖盗，是为无策。

查琉球虽小近，三万户，课丁抽练，不止万人。弃以资敌，并坚其事敌之心，日人练之为兵，驱之为寇，习劳苦、惯风涛，不出数年，闽海先受其祸。非特无策，又将失计。一日纵敌，数世之患，非所宜也。（如璋）明知今日中国与诸国结约决非用兵之时，况值晋、豫旱饥，尤难措手。第揆之日本近情，其不能用兵，更甚于我。故先筹上、中二策，或操胜算。若徒恃口舌与争，则日本亦深悉我情实，决不因弹丸之地张挞伐之威，往反辩论，经旬累月，必求如旧日之两属，诚无了期！然等而下之筹一结局，则或贡不封，谓听其自来，托于荒服，羁縻无绝之义；或封而不贡，谓怜其弱小，托于天朝不宝远物之名，犹之可也。不然即全予之，邀各国公使与之约曰：琉球世为日本外藩，不得如内地之废藩制，改郡县。则球祀不斩，日人不能驱球人为吾敌，球人已得保其土，吾亦不藉寇以兵，犹之可也。又不然，或径告日本以两国和好，今愿举两属之。琉球全归日本，悉听其治，则准泰西例，许易地，或偿金币；近援俄、日互易桦大洲事为词（以日之弱当俄之强桦大洲归于俄，尚能易其群岛，日人敢向索之俄人不力取之日可施之于俄，我施之于日断不能因此开衅。今日泰西各国之用兵皆熟计利害谋定后动,断无因一言一事遽行开衅者,即此亦可知也)。俟其理屈辞穷,而后示以中朝旷荡之恩,不索所偿,亦于体制较为好看。他日有事交涉,亦多一口实,犹或可也。凡此皆无可奈何之办法,然较之今日隐忍不言,失体败事,犹为彼善于此。

窃谓各国纵横之局,必先审势,而后可以言理。琉球一岛,远不如高丽之拱卫神京,屏藩海外。若俄人垂涎于彼,保护颇难,非先事预筹,弭之于未形不可。若阻贡之事,中土虽弱,犹胜日本。彼虽狂惑,尚未敢妄开边衅。琉球苟灭,后患滋深,是不争正所以萌边患。谓今不言,度势审理,均非甚便。(如璋)虽愚,岂不知今日不言,国家亦谅其无能而不加深责。缄默之自为计,固甚得也。第念一介书生,来自田间,总署不以不材而荐,过蒙圣恩,假之使节临大事而不克谨慎,冒昧轻试,贻误疆域,其责固无可逭。若知其利害曲折,辄意存趋避,置大局而不顾,其责尤无可逃。故敢一一尽言之,如以为可与言,谨当妥筹办理,随时函请。推其极,不过弃琉球,断不至于挑日本。即万一非意所料,吾发一言,彼即寻隙,亦可斥使臣一人以谢之,尚易转圜,终不至再扰台湾。苟推至于斥使臣不足以谢,是日本时欲侵陵,亦无俟专借阻贡一事矣。如以为不可与言,亦希教示,作何办法。诚恐识闇智昏,不足以料事,矧兹重大,一不得当,则贻误事机。言之之尽,所以求教者之反复开导,务归于善也。感恩一一代回堂宪察核训示。飞函示覆,庶几有所遵循,无虞陨越。临楮悚惶。

2. 复总署总办论争球事书

捧密谕及寄李伯相书。谓,必须到相持不下,各使始肯出而转圜。又,彼若一味蛮悍,应将驻倭公使及领事各员一概撤回,并布告邻国,作弯弓不下之势等因。敬仰明见万里之外,智周数十年之间。如璋等反复抽绎,窃叹言之至当不易也。办天下之事,不过情、理、势三字。今情、理兼尽,复为势所迫,不得不行,所谓"箭在弦上,不得不发",今日之谓矣。日本自立约以来,一于台湾,二于朝鲜,三于琉球。其他约中所有之事,次年即议更改,一则曰勿设领事,再则曰内地置买土货,三则曰出口免税。贪心无厌,事事多所要求。自今以后,朝鲜之事,后患更无穷矣!

论亚细亚大势,诚宜开心吐诚,联为唇齿。如璋到此,百计周旋,理事交涉之事,皆饬令勿步西人过图利益。即琉球一案,不欲遽将其无礼无义宣告邻国,原思留其余地以全大局。乃彼竟悍然不顾,径行灭球,不少留中国余地。则他日鸱张狼顾,肆意妄为,不待智者而决矣。盖事至今日,欲保全两国和局,必明示以不嫌失和,和始可保。此次琉事,系萨人主持,而全国上下皆不直之,然使我不理,则萨势益张,他人益敛手,我之边患亦日深。若坚持之,一萨摩之势,终不敌其全国之人心。兵事将兴,参议皆得起而持之(大藏卿大隈重信,长崎人,前次台湾之役,本奉命与西乡从道偕往,后因各国公使异议,大隈遂还。近者大藏书记官与如璋熟,颇言及球事,彼谓非兵端将开,大藏卿不能置喙云云)。

又泰西诸国有利则趋,有害则避。通商以来必谓推诚相与,事固难言。然美利坚自修好以来始终无违言,其热心为我,胜于他国。英、俄两国争雄海上,亚细亚大局全视我之亲疏以为轻重,故皆有结好中国之心。至日本无利可图,皆有鄙夷不屑之意。琉球一案,日本灭人之国,绝人之祀。美为民主,尤所恶闻,我苟援互助之条邀之,彼自当仗义执言,挺然相助。兵端将起,则于通商有碍,即英、德各国亦将随声附和,出而调停。是我决计持之,球祀可存,和局可保,近以戢萨人轻躁之志,远且折彼族狡启之谋。如璋等反复抽绎,而知堂宪所谓"饬修边备,布告邻国,撤回使臣",真至计也。

论中国今日之势,必谓长驾远驭,直攻日本,往戍琉球,非惟不必,亦且不能。故去岁拟请遣兵船征贡之外,语不及他。即此次日人废球,亦不愿匆卒下旗,遽开兵端。唯日人如此妄举,势不可不与力争。无论其不敢寻衅也,就令萨人轻躁,不计利害而来,亦不如乘此图之,尚操胜算。中土自大难削平,人尚知兵,士皆任战,远攻虽云未逮,近守固自有余。查日本所有兵船,仅足自守,其兵官尚不足用,火器兵械之不足更无论已。加以国势纷纭,人心乖隔,帑藏空虚,尤不能与我构衅。彼若不计利害而为之,第使吾沿海口岸择要修防,坚守不战,持之数月,彼乱将作。又况彼曲我直,仗兴灭继绝之义以临之,左提高丽,右挈琉球,为三方并举之谋,使彼备多力分,首尾不能相应,则情见势绌,久将折而从我,庶萨人之焰日衰,中东之交可固。若虞其寻隙,复隐忍从之,则彼将益肆要求,明日高丽,后日换约,侵凌攘夺,边患亦不出十年且养虎坐大。彼之内治渐修,国帑渐裕,兵力渐精,又所要求于我者,各国皆存沾利之心,将我之势日孤,彼之势日横,而操纵皆无从措手。是以统筹前后计,不如趁此机会,尚可自操胜算也。

今日时势纵横,安内攘外之方,舍实力整顿海陆军外别无奇策。必敢言兵而后可用兵,是严修边备一著。即与东人无事,亦须认真汰练,以备不虞。如璋才识愚拙,国家大事本不敢妄言。且身为使臣,职应修好,而所言乃若失和者。诚以再思熟思,欲保和局,势不能出于此。惟堂宪断而行之大局幸甚!

3. 与总署论球事书

琉球一案,宍户公使既奉其国命商办,查其来文称:于六月二十九日奉上谕办理云云,即我五月廿二日,如璋前与井上馨议论之明日也。彼于此案忽欲结局,未始非乘我有事图占便宜。然此次来商,不复牵涉改约,且自称中国从前来往照会语均不错。既认球为两属,词气较为公平,惟我志继绝,彼欲裂土,诚难凑泊。然南岛归我,既出彼口,则以给还球人,自彼所愿。又我五月十五日,彼大政官布告,将冲绳县厅移设那霸港,或彼更欲将首里让还球王。此间有日本人来告,云:有人上书,求即以琉球王为冲绳县令。政府未允,或彼政府即有此意,亦未可知也。

如璋密查日本近情,百姓请开国会,朝野既为不和,而当道诸公,萨、长两党,倾轧愈甚。新闻言:其近日会议,竟致殴击。纸币价格愈低(初行纸币与洋银相抵今年春间之每洋银百换纸币一百五十余。新任大藏卿佐野常民将大藏存银发出补救减至百三十近又百六十矣)。民益浮动,政府更欲募外债数百万以图挽回,其内债尚存三亿五千一百万有奇,外债尚存一千一百万有奇(原额一千六百五十九万还五百万矣)。今势出无奈,更以加增贫困。如此,若更骚扰,内乱将作。此种情状,凡在日本者皆能知之。乘隙思逞,实无可虑。惟日惧俄殊深,万一有事,高岛炭坑之煤,不知能力守局外之例,严杜俄人强买否?耳若助俄、助我,揣彼近状,皆力有所未能也。

4. 复总署论球案暂缓办理书

此间近日别无动静,惟有新刻名《自由新闻》者,内称,球案久无所闻,顷友人传说,近有海陆军将官某上书政府,谓可以一战。而大臣岩仓具视及参议大隈重信、伊藤博文,皆以府库空虚,坚持主战不利之说,驳斥不听云云。未审果有此事否也?

本月初一日,奉到堂宪赐谕并抄单二十件,敬谨读悉。外有文书二函,承命一交宍户公使，一交外务省。查钧署前次照复宍使之文。内云：一俟奉有谕旨，如何办理，自当即行照会。现已钦奉上谕，恭录知照，原系正办。惟宍户既离北京，即非公使，彼自回国复命后，不复到外务办事，眷属近亦东归。顷者外间传闻，将改任东京府知事。是宍户使职经既解任，田边大一所云宍户不能再办事，亦属实情。所奉大文，既不能接收，自可无庸交去。至转达外务之文，日本外务之事，系卿一人专政，现在外务卿井上馨病假赴东海道，一时亦尚未交。如璋伏查各国通行常例：邻交诸事原归外务，然至于争地争城，事关军国，则必须枢府之平章，议院之公议，不必专于外务交涉也。琉球一案，彼国办法，由内阁指挥，故宍户商办此案，有大政书记官从中主持。自去年六月宍户奉命以来，彼此商议，皆专属使臣，不关外务。今行文外务，恐其以"不与此事"藉口推辞。以狡赖无耻之人，承要盟不遂之后，设竟却而不受，抑或受而不答，恐于事体殊不好看。又查地球诸国交邻通义：凡所商未经画押盖印，即不为定约。宍户之将归也，多方催迫，谓我欺诳，不过趁中、俄事急，乘机要盟，借此鼓弄耳。及至悻悻而去，我不挽留，彼族详叙始末作为论说，终不敢以废约为言。即东、西新闻议论此事，亦并无一人以弃盟见责。良以未经画押盖印故也。当时钧署照会宍使，有"俟奉谕旨即行知照"之文。乃彼于旬日之间，迫不能待，言辞悖慢，无礼已甚。是弃好败盟，曲固在彼，而我犹含容善待，所以宽假之者至矣。今又复俯就与商，将虑长其狂傲之心，嚣凌之气，非惟无益，且惧有损。要之，彼国自宍户辞归，宫本罢遣，内情惊惧，外论纷纭。政府诸人尚无定议，即彼欲弥缝妥结，急切亦碍难转圜。现在彼国公议，有责井上毅以躁妄者，亦责宍户玑以冒昧者，并有谓彼国无礼，应遣员以谢中国者（此论上海《字林报》曾经译录，二月二十一日《申报》新闻备载之）。

揆其近情，自不如稍假以时，徐观其后。如彼竟续遣行人，复申前议，则吾得乘机以利导，借势而转圜，操纵在吾，事极稳便。若执迷不悟，则交此文书，亦复无补于事实。此所以辗转寻思，未敢遽交也。为今之计，可否暂留此间，徐徐探察，俟与彼国当事从容言及，告以钧署主意实在和好，讽以彼使举动未免轻浮，复将预筹办法略露梗概。如彼此确有可商，而后行文外务，属其遣使，设法议结，似乎不触不背，较合事机。如彼此实无可商，则一面固守封疆，益修兵事，持之稍久，彼以逼近之邻不能不备，而以贫瘠之极势难久支。此时专命使臣与之辩论，不允，则以撤使罢市相持。彼内怵祸乱，外惧兵衅，自当俯首帖耳，就我范围。如或不然，则暂将此案置之勿提。彼于内地通商深所注意，我既肯与通融,俟其来商修约之时,出而抵制,以此易彼,球案不结,商约终不议行。彼亦终当自求转圜,就商妥结。日本与俄人交换桦大洲一事,历十余载而后成盟,外交情形,往往有此。既已今日事处至难,似不如持坚忍之志,待可乘之机,而筹万全之策也。

如璋又念,自此案初起,既历三年,始则我问于彼之外务,继则彼商于我之总署,交涉常情,各有是非,即不免各有驳诘。兹之所奉乃为上谕,恭绎旨意,自系己国预定办法。然若遽宣示彼国外务,是执不可移易之铁案,以商未可必得之事情。国体极尊,天语至重,斯又不能不慎重而三思也。如璋才识本浅,更事未多,熟念此事,旁皇累日。顾以一日身在局中,苟有所疑而不言,是为废职。谨将此间近日情状诊偻渎陈,伏冀察度熟筹,详为措注。外交之事不厌求详,愚虑所及,恐未必当。务求堂宪训示遵行。除宍户一函可毋庸再交外,其外务一文,现外务卿井上馨告假出京,须四月中方能归京,如应即交,一俟奉到钧谕,再行办理,未为迟晚。肃此敬乞代回堂宪察核为祷。

5. 复总署总办论为球王立后书

十五日奉到来电,遵即译明,读悉。承命详访球王后嗣,查此间所知者,球王有中城王子、宜野湾王子,去岁随王东来,其余均未能悉。因即书具密函,阴投随王之法司官马兼才,详问一切。接到复函,称:王长子尚典,年十七岁;次子尚寅,年十五岁,均在东京。四子尚顺,年八岁,王叔尚健,年六十三岁,王弟尚弼,年三十四岁,其他尚有从兄弟、亲族,均仍在球。惟称与球王商议,于南部宫古、八重立小王子,王意不欲。初意以为南部虽小,终胜于无,分支承嗣,终胜于灭。然继思其言,亦不无情理。查宫古虽合九岛为称(宫古岛外一平良峰一来问一大神岛一地间岛一水纳岛一惠良部岛一下地岛一多良间岛,总称曰宫古岛),而周回不及二百里,八重虽合十岛为称(一石垣岛一小滨岛一武富岛一波照间一入岛一鸠开岛一黑岛一上离岛一下离岛一与那国岛,总称曰八重山岛),而周回不及百里。且各岛零星,地瘠产微,向隶中山,祇供贡献。所派之官,不过在番(官名),笔者(官名)数人,余皆选土人为之政,令多由自主。仅此区区之土,欲立一君,固难供亿。使之奉一少主,虑岛民亦未必服从。球王自来东后,日本照其本国废藩之例,核王所有,给以十之一,去岁由大藏省予以十四万金。获土恐须还金,在球王固自不愿,分一少子不能成国,非其所欲,亦犹人情。然中国所以出争，原欲兴灭继绝，苟得三分分属，仍举南部予球，事固可了。而中部诸岛，日人终不愿交还。及今而有南部归我之议，我欲举以界球，而球人反不敢受。是我之意志俱隐，而办法亦因之而穷。

如璋反复寻思，曾无善策。复念冲绳县署，日人既移那霸（我五月十九日，大政官布告二十二日，传命宍户公使办理，同在数日事也）。是既将守里城让出，若令球王还国，仍保此地，守其宗庙。于此次立专条中声明一条，曰：自今中部诸岛均归日本管理，惟首里一城仍还旧王尚泰，令其还国，世守宗庙坟墓。日本待尚泰一家务须优厚云云。则球祀亦可不斩，而球王得归故土，重完骨肉，尽释拘束，亦尚应感戴天恩。查日本旧日废藩，所有各藩主，或居京、或居本土，均听自便（即琉球旧日附属之萨摩藩，旧王岛津久光，今在萨摩），而称为华族，仍世守其家，不绝其祀。则将此一节与彼使议论，彼亦无辞可拒也。此说若行，则于绝祀一节，尚可保一线之延。

惟南部宫古、八重诸岛割以隶华，在美前总统格兰脱，谓此为大平洋（编者按：太平洋）来往要道，中国应自管理。在中国，则谓义始利终，得球人之土，反虑分日人之谤，中国不便管理。惟今日之议，既议割以隶华，此弹丸黑子，畀之球王，球王又不受，听其自治，则片土不足自保。万一为他人窃据，是地逼处台、澎，恐贻卧榻鼾睡之忧。引为自管，俾与内地相同，既嫌得土，又有鞭长不及之患。再四寻思，又难措办。似应请将此南部诸岛声明内属，以绝欧西诸国占地之意。然后再觅球王亲族，使之治理，与从前云、贵等处之土司一体。则我无贪其土地之名，彼球王亦可分衍其支派，而此刻不必设官，亦尚无难办也。是否有当？敬求代回堂宪，察核酌度办理。

6. 上李伯相论球事办法书

九月二十八日肃缄后，旋奉手谕，捧读祗悉。派员来华之事，此间未闻消息，不知近日有宍户公使寄文总署否？观外务西历十月八日文，一味无赖，恐一时尚难转圜。日本自变法后，善政无多，惟外交之事都能自主。又海、陆各军，日讨国人朝夕训练，亦有成效，然仅敷自守，不能及人。必谓我兴师远征，深入其阻，彼见大敌当前，则协力齐心，足以坚拒，未必师有成功。惟彼亦恃我不能远来，故横行无忌，敢至于此。然彼国此时府藏空虚，民情浮动，执朝政者树党相争，主民权者伺隙而动。前数月间，闻我购英国之船练吴淞之军，讹言日起,既有岌岌难支之势。谓我与绝交,彼能寻衅,则亦势所不能。两国既不能相侵,彼既灭其国、辱其君,自以狡赖为得计。

若彼于会商一节终不愿从,为今日计,一面行文驳诘,一面整顿海防。为他日计,虑非撤使者、罢互市,不足以持之。持之必无他患,而旁人居间者可以出头,彼中异议者可以掣肘,终不能不就我范围也(日本年来交结外人,如英之港督、德之王孙等,要结无所不至。西人喜其学己,喜其媚己,每称其富强。而中国新闻得之西人者,辄铺张扬厉。有时言过其实也)。横滨有西字七日报,备论球案,皆左袒日人。揣为日人授意之作,惟篇末有言,若论他物相让,日本未为不可。如璋亦尝闻彼国之意,或偿中国金,或开赤马关、琉球二口与中国通商,以此全中国体面则可。日本此举,盖有骑虎难下之势,欲使之复国立君,虑非撤使罢市不能也。来示:美人亦袒日人,不可以实话相告,谨当遵谕而行。然格统领调停此事,既可谓曲尽心力。寄恭府、邸书云云,亦中间人不得不尔。杨越翰即统领随行之人,而刊布新闻乃全指日本为不是(闻日官见此新闻,多为不平也)。亦不知其用心也。

7. 与出使英法国大臣曾袭侯书

两得复书,若亲面语。僻处海岛,不啻空谷之闻足音,跫然而喜,况又长者之言乎!复缄所以迟迟者,南藩之事,迄无定局。合肥伯相屡告以机事务密,既未敢奉达,故伸纸而为之阁笔者数矣。辰维阳和扇物,凡百胜常,我怀日深,不能不一布心腹。

日本之欲灭琉球,处心积虑,固已久矣。告之琉球曰:中国既许其专属。告之泰西则又曰:琉球是吾旧部。数年以来逐渐经营,譬如穿窬小盗,穴门得入,方欲为胠箧探囊之计,及事主既觉,乃不得不反而拒捕,其初心固欲窃而有之,非敢为劫也。然当废藩置县之时,彼其痴心妄想,终冀我朝宽大,不屑与争。又以为伊犁未还,交趾方急,我无暇他及,必将隐忍而不言耳。既而枢府行文,再三驳诘,外人之悉其本末者日出公论,彼国之稍知大义者日腾异议。彼二三人亦未尝不悔,然既如骑虎之背,势难中下,故一变而为狡赖。其近日情形,全视我之轻重缓急以为进退,府藏空虚,上下乖隔,彼亦自知之,万不敢以邹敌楚萌启衅之心也。

自美统领东来曲意调停,彼亦自知理绌。统领有书贻我政府,言两国派员自议,若或不合,则公请一国判断。曾与其国主阅看,云无异词。现我愿照行,方且重订此语,然日人狡狯,将来如何派员,作议结,一时尚难预定尔。

日本三岛小国,慨然发奋,欲步趋英国之后与之争强。然其地无宝藏,人无远识,一学新法,靡然从风,并其所不必学、所不可学者,一一刻画,以求其似。至于今日,弊端见矣。传有之曰:张脉愤兴,外强中干。殆今日本之谓欤!顾观其整备海、陆军,渐有规模。外交一事,亦颇能知利弊而不甘受侮。十年之中,海关流出金钱至数十万之多,今亦既知之,故亟议改约,欲增进口之税,免出口之税,以力自维持。美国既改矣,英、德各国有所未愿,然必不能因此失和,想亦必有照行者。近遣森有礼往英,正为此事,如有所闻,尚祈示悉一二。

欧罗巴诸国与我结约,皆威迫势劫而后成议,其取我财贿,伤我利权,有泰西所无者。日本与我本属同病,而我国鸦片烟一宗尤为漏卮,年来禁种,出款尤大。窃尝稽海关出入之数,输出浮于输入,每岁千万,而近年鸦片烟每岁输出至三千万,于此而不为之防,日积月累,上下空虚,数十年后殆不可问!如璋尝太息流涕,论此金钱流出之害,比于割地输币尤为不堪。而中土士夫向来未究此理,只问税之兴衰,不问输出入至何若,是可慨也!今趁日本改约之时,窃拟我国亦当及此。中国承发、捻之后,如久病新瘥,急切难图强盛。然泰西向例,无因议关税而启兵戎者,则何妨一一言之?又况英、俄两国眈眈虎视,我与英则英胜,我与俄则英①胜,我所以自处,固应中立,然英人见中俄交厚,亦亟欲自结于我。我通商之约莫要于英,英不难我,则事成矣。卓见谓为何如?

8. 举丁雨生中丞书

朝旨起公为南洋大臣,专办水师海防事宜,闻之距跃三百!今日天下之要务,莫过于水师。天下之足办此事者,莫过于公,今朝廷举以畀公,岂非快事!公上水师事宜六条,所谓择要设守,厚糈养兵,皆为中国谈海防者所未见及。昨书请公引申前说,坐言者今可起而行。

如璋窃闻:五大部洲之海军莫强于英,英之所以强者,又在开学校以教士官。泰西人有恒言:兵可百日而就,将非积年不成。故一切攻守之法,险要之图,皆使之平日烂熟于胸,学之有得,超迁以官,不必其有战功也。一旦有事,

---

① 编者按:原文如此,应为俄。

则发纵指使者有人,而猎犬走狗皆足供驱策。想公早筹及此也,开办之始,经费何出?驻扎何所?以公之才,自然措理裕如。自通商以后,交涉之事皆低首下心,沁沁伣伣,正坐此一事亏耳。得公督理之,数年之间,可战可守。则如璋辈之不才,虽复含垢忍辱,强颜与外人周旋,亦何所恤!

朝廷既因琉球一案发奋自强,则此案纵破坏决裂,亦借可自慰。阻贡之事原不必固争,但日本志在灭球,不过藉阻贡为缘起,则所争不在贡,而在球之存与亡。今事既至此,朝议仍命据理与争。惟日本举动,全视我之轻重以为因应,若终以撤使臣、绝互市持之,或有转圜。不然则彼惟措词搪塞,延宕而已。然彼既得志,则得步进步,耽耽虎视,后患更恐日深耳。

9. 与刘岘庄制府论日本议改条约书

窃如璋等于本月初五日肃呈一缄,当邀垂鉴。日本近情一切如常,惟有欲与西人改约一事。盖彼国近年以来颇悉外交利害,知旧日条约成于威迫,亟亟欲图更改。去岁既与美国商订矣,复改之于英、德诸国,至于近日,乃送新拟约稿于西国诸使。查其大意,其最要者:一欲加外货进口之税,一欲管外国流寓之人。

盖泰西诸国互相往来,此国商民在彼国者,悉归彼国地方官管辖,其领事官不过约束之,照料之而已。惟在亚细亚,领事得以己国法审断己民,西人谓之治外法权,谓所治之地外而有行法之权也。如璋考南京旧约,犹不过曰设领事官管理商贾事宜,与地方官公文往来而已,未尝曰有犯罪者归彼惩办也。盖欧西之人知治外法权为天下极不均平之政,立约之始,犹未遽施之于我。及戊午结约,乃有此条。日本亦于是年定约,同受此患。条约之言曰:领事与地方官会同公平讯断。无论其徇情偏纵也。即曰持平,而刑法有彼轻此重之分,禁令有彼无此有之异,利益遂有彼得此失之殊。彼外人者事事便利,而不肖奸民,因有冒禁贪利、假借外人以行其私者。是十数国之法律并行于吾地,而吾反因之枉法也。且自有商民归领事管辖之言,遂若举租界之地亦与之共治,至有吾民互讼之案,彼亦出坐堂皇参议所断者。且有不法之事,我方示禁,而租界为逋逃主萃渊薮,肆无忌惮者,斯又法外用法,权外纵权。我条约之所未闻,彼外部之所未悉,不肖领事踬事而加之厉者也。此日本所以欲令外人悉归己管也。

又泰西诸国海关税则，轻重皆由己定，布告各国，俾令遵行而已，未有与他国协议而后定者。盖泰西各国以商为重，全国君臣上下所皇皇然，朝思而夕行者，惟惧金钱之流出于外。欲我国之产广输于人国，于是讨国人以训农、以惠工，且减轻出口之税，使之本轻而得利。欲人国之产勿入于我国，于是不必需之物禁之绝之，其必需者移植而种之，效法而制之，且重征进口之税，使物价翔贵，他人无所牟利。诚见夫漏卮不塞，金钱流出，月朘月削，国必羼弱也。故收税之权必由自主，得以时其盈虚而增减之，所以富国也。而我与日本海关税则，必与西人议而后能行。天下万国收进口货，类以值百抽三十为准，且有税及五十、七十者。今我税乃值百抽五而已，此为天下至轻之税，而外国商人意犹未厌，且欲内地通行，一概免厘。议纳子口半税，又欲议减税、议减厘，贪得之心有加无已。此日本所以欲议加税，悉由自主也。

夫商人归领事自管，因法律风气各有不齐，恐一时实难更变。惟通商一事，实应加意防维。查中国自通商以来，每岁输出、入货相抵外，流出金钱岁约千余万。日本小国，因金银滥出之故，至于今日，上下穷困，举国嚣然，弊端已见。中国虽不若日本之穷，而日积月累，无法以维持，后患奚可复问！古人与邻国往来，所谓创巨痛深者，莫大于输币、割地二事。今金钱流出之数，比之岁币不止十倍；而割地予人，犹人之一身去其一指。其他尚可自保，若金银流出，则精血日吸日尽，羸弱枯瘠，殆不可救药矣。夫欧西诸国，若英、若法、若美、若德，尚无利我土地之心，惟日取吾财，无形隐患，关系甚大。

故论今日之要务，莫要于练兵自强。练兵非必欲战，惟兵力足恃，然后可以力求商务，议改条约。盖必能保其财源，而后乃可保国命也。方今俄事波澜未平，即幸而无事，力图自强，仍不可以少缓。谨因日本议改条约事，附呈鄙见。惟我公进而教之。

索 引

A

阿恩德 316
"阿耳热"(船名) 141
阿锦山 58
阿勒撒士 156
阿勒楚喀 43
阿摩美久 333,334
阿摩弥姑 331
"哀的美敦书" 157
埃及 167,270
艾应芳 220
爱格尔 13
安东 158
安南洋 31
安平 21,23,59,87,111,119,186,187,214
安平海口 86,87,136
安维峻 122
安溪 7
奥国 332
"奥利恩"(船名) 364
奥斯马加 102
澳底 292

澳门 11,12,49

B

八幡天满熊野神 334
八重山岛 6-8,358,375
巴达坎山 199
巴兰德 96,281
巴黎 70,192,199
巴黎期约 35
巴里坤 44
巴马界务 191
巴迈士 6
"巴山"(船名) 122,123
巴西 35-37,41,70,73,90,365
巴夏礼 195,328,329,338,347
巴志王 331
芭蕉尾 117
白犬 59,123
百湖 136
"柏尔来"(船名) 364
柏林 282
办理台湾等处海防大臣 20,22
宝泉 227,256,284,292,298,300-303
保甲 45,198,269

保元之乱　331
鲍超　44
鲍恩绥(北平)　168
鲍心增　213,230
卑南　17,22,23,87,89
卑南社　17,23
北边宝泉　134,268,292-294,301-303
北戴河　192
北岛　37,64,68,73,361
北京(北平)　132,181,276,277,301,327,337,338,342,374
北溟　206
北塘　144,190,192,205
北洋通商大臣(北洋大臣)　60,66,68,84,91,97-99,101,104-106,108-110,112,119,125,132,137,165,203,209,213,268,295
贝锦泉　14
备中州　13
比利时　37,72,200,320
"比叡"(船名)　48,100
笔架山　136
毕德格　317,320-322,329,330,346
毕德赍　63
毕培基　258
避暑山庄　2
卞宝第　3,4
卞长胜　202
波斯　167
波照间　375
伯德令　1,2
伯都讷　43
伯多禄　1,2
伯驾　6

伯里玺天德　354
伯琴　53
博淦溪河　49
渤海　130,205,260
布国　25,315
布路斯　361
步凤苞　252
步凤书　252
步翔藻　247,249,252

C

蔡大鼎　55,323
蔡庚绪　218
蔡进祺　272
蔡揆忠　237
蔡牵之乱　47
蔡绍元　218
蔡祥庆　6,7
仓永勋　252
"操江"(船名)　99,100
曹广权　192
曹广渊　190
曹克忠　144,179,192,198,202,224,236,249,251,255,263,305
曹树培　239
曹穗　237
曹志忠　113,118
曹中成　169
曹佐武　247
岑毓宝　249
岑仲良　222
茶阳三家文钞　368,369
查尔崇　240
查双绥　227,240

查思绥　168
柴城　14,18,54
柴淇　247
昌荣　168
长安　196,276
长白　158,178
长城　194,202
长萃　211,213,283,285
长二党　36,70,97,102
长江　47,79,86,93,99,110,113,114,
　　　125,147,191,215,254,255
长江水师　24,25,47,82,85,86,229
长麟　176,241,243
长门　105,107,109,117,118,140,368
长明　212
长崎　15,35,38,48,69,70,74,76,82,84,
　　　93,94,104,105,109,124,125,131,
　　　134,174,251,285-287,311,322,
　　　328,342,345,364,365,369,372
长沙　256,257
长顺　113,202,216,251,255,257,299
长昨　212
常福　168
常光斗　168
常麟书　247
常培绪　252
常曜宇　247
朝鲜　11,12,35,36,41,43,44,50,70,85,
　　　90,94,95,97-102,107-109,111,
　　　112,114,119,122,129,149,157,164,
　　　177,190,191,195,196,213,228,230,
　　　244,248,257,304,310,312-314,
　　　320,324,330,331,352,364,369,371
朝鲜兵事　113

车毓恩　168
'琛航'（船名）　302
陈安生　17,22
陈邦颜　222
陈宝琛　34,37,38,40,41,69,72-78,80,
　　　81,89,90,92
陈宝瑨　218
陈宝箴　268
陈本仁　169
陈璧　225
陈宾鋆　222
陈秉崧　217
陈秉彝　199,222
陈伯坛　222
陈伯贞　218
陈步梯　293,294,302
陈昌　7,8
陈昌林什　8
陈澄澜　218
陈存懋　117
陈大照　198,222
陈得利　6,7
陈逢熙　239
陈凤仪　219
陈宫韶　222
陈光华　23
陈桂荣　222
陈焕澜　190
陈嘉铭　168,227,230
陈嘉言　160
陈节　222
陈景华　198,217,221
陈敬彭　222
陈夔麒　220

陈龙光　195
陈懋鼎　169,218
陈嵋　217
陈梦阑　258
陈谟　222
陈培庚　168
陈裴然　247
陈鹏翔　222
陈其闲　239
陈其铸　219
陈琦　269
陈祺年　222
陈启辉　222
陈启人　222
陈清明　219
陈庆偕　1
陈湜　202,249,257
陈寿彭　168
陈思干　222
陈汤聘　222
陈田　160
陈廷选　198,222
陈廷业　218
陈维嵩　222
陈维湘　198,222
陈维阳　218
陈伟宗　222
陈文燨　219
陈羲图　218
陈喜清　272
陈燮嘉　218
陈辛　218
陈旭铜　218
陈学棻　169,241,243

陈学韶　222
陈衍　238
陈耀荣　222
陈应禧　212
陈永寿　168
陈禹畴　198,222
陈玉相　269
陈源浚　222
陈运丙　247
陈韵珂　218
陈藻鉴　222
陈兆元　222
陈轸　204
陈震　218
陈忠盟　192
陈倬　203
陈组熙　222
陈作彦　168
成广澳　87
成和　169,176,206,212
成山　124
承平　41,43,90,176,183
程崇信　195
程道元　222
程维清　217,223
程文炳　166,238,254,263
赤山　22
冲绳　48,67,319,332-336,347,358,373,376
崇恩　168
崇康　168
崇明福山　47
出使日本大臣　60-62,77,107,308,310,324

褚宝训 258
褚成博 153,156
川崎祐 22
川沙海口 114
圌(chui)山关 79
春生 189,190
慈禧 130
刺桐脚 54
崔铎 258
崔浚荣 222
崔养锋 247
崔养锐 247
崔寅清 252
寸辅清 269

D

达寿 160
打牲 43,208,212
大阪 96
大藏 338,372,373,375
大城北 142,271,272
大岛 334
大东之战 245
大沽 117,144,190,192,202,208,318,365
大孤山 47
大甲诸溪 59
大久保 22,61,308,311,314,357,369
大连湾 47,117,157,205,365
大凌河 146,150
大南澳 23
大鸟圭介 132
大钱官票 44
大清帝国 297,298

大清国 67,68,129,137,297,325
大清会典 324
大山岩 107
大神岛 375
大隈 372
大隈重信 108,372,373
大西洋(指葡萄牙) 11,12
戴长龄 269
戴德祥 23
戴鸿辰 269
戴仁禄 219
戴翊清 239
戴展诚 195
丹文 138
丹崖 364,366
淡水 16,28,186,287-289,291,293,296,298,301,302
党庆奎 237
道光 1,42,45,195,198,219,220
道光朝 1
德本 149
德庇时 1,2
德川 331,363
德璀琳 281
德村 4
德而尼 287
德国 28,83,126,209,229,260,274,278,281,282,317,366
德俊 218
德路嘉 317
德呢 63,320,322,325,329,330,335,336,338,341,346,354
德微里亚(Gabriel Déveria) 10
德元 168

德之岛　334
登莱　43,44,47,151,191
登州　47,134,250
邓邦彦　169
邓承修　95,97,99,101
邓登瀛　218
邓福初　243
邓鸿藻　252
邓骐保　222
邓润棠　195
邓纬枢　222
地间岛　375
滇案　40,350
滇南　49
滇黔　26
电光山　117
丁宝铨　212
丁宝相　258
丁宝桢　47
丁槐　216,225,259,268
丁建本　168
丁立钧　150,160
丁立瀛　160
丁良佐　220
丁伦　247
丁美霞(F. Otin Mésias)　10
丁日昌　28,29,39,53-56,58,59,84,85
丁汝昌　101,117,245,250,267,269,303
丁士廉　247
丁树铭　220
丁树柟　220
丁体仁　247
丁孝虎　176
丁彦　129

丁雨生　316,339,353,378
定安　249,257
定海　8,26,47,48,93,113,129,181,220,267
东澳　23
东海　86,108,223,364,374
东晋　238,255
东南各省　26,34,177,221
东三省　33,43,66,79,85,117,166,171,190,193,199,220,228,250,256,266,268
东松田　60
"东雄"(船名)　99
东洋　10,40,51,56,68,76,82,84,97,103,104,106,165,317,321,322,327-329,336,339,343,349-351,355-358
东瀛　48,96,101,185,308,309
东征　78,97,98,101-103,203,268
董福祥　149,156,166,179,202,212,217,224,229,234,236,238,249,251,255,259,263
董玉林　220
董元亮　218
都察院　169,183,184,186,189,216,217,223,227,228,247,258,265
都守仁　239
都兴阿　17,43
督办军务处　140,143,176
督销　45
读谷山津　3
杜本崇　160
杜瑾　269
杜树棻　219
杜甄　222

端迪臣　135

段大贞　169

段友兰　160

对马　113,134

惇亲王　72,75,76,80,81,89,92,228

多良间岛　375

多隆阿　43

洍海江　49

E

俄（俄罗斯）　33-36,38-44,46,47,50,65,66,68-80,82,83,89-94,96,102,108,112,113,123,124,129,138,150,151,153,155,158,161,163,168,170,171,174,175,177,180,181,183,187,189-191,193,199,200,206,210,211,216,218-221,224,226-230,234,244,247,248,251,253,255,259,264,266,270,273,274,276,278,280-282,287,291,295,299,304,305,309,318,345,350,356,357,360,364-366,368,370-373,375,378

俄事　34-36,38,39,41,42,69,70,73-77,80,81,83,90,91,94,366,367,374,380

俄约　34,41,46,69,91,96,133,364,366

额勒和布　167,168

鄂罗　198

恩昌　168

恩浩　212

恩佑　168

耳目官东国与　5

耳目官向笃忠　56

F

法越约　133

法之战　156,159,180,191

藩臬　5,8

樊恭煦　170

樊瑷　219

樊钟秀　5

范广衡　212

范锡朋　310

范彦璋　218

方朝治　190

方家澍　218,227,237,238

方家珍　222

方捷三　218

方昆玉　169,218

方良元　176

方锜　81

方荣秉　168

方士华　222

方新　218,231

方耀　17,53,71

方永昺　190

方永元　190

方钟玉　218

枋寮　13,23,54,127

冯柏芬　222

冯炳焜　169

冯冠芳　222

冯焕章　222

冯际午　252

冯俊卿　247

冯侃干　222

冯瑞兰　222

冯绍唐　177
冯舜生　237
冯文瑞　247
冯文蔚　148,170
冯嬉　222
冯祥光　222
冯心镜　222
冯煦　160
冯义和　202
冯应鎏　222
冯由　195
冯元亮　220
冯子材　77,117,195
冯作彝　222
凤凰城　173,214
凤凰厅　170,178
凤山　14,21-23,54,55,86,87,119,127,
　　　133,141,143,187
凤山东港　127
奉恩将军　258
奉天　25,44,47,145-147,150,153,154,
　　　157,161,162,164,166,170,171,182,
　　　189,190,210,214,233,236,245,249,
　　　250,256,261,274,275,277,280,305
"佛尔"(船名)　141
弗国　1,2
弗兰西　1,2
符士龙　222
符仕龙　199
福斗山　118
福建　2-4,6-8,11,13,28,29,39,40,43,
　　　44,48,54,55,58,59,72,74-76,79,
　　　81,83-86,88,95,99,103,104,112,
　　　113,117-119,127,136,164,193,

217,227,229,238,244,254,271,293,
297,298,324
福建船政局　32
福锟(假)　168,241,243
福宁镇　118
"福胜"(船名)　99
福顺　113
福州　6-8,10,39,55,59,74,81,109,
　　　118,227,284,287,292,298-300,354
福州口　117
釜山　113
复寺岛　330,336
复州　210
副岛种臣　11,311,312,323
傅超衡　236
傅朝旭　218
傅嘉年　217
傅侃　247
傅夔　219
傅潛　168
傅世炜　160
傅维森　222
傅倬　247
富春　49
富尔丹　257
富良江　49

G

盖平　162,210
甘肃　71,122,229
高葆光　218
高步蟾　258
高岛　373
高国章　222

高焕 258
高晖游 218
高继昌 168
高丽 24,32,33,36,70,77,79,88,95,96,
　　103,113,160,190,192,193,196,200,
　　221,228,230,249,250,255,309,311,
　　365,368,371,372
高枏 160
高士佛 16
高士林 252
高彤 218
高轩春 291
高增爵 169
格兰氏 358
格兰忒 37,61-65,73,92,317-319,321,
　　322,325,339,340,343,348
格兰脱 376
格林 25
格林尼次 297
葛明远 217,219
葛滋春 218
给事中 95,97,99,130,133,171,280,304
庚申之役 47,172,191,220
工部候补主事 183,184
《公法便览》 232
《公法会通》 188,189,241
宫本 310,374
宫古 38,40,66,67,73,78,90,358,365,
　　375,376
宫古岛外 375
宫兆甲 176
恭镗 17
龚葆琮 218
龚绵元 220

龚其莘 199,222
龚使真 132
龚锡龄 190
龚荫槔 218
龚照玙 215,234,245,250,260,267,269
龚照瑗 138,260,270,277,279
《贡献志》 335
古巴 82,322
故宫博物院 52
顾敦彝 189,200
顾芳 168
顾福基 219
顾儒基 169
顾肇熙 281,284,289
瓜州镇 47
关伯麟 198,222
关东 29,36,70,113,204,242
关渡 111,119
关冕钧 236
关仁城间 4
关榕祚 213,236
关蔚煌 222
关燮基 198,222
观音山 111
广 1,2,6,7,14,23,25,36,40,42,43,45,
　　49,70,78-80,82-84,91,94,95,98,
　　100-102,110,118,119,128,138,
　　139,147-152,154,155,162,174,
　　177,190-192,196,198,202-204,
　　206,214,221,223-225,234,257,
　　261,269,301,303,320,342,380
广岛 133,135,174,303
广东 40,71,75,84-86,89,99,110-112,
　　116,120,146,189,198-200,217,

221,229,266,268,275,294 - 296,
302,354
广鹿岛 44
广宁 214
广西 49,77,208,211,217,221,223,227,
266
龟仔角 13
贵铎 148
贵寿 168
贵贤 205
贵秀 168
贵州 40,95,217,219,241
郭宝昌 251
郭恩赓 168
郭而勉 222
郭好苏 258
郭筠仙 314
郭联墀 258
郭铭鼎 252
郭森 252
郭文修 199,221
郭星五 176
郭毅 258
郭曾程 169
郭曾炘 217
郭曾熊 218
郭曾准 218
郭振埔 195
郭之桢 176
郭宗熙 190
国瑞 168
国子监司业 111,253

H

海参崴 35,295,299

海诚 168
海城 147,166,167,171,197,245,303
《海防新论》 65,66
"海镜"(船名) 99
海锟 212
海门 48,103,161
海南 43,114,281,282
韩克均 2
韩日华 222
韩守仁 252
翰林院 46,93,117,150,158,170,176,
179,180,186,217,218,227,236,261,
308,310
翰林院侍读 97,98,101,147,170,304
杭州 170,193,210,214,239,256
郝百炼 252
郝继贞 258
浩罕 309
何宝璜 222
何刚德 217
何翰章 222
何家本 222
何景濂 198,222
何璟 40,55 - 57,75,81,89,92,95,103
何兰芬 249,252
何良康 222
何如璋 38,56,57,60 - 67,73,74,77,80,
92,325,368
何瑞棠 132
何维畯 195
何星 324,353
何藻翔 235
何钟岳 222
何子峨 311,312,321,322,325,329,334,

338,339,341,346,347,359,361,363,365,366	洪汝冲 195
何祖濂 222	洪汝源 160
何作猷 222	洪武 15,40,49,90,316,319,324,326,331,332
和兰 361	侯昌铭 168
和阗 309	侯家骥 222
河南 85,122,175,227,229,239,247,249,252,258,276	后山 39,58,87,89,111,116,119,133
河南道 173	后赟 219
河内 49	胡传 137
荷兰 14,37,43,72,157,200,317	胡纪辰 220
贺弼 190	胡金镛 258
贺勋 212	胡景桂 160
赫德(Robert Hart) 10,53,109,123,174,185,322,350,365	胡恺麟 168
	胡培元 220
	胡荣鉴 203
黑岛 375	胡绍铨 220
黑海 35,70,199,220	胡诗昕 252
黑龙江 43,44,155,170,177,190,201,210,214,256	胡嗣芬 219
	胡惟庸 15
黑水洋 31	胡文忠 228
黑田清隆 108	胡锡侯 222
恒春 54,87,111,119,120,127,132,141,142,144,187	胡序铨 219
	胡璇泽 318
恒额 168	胡玉堂 247
恒福 195	胡燏棻 268
恒善 176	胡元泰 222
恒寿 168	胡宗管 168
恒泰 176	湖 40,225,229,257,276
横滨 43,134,174,300,301,308,310,320,369,377	湖北 27,85,116,200,214,227,229,239
	湖南 44,129,189,190,192,193,195,228,229,262
红椿 159	
洪冀昌 290	虎门炮台 116
洪嘉与 184,213,227,230	户部主事 184,186,217,218,236,243
洪良品 133,171,304	户部左侍郎 129,241,243

沪尾　87，111，119，120，127，128，186 -
　　　188，191，219，290，293，298 - 301
花利　200
华纷　219
华辉　150，160
华世奎　169
桦大洲　370，375
桦山资纪　274，285，297，298
淮军　21 - 23，54，88，101，120，166，188，
　　　192，194，207，215，228，229，236，246，
　　　249 - 252，267，268，303
淮扬水师　47
皇甫天保　195
黄秉湘　160
黄昺隆　190
黄步荣　218
黄长胜　272
黄道　8
黄道关　26
黄德　218
黄笃瓒　168
黄恩荣　198，222
黄桂瀛　222
黄国瑾　103
黄海　123，214，233，236，254
黄翰华　222
黄纪元　218
黄家琮　220
黄乐　218
黄立权　222
黄纶　222
黄冕南　218
黄明　220
黄谋烈　217
黄朋厚　23
黄埔　6
黄汝刚　222
黄瑞兰　190
黄少春　113，118，229
黄绍第　150，160
黄绍宪　222
黄绍曾　160
黄仕林　201
黄守正　237
黄思永　160
黄嵩斐　222
黄嵩裴　199
黄廷桂　268
黄心芳　252
黄心龄　199，221
黄兴邦　222
黄瑄林　222
黄烜林　198
黄以霖　168
黄莹书　219
黄颖　199，222
黄永康　222
黄銮田　247
黄允中　213，218
黄赞枢　227
黄曾培　218
黄曾源　160，180，217
黄正　290
黄钟杰　219
黄宗鼎　186
黄祖经　129
黄遵　295
珲春　43，155，259，364

回疆 174

汇丰洋行 144

会子 44

惠安 7

惠良部岛 375

惠森 212

《魂南记》 230,247

夥尔加助 1

霍崇范 222

J

鸡笼 22,28,53,191,219,303

基隆口 86,121,296

吉江 191

吉利用通 22

吉林 43,44,107,113,162,163,170,171,177,182,201,210,214,217,256

即苏有 7

集集街 21

籍兰溪 247

纪堪 258

纪堪浩 258

济禄 257

继荣 168

家柯 18

嘉兰(一称格兰忒) 318

嘉平 308,310

嘉庆 2,47,58,257

嘉兴 5

嘉义 87,119,186

嘉义县 143,186

贾大中 247

贾鸿基 203

'驾时'(船名) 299-302

蹇念恒 220

"建胜"(船名) 99

江 3-5,14,24,25,29,31-33,39,47-49,53,72,74-76,79-81,85,86,99,107,110,111,114-116,119,120,129,133,134,139,140,143,147,149,150,153,159,166,167,172,177,187,188,190,193,196,202,209,214,215,226-230,239,244,251,254,257,276,286,288,302,334

江道 182,188

江孔殷 199,222

江南 5,29,47,140,227,234,239,243,356

江南道监察御史 116,148,206

江南机器局 82,83,126

江南制造局 32

江宁 99,150

江尚宾 218

江慎中 198,221

江苏 18,39,74,79,92,189,200,214,229

江苏省 5

江苏巡抚 5,60,75,76

江西 120,155,195,200,217,223,254,258,260,265

江阴 86,110

江宗汉 195

姜梦飞 176

姜兴胄 219

蒋琛 218

蒋果勇 228

蒋清瑞 239

蒋式瑆 160

蒋廷黻 52

蒋锡绅　239
蒋诒　218
蒋云龙　229
蒋宗汉　268
交子　44
焦山　79
劼刚　317,364-366
解宝树　247
金　14,15,21,22,31,34,44,81,96,116,
　　117,122,123,126,131,147,148,150,
　　152,157,158,160,161,163,167,170-
　　172,176,178-182,184-186,188,
　　190-192,195,197,199,203,205,
　　207,208,214-216,220,225,231,
　　238,245,246,252,254,259,263,267,
　　275,302,305-307,311,314,340,
　　349,351,356,368-370,375,377,
　　378,380
金葆桢　252
金承熙　239
金城蒲　4
金川　198,257
"金刚"（船名）　100
金俊基　198,222
金陵　34,47,120,210
金门　4
金鹏　236
金山　7,8,321,322,341
金山华工　320-322,329,330,341
金应枢　252
金璋达　188
金肇汉　190
金正炜　220
金州　47,178,206,210

津关郑道　354
津海　75,76,81,163,315,333,336
锦州　214,255
晋江　7
京都　196,256,266
京畿道监察御史　162
京师　132,152,159,162,163,165,166,
　　170,172,177,178,181,182,190-
　　193,196,199,201,208,210,227,237,
　　240,243,244,250,251,254,255,263,
　　265-267,319
荆州　103,214,233
井上馨　65,108,359,373-375
井上毅　374
景魁　168
鸠开岛　375
九连城　122
久米府　3,4
旧金山　84,318
居庸　190
具志坚　4
瞿振鑫　190
觉罗钟培　212
军机大臣　2,5,11,15,17,24,37,40,57,
　　58,60-63,65,66,71,72,75,77,80-
　　82,88,89,92,95,97-99,101,109,
　　128,132,179,209
君士但丁　199
筠仙　310,315-317,319

K

喀巴压那苏肯奴埃　277
喀什噶尔　309,318
康熙　14,43,154,157,175,182,236,248,

　　　　　257,316,334
康咏　169,218
柯溪　8
柯郁菁　198
科士达　135,157,274,277,280,284,285
科士达牵率　135
克虏伯　25
孔繁锡　219
孔继馁　222
孔庆塘　202
孔昭莱　222
寇从义　269
宽甸　158,178
匡履福　220
邝桢材　221
旷经涛　195
奎华　167,168
奎林　168
昆仑坳　22,23
昆玉　212

L

来福　25
来沙弗斯基　364
来问　135,375
赖丰杰　218
赖鹤年　144
赖际熙　198,222
赖清键　217
蓝鼎元　154
蓝和光　269
狼山　47
琅玙　13-18
琅峤　16,22,28,54,55,88,89

劳伯华　222
劳锦章　222
老米沟　192
乐嘉藻　219
乐亭　44,190,192,255
勒方锜　40,75,81,86,88,95
雷琼　155
雷在夏　169
雷镇华　169
雷正绾　249,251
雷祖迪　212,236
冷春膏　203
厘金　16,45,103,104,151,159,161,173,
　　　174,176,205,215,251,254,356
黎朝书　222
黎承礼　160
黎敬先　190
黎培敬　42
黎启瑞　198
黎庶昌　107
黎庶怀　222
黎约翰　53
黎兆棠　21
黎宗葆　222
《礼》　244
礼科掌印给事中　160
李邦屏　190
李保极　222
李葆实　160
李秉衡　165,192,194,197,209,212,216,
　　　229,234,249,251,267-269,276
李长庚　47
李长兴　21
李朝斌　47,85

李成谋 32
李崇瑞 176
李萃英 198,222
李大澄 190
李定明 111,119
李笃真 190
李端棐 219
李端棨 220
李端荣 220
李敦 222
李恩瑞 176
李凤苞 30,54,83
李纲守 207
李光 23
李光琛 176
李光汉 227,228
李光久 192,194,197,198,212
李光玖 179,234
李光寓 195
李广源 252
李桂林 158,160
李含芬 218
李汉光 252
李瀚章 111,112,117,119,145,146,148,229
李鹤年 11-14,16,17
李鸿仪 190
李鸿藻 131,176,236
李鸿章 10,12,17,30,31,36,37,40,41,47,53,57-59,62-68,70-72,75-82,89,90,92,93,97-99,101,109,111-114,117,119,122,124,130,131,135,137,139,140,144,146-149,151-156,159-163,165,170-173,179,182-185,189,190,192-195,199,200,206-211,213,216,220,223,224,227,229-233,235,236,241,243,245,246,248,250,252,254-258,261,262,264-270,274-277,279-305,309,310,314,316,319,322,325,330,336,338,339,341,346-350,354,360,363-367

李鸿章全集 308,309
李化龙 252
李寄 8
李骥年 227,236
李家璧 222
李家熙 195
李鉴湖 222
李鉴堂 247
李经方 157,162,163,173,192,194,206,207,280-291,293,295-300
李景鎏 222
李景骧 218
李敬元 258
李九盛 218
李坤 269
李立元 160
李名瀛 222
李念兹 188
李培荣 229
李培元 257
李青蕃 190
李清琦 186,218
李庆朝 222
李庆棻 168
李庆云 236
李群英 222

李让礼　21
李如松　195
李瑞清　195
李绍芬　211,212
李绍莲　219
李慎仪　200
李盛铎　160
李侍尧　268
李树峤　247
李涛叶　222
李廷斯　168
李廷瑛　240
李汶川　218
李希愿　247
李锡康　222
李祥麟　168
李湘　168
李新燕　14
李宣龚　218
李学舜　269
李学祥　14
李演　237
李扬材　49
李扬华　198,222
李彝坤　222
李荫桐　258
李应举　268
李英华　217
李永芳　255
李永懋　169
李遇昌　198
李豫　160
李元音　195
李樾森　252

李赞宸　222
李增芳　269
李兆麟　169
李兆蓉　218
李振湘　195
李之实　168
李芝昌　6
李植　168
李忠武　228
李卓凡　198
李宗羲　10-12,17
李最高　190
李尊先　269
李作梅　269
理玺天德　318
立山　241,243
吏部给事中　153
吏科掌印给事中　130,152,303
利士卑士船　104
荔秋　317
荔秋太常　309
栗国聘　247
栗棪　192
连捷　160
莲花港　87
联寿　212
廉州　78
练蕴辉　218
梁鳌　222
梁丙炎　192
梁朝杰　199
梁殿元　222
梁凤鸣　222
梁冠澄　222

梁广叶 198	谅山之役 221
梁鸿藻 222	辽东 152,167,175,196,208,214,227,
梁涣奎 195	237,239,266,270,273,275,276,287,
梁焕章 192	295,299,302,303
梁金鳌 222	辽河 150,165,166,175,177,182,190,
梁克缓 247	208,210,244,275
梁骝藻 222	辽南 177,178,206,208,237,240,305,
梁銮藻 160	306
梁念祖 222	辽阳 167,171,173,177,178,193,194,
梁泮 222	201,211,212,214,221,228,229,234,
梁启超 189,198,222	235,238,241,242,245,255,259,263,
梁启泰 222	264,276
梁庆桂 222	辽左 43
梁庆年 222	廖汉章 195
梁庆锵 222	廖杭 219
梁庆瑜 222	廖和韶 218
梁荣恩 222	廖圣清 240
梁仕淦 190	廖寿丰 128,129
梁寿祺 199	廖寿恒 211,213
梁孝熊 218	廖廷珍 222
梁亦鸿 198,222	廖袭华 219
梁用弧 222	廖映旭 203
梁友檍 269	廖有富 21
梁禹旬 222	林百熙 218
梁昱墀 198,221	林昌熙 239
梁元任 222	林朝栋 119,304
梁赞翰 218	林朝圻 189,203,247,252
梁兆献 199,222	林朝泽 203
梁知鉴 198,222	林达泉 30
梁志仁 247	林道堂 190
两广总督 6,49,75,89,97,99,229,307	林凤韶 222
两江 24,81,85,86,253,301	林福 271,272
两江总督 60,75,77,115,131,134	林桂芬 222
谅山 153,195,198	林捷鳌 218

林介弼 168	林镇荆 218
林镜鎏 198,222	林正隆 3,4
林均 218	林缵统 198
林开棻 168	临清 196
林开暮 218	麟书 150,152,158,168,179,180,211,
林开章 218	213,261
林禄衡 222	灵椿 168
林旅 229	凌定国 23
林履升 218	凌鹤书 222
林明登 25	凌善钟 176
林明敦(枪名) 120,143	刘必勃 252
林培基 218	刘秉权 169
林齐贤 218	刘长佑 49
林其荣 218	刘得和 272
林乔新 218	刘东珊 198,222
林世功 55	刘端棻 220
林寿椿 218	刘恩溥 306
林寿图 15	刘方鼎 252
林寿照 217	刘福姚 160,236
林树塽 198	刘公岛 174,233,266
林天骥 218	刘光才 249
林廷资 222	刘国良 252
林图南 218	刘汉阳 247
林维源 120,229,245,248,251,263,264	刘珩 258
林文斗 218	刘鸿度 190
林宪 222	刘华 213
林孝箕 218	刘郇膏 5
林旭 238	刘家模 212
林翊 218	刘家荫 168
林玉 7,8	刘嘉斌 200
林玉铭 218	刘锦 176
林则徐 195	刘晋荣 258
林泽 237	刘晋藻 168
林兆年 222	刘焌杰 192

刘坤一　50,66,75,77,82,92,93,110,
　　　111,113,115,119,121,131,144,146,
　　　153,156,166,173,192,216,228,229,
　　　234,236,249,255,268,269,276,299
刘铭传　72,111,112,114,116,229
刘培　168
刘培炜　222
刘蕲　238
刘麒祥　293,298
刘启泰　249,252
刘庆祺　222
刘荣恩　222
刘若曾　160
刘士骥　198
刘世骏　258
刘守琦　202
刘树堂　4,229
刘树棠　175
刘树元　194,197
刘廷钧　247
刘廷魁　219
刘廷珍　218
刘维尧　190
刘蔚仁　240
刘文着　258
刘锡光　168
刘显曾　213
刘岘庄　379
刘孝佑　218
刘孝祚　218
刘心源　162
刘信淇　192
刘学谦　160
刘学易　247
刘彦芬　222
刘曜垣　222
刘耀棠　222
刘耀增　168
刘怡　218
刘彝　203,227,240
刘以榕　258
刘毅斋　309
刘寅浚　241
刘永福　49,109,112,114,115,117-121,
　　　124,126-128,133,136,141-143,
　　　146,166,171,183,187,197,212,226,
　　　229,245,248,251,263,276,278,279,
　　　303-307
刘永亨　160
刘玉埧　222
刘元弼　213
刘韵珂　1
刘增　269
刘兆庚　200
刘志　168
刘忠梁　272
刘忠训　192
琉球　1-4,6,7,11-16,18,20,22,24,28,
　　　29,32-43,46,48,50-53,55-57,
　　　60-62,64-73,75-82,89-92,94-
　　　100,103,107,108,132,133,139,177,
　　　191,195,200,250,257,309,311-
　　　316,319-323,326-337,339-344,
　　　346,348,350-365,368-374,376,
　　　377,379
琉球案　35,64,66,70
琉球国　1-8,16,55,56,68,323,325,331
琉球难民　6,14,17,52,327

《琉球志》 336
柳元翘 219
柳原前光 11,18,19,359
柳泽绶 192
《六韬》 233
龙建章 222
龙溪 7
"龙骧"（船名） 53,99
龙州 49,223
龙祝龄 199,221
陇 46,49,248,276
娄浩 7,8
娄云庆 229
楼阿来那 156
卢成金 27
卢鸿泰 258
卢永铭 290
卢宗瑛 222
芦台 255
庐铭勋 169
鲁仲连 223
陆奥 133,140,156
陆慈和 222
陆辅清 236
陆嘉晋 168,236
陆嘉藻 237
陆寿昌 198,222
陆廷黻 93
陆锡骐 222
陆应瑄 221
陆钟岱 168
陆钟琦 160
鹿传霖 262
鹿儿岛 131

鹿耳门 87
鹿瀛理 160
闾阳驿 146
吕道象 184
吕钧璜 219
吕鼎元 190
吕宋 28,39,53,54
吕泰初 252
吕文经 291
吕咸熙 269
吕祖涛 221
旅顺 44,47,85,99,117,128,130,131,
　　 133,135,144,153,157,159,161,164,
　　 166,171,173,175,177,184,190,191,
　　 196,197,202,203,205,206,208,210,
　　 212,224,237,245,250,260,262,265,
　　 267,269,275,292
绿营 85,86
栾定邦 272
《论语》 276
罗葆祺 199,222
罗大春 12,16,21,23
罗得标 272
罗得元 218
罗殿华 222
罗丰禄 162,163
罗凤华 227,235
罗幅安 7
罗光烈 160
罗桓熊 199,222
罗焕垣 218
罗会恕 219
罗济美 258,260,265
罗家劝 168

罗琳　222
罗马法　352
罗庆荣　222
罗瑞忠　221
罗廷干　195
罗廷桂　169
罗廷珍　219
罗问仁　269
罗秀惠　186
罗仰经　190
罗英隽　222
罗元佑　7
罗之章　222
罗智杰　247,252
骆景宙　236

M

马步元　160
马达忠　162
马蕃　247
马辅原　240
马关　53,140,156,157,165,254,256,274,278,280,281,286,290,291,296,377
马关条约　52,300,301
马兼才　375
马建忠　163,206,290
马江　107,111
马金叙　202
马克承　6
马銮光　222
马丕瑶　229,268,269,275,294,296
马如衡　3,311
马汝骥　220

马士面　122
马梯呢枪　118
马希援　169
马心胜　255
马玉昆　148,194,212,217
马云鸿　222
马之骥　222
马治源　219
马柱　268
麦葆元　198
麦炳鉴　222
麦坚　19
麦孟华　198,222
麦汝良　222
麦劭祥　222
麦秩严　199,222
满洲　158
毛光大　4
毛精长　354
毛汝砺　4
毛瑟枪　118,126
毛文龙　44
毛佑国　269
毛增光　1
毛祖模　169
帽儿山　178
梅龟山　4
梅辉立（William S. Frederick Mayers）　10
梅静波　252
梅启照　82-86
梅友容　222
湄洲　4
美国　21,22,25,53,61-64,67,92,129,138,147,286,287,317,318,320-

323,325,327,329,331,335－339,
343－346,348,349,354－356,358,
364,378,379
美加多 63,64,320,321,327－329,336,
344－346,349,354
美利坚 372
蒙古 181,196,214,228
孟步云 247
孟春 18
孟广洛 252
孟广信 252
孟印川 258
孟庄 247
秘鲁 37,73,82,322,361
缅甸 50,77,79,102,177,205,233,257,
315,330,345
面马烟 54
庙岛 47
民党 36,70
民国 52,368
闵次颜 239
闽 1－4,6－8,11,12,14,15,18,19,21,
25,26,28,30－33,39,43,47,48,53－
58,71,75,76,80,81,83,85,86,89,
92,93,99－101,103－106,109,110,
112,115,116,118,120,123,125,126,
128,136,138－140,144,147,149,
152,156,162,166,171,177,182,191,
193,196,202,204,218,220,226,228,
236,238,244,272,293,294,300－
303,311－314,316,320,323,324,
326,330,335,336,354,364,368,370
闽安 3,4,6－8
闽督 106,107,125,137

闽湾 107
闽洋 110
闽浙总督 2－4,6,10,13,16,17,19,55,
59,75,81,95,103,109,114,117,120,
125,126,128,134,136,142,143,273,
292,293,301－303
明治 297
缪国钧 222
缪嘉玉 169
缪云章 269
莫圻 222
莫迦鍱 199,222
莫寿彭 198,221
莫文龙 222
莫贤书 222
莫重坤 195
墨尔根 43
墨西哥 329
牡丹社 13,16,17,22
牡丹湾 87
目牙 22
穆津 168
穆图善 81
穆梧 269

N

拿破仑 192,234
那霸府 4
那霸港 319,373
那福 176
那国岛 375
纳纳社 58
南安 7
南澳镇 22,112,114,115,117,119,126,

127,307
南北洋大臣 10,25,29,48,114,120
"南琛"(船名) 110,111,115,119,123
南岛 34,35,37－39,64,66,68,69,73－75,78－80,330,331,333,334,359,361,362,373
南圻 49
南宋 167,185,216,238,255
南阳海口 101
南洋大臣 66,85,103,105,110,114,115,119,120,123,132,138,140,143,174,226,256,260,274,278,279,289,290,378
内阁 2,15,176,184,205,218,227,230,236,258,328,337,340,342,344,345,356,358,374
内阁大学士 167
聂缉槻 110,111,119
聂士成 144,166,179,192,194,197,198,202,212,217,224,234,236,245,246,249,251,255,263,305
聂树楷 220
聂树奇 220
聂延祜 219
宁波 48,74,93,94,113
宁古塔 43
宁海县 44
宁远 214
牛东藩 252
牛桂荣 240
牛凌霄 247
牛师韩 255
牛应辰 269
牛庄 44,99,166,178,190,194,197,203,

205,210
钮家枢 239
钮尚志 269
农耐 49

O

欧福芗 218
欧赓祥 198,222
欧罗巴 378
欧瑞麟 168
欧阳荣泉 169
欧洲 14,35,50,69,102,107,159,167,168,181,200,231,244,245,253,317,320,355,357

P

潘蔼吉 199
潘葆铭 222
潘炳年 160,217
潘赓扬 222
潘吉昌 218
潘家桂 222
潘钧 239
潘普书 222
潘霨 15－17
潘焱熊 199
潘仰熊 168
潘耀焜 199,222
潘以珽 222
潘应铿 222
潘蕴志 222
潘志和 199,222
潘宗尹 199
攀桂 176

索　引　405

庞鸿书　160
庞映青　247
庞之盛　236
裴维佽　164
彭炳纲　222
彭楚汉　85,229
彭恒祖　176
彭煌　192
彭培壬　258
彭汝畴　219
彭玉麟　24,27,47,79,86,98
彭中平　22
彭作润　190
鹏展　176
澎湖　11,12,14,18,21,22,59,104,111,113,118,119,121,125,127,128,136-138,140-145,154,160,164,166,167,171-173,181,214,239,244,246,250,256,270-273,277,286,287,293,294,296-298,302,303,305,307
澎湖西屿　141,142
澎妈宫　127
皮岛　44
品川　43,113
平安　62,64,274,282,319-323,327,330,336,340,343,345,346,349,366
平海一岛　119
平良峰　375
平壤　194,197,201-203,216,250,260,269
平秀吉　316
莆田学　15
葡萄牙　38,74,200

璞石阁　87
濮贤慈　168
朴奎　168
普　153,156,159,161,179,180,186,191,192,198-200,205,207,220,250,268
普陀　134

Q

栖川亲王　102
戚朝勋　219
戚继光　42
漆葆熙　198,222
齐齐哈尔　43
齐耀林　176
齐耀珊　168,176
齐忠甲　160,176
奇承额　168
奇克伸布　247
歧口　190,202
耆英　1,2
崎案　105
崎枝　7
琦善　195
旗后　111
契丹　216
'千代田'（船名）　293,294
谦福　168
钱汝雯　227,239
乾隆　47,49,58,59,154,172,175,217,220,257,268,305
黔　150,166,199,213,221,224,236,276
乔佑谦　247
茄鹿塘　21
钦州　49,117

秦渐和　169

"清海"（船名）　99

庆常　138,273,277,279

庆春　176

庆端　7

庆麟　168

庆恕　176

庆裕　227,284,292,293,298,300

琼州　49,324

邱炳珍　239

邱良功　47

邱启标　119

邱云鹤　222

球案　34,37-43,52,62,63,65-68,72,73,75-77,79-82,89-93,95-97,99-102,107,108,322,336,349,353,359,364,366,367,373,375,377

区坤元　222

区普銮　222

渠本翘　169

衢州镇　27

全嘉仁　269

泉州　4,118

R

热河　133

仁川港　101

任承纪　220

任浩　247

任锡纯　189,195

任锡汾　129

任于佐　169

日本国和约　13

日本国外务省　12,19

日本条约　279,366

日本通商章程　40,90

日本洋　31

日耳曼　21,223,353

日格赛尔　21

日光　335,338

日国（即西班牙）　10,53,61,313,314,323,324,326,332,352

日斯巴尼亚　38,53,74

荣安　176

荣城　151,183,191,220,236

荣翰屏　176

荣禄　117,176

荣寿　168

荣文祚　176

宍户玑(rou)　38,43,61,62,64-67,73,80,91-93,96,100,315,374

入岛　375

瑞麟　17

瑞洵　111,253

润昌　168

润麟　168

S

萨　36,62,70,97,102,219,311,320,322,330,331,334,335,347,352,363,368,372,373,376

萨峒马　134

萨峒摩　334

萨嘉乐　160,217

萨摩岛　57,62,316,320

萨摩藩　311,312,334,376

萨摩州　14,330,331

萨起岩　218

塞西尔 1
赛崇阿 168
赛阁 336,338,340
三抱庄洋面 3
三貂岭 292
三雕澳 296
三姓 43
三元里 198
桑魁卯 258
森有礼 313,314,378
僧格林沁 195
沙从心 169
沙克都林扎布 257
沙上铸 195
沙市 170
纱帽山 141,271
山东 5,25,47,92,98,101,103,113,133,
　　134,145,160,161,163,165,172,184,
　　185,197,200,202,204,209,212,220,
　　221,227,229,234,240,245,251
山东峄县 120
山海关 110,149,183,195,214,225,229,
　　233,255,256,268,366
山陕 122
山右 196,276
闪殿魁 156
陕甘 26,264
陕西 15,229,236,258,260,262,264
汕头 105,120
善贻穀 176
上海 10,15,17-20,25,34,39,44,47,
　　66,71,74,104,109,113,118-121,
　　124,125,132,138,143,194,215,226,
　　288,291,293-295,298,305,308,
　　315,320,324,325,342,354,355,366,
　　374
上海县 55
上离岛 375
尚巴志 40,89
尚巴志之乱 316
尚葆初 252
尚宁王 331
尚泰 6,7,376
尚泰王 331
尚圆王 331
邵守先 290
邵友濂 110-116,118,119,121-125,
　　127-130,133
邵振铎 176
绍昌 168
绍廷鼎 4
佘致廷 128
社寮 13,18,21
申包胥 324
《申报》 224,374
申道发 179
申德渠 219
申杰万 252
申文铭 252
申应枢 247
申允熙 220
伸冈 47
神户 109,131,134,293,311
神户岛 43
神里 4
沈葆桢 12,14-17,19,20,22,28-32,34,
　　39,43,53,58-60,71,81
沈道本 295

沈道申　20
沈恩嘉　184,186,190,217,223,228,247
沈会桐　160
沈克刚　192
沈铭新　149
沈棋山　111,119
沈瑞舟　218
沈廷兰　5
沈桐　169
沈兴廉　269
沈翊清　218
沈毓麟　239
沈曾桐　150
沈正坤　252
沈制军　356
生番　11,12,39,42,43,54,55,89,251,335,356
绳武　247
盛德水　190
盛京　43,44,178,193,214
盛京将军　256
盛宣怀　136
狮球岭　119
狮头岭　54
施阿兰　273
施博　329
施春和　252
施大猷　218
施登瀛　218
施尔猷　269
施琅　154,218
石山站　146
石天荣　219
石垣岛　375

史振铎　258
《使东述略》　312,368
士王瑚　160
《世纪》　331
侍读　167,168,336
侍读学士　205
侍郎　24,27,79,135,169,211,213,241,243,283,310,314,315
寿昌　184
叔忱　160,218
熟湖　136
束用中　269
双岛　44
水雷　25,29-33,49,53,84,111,118,119,245,272
水纳岛　375
水师学堂　30,101
水野遵　13,381
税务司　10,13,19,20,122,123,132,140
舜天王　331
司艮德　282
司惠年　129
司徒澜　222
斯恭塞格　21
"斯美"（船名）　123,143
四川　49,163,189,203,214,227,240,247,252,273,276
寺岛　310,325,330,335,336
松江　85
松田　60,322,323,342
松田道　323
松秀　168
宋伯鲁　160
宋朝儒　255

宋承进 272
宋承庠 173
宋得胜 225
宋徽宗 207
宋钦宗 207
宋庆 134,146,164,166,192,194,197,
　　198,202,212,215,217,224,229,234,
　　236,242,246,249,251,255,263,269,
　　276,305
宋天荣 218
宋廷模 169
宋祖同 239
苏澳 21,87,119
苏逢圣 221
苏龙恂 237
苏荣干 222
苏省 5,32,114,115
苏守庆 168
苏松 114
苏元龙 168
苏志纲 169
苏州 170,193,210,214
宿迁县 5
隋归 134
孙百斛 160
孙秉衡 247
孙伯斛 176
孙殿勋 272
孙进 240
孙举璜 192
孙开华 53,87,219
孙开善 58
孙楷 195
孙凝 249,252

孙七郎 330
孙绍阳 213
孙士毅 268
孙书城 168
孙笥经 213
孙廷翰 160
孙同荣 258
孙文昺 195
孙文达 269
孙显寅 257
孙星煜 168
孙毓汶 147,236
孙章 104
孙植 258
索伦 43,268

T

台北 3,28,53,59,87,88,104,119,120,
　　125,127,148,176,187,288,294 -
　　296,298 - 304,307
台东州 137
台后山 132
台南 22,23,28,53,59,81,87,88,104,
　　110,111,116,119 - 121,124,127,
　　128,132,142,146 - 148,176,181,
　　187,271,275,278,301,307
台湾 3,10 - 22,24,26 - 30,32,34,35,37,
　　39,40,42,43,48,52 - 55,57 - 62,70,
　　71,74,76,79,83,85 - 89,93 - 95,98 -
　　101,103,106 - 125,127,128,131,
　　132,134,136 - 155,157 - 160,162,
　　164 - 167,169 - 171,173 - 177,179 -
　　188,191,193 - 197,199,200,203 -
　　206,208 - 210,213,214,216,218 -

221,223-227,229,230,232,235-240,244,245,247-250,253-256,259-264,266,269-271,273-275,277-301,303-307,312,313,317,322,324,327,328,330,335,337,346,353,356,358,369,371

台湾海口 86,287

台湾旗 88

台湾之役 24,42,94,96,107,311,314,327,332,335,340,355,356,369,372

台中琅峤之役 29

台州 118,134

太平洋 38,74,191,230,320,339,376

泰西 26,28,33,39,42,48,56,76-78,80,82,91,94,96-98,124,152,159,166,173,177,178,188,191,193,196,206,210,215,237,243,248,259,263,266,275,308,309,314,316,332,370,372,377-380

谈定安 219

谭镳 198,222

谭鹗英 221

谭骏谋 222

谭沛霖 219

谭绍裘 160

谭绍裳 189,192

谭襄云 190

谭学斐 222

谭邺华 190

谭钟麟 75,79,92,112-114,117,119,120,122,126,128,136,142-146,268,273,294,307

谭资鉴 222

檀香山 84,181

汤昌浚 252

汤立贤 269

汤聘珍 229

汤仁和 229

汤荣焜 222

汤耀 222

汤原铣 168

唐宝鉴 3,4

唐定奎 20,23

唐风俭 222

唐淦 239

唐浩源 222

唐江 226

唐景崧 111,115,118,119,125,127-129,131,132,134,136,139,141-148,153,171,173,176,183,187-189,197,209,212,219,224,227,229,245,248,251,253,260,262,264,270,271,273,276-280,282,283,286-289,291-295

唐景星 309

唐镜沅 145

唐炯 49,268,269

唐龙骧 190

唐启宇 237

唐仁廉 166,229,249,251

唐绍祁 195

唐僖宗 207

唐元义 239

唐赞衮 147

唐昭宗 207

唐祖澍 192

陶大均 290

陶镛 258

索　引　411

天津　24,34,44,47,79,81,96,98－101,
　　112,113,149,164,190,191,193,195,
　　196,198,201,202,210,212,225,229,
　　234－236,250,251,255,264,275,
　　276,281,285,319,327,329,335,337,
　　338,341,342,367
天津戕毙法国领事案　31
天孙氏　331,332,334
田贝　133,135,137,274,275,277
田毓璠　200
铁火箭　25
廷恩　168
霆军　249
通永　47
同安　7
同书文　258
同治　5,10,11,19,24,29,31,37,39,42,
　　52,73,83,84,88,156,166,199,220,
　　268,331,335,366
图们江　366
涂宗瀚　169
吐谷曼　360

W

万国本　119,127
《万国公法》　232,250,317,327
万历　57,311,312,316,330,331,334
万以增　269
万治谟　190
万钟騄　218
万祖恕　190
汪春源　186
汪大燮　169
汪凤藻　112,253

汪会武　227
汪鸣銮　120
汪韶年　218
汪守泗　239
汪星　112
汪曾武　239
王安澜　160
王宝田　168,258
王宝贤　269
王昌麟　227,240
王昌年　169
王承基　218
王崇光　247,252
王得凯　23
王得禄　48
王德懋　252
王栋　198,222,239
王发源　247
王昉征　168
王桂琛　168
王国栋　190
王鸿儒　258
王厚庄　5
王会厘　160
王暨和　247
王家锦　7,8
王甲荣　239
王建官　247
王絮会　252
王骏烈　252
王开国　269
王开俊　14,21
王凯泰　30
王阆城　258

王礼培　190
王六德　258
王龙文　190
王罗马　35,70
王培佑　160
王佩枪　269
王鹏运　155,156
王蒲园　252
王其镗　252
王仍征　160
王荣本　269
王荣商　160,179
王荣先　213
王汝明　190
王绍珪　247
王绳　168
王诗梅　190
王守让　247
王寿慈　169,198
王寿山　269
王崧寿　219
王廷相　160
王万芳　160
王维恪　219
王文韶　139,144,153,192,276,295,299,300
王孝祺　249,263
王学会　247
王勋　219
王炎　218
王以慜　160
王樨荣　239
王懿德　6
王玉彬　200

王玉梁　219
王运谦　269
王藻虞　247
王泽春　258
王章永　195
王政道　15
王之春　229,270,279
王之珍　219
王芝生　128
王芝兆　247
王智元　220
王钟麟　200
王祝三　247
王祖庆　240
王祖同　160
王佐廷　177
望祖力社番　23
危克济　195
威海卫　115,157,215
威妥玛 (Sir Thomas Wade)　10,15,96,357
韦佩琼　221
卫汝成　215,234,250
卫汝贵　201,250,260,269
魏达文　169
魏光焘　192,194,197,198,202,229,234,249
魏鉴辉　222
魏晋桢　176
魏景僖　258
魏荞琦　217
魏宇　247
魏宗弼　222
魏祚臣　220

温联桂　168

温州　134

文彬　17

文俊铎　189,190

文浚　190

文良港　143,144,271

文汝镇　222

文瑞　217

文廷式　147,148

文通　213

文武试　59

《文献通考》　352

文兴　222

文英华　222

文煜　12,15-17

文元　168

翁绶琪　169

翁同龢　131,176,211,213,236,241

倭案　69,71

倭兴额　168

乌梁海　211

乌鲁木齐　44

乌苏里江　190

邬泗瑛　239

巫挹奎　218

吴　24,30,43,47,48,60,75,96,99,101,
　　110,113,140,192,197,214,319,326,
　　346,368,376

吴拔祯　218

吴邦治　190

吴本基　220

吴炳声　239

吴大澄　148,202,233,234,236,249,250,
　　269

吴德洪　190

吴殿元　202

吴定安　272

吴凤柱　179

吴功溥　198,222

吴观礼　50

吴光亮　22,58,87

吴宏洛　202,224

吴会　166

吴炯　168

吴均金　168

吴镰　218

吴鲁　160,218

吴懋卿　220

吴鹏　219

吴钦　168

吴庆焘　169

吴全选　222

吴荃选　199

吴荣煦　239

吴士鉴　160

吴世康　218

吴世泰　199,222

吴思让　184

吴淞口　26,43,47,128

吴诵芬　199

吴台东　199,222

吴廷璧　219

吴同甲　160

吴纬炳　239

吴文吉　247

吴遹　269

吴雁声　252

吴毓福　258

吴元炳　47,75,76,92
吴赞诚　30,32,53,55
吴璋　176
吴震春　239
吴征骥　218
吴正枢　219
吴中钦　168
吴仲翔　15
吴宗实　192
梧州　49,256,276
五虎口　3
伍克建　290
伍廷芳　279
伍廷桢　203
伍襄钧　220
伍毓焜　195
武富岛　375
武甲　23
戊辰新约　42,91

X

西班牙　361
西藏　155,163,174,244
西贡　48,49,106
西华　63,322,341
西乡隆盛　311,313
西乡（西乡从道）　13,15,16,338,369,372
西玛　272
西屿　127,141,272
西域　174,175,198,248,310,315
希元　117,118
锡金商务　191
锡龄　212
熙敬　241,243

熙彦　212
洗瑞祺　222
喜峰口　214
喜界冲　334
霞浦县　4
下地岛　375
下离岛　375
夏海门　202
夏鸣雷　190
夏廷相　200
夏献纶　13,21,58
夏诒年　192
夏毓秀　268
夏泽润　272
厦门　6,7,11,14,18,21,32,39,74,99,104,109,113,118,126,134,144,206,294,301,303
暹罗　324,330
咸　28,29,36,70,81,97,106,132,160,162,170,173,191,199,200,220,232-234,237,257,259,263,267,270,364
咸丰　6-9,44,190,195,220,239,253,257,267,335,349
香港　6,25,49,104,109,136,181,196,223,253,296,301,316,317,328,329,336,338,345
香港日报　38,74
湘　97,120,125,193,194,198,202,246,249,266,268,276,301,309
箱馆岛　43
襄阳　139
向德宏　38,55,68,73,311,323,325,330,333,335,336,351,354
向思虑　4

向元模	1	新加坡	106,107,295,318
象鼻嘴	87	新嘉坡	48,49,196
萧昌世	192	新疆	150,168,174,177,181,191,200,
萧佛尔	364		221,228,229,244,266,268,309,318
萧光曜	149	新罗	93
萧鹤祥	195	新垣龟	4
萧洪钧	190	新竹	298
萧应椿	269	兴京	158,171,178,182,193,194,240
萧永康	222	兴凯湖	190
萧正和	219	邢霁云	258
小滨岛	375	熊滨臣	219
小长岛	43	熊国昌	271
小春望日	310	熊铁生	164,166,192,249
小基隆	111	熊廷权	269
小吕宋洋	31	熊亦奇	160
小平岛	47	熊元镛	169
筱宋	364	《修好条规》	67
谢朝荣	218	秀水	5
谢承珪	219	岫岩	161,170
谢丁茂	7	徐邦道	215,217,246,257
谢尔庸	195	徐葆光	316,336
谢晋勋	198,222	徐秉璜	200
谢隽杭	280	徐承祖	105,159
谢銮坡	222	徐郙	184,186,217,228,247,258,265
谢南式	195	徐鸿泰	258
谢佩贤	160	徐良弼	240
谢聘珍	199,222	徐培中	219
谢启华	236	徐庆璋	148,263
谢荣熙	199,222	徐仁铸	160
谢松涛	218	徐绍坤	272
谢西尔	1	徐绍垣	229
谢锡勋	222	徐绍桢	222
谢宗海	190	徐世昌	160
谢作庸	190	徐受廉	160

徐廷杰　222
徐桐　152,158,168,180,211,213,261
徐维岳　252
徐新德　269
徐信善　239
徐延旭　49
徐用仪　147,211,213
徐照德　202
徐致和　219
徐州　120
许秉衡　169
许秉璋　169
许炳耀　222
许柽藩　217
许德裕　239
许邓起枢　190
许邓起元　190
许枋　168
许福仪　222
许景澄　209,278,282,299
许荣桂　222
许汝棻　200
许文辉　218
许文浚　239
许文勋　169
许希逸　54
许兴文　168
许召宣　252
许中　218,312,357
薛浚　168
薛梦蛟　218
薛俊善　190
巡抚　2,8,11,13,24,28,29,39,40,43,54,55,58,59,75,79,81,86,88,89,95,103,110,111,113－116,118,120－124,127－129,131,132,134,136,137,139,141,142,165,166,175,176,187,188,208,209,227,229,232,234,253,262,264,270,271,273－275,277,278,280,283,286－293,295,296
荀友楷　247
巽他峡　196

Y

鸭绿江　134,158,177,190,210,214,235
牙山　114,201,260,268
亚臬德　1
亚细亚　336,338,361,365,371,372,379
亚洲　50,96,108,317,340,342,345,350
烟台　47,84,85,95－97,99－101,103,117,123,135,157,196,256,275,350,365
烟台条约　42,91
延熙　211,212
严仓具视　339
严宗武　222
岩仓　308,311,314,373
阎宝琛　176
阎炳章　169
阎志廉　150,160
颜德辉　219
颜绍泽　222
颜廷佐　169
颜退　8
晏怀新　220
杨葆元　218
杨炳炎　269
杨昌浚　17,24,264

索引

杨焯　195
杨晨　113
杨承禧　190
杨笃庆　269
杨沣　169
杨国栋　220
杨国发　268
杨鸿鼒　220
杨纪凤　222
杨履泰　222
杨岐珍　112,113,117-120,126-128,136,145,146,176,284,290
杨汝翼　127,128
杨锐　169,184
杨瑞鱣　269
杨上培　269
杨石泉　105
杨士芬　240
杨士鹏　218
杨士骧　160
杨士瀛　222
杨绶　219
杨枢孙　218
杨树　168
杨澍　219
杨天霖　160,261
杨廷玑　169
杨蔚浚　222
杨锡谟　220
杨灏生　176
杨颐（入闱）　184,186,190,217,228,247,258,265
杨亦熺　252
杨元龙　220

杨岳斌　27
杨越翰　63,325,329,336-338,341,344-346,348,377
杨昀　195
杨兆龙　269
杨肇曾　240
杨自新　269
洋人潮州入城案　31
姚陛闻　239
姚丙然　160
姚承恩　218
姚洪淦　239
姚巨显　222
姚良才　202
姚启圣　218
姚舒密　160
姚思敬　269
姚庭沂　239
姚莹　219
叶昌炽　160
叶成忠　132
叶大年　218
叶大遒　160,217
叶大垣　222
叶尔羌　309
叶奖唐　218
叶守铨　239
叶题雁　186,217
叶文澜　21
叶修昌　222
叶衍蕃　222
叶应钊　222
叶志超　163,179,201,215,224,234,250,260,267,269

一色鲁　54
"一体均沾"　66,67,80,90,93
伊达宗城　37,73,308
伊德明　4
伊东佑亨　109
伊豆大岛　331,334
'伊尔地士'（船名）　301
伊犁　36,41,42,44,48,71,90,150,161,
　　163,175,251,276,318,354,357,377
伊哩布　168
伊平屋岛　331
伊势大神　331,334
伊藤博文　102,108,274,338,353,373
伊小笠原氏　331
依克唐阿　134,153,166,173,192,194,
　　198,202,212,216,236,249,251,255,
　　257,263,276,299
壹歧　113
宜昌　197,214
宜野湾　375
义州　214
易奉鎏　222
易俊　182
易顺鼎　227,229,247
易贤瀚　222
易彦云　252
奕䜣　63-67,176
奕枃　184,186,190,217,228,247,258,
　　265
奕劻　176
奕年　184,186,190,217,228,247,258,
　　265
'益达'（船名）　302
意大里　102

"意思里"（船名）　141
荫昌　176
殷济　168
尹德胜　202
尹庆举　222
印度　233,318,345
应璜　247
英法约　133
英国　1,7,10,11,15,19,21,26,42,44,
　　45,54,77,91,104,122,123,136,138,
　　139,174,179,286,297,310,315,318,
　　327-329,337,344,376,378
英华　168
英吉利　1,2,6,8,331
营口　157,166,203,205,214,254,267,
　　303
雍正　47,59,257,268
永乐　15,316,331,332
永良部　334
永陵　178
永兴湾　35,70
犹朝选　219
犹海龙　219
犹龙　219
有凤　6
右春坊　34,69
右庶子　34,37,40,65,66,69,72,75-77,
　　81,89
于凤阁　258
于凤鸣　258
于霖中　176
余彬珊　222
余道德　272
余虎恩　164,166,192,198,229,249

余坤　160
余联沅　130,152,303
余良遇　203
余绍业　240
余士荣　252
余守约　222
余嵩年　222
余棠熙　222
俞莱庆　192
俞明震　176
俞寿慈　240
俞寿璋　240
俞宗濂　239
榆关　140,190,196-198,214,255
《虞书》　276
与那原津　3,4
玉城　4
玉环厅　3,4
玉之春　273
"驭远"(船名)　99
喻俊明　27
喻思禹　269
喻熙笾　219
喻伊波　4
喻兆蕃　183,184,230
御史　59,113,132,155,160,164,173,
　　182,184,186,188,190,217,223,225,
　　228,234,235,247,258,265
裕德　183,184,186,189,217,223,227,
　　228,247,258,265
裕端　247
裕绂　176
裕宽　40,50,75,89
裕禄　72,113,178,256,257

裕瑞　247
毓隆　168
元　31,34,42,44,46,58-60,78,93,96,
　　97,99,105,107,125,132,134,138,
　　140,152,169,171,179,180,195,199,
　　205,210,216,249,256,257,263,264,
　　268,276,297,298,301,306,315,324,
　　326,339,343,364,365
元德善　258
元丰顺　143,144
沅浦　366
袁保恒　54,268
袁天章　222
袁闻柝　22,23,89
袁尹孚　200
袁照藜　168
岳德懋　176
岳亮采　247
岳障东　190
越南　46,48-51,77,79,96,99,107,112,
　　117,155,175,177,193,200,205,221,
　　223,233,248,250,251,273,324
越西达　336
粤东　26,81,89,109,296,301
粤督　49,77,105,106,125
粤峤　166
粤省　1,2,6,8,41,48,50,91,145,148,
　　296,317
云南　49,211,244,265,266,268,277

Z

曾传经　269
曾凤文　220
曾广华　222

曾广嵩　218
曾国藩　24, 36, 37, 47, 70, 73, 85, 166,
　　　　234, 246, 266
曾国荃　27, 249
曾纪亮　222
曾廉　195
曾沛霖　203
曾鹏星　219
曾荣炳　195
曾声骙　195
曾寿祺　220
曾述经　222
曾希文　190
曾熙　195
曾喜照　292
增杰　258
乍浦　27
詹事府　65, 66, 176
詹太和　269
展成章　247
湛书　222
张憼　258
张宝琛　222
张保衡　258
张彪　260
张炳麟　200
张伯龙　222
张朝弼　218
张朝法　218
张成濂　265, 269
张恩泽　222
张凤台　252
张官田　247
张贯文　247

张光甫　176
张国正　3, 4
张翰光　252
张亨嘉　160, 217
张衡　269
张鸿逵　219
张怀信　160
张璜　258
张惠宇　252
张家口　309
张嘉德　252
张阶平　199, 222
张杰　219
张可烘　219
张朗斋　309
张立志　269
张联桂　208, 209
张良璧　240
张林焱　160
张柳　290
张鲁生　347
张梦元　87
张乃瑞　222
张佩纶　46, 97, 98, 101, 102
张朴　247
张其光　13, 22, 27, 113, 129
张其镇　198, 222
张其镒　237
张荣　247
张清华　219
张荣燊　221
张汝梅　264, 265
张汝明　269
张三铨　247

索　引

张绍勤　222
张绳武　218
张士鏸　168
张世俊　222
张寿波　198
张寿衡　195
张树声　17,40,49,50,75,89,92,97,99
张廷弼　222
张湾　255
张维源　269
张文英　222
张孝谦　146
张煦春　219
张尧煕　220
张一清　269
张荫桓　129,130,133,135,241,243
张荫棠　169
张霙　252
张元奇　160,217
张元钰　222
张云骧　169
张允中　176
张兆栋　17,103
张兆连　111,119,295
张之洞　38,41,65,66,71-73,75-78,81,
　　90,92,105,116,128,130-132,134,
　　138-140,143-147,174,212,216,
　　226,229,255,256,260,268,274,278,
　　279,289-291,294
张之锐　247,252
张之万　168,211,213
张致安　220
张仲炘　132,148,149
张自省　258

章华　195
彰化　21,87
招嘉哲　222
招商局　32,53,82-84,310
招卓华　198,222
赵邦泽　269
赵丙寿　222
赵昶　222
赵臣杰　200
赵传忍　269
赵椿年　169
赵纯熙　222
赵殿元　8
赵东阶　252
赵国光　252
赵怀业　201,215
赵甲南　269
赵晋臣　176
赵夔一　222
赵兰田　176
赵霖　6
赵铭新　269
赵彭年　222
赵若焱　258
赵熙光　198,222
赵星阶　249,252
赵以煃　169
赵应鼎　218
赵永霖　220
肇庆　276
浙　3-5,14,24-26,28,39,42,43,47,48,
　　71,72,74-76,79-81,85,93,99,100,
　　107,109-111,115,116,119,120,
　　123,128,129,134,138-140,147,

149,152,159,166,171,177,182,188,191,193,196,202,204,214,227,239,244,303
贞馨 332,333,335,336
镇海 26,99,100,129,140
郑葆琛 169
郑成功 14,43,157,202
郑簇 218
郑道 315,333,336,354
郑德 8
郑鼎缨 218
郑浑典 269
郑家政 7
郑克昌 168
郑联晖 252
郑荣 23
郑世卿 218
郑蜀江 258
郑廷柱 176
郑文豹 218
郑文钦 176
郑锡典 269
郑贤照 218
郑孝柽 218
郑永宁 11,61,334
郑猷宣 218
郑毓岷 222
郑元铎 3
郑芝龙 182
郑祖琛 1
支那（即天朝）333
直隶 25,47,62,76,77,82,85,92,145,184,256,258,334
直隶总督 34,37,53,71,72,82,97-99,

137,156,165,268,283
志和 17
《志略》330
志仁礼久 331
致日本国国书稿 129
智格 168
中宝春 176
中岛 37,38,64,68,73,78,80,82,359,361
中国 1,2,6,10-21,24,26-28,31,35-46,48,49,51,52,60-64,66-80,82-86,88,90-104,107-109,129-131,133-135,138,140,148,149,151,153,155,159,162,163,166,167,169-176,178,179,181,182,184,185,188,190,191,193-201,204-207,209,210,213-216,219,221,223,225,226,228-238,240,242-248,250-254,258,259,261,262,265-267,273-278,280-283,285-291,294-297,299-301,303-307,310,312-322,326-331,333-345,347-363,365-367,370,372-374,376-378,380
中美工约 133
中庆颐 176
中日会议和约 156
《中山传信录》316,336
《中山球阳志》334
中山王 311,331,332,339,369
中文瑞 176
中原 31,55,163,230,259
忠普 168
钟葆珩 199,222

钟德祥 116,206	周维翰 190
钟荣光 222	周先稷 195
钟锡玢 199,222	周学海 219
钟锡璜 199,222	周永年 190,220
钟应同 222	周爱谀 160
钟毓 176	周召齐 200
仲仁王 4	周震涛 190
重庆 170,193,197,210,214,215,233,250	周之麟 219
舟山 281,282	周植谦 190
周诚孚 218	周子懿 169
周承光 160	朱宝荣 222
周德隆 176	朱朝贵 272
周登皞 218	朱崇让 222
周发祥 222	朱笃庆 176
周丰洛 190	朱福诜 160
周福陔 365	朱光辉 272
周广 195	朱光明 272
周国均 252	朱瀚章 176
周祜 220	朱鉴尧 222
周煌 336	朱金祺 239
周家驹 229	朱锦 160
周坚 220	朱琨 169
周建藩 218	朱銮骐 222
周景涛 218	朱彭寿 168
周懋琦 21,54	朱荣昌 272
周淞 220	朱寿征 239
周启铮 192	朱蔚然 168
周荣期 192	朱文格 199
周润广 252	朱文震 168
周思镐 199,222	朱先辉 195
周廷琛 219	朱显廷 176
周彤桂 227,240	朱瑄 199,222
周桐唐 252	朱勋 220
	朱治和 269

诸葛亮　102,254
竹添　351-353,359,360,362,363,365,367
竹添进一　37,64,66,73,350,351,353-355,358-360,362-365,367
祝椿年　240
爪哇　49,330
庄国贤　222
庄庆忠　218
庄维藩　240
准噶尔　257
卓观国　222
卓凌阿　8
卓凌霄　218
卓孝复　238
子峨　308,310,313,314,316,317,322,325,329,336,346,347,350,353,359,363
子峨星使　309,313
紫竹林　318

《自由新闻》　373
《字林报》　374
宗庆　153
宗泽战　207
总理各国事务衙门　11,12,17,37,40,56,57,59-62,64-66,68,72,75,76,80-82,89,91,93,109,115,119,120,161,165,273,324
邹国柱　219
邹孟贤　252
邹人灏　190
左都御史　183,184,186,189,217,223,227,228,247,258,265
左公海　198,222
左罗星塔　15
左文襄　228
左宗棠　36,47,50,71,92,93,98,99,104
佐藤利八　13,17
佐野常民　373

图书在版编目(CIP)数据

清季琉球交涉档案 / 董为民，殷昭鲁，张生编.
— 南京：南京大学出版社，2016.6
（钓鱼岛问题文献集 / 张生主编）
ISBN 978-7-305-17084-3

Ⅰ．①清… Ⅱ．①董… ②殷… ③张… Ⅲ．①钓鱼岛问题－史料－清代 Ⅳ．①D823
中国版本图书馆 CIP 数据核字(2016)第 132001 号

项目统筹　杨金荣　官欣欣
装帧设计　清　早
印制监督　郭　欣

出版发行　南京大学出版社
社　　址　南京市汉口路 22 号　　邮 编　210093
出 版 人　金鑫荣

丛 书 名　钓鱼岛问题文献集
主　　编　张　生
书　　名　**清季琉球交涉档案**
编　者　　董为民　殷昭鲁　张　生
责任编辑　陈晓清　李鸿敏
照　　排　南京南琳图文制作有限公司
印　　刷　南京爱德印刷有限公司
开　　本　718×1000　1/16　印张 29.25　字数 479 千
版　　次　2016 年 6 月第 1 版　2016 年 6 月第 1 次印刷
ISBN 978-7-305-17084-3
定　　价　146.00 元

网址：http://www.njupco.com
官方微博：http://weibo.com/njupco
官方微信号：njupress
销售咨询热线：(025) 83594756

＊ 版权所有，侵权必究
＊ 凡购买南大版图书，如有印装质量问题，请与所购
　图书销售部门联系调换

ISBN 978-7-305-17084-3

南京大学出版社
新 学 衡